GRUNDLAGEN UND GRENZEN DER BEGUTACHTUNG JUGENDLICHER RECHTSBRECHER

Dr. med. Dr. phil.

PAUL H. BRESSER

Privatdozent für Neurologie und Psychiatrie

Leiter der Poliklinik und Oberarzt an der Universitäts-Nervenklinik Köln

Berlin 1965

WALTER DE GRUYTER & CO.

vormals G. J. Göschen'sche Verlagshandlung · J. Guttentag, Verlagsbuchhandlung

Georg Reimer · Karl J. Trübner · Veit & Comp.

Archiv.-Nr. 2 745 65 1
Satz u. Druck: Sala-Druck, Berlin

Meinen Lehrern,
den Herren Professoren

KURT SCHNEIDER
PHILIPP LERSCH
WERNER SCHEID

in großer Dankbarkeit
und steter Verehrung
gewidmet

Vorwort

Dieses Buch ist aus der Praxis für die Praxis geschrieben. Wenn auch der allgemeine Teil ausschließlich den methodischen und begrifflichen Problemen gewidmet ist und daher als sehr theoretisch angesehen werden kann, hat er doch ganz praktische Ziele. In den grundlegenden und kritischen Ausführung der ersten Abschnitte soll das Fundament umrissen werden, auf dem allein ein psychologischer oder psychiatrischer Gerichtssachverständiger sich bewegen kann. Mindestens seit dem letzten Krieg mußte es dem interessierten Beobachter immer deutlicher werden, daß im Bereich der forensischen Jugendpsychiatrie eine Fortschrittssbegeisterung herrscht, die uns von den Grundlagen unserer Empirie mehr und mehr fortgeführt hat. Viele Diskussionen entbrennen über letzte Schlußfolgerungen, bevor man über die Bausteine unseres psychologischen und psychiatrischen Wissens und Urteilens nachgedacht hat. Möge das vorliegende Werk zur Besinnung hierüber anregen.

Weiterhin soll dieses Buch der Verständigung dienen. Voraussetzung dafür ist eine verständliche Sprache. Mit ihr soll in erster Linie der Gedankenaustausch zwischen dem Juristen und dem Psychiater erleichtert werden. Der Richter kann die Meinung des Sachverständigen nicht pflichtgemäß prüfen und eigenständig in seinem Urteil verarbeiten, wenn ihm eine spezialistisch verkleidete Fachkunde, ein rhetorisch überwältigender Redefluß und nicht ein einsehbares und methodisch zuverlässiges Wissen vorgelegt wird. Dabei erweist es sich als notwendig, einige grundsätzliche Thesen zu entwickeln, mit denen sich der Verfasser gern jeder sachlichen Kritik stellt. — Der Verständigung will das vorliegende Werk aber auch in einer anderen Beziehung dienen. Es schafft die Grundlage für ein Gespräch zwischen dem Psychologen und dem Psychiater, die sich beide gerade vor den Schranken des Gerichtes oft schlecht zu verstehen scheinen. Die folgenden Darlegungen bringen in weitem Umfang rein psychologische Erkenntnisse. Auch der Psychiater ist notwendig dann immer Psychologe, wenn er sich — wie in so vielen Fällen — nicht mit seelisch kranken, sondern mit sonderbaren, abnormen oder seelisch nur wenig auffälligen Menschen beschäftigt. *Kurt Schneiders* ganze Psychopathenlehre ist eine empirisch und kritisch wohl unterbaute Charakterologie, die sich gerade im Erfahrungsbereich der forensischen Psychiatrie immer wieder bewährt. Sein empirisches Rüstzeug und die methodisch-begrifflichen Anhaltspunkte, die als Ertrag einer reichen psychiatrischen Menschenkenntnis zu betrachten sind, bieten einen wertvollen Ausgangspunkt für die praktische Verständigung. Allerdings muß es dem Leser gelingen, die von *Kurt Schneider* zusammengestellten psychopathischen Merkmale als menschliche Charaktereigenschaften zu erkennen. Dem Begriff des Psychopathen tut es not, daß er sowohl bei den Psychologen als auch bei den Juristen vieles von seiner mißverständlichen Bedeutung verliert. Wie die Akzente hier zu setzen sind, soll ausführlich erläutert werden. — Besonders wichtig scheint noch ein weiterer Punkt. Verständigung ist nur da möglich, wo die verschiedenen Positionen klar erkannt und auch anerkannt werden. Es ist vielen fast zur Gewohnheit geworden, ein psychologisch-soziologisch-kriminologisches Kauderwelsch zu sprechen. Hier sollen die psychologischen und psychiatrischen Grundlagen für die Beurteilung des einzelnen Rechtsbrechers aufgezeigt werden. Gleichzeitig treten überall auch die Grenzen der Begutachtung deutlich hervor. Soziologie, Kriminologie oder Strafrechtslehre sind völlig andere Aspekte, auf die wir unsere Betrachtung wohl abstimmen können, die wir aber nicht verwechseln oder vermischen dürfen. Alle anthropologischen Ausblicke der Psychiatrie, deren Ideenreichtum und deren Fruchtbarkeit hier nicht kritisch untersucht werden können, müssen für die Belange unseres Themas außer Betracht bleiben.

Schließlich möge dieses Buch zu einem Anknüpfungspunkt für eine fruchtbare Diskussion werden. In diesem Sinne wird es wahrscheinlich — dahin geht die Zuversicht des Verfassers — am ehesten den Juristen willkommen sein. Mögen sich Jugendgesetzgeber, Jugendrichter, Jugendstaatsanwälte und alle in der Jugendkriminalrechtspflege Tätigen in gleicher Weise angesprochen fühlen. Der Zustimmung zahlreicher psychologischer und psychiatrischer Fachkollegen, die in der forensischen Gutachterpraxis stehen, ist sich der Autor gewiß. Allerdings werden einige Vertreter vermeintlich fortschrittlicher Schulen diesen Ausführungen nur zögernd beipflichten oder ihnen gar energisch entgegentreten. Zu einem Gespräch kann es mit allen denen schwerlich kommen, die einseitig unter Anwendung von dynamischen Theorien oder tiefenpsychologischen Denkmodellen den empirischen Boden verlassen oder — man möge das Bild erlauben — nur noch mit selbstgefertigten Stelzen darüber schreiten. Einen systematischen Mißbrauch empirischer Fakten sehen wir überall dort, wo statistische Analysen in die Charakterologie oder Menschenbeurteilung übertragen werden. Die Ergebnisse der vorwiegend soziologisch orientierten Untersuchungen sowie die Auswertungen von Korrelationen und Faktorenanalysen erlauben kaum eine verbindliche Aussage über den Einzelmenschen. Jeder Mensch, auch der Rechtsbrecher, ist immer noch etwas anderes als eine statistische Schablone, ein Faktorenbündel oder eine Marionette seiner Umwelt. Selbst die interessante kriminologische Materialsammlung, die mit großem Fleiß von dem Ehepaar *Sheldon und Eleanor Glueck* erarbeitet wurde, beweist, daß immer mehr die Eigenart der Jugendlichen als die Eigenart ihrer Umgebung zur kriminellen Lebenshaltung führt. Die Schlußfolgerungen dieser seit Jahren so häufig berufenen Forscher verfehlen aber alles das, was psychologische Erkenntnis sein könnte, weil sie immer wieder von einer weitgehend einseitigen Betrachtung des Eltern-Kind-Verhältnisses ausgehen. Welche Bedenken auch gegen andere optimistische und vielfach unkritisch gewürdigte Vorstöße einer oft recht gedankenleeren Forschung gehegt werden müssen, soll wiederum mit dem Ziel der Verständigung und im Interesse einer methodenkritischen Besinnung dargelegt werden.

Wir können als Ärzte und Psychologen nur in bescheidenem Umfang der Gerechtigkeit im juristischen Sinne dienen, wollen uns aber um so mehr für eine menschengerechte Betrachtung des jugendlichen Rechtsbrechers einsetzen. Allerdings müssen wir als Empiriker jene Seite des Menschen weitgehend außer Betracht lassen, die sich als seine Innerlichkeit oder als der wesenhafte Urgrund der Persönlichkeit unserem methodischen und wissenschaftlichen Zugriff entzieht. So wie der Richter als Mensch, so wird auch der psychiatrische Sachverständige immer dieses Menschliche sehen. Aber der Gutachter hat nicht als Sachwalter der Menschlichkeit aufzutreten. Das Innerste des Menschen, das außerhalb des Empirischen liegt, muß nach den Worten des großen italienischen Rechtsgelehrten *Giorgio del Vecchio* auch als außer-juristisch gelten. Wir stehen im Dienst einer lediglich irdischen Rechtsfindung und Rechtsordnung. Je mehr wir uns dieser Grenzen bewußt bleiben, um so mehr dienen wir auch einer höheren Ordnung. Möge dieses Buch als Wegbereiter einen kleinen Beitrag dazu liefern.

Zuletzt seien noch ein paar Worte des Dankes ausgesprochen. Sie gelten in erster Linie meinen akademischen Lehrern, denen ich dieses Buch widme. Wesentliche Förderung erfuhr ich außerdem durch die langjährige Verbindung zur Universitäts-Kinderklinik Köln mit ihrer heilpädagogischen Abteilung (Direktor: Professor Dr. *Carl-Gottlieb Bennholdt-Thomsen*), durch die Mitarbeit in der Evangelischen Erziehungsberatungsstelle im Kirchenkreis Köln (Leiter: Dr. *Günther Kohlscheen*) sowie durch meinen Lehrauftrag beim Heilpädagogischen Institut an der Pädagogischen Hochschule Köln (Direktor: Professor Dr. *Heribert Jussen*). Neben einer umfangreichen forensisch-psychiatrischen Tätigkeit, in deren Rahmen auch etwa 170 Gutachten über die Glaubwürdigkeit kindlicher und jugendlicher Zeugen erstattet wurden, haben vor allem die Kolloquien mit dem Ordinarius für Strafrecht in Köln, Herrn Professor Dr. *Richard Lange*, und zuletzt gemeinsame Vorlesungen mit dem Leiter der Psychiatrischen Beobachtungsabteilung des Untersuchungs- und Strafgefängnisses in Köln, Herrn Oberregierungsmedizinalrat Dr. *Rolf Wachsmuth* den Gesichtskreis nach vielen Richtungen geweitet. Das Studium von weit über 600 jugendpsychiatrischen Gutachten, die durch freundliche Vermittlung von Herrn Professor Dr. *Paul C. L. Trüb* beim Gerichtsärztlichen Ausschuß in Düsseldorf eingesehen werden konnten, lieferte eine zusätzliche Erfahrungsgrundlage, für die ich mich ebenfalls zu bedanken habe. Die wertvolle Unterstützung, die mir bei der Ausfertigung dieses Buches zuteil wurde, kann ich hier leider nur summarisch würdigen.

Remscheid-Ehringhausen, im Frühjahr 1965

Paul H. Bresser

Inhaltsübersicht

I. ALLGEMEINER TEIL — Seite

Einleitung 1

Begriffliche und methodische Grundlagen 4
- Die kriminelle Tat 5
- Die Methode des Verstehens 10
- Der Aufbau der Handlung 20
- Die Beurteilung der Persönlichkeit 29
- Die seelische Entwicklung des Menschen 35
- Die leib-seelischen Zusammenhänge 42
- Anlage und Umwelt 54
- Die Einschätzung des Abnormen 61

II. SPEZIELLER TEIL

A. Die psychologischen Beurteilungsgrundlagen 76
- Die geistige Minderbegabung 81
- Die Willensschwäche 94
- Die Gemütsarmut 110
- Das Geltungsbedürfnis 119
- Die Reizbarkeit 127
- Die Betriebsamkeit 135
- Die Selbstunsicherheit 144
- Andere charakterliche Merkmale:
  Die Stimmungslabilität S. 162 — Die fanatische Haltung S. 165 — Die Züge des zwanghaften Erlebens S. 169 — Das Bild der primitiv-formlosen Täter S. 172
- Die sexuellen Triebabweichungen 173
- Die Pubertät 188
- Besondere seelische Konstellationen 197

B. Die psychiatrischen Beurteilungsgrundlagen 214
- Die Gehirnschäden 219
- Die Sonderstellung der Epilepsie 226
- Die reversiblen seelischen Störungen 231
- Die endokrinen Störungen 235
- Die endogenen Psychosen 246

C. Die rechtlichen Grundlagen 250
- Die Zurechnungsfähigkeit 252
- Strafmündigkeit und Verantwortungsreife 267
- Die Maßnahmen: 279
  Erziehung S. 281 — Strafen S. 293 — Sicherung S. 296
- Das Problem der Prognose 301

Schlußbemerkungen 309

Literaturverzeichnis 312

Sachregister 339

I. ALLGEMEINER TEIL

Einleitung

Die forensisch-psychiatrische Begutachtung minderjähriger Rechtsbrecher ist durch die fortschreitende Entwicklung der Jugendpsychiatrie und der Jugendkriminalrechtspflege so sehr im Umbruch begriffen, daß eine Besinnung auf ihre Grundlagen nottut. Gesetzgeber und Richter, die sich um eine weitere Reform und Konsolidierung des Straf- oder Erziehungsrechtes für die Jugendlichen bemühen, suchen in den immer reichhaltiger werdenden Erkenntnissen der modernen Jugendpsychiatrie eine empirische Grundlage für ihre gesetzlichen Regelungen und für ihre richterlichen Entscheidungen. Von seiten der Fachwissenschaft wird aber so viel Erfahrungsmaterial angeboten, daß es schwer fällt, die rechtlich belangvollen Tatsachen herauszufinden. Nicht jeder im Bereich der Erfahrungswissenschaft für die Beurteilung eines Menschen wesentliche Befund hat eine ebenso wichtige Bedeutung für die rechtliche Beurteilung eines Täters. Für den Juristen ist es nicht leicht abzuschätzen, welche ärztlich-empirischen Feststellungen für eine rechtlich-normative Beurteilung relevant sind. Die Verständigung hierüber hat in den letzten Jahren zu immer größeren Schwierigkeiten geführt, wie wir aus dem Studium der Literatur und einer kritischen Sichtung von über 600 jugendpsychiatrischen Gutachten entnommen haben.

Wir sprechen zusammenfassend von *jugendlichen* Rechtsbrechern, gemeint sind auch die *Heranwachsenden*. Nach dem geltenden Jugendgerichtsgesetz vom 4. 8. 1953 sind die *14 bis 17 Jahre* alten Jugendlichen und die *18 bis 20 Jahre* alten Heranwachsenden gemeinsam dem Jugendrichter unterstellt. Dadurch ist die Aufgabe, alle unter 21 Jahre alten Rechtsbrecher zu begutachten, ein nicht weiter aufteilbares jugendpsychiatrisches Sachgebiet geworden. Die Beurteilung der Kinder und ihres rechtswidrigen Verhaltens wird hier vernachlässigt, da alle Minderjährigen unter 14 Jahren nicht dem Strafgesetz unterstehen.

Die Ergebnisse und Erörterungen der vorliegenden Arbeit erwachsen aus einer ständigen Beschäftigung mit den Problemen der forensischen Psychiatrie, in deren Rahmen auch die Beurteilung der Jugendlichen fällt. Wir sind dabei zu der Einsicht gekommen, daß die Jugendpsychiatrie nicht — wie es heute oft gesehen wird — mit der Kinderpsychiatrie besonders eng verbunden ist, sondern daß die Jugendpsychiatrie der allgemeinen oder sogenannten Erwachsenenpsychiatrie wesentlich näher steht. Die psychologisch-psychiatrischen Probleme, die uns die Jugendlichen nach Vollendung des 14. Lebensjahres aufgeben, sind zwar nicht die gleichen wie die bei den Erwachsenen, sie sind aber vom Erfahrungsschatz der Kinderpsychiatrie in der Regel noch weiter entfernt. Wir müssen sogar eine methodische Gefahr darin sehen, wenn die Jugendlichen vorwiegend mit den Kindern verglichen und mit den gleichen diagnostischen Maßstäben beurteilt werden. Hat der Jugendliche einen Rechtsbruch begangen, so steht er als ein zur Verantwortung aufgerufener Mensch vor uns. Ob er die Verantwortung tragen kann, läßt sich nur aus dem Vergleich mit denjenigen Menschen ablesen, denen wir grundsätzlich volle Verantwortlichkeit zusprechen, und das sind die Erwachsenen.

Weil sich die moderne Jugendpsychiatrie im allgemeinen zu weit von den methodisch und empirisch wohl begründeten Ergebnissen der Erwachsenenpsychiatrie abgewandt hat, sind vor allem die Fragen der Reife sehr einseitig behandelt worden. Zahlreiche psychische oder somatische Merkmale einer sogenannten Unreife werden zur Grundlage entwicklungsdiagnostischer Feststellungen gemacht, obwohl dieselben Merkmale nicht selten alle Phasen der Altersentwicklung überdauern. Daß gerade bei Kriminellen, auch wenn sie durchaus erwachsen sind, eine gewisse Häufung von Minderentwicklungen, Differenzierungsmängeln oder rein äußerlichen Degenerationsmerkmalen festzustellen ist, darf als allgemeine Erfahrung der Kriminalwissenschaft angesehen werden. *Cesare Lombroso* hat aus solchen Feststellungen seine einstmals epochale Theorie vom „geborenen Verbrecher“ hergeleitet. Heute werden viele dieser Zeichen auf Reifungsstörungen bezogen. Durch die Forschung vor allem der letzten zwei Jahrzehnte ist bei den straffällig gewordenen Jugendlichen und Heranwachsenden eine überdurchschnittliche Häufung von sogenannten Unreifemerkmalen und Entwicklungsdisharmonien ermittelt worden. Wir denken dabei in erster Linie an die Untersuchungen von *Adolf Illchmann-Christ*. Entsprechende Beobachtungen bei Erwachsenen hat man jedoch nicht vergleichend berücksichtigt. Zweifellos wäre man sonst in den forensisch-psychiatrischen und vielleicht auch in den gesetzgeberischen Schlußfolgerungen zurückhaltender gewesen. Wir möchten hier nur an die strittigen empirischen Fundamente des § 105 JGG und die daraus erwachsende Rechtspraxis erinnern.

In der forensischen Jugendpsychiatrie zeigt sich eine starke Vorherrschaft von genetisch-dynamischen Theorien. Es mag für die Forschung, für manches Vorgehen in der Praxis und auch zur Bereicherung einer allgemeinen Anthropologie fruchtbar sein, auf diesem Wege immer neue Möglichkeiten der Interpretation zu erproben. Wenn wir jedoch eine Grundlage für die forensische Beurteilung suchen, müssen wir bei dem gesicherten Erfahrungsgut unserer Fachwissenschaft bleiben. Auf die methodischen Bedenken, die einer „dynamischen Psychologie“ entgegenstehen, hat neuerdings der Schweizer Psychiater *Jakob Wyrsch* in Band I/2 des Sammelwerkes „Psychiatrie der Gegenwart“ (1963) hingewiesen. „Faßt man nur das sog. ‚Dynamische' ins Auge ... so kommt es zu jenen fast komischen Arbeiten, ... in denen das einer vorher gefaßten Theorie zu Liebe Hinzugedachte, das selbst Gesehene und das vom Kranken Beschriebene in einem Knäuel sich untrennbar vermischen."

Während wir gegenüber den dynamischen Theorien unsere methodischen Bedenken äußern, sehen wir uns der phänomenologischen Charakterologie und Pathocharakterologie eng verbunden. Ihre Grundlage ist die verstehende Psychologie. Man hält das Bekenntnis zu dieser Methode vielerorts für unmodern. Daher sehen wir uns gezwungen, auf die begrifflichen und methodischen Voraussetzungen etwas ausführlicher einzugehen. Bei dem Bestreben, aus den unveralteten Lehren der Psychiatrie einen für die jugendforensische Praxis brauchbaren und mit dem Anspruch auf Wissenschaftlichkeit vertretbaren Weg zu finden, glauben wir dem Vorgehen von *Heinz Leferenz* nahe zu stehen. Entscheidendes Fundament unserer Erfahrung sind die Leitlinien, die *Kurt Schneider* in seiner „Klinischen Psychopathologie" dargelegt hat. Innerhalb des Gesamtgebietes der forensischen Psychiatrie erscheinen uns die Arbeiten von *Hans Göppinger, Siegfried Haddenbrock, Hans-Joachim Rauch* und *Hermann Witter* wegweisend. Enge Beziehungen erkennen wir auch zu dem jüngst verstorbenen Senior der österreichischen Psychiatrie, *Erwin Stransky*, der Grundlegendes über die pädagogische und rechtliche Behandlung Jugendlicher geschrieben hat.

Das Gebiet der forensischen Jugendpsychiatrie ist noch weitgehend wissenschaftliches Neuland. Ganz abgesehen davon, daß die Jugendpsychiatrie als Sondergebiet der klinischen Psychiatrie erst seit dem Ende des 19. Jahrhunderts selbständig bearbeitet worden ist, haben die Probleme der jugendlichen Rechtsbrecher erst in allerletzter Zeit eine besondere Aktualität gewonnen. Die Entwicklung eines eigenständigen Jugendstrafrechtes geht auf Gedanken und Vorschläge zurück, die sich um die Jahrhundertwende in der Rechtswissenschaft durchsetzten. Danach kam es im Jahre 1908 zur Gründung der ersten Jugendgerichte in Frankfurt und Köln. Der Fortschritt des Jugendrechtes hat seinen realen Niederschlag in den Deutschen Jugendgerichtsgesetzen von 1923, 1943 und 1953 gefunden. Alle Reformbestrebungen des Jugendrechtes werden bis heute von der „Deutschen Vereinigung für Jugendgerichte und Jugendgerichtshilfen" gefördert. Die seit 1909 veranstalteten „Jugendgerichtstage" und die darüber vorliegenden Berichte spiegeln den Gang der Diskussionen wieder. Darin zeigt sich teilweise eine allzu enge Anlehnung an moderne Theorien, gegen die wir unsere Einwände vorbringen müssen.

Die Gespräche zwischen Sachverständigen und Richtern machen deutlich, wie schwer im Begrifflichen ein Einklang zwischen seinswissenschaftlicher Fachkenntnis und normwissenschaftlichem Rechtsdenken zu finden ist. Um Mißverständnisse zu vermeiden, muß sich jeder Gutachter mit der Sprache des Richters und mit den Buchstaben des Gesetzes vertraut machen. Vor allem scheint es uns aber notwendig, die eigenen Begriffe kritisch zu überprüfen. Wir müssen als Psychiater wissen, in welchen — oft recht engen — Grenzen wir dem Juristen mit unserem Fachwissen dienen können. Außerdem muß der Richter erkennen, welches Maß der Sachverständige anlegt. Daß es ganz erhebliche Differenzen der Maßstäbe gibt, wird in vielen Punkten zu erörtern sein. Welchen Standpunkt wir selbst vertreten, möge diese Arbeit mit genügender Deutlichkeit darlegen.

Unser engeres Sachgebiet ist in einem „Leitfaden der jugendrechtlichen Psychiatrie" von *Moritz Tramer* im Jahre 1947 bearbeitet worden. Wir können im Rahmen unserer Darlegungen nicht an *Tramer* anknüpfen, weil er methodisch von einer anderen Position ausgeht. *Moritz Tramer* steht wie viele publizistisch sehr aktive Jugendpsychiater der verstehenden Psychologie und der phänomenologischen Psychopathologie ziemlich fern. Daher ist es schwierig, an Hand von Einzelfragen in eine Diskussion einzutreten. Unsere Ausführungen, die als Ganzes genommen ein Gegenstück zu *Tramers* Leitfaden darstellen, suchen im übrigen unter Vernachlässigung vieler allgemeiner Erfahrungen der Jugendpsychiatrie mehr eine spezielle Psychologie und Psychopathologie des jugendlichen Rechtsbrechers zu liefern.

Beiläufig zu erwähnen bleibt noch das inzwischen in dritter Auflage erschienene, wenig systematische Buch von *Gerhard Kujath* über „Jugendpsychiatrische Begutachtung". Auf forensische Fragen wird darin aber nicht näher eingegangen. So sind in den meisten jugendpsychiatrischen Arbeiten forensisch belangvolle Gesichtspunkte nur sporadisch und nebenbei erwähnt. Eine größere Übersicht unter besonderer Berücksichtigung der Literatur liefern die Beiträge von *Hermann Stutte* sowie von *Helmut Ehrhardt* und *Werner Villinger* in „Psychiatrie der Gegenwart" (1960/61).

Im Schrifttum über die forensische Jugendpsychiatrie finden wir gelegentlich Hinweise auf die Verbreitung der Jugendkriminalität. Dies geschieht, um die Bedeutung und den Umfang dieser Erscheinungsform jugendlichen Fehlverhaltens zu betonen, womit gleichzeitig die Größe des Aufgabengebietes der gerichtlichen Jugendpsychiatrie angedeutet wird. Diese Zusammenstellungen mögen zwar kriminalpolitisch, pädagogisch, soziologisch oder zeitgeschichtlich interessant sein, sie dienen aber in keiner Weise der psychologischen oder psychiatrischen Fragestellung. Wir haben auf die Wiedergabe solcher Übersichten ganz verzichtet, zumal sie in den beiden Referaten von *Paul Schumm* und zuletzt in der Arbeit von *Helmut Ehrhardt* und *Werner Villinger* ziemlich umfangreich aufgeführt worden sind.

Begriffliche und methodische Grundlagen

Im Bereich der forensischen Jugendpsychiatrie ist vieles in Bewegung. Es werden immer neue Ergebnisse und Erkenntnisse geliefert, die kaum noch überschaubar sind. Ganz vernachlässigt wird aber die Methodenkritik. Je mehr wir wissen oder zu wissen glauben, um so kritischer müssen wir die Einzelheiten aufnehmen, und um so bescheidener müssen wir auch wieder werden. Vor allem ist eine gründliche Besinnung darauf erforderlich, welche Schlußfolgerungen aus der Fülle des Erfahrungsgutes für die juristische Fragestellung zu ziehen sind. Wir möchten nachdrücklich hervorheben, daß von der Entwicklungspsychologie und der Jugendpsychiatrie nicht so viele rechtlich belangvolle Einsichten geliefert worden sind, wie es die lebhaften Diskussionen vieler kriminologisch orientierter Psychologen und Psychiater vermuten lassen. Besonders die unter dem Gesichtspunkt der sogenanten Kriminalbiologie gewonnenen Ergebnisse sind in ihrer Bedeutung für die forensisch-jugendpsychiatrischen Probleme nicht immer evident und überzeugend. Über die „Ursachen der Jugendkriminalität" ist sehr viel geschrieben worden. Wir müssen jedoch den Schlußfolgerungen von *Hans Näf* zustimmen, der im Jahre 1953 zu diesem Thema festgestellt hat: „Für denjenigen, der mit der Absicht an das Problem der Jugendkriminalität herantritt, die Ursachen nicht nur zu ahnen, sondern einzusehen und ihre Wirkungen zu verstehen, ist der weitaus größte Teil der bisherigen Literatur eine Enttäuschung. Selbstverständlich hat sie auch ihren Wert, obwohl dieser im psychologischen Bereich eher gering ist."

Bevor wir die in unserem eigenen Gesichtskreis gewonnene Erfahrung darlegen, müssen wir auf die Grundlagen unseres Fachwissens hinweisen. Vieles mag dabei selbstverständlich erscheinen. Dennoch erfahren wir in der Praxis allzu häufig, wie wichtig in vielen Fällen der Rückgriff auf die methodischen Ausgangspositionen ist. Der erste und allgemeine Teil dieser Arbeit soll die Problemkreise umschreiben, in denen eine kritische Sicht des forensisch-jugendpsychiatrischen Sachgebietes erforderlich ist.

Wir beginnen unsere Ausführungen mit einer allgemeinen Betrachtung der *kriminellen Tat*. An ihr entzündet sich die ganze forensisch-psychiatrische Fragestellung. Man kann das rechtswidrige Handeln als ein Symptom ansehen, dem der psychologische Stellenwert zuzuordnen ist. *Die Methode des Verstehens*, über die wir grundsätzliche Ausführungen anschließen, erscheint uns der gegebene Weg für die weitere Analyse. Mit Hilfe der so gewonnenen Maßstäbe ist der *Aufbau der Handlung* und ihr Motivgefüge darzustellen. Schließlich wird die Aufmerksamkeit auf den Täter gerichtet. Über die *Beurteilung der Persönlichkeit* und ihre *seelische Entwicklung* handeln die beiden nächsten Abschnitte. Zur näheren Erläuterung unserer methodischen Grundlagen besprechen wir ganz allgemein die *leib-seelischen Zusammenhänge*, das problematische Thema von *„Anlage und Umwelt"* und schließlich einen Fragenkreis, der uns für die gegenseitige Verständigung von größter Bedeutung zu sein scheint, nämlich die *Einschätzung des Abnormen.*

Die kriminelle Tat

Die Jugendlichen, von denen hier die Rede sein soll, weisen ein gemeinsames Merkmal auf: Sie haben eine gegen das Strafgesetz verstoßende

Handlung begangen. Zunächst ist immer nur dieses Handeln kriminell, nicht der Jugendliche selbst. Von kriminellen Jugendlichen wird gelegentlich der Einfachheit halber gesprochen. Im eigentlichen und engeren Sinn kriminell sind nur diejenigen Jugendlichen, die immer wieder kriminelle Handlungen begehen oder deren Einzelhandlung eine starke Gemeingefährlichkeit und eine antisoziale Einstellung erkennen läßt.

Jede Psychologie straffällig gewordener Jugendlicher ist im wesentlichen eine Psychologie des Handelns, eine Psychologie der kriminellen Tat. Diese Tat kann als Hinweis gewertet werden, der einen Schlüssel zur Persönlichkeitsbeurteilung liefert. Das Gesamtbild des Menschen erschließt sich aber nicht unmittelbar aus seinem Fehlverhalten. Die spezielle Psychologie und Psychopathologie muß sogar in vielen Fällen zunächst von der kriminellen Handlung absehen, um das rechte Bild von der Persönlichkeit zu gewinnen. Letztlich ist allerdings die Beurteilung des Täters nur möglich, wenn auch sein objektives und subjektives Verhältnis zur Tat deutlich wird. In keinem anderen praktischen Anwendungsbereich der Psychologie wird der Mensch so sehr als ein handelndes Wesen betrachtet wie in unserem forensischen Grenzgebiet. Daher fällt der forensischen Psychologie in weitem Umfang die Aufgabe zu, Beiträge zur Psychologie des Handelns zu liefern.

In der Charakterologie wird seit *Ludwig Klages* und mit *Philipp Lersch* das Verhalten des Menschen seinem Charakter gegenübergestellt. Eine Seite des Verhaltens ist das Handeln. *Lersch* spricht vom „wirkenden Verhalten". Viele Bedingungen bestimmen das Handeln des Menschen. Nicht alle liegen in seinem Charakter. Außer den Einflüssen, die durch die körperliche Verfassung, etwa durch eine Krankheit, bewirkt werden, sind ständig Situations- oder Umweltfaktoren wirksam. Das Handeln ist wie alles Leben und Erleben des Menschen in die „polarkoexistentielle Einheit" zwischen Seele und Welt eingespannt, die von *Philipp Lersch* im Modell des seelischen Funktionskreises dargestellt worden ist.

Die einzelne Tat als ein Ausschnitt des Verhaltens läßt in keinem Fall unmittelbar auf ein Charaktermerkmal schließen. Selbst wenn gewisse gleichbleibende Grundzüge des Verhaltens vorherrschen, kann noch keine bestimmte charakterliche Zuordnung getroffen werden. Verhaltenseigenschaften sind grundsätzlich von Charaktereigenschaften zu unterscheiden. Nehmen wir als Beispiel einer Verhaltenseigenschaft den Fleiß. Es ist unmittelbar einleuchtend, daß der Mensch wegen angeborener Betriebsamkeit oder wegen großen Ehrgeizes, gegebenenfalls auch einer Sache oder einem anderen Menschen zuliebe fleißig sein kann. Diesen Einstellungen liegen sehr verschiedene Charaktereigenschaften zugrunde. Ebenso kann auch die Neigung zu aggressivem Reagieren als Verhaltensmerkmal auf sehr unterschiedliche charakterliche und situative Gegegebenheiten zurückgeführt werden. Der eine Mensch nimmt unter dem ständigen Einfluß von Provokationen eine aggressive Haltung an, der andere ist erfüllt von einem Durchsetzungsanspruch und verficht ihn mit einer aggressiven Dauereinstellung. Wieder andere zeigen bei jedem nichtigen Anlaß eine aggressive Erregung. Charakterologisch ist die Aggressivität daher sehr unterschiedlich zu bewerten. Augenblicksgebundene oder habituelle Verhaltensweisen können charakterologisch weitgehend neutral sein oder gar mit dem Charakter unvereinbar scheinen. Das gilt für solche Handlungen, die unter dem Einfluß äußerer Überraschungsmomente ausgeführt werden, oder auch für Reaktionsformen, die ganz von einer Konvention geprägt sind.

Obwohl die psychologische Kluft zwischen dem Verhalten und dem Charakter eines Menschen beachtenswert ist, besteht gleichzeitig eine polare Zusammengehörigkeit. Der Kriminologe *Erwin Frey* (1952) hat sehr zutreffend gesagt, daß Tat und Täter eine „dynamische Einheit" bilden. Gemeint ist damit nicht eine Einheit von Verhaltensfassade und Wesenskern, also von Außen- und Innenseite des Menschen, sondern eine lebendige, sich ständig neu gestaltende Wirkenseinheit. Beide Seiten wirken aufeinander ein, wobei jedoch das Verhalten ebenso wie der Charakter seine Besonderheiten und Eigengesetzlichkeiten entfaltet.

Von einer dynamischen Einheit läßt sich in noch umfassenderem Sinne sprechen, wenn wir den handelnden Menschen und seine Welt betrachten. In jeder Tat leuchtet die Stellung und Einstellung des Einzelnen zu seiner Umwelt auf. Wirkung und Rückwirkung im Spannungsfeld zwischen Seele und Welt gestalten unser Tun. Hier ließen sich alle möglichen sozialpsychologischen Aspekte aufweisen, die wir jedoch nicht berücksichtigen wollen. Immerhin erwächst aus diesem Blickpunkt das wesentliche Verständnis für unsere Aufgabe. Das Handeln darf nicht als ein charakterologisch allzu leicht analysierbares Geschehen und nicht als ein schlicht errechenbares Vorgehen eingeschätzt werden. Alle mitwirkenden Faktoren, alle Motive des Handelns können nur in dem weiten Horizont des Lebens gesehen werden, der ein unübersehbares Wirkungsfeld zwischen den beiden Polen der Seele und der Welt umfaßt.

Bei der Erforschung einer Tat gilt es also, eine Fülle von Bedingungen zu betrachten. Unter diesen Bedingungen haben aber nur wenige die Sonderstellung einer *wesentlichen* psychologischen Ursache. Wir sehen unsere Aufgabe darin, diese charakterologisch wichtigen Grundlagen des kriminellen Handelns zu erfassen. Der Jurist weiß, wie schwer es oft ist, eine Tatsituation zu rekonstruieren. Noch weitaus schwieriger ist die Aufschlüsselung der in der Täterpersönlichkeit liegenden Handlungsvoraussetzungen. Die Aufhellung der Innenseite des Menschen ist überhaupt nur in relativ engen Grenzen möglich. Diese grundsätzliche Klippe aller wissenschaftlich oder intuitiv betriebenen Menschenkenntnis sei lediglich erwähnt, um auf einen entscheidenden Gesichtspunkt hinzuweisen. *Jede Handlung ist mehr als die Summe aller ihrer Motive.* Selbst wenn wir die Gesamtheit der erkennbaren und begrifflich zu bestimmenden Einzelbedingungen als motivbildend ansehen, kommt immer noch etwas Unberechenbares hinzu. Der alte, von *Aristoteles* überlieferte Satz: Das

Ganze ist mehr als die Summe seiner Teile, wurde von den Ganzheits- und Gestaltspsychologen fruchtbar aufgeriffen. Da dieser Ausspruch auch in der Biologie — etwa bei *Hans Driesch* (1921) — seine Anwendung findet, könnte er für die Psychologie sehr leicht biologistisch ausgelegt und dementsprechend mißverstanden werden. Wir müssen deshalb die Feststellung hinzufügen, daß jede Handlung über den ganzheitlichen Verhaltensvorgang hinaus zugleich *ein freischöpferischer Akt* ist. Mag die einzelne Handlung noch so schlüssig zu motivieren und mit anderen Verhaltensmodellen zu vergleichen sein, als menschliche Tat ist sie stets auch etwas Einmaliges. Nur als solche kann sie unter dem Postulat der Freiheit gesehen werden.

Rechtlich relevant wird die Handlung eines Menschen lediglich in ihrer Einmaligkeit als eine in Freiheit vollbrachte Tat. Auf dem Wege der charakterologischen Analyse gelangen wir allenfalls zu einer recht groben psychologischen Erklärung der jeweils einzelnen Handlung. Alle Aussagen, die uns über *das* Stehlen oder über *diesen* Dieb möglich sind, bleiben in den Grenzen eines methodisch beschränkten Verstehens. Diesem Verstehen ist ein letzter Rest an Einsicht und Verstehbarkeit stets unzugänglich. Der Versuch, mit dynamischen Theorien die verbleibenden Lücken zu schließen, ist zwar verlockend, aber methodisch bedenklich, weil sich damit Hypothesen in die klaren Gesichtspunkte des Verstehens einmischen, die alle weiteren Aussagen unsicher machen.

Die psychologisch-psychiatrische Beurteilung einer kriminellen Tat, die also darauf verzichten muß, der Einmaligkeit dieses Handelns gerecht zu werden, kann auch nicht die ganze Fülle der zusammenwirkenden Faktoren aufgreifen, die für ihr Zustandekommen eine Rolle spielen. Entscheidend ist, daß die Verhaltensweise in der Beschreibung angemessen erfaßt wird, und daß die richtungbestimmenden Motive aufgedeckt werden. Dabei treffen wir eine notwendige *Auswahl* unter den dynamischen Kräften des handelnden Menschen, die uns in zureichender Weise nur möglich wird, wenn wir unser Urteil mit empirisch fundierten Maßstäben und methodisch klaren Leitlinien bilden.

Jeder psychologische Gesichtspunkt, der zur Motivierung einer kriminellen Tat angeführt wird, ist wertfrei zu sehen. Sowohl die objektiv zu bestimmende Rechtswidrigkeit des Handlungserfolges als auch die moralische Verwerflichkeit der zugrunde liegenden Gesinnung bleiben ganz außer Betracht. Strafwürdiges Verhalten ist nur unter pädagogischem, sozialem oder rechtspolitischem Aspekt etwas anderes als eine rechtlich irrelevante oder einfach normale Handlung des Menchsen.

Den Versuch, „kriminelle Jugendliche“ aus der Sicht einer Psychologie des Handelns zu betrachten, hat *Georg Dietrich* im Jahre 1960 unternommen. In enger Anlehnung an die Charakterologie von *Philipp Lersch* und an die dynamische Persönlichkeitslehre von *Hans Thomae* entwickelt er eine Phänomenologie der kriminellen Handlungsstrukturen. *Dietrich* bleibt jedoch bei seinen Darstellungen — und darin müssen wir über seine

Ergebnisse hinausgehen — sehr in der formalen Erfassung der Einzelhandlung, während wir mehr eine charakterologische Zuordnung anstreben.

Auch *Hans Thomae* hat mehr die „Daseinstechniken", also Verhaltensschablonen, in den Vordergrund gestellt. Bei der psychologischen Differenzierung von sozial auffälligen Jugendlichen hält er die Beurteilung der Daseinstechnik für treffsicherer als die Annahme von charakterologischen Kategorien. *Thomae* hebt aber zugleich hervor, daß die Charakteristik des Menschen nur dann den Anspruch auf „prognostische Bedeutung und pädagogische Relevanz" erheben darf, wenn beide Beurteilungsgesichtspunkte verbunden werden. Daß die Konstanz der Daseinstechniken häufig mit dem Vorliegen eines qualitativen Persönlichkeitsmerkmals zusammenfällt, hat er wohl gesehen. Er ist jedoch der Frage nicht weiter nachgegangen, ob nicht jede Charakterartung ihre spezifischen Daseinstechniken aufweist, so daß beide Beurteilungsgesichtspunkte statt nebeneinander zu stehen besser aufeinander aufgebaut würden.

Kriminelles Verhalten wird im kinder- und jugendpsychiatrischen Schrifttum sehr häufig zu den Verhaltensstörungen gezählt. Wir möchten hier die Frage anknüpfen, was als *Störung* des Verhaltens angesprochen werden kann. Schwierig ist das Problem beispielsweise, wenn man den Trotz eines Kindes oder Jugendlichen einordnen soll. In gewissem Umfang und unter entsprechenden äußeren Bedingungen muß ein trotziges Verhalten als situationsgebundene oder als phasenspezifische Reaktionsweise eingeschätzt werden. Wann der Trotz bei Zunahme seiner Intensität und Häufigkeit als Verhaltensstörung oder vielleicht besser als abnormer Trotz angesehen werden darf, läßt sich nicht immer entscheiden. Etwas ähnliches gilt für das Stehlen, das seine Vorform im Naschen oder in einem noch tolerierbaren Besitzergreifen hat. Wir möchten Bedenken dagegen äußern, jedes Stehlen im Sinne des Gesetzes als Verhaltensstörung zu bezeichnen. Ein vom Strafgesetz gekennzeichnetes Fehlverhalten weicht zwar von der rechtlichen Norm, aber nicht immer von der psychologischen Norm ab.

Mit *Erich Stern* haben viele Jugendpsychiater die Anwendung des Begriffes der Verhaltensstörung sehr ausgeweitet. Auch die Grenzen des Begriffes der Charakterstörung werden sehr weit gezogen. *Stern* schreibt: „Die Verhaltensstörungen stellen gleichsam die äußere, die Charakterstörung die innere Seite dar. ... Beide entsprechen einander." Danach wäre zu folgern, daß dem als Verhaltensstörung gewerteten kriminellen Handeln immer eine Charakterstörung zugrunde liegt. Die psychologische Kluft zwischen dem Verhalten eines Menschen und seinem Charakter wird in diesen Anwendungen des Störungsbegriffes völlig verkannt. Das Verhältnis zwischen Tat und Täter ist erst in jedem Einzelfall zu untersuchen, bevor der Ausdruck „Störung" im psychologischen Sinne angewandt werden kann. Wir würden von Störung immer nur sprechen, wenn der motivpsychologische Zusammenhang aufgehoben ist, und das gilt im wesentlichen nur für die krankhaften Erscheinungen.

In unserem psychopathologischen Sprachgebrauch ist es nicht üblich, die normalen oder abnormen Konfliktreaktionen als seelische Störungen zu bezeichnen. Schließlich sagen wir auch bei einer psychopathischen Persönlichkeit nicht, es handele sich um eine Charakterstörung. Als Oberbegriffe der beschreibenden oder verstehenden Pathocharakterologie verwenden wir die Bezeichnungen: abnorme Persönlichkeit und abnorme Erlebnisreaktion. Die Verhaltensweisen einer abnormen Persönlichkeit oder die Auswirkungen einer abnormen Erlebnisreaktion können zwar als Störung imponieren. Es ist jedoch zu unbestimmt, hierbei in einem allgemeinen Sinne von Verhaltensstörungen zu sprechen.

Zusammenfassend möchten wir begrifflich klarstellen: Die kriminelle Tat ist psychologisch eine normale Handlung. Nur in besonderen Ausnahmefällen erwächst sie aus einer abnormen seelischen Verfassung oder ist gar Folge einer Krankheit. Die Untersuchung kriminellen Verhaltens liefert einen entscheidenden Beitrag zur allgemeinen Psychologie des Handelns. Die methodischen Grundlagen, mit denen wir zum Verständnis einer kriminellen Tat kommen können, sind noch weiter zu erläutern.

Die Methode des Verstehens

Karl Jaspers führte im Jahre 1913 die begrifflichen Grundlagen des Verstehens in die allgemeine Psychopathologie ein. Für die Jugendpsychologie hat *Eduard Spranger* die Bedeutung dieser Methode besonders klar herausgestellt. *Sprangers* ungewöhnlich weit verbreitetes und jetzt in 27. Auflage vorliegendes Werk „Psychologie des Jugendalters" erschien im Jahre 1924. Als Vorgänger von *Jaspers* und *Spranger* verdient an erster Stelle der Philosoph *Wilhelm Dilthey* genannt zu werden, dessen „Ideen über eine beschreibende und zergliedernde Psychologie" im Jahre 1894 in den Sitzungsberichten der Berliner Akademie veröffentlicht wurden. *Hans W. Gruhle* und *Kurt Schneider* haben die Maßstäbe des Verstehens in der Psychiatrie besonders methodenbewußt angewandt. Der Schweizer Psychiater *Jakob Wyrsch* hat in dem Sammelband „Psychiatrie der Gegenwart" (Band I/2, 1963) unter ausdrücklicher Würdigung der Gedanken von *Hans Jörg Weitbrecht* die Verdienste dieser Forschungs- und Arbeitsrichtung hervorgehoben. Vor allem durch die methodologischen Betrachtungen von *Hermann Witter* ist in jüngster Zeit die Bedeutung der verstehenden Psychopathologie wieder sehr überzeugend unterstrichen worden. In der Charakterologie besitzt die Methode des Verstehens noch absoluten Vorrang. Methodisch am zuverlässigsten vertritt sie *Philipp Lersch*.

Wyrsch hat besonders herausgestellt, worauf es auch *Jaspers* schon entscheidend ankam, daß die verstehende Psychologie oder Psychopathologie eine Methode ist und keine Theorie. Alle vermeintlich fortschrittlicheren Lehren sind nach *Wyrsch* Verwässerungen und alt- oder neumodische Umgestaltungen, die teilweise ihr unerläßliches Fundament, nämlich die Voraussetzung des zwischenmenschlichen Verstehens, leugnen und jeweils eine eigene Theorie hinzufügen, durch die dem empirisch Gegebenen mancher Zwang angetan wird. Wenn wir unsere Fachkenntnisse auf andere Bereiche, etwa auf das Gebiet der Rechtsfindung übertragen wollen, müssen wir auf die Grundlagen zurückgreifen, die vor aller Theorie Inhalt unseres Erfahrungsgutes sind. Darum bedarf es einer methodischen Besinnung, die wir hier versuchen wollen.

Jede Form der Charakterologie und der Psychopathologie ist auf das Verstehen von Mensch zu Mensch gegründet. *Das Verhalten eines Menschen* läßt sich zunächst nur beschreiben. Wenn eine Beurteilung des Menschen erfolgt, wird der Weg des Verstehens beschritten. Eine Untersuchung der seelischen Verfassung beginnt immer bei der Verhaltensbeobachtung. Dabei sind zwei Voraussetzungen zu erfüllen: einerseits sind alle auffindbaren Einzelzüge des Verhaltens möglichst vollständig zu ermitteln; andererseits bedürfen diese einer sachgerechten Beschreibung. Die weiteren Schritte psychologischen Erfassens, die zum Einblick in innere Zusammenhänge führen, gehören zum Akt des Verstehens.

Das Verhalten ist der Gegenstand unserer Beobachtung. Aus der Verhaltensbeobachtung gewinnen wir die wichtigsten Bausteine unserer psychologischen Empirie. *Der Charakter ist eine Abstraktion.* Wir unterstellen ihm eine Realität, die wir aber nur aus dem Verhalten erschließen können. Zum Begriff des Charakters gelangen wir, indem wir erkennen, daß das Verhalten eines Menschen nicht beliebig in allen möglichen Variationen wechselt. Bei jedem Individuum bemerken wir Gleichmäßigkeiten und Beständigkeiten des Verhaltens, die uns veranlassen, an eine in der Persönlichkeit verankerte Eigenart zu denken. Jeder Mensch bietet eine Reihe von Eigenarten oder Eigenschaften, die in sich zusammenhängen und ein mehr oder weniger strukturiertes Ganzes bilden. Das Gesamtbild der seelischen Eigenschaften nennen wir Charakter. In diesem umfassenden Begriff lassen sich vorläufig auch die Verstandesbegabungen noch mit einschließen, die wir bei den späteren Beschreibungen gesondert behandeln werden.

Regelmäßigkeiten oder Gesetzmäßigkeiten im Verhalten eines Menschen zu erkennen, sie auf Eigenschaften des Individuums zurückzuführen und das Gesamt der Eigenschaften als Charakter zu erfassen, sind die grundlegenden methodischen Schritte des Verstehens. Bei logisch klarer Gliederung und Anwendung der beschreibenden Begriffe ist es möglich, sich einer Objektivität — soweit diese im Rahmen der Psychologie möglich ist — weitgehend anzunähern. Die Methode des Verstehens setzt aber noch andere Erkenntnisfaktoren ein.

Neben der Beobachtung menschlichen Verhaltens ist uns als weiteres Erfahrungsfeld für seelische Phänomene und Vorgänge unser eigenes innerseelisches Erleben zugänglich. Durch die Selbstbeobachtung können wir Zustände, Veränderungen, Entwicklungen, Reaktionen, Leistungen und Akte erfassen, die ihrerseits wieder einer begrifflichen Gliederung bedürfen. Wir erkennen im Innenraum unseres Erlebens, wie seelische Vorgänge miteinander verbunden sind, wie sie auseinander hervorgehen und wie sie einander entgegengesetzt wirken. Die hieraus erwachsende Erfahrung, die zunächst ganz subjektiv ist, fördert die Möglichkeiten des Verstehens entscheidend. Wir sprechen ganz allgemein vom *Einfühlen*, wenn wir die in der Selbstbeobachtung gewonnene Erfahrung auf das Verständnis und die Beurteilung anderer Menschen übertragen und anwenden.

Mit Hilfe des Einfühlens erkennen wir Hintergründe des Verhaltens, die uns nicht unmittelbar aus der Beobachtung des anderen Menschen zugänglich sind. Der Begriff Einfühlen läßt zunächst allzusehr an ein gefühlsmäßiges Geschehen denken. Jedoch erwächst dieser Akt aus einem Wissen über seelische Vorgänge, das „mit vieler Mühe erlernt werden muß" *(Hans W. Gruhle)*. Unter Anwendung von Vergleichen oder Analogien dient das Einfühlen in diesem engeren Sinne dem echten rationalen Verstehen. Es wäre ohne weiteres gerechtfertigt, nach einem Vorschlag des ideenreichen *Willi Hellpach*, das Einfühlen als ein Eindenken zu bezeichnen.

Jenseits allen Wissens über die Seele anderer Menschen kennen wir noch das *Mitfühlen*. Bei jeder zwischenmenschlichen Kontaktnahme kann sich im Mitfühlen ein Modus des sogenannten Verstehens vollziehen, der rein intuitiv oder gefühlsmäßig ist. Wir empfinden beispielsweise spontan, ob uns ein trauriger oder ein munterer Mensch begegnet. Dabei überträgt sich unmittelbar etwas Seelisches, das wir mitfühlen. Dieser Vorgang läßt sich nicht in vollem Umfang logisch unterbauen. Ein letzter Rest dieser gefühlsmäßigen Erfassensweise wird auch bei sehr kritischem Vorgehen noch mitschwingen. Ist man sich aber einer solchen Gefahr und Grenze der Methode des Verstehens bewußt, so läßt sich unter Einbeziehung des Mitfühlens durchaus eine Aussage über die Seele des Mitmenschen finden, die mit einem angemessenen Anspruch auf Objektivität vertretbar ist. Unerläßlich bleibt allerdings eine große, immer wieder kritisch überprüfte Erfahrung in der Begegnung mit anderen Menschen.

Das Verstehen stellt sich demnach als ein mehrschichtig unterbauter Zugang zum Charakter oder zur Persönlichkeit des Mitmenschen dar. Die mit der Verhaltensbeobachtung verbundenen Erfassensweisen des Einfühlens und Mitfühlens sind weitgehend an die Beobachtung von Ausdrucksvorgängen geknüpft. Die reichhaltigste Form des Ausdrucks ist die Sprache. Sprachliche Verständigung ist das wichtigste Hilfsmittel, dessen sich die Methode des Verstehens bedient. Die übrigen Formen des Ausdrucksverständnisses können ebenfalls methodisch genutzt werden, bedürfen dann aber durchweg einer besonderen Erfahrung.

In ihrer praktischen Anwendung zielt die Methode des Verstehens letztlich auf ein Erforschen von Motiven des menschlichen Handelns hin. Verstehen ist immer ein Verstehen von Zusammenhängen, die im wesentlichen Wirkungszusammenhänge sind. Diese Wirkungszusammenhänge nennen wir Motive, wie dies *Hans Bürger-Prinz* unter Berücksichtigung der forensischen Probleme ausführlich dargelegt hat (1953). *Karl Jaspers* spricht von dem genetischen Verstehen und stellt es dem bloßen Erfassen der Phänomene als einem statischen Verstehen gegenüber.

Mit dem Begriff Motiv meint man in der Regel den unmittelbaren Antrieb oder die wegweisende Absicht, die eine Tat hervorruft. Unsere Aufgabe ist es jedoch, die Entstehungsbedingungen des Antriebes und die zur Tat führende Absicht nach ihren charakterologischen Voraussetzungen in das Motivationsgefüge einzubauen. Als Motive des Handelns müssen wir alle psychologischen Voraussetzungen ansehen, die uns auf die Frage Antwort geben: „Warum hat der Mensch so gehandelt?" Außer der affektiven Ausgangssituation, dem persönlichen Temperament, den gewohnheitsmäßigen Reaktionen sind nicht zuletzt auch die Umweltkonstellationen zu berücksichtigen, die manche Tat erst verständlich machen und entscheidend motivieren.

Nicht selten wird beispielsweise eine kriminelle Tat eben deshalb begangen, „weil gerade keiner zuschaut". Die situativen Faktoren können wie ein dynamischer Sog wirken, so daß aus ihnen eine starke Antriebskraft erwächst. Das zeigt sich bei Konstellationen, die als Versuchung oder Gelegenheit wirksam sind. Besonders bei Jugendlichen beobachten wir auch den Einfluß von Drohungen, von Verhöhnung und Verspottung oder die verhängnisvollen Auswirkungen einer listigen Überredung. Zudem können sich massen- oder hordenpsychologische Momente wie ein imperativer und richtungbestimmender Fremdantrieb auswirken. Bei allen diesen Einflüssen bleibt allerdings die jeweilige Ansprechbarkeit des Einzelnen zu berücksichtigen. Der Nachdruck einer wirksamen Drohung und die seelische Widerstandskraft des Bedrohten sind gegeneinander abzuwägen. Unter den Jugendlichen besitzt nicht jeder die gleiche Anfälligkeit, um sich einer Bande anzuschließen oder um sich durch Spott mit dem Vorwurf der Feigheit verführen zu lassen.

Bei der Ermittlung seelischer Hintergründe und Strukturzusammenhänge läßt sich oft ein recht verzweigtes Gefüge von Motiven und Strukturkomponenten erkennen. Viele Interpreten versuchen, dieser Mannigfaltigkeit durch die Aufstellung von schwer überschaubaren Strukturformeln gerecht zu werden. Auf dem 12. Deutschen Jugendgerichtstag in Regensburg (1962) gaben die Vorträge von *Friedrich Stumpfl* und *Günther Suttinger* sowie die Erläuterungen von *Hermann Stutte* eindrucksvolle Beispiele für die theoretischen Bemühungen auf diesem Gebiet. Aufgabe der diagnostischen Beurteilung bleibt für uns bei aller Würdigung der mannigfaltigen Dynamik seelischer Zusammenhänge die Erfassung des charakterologischen Kernes. *Philipp Lersch* spricht von den *Primeigenschaften*, die es in jedem Einzelfall charakterologischer Beurteilung festzustellen gilt. Diese Grundeigenschaften haben stets ihr „charakterologisches Umfeld". Damit will *Lersch* zum Ausdruck bringen, daß jedes charakterliche Wesensmerkmal mit weiteren seelischen Zügen verbunden ist, die zusammengehören. Eine persönliche Eigenschaft kann nur dann dominant hervortreten, wenn alle sich entgegengesetzt auswirkenden Kräfte schwächer oder gar nicht ausgebildet sind. Welches Kräftespiel dazu führt, daß der eine oder andere Charakterzug im Vordergrund steht, läßt sich ohne Spekulation meist nicht entscheiden. Wir bleiben daher bei der Beschreibung und stellen fest, daß jede Primeigenschaft ein Umfeld von „affinen" Zügen aufweist.

Die Feststellung einer Primeigenschaft treffen wir zum Beispiel, wenn wir bei einem Hochstapler wesentliche Züge seines Verhaltens auf ein Geltungsbedürfnis beziehen. Die Erforschung der Biographie liefert in der Regel zahlreiche Hinweise, die die Annahme eines starken Geltungstriebes zusätzlich stützen. Es könnte verlocken, ein überdurchschnittliches Bedürfnis nach Mehr-scheinen-wollen weiter auf verständliche Ursprünge oder Motive zurückzuführen. Dabei ist jedoch größte Zurückhaltung geboten. Wir finden uns mit dem Betrachten der Prim- oder Grundeigenschaften an einer Grenze des Verstehens. Dort zeigt sich das so und nicht anders Gegebene, der Charakter. In manchen Fällen läßt sich noch einiges darüber aussagen, wie der Charakter so geworden ist. Erlebnisbedingte Entwicklungen ermöglichen oft ein lebensgeschichtliches Verstehen. Im wesentlichen sind aber die charakterologischen Primeigenschaften Radikale des Charakters, deren biographisch-genetische Interpretation leicht zu Deutungen führt, die die Grenzen des Verstehens überschreiten. Meisterhafte biographische Analysen lassen manche Deutung als zwingend und einleuchtend erscheinen. Jedoch ist für unsere wissenschaftlichen Ansprüche in diesem Punkt eine ernste Besinnung auf die methodischen Gefahren angezeigt.

Weitere Grenzen des Verstehens zeigen sich dort, wo die differenzierten seelischen Strukturen nicht mehr in allen Einzelheiten überschaubar sind, oder wo es nicht gelingt, Verhaltensweisen auf entsprechende Charaktereigenschaften zurückzuführen. Selbst bei großer persönlicher Erfahrung und Nutzung aller methodischen Möglichkeiten bleiben für unser Verstehen immer wieder einzelne unauflösbare Reste oder unausfüllbare Lücken in dem Strukturgefüge des Handelns. Oft ist es nur ein unscheinbarer, objektiv und auch subjektiv kaum zu ermittelnder Anstoß, der letztlich entscheidend im Ablauf des seelischen Geschehens mitgewirkt hat. Die Versuchung liegt nahe, aus solch einer Unbestimmbarkeit den Beweis der Freiheit und Individualität des Menschen herzuleiten. Das ist nicht gerechtfertigt und auch nicht unsere Absicht. Ob letzten Endes das menschliche Handeln determiniert und von uns nur logisch nicht rekonstruierbar, oder ob es indeterminiert und daher grundsätzlich nicht restlos verstehbar ist, läßt sich aus der Empirie und ihrer rationalen Durchdringung niemals ermitteln. Wir können aus der Erfahrung nur feststellen, daß die Grenze der psychologischen Durchschaubarkeit enger gesehen werden muß als es gewöhnlich geschieht. Betrachten wir die Handlungen der Menschen näher und fragen uns, warum sie jenes tun und anderes lassen, so bleiben wir trotz allen Erkenntnisbemühens verwundert und überrascht.

An solchen Grenzen des verstehenden Erkennens muß sich ein angemessenes Methodenbewußtsein bewähren. *Karl Jaspers* hat bereits auf die Vielzahl der möglichen Gefahren hingewiesen, die sich bei dem Versuch eines psychologischen Verstehens einschleichen können. Sehr kritisch ist vor allem *der Unterschied zwischen dem Akt des Verstehens und dem Akt des Deutens* zu beachten. Eine Deutung ist immer einer Hypothese vergleichbar und besagt nicht mehr als: so könnte es sein. Leider werden auch in der forensischen Psychiatrie allzu viele Aussagen gemacht mit dem Tenor: so ist es, obwohl es nur Deutungen sind. Diesen Gesichtspunkt aufmerksam im Auge zu behalten, ist eine entscheidende Voraussetzung, wenn wir die Methode des Verstehens anwenden wollen.

Die durch das Verstehen erschlossenen Zusammenhänge müssen — ohne im naturwissenschaftlichen Sinne beweisbar zu sein — doch unmittelbar evident bleiben. Die logischen und psychologischen Konstruktionen des Verstehens sollen für jeden, der nur genügend Lebenserfahrung und ein wenig Spezialerfahrung besitzt, nachvollziehbar und zwingend einleuchtend sein. Die Verständigung darüber, daß es so ist, darf auf keine Schwierigkeiten stoßen. „Die Evidenz des genetischen Verstehens ist etwas Letztes ... Sie hat ihre Überzeugungskraft in sich selbst" *(Karl Jaspers).*

Es ist richtig, wenn *Ferdinand A. Kehrer* sagt: *„Verstehen ist psychologische Empirie"*. Nur können wir seinem Nachsatz nicht folgen, daß diese Empirie „gar keiner Wissenschaft bedarf". Ein Verstehen, das nicht unter dem Gesichtspunkt der Wissenschaftlichkeit und mit klar definierter Methodik arbeitet, kann sich nicht von den Gefahren fernhalten, die wir erwähnt haben. Es droht dem zu starken Einfluß des Subjektiven zu unterliegen, es droht *zu weit* zu gehen und sich im Deuten und in anderweitigem Erklären zu verlieren. Es hieße auch, die großen Verdienste der phänomenologischen Charakterologie und der methodentreuen Psychopathologie verkennen, wenn man sie lediglich als Niederschlag einer Empirie — die sie zweifellos sind —, aber ohne Anspruch auf Wissenschaftlichkeit abtun wollte.

Ferdinand A. Kehrer stellt dem Verstehen das Begreifen gegenüber. Mit diesem Ausdruck bezeichnet er die „tiefenpsychologische oder geisteswissenschaftliche Sinndeutung". Im Gegensatz zum Verstehen als Empirie ist „Begreifen Theorie, der man sich anschließen kann". Was hier mit Begreifen gemeint und ausdrücklich als Sinndeutung gekennzeichnet ist, möchten wir unter dem Begriff des *Deutens* zusammenfassen, von dem wir schon erwähnt haben, daß es sich auf Theorien, auf Hypothesen stützt.

Es bedarf des Aufwandes einer besonderen begrifflichen Klarheit und der Anwendung einer vorurteilsfreien Erfahrung, um sich nach der Methode des Verstehens Urteile über einen Menschen und sein Handeln zu bilden. *Felix Krueger,* der historisch am Anfang unserer psychologischen Phänomenologie steht, hat im Jahre 1915 darauf hingewiesen, wie schwer es ist, „überall vom unmittelbar Gegebenen auszugehen und ohne Vorurteil das unzweifelhaft Tatsächliche zu ermitteln". Zu dem unzweifelhaft Tatsächlichen gehört auch das, was wir Charakter nennen, obwohl es nicht im Anschaulichen unmittelbar gegeben ist. Wird die methodische Grenze des Verstehens nicht überschritten, so haben alle durch sie gewonnenen charakterologischen Erkenntnisse einen hohen Gewißheitsgrad und praktischen Beweiswert.

Wenn wir mit der gebotenen Methodentreue das Bild eines Charakters oder das Motivgefüge einer Handlung weitgehend lückenlos aufgebaut oder durchschaut zu haben glauben, so dürfen wir doch nicht übersehen, daß die Geschlossenheit des Bildes niemals ganz frei von einer schöpferischen Zutat ist. Die Beachtung einzelner Eigenschaften oder Motive bedeutet ein gewisses Hervorheben derselben. Immer wieder sind Akzentuierungen erforderlich. Mag man sich noch so sehr um Vollständigkeit der Erfassung von Einzelheiten bemühen, vieles wird notwendigerweise vernachlässigt. *Hans Bürger-Prinz* sagt sogar: „Fast wie durch ein Komplementärgesetz bringt die Analyse der einen Seite ein Verdunkeln, Entwerten der anderen mit sich." Es unterliegt zweifellos in gewissen Grenzen der freien Wahl des Untersuchers, welche Seite er für die jeweils gegebene Fragestellung hervorhebt. Entscheidend ist nur, ob es ihm gelingt, das tatsächlich Wesentliche und Adäquate zu ermitteln. „Darüber, ob ein Motiv adäquat, tragfähig, sinnerfüllt, ausreichend sei, kann nur die Erfahrung, die Kennerschaft um den Menschen entscheiden" *(Hans Bürger-Prinz).* So ist jede Beurteilung seelischer Wirkungszusammenhänge und die Bewertung der Bausteine des Handelns und des Charakters jeweils eine geistige Leistung, die in der persönlichen Erfahrung verwurzelt bleiben muß, um ihren Gewißheitsanspruch nicht zu verlieren.

Da das motivische Verstehen der beobachteten Verhaltensweisen nichts anderes ist als ein Abstrahieren, ein Absehen vom Zufälligen, ein Erfassen des Wesentlichen oder des individuell Wesensgemäßen, bedient es sich zur Übermittlung des Wissens gelegentlich der Bilder und Modellvorstellungen. Dieser Weg ist oft hilfreich, aber auch wieder gefahrvoll. Die Anschaulichkeit psychologischer Erkenntnisse ist beispielsweise durch das Schema des Schichtenaufbaus wesentlich gefördert worden. Unter Berufung auf *Nicolai Hartmann* hat *Kurt Schneider* das Modell der kategorialen Schichten angewandt. *Erich Rothacker, Philipp Lersch* und mit ihnen jetzt schon eine ganze Psychologengeneration haben mit Nutzen von den Schichten und vom Aufbau der Persönlichkeit gesprochen. Bildliche Bezeichnungen können aber nur der schematischen Verständigungshilfe dienen. Die Erfahrung lehrt, daß ihre Anwendung nicht immer vorurteilsfrei geschieht. Allzu leicht werden Vorstellungen vorweggenommen, die die tatsächlichen Zusammenhänge entstellen oder sehr einseitig betrachten lassen.

Im Vorgriff auf unsere Ausführungen zur Psychologie des Handelns sei als Beispiel der anschaulich-bildhafte Begriff der Kurzschlußhandlung erwähnt. Bei entsprechend klarer Definition kann er auf eine Sonderform des Handelns angewandt werden, die sich von der Willenshandlung abhebt. Der Nachteil des Begriffes ist aber der, daß sich sein bildlicher Gehalt leicht auf *jede* Entschlußhandlung übertragen läßt. Oft ist der Wille nichts anderes als eine Instanz, die im entscheidenden Augenblick verschiedenartige Antriebsregungen mit latenten Wunschvorstellungen kurzschließt. Viele Entscheidungen fallen nur, weil im rechten Augenblick ein entsprechender Anstoß gegeben wird. Diese Auslösung ist oft recht kurzschlußartig. Solche vom Bild her gegebenen Ähnlichkeiten verleiten zu begrifflichen Grenzerweiterungen und führen leicht zur Unschärfe des Begriffes. Zahlreiche Bilder der psychologischen Nomenklatur werden etwas zu großzügig angewandt. Sehr viele Mißverständnisse hat beispielsweise der Begriff des *Unter*bewußtseins mit sich gebracht; gleiches gilt von Bezeichnungen wie *Einengung* des Bewußtseins, Affekt*stauung* und vielen ähnlichen mehr.

Wesentliche Hilfe bei der verstehenden Beschreibung leistet die Anwendung von Typenbezeichnungen. Im charakterologischen Bereich kann eine begriffliche Abgrenzung nur durch Akzentuierung des Typischen erfolgen. Der Hinweis auf etwas Typisches bedeutet Hervorhebung eines kennzeichnenden Merkmals. Weniger charakterprägende Eigenschaften werden dabei vernachlässigt. Wie beim motivischen Verstehen kommt es auch hier sehr auf eine angemessene Bewertung der Einzelfaktoren an. Gelingt die Einordnung einer Phänomengruppe unter einen geeigneten Typenbegriff, so werden charakterologisch oder motivisch zunächst weniger durchschaubare Zusammenhänge im Gesamtbild einhelliger erkannt. Allerdings ist die Gefahr der Akzentverschiebung nicht zu unterschätzen. Sie ist vor allem dann sehr groß, wenn die Skala der Typenbilder allzu starr gesehen oder wenn die Typenzuordnung wie eine Diagnose eingeschätzt wird. Eine psychologische Typologie sollte nie als Versuch einer Klassifizierung, sondern immer nur als ein elastisches Hilfsmittel der beschreibenden Charakterologie betrachtet werden. Die Aufstellung und Anwendung einer Typologie ist mit gewissem Recht als „die via regia der verstehenden Psychologie“ *(Robert Heiss)* angesprochen worden. Daß sie zugleich ein methodisch gefahrvoller Weg ist, sei hier besonders betont.

Typologien, die rein charakterologische Persönlichkeitsbilder zu erfassen suchen, sind nicht sehr zahlreich. In der Normalpsychologie wären am ehesten die von *Carl Gustav Jung* und die von *Gerhard Pfahler* beschriebenen Typen zu erwähnen, in der Pathocharakterologie die von *Kurt Schneider* zusammengestellten Typen psychopathischer Persönlichkeiten. Die meisten anderen Typologien gehen von mehr soziologischen oder von biologischen Gesichtspunkten aus, die psychologisch wenig Aufschluß erlauben. In der Kriminalpsychologie sind oftmals „Typen von Kriminellen“ aufgezählt worden, die den Ansprüchen einer verstehenden oder analytisch beschreibenden Psychologie nicht gerecht werden. Als Typenbegriffe werden zum Beispiel die folgenden oder ähnliche Bezeichnungen gebraucht: Anlagekriminelle, Berufs- oder Gewohnheitsverbrecher, Verwahrlosungstäter, Überzeugungstäter, Reifungs- oder Entwicklungskriminelle. Die Aufzählungen von *Edmund Mezger, Ernst Seelig, Alwin Loesch* und andere Typenbegriffe mögen als Klassifizierungen wohl von einer gewissen kriminologischen oder kriminalpolitischen Bedeutung sein, eine psychologische Verständigungshilfe leisten sie aber nicht. Das gleiche gilt auch für die konstitutionsbiologischen Typen *Ernst Kretschmers,* denen im forensischen Bereich eine Sonderstellung durch Aufnahme in den amtlichen kriminalbiologischen Fragebogen vom Jahre 1937 eingeräumt wurde. Korrelationsstatistische Auswertungen zahlreicher körperlicher Merkmale dienen in keiner Weise dem charakterologischen Beschreiben oder dem psychologischen Verstehen.

Wenn wir uns um die methodische Abgrenzung des Verstehens bemühen, so müssen wir abschließend auf einen logisch grundsätzlich andersartigen Vorgang hinweisen. Wir meinen das *Erklären,* das häufig mit dem Verstehen vermischt oder verwechselt wird. Seitdem *Hans W. Gruhle* mit besonderer Deutlichkeit auf die Unterscheidung von Ursache und Motiv hingewiesen hat, ist dieses Wissen innerhalb der Psychologie und Psychiatrie wohl Allgemeingut geworden, aber nicht immer angewandtes Wissen geblieben. Es handelt sich im wesentlichen um die Unterscheidung der naturgesetzlichen von der seelengesetzlichen Ordnung. Überall dort, wo Naturgesetze gelten, finden wir Ursache-Wirkungszusammenhänge, die wir erfahren und schließlich erklären können, die aber nicht verstehbar sind. Seelische Zusammenhänge können wir normalerweise nicht erklären, sondern nur verstehen. Den seelischen Abläufen liegen Motive zugrunde. Die Naturvorgänge führen wir auf Ursachen zurück. Während nun in den außerseelischen Bereichen *nur* Natur- oder Kausalgesetze gelten und *nur* Ursachen eine Wirkung hervorrufen können, sind im seelischen Bereich beide Wirkungsweisen, also motivierte und verursachte Vorgänge möglich. Die Naturwissenschaft hat zwar die Strenge der naturgesetzlichen Ordnung neuerdings in Frage gestellt. Dennoch dürfte im Bereich der uns beschäftigenden Größenordnungen hieraus keine Grundlagenänderung erwachsen.

Das Verstehen hat an den naturgesetzlich ablaufenden Vorgängen seine letzte Grenze. Natürliche Ursachen, vor allem krankhafte Vorgänge, durchkreuzen eigengesetzlich jedes Motivbündel. Ursächliche Faktoren können manche Verhaltensweise wohl *erklären,* auch können sie selbst als Motive mit eingeschaltet sein, grundsätzlich sind sie aber von den motivierenden Faktoren zu unterscheiden.

Die Zusammenhänge zwischen den erklärbaren und den nur verstehbaren seelischen Vorgängen können mannigfach sein. Zwei Beispiele seien zur Erläuterung angeführt. Ein Mensch, der lange nichts gegessen hat, fühlt sich hungrig und entschließt sich, etwas zu essen. Das durch den leeren Magen *verursachte* Hungergefühl wird zum *Motiv* für einen Entschluß. Wenn wir sagen, das Hungergefühl sei unter den gegebenen

Umständen zu verstehen, so ist die Ausdrucksweise falsch. Es ist nur zu erklären. Weil aber das Wort verstehen oft synonym gebraucht wird, ergeben sich leicht methodische Unklarheiten.

Völlig andere Verhältnisse finden wir, wenn etwa ein Maniker aus Größenwahn protzige Geldausgaben macht. In diesem Falle wird das durch seine Krankheit *verursachte* Phänomen — der Größenwahn — zum *Motiv* für ein entsprechendes Verhalten. Warum der Maniker größenwahnsinnig ist, läßt sich niemals verstehen. Die Erfahrung lehrt uns, daß es so ist. Ebenso wie sie uns lehrt, daß Wasser unter dem Gefrierpunkt zu Eis wird. Die Frage, warum das so ist, läßt sich wohl durch Hinweis auf physikalische Einzelvorgänge erläutern, kann aber nicht grundsätzlich beantwortet werden. Die Tatsache erklärt sich allein aus der Erfahrung und der nach ihr erkannten Gesetzmäßigkeit. Erklärungen lassen sich nur durch die Empirie beweisen. Ihr Beweis wiederholt sich unter den gleichen Bedingungen zwangsläufig und kann in vielen Fällen sogar experimentell erprobt werden. Bei entsprechender Erfahrung glaubt man die Zusammenhänge zu verstehen, tatsächlich kann man sie nur erklären.

Bei psychiatrischen Begutachtungen kommt es in der Regel darauf an, jenseits der Grenzen des Verstehens die biologisch oder durch Krankheit verursachten Einflüsse zu erkennen. Manchmal sind Zusammenhänge, die als verständlich angesehen werden, sichere Krankheitsfolge, stehen also außerhalb der motivpsychologischen Gesetzlichkeit. So finden wir etwa eine dem Anschein nach begründete Verstimmung auch als Ausdruck einer zyklothymen Depression. Eine als motiviert angesehene Erregung kann Folge einer krankheitsbedingten Reizbarkeit sein. Bei Geisteskrankheiten läßt sich oft keine zuverlässige Grenze finden zwischen dem, was noch normal verständlich und daher motivpsychologisch zu interpretieren ist, und dem, was nur die Krankheit erklärt. Begeht ein Schizophrener einen Diebstahl, so kann diesem Tun dasselbe Motivgefüge zugrunde liegen wie bei einem Gesunden. Es kann aber auch ein psychotischer Imperativ dahinterstehen. Eine zuverlässige Abgrenzung der psychologisch oder nur psychopathologisch zuzuordnenden seelischen Kräfte ist in diesen Fällen nicht möglich.

Dem psychiatrischen Sachverständnis werden falsche Erwartungen entgegengebracht, wenn man meint, alles Nicht-Verständliche sei erklärbar, also aus einer biologischen Gesetzlichkeit oder aus einer Krankheit herzuleiten. Gelegentlich zeigt sich auch bei Gutachtern eine starke Neigung, etwas schwer oder gar nicht Verständliches voreilig mit Erklärungen abzutun. Die Folgen davon können ebenso bedenklich sein wie jeder Versuch, das Motivieren weit in den Bereich des Krankheitsbedingten und des daher nur Erklärbaren vorzutreiben. Dieses Abgleiten in unbegründete Deutungen beobachten wir bei vielen geisteswissenschaftlichen Methodenüberschreitungen. Die allzu großzügige Zuhilfenahme von Erklärungen ist als naturwissenschaftliche Grenzüberschreitung anzusehen.

Die Erläuterung unserer methodischen Ausgangsbasis sei hiermit abgeschlossen. Es schien uns unerläßlich, eine Vielzahl von Gefahren aufzuweisen, denen der Psychologe bei jedem Versuch einer verstehenden Betrachtung menschlichen Handelns ausgesetzt ist. Der Methode des Verstehens wird oftmals eine zu große Einfachheit oder wissenschaftliche Rückständigkeit nachgesagt. Wir sind jedoch überzeugt, daß sie immer noch die zuverlässigsten und empirisch bewährtesten Fundamente für die Menschenbeurteilung und die Menschenbehandlung liefert. Wenden wir uns nun zur verstehenden Psychologie des Handelns.

Der Aufbau der Handlung

Die Handlung eines Menschen ist in der Regel eine Willenshandlung. Auch wenn kein bewußt erlebter Entschluß und keine Wahlentscheidung vorliegen, läßt sich doch zu den Handlungen des Menschen im weitesten Umfang sagen, daß er auch anders hätte handeln können. Die Fähigkeit, anders handeln zu können oder Handlungen zu unterlassen, verbinden wir mit dem Begriff des Willens. Hierin findet sich die empirische Begründung für das Postulat der Willensfreiheit und für jede Verantwortlichkeit des Menschen.

Wir kennen nur zwei Bedingungen, unter denen der Aufbau einer Handlung nicht dem Modell der Willenshandlung entspricht. Zunächst sind alle diejenigen Handlungen zu erwähnen, bei denen das Motivgefüge durch Krankheitsvorgänge oder durch biologische Faktoren kausalgenetisch *gestört* ist. Dabei ist gelegentlich die Frage zu prüfen, ob der biologische Einfluß so dominierend oder von so großer Bedeutung ist, daß er den Willen völlig *ausschalten* oder *wesentlich* beeinträchtigen konnte. Dieses Problem ist das zentrale Thema einer forensisch-psychiatrischen Sachverständigentätigkeit.

Der andere Grenzbereich einer Willenshandlung liegt innerhalb der normalpsychologischen Vorgänge. Wir verweisen hierbei auf *Philipp Lersch,* der in Abhebung von den Willenshandlungen die *„antriebsunmittelbaren Handlungen"* beschreibt. Kennzeichnend für diese Form der Handlung ist der Umstand, daß ein im Antriebsgeschehen liegender Handlungsentwurf und die Ausführung der Handlung ohne Mitwirkung und Zwischenschaltung regulierender oder hemmender Einflüsse unmittelbar aufeinanderfolgen. Der Ursprung, aus dem diese Handlungen erwachsen, und der Erfolg, in dem sie sich verwirklichen, sind in den antriebsunmittelbaren Handlungen zeitlich so angenähert, daß Anfang und Ende des Geschehensablaufes kaum noch zu trennen sind. Bevor wir diese Sonderform des Handelns näher untersuchen, möchten wir den Aufbau der Willenshandlung erläutern.

Die Handlung ist zunächst wie alles seelische Geschehen unter dem Gesichtspunkt der Schichtung zu betrachten. Das Schema des „endothymen Grundes" und des „personellen Oberbaus" *(Philipp Lersch)* bewährt sich auch hier. *Lersch* hat auf die Es-haftigkeit der endothymen Erlebnisweisen und auf die Ich-haftigkeit der personalen Vorgänge hingewiesen. In jeder Handlung sind die es-haften Regungen und die ich-haften Regulierungen auf mannigfache Weise miteinander verflochten. Als tragende Kräfte des Handelns wirken die es-haften Antriebe, die endothymen Strebungen. Aus ihnen erwächst die Dynamik, die erst zum Handeln führt.

Jeder Antrieb trägt in sich Intentionsziele. Er birgt nicht nur einen unbestimmten Impuls, sondern gleichzeitig einen bildhaften Verhaltensentwurf, der auf die Erreichung des Antriebszieles gerichtet ist. Neben jedem einzelnen Antrieb treten im Vollzug des seelischen Lebens ständig noch andere Antriebe auf, die teilweise verwandte, rivalisierende oder entgegenwirkende Intentionen in sich bergen. Unter ihnen entfaltet sich ein Kräftespiel, aus dem Handlungen erwachsen. Das Zusammenwirken der zum Handeln führenden Antriebe stellt die jeweils aktuellen dynamischen Anteile des Motivgefüges dar.

Den Antrieben liegen Vorgegebenheiten oder Strukturen zugrunde, die sie erst ermöglichen. Sowohl die Art der Antriebe als auch ihr Intensitätsgrad sind verankert in einem individuellen Sosein, dessen dispositionelle Eigenart wir Charakter nennen. Selbst die rein vitalen Antriebsweisen, die weitgehend übercharakterlich und für den Einzelmenschen unspezifisch sind, tragen doch in ihrer jeweiligen Erscheinungsform schon Merkmale eines persönlichkeitseigenen Stils. Der Grad der Antriebsstärke wird vielfach mit dem Begriff Temperament gekennzeichnet. Die Skala der verschiedenen Antriebsweisen bildet das dynamische Profil des endothymen Grundes einer Persönlichkeit.

Als weitere endothyme Erlebnisqualitäten sind noch die Gefühlsregungen und Stimmungen zu erwähnen, die auch einen Einfluß auf unser Handeln ausüben. Dieser Einfluß macht sich jedoch nur insofern geltend, als jedes Gefühl intentionale Potenzen, also Antriebskräfte in sich birgt. Die Gefühle besitzen eine Antriebskomponente und tragen auch ihrerseits das „virtuelle Bild eines Verhaltens" *(Philipp Lersch)* in sich. Wenn unter diesem dynamischen Aspekt die Antriebsseite der Gefühle hervorgehoben wird, erweist sich im vorliegenden Zusammenhang eine besondere Berücksichtigung der Gefühlsvorgänge als nicht notwendig. Ihre Antriebsmomente lassen sich in die Skala der mehr oder weniger selbständigen Antriebe mit einbeziehen.

Die Vielzahl der Antriebskräfte kann hier nicht aufgezählt werden. Zu erwähnen sind zunächst die Kräfte, die ganz allgemein Auswirkung des Lebendigseins sind. *Philipp Lersch* spricht von den Erlebnisweisen des „lebendigen Daseins". Hinzukommen die an das Ich gebundenen Regungen, die Erlebnisweisen des „individuellen Selbstseins". Außerdem kennen wir Triebkräfte und Strebungen, die sich auf die Mitwelt und auf höhere sittliche und Sinnwerte des Lebens richten. *Lersch* nennt diesen dritten Bereich die Erlebnisthematik des „Über-sich-hinaus-seins". Für das menschliche Handeln erwachsen aus diesen Erlebniskreisen die mannigfaltigsten Impulse.

Allen Antrieben liegt eine innerseelische Dynamik zugrunde. Gleichzeitig sind sie aber weitgehend abhängig von der Situation. Nicht selten werden sie durch auslösende Momente geweckt, die von einem außerseelischen Bereich einwirken. Dieser außerseelische Bereich ist der Erlebnishorizont, den wir die Welt oder unsere Umwelt nennen. Das Gegenüber unseres Erlebens läßt sich in objektiv bestimmbaren Situationen erfassen, hat aber als Umwelt des Menschen stets seine subjektiv gewerteten Bedeutungsgehalte. Aus diesen Bedeutungsgehalten erwachsen die Anregungen des Antriebslebens.

Das ständige Wechselspiel zwischen Angesprochenwerden und Reagieren ist schon im animalischen Bereich erkennbar. In der Sphäre des Menschen gewinnt dieses Spannungsfeld die Dimension eines willensgesteuerten Handelns. Sieht man von dem Einfluß des Willens zunächst ab, so ist es äußerst schwierig und bei kritischer Prüfung gar unmöglich, das auslösende Gewicht der Umweltfaktoren und die eigene Kraft der Antriebsregungen gegeneinander abzuwägen. Welchen Anteil die nicht selten recht imperativen Situationsmomente einerseits oder die überwältigenden Bedürfnisimpulse andererseits besitzen, läßt sich zwar im Einzelfall abschätzen und für bestimmte Modellfälle beinahe apodiktisch beantworten, ist aber doch nie ganz zwingend und evident zu ermitteln, geschweige denn exakt zu beweisen. Hier muß sich die Methode des Verstehens in ihren Grenzen bewähren.

Die Antriebe erwachsen aus einem Sosein des Menschen, aus einer individuellen Struktur. Sie haben auch ihre Einwirkungen untereinander und treffen schließlich auf überformende Kräfte der persönlichen Eigenart. Das Kräftespiel der inneren Antriebe, die in ständiger Spannung und Ausrichtung zu den Aufforderungsgehalten des Erlebnishorizontes stehen, ist als der Unterbau des Handelns anzusehen. Überbau ist alles das, was wir unter dem Begriff des *Verstandes* sowie unter dem Begriff des *Willens* zusammenfassen. Eine Sonderstellung nehmen die *Gewohnheiten* und das *Gewissen* ein.

Der Verstand oder die Intelligenz ist nach *Philipp Lersch* als die „Fähigkeit des Findens, Erfindens und Sichzurechtfindens" zu definieren. Kürzer und treffender läßt sich der Begriff des Verstandes kaum fassen. Er steht den Antrieben als der Inbegriff eines zweiten Kräftepoles gegenüber, aus dem Imperative und Richtungen unseres Handelns hervorgehen. Die regulativen Funktionen des Verstandes treten entweder in den Dienst eines Antriebs, indem sie ihn in ein zielgerichtetes Handeln überleiten, oder Einsicht und Überlegung wirken den Antriebskräften entgegen. Mit dem Verstand werden die Ziele und Zwecke des Handelns abwägend in den Bereich der Betrachtung gezogen und Mittel und Wege zu ihrer Verwirklichung aufgezeigt. Erlaubtes und Verbotenes wird durch ihn unterschieden. Dabei stützt sich der Verstand im wesentlichen auf das Erfahrungswissen.

Neben den richtunggebenden Impulsen des Antriebsgeschehens und den regulierenden Imperativen des Verstandes oder der Vernunft stellt sich *die steuernde Funktion des Willens* als *eine Sonderleistung* dar. Der Wille gibt der Mannigfaltigkeit von Intentionen erst eine entscheidende Formung und schafft die Voraussetzung zu einer freien Handlung.

Vielfach ist an der eigenständigen Rolle des Willens gezweifelt worden. Selbst der große Wegbereiter der empirischen Psychologie *Wilhelm Wundt* hielt in seinem Lehrbuch der „Physiologischen Psychologie" (vierte Auflage 1893) die „Existenz eines nicht von Gefühlen getragenen" Wollens für eine „leere Fiction der Philosophen". In Anlehnung an naturwissenschaftliche Vorstellungen wird das der Handlung vorausgehende Kräftespiel als ein Zusammenwirken stärkerer oder weniger starker Trieb- und Richtungskräfte gesehen, von denen schließlich die Resultante entscheidend für die Verwirklichung der Tat sei. Hemmende Einflüsse werden als Gegentriebe in die Kräfteformel einbezogen.

In diesem dynamisch gedachten, aber recht mechanisch interpretierten Geschehensablauf bleibt kein Spielraum für einen eigengesetzlichen Steuerungsfaktor. Allenfalls wäre der Wille in diesem Kräftespiel nur ein weiterer Antriebsfaktor, der sich bei entsprechender Willenskraft durchsetzt oder bei sogenannter Willensschwäche unterliegt. Der Einfluß dieser Lehren hat stark in die Psychiatrie hineingewirkt. So können wir beispielsweise in dem sehr verbreiteten Lehrbuch von *Eugen* und *Manfred Bleuler* noch in der Auflage aus dem Jahre 1955 lesen, daß der Wille eine „Teilerscheinung der Affekte" sei.

Die nach naturwissenschaftlichen Maßstäben aufgebauten Deutungen des Willensvorganges müssen in der verstehenspsychologischen Betrachtung gänzlich aufgegeben werden. Wir können den Entscheidungsakt in einer Wahlhandlung, den Entschluß zu einem Tun oder Nichttun nicht einfach aus dem mehr oder weniger determinierten, wenn auch nicht leicht durchschaubaren Spiel der Antriebe herleiten. Alle motivbildenden Einzelbedingungen erlauben keine zureichende psychologische Analyse des Handelns, wenn nicht eine eigenständige Entschlußkraft mit berücksichtigt wird. Mit dem Begriff des Willens bezeichnen wir ein Phänomen, das nur aus sich heraus zu verstehen und nicht weiter ableitbar ist.

Robert Heiss spricht von dem „unmittelbar einleuchtenden Tatbestand, daß der Mensch eine Willensanlage" besitzt. Das Wollen ist nach *Philipp Lersch* „ein seelischer Vorgang eigener und selbständiger Art, der nicht auf andere seelische Vorgänge zurückgeführt werden kann."

Die Wirkungsweise des Willens kann man sich nicht unterschiedlich genug vorstellen. Der Wille erscheint nicht immer als eine Kraft, die ein weit verzweigtes Motivbündel überformt. Manchmal übt er lediglich eine überwachende Funktion aus, die den Antriebskräften ihren Lauf läßt, um nur bei unvorhergesehenen Umständen einzugreifen. Der Wille wird manchmal zwischen zwei rivalisierenden Tendenzen lediglich den letzten Anstoß zu einer Entscheidung geben. In anderen Fällen entwickelt sich ein zähes Kräftespiel, in dem der Wille schließlich zur Verwirklichung einer Tat führt. Selbst da, wo er die Überformung der Antriebskräfte und die Erreichung des Handlungszieles verfehlt, oder wo er trotz aller Festigkeit schließlich unterliegt, wirkt der Wille im Aufbau der Tat mit. Die spezielle Phänomenologie der Willensartung läßt eine Reihe von Grundformen erkennen, die als Standhaftigkeit und Zielstrebigkeit oder als Stoßkraft und Entschlußfreudigkeit weiter zu analysieren sind. Dieser Gesichtspunkt führt jedoch schon über die Betrachtung des Handlungsaufbaus hinaus und läßt die Merkmale der handelnden Persönlichkeit erkennen.

Die verstandesmäßigen und willentlichen Regulierungen, die zur Gestaltung einer Handlung beitragen, zeigen in erster Linie eine jeweils *aktuelle* Richtungswirkung. Doch nicht nur die im entscheidenden Augenblick wirksamen Zielsetzungen bestimmen den Vollzug der Handlung, sondern es sind immer auch ein Reihe von beständigen Ausrichtungen mitgestaltend. Sie stellen als *Gewohnheiten,* Haltungen, Einstellungen oder sonstige persönliche Stilformen des Verhaltens bestimmte Reaktionsbereitschaften dar. Es sind Verfestigungsformen des Verhaltens, die als vorwiegend erworbene Eigenschaften sowohl den Aufbau der Tat als auch das Bild der handelnden Persönlichkeit prägen. Das Kräftespiel, aus dem die Handlung erwächst, ist von vorgebildeten Formen und Prägungsmustern wesentlich mitbestimmt. Zahlreiche Handlungen sind fast gänzlich automatisiert. Selbst in den vermeintlich einmaligen Handlungsformen lassen sich immer einzelne vorgeformte Teilmechanismen aufweisen.

Die elementarsten Prägungsformen des Verhaltens sind nicht die erworbenen Gewohnheiten, sondern die eingeborenen Grundformen instinktiven Reagierens. In der Kleinkindphase wird das Verhalten des Menschen fast ausschließlich von Instinktschablonen bestimmt. Im Laufe der Entwicklung werden sie mehr und mehr in steuerungsfähige Vorgänge umgewandelt. Sie verlieren ihren Instinktcharakter und werden entweder als Gewohnheiten angenommen oder in bewußte Zielsetzungen eingebaut. Eine Eigenkraft, die dem Willenseinfluß unzugänglich ist, besitzen die Instinkte nicht mehr, sobald der Wille sich überhaupt entfaltet hat.

Den Instinktvorgängen nahe verwandt sind die reflektorischen Funktionen, die das Handlungsgeschehen mitgestalten oder gar entscheidend bestimmen können. Die reine Reflexhandlung führt an die Grenze der Willensbestimmbarkeit und ist später zu besprechen. Hier zu erwähnen sind die erworbenen Reaktionsformen, die nach dem Modell der bedingten Reflexe aufgebaut sind. Bei dem berühmten Hund des russischen Physiologen *Iwan P. Pawlow,* bei dem nach einer längeren Übung durch Klingelzeichen die Magensaftsekretion ausgelöst werden konnte, läuft der Reflex im biologischen Bereich ab. Wir möchten hier die Frage der leiblichen

Zusammenhänge außer Betracht lassen. Bedingte Reflexe, die als ein rein seelischer Vorgang ablaufen, dürfen den Gewohnheiten zugeordnet werden.

Von den Gewohnheiten ist noch zu erwähnen, daß sie sich in erster Linie nach dem Grad ihrer Verfestigung unterscheiden lassen. Je mehr sie eingeschliffen sind, umso stärker sind sie als Schablonen des Handelns wirksam. Meist gestalten sie nicht die Handlung in ihrem strukturellen Gesamtbild, sondern ersetzen oder überformen nur einen Teil des Motivgefüges. Die willentliche Steuerung der Antriebs- und Richtungsimpulse ist vereinfacht oder erleichtert, wenn der Vorentwurf einer Handlung in den Gewohnheiten schon einigermaßen konsolidiert ist. Der Aufwand an Willenskraft kann umso geringer sein, je mehr festgefügte Verhaltenselemente zum Habitus der Persönlichkeit gehören. Allerdings können die Verfestigungsformen auch dem Willen entgegenstehende Kräfte darstellen. Das wird besonders deutlich bei den sogenannten schlechten Gewohnheiten, gegen die der Wille sich oft mühevoll auflehnen muß. Für die Dynamik und Struktur der Handlung ergeben sich von diesem Blickpunkt aus eine Reihe möglicher Konstellationen, die im Einzelfall zu analysieren sind.

Der Ausbildung von Verhaltensschablonen dient ganz wesentlich jede einzelne Handlung selbst. Jede Tat, gleich welches Motivgefüge ihr zugrunde liegt, schafft die Voraussetzung dafür, daß der Täter bei gegebener Gelegenheit wieder ähnlich oder gleich reagiert. Insbesondere bei weiteren Wiederholungen setzt der Vorgang einer gewohnheitsbildenden Entwicklung ein, der für die Beurteilung kriminellen Handelns eine besondere Bedeutung besitzt.

Es ist allerdings auch möglich, daß die Vollendung einer Tat wesentlich dazu beiträgt, ihrer wiederholten Ausführung entgegenstehende Impulse zu wecken. Hat der Mensch einmal die Erkenntnis gewonnen, wie schnell ein kaum gewollter Schritt getan ist, so kann ihm dies als Warnung dienen. Ruft in solchen Fällen die vollbrachte Tat rückblickend Überraschung oder Bestürzung hervor, so kann sich daraus eine der Tat entgegengerichtete Vorsatzbildung entwickeln. Freilich erwachsen — wie die Erfahrung lehrt — aus einer vollendeten Handlung leichter und häufiger Verhaltensprägungen mit gleichem als solche mit entgegengesetztem Vorzeichen.

Die beschreibende und verstehende Analyse vor allem des rechtlich relevanten Handelns führt uns noch zum Phänomen des *Gewissens.* Dieser Begriff bezeichnet keine neue Dimension des Motivgefüges, sondern ist im Rahmen der schon dargelegten Gesichtspunkte näher zu erläutern.

Der Begriff des Gewissens ist sehr komplex. Die rein phänomenologische Betrachtung kann zu keiner einheitlichen Begriffsbestimmung führen. Gefühlskomponenten und Wissensinhalte sind in dem, was allgemein als Gewissen bezeichnet wird, innig verbunden. Die Regungen des

Gewissens deuten auf einen Werthorizont des Menschen hin, von dem aus unser handelndes Verhalten eine sittliche oder rechtliche Tönung erfährt.

Alle regulierenden Kräfte, die ein von der Wertordnung abweichendes Verhalten zu korrigieren suchen oder den Anspruch der ethischen Imperative anmelden, fassen wir unter dem Begriff des Gewissens zusammen. Dabei erweist sich eine gemeinsame Betrachtung mit dem Begriff des Gemütes als fruchtbar *(Philipp Lersch, Albert Wellek).* Als Grundlage jeden sittlichen Verhaltens und der entsprechenden Gewissenregungen müssen wir die menschlichen Bindungen ansehen, die im Gemüt verankert sind. Gemütlosigkeit ist von Gewissenlosigkeit oft nicht zu unterscheiden. Die aus einem Mangel an Gemüt erwachsenden Haltungen der Bindungslosigkeit verhindern die Entfaltung des Gewissens. Darin erweist sich die Verwurzelung des Gewissens im endothymen Grund unseres Erlebens.

Nun sind aber die Normen des Sollens in weitem Umfang auch vom angeeigneten oder anerzogenen Wissen geprägt. Die innere Stimme des Gewissens, die uns sagt: „Das darfst Du nicht", ist nicht immer die wissende Vergegenwärtigung einer unmittelbar empfundenen Gefühlsregung, sondern häufig das erlernte oder in der Helle des Bewußtseins gewachsene Wissen um objektive Rechts- oder Sittenwidrigkeit. So zeigt sich ein mannigfaches Zusammenwirken von endothymen Regungen und rationalen Regulierungen, für deren Gesamtheit wir den Begriff des Gewissens anwenden.

Die Reaktionen des Gewissens sind von zahlreichen Verfestigungsformen maßgebend bestimmt. Handlungen, die anfänglich noch mit äußerst schlechtem Gewissen ausgeführt werden, können durch den Vollzug einer gewohnheitsbildenden Entwicklung ganz ohne Anteilnahme des Gewissens ausgeführt werden. Je mehr sich das Verhalten in Gewohnheiten verfestigt, umso schwächer wird die regulierende Kraft des Gewissens. Andere Taten dagegen, die zunächst ganz naiv ohne stellungnehmende Beteiligung des Gewissens ausgeführt werden, können durch die Beobachtung ihres Erfolges oder durch ein Bewußtwerden ihrer sittlich-rechtlichen Relevanz starke Gewissensteilnahme erfahren. So vermag eine Tat rückblickend ein schlechtes Gewissen in Form echter Tat-reue wachzurufen. Die zunächst ohne schlechtes Gewissen begangene, dann aber doch als ethisch anfechtbar erkannte Tat kann für die Zukunft vorsatzgestaltende Kräfte fördern, die eine größere Wachheit des Gewissens hervorrufen. Als eine nur scheinbare Gewissensbildung müssen wir die Auswirkungen der Tatfolgen-reue ansehen.

Die Faktoren, die den Aufbau einer Willenshandlung konstituieren, sind damit im wesentlichen zusammengefaßt. Wir haben neben den Antriebsregungen und der Antriebsdynamik die rationalen Regulierungen, die willentlichen Einflüsse, die Verfestigungsformen des Verhaltens und die unter dem Begriff des Gewissens gesondert zu betrachtenden Funktionen beschrieben. Sie stellen das Motivgefüge der Willenshandlung dar, soweit dieses überhaupt zu erforschen und zu verstehen ist.

In den methodischen Grenzen des Verstehens lassen sich die erwähnten Faktoren noch bis zu einem gewissen Grade auf weitere motivierende Vorbedingungen zurückführen. Die persönliche Erfahrung des Menschen ist wie eine vielschichtige Kulisse, vor der sich sein jeweils aktuelles Handeln abspielt. Außerdem läßt sich immer ein Lebensweg in der Vorgeschichte des Menschen zurückverfolgen, aus der die Handlung mit einer mehr oder weniger deutlichen Kontinuität erwächst. Auch die Gewohnheitshaltungen haben teilweise ihre verstehbaren und motivischen Ursprünge in der Biographie. Der Lebensgang eines Menschen und die von ihm gesammelten Erfahrungen bieten eine Fülle von Stoff, mit dem die verstehende Analyse sich auseinandersetzen kann. Dennoch sind es immer nur wenige verläßliche Feststellungen, die aus den biographischen Tatsachen und Zusammenhängen herausgelesen werden können. Wer glaubt, aus den Erlebnissen des Einzelnen viel über die Bedingungen seines Soseins und seines Handelns aussagen zu können, geht leicht von Deutungsmodellen aus, die keinesfalls mehr als hypothetische Aussagen erlauben.

Die Vorgeschichte eines Rechtsbrechers, die selbstverständlich durch objektive Tatsachenermittlung zu stützen ist, gibt nach unserer Überzeugung immer nur in drei Richtungen die Möglichkeit eines weiteren Aufschlusses. Sie bietet erstens Hinweise auf Regelmäßigkeiten des Verhaltens und auf innerlich zusammenhängende Reaktionsformen, die auf Eigenschaften des Menschen schließen lassen. Zweitens lassen sich, wenn es um die Beurteilung einer Tat geht, die für die Tat vermutlich ausschlaggebenden Motive durch den Vergleich mit früheren Verhaltensweisen kritisch überprüfen oder erhärten. Dabei kommt man dem Erfassen von Verhaltens- und Charaktereigenschaften wieder sehr nahe. Schließlich kann aus der Vorgeschichte ermittelt werden, ob etwa eine seelische Krankheit vorliegt, die das Handeln mitbestimmen könnte.

Unzulässige psychologische Folgerungen werden aus der Vorgeschichte oft gezogen, wenn von den sogenannten Ursachen der Kriminalität oder Jugendkriminalität gesprochen wird. Diese stets an einem Kollektiv durchgeführte Ursachenforschung ist keine psychologische Methode, weil sie dem Einzelfall niemals gerecht wird. Ihr Weg führt zur Statistik. Sie berücksichtigt soziologische, kulturelle und allenfalls biologisch-erbliche Faktoren, die bei Kriminellen gehäuft vorkommen. Da aber die psychologischen Voraussetzungen des menschlichen Handelns nicht statistisch zu erfassen sind und Motivforschung immer nur individuell erfolgen kann, ist der Ertrag solcher Erhebungen für die psychologische Beurteilung der einzelnen Handlung äußerst gering. Im übrigen haben zahlreiche Autoren schon kritisch angemerkt, daß die vermeintlichen Ursachen lediglich Bedingungen sind, die kriminelles Handeln begünstigen können. Die Berücksichtigung dieser Bedingungen ist zwar bei der Auffindung von Motiven hilfreich, ihr motivisches Gewicht ist jedoch für jede einzelne Tat erst zu erweisen und in den Grenzen der Methode des Verstehens zu werten. *Sheldon und Eleanor Glueck* haben sich bemüht, durch ihre Untersuchungen eine „Pluralität der Ursachen“ aufzudecken. Dieses Vorgehen führt vollends zur methodischen Verwirrung und liefert nicht den mindesten psychologischen Aufschluß.

Hans Näf schreibt überzeugend: „Was wir an Ursachen gefunden haben, führt also nicht notwendig zur Kriminalität. Man kann höchstens vermuten, daß dort, wo solche Ursachen vorhanden sind, ein höherer Grad von Gefährdung vorliegt.“ Diese Gefährdungsmomente stellen für Jugendliche von bestimmter charakterlicher Struktur eine reale Gefahr dar, für andere sind sie gänzlich irrelevant. Für uns ergibt sich in erster Linie die Notwendigkeit zu erforschen, wie die Jugendlichen strukturiert sind, denen irgendein Sozialfaktor oder eine Zeiterscheinung gefährlich werden kann. Erst damit kommen wir zu verbindlichen psychologischen Aussagen.

Die statistisch ermittelten Bedingungen des Kriminellwerdens sind zweifellos von großem pädagogischem oder auch von kriminalpolitischem Interesse. Die Bemühungen der sozialpädagogischen Einrichtungen zielen dahin, jegliche Art von jugendgefährdenden Einflüssen aufzuzeigen und auszuschalten. Daß deshalb nur die Gefahr als solche gesehen wird, ist berechtigt. Der Psychologe muß aber die Eigenschaften der Jugendlichen erkennen, die ihre Anfälligkeit gegen äußere Gefahren begründen. So führt uns die Frage nach dem Aufbau der Willenshandlung über die Bedingungen des kriminellen Handelns zum Problem der Persönlichkeitsbeurteilung.

Zunächst haben wir den Aufbau einer *Willens*handlung in ihren Grundzügen skizziert. Es bleibt noch einiges über die *antriebsunmittelbaren Handlungen* zu sagen. Wir können diese Handlungsform nicht als etwas von der Willenshandlung scharf zu Trennendes oder gar als ihren Gegenpol betrachten. Die antriebsunmittelbaren Handlungen sind nur der Grenzfall einer Willenshandlung.

Unter dem Begriff einer Willenshandlung fassen wir alle Handlungsstrukturen zusammen, die von der überlegten Entschlußhandlung bis zur wenig bedachten Gewohnheitshandlung reichen. Wir rechnen sowohl die aus einem konfliktreichen inneren Ringen als auch die aus einem einfachen Leichtsinn hervorgegangenen Taten hinzu. Damit ist eine Skala zusammengestellt, in der sich die Mitwirkung des Willens in allen Verdünnungsgraden zeigt. Am Ende dieser Reihe — die allerdings neben graduellen auch strukturelle Unterschiede bietet — finden wir die Impulshandlung. Impuls und Handlung sind praktisch zu einer Einheit verbunden. Wir sprechen auch von Affekthandlung oder im engeren Sinn von Kurzschlußreaktion. Während in der Regel alle automatisierten, gewohnheitsmäßigen und ganz unüberlegten Handlungen immer noch einer wenigstens potentiellen Steuerung unterstehen, finden sich — ohne daß ein scharfer Übergang erkennbar ist — extreme Sonderfälle, in denen auch die seelische Gesamtverfassung so stark von einem Impuls bestimmt ist, daß alle Regulierungskräfte nahezu ausgeschaltet sind. Der so entstehende Sonderfall einer Handlung ist dem Reflexvorgang verwandt, aber in der Komplexheit des Geschehens und des Erfolges doch eine echte menschliche Handlung, in die übrigens Verfestigungsformen der habituellen Eigenart und sogenannte bedingte Reflexe mit hineinwirken. Diese Handlungen besitzen eine besondere forensische Bedeutung.

Als die äußerste Grenze wirkenden Verhaltens finden wir das rein reflektorische Verhalten, die Reflexbewegungen und viele impulsive Reaktionen, die kaum noch als Handlung anzusprechen sind und auch vom Gesetzgeber nicht als zurechenbare Tat gewertet werden. Wichtig erscheint uns jedoch, daß diese Erscheinungsform menschlichen Verhaltens im Grenzland der Willenspsychologie ihren systematischen Platz hat. Sie ist nicht als eine prinzipielle Sonderform zu werten. Bei zielstrebiger Übung könnte die willentliche Steuerung auch noch in diesem Grenzbereich gewisse Einflüsse gewinnen, die allerdings für den Regelfall nicht erwartet werden dürfen.

Die Grundzüge des Aufbaus einer Willenshandlung und die wesentlichen Gesichtspunkte über die Sonderstellung der antriebsunmittelbaren Handlungen oder der reflexartigen Verhaltensweisen sind hiermit dargelegt. Es gilt nun den handelnden Menschen näher zu betrachten.

Die Beurteilung der Persönlichkeit

Die Untersuchung der Handlung und ihres Aufbaus lenkt die Aufmerksamkeit hauptsächlich auf aktuelle seelische Vorgänge, die eine einzelne Handlung motivieren. Bei der Beurteilung der handelnden Persönlichkeit denken wir an eine *relativ konstante Eigenart* des Menschen. *Philipp Lersch* spricht von der individuellen Prägungsform oder von einem Gefüge von Dispositionen. „Die Dispositionen sind es, durch die das Seelenleben eines Menschen, im Längsschnitt der Zeit gesehen, ein faßbares Gepräge erhält" *(Philipp Lersch).* Bei jugendlichen Persönlichkeiten ist immer auch noch der Gesichtspunkt des Entwicklungsstandes zu berücksichtigen. Hier soll nur kurz aufgezeigt werden, welche seelischen Bereiche sich unterscheiden lassen, wenn wir das Gesamtbild einer Persönlichkeit beurteilen wollen.

Zunächst sind die unter dem Begriff des Verstandes zusammengefaßten Funktionen zu erwähnen. Von ihnen lassen sich die charakterlichen Eigenschaften abheben. Schließlich ist als ein gesondert zu betrachtender Bereich die vital-sexuelle Triebstruktur zu nennen. Es soll hier keine umfassende Charakterologie geboten werden. Immer wieder beschränken wir uns auf die für die forensische Psychologie und Jugendpsychiatrie wichtigen Punkte.

Bei der *Beurteilung der Verstandesfunktionen* ist ein Leistungsmaßstab anzulegen. Die intellektuellen Leistungen schätzen wir graduell ein. Qualitative Besonderheiten und strukturelle Unterschiede, die dem

Intelligenzprofil des Menschen eigene Merkmale verleihen, sind vorwiegend in den charakterlichen Eigenschaften verankert. Was darüber hinaus an Stilformen der Intelligenz, an besonderen Begabungen oder Talenten zu berücksichtigen wäre, darf in diesem Zusammenhang vernachlässigt werden. Wesentlich ist die Höhe der intellektuellen Begabung, die durchweg mit einem entsprechenden Differenzierungsgrad der geistigen Funktionen verbunden ist.

Die *Beurteilung der charakterlichen Seite* des Menschen führt zunächst zum Begriff der Stimmung. Damit ist hier nicht eine Augenblicksstimmung, sondern die habituelle Stimmungslage, die „Lebensgrundstimmung“ *(Philipp Lersch)* gemeint. Oft tritt die Stimmung im Charakterbild des Menschen nicht merklich hervor. Sie gilt in diesen Fällen als ausgeglichen und den normalen Schwankungen des Lebensverlaufes unterworfen. Jedoch sind einzelne Menschen dauernd durch die Besonderheit ihrer Stimmung geprägt. Die einen sind mehr oder weniger verstimmt, mißmutig, bedrückt, unzuversichtlich oder auch schlecht gelaunt, die anderen ständig heiter gestimmt und vergnügt, sie sind durchweg zuversichtlich und guter Laune.

Neben diesen Variationen, die auf eine habituelle Stimmungslage hinweisen, sind die wechselhaften Verlaufsformen der Stimmung zu erwähnen. Wir sprechen von Stimmungslabilität, die immer dann vorliegt, wenn im Rahmen des erlebnisabhängigen Wechselspiels besondere Ausschläge der emotionalen Ausgangslage auftreten. Die daraus folgenden Stimmungschwankungen können verschieden bedingt sein. Viele in ihrer Stimmung labile Menschen reagieren stark auf äußere Umstände. Alle möglichen Einflüsse durch die Mitmenschen, besondere Erlebnisse, Konstellationen ihrer Umgebung, vielleicht auch nur das Wetter, bewirken merkliche Umschläge der Stimmung und hinterlassen eine oft nachhaltig schlechte oder auch wieder gute Laune. In anderen Fällen sind die Stimmungsumbrüche nicht weiter motivierbar. Bei diesen Menschen kommt die mehr oder weniger plötzliche Veränderung der Stimmung von innen. Ohne erkennbaren Anlaß sind sie einmal guter, einmal schlechter Stimmung und zwischendurch vielleicht ganz ausgeglichen.

Als Besonderheit des Stimmungverlaufes ist neben der Stimmungslabilität die Reizbarkeit zu nennen. Sie zeigt sich als sporadische oder habituelle Neigung zu plötzlichen Erregungen. Reizbare Menschen bieten meist eine etwas gespannte Dauerverfassung. Ihre Stimmung kann aber auch unauffällig sein, bis es bei kleinen oder größeren Anlässen zu dramatischen Aufwallungen des Affektes kommt. Wir kennen andere Erregungsformen der Stimmung, in denen länger unterdrückte Emotionen durchbrechen. Bei der eigentlichen Reizbarkeit beobachten wir vorwiegend eine jeweils momentane Auslösung der überschießenden Gefühlsreaktionen.

Die persönliche Eigenart eines Menschen läßt sich weiterhin nach seiner Antriebsdynamik beurteilen. Variationen des Antriebs sind schon mit den vorherrschenden Grundstimmungen verbunden. So ist der Muntere gleichzeitig auch lebhaft und unternehmungslustig, der Mißmutige mehr gehemmt und wenig aktiv. Vor allem aus den Erregungsformen des Affektes erwächst eine starke Antriebskraft. Jedoch unabhängig von diesen Zusammenhängen finden wir weitgehend stimmungsneutrale Unterschiede der habituellen Antriebsdynamik, die sich hauptsächlich nach den Polen starker und geringer Antriebsstärke unterscheiden lassen. Auf der einen Seite finden wir die Betriebsamen, die überall lebhaft teilnehmen. Es sind die spontan aktiven Menschen, die in jeder Form nach Entfaltung drängen und oft sensationshungrig wirken. Auf der anderen Seite stehen die antriebsarmen, phlegmatischen, schwerfälligen Charaktere, die sich allenfalls noch einem gewissen Fremdantrieb anzupassen vermögen, aber auch dagegen in vielen Fällen noch stärkeren Widerstand einsetzen.

Für das Antriebsleben kennzeichnend sind neben seiner Dynamik die habituell verankerten Richtungen des Antriebes. Die menschlichen Triebkräfte sind stets auf ein vorherrschendes Leitziel gerichtet. So läßt sich etwa eine starke Ichbezogenheit aller aktiven Strebungen oder ein Übergewicht der sozialen Impulse feststellen. Die vorherrschenden Antriebe können sich auf den engsten Raum der vitalen Bedürfnisse beschränken oder ganz auf ideelle Ziele ausgerichtet sein.

Für die praktischen Belange vor allem der forensischen Psychologie sind die Varianten der im Icherleben verankerten Antriebe von besonderer Wichtigkeit. Einerseits ist der Grad des Egoismus oder der Selbstsucht zu beachten, andererseits haben die verschiedenen dynamischen Faktoren des Selbstbewußtseins, des Selbstvertrauens, des Geltungsbedürfnisses oder ein Mangel derselben größte charakterologische Bedeutung.

Zahlreiche habituelle Impulsrichtungen sind nicht unmittelbarer Ausdruck eines starken oder aber unsicheren Selbstgefühls, sondern Kompensationsformen, Verstellungsweisen oder Fehlregulationen der ichbezogenen Antriebskräfte. So finden wir neben einem als primär einzuschätzenden Geltungsbedürfnis gelegentlich den in starker Selbstunsicherheit verankerten Geltungsdrang. Überall dort, wo Triebkräfte die Ausprägungsform des Paranoiden oder des Fanatischen zeigen, sind entscheidende Faktoren aus dem Bereich des Selbstbewußtseins und des Selbstwerterlebens wirksam. Aus einem Minderwertigkeitsgefühl kann auch eine so starke Hemmung erwachsen, daß sich das Bild einer generellen Antriebsschwäche zeigt. Für die Beurteilung der Persönlichkeit ergeben sich aus dem Zusammenspiel der verschiedenen ichbezogenen Antriebskräfte mannigfache charakterliche Variationen.

Ichgebundenheit und ihr Gegensatz, die Selbstlosigkeit, sind durch viele Zwischenstufen miteinander verbunden. Der Grad der Bindung an die Mitmenschen steht nicht immer in einem umgekehrten Verhältnis zur Ichbezogenheit. Selbstlosigkeit besagt nicht notwendig, daß sich ein Mensch für die Interessen seines Nächsten einsetzt. Er kann sich auch ganz an eine Sache oder an ein Phantom verlieren, ohne den Mitmenschen dadurch zu helfen.

Alle Bindungen an die Mitwelt und die daraus erwachsenden sozialen Antriebe sind im Gemüt verankert. Wo sie fehlen, sprechen wir von Gemütlosigkeit *(Johannes Rudert, Philipp Lersch, Heinrich Albrecht)*. In anderem Zusammenhang haben wir schon darauf hingewiesen, wie eng die Gewissenlosigkeit mit der Gemütlosigkeit in Beziehung steht. Ein Mangel an Mitgefühl, an Rücksicht und Nachsicht, an Aufgeschlossenheit für die Belange des anderen sind wesentliche Auswirkungen der Gemütsarmut. Unter den Schwerkriminellen finden wir ausgeprägte Formen der Gemütlosigkeit, die zugleich Gewissenlosigkeit bedeutet. Bei Straftätern zeigen sich alle Gradabstufungen der Gemütsschwäche in den verschiedensten psychologischen Konstellationen.

Die egozentrischen Erlebnis- und Antriebsweisen einerseits sowie die sozialen Empfindungen und Impulskräfte andererseits bestimmen die dominanten Antriebsrichtungen, die für eine charakterologische und forensische Beurteilung wesentlich sind. Zur Erfassung und Kennzeichnung des Charakters ist nun weiterhin diejenige Funktion entscheidend, die die Antriebskräfte steuert. Wir meinen den Willen. Es stellt sich die Frage nach der Willenshaltung und nach der Willenskraft. *Lersch* spricht von der Willensartung.

Eine umfassende Phänomenologie der Formen, in denen sich der Wille entfaltet, soll erst später dargestellt werden. Zu unterscheiden sind bei den verschiedenen Charakteren im wesentlichen die auf Dauerwirkung ausgerichtete Standhaftigkeit und Spannkraft des Willens und seine mehr akute Durchsetzungs- oder Stoßkraft. Die Willenshaltung eines Menschen wendet sich rational gesetzten Zielen mit großer Entschlußfreudigkeit oder mit bedachtsamen Abwägungen zu; sie kann ihre Stärke im Überwinden innerer Konflikte oder mehr im Überwinden äußerer Schwierigkeiten zeigen. Vorsatzbildende Kräfte vermögen eine starke oder nur eine schwache Stütze abzugeben. Das Zusammenwirken mit den verschiedenen Gewohnheitshaltungen schafft mannigfache Stilarten des Wollens oder der Willensschwäche, die das charakterliche Profil eines Menschen prägen.

Innerhalb unserer verstehenden Psychologie sind mit diesen Konturlinien die wesentlichen Seiten einer Persönlichkeit angesprochen. Selbstverständlich ist es möglich, die persönliche Eigenart eines Menschen noch unter ganz anderen Aspekten zu betrachten und auf diese Weise der beschreibenden und der verstehenden Charakterologie eine Fülle von Einsichten zu vermitteln. So ist es beispielsweise von praktischem Wert, Menschen mit starker Zuwendung zur Außenwelt von solchen mit starker Blickwendung nach innen zu unterscheiden. In der Typologie *Carl Gustav Jungs* hat dieser Gesichtspunkt zur Aufstellung des extravertierten und des introvertierten Menschentyps geführt. Das von *Hans Asperger* für die Kinder und Jugendlichen herausgestellte Erscheinungsbild des Autismus steht der Introversion nahe. In anderer Hinsicht lassen sich Menschen mit fließenden und solche mit festen seelischen Gehalten unterscheiden, worauf *Gerhard Pfahler* in seiner ebenfalls rein psychologischen Typologie hingewiesen hat. Für unsere Zwecke sind diese und viele noch möglichen Aspekte zu allgemein. So fruchtbar und originell derartige Betrachtungen im Einzelfall sein mögen, sie dienen doch bei der Fülle der in der Praxis zu beurteilenden Persönlichkeiten nur selten der individuellen Beschreibung. Es handelt sich bei diesen Typologien meist nicht um die Hervorhebung von Grundeigenschaften, sondern um die Kennzeichnung von Rahmenstrukturen, in denen das eigentliche Charakterbild recht farblos erscheint. So kann beispielsweise eine extravertierte Persönlichkeit sehr selbstlos dem Mitmenschen mit allen sozialen Impulsen zugewandt sein. Sie kann sich aber auch aus stark ichbezogenem Geltungsdrang ganz nach außen wenden. Ähnliches gilt für viele typologische Begriffe, auf die wir nicht im einzelnen eingehen möchten.

Wichtig ist in vielen Fällen noch die Frage nach dem Gesamt der innerseelischen Spannungen. Zu unterscheiden ist dabei der konfliktreiche und der spannungsarme Erlebnisablauf. Als seelische Konflikte können wir im Rahmen der charakterologischen Beurteilung nur die im Blickfeld des Erlebens stehenden und jeweils stärker oder weniger stark rivalisierenden Faktoren ansehen. Wir bleiben an die Methode des Verstehens gebunden. Das Ausmaß der Konflikte in angemessener Weise zu erfassen, setzt in erster Linie eine große Erfahrung im Umgang mit Menschen voraus. Gegen die Anerkennung unterschwelliger seelischer Spannungen, die durch sogenannte Projektionsteste oder gar Trauminterpretationen aufgedeckt werden, hegen wir grundsätzliche Bedenken. Selbst wenn die Annahme von Konflikten im Bereich des Unterbewußten oft berechtigt oder zwingend erscheint, und wenn sich daraus im Einzelfall „therapeutische“ Konsequenzen ziehen lassen, kann aus solchen Ermittlungen doch nur mit größten Vorbehalten ein charakterologischer Schluß gezogen werden. Wir wissen nicht, wie viele derartige Konflikte die Dynamik allen seelischen Erlebens erst ermöglichen. Außerdem ist eine Zuordnung der überwiegend hypothetischen Konflikte zu den evidenten Charakterzügen nicht ohne weiteres erlaubt.

Neben der Frage nach dem Ausmaß der aktuellen Konflikte ist das Problem der Echtheit von besonderer Bedeutung. Der Mensch kann Haltungen zeigen, die nicht seinem Wesen entsprechen, die aber auch nicht als Vortäuschungen angelegt sind. Nehmen wir als Beispiel den Ausdruck oder die Haltung der Reue. In manchen Fällen ist sie geheuchelt und daher einfach *unwahr*. Sie kann aber zur Geste werden, die ehrlich gemeint ist, ohne aus vollem Herzen mitempfunden zu werden. Wir nennen sie dann *unecht*. In diesem Sinne hat *Philipp Lersch* die unwahren von den unechten seelischen Äußerungen und charakterlichen Haltungen begrifflich abgegrenzt. Als entscheidende Regulative der Urteilsbildung dienen auch hier wieder methodenkritisch angewandte Maßstäbe des Verstehens und entsprechende persönliche Erfahrung.

Unabhängig von der Verstandesbegabung und weitgehend selbständig neben den charakterlichen Anlagen sind die vitalen Triebstrukturen im engeren Sinne zu erwähnen. Für die Beurteilung der Persönlichkeit praktisch bedeutungsvoll sind nur die sexuellen Triebbereiche. Sie zeigen ihre eigengesetzlichen Impulse und Reaktionsbereitschaften. Ihre Entfaltungsweise erinnert in weitem Umfang an biologische Abläufe. Die sexuellen Regungen sind jedoch eingebaut in das menschliche Erlebnisgeschehen und unterstehen wie andere Triebkräfte dem regulierenden Einfluß von entgegenstehenden Antriebsfaktoren, bewußten Zielsetzungen und willentlichen Steuerungen.

Bei den zunächst von Instinktregulierungen noch getragenen sexuell-vitalen Regungen spielen in und nach der Pubertät die Verfestigungsformen eine große Rolle, in denen das Triebgeschehen seine Bahnen findet. Mindestens von der Pubertät an steht der Mensch in einer Auseinandersetzung mit sexuell gefärbten Bedürfnis- und Triebimpulsen, deren willentliche Steuerung er mehr oder weniger schnell erreicht. Allerdings wäre eine bewußte, jeweils augenblicksgebundene Regulierung des Triebgeschehens nicht möglich, wenn nicht vorgebildete Verhaltensmuster vorhanden wären. Auf dem Weg der gewohnheitsbildenden Entwicklung werden die instinktiven Einflüsse allmählich abgelöst oder in neue Verfestigungsformen übernommen. Zugleich entwickelt sich eine stärkere oder weniger starke Integration mit dem Gesamt des Charakters. Die Bedeutung gänzlich abwegiger Prägungsformen sei hier nicht weiter erörtert.

Wir haben hiermit die wesentlichen Merkmale und Umrisse der Persönlichkeit dargestellt. *Bei der Einzelbeurteilung ist stets zu ermitteln und zu beschreiben, welche wesentlichen Züge im Vordergrund stehen.* So kann ein Mensch vorwiegend durch seine schwache Verstandesbegabung gekennzeichnet sein, während seine charakterlichen Züge wenig auffällig sind. In anderen Fällen spielt es eine entscheidende Rolle, in welchem Verhältnis die Verstandesbegabung zu den vorherrschenden Charaktereigenschaften steht. Um das Gesamtbild des Charakters angemessen zu beurteilen, sind stets die dominanten Merkmale zu bestimmen, die wir die Grundzüge der persönlichen Eigenart nennen. Ohne Vorwegnahme einer Persönlichkeitstheorie suchen wir den Charakter als ein „Gefüge von habituellen Eigenschaften" *(Philipp Lersch)* oder als ein „Gefüge von Verhaltensbereitschaften" *(Nikolaus Petrilowitsch)* zu erfassen. Der Charakter läßt sich beschreibend und verstehend beurteilen, wenn wir die Stimmungen, die Antriebsfunktionen, die Ichbezogenheit, die Gemütsregungen und den Willen gesondert betrachten. Außerdem sind die verschiedenen Grade der innerseelischen Spannung und das Problem der Echtheit der Erscheinungsformen mit in Betracht zu ziehen. Die sexuellen Triebkräfte und ihre Regulierungsschablonen sind neben den intellektuellen und charakterlichen Voraussetzungen zu berücksichtigen.

Die seelische Entwicklung des Menschen

Seelische Entwicklung ist Entfaltung von Anlagen und Fähigkeiten. Sie führt zur Ausbildung von charakterlichen Dispositionen oder Eigenschaften. Dabei kommt es gleichzeitig zu einer fortschreitenden Differenzierung und Umstrukturierung. *Erich Stern* hat dies mit den Worten ausgedrückt, seelische Entwicklung sei nicht nur ein „Mehrwerden", sondern ständig auch ein „Anderswerden".

Die Entwicklungspsychologie hat vor allem unter dem Einfluß von *Oswald Kroh* darauf hingewiesen, daß sich zahlreiche Stadien oder Phasen der Entwicklung beschreiben lassen. Jede Altersstufe hat eigene seelische Züge. Mit besonderem Verdienst haben *Karl* und *Charlotte Bühler, Eduard Spranger* und viele andere das Seelenleben des Kindes, des Jugendlichen oder der Reifezeit dargestellt. Schließlich wurden zahlreiche Unterteilungen in „Stadien der menschlichen Entwicklung" *(Philipp Lersch)* vorgenommen. Eine sehr ausführliche Übersicht über die verschiedenen Versuche, die „Entwicklung als Stufenfolge" zu beschreiben, gibt *Rudolf Bergius* im Handbuch der Psychologie (Band III, Seite 104 ff., 1959). Diese Darstellungen stützen sich auf die Erfahrung, daß der Mensch von den ersten Lebensmonaten an bis zu den Vorstadien des Erwachsenwerdens typische Reifungsphasen durchmacht.

Legen wir die aus der Empirie gewonnenen Durchschnittsstrukturen einer Altersphase zugrunde, so läßt sich für den einzelnen in der Entwicklung stehenden jungen Menschen jeweils ein psychologisches Alter ermitteln. Die Grenzen dürfen nicht allzu starr gesehen werden, denn auch unter normalen Bedingungen finden wir erhebliche Schwankungen des Entwicklungsstandes innerhalb eines kalendarischen Altersabschnittes. Immerhin ist die Bestimmung des seelischen Entwicklungsalters, die zuerst *Charlotte Bühler* und *Hildegard Hetzer* nach ihrer Methode vorgenommen haben, zu einem wertvollen diagnostischen Verfahren geworden, dem später weitere Entwicklungsteste gefolgt sind.

In der Psychologie und Psychiatrie der Jugendlichen wird ein Umstand oft nicht genügend betont. Es ist die Erfahrungstatsache, daß nach der Pubertät kaum noch Entwicklungsphasen abgegrenzt werden können. Während ein Kind unmittelbar nach der Geburt praktisch nur altersspezifische Merkmale und fast keine persönlichkeitseigenen Züge erkennen läßt, nimmt die individuelle Prägung im Laufe der Jahre immer mehr zu. „Je älter ein Kind wird, um so mehr — beim einen stärker, beim anderen weniger — zeichnet sich die Individualität ab" *(Jakob Lutz)*. Spätestens nach der Pubertät treten die Züge der werdenden Persönlichkeit mit zunehmender Deutlichkeit hervor. Die Phasen des „Märchenalters" (drittes Lebensjahr), des „Spielalters" (bis sechstes Lebensjahr) oder des „Grundschulalters" zeigen noch sehr viele vorherrschende Altersmerkmale. Ähnlich charakteristische Episoden der menschlichen Entwicklung gibt es beim Jugendlichen nicht mehr. Die Pubertät ist die letzte Übergangszeit, die ihre phasenspezifischen Besonderheiten besitzt. Ihre typischen

Merkmale sind allerdings schon sehr viel bunter und mehr individuell ausgeprägt. Bei einem Achtzehnjährigen gibt es nur noch sehr annäherungsweise phasenspezifische Merkmale. Die Entwicklung steht nach der sexuellen Reifung ganz unter dem Gesetz der individuellen Entfaltung. Viele Einzelzüge der werdenden Struktur sind zwar meist noch recht labil oder nicht genügend ausgeformt. Aber alle Besonderheiten des Charakters, ja sogar der Grad einer fortbestehenden Labilität und Unausgeformtheit, weisen schon stark auf ein vorgezeichnetes, persönlichkeitseigenes Entwicklungsziel hin.

Daß Altersstufen und Reifungsphasen in der Beurteilung der kindlichen Entwicklung eine sehr große Rolle spielen, während sie im Jugendalter kaum noch zu erfassen sind, ist für die forensischen Fragen eine grundlegende und wesentliche Aussage. Die Schwelle zwischen dem Spiel- und dem Schulalter läßt sich einigermaßen exakt bestimmen. Wir sprechen dabei von einer Schulreife, die psychologisch zu begründen ist. Wir können aber nicht mit dem gleichen Anspruch auf Wirklichkeitsnähe von einer Lebens- oder Verantwortungsreife sprechen, die sich im 18., im 21. oder erst im 25. Lebensjahr einstellen soll. Mit dem in der Kindheit noch möglichen Deutlichkeitsgrad lassen sich keine psychologischen Maßstäbe für den Abschluß der sittlichen Reife oder etwa für die Voraussetzungen der Mündigkeit im rechtlichen Sinne finden. Die Schwierigkeiten einer einheitlichen Grenzziehung liegen nicht darin begründet, daß die individuelle Reifungsgeschwindigkeit in den späteren Jahren stärker differiert. Vielmehr ist durch die Verschiedenheit der erreichbaren Entwicklungsziele ein dem Anschein nach unterschiedliches Reifungstempo zu beobachten. Nicht jeder Jugendliche, der neben Gleichaltrigen in der Entwicklung zurück scheint, ist „verspätet" oder retardiert. Oft ist er nur auf einem anderen Weg, der eine andere Schrittfolge vorzeichnet. So kennen wir die Jugendlichen, die schon früh um den Pol ihres Wesens herum ausgeformt sind und daher eher reif erscheinen, während andere erst nach einem unruhevollen Wechsel ihrer seelischen Verfassung relativ spät erkennen lassen, daß sie ihr charakterliches Dauerprofil gefunden haben. Es müssen ernste Bedenken bestehen, den einen oder den anderen als früher reif zu bezeichnen.

Zahlreiche Untersuchungen haben ergeben, daß in den persönlichkeitseigenen Strukturen immer Einzelzüge zu finden sind, die den Kennzeichen früherer Entwicklungsstufen vergleichbar bleiben. *Klaus Conrad* hat darauf hingewiesen, daß das Gesamtbild des psychophysischen Konstitutionstyps als eine Prägung früherer Entwicklungsschritte angesehen werden kann. Er hat ausgeführt, daß der zyklothyme und pyknomorphe Mensch (im Sinne *Ernst Kretschmers*) „gleichsam die Determination des ersten Gestaltwandels und der anschließenden Harmonisierung" darstellt. „Umgekehrt erwies sich die schizothyme Struktur des Leptomorphen als eine Determination der Periode des zweiten Gestaltwandels, mit anderen Worten: der Pubertät."

Viele Erwachsene, die durchaus das Ziel der ihnen möglichen Reife erreicht haben, erscheinen im Vergleich zum Durchschnitt nicht als ausgereifte Persönlichkeiten. „Es gibt Menschen, die stets in der Pubertät bleiben" *(Robert Heiss)*. Die Erfahrung lehrt aber auch, daß es sogenannte Spätentwicklungen gibt. So hat *Erich Stern* einige Fälle beschrieben, bei denen er von einer „späten Pubertätskrise" sprach. Manche Grundzüge des Charakters, insbesondere eine starke Selbstunsicherheit oder große Willensschwäche geben dem charakterlichen Profil eines Menschen für die Dauer des Lebens etwas Unreifes. Einen in seiner Struktur wenig differenzierten oder auch intellektuell schwach begabten Menschen wird man ebenfalls leicht als unreif einschätzen.

In der Neurosenlehre wird sehr häufig auf sogenannte Retardierungen hingewiesen. Damit sind in der Regel Teilstrukturen oder innere Konstellationen des Menschen gemeint, von denen angenommen wird, daß sie auf einer früheren Entwicklungsstufe zurückgeblieben sind. Oft wird sogar behauptet, der Mensch könne den Vollbesitz seiner Reife wieder verlieren und durch sogenannte Regression in eine frühere Entwicklungsphase zurückfallen. Ein neurotischer oder teilretardierter Mensch wäre also nie im eigentlichen Sinne reif.

Je nach dem angelegten Wertungsmaßstab findet sich in allen seelischen Strukturen etwas Unreifes oder etwas auf früheren Entwicklungsstufen Stehengebliebenes. Wie wir nun bei so verschiedenen Blickwinkeln ein Maß für das wirkliche Reifsein bestimmen sollen, bleibt problematisch. Wenn wir bedenken, daß der Lebensweg den Menschen oft sehr spät zur eigentlichen Reife führt, erscheint jedes Reifeurteil relativ. Für das Endziel der Entwicklung, für die Reife, gibt es kein allgemein zutreffendes Kriterium.

In den Übergangsjahren vom Jugendlichen zum Erwachsenen ist es nicht möglich, den psychologischen Beweis der Reife zu erbringen. Viele Einzelzüge können mit nahezu gleicher Berechtigung als Ausdruck der Unreife wie als Zeichen einer persönlichen Eigenart gewertet werden. Beispielsweise wird man eine impulsive Reaktionsbereitschaft bei einem Minderjährigen leicht als Ausdruck eines noch nicht gezügelten Temperamentes auslegen. Tritt die Neigung zu impulsiven Handlungen jedoch immer wieder deutlich in Erscheinung, dann sollte man eher daran denken, daß es sich um einen persönlichen Grundzug handelt. Aber auch dann darf man mit zunehmendem Alter noch eine Kompensation dieser Eigenart erwarten. Im Einzelfall ist die Voraussage, ob ein solcher Ausgleich stattfindet oder ob der Grundzug als persönliches Merkmal vorherrschend bleibt, kaum möglich.

Die praktisch geforderte Reifeentscheidung verlangt im Grunde niemals ein Urteil über die Reife an sich. Es ist vielmehr stets die Frage gestellt: reif wozu? Ob diese Frage allerdings leichter zu beantworten ist, muß dahingestellt bleiben. Führen wir uns ein paar Beispiele vor Augen. Wer ist reif für eine Ehe, wer ist reif zur Aufnahme klassischer Musik, wer ist reif zur Verantwortung vor dem Strafrichter, wer ist reif zur selbständigen Verwaltung von Geld? Diese sehr differenten Einzelfragen lassen sich alle nicht durch eine noch so eingehende charakterologische Analyse verbindlich beantworten. Man kann nur die größeren oder geringeren Chancen einer möglichen Bewährung abwägen. Die Entscheidung, durch die der Mensch für eine bestimmte Anforderung als reif erklärt wird, birgt stets ein gewisses Risiko in sich, bildet aber oft einen notwendigen Anstoß, der sogar bei zunächst geringen Erfolgsaussichten das Reifwerden erst endgültig ermöglicht.

Neben dem recht schwierigen Problem der Reifebeurteilung ergibt sich eine weitere entwicklungspsychologische Frage von grundsätzlicher Bedeutung. Die Entwicklung einer Persönlichkeit ist nicht einfach spontane Entfaltung einer vorgegebenen Form. Die Welt oder Umwelt, in die der Mensch hineinwächst, übt ständig prägende Einflüsse auf den Entwicklungsgang aus. Dabei wirken die äußeren Faktoren einerseits als Anreiz, durch den die Anlagepotenzen zu manifesten Eigenschaften werden, andererseits führen sie zur Auslösung von Reaktionsformen, die nicht vorgebildet scheinen. So können Prägungen entstehen, die im vollen Umfang erworben sind. Durch das Fortwirken gleicher und ähnlicher Reize vermag sich die eine oder die andere der erworbenen Eigenschaften derart zu festigen, daß sie im Profil des Charakters ebenso hervortritt wie ein echtes Anlagemerkmal.

Es ist nach empirischen Maßstäben nicht möglich, die eigengesetzlich zur Entfaltung gekommenen Anlagen von den erworbenen Reaktionsbereitschaften zu unterscheiden. Theoretisch muß unterstellt werden, daß bei einem Minderjährigen neben den schon voll ausgebildeten Grundzügen seines Charakters noch eine Reihe unausgereifter oder noch nicht manifest gewordener Anlagekräfte vorliegt. Hinzu kommen die erst wenig fixierten oder die durch äußere Faktoren eben im Keim geweckten Reaktionsweisen. Eine Differenzierung dieser Einzelzüge ist keinesfalls möglich. Alle Gliederungsversuche sind grobe pragmatische Einteilungen, die von einer Gesamtbeurteilung ausgehen.

Jedes persönliche Merkmal besitzt im übrigen eine mehr variable oder mehr invariable Eigengesetzlichkeit. Auch die Verfestigungsformen sind in unterschiedlicher Weise korrigierbar. Um die Dynamik dieser Faktoren in ihrer Vielfältigkeit zu erfassen, wäre noch das Kräftespiel der sich gegenseitig in der Entfaltung hindernden oder fördernden Funktionen zu ermitteln. Schließlich müßte die Möglichkeit des steuernden Fremdeingriffs und dessen Einfluß auf die Einzelkräfte oder auf die Gesamtstruktur abgeschätzt werden. Das fast verwirrende Bild dieser dynamischen Strukturen läßt sich in seinen Entwicklungsgesetzen niemals aufgliedern. Ein Abgrenzen der innergesetzlichen Entwicklungslinien gegenüber den von außen geprägten Formen ist praktisch unmöglich. Die summarische Entscheidung, ob ein seelischer Gesamtkomplex wesentlich vorgegeben — „angeboren" — oder erworben ist, kann als eine wirklichkeitsfremde Vereinfachung angesehen werden. Dennoch sehen wir uns ständig gezwungen, entweder die These des Vorgegebenen oder die Möglichkeit des von der Umwelt Gemachten stärker in den Vordergrund zu stellen.

Welche Ergebnise zu erwarten sind, wenn die empirische Forschung verbindliche Aussagen in diesem Problemkreis zu gewinnen versucht, möchten wir an einem, im Rahmen unserer Psychologie des Handelns besonders wichtigen Einzelbeispiel erläutern. Wir wählen eine Untersuchung über die Entwicklung des Gewissens. *Robert Scholl* hat bei seinen Erhebungen über das kindliche Gewissen die Schlußfolgerung herausgestellt, daß „Störungen der Harmonie zwischen Mutter und Kind" ein wesentlicher Faktor für die Fehlentwicklung des Gewissens seien. Dieser Aussage stellt *Scholl* die zurückhaltend formulierte Feststellung gegenüber, daß die Entfaltung des Gewissens „nicht ohne eine gewisse Anlage möglich ist". Wie groß nun aber der „gewisse" Anteil der Anlage und wie groß der Einfluß der gestörten Mutter-Kind-Harmonie ist, läßt sich offenbar nicht graduell erfassen. Wie oft die vorgeformte Anlage ein gerade ihr entsprechendes Milieu vorfindet, ist überhaupt nicht abzuschätzen. Auch *Scholl* konnte nicht ermitteln, wieviel Gewissenskraft sich selbst gegen den Einfluß ungünstiger Umweltbedingungen durchsetzt oder wieviel Gewissenlosigkeit sich auch unter günstigen äußeren Bedingungen entfaltet.

Betrachtet man das Problem von einem anderen Blickpunkt aus, so läßt sich in vielen Fällen eine Störung des Mutter-Kind-Verhältnisses auch als Folge einer Anlagestörung des Kindes ansehen. Das kindliche Gewissen, das noch wenig von rationalen Regulierungen gesteuert wird, sondern mehr aus seiner gemüthaften Verankerung wirksam ist, gestaltet die Beziehung zur Mutter ganz wesentlich mit. Ist andererseits bei der Mutter die Gemüts- oder Gewissenslage nur schwach ausgeprägt, so wäre immer sowohl ein ererbter Anteil der kindlichen Gewissensschwäche als auch ein erlebnisbedingter Mangelfaktor abzuleiten. Beide Seiten lassen sich aber nicht voneinander abgrenzen.

Da jede Einzelbeurteilung nicht auf eine zuverlässige Abschätzung und Gradeinteilung der inneren und äußeren Faktoren gestützt werden kann, sind auch alle statistischen Auswertungen und der darauf gestützte Nachweis einer Theorie unzulänglich und fragwürdig.

Wenn hier zur Erläuterung des seelischen Entwicklungsproblems das Gewissen erwähnt wird, so ließe sich einwenden, daß gerade ein so komplexes Gebilde für diese Problematik allzu vielschichtig sei. Tatsächlich ist aber die Untersuchung bei mehr elementaren Funktionen noch schwieriger, weil sie im Laufe der Entwicklung in immer neue ganzheitliche Konstellationen eingebaut werden.

Um den äußeren und inneren Einflüssen der Gewissensentwicklung nachzugehen, ließe sich noch ein anderer Gedanke verfolgen. So könnten die endothymen Grundlagen des Gewissens aus ihrer Verankerung im Wesen des Menschen hergeleitet werden, um sie den rationalen Wertvorstellungen als dem von Erfahrung und Erziehung geprägten Anteil gegenüberzustellen. Die verstehens-psychologische Betrachtung zeigt jedoch, daß die Wertvorstellungen des Menschen und seine bewußten sittlichen Imperative stets gleichermaßen stark oder weniger stark in emotionalen Bereitschaften wie in klar erkennbaren Zielsetzungen verankert sind. Für jede trennende Beurteilung wäre auch hier schon wieder von Abschätzungen auszugehen.

Unter den Elementen des Gewissens können diejenigen Züge am ehesten als umweltabhängig eingeschätzt werden, die sich als fortschreitende seelische Verfestigungen im Sinne der Gewohnheitsbildung darstellen. Daß hierin ein wesentlicher Bestandteil des Sammelbegriffes Gewissen liegt, haben wir schon in einem früheren Abschnitt erläutert. Wie schwierig aber selbst für diese Teilerscheinung das Entwicklungsgesetz zu erfassen ist, sei noch mit einigen Gedanken dargelegt.

Die Gewohnheiten und Haltungen, die sich im Laufe des Lebens entwickeln, sind sicher zum großen Teil reine Übungseffekte. Die Umstände, erzieherische Einflüsse oder sonstige Faktoren bewirken ein Sich-einschleifen von Reaktionen, die nach Art von bedingten Reflexen ablaufen. Es ist wenig wahrscheinlich, daß Anlagemäßiges dabei eine entscheidende Rolle spielt. Andererseits kann man — wie es etwa *Wilhelm J. Revers* erwähnt — in der Gewohnheitsbildung einen „Prozeß der Sicherung angeborener durch erworbene Eigenschaften" sehen. Tatsächlich werden viele der in einer Anlage vorgebildeten Tendenzen und Potenzen erst manifest durch Anwendung und Übung, die im Sinne einer gewohnheitsbildenden Entwicklung wirken. Welchen Anteil die anlagemäßigen Impulskräfte einerseits und die situativen oder biographischen Provokationskräfte andererseits an dieser Gestaltung haben, läßt sich weder im allgemeinen noch im Einzelfall mit befriedigender Exaktheit beantworten. Alle empirisch unterbauten Ermittlungen müssen von Abschätzungen ausgehen und liefern daher nie ein verbindliches Ergebnis.

Die unterschiedlichen Wertungen bei der Betrachtung dieses Problems ergeben sich oft aus dem, worauf es dem Betrachter ankommt. Naturgemäß wird der Pädagoge den für ihn notwendigen Optimismus nur hegen können, wenn er den Spielraum möglicher erzieherischer Gestaltung denkbar weit sieht. Ob die erzieherischen Möglichkeiten „absolut gesehen" groß sind und ob sie im Verhältnis zur Durchsetzungskraft der Anlage sehr eingreifend sein können, ist für die pädagogische Sicht von untergeordneter Bedeutung. Entscheidend ist hier nur, daß die Entwicklung und Entfaltung nie ganz autonom abläuft. Darin finden alle pädagogischen Bemühungen ihre Rechtfertigung.

Jedoch ist es in vielen Fällen ebenso zweckmäßig und notwendig, mehr die anlagebedingten Prägekräfte zu berücksichtigen und die Wirkung der Außeneinflüsse zu vernachlässigen. Die Begegnung mit vielen Fehlentwicklungen in der klinischen Psychiatrie weckt oft starke Zweifel an der Prägungs- und Motivierungskraft äußerer Umstände. Beispielhaft sind die anankastischen oder querulatorischen Entwicklungen. Sowohl bei der rückblickenden wie bei der prognostischen Beurteilung solcher Fälle imponiert das Unabänderliche der Anlage mehr als die vielfach überschätzten Motive des Abgleitens. Dieselbe Erfahrung vermitteln uns fast alle chronischen Trinker, viele Psychopathen und nicht zuletzt auch die Gewohnheitsverbrecher. Die Beobachtung der in diesen Strukturen manifest gewordenen Fehlentwicklungen läßt vermuten, daß auch im Bereich der normalen Entwicklungen viel mehr Eigengesetzlichkeit herrscht als es bei oberflächlicher Betrachtung scheint.

Wir möchten zu diesem Punkt die Meinung eines älteren, forensisch erfahrenen Psychiaters erwähnen, der im Jahre 1932 schrieb: Ich „kann den Optimismus nicht teilen, von dem die Kriminalistik heute voll ist. Dem Irrenarzte ist die grundsätzliche Unwandelbarkeit der menschlichen Geistesstruktur, wie sie auf Grund der Uranlage geworden ist, ein viel zu solider Niederschlag der Erfahrung geworden, als daß er utopischen Hoffnungen zugänglich wäre“ *(Alfred E. Hoche)*. Auch wenn man sich nicht zu diesem Pessimismus mit allen Konsequenzen für die Jugendlichen bekennen kann, muß doch zugestanden werden, daß hier eine Erkenntnis zum Ausdruck kommt, die aus einem großen Erfahrungsschatz gewachsen ist.

Die Bedeutung des Anlagefaktors hat übrigens auch *Hans Asperger* als namhafter Vertreter der modernen Heilpädagogik gebührend hervorgehoben. Er schreibt unter anderem: „Wir glauben der milieutheoretischen Betrachtungsweise gegenüber einen mehr realistischen, der Wirklichkeit mehr gemäßen Standpunkt zu vertreten“. *Asperger* hebt aber gleichzeitig den auch uns so wichtig erscheinenden Gedanken hervor, daß diese Einstellung durchaus mit „einem unerschütterlichen pädagogischen Optimismus zu vereinigen“ sei. Konstitutionelles läßt sich zwar nicht wandeln, aber doch weitgehend in angepaßte Formen prägen. Es erscheint uns bemerkenswert und überraschend, daß sogar der gegenüber jugendlichen Verwahrlosten sonst so zuversichtliche Heilpädagoge und Psychoanalytiker *August Aichhorn* den Gedanken formuliert hat, Konstitutionelles sei „erzieherischen Einwirkungen unzugänglich“. Hier tritt eine ganz einseitige Sicht zutage, die Milieubedingtes als durch Erziehung ausgleichbar und Anlagebedingtes als durch Erziehung nicht beeinflußbar ansieht. Sobald wir uns von diesem Vorurteil lösen, wird es gelingen, zwischen vorgegebenen Prägungen und erzieherischen Möglichkeiten das richtige Verhältnis zu erkennen. Wäre es nicht zu einem mißliebigen Schlagwort geworden, würden wir hier die Formulierung *Gerhard Pfahlers* noch stärker unterstreichen: Erziehung trotz Vererbung.

Wenn wir mit unseren Darlegungen die Bedeutung der konstitutionellen Vorgegebenheiten oder — um *Hoches* Wort aufzugreifen — die Bedeutung der Uranlage sehr hervorheben, so wissen wir, daß diese Beurteilung auf einer breiten klinischen Erfahrung basiert. Dennoch lassen sich immer wieder Einzelfälle oder Gegenbeispiele anführen, die unsere Folgerungen zu widerlegen scheinen. Wie schwer das Abwägen zwischen den vorgegebenen und den erlebnisbedingten Entwicklungskräften ist, zeigt beispielhaft der nicht enden wollende Streit zwischen den Verfechtern des Neurosebegriffes und den Anhängern der Psychopathenlehre. Auch da ist vieles weitgehend vom Standpunkt abhängig. Wir finden uns hier wie in so vielen Bereichen an einer Grenze der Beweisbarkeit.

Die für die Entstehung des Gewissens und für die Gewohnheitsbildung dargelegten Gesichtspunkte mögen das Gesamtproblem der seelischen Entwicklung beleuchten. Wir haben dabei einige Leitlinien unseres Themas betont, die ihre besondere und grundsätzliche Bedeutung besitzen. Das hierbei angeschnittene Problem über den Einfluß der Anlage und der Umwelt auf die Entwicklung des Jugendlichen und für die Beurteilung der Jugendkriminalität wird noch in einem weiteren Zusammenhang zu besprechen sein. Als ein für die seelische Entwicklung des Menschen wichtiger Punkt ergibt sich schließlich die Frage nach dem Zusammenhang der leiblichen und der seelischen Vorgänge. Darauf soll im Rahmen des nächsten Abschnittes näher eingegangen werden.

Die leib-seelischen Zusammenhänge

Die Seele des Menschen und ihre Entwicklung sind an die leibliche Existenz gebunden. Wenn wir einen Menschen beobachten und beurteilen, müssen wir auch sein körperliches Erscheinungsbild und seine Ausdrucksformen mitberücksichtigen. Dabei drängt sich immer wieder die Frage nach der Art der leib-seelischen Zusammenhänge auf. Obwohl die Beziehungen sicher sehr eng sind, ist es einer exakten Empirie erwiesenermaßen nicht möglich, sehr viel über die Bedingungen des Zusammenhanges zu ermitteln. Dies liegt ganz wesentlich in dem Umstand begründet, daß wir auf der einen Seite real zu Erfassendes und auf der anderen Seite nur durch Abstraktion Verstehbares vorfinden. Auch wenn die Beobachtung zahlreiche Hinweise auf ein Zusammenwirken liefert, müssen wir stets davon ausgehen, daß zwei Erfahrungsbereiche gegeben sind — der leibliche und der seelische —, die ihre kategorial verschiedenen Eigenarten sowie ihre besonderen Gesetze haben, und zu denen man auf völlig verschiedene Weise einen Zugang findet. Daraus erwächst unser empirischer Dualismus, den wir mit *Kurt Schneider* vertreten.

Wahrscheinlich ist die Vermutung zutreffend, daß allen seelischen Vorgängen und allen seelischen Dispositionen etwas Körperliches entspricht. So können wir uns denken, daß jede Reaktion auf ein Erlebnis sich auch im Leiblichen auswirkt. Beim Schreck und beim Ärger wird uns das Mitreagieren des Körpers deutlich bewußt. Für viele subtile Regungen ist ein vegetatives Korrelat nicht faßbar. In den leiblichen Gefühlen wie Hunger und Schmerz liegt ein entscheidendes Gewicht auf dem somatischen Geschehen. Auch die Wahrnehmung ist eine seelische Begleit- oder Folgeerscheinung der in den Sinnesorganen ausgelösten Reaktionen. So wirkt auf verschiedene Weise entweder Seelisches in Leibliches oder Leibliches in Seelisches hinüber. Jedoch stoßen die beiderseitigen Einwirkungen jeweils auf Eigengesetzlichkeiten des anderen Phänomenbereichs, so daß niemals eine Seite das Spiegelbild der anderen abgibt.

Zur Ergänzung unserer Psychologie des Handelns erscheint es zweckmäßig, auf die verschiedenen Weisen des Ineinanderwirkens kurz einzugehen. Ziel der Ausführungen soll es sein, die leiblichen Erscheinungen und Befunde, die wir beobachten und messen können, im Rahmen der verstehenden Psychologie richtig einzuordnen.

Sprechen wir zunächst vom Hinüberwirken des Seelischen in das Körperliche. Dabei sind in erster Linie alle Vorgänge zu nennen, die dem Willen unterworfen sind: die Willkürbewegungen, die Einwirkungen auf unseren Körper, mit denen wir uns beherrschen, und ganz allgemein das mit Hantierungen und Bewegungsfolgen verbundene Handeln. Wir beobachten diese Verhaltensformen und schließen auf die motivierenden Innenvorgänge, die sich darin äußern. Alle diese beschreibbaren und meßbaren Veränderungen folgen einer willenspsychologischen Gesetzlichkeit. Auch die automatisierten oder auf andere Art verfestigten Abläufe, die ursprünglich aus einem Willensakt hervorgegangen sind und weiter einer willentlichen Regulierung unterworfen bleiben, sind hier einzuordnen.

An zweiter Stelle sind alle nicht unmittelbar dem Willen untergeordneten Äußerungen des Seelischen zu erwähnen. Damit meinen wir die Ausdrucksphänomene. Mimik und Gestik sind leibliche Erscheinungen, die zum Teil in Ausdruckshaltungen und Ausdrucksschablonen verfestigt sind. Der Ausdruck kann durch den Willen entstellt oder beherrscht sein. Im wesentlichen ist er jedoch unmittelbare Folge aktueller innerer Vorgänge. Die Beobachtung des Ausdrucks ist oft das einzige Mittel, einen anderen Menschen zu verstehen. Insofern ist Ausdrucksbeobachtung eine wichtige Grundlage jeder verstehenden Psychologie und Psychopathologie. Der Ausdruck in diesem begrifflich engen Sinne ist frei von somatischer Eigengesetzlichkeit, obwohl er sich mannigfach der morphologischen und biologischen Gegebenheiten bedient.

Daneben ist eine Reihe von mittelbaren Ausdruckserscheinungen zu erwähnen. Wir meinen die körperlichen Reaktionen bei einem Schreckerlebnis, die fortwährende Röte nach beschämenden und innerlich erregenden Ereignissen, ein das Schmerzempfinden oft überdauernder Tränenfluß und alle ähnlichen vegetativen Begleit- und Folgeerscheinungen. Diese leiblichen Funktionen haben eine gewisse biologische Eigengesetzlichkeit. Ihre Entstehungsbedingungen sind aber auch nur von der Erlebnisseite, also in einer motivpsychologischen Dimension aufzudecken.

Bei allen Formen des unmittelbaren oder mittelbaren Ausdrucks ist die Korrelation der Außen- und der Innenseite des Geschehens nur sehr summarisch auf komplexe Vorgänge zu beziehen. Wenn wir den Vorgang der Freude mit dem dazugehörigen Bewegungsspiel in Mimik und Gestik in Verbindung bringen, oder etwa ein Schreckerlebnis mit den dadurch hervorgerufenen kollapsähnlichen Erscheinungen in Beziehung setzen, verknüpfen wir sehr grob Einheiten, bei denen eine sehr detaillierte Zuordnung nicht möglich ist. Ihr Zusammenhang ist ein empirisches Faktum, das seine verstehenspsychologische Evidenz besitzt. Die Frage, wie das Zusammenwirken zu erklären ist, läßt sich nicht beantworten.

Seelische Zustände und Regungen haben auch, ohne daß sie im Ausdruck hervortreten, einen Einfluß auf die allgemeine körperliche Verfassung. Je nach Art unserer Stimmung fühlen wir uns auch anders. Dabei erleben wir unsere Leiblichkeit verändert. Diese Veränderung kann gleichzeitig mit entsprechenden Äußerungen einhergehen und hat enge Beziehungen zum Ausdrucksgeschehen. Wir wollen diesen Vorgang hier nur beiläufig erwähnen.

Sehr umstritten ist die Frage, ob seelische Vorgänge sogar körperliche Krankheiten hervorrufen können. Die Theorien der modernen Psychosomatik stellen hierüber sehr weitreichende Behauptungen auf. Jedoch sind ihre vermeintlichen Regeln nur mit wenigen Einzelfällen zu belegen. Es handelt sich durchweg um Deutungsversuche, die keine unmittelbare Evidenz aufweisen und der alltäglichen Empirie nicht gerecht werden. Der leib-seelische Zusammenhang wäre in diesen Fällen so zu sehen, daß der Krankheit eine ähnliche Stellung zugeteilt wird, wie sie die mittelbaren Ausdruckserscheinungen einnehmen. Die Krankheit wäre danach motivpsychologisch zu verstehen, wobei von den Vertretern der psychosomatischen Theorie im allgemeinen nicht bestritten wird, daß der weitere Verlauf des psychisch ausgelösten Krankheitsgeschehens einer biologischen Eigengesetzlichkeit unterworfen ist. Sehen wir von diesen vagen psychosomatischen Lehren ab, so läßt sich zusammenfassend sagen, daß alle körperlichen Erscheinungen, die auf etwas Seelisches schließen lassen, entweder willens- und motivpsychologisch oder ausdruckspsychologisch zuzuordnen sind. Jede psychologische Aussage, die sich auf ein der körperlichen Sphäre angehörendes Phänomen stützen kann, ist an die Methode des Verstehens gebunden.

Anders sind nun die umgekehrten Einflüsse zu betrachten, nämlich die Formen eines Hinüberwirkens vom Leiblichen in das Seelische. Wir sprechen zunächst von einem grundlegenden Bestandteil unseres Erlebens, nämlich von den Sinnesempfindungen. Durch sie wird ein im Organischen wirksamer Reiz zur Wahrnehmung, also zu einem rein seelischen Phänomen. An diesem Beispiel wird besonders deutlich, daß sich der somatische Vorgang nur im Rahmen einer Sinnes*physiologie* und das seelische Geschehen nur auf Grund einer Wahrnehmungs*psychologie* erläutern läßt. Auf der einen Seite finden wir die naturgesetzliche Ordnung mit den Grundregeln der Optik, der Akustik und des Energieumsatzes in den Zellen. Auf der anderen Seite lassen sich psychologische Regeln aufdecken, beispielsweise Gestalt- und Konstanzphänomene, sowie die Tatsache der gedanklichen und affektiven Durchwirkung des sinnlich Empfundenen. Wahrnehmen ist eine besondere Verarbeitungsweise des mit den leiblichen Sinnen Aufgenommenen. Die Wahrnehmungen sind Erlebnisse, sie unterliegen den Gesetzen des Erlebens. Ihre subjektive Realität ist nur schwer am objektiv Realen abzuschätzen. Kein meßbares Merkmal gibt Aufschluß über das tatsächlich Wahrgenommene.

Besonderen Bedingungen unterliegt das sensorische Erleben nur in Ausnahmesituationen. Der Mensch ist zwar in gewissem Umfang stets an sinnliche Einflüsse gebunden. Jedoch gehen bestimmte Sinneseindrücke nicht mehr in den normalen Prozeß der Erlebnisverarbeitung ein. Extreme optische, akustische, thermische oder sonstige Außenreize können die Fassungskraft der Sinne und des willensgesteuerten Erlebens so überfordern, daß der Mensch nur noch reflexartig reagieren kann. Solche Situationen sind als seelische Grenzzustände anzusehen, die auch in der Psychologie des Handelns eine Sonderstellung beanspruchen.

Den Sinnesempfindungen nahe stehen die leiblichen oder vitalen Gefühle und Triebe. Schmerz, Hunger, Müdigkeit und auch die sexuelle Erregung sind auf körperliche Zustände gegründet und wirken als solche in den Erlebnisbereich hinein. Sie unterwerfen auf ihre Weise den Menschen einer naturgesetzlichen Ordnung. Jedoch hat diese ständig ihr seelengesetzliches Widerspiel. Biologisches und Psychologisches bilden jedes für sich ein eigenes Spannungsfeld. Die motivpsychologische Ordnung wird nur in extremen Ausnahmesituationen durch die im Vitalen verankerten Regungen aufgehoben.

Daß die Lebenstriebe dem Willen gelegentlich stärkere Energien entgegensetzen als andere, ausschließlich im Seelischen verankerte Erlebnisweisen, ist unverkennbar. Dem Motivgefüge des Handelns können die vitalen Regungen eine intensive Dynamik verleihen. Weil wir in ihnen eine besondere Macht erleben, sprechen wir dem Vitalen eine eigene Naturkraft zu. Grundsätzlich stellen aber die leiblichen Trieb- und Gefühlsvorgänge im Aufbau des Willenslebens nur ein Glied in der Reihe aller anderen Erlebnis- und Antriebsfaktoren dar. Man kann die vital verankerten Regungen als besonderen Prüfstein des Willens ansehen. Unterliegt aber der Wille dem rein vitalen Triebgeschehen, so ist das nicht ohne weiteres ein Anhaltspunkt oder gar ein Beweis dafür, daß die Triebkraft übermäßig wirksam oder abnorm gesteigert ist.

Einzig und allein der Hunger, der Durst und die Müdigkeit sind als physiologische Zustände in extremen Fällen geeignet, den Einbruch einer biologischen Autonomie zu realisieren. Das zeigt sich schon darin, daß sie bei fortschreitendem Schweregrad zu Krankheit und Tod führen können. Dasselbe gilt für keine andere Spielart vitalen Erlebens, sofern nicht eine körperliche Krankheit mitwirkt. Nur mit großer Einschränkung können im sexuellen Bereich überwältigende Triebspannungen geltend gemacht werden. Will man im Einzelfall die Kraft einer sexuellen Regung beurteilen, so kann sie nicht mit naturwissenschaftlichem Maßstab gemessen oder mit kausalgenetischen Vorgängen verglichen werden. Die Betrachtung sexueller Triebkräfte führt uns in das Grenzland der Willenspsychologie, nicht aber über deren Grenzen hinaus.

Für den Intensitätsgrad der vitalen Gefühle und Triebe gibt es kein objektives und einen Vergleich ermöglichendes Maß. Sie lassen sich nicht durch physiologische Daten vergegenständlichen oder meßbar machen. Um sie im Einzelfall richtig beurteilen zu können, sind wir auf die Möglichkeiten des Verstehens angewiesen. Maßgebende Stütze der Urteilsbildung ist die Überzeugungskraft der inneren oder äußeren Umstände sowie die Einschätzung der subjektiven oder auch objektiven Glaubwürdigkeit. Wir sind also auch in Bezug auf die biologisch fundierten Vorgänge der Methode des Verstehens stärker verhaftet als es bei der Zuwendung zu diesem Bereich zunächst scheinen will.

Unter allen Vorgängen und Zuständen, die dem leiblichen Bereich angehören und die sich im Seelischen auswirken, spielen die Krankheiten und ihre Begleiterscheinungen eine besondere Rolle. Gehirnprozesse, Stoffwechselstörungen, Vergiftungen oder das mit einer Krankheit auftretende Fieber können mannigfache seelische Auffälligkeiten hervorrufen. Diese psychischen Erscheinungen müssen als Symptome der Krankheit gewertet werden. Auf Grund der zugehörigen körperlichen Befunde läßt sich das Krankheitsbild näher klären. Keine seelische Störung gibt für sich allein einen zuverlässigen Hinweis auf die sie verursachende körperliche Krankheit. Wohl kennen wir charakteristische seelische Erscheinungsbilder, bei denen mit großer Wahrscheinlichkeit eine Aussage über den zugrunde liegenden Prozeß gemacht werden kann. Außerdem wissen wir, daß viele seelische Störungen mit aller Sicherheit dafür sprechen, daß eine Krankheit vorliegt, nur sind es nie für den körperlichen Grundprozeß spezifische Anzeichen.

Die durch Krankheit hervorgerufenen seelischen Erscheinungen durchbrechen die seelengesetzliche Ordnung auf eine dem Verstehen nicht zugängliche Weise. Alle krankhaft bedingten Zustände und die mit ihnen verbundenen Symptome entziehen sich einer Einordnung in ein normalpsychologisches Gefüge. Es ist zwar möglich, daß Erlebnisinhalte, Erinnerungsfragmente oder persönlichkeitseigene Denk- und Vorstellungsmodelle in der gestörten seelischen Verfassung fortwirken. Dennoch bleibt die Kontinuität in wesentlichen Bereichen des Erlebens aufgehoben.

Da wir die methodischen Grundlagen für das Verständnis der leibseelischen Zusammenhänge lediglich skizzieren wollen, sind nur wenige Fragen aus dem Problemkreis der Krankheitserscheinungen von entscheidender Bedeutung. Liegt eine körperliche Krankheit vor, so ist danach zu fragen, ob diese nach der allgemeinen Erfahrung überhaupt einen Einfluß auf die Psyche ausüben kann. Die meisten körperlichen Krankheiten verursachen keine psychischen Veränderungen. Sogar einige Hirnprozesse und viele Hormon-, Stoffwechsel- oder Blutkrankheiten gehen ohne seelische Störungen einher. Andere rufen nur unter bestimmten Bedingungen vorübergehende Veränderungen der psychischen Ausgangslage hervor. Eine große Gruppe von Krankheiten ist wiederum ausschließlich durch seelische Auffälligkeiten gekennzeichnet.

Obwohl sich die Regeln der normalpsychologischen Ordnung bei krankheitsbedingten seelischen Vorgängen nicht mehr anwenden lassen, tritt doch nicht einfach eine biologische Gesetzmäßigkeit an ihre Stelle. Die seelischen Krankheitserscheinungen haben ihre eigenen inneren Zusammenhänge. Sie imponieren zwar als Störungen der seelengesetzlichen Ordnung, besitzen aber dennoch einen psychopathologischen Aufbau. Wir können bei jedem seelischen Krankheitsbild Grundstörungen erkennen, denen sich verschiedene Begleiterscheinungen zuordnen lassen. Miteinander gestalten sie das Bild der Gesamtstörung. Ob wir für die Einteilung nach Einzel- und Grundstörungen mit der Methode des Verstehens immer die richtigen Maßstäbe finden, bleibt offen. Beschränken wir uns aber auf eine Beschreibung und bemühen uns um deren logische Gliederung, so sind zumindest die vertretbaren Grenzen einer Phänomenologie nicht überschritten. Die sogenannten anthropologischen oder daseinsanalytischen Aspekte sind Wagnisse unseres Geistes, die vorerst noch keinen praktisch nutzbaren Boden gewonnen haben.

Alle methodischen Gesichtspunkte, die wir auf die Phänomenologie der körperlich begründbaren Psychosen anwenden, gelten in gleicher Weise für die sogenannten endogenen Psychosen — Schizophrenie und Zyklothymie — mit den ihnen eigenen Symptomverbänden. Diese Psychosen erörtern wir hier deshalb nicht, weil ihre Betrachtung zur Frage des leibseelischen Zusammenhangs nichts beitragen kann. Daß wir für sie mit *Kurt Schneider* eine körperliche Ursache postulieren, sei an dieser Stelle nicht weiter begründet oder erläutert.

Das Ergebnis unserer Darlegungen über die körperlich ausgelösten seelischen Vorgänge müssen wir in folgenden Feststellungen zusammenfassen. Die seelischen Begleit- und Folgeerscheinungen eines körperlichen Geschehens sind in keinem Fall nach den Maßstäben einer biologischen Gesetzmäßigkeit zu betrachten. Sie wirken auf ihre Weise in die verstehbaren Zusammenhänge des Seelischen hinein und können in Ausnahme- oder Grenzfällen Voraussetzungen schaffen, die eine Sonderstellung beanspruchen. Dies ist gegeben, wenn sinnliche oder leibliche Reize und Spannungen ein extremes Übermaß erreichen. Aber auch in diesen Fällen kann der Grad des Außerordentlichen nicht anders als mit dem Maßstab des Verstehens gefunden werden. Die Grenzen des Verstehens werden nur überschritten, wenn Krankheit vorliegt. Jedoch selbst die seelischen Krankheitserscheinungen ordnen sich nicht in eine biologische Gesetzlichkeit ein. Nur ihr Dasein ist naturgesetzlich in der Krankheit verankert. Dagegen ist ihr Sosein, das Zusammenspiel von psychologischen und psychopathologischen Faktoren teils verstehbar, teils nicht verstehbar, aber keinesfalls naturgesetzlich zu erklären.

Bei allen leib-seelischen Verbindungen und nicht zuletzt bei den Krankheiten mit seelischen Begleiterscheinungen zeigt sich, daß wir über das Wie des Zusammenwirkens niemals etwas aussagen können. Empirisch erwiesen ist immer nur, daß in den erwähnten Fällen dem körperlichen Vorgang etwas Seelisches entspricht. Wir haben das Grundsätzliche und Allgemeine zunächst an solchen Vorgängen erläutert, bei denen sich Seelisches im Leiblichen auswirkt. Schließlich haben wir über die Einwirkungen vom Körperlichen auf das Seelische gesprochen.

Zu erwähnen sind noch andere leib-seelische Zusammenhänge, die nicht durch ein Hinüberwirken von einem der beiden Phänomenbereiche in den anderen ausgezeichnet sind, sondern bei denen es sich vielmehr um bloße Entsprechungen handelt. Wir denken etwa an die in der sogenannten Konstitution verankerten Zusammengehörigkeiten und verweisen auf Befunde, die *Ernst Kretschmer* unter dem Titel „Körperbau und Charakter“ empirisch zu unterbauen suchte. Die leib-seelischen Zusammenhänge zeigen sich hier nicht in einem dynamischen Zusammenspiel nach dem Gesetz von Wirkung und Rückwirkung, sondern die leiblichen und die seelischen Merkmale sind in einer mehr oder weniger engen Korrelation gleichzeitig gegeben.

Zwei unserer grundlegenden Gedanken stützen die Konstitutionslehre. Es ist einmal die These, daß der Charakter hauptsächlich aus einem Gefüge vorgegebener Formen erwächst. Zum anderen ist es die Vermutung, daß allen seelischen Dispositionen etwas Leibliches zugeordnet ist. Wir sprechen also von einem seelischen Bauplan, der gleichzeitig mit einem körperlichen Bauplan in der psychophysischen Konstitution begründet sein kann. Diese Gedanken könnten zu der Schlußfolgerung führen, daß einem körperlichen Merkmal jeweils eine seelische Eigenschaft entsprechen müsse. Dem stehen aber wesentliche Einwände entgegen. Zunächst wäre eine charakterliche Eigenschaft allzu statisch gedacht, wenn man sie mit einem körperlichen Befund in Verbindung bringen wollte. Im übrigen gilt gerade hier der Satz, daß real Meßbares nicht mit etwas abstrakt Verständlichem in engere Beziehung gesetzt werden kann.

Was sich korrelieren läßt — und eben das hat *Ernst Kretschmer* getan — sind nur grobe Rahmenstrukturen. So kann etwa das häufige Zusammentreffen von einem hageren Körperbau und einem wenig ausgeglichenen Charakter festgestellt werden. Ein Mensch mit wohlbeleibter Statur ist meist mehr synton. Das sind Erfahrungstatsachen, die *Kretschmer* auf seine Weise statistisch unterbaut hat.

Alle psychologischen Begriffe, die auf dieser Grundlage geprägt wurden, erweisen sich für eine praktikable Charakterologie als ungeeignet. Schon die Wahl der Worte schizothym und zyklothym muß Widerspruch erwecken. Wir können Strukturen der Krankheit nicht ohne Bedenken auf normalpsychologische Strukturen übertragen oder aus ihrem Vergleich diagnostische Rückschlüsse ziehen. Jede verstehende Charakterologie muß es vermeiden, neben ihren beschreibenden Begriffen solche Bezeichnungen zu übernehmen, die an eine Diagnose erinnern. Ausdrücke, die nicht unmittelbar dem Beschreiben oder der verstehenden Aussage dienen, führen leicht zu Mißverständnissen. Beispielhaft sehen wir es an dem Wort hysterisch. Zuerst diagnostizierte man einen Zusammenhang zwischen der theatralischen Krankheitshaltung einer Frau und ihrer Gebärmutter. Daraus erwuchs ein vermeintlich umschriebener Krankheitsbegriff. Schließlich verband man eine sehr verallgemeinernde psychologische Ausage mit dem Begriff hysterisch, dessen Grenzen sich immer mehr verwaschen haben. *Kurt Schneider* hat schon im Jahre 1923 festgestellt, „daß es wohl kaum einen unangenehmen Zug gibt, den man nicht in den hysterischen Charakter aufgenommen hat". Auch die charakterologischen Begriffe *Ernst Kretschmers* sind dem Boden, auf dem sie gewachsen sind, längst entrissen. Die Gefahr, daß ein Begriff in dieser Weise an Prägnanz verliert, ist immer dann sehr groß, wenn wir mit unseren charakterologischen Bezeichnungen aus den Grenzen des Beschreibens heraustreten.

Viele seelische Grundeigenschaften, die nach den Erkenntnissen der empirisch gut unterbauten Charakterologie und Pathocharakterologie eine praktisch wichtige Bedeutung haben, sind nicht mit einem Merkmal der äußeren Erscheinung zu korrelieren. Für die Reizbarkeit, die Gemütsarmut, das Geltungsbedürfnis und andere charakterologische Primeigenschaften gibt es keine körperlichen Symptome, die deren Auffindung erleichtern können. Die Beschreibung von Körpermerkmalen gibt im Einzelfall niemals Hinweise auf einen Charakterzug, auch wenn korrelationsstatistische Erhebungen für einen Zusammenhang sprechen. Die statistisch ermittelten leib-seelischen Korrelationen ermöglichen nur Wahrscheinlichkeitsaussagen, aber keine im Einzelfall bindenden Zuordnungen. Wir vermeiden daher bei der Charakterbeurteilung alle psychophysischen Konstitutionsbegriffe.

Wie sehr die sogenannte Konstitutionsbiologie mit ihrem Interesse für leib-seelische Korrelationen dazu neigt, die Zuverlässigkeit rein psychologischer Erkenntnisse in Frage zu stellen, läßt sich durch ein Beispiel aus dem jugendpsychiatrischen Schrifttum belegen. So schreibt *Heinrich Koch* in seiner Arbeit über „Die Bedeutung der Konstitutionsuntersuchung Jugendlicher", daß die Beurteilung der körperlichen Struktur als der „einzige ... diagnostische Indikator zur psychologisch richtigen, nämlich psychophysischen Einschätzung, Bewertung und Behandlung der Erziehungs- und Schulschwierigkeiten" anzusehen sei. Solche Formulierungen kommen einer Bankrotterklärung der Psychologie gleich. Allenfalls lassen sie sich als eine Gegenbewegung gegen die methodisch unzuverlässigen Spekulationen ganz einseitiger Tiefen- oder Oberflächenpsychologen verstehen. Wir können jedenfalls im Rahmen unserer Betrachtung des normalen und des abnormen Seelenlebens keinen Nutzen aus irgendwelchen Körperbauuntersuchungen ziehen.

Eine andere moderne Richtung, die zu einer biologischen Begründung der Psychologie und der Psychopathologie hinstrebt, finden wir von dem Züricher Neurologen *Konstantin von Monakow* und dem deutschen Psychiater *Karl Leonhard* vertreten. Beide lehren auf ihre Weise eine

„biologische Psychologie", in deren Mittelpunkt der Begriff des Instinktes steht. Was in diesen Theorien über die Biologie der Verfolgungsideen, über den religiösen Instinkt, über den Mitteilungsinstinkt, über den Rechtsinstinkt und über eine endlose Reihe sonstiger Instinkte gesagt wird, ist weitgehend psychologiefremd. Menschliche Regungen werden hier auf eine allzu biologistische oder gar materialistische Weise gesehen. Dem Wesen der menschlichen Seele können diese Darlegungen nicht gerecht werden. Für unsere Gedankenführung scheint es notwendig, noch einige allgemeine Anmerkungen zum Begriff des Instinktes zu machen.

Der Instinkt wird in der Regel als eine biologische Kraft angesehen, die in den leiblich-animalischen Strukturen des Menschen verankert ist. Eine echte Begründung im Körperlichen liegt aber nicht vor. Wir müssen beim Instinkt von einer leib-seelischen Funktionseinheit sprechen, so wie wir bei den Konstitutionsbegriffen vorgegebene leib-seelische Strukturzusammenhänge annehmen. Der Begriff Instinkt ist anzuwenden für Verhaltens- und Reaktionsweisen, die der Lebenserhaltung, der Selbstsicherung und ähnlich elementaren Lebenszwecken dienen. Dem Instinkt kommt eine biologische Sicherungsfunktion zu, die während des Säuglingsalters eine autonome Kraft auf alle seelischen Bereiche ausübt. Mit der Entfaltung des Willens wird die Autonomie des Instinktes allmählich abgelöst. Dabei ist die Stellung des Instinktes zum Willen nicht anders als die Stellung der Affekte zum Willen. Das Kind ist den instinktiven Reaktionen ebenso wie den unmittelbar sich auswirkenden Affekten unterworfen. Beide werden vom Willen zunehmend beherrscht und überformt. Instinktive und affektive Vorgänge sind in gleicher Weise ein Gegenpol des Willens. Sie wirken sich als Kräfte innerhalb der motiv- und willenspsychologischen Dynamik des Erlebens aus. Eine Eigengesetzlichkeit können wir ihnen nicht zusprechen.

Hubert Rohracher hat versucht, nicht nur für den vitalen Instinkt, sondern für alle seelischen Bereiche „psychologische Regelprobleme" aufzuweisen, um sie mit „Regelungsvorgängen in der Biologie" zu vergleichen. Auch diese theoretischen Ansätze, die über die Grenzen der verstehenden Psychologie weit hinausführen, müssen auf ernste methodische Bedenken stoßen. Selbst die von *Friedrich Stumpfl* aus der Tierpsychologie übernommenen biologischen Modellvorstellungen lassen keinen Gewinn für die Psychologie des Menschen erwarten. Innerhalb der forensischen Psychiatrie ist ihre Berücksichtigung unter dem Thema „Motiv und Schuld" — wie ein jüngeres Werk von *Stumpfl* heißt — grundsätzlich anfechtbar.

Unter entwicklungspsychologischem Aspekt stellt sich die Frage, zu welchem Zeitpunkt der Mensch aus dem Stadium des Instinktwesens heraustritt. Die Vorherrschaft des Instinktes ist abgelöst, sobald der Mensch eine über seinen Willen verfügende Persönlichkeit wird. Auf welcher Entwicklungsstufe dieses Ziel erreicht ist, läßt sich empirisch nicht sicher feststellen. Im schulpflichtigen Alter der Kinder ist die Willensbildung jedoch immer schon weit fortgeschritten. Wir möchten hier nur die Schlußfolgerung hervorheben, daß der Instinkt beim willensfähigen Menschen keine biologisch verankerte psychologische Kraft ist, die einen dem Willen unzugänglichen Einfluß auf das Seelenleben und auf das Handeln eines Jugendlichen ausübt.

Mit dem Hinweis auf die Ablösung des kindlichen Instinktlebens durch ein verantwortliches Willensleben sind wir schon auf den Gesichtspunkt der Entwicklung eingegangen. Das Problem der leib-seelischen Entwicklung ist noch allgemeiner und ausführlicher zu behandeln. Die Auseinandersetzung mit den körperlichen Vorgängen spielt im Erleben des Minderjährigen eine stärkere Rolle als beim Erwachsenen. Das Kind ist von sinnlichen Eindrücken und vitalen Triebbedürfnissen sehr stark abhängig. Eine entscheidende Auseinandersetzung zwischen dem nach Auswirkung drängenden Trieb und den wachsenden Willenskräften findet im Vollzug der sexuellen Reifung während der Pubertät statt. Für die Dauer des Lebens bleibt zwar das Spannungsfeld zwischen sexuellem Trieb und steuerndem Willen bestehen, mit dem Reiferwerden festigt sich aber das Kräfteverhältnis mehr und mehr. Dabei bilden sich Haltungen und Einstellungen aus, die entweder dem Trieb oder dem Willen eine größere Durchsetzungskraft verleihen. Der Wille findet seinen Rückhalt durch eine fortschreitende Einsicht, durch die Ausbildung eines zunehmenden Verantwortungsbewußtseins und durch den Zuwachs sozialer Pflichten. Wir nehmen an, daß sich nach der Pubertät ein Ausgleich der Kräfte einstellt. Inwieweit dieser Vorgang einerseits mehr auf eine Festigung des Willens oder andererseits mehr auf eine biologische Konsolidierung zurückzuführen ist, läßt sich schwer abgrenzen.

Der Wille ist während der sexuellen Reifung nicht unmittelbar den ungeformten Triebkräften ausgeliefert. Das Kind hat inzwischen schon Haltungs- und Lebensformen angenommen, die auch dem sexuellen Geschehen gewisse Bahnen vorzeichnen. Außerdem erwachsen aus dem Instinkt noch Regulierungsfunktionen des Geschlechtstriebes. Während der Wille sowohl die erworbenen wie die natürlichen Steuerungen schrittweise ablöst, um die für einen geschlechtsreifen Menschen angemessenen Verfestigungsformen aufzubauen, sind die Möglichkeiten des Gelingens und des Versagens mannigfach. Zeigen sich Fehlentwicklungen, die dem steuernden Einfluß des Willens nicht mehr zugänglich sind, so hat dies immer charakterliche und nur im Falle einer Krankheit möglicherweise biologische Gründe. Die Annahme einer objektiven Übermacht des sexuellen Triebes infolge außergewöhnlicher Hormonproduktion ist auch bei Jugendlichen nur gerechtfertigt, wenn noch durch andere körperliche Befunde eine echte krankhafte Störung bewiesen wird. Der Geschlechtstrieb kann sich auch in den Fällen abnorm auswirken, in denen eine krankheitsbedingte seelische Störung den Einfluß des Willens vermindert. Nur in äußersten Grenzfällen kann man daran denken, daß bei einer hochgradig gesteigerten sexuellen Erregung ein solches Übergewicht der

Triebkraft eintritt, daß der Wille ausgeschaltet wird. Diese Möglichkeit ist denkbar, kann aber sowohl in der Pubertät wie bei einem reifen Menschen nur schwer wahrscheinlich gemacht und keinesfalls bewiesen werden.

Der Problemkreis der Entwicklung und die Frage der leib-seelischen Zusammenhänge berührt sich noch in einem weiteren Punkt. Da die seelische Entwicklung mit der körperlichen Entwicklung verbunden ist, kann auch angenommen werden, daß körperliche Entwicklungsschritte mit seelischen Umstellungen einhergehen. Danach wäre sogar zu vermuten, daß aus reifungsbedingten körperlichen Veränderungen auch auf seelische Reifungsvorgänge zu schließen ist. Viele dieser Denkmöglichkeiten haben etwas Bestechendes an sich, sind aber bei näherer Betrachtung dennoch skeptisch zu beurteilen. Die Annahme scheint beispielsweise naheliegend, daß ein Mädchen mit dem Eintritt in die Geschlechtsreife auch eine vermehrte sexuelle Neugier und ein zunehmendes erotisches Empfinden mit allen Möglichkeiten phantastischer Ausschmückungen erlebt. Für den körperlichen Fortschritt dieses Stadiums ist die Tätigkeit der inneren Drüsen von entscheidendem Einfluß. Ob die Hormonproduktion zugleich auf die seelische Sexualentwicklung einwirkt, läßt sich nicht zuverlässig ermitteln. Die vermeintliche körperliche Ursache kann auch lediglich als ein Parallelvorgang angesehen werden. Der leibliche und der seelische Entwicklungsschritt haben möglicherweise eine gemeinsame Ursache oder laufen nur nach einem einheitlichen Entwicklungsplan ab. Näheres über den Zusammenhang läßt sich nicht sagen. Daß gerade in der Pubertät die physischen und die psychischen Vorgänge streng getrennt zu betrachten sind, hat *Eduard Spranger* besonders deutlich erkannt und ausgesprochen. Ein körperlicher Befund, der auf einen Reifungsfortschritt hinweist, bietet wohl einen Anhaltspunkt für den Fortschritt der allgemeinen Entwicklung. Ein Bild des seelischen Entwicklungsstandes vermag er aber nicht zu vermitteln.

Wir können über Entsprechungen des körperlichen und des seelischen Reifestandes ebenso wenig aussagen wie über Entsprechungen von körperlichen Merkmalen und Charakterzügen. Es läßt sich nur das sehr grobe Maß von altersgemäßer oder nicht altersgemäßer Reife für die einzelnen seelischen oder körperlichen Merkmale anwenden. Der Vergleich von Einzelmerkmalen ermöglicht keine verläßliche Orientierung über den Grad der Reife. Der diagnostische Wert von körperlichen Befunden für die Beurteilung der charakterlichen Entwicklung von Jugendlichen ist daher sehr gering. In der Kinderzeit mögen einige leib-seelische Korrelationen des Reifestandes noch sehr eng sein. Vielleicht gilt das für den von *Wilfried Zeller* beschriebenen ersten Gestaltwandel, der etwa gleichzeitig mit einer Umstellung vom Spiel- zum Schulalter eintritt. In der Pubertät sind solche Zusammenhänge weit weniger eng. Leib-seelische Reifungsdissonanzen gehören hier zur Norm.

Die diagnostische Aussage über Reifungsstörungen ist stets sehr zurückhaltend zu betrachten. Nicht nur die Jugendlichen, sondern alle reifen Persönlichkeiten bieten mehr oder weniger große Unterschiede im Ausprägungsgrad der einzelnen körperlichen und seelischen Reifemerkmale. Darin läßt sich immer eine Disharmonie sehen, so daß der Begriff der Reifungsdisharmonien sehr verschwommen erscheint. Eine Abgrenzung ist weder nach den Maßstäben des Verstehens noch mit beweisbaren Kriterien möglich.

Im Rahmen der Jugendkunde hat man während der letzten Jahrzehnte wichtige Beobachtungen über die Akzeleration der körperlichen Entwicklung gesammelt *(Carl-Gottlieb Bennholdt-Thomsen).* In sehr vielen Erhebungen ist versucht worden, das Phänomen der Reifungsbeschleunigung für die Charakterologie der Jugendlichen auszuwerten. Einerseits hat man daran gedacht, daß mit der körperlichen Akzeleration eine seelische Retardierung verbunden sei, „da dem wachsenden Organismus nur ein begrenztes Maß an Vitalenergie gegeben ist" *(Hans Aloys Schmitz).* Andererseits hat *Ernst Kretschmer* mannigfache Variationen von „Asynchronie" in den leiblichen und seelischen Einzelfunktionen angenommen. Alles dies sind aber Hypothesen, die sich weder durch statistische Zusammenstellungen noch durch unmittelbare Evidenz belegen lassen. Jede auf dieser Grundlage aufgebaute Einzeldiagnose, die den Rahmen des verstehenden Beschreibens überschreitet, ist als Versuch anzusehen, etwas zu erklären, was sich nicht erklären oder zuordnen läßt.

Abschließend möchten wir zum Problem der leib-seelischen Zusammenhänge die folgenden Gedanken hervorheben. Die seelischen Vorgänge, die wir nicht auf dem Wege des Verstehens erfassen, können wir auch nicht durch Beschreibungen und Messungen im leiblichen Bereich besser beurteilen. Lediglich im Rahmen krankhafter Vorgänge ist die verstehenspsychologische Ordnung der Motive und des Willens aufgehoben. Aber selbst die durch Krankheit verursachten seelischen Erscheinungen haben noch ihre eigene psychologische und psychopathologische Ordnung, für die kein körperlicher Befund eine Erklärung abgibt.

Körperliche Befunde berechtigen im Falle einer Krankheit zu diagnostischen Aussagen. Außerdem lassen sich aus den körperlichen Formen des Ausdrucks und des handelnden Verhaltens verstehenspsychologische Feststellungen ableiten. Im übrigen sind die Beziehungen zwischen körperlichen und seelischen Erscheinungen nur in sehr groben Rahmenstrukturen aufzuweisen, die im Einzelfall eine geringe charakterologische Aussagekraft besitzen. In keinem Bereich sind die überall denkbaren leibseelischen Zusammenhänge exakter zu erfassen. Zuletzt haben wir versucht, die Zuordnungs- und Bewertungsprobleme der leib-seelischen Entwicklung aufzuzeigen.

Anlage und Umwelt

Die Lehre vom Verbrechen ist durch viele Jahrzehnte hindurch von Forschungen zum Thema „Anlage und Umwelt" beherrscht gewesen. Die diesen Untersuchungen zugrunde liegende Betrachtungsweise hat zwar in wissenschaftlicher Hinsicht immer mehr an Aktualität verloren, dennoch wird sie in der Praxis überall dort weiter angewandt, wo von den sogenannten Ursachen der Kriminalität die Rede ist. Unter den namhaften Psychiatern ist *Hans W. Gruhle* zu nennen, der „die Ursachen der jugendlichen Verwahrlosung und Kriminalität" mit dem Untertitel „Studien zur Frage: Milieu oder Anlage" im Jahre 1912 zusammengestellt hat. *Franz Exner*, der Meister der älteren kriminologischen Schule, hat dem Verhältnis von Anlage und Umwelt — nach den Worten *Wilhelm Sauers* — „die Bedeutung der Hauptkategorie der Kriminologie" zugesprochen. Allen unter diesem Gesichtspunkt angestellten Untersuchungen und den dabei gewonnenen Ergebnissen fehlt das psychologische Element. Das Handeln des Menschen — und dazu zählt auch jedes Verbrechen — ist nur sehr bedingt von inneren und äußeren Vorgegebenheiten erklärbar abzuleiten.

Einen Versuch, die alten kriminologischen Maßstäbe mit dem psychologischen Problem zu verbinden, hat *Wilhelm Sauer* unternommen. Er stellt neben die Anlage, die er den *natürlichen*, und die Umwelt, die er den *soziologischen* Bestimmungsgrund des Handelns nennt, als dritten Bestimmungsgrund den *Willensentschluß*. Damit sind nun aber völlig wesensverschiedene Kategorien nebeneinander gereiht, so daß wir uns besinnen müssen, wie wir vom Standpunkt der verstehenden Psychologie aus dieses Thema aufgreifen können.

An mehreren Stellen der vorhergehenden Abschnitte haben wir auf die Schwierigkeiten der Beurteilung hingewiesen, die sich immer dann ergeben, wenn eine innere Eigengesetzlichkeit von bestimmenden äußeren Einflüssen abgegrenzt werden soll. So fragen wir uns bei einer Antriebsregung, ob sie von außen geweckt oder ob sie von innen durchgebrochen ist. Stiehlt ein junger Mensch griffbereit liegendes Geld, so läßt sich nicht entscheiden, ob eine Neigung zum Geldaneignen oder der Einfluß der Versuchungssituation übermächtig war. Dieselbe Situation bedeutet nicht für jeden Jugendlichen eine gleich wirksame Versuchung. Die innere Verfassung und die charakterlichen Vorgegebenheiten sind stets für das Maß der Gefährdung entscheidend. Eine ähnliche Problematik ist gegeben, wenn es abzuschätzen gilt, ob der Charakter, das Gewissen, die Willenshaltung oder andere persönliche Züge mehr angeboren oder mehr geworden sind, ob sie mehr einer eigengesetzlichen Entfaltung oder mehr den Regeln einer fremdgesetzlichen Gestaltung unterliegen. Eine exakte Abgrenzung, auch die Abschätzung der Anteile nach einem Mehr-oder-weniger, ist bei wirklich kritischer Betrachtung selten möglich.

Das Anlagebedingte steht als das innerlich Vorgegebene immer dem im Erleben uns Begegnenden, dem äußerlich Vorgegebenen, gegenüber. Wollen wir das Zusammenwirken der von innen und der von außen wirksamen Faktoren veranschaulichen, so läßt sich das Bild eines Funktionskreises anwenden. Die Wirkungen und Rückwirkungen zwischen beiden Polen sind mannigfach: Durch die Fähigkeit zum Handeln vermag der Mensch seine Umwelt zu gestalten; zugleich prägt die Umwelt den Menschen und sein Handeln. Zwei Gestaltungsfunktionen wirken hier aufeinander ein. Daß wir sie unterscheiden, ist denknotwendig. Jedoch kann ihre Abgrenzung nur als eine Leitlinie angesehen werden, die sich empirisch schwer und allzu oft gar nicht auffinden läßt.

Sprechen wir von der Umwelt, so sind zunächst ihre charakterbildenden Einflüsse, die im wesentlichen in der Vergangenheit liegen, und die tatgestaltenden Bedingungen, die in der Gegenwart wirken, voneinander zu trennen. Für beide Gestaltungsvorgänge ist das Bild des Funktionskreises anzuwenden, sowohl für die Charakterentwicklung wie für die Tatauslösung. Einige wichtige Erläuterungen zu den Abgrenzungsschwierigkeiten haben wir schon in den Abschnitten über den Aufbau der Handlung und über die seelische Entwicklung dargelegt.

Alle Umweltbedingungen erscheinen als etwas objektiv Gegebenes. Tatsächlich sind sie aber als Erlebnisinhalte immer auch etwas Subjektives. Sie sind für das Erleben jedes Menschen nach Bedeutungsgehalten gefärbt und ausgewählt. Durch Vorerfahrungen sind sie in ihrer Einwirkungsweise verwandelt. Entweder besitzen sie einen persönlichkeitsgemäßen Aufforderungscharakter oder sie sind nur wenig geeignet, den Menschen anzusprechen, sich ihm einzuprägen und ihn zu formen. Die Umweltfaktoren sind also in dieser von vielen inneren Vorgegebenheiten bestimmten Prägung echte Glieder eines Funktionskreises. Außerhalb dieses Wirkungskreises fehlt den äußeren Gegebenheiten die psychologische Realität. Die Tatsache, daß ein Jugendlicher Einzelkind ist, daß er vielleicht in einer unvollständigen Ehe aufwuchs oder eine Flucht aus der Heimat erlebt hat, ist stets ohne Aussagewert, solange nicht die Eigenart des Jugendlichen beachtet wird, der alles in seiner Weise erlebt und verarbeitet.

Die Umweltfaktoren sind in ihrer reinen Objektivität leicht zu erfassen und zu beschreiben. Daraus ergibt sich die Gefahr, sie als reale Fakten einer naturwissenschaftlich beschreibenden Betrachtung zu unterziehen. Sie werden ausgezählt und in Statistiken verarbeitet. Die auf diesem Wege gewonnenen Ergebnisse sieht man dann als Bausteine für vermeintlich psychologische Schlußfolgerungen an. Dabei wird in weitem Umfang unterstellt, daß alle Umweltfaktoren auf jeden Menschen gleich wirken. Die Erfahrung lehrt, daß dies keineswegs der Fall ist. Wenn relativ viele Kinder aus geschiedenen Ehen kriminell werden, so sagt das nichts über einen psychologischen Zusammenhang. Die Statistik ist hierbei für den Psychologen geradezu irreführend. Jeder Einzelfall liegt anders. In einer Auszählung wird er immer neben Parallelfällen stehen, die nicht gleichwertig sind. Wir wollen die Problematik an einigen beispielhaften Hinweisen erläutern.

Zunächst sei vom Einfluß des Films gesprochen. Wenn ein Jugendlicher durch einen Film in seiner Abenteuerlust angeregt oder gar zu einer Straftat verleitet wird, so liegen immer entsprechende charakterliche Voraussetzungen vor. Der Film kann keine unausweichlichen Handlungsimpulse mitgeben, er vermag jedoch einem Jugendlichen Handlungsentwürfe zu vermitteln, die gegebenenfalls zu kriminellen Taten führen. Einen wirklich tatauslösenden Impetus kann der Film nur dann entfalten, wenn ihm eine entsprechende innere Bereitschaft entgegenkommt. Auch ohne daß ein Film allgemein jugend-gefährdend ist, kann er „kriminogen" wirken. Andererseits ist ein ausgesprochen jugend-gefährdender Film nicht schlechthin für *die* Jugend oder für jeden Jugendlichen eine reale psychologische Gefahr. Wird einmal der Inhalt eines Filmes als auslösend für eine Straftat angesehen, so kann nur von einer „Gelegenheitsursache" oder — begrifflich genauer — von einem Gelegenheitsmotiv gesprochen werden. Innerhalb des Motivgefüges kommt dem Film immer nur eine untergeordnete Bedeutung zu. Im Einzelfall kann der Einfluß des Films zum psychologischen Verständnis eines Täters insofern beitragen, als sich aus ihm mögliche Zusammenhänge der Erlebnisverarbeitung ablesen lassen. Im übrigen zeigt sich die nachteilige Wirkung eines Films weniger bei der Tatauslösung als in der Charakterbildung. Der Film vermag durch Dauereinwirkung oder durch Einzelimpulse Denk- und Vorstellungsmodelle zu fördern, die sich auf das Willens- und Wunschleben auswirken. Diese können sich in Verfestigungen der Haltung und Einstellung niederschlagen. Aber auch dieser Einfluß ist kein übercharakterlicher, da er auf jeden Jugendlichen nicht gleich wirkt.

Die über längere Zeit andauernden Umwelteinflüsse haben ebenfalls keine spezifische und objektiv bestimmbare Prägekraft. Denken wir — um aus der Reihe der sogenannten Milieufaktoren ein Beispiel auszuwählen — an die Rolle, die ein strenger Vater in der Erziehung spielt. Zunächst ist mit dem Begriff der Strenge noch nichts über die erzieherische Befähigung ausgesagt. Außerdem gleicht ein strenger Vater nicht jedem anderen. Im übrigen werden charakterlich verschiedene Kinder sich ganz unterschiedlich zu ihrem strengen Vater einstellen. Die Möglichkeiten der Reaktion sind sehr zahlreich. Einige Kinder zeigen starken Trotz, der entweder mehr nach innen oder ganz nach außen abreagiert wird. Der ausgelebte Trotz kann sich ausschließlich gegen den Vater, aber auch gegen die ganze Umgebung oder gerade gegen jeden anderen, aber nicht gegen den Vater richten. Manche Kinder passen sich nach dem Gesetz des geringsten Widerstandes der Strenge des Vaters an. Von wieder anderen werden die Normen des Vaters angeeignet und vielleicht noch eigengesetzlich überformt. Da die Einwirkungen väterlicher Strenge meist lange fortbestehen, können sich die verschiedenen Reaktionsweisen als Haltungen verfestigen. Aber nicht einmal das ist die Regel. Wir beobachten Episoden der Zuwendung im Wechsel mit solchen der Abwendung oder auch Zeiten gänzlich neutraler Einstellung. Inwieweit hierfür wieder innere oder milieubedingte Einflüsse ausschlaggebend sind, läßt sich meist schwer wissenschaftlich belegen. Treten aber dauerhafte Verfestigungen ein, so taucht die weitere Frage auf, ob sie das Gefüge der Grundeigenschaften umwandeln, oder ob sie sich dem Charakterkern nur auflagern, ob sie noch erzieherisch beeinflußbar sind oder nicht. Auf alle diese Fragen ist kaum eine befriedigende Antwort zu geben. Daß so viele Fragen nicht beantwortet werden können, ist nicht einfach auf einen Mangel an Erfahrung zurückzuführen, sondern wesentlich in den methodischen Schwierigkeiten begründet. Wir können keine Zuordnungen treffen, die diagnostische Gewißheit geben und können auch nur selten verstehenspsychologisch evident machen, ob irgendein Umweltfaktor eine ausschlaggebende oder nur eine untergeordnete Rolle spielt.

Im übrigen gehen wir bei der Behandlung dieses Themas über die Wirkung und Nachwirkung der Umwelteinflüsse allzu oft von dem Postulat aus: Wenn dieser oder jener Milieufaktor, also der Kinobesuch oder der strenge Vater, nicht eingewirkt hätten, so müßte es dem betreffenden Menschen gelingen, sich sozial besser zu bewähren. Selbst wenn sich statistisch erweisen läßt, daß beispielsweise aggressive Kinder in besonders großer Zahl strenge Väter haben, so kann daraus noch kein psychologischer Rückschluß gezogen werden. Mehrere Punkte sind hierbei kritisch zu berücksichtigen. Vor allem ist zu erwähnen, daß normale Kinder strenger Väter selten miterfaßt werden. Außerdem läßt sich nie ermitteln, wieviele der aggressiven Kinder auch ohne strengen Vater diese Eigenschaft gezeigt hätten und wieviele Väter bei der Aggressivität ihres Sohnes erst streng geworden sind. Schließlich ist das statistisch gewonnene Wissen über die vermeintliche Eigenart der Kinder von strengen Vätern im Einzelfall kein Hilfsmittel der Beurteilung. Aggressives Verhalten kann — abgesehen von krankhaft bedingter Agressivität — viele entwicklungspsychologische Gründe haben. Oft kommen zahlreiche andere Umwelteinflüsse für die Entstehung der Aggressivität in gleicher Weise in Frage. Da meist keine Entscheidung möglich ist, welcher Faktor im Einzelfall ausschlaggebend ist, läßt man in Übereinstimmung mit entsprechenden Theorien ein vieldimensionales Ursachen- oder Motivbündel gelten. Eine derart vereinfachende Lösung umgeht jede psychologische Aussage. Fast immer gelingt nur die Aufzählung von vielen möglichen Entstehungsbedingungen, ohne für eine dieser Bedingungen den nötigen Sicherheitsgrad angeben zu können. Je nach Betrachtungsweise wird das eine oder andere Motiv als wirksamer eingeschätzt. Nachprüfbare Kriterien für die unterschiedliche Wertung fehlen meist. Verbindlich für die psychologische Beurteilung sind immer nur die beschreibenden Aussagen, die auf einen Grundzug des Charakters hinweisen. Die entsprechenden Anhaltspunkte hierfür zu geben, ist das Ziel unserer späteren Ausführungen. Im Rahmen der charakterologischen Beschreibung bieten die Umwelteinflüsse niemals mehr als eine sehr beschränkte zusätzliche Erläuterungsmöglichkeit. „Ob eine ungünstige Umwelt wirklich wirksam war", so schreibt *Heinz Leferenz* in seiner Arbeit über kriminelle Kinder, kann „erst nach Kenntnis der Persönlichkeit des Kindes beantwortet werden". Mit der Persönlichkeit der Jugendlichen und Heranwachsenden müssen wir uns daher in erster Linie befassen. In ihr stellt sich uns das innerlich Vorgegebene dar. Sehen wir von den tatauslösenden seelischen Augenblickskonstellationen ab, so stoßen wir auf seelische Dispositionen, die wir Charakter nennen. Der Charakter ist das in jedem Augenblick des Handelns Vorgegebene, das in der Entwicklung des Einzelnen Gewordene. Mit dem Wort Charakter bezeichnen wir den Inbegriff der persönlichen Veranlagung. Inwieweit er im wörtlichen Sinne in der Anlage vorgebildet ist, wollen wir weiter kritisch betrachten.

Anlagen im engeren Sinn sind die in der Erbsubstanz — in den Genen und Chromosomen — verankerten Eigenschaften. Hinzuzufügen sind aber alle vorgeburtlich eingetretenen Voraussetzungen der Entwicklung. Unter dem Begriff der angeborenen Anlagen fassen wir die erblichen und die vorgeburtlich erworbenen Grundzüge zusammen. Viele dieser Anlagen treten erst im Laufe der Entwicklung als Charaktermerkmale in Erscheinung. Mit der Ausreifung einer Persönlichkeit vollendet sich die Ausreifung der angelegten Form.

Was wir bei einem Menschen vorfinden, ist die Summe oder das Gefüge seiner Eigenschaften. Bei der psychologischen Beurteilung einer reifen oder auch unreifen Persönlichkeit mag es zwar erstrebenswert erscheinen, die *anlagebedingten* seelischen Merkmale von den *erworbenen,* in der Anlage nicht vorgeformten, Eigenschaften getrennt zu erfassen. Dies erweist sich jedoch als praktisch unmöglich. Ob eine charakterliche Eigenschaft erblich verankert, angeboren, früh oder spät erworben ist, ob in den Eigenschaften die Anlagen entstellt, durch erworbene Faktoren übersteigert oder verkümmert ausgebildet sind, läßt sich empirisch niemals zuverlässig entscheiden. Deshalb beschränken wir uns darauf, die Eigenschaften als das innerlich Vorgegebene anzusehen. Sie sind etwas durch die Entwicklungsbedingungen Gewordenes. Beziehungen zur Anlage können nur als wahrscheinlich angesehen werden. Die charakterlichen Eigenschaften sind die im Funktionskreis der seelischen Entwicklung zur Entfaltung gekommenen Grundzüge des Menschen. Von den Anlagen wissen wir nicht, wie sie sich unbeeinflußt gezeigt hätten. Es ist reine Spekulation, wenn sie als multipotente oder als unipotente Möglichkeiten der Entwicklung angesehen oder wenn sie als Rahmen- oder als Kernstrukturen gewertet werden. Aus diesen Gründen ist es im psychologischen Bereich ohne praktischen Nutzwert, von Anlagen zu sprechen. Wenn wir die Eigenschaften als etwas erkennbar Vorgegebenes ausschließlich beschreiben, so ist damit für alle praktisch-psychologischen Folgerungen ein realer Gewinn nachzuweisen. Dies zu erläutern und näher zu belegen, ist unsere Aufgabe.

Immerhin sei erwähnt, daß wir mit einiger Sicherheit die große Bedeutung der Erbanlage unterstellen dürfen. Dabei stützen wir uns nicht nur auf eine Fülle vorwissenschaftlicher Eindrücke. Als eine entscheidende Erfahrungsgrundlage für die Annahme, daß außer den körperlichen Merkmalen auch die seelischen Eigenschaften des Menschen in der Erbanlage verankert sind, darf die Zwillingsforschung angesehen werden. Innerhalb der Psychiatrie sind hier die Verdienste von *Johannes Lange*, *Friedrich Stumpfl* und *Heinrich Kranz* hervorzuheben. „Die Tatsache, daß Umwelteinflüsse den Menschen stark prägen, ist . . . nicht mit ähnlich exakten Methoden bewiesen" *(Robert Heiss)*.

Als entscheidendes Experiment, das die Umwelttheorien erheblich entkräftet, muß ein von *Lucien Bovet* mitgeteilter Versuch erwähnt werden: In den Vereinigten Staaten wurden zwei Gruppen von je 325 Jugendlichen aus möglichst gleichen Lebensverhältnissen erfaßt. Die Jugendlichen der einen Gruppe hat man während der Zeit von 1938 bis 1945 in Schule, Familie und Freizeit in jeder Weise gefördert. Für die Vergleichsgruppe blieben die Umweltbedingungen unverändert. Eine Überprüfung im Jahre 1948 ergab, daß kein nennenswerter Unterschied bezüglich Verwahrlosung und Kriminalität festzustellen war. Ein weiteres bemerkenswertes Experiment hat uns auch die Entwicklung unserer Wirtschaftskonjunktur geliefert. Immer wurde die wirtschaftliche Not als „verbrechenerzeugend" (*Werner Villinger*, 1929) und gerade für die Jugendkriminalität als besonders begünstigend angesehen. Nachdem die Notstandskriminalität heute durch eine ebenso hohe Quote von Wohlstandskriminalität abgelöst ist, müssen wir viele Folgerungen aus einer früheren Erfahrung anders beurteilen. „Die neue Erscheinung der *Wohlstandskriminalität* läßt alle bisherigen milieutheoretischen Untersuchungen gründlich überholt und fragwürdig erscheinen". So hat der Strafrechtler *Richard Lange* das Problem gesehen.

Sprechen wir von einem Milieuschaden, so würde man immer annehmen, daß die hervortretenden seelischen Züge erworbene Verfestigungen sind. Nach den umfangreichen Erfahrungen der älteren Jugendkriminologie sind aber solche Verfestigungen kaum möglich ohne entsprechende Anlagedispositionen. In einer Arbeit über die „Bedeutung von Milieu und Anlage" hat *Franz Kramer* im Jahre 1923 dargelegt, daß gröbere Milieuschäden sich vor allem bei den „abnorm veranlagten" Jugendlichen fanden. Im Jahre 1941 brachte *Werner Villinger* zum Ausdruck, daß Schwererziehbarkeit und Kriminalität „in erster Linie" durch „Mängel der anlagemäßigen Anpassungsausrüstung" bedingt seien. *Heinz Leferenz* hat bei der Beobachtung seiner kindlichen Rechtsbrecher ebenfalls die Erfahrung gewonnen, „daß auch in den Fällen, bei denen die Milieueinflüsse stark wiegen, die Struktur der Persönlichkeit den exogenen Insulten entgegenkommen, zumindest aber für diese empfänglich sein muß, daß also der Hintergrund der reagierenden Persönlichkeit immer mit zu sehen ist". Schließlich spricht der auf dem Gebiet der Frühkriminalität besonders erfahrene Schweizer Kriminologe *Ewin Frey* den gleichen Gedanken aus, wenn er schreibt: „Die Milieuempfindlichkeit und damit auch die kriminelle Anfälligkeit wird weitgehend durch die Persönlichkeitsstruktur bestimmt. In jedem Milieueinfluß wirkt, gewissermaßen hinter den Kulissen, eine Anlage mit." Aus diesen Gründen erscheint die Annahme eines reinen Milieuschadens immer recht hypothetisch. So müssen wir auch unsere Bedenken anmelden, wenn etwa *Hans W. Gruhle* im Jahre 1912 bei einer Reihe seiner Schwererziehbaren — allerdings bei weniger als 20%! — ausschließlich Milieuschäden unterstellte. Heute wird durch die Verbreitung vieler psychotherapeutischer Theorien der Einfluß des Milieus vollends überschätzt.

Werner Runge und *Otto Rehm* haben auf Grund ihrer Forschungen über die jugendliche Verwahrlosung geschrieben: „Hervorzuheben sei..., daß der Abschätzung zwischen Milieu und Anlage immer etwas Subjektives innewohnen muß, daß eine scharfe Abgrenzung beider gegeneinander nicht möglich ist..." (1926). Die Subjektivität des Urteils ist begründet durch die *prinzipielle* Unmöglichkeit, eine scharfe Abgrenzung zwischen Anlage und Umweltwirkung zu finden. Um dies noch einmal zu erläutern, ist vor allem eine Überlegung aufschlußreich, die wir hier einfügen möchten. Entspricht eine Eigenschaft des Menschen nicht seinen Umweltverhältnissen und den Erziehungsvoraussetzungen, so darf gefolgert werden, daß sich ein Anlagemerkmal durchgesetzt hat. Ein ebenso berechtigter Rückschluß ist niemals möglich, wenn die Eigenarten eines Menschen seinem Milieu entsprechen. Bei der Abwägung dessen, was in diesen Fällen anlagebedingt oder milieugeprägt ist, kommt es zu den meist recht subjektiven Ermessensentscheidungen.

Wir möchten unsere wesentlichen Grundgedanken zum Thema „Anlage und Umwelt" noch einmal kurz zusammenfassen. Was sich uns in der Erfahrung darstellt, ist ein Funktionskreis mit vielfältigen Wechselwirkungen. Welche Bedeutung darin den Umweltfaktoren und welches Gewicht den Anlagen zukommt, ist in der Regel weder mit diagnostischer Sicherheit noch mit verstehenspsychologischer Evidenz zu ermitteln. Begrifflich faßbar sind aber einzelne Eigenschaften des Menschen, die wir wie einen roten Faden durch sein Leben verfolgen können. Es hängt ganz entscheidend von den Eigenschaften ab, wie ein Umweltfaktor beantwortet wird, welche äußeren Umstände als Versuchung wirksam werden können und welche Taten daraus erwachsen. Schließlich hängt es auch von den Eigenschaften des Menschen ab, welche Dauereinflüsse ihn prägen und wie sie ihn prägen können. Diese Eigenschaften aufzuzeigen, ohne nach ihrem Anlageanteil oder nach dem Grade ihrer Milieuprägung zu fragen, ist eine ebenso bescheidene wie anspruchsvolle Aufgabe. Sofern wir praktische Konsequenzen aus unserem Urteil ziehen wollen, ist die Heraushebung von Eigenschaften aus der fluktuierenden Dynamik des Wirkungskreises zwischen Anlage und Umwelt das sicherste Fundament prognostischer Schlüsse und erzieherischer Ansatzpunkte. Überhaupt liefert die Erfassung von charakterlichen Eigenschaften, wenn sie in den Grenzen einer angemessenen Methodenkritik erfolgt, das zuverlässigste Wissen über den Einzelmenschen.

Es bedarf des ausdrücklichen Hinweises, daß viele Untersuchungen über die Bedeutung der Umwelteinflüsse nicht auf eine psychologische Erkenntnis abzielen. Wenn etwas von der „Umweltbedeutung für das Sozialverhalten des Menschen" gesprochen wird, dann ist der charakterologische Aspekt völlig ausgeklammert. Gleichzeitig wird hier auf weitere Einsicht in verstehbare Zusammenhänge verzichtet. In einem für diese Forschungsrichtung kennzeichnenden und programmatischen Aufsatz hat *Wilhelm Hallermann* im Jahre 1961 geschrieben: „Wir nähern uns offenbar der Möglichkeit, aus der Fülle der verschiedenartigen Beobachtungen im pädagogischen, soziologischen, biologischen und ärztlichen Bereich zu einer polyätiologischen, umfassenderen Vorstellung der Umweltwirkung zu kommen." Je breiter das Spektrum polyätiologischer Betrachtung ist, um so geringer wird die Erkenntnisgewißheit der Einzelfeststellungen. Nur wenn die Frage ganz auf die charakterologische Problematik und auf die für sie gültige Methode des Verstehens zentriert wird, sind weitere Aufschlüsse zu erwarten.

Die Forschungen über Anlage und Umwelt mögen in der Erbbiologie oder in der Soziologie vielfältigen wissenschaftlichen Aufschluß geben. Für die Psychologie und Charakterologie sind sie unergiebig. Wir zitieren hierzu noch *Arnold Gehlen,* der in seinem Buch über den Menschen (1941) schreibt: „... endlich bestreite ich die Brauchbarkeit der Begriffe Anlage-Umwelt für die menschliche Charakterlehre. Diejenigen Folgeeigenschaften, welche sich im Umgang mit der Welt aus den Grundfunktionen und den Antriebsschicksalen ergeben, kann man nicht auf die — bei manchen Autoren sogar prozentual ausgedrückten — Anteile von Milieueinfluß und Anlage aufspalten."

Die Einschätzung des Abnormen

Ein schwieriges und wichtiges methodisches Problem ist die Einschätzung und Beurteilung dessen, was wir „abnorm" nennen. Die charakterliche Struktur der Menschen und die seelische Entwicklung während der Jugendzeit lassen eine große Schwankungsbreite in den Erscheinungsformen und in den Gestaltungsvorgängen erkennen. In den breiten Grenzen dieser lebendigen Fülle gibt es nicht etwa eine Norm, sondern nur einen durchschnittlichen Spielraum der Variationen und Kombinationen. Einzelne seelische Phänomene, Charakterprägungen oder individuelle Begabungen liegen weit außerhalb dieses Durchschnitts. Wir bezeichnen sie als abnorm. Da eine exakte Grenzziehung gegenüber dem Normalen grundsätzlich nicht möglich ist, müssen wir zum Zwecke der Verständigung einige begriffliche Anhaltspunkte für unseren Maßstab des Abnormen geben. Daß es sich vielfach um nicht mehr als um eine Einschätzung handelt, soll schon mit der Überschrift dieses Abschnitts zum Ausdruck kommen.

Von der Norm abweichende psychische Erscheinungen können Folge und Begleiterscheinung einer Krankheit sein. Von den krankhaften Phänomenen sprechen wir hier zunächst nicht. Sie bewirken Veränderungen des Charakters und Abweichungen in der Entwicklung, die jeden verstehbaren Zusammenhang des seelischen Geschehens durchbrechen. Daher erscheinen sie uns sinnlos. *Kurt Schneider* spricht davon, daß seelische Krankheitserscheinungen die „Sinngesetzlichkeit, die Sinnkontinuität der Lebensentwicklung“ zerreißen. Krankheitsbedingte psychische Erscheinungen stehen auf Grund ihrer Eigengesetzlichkeit gänzlich außerhalb der Norm und ihrer Spielarten.

Unabhängig von den krankhaften Vorgängen des Seelenlebens beobachten wir Varianten des seelischen Soseins, die als extreme Ausgestaltungen einer normalen Grundstruktur imponieren. Sie fallen aus der Schwankungsbreite des Normalen heraus und überschreiten die Grenze des Durchschnitts, ohne zum Bereich des Krankhaften zu gehören. Ein einzelner Erlebnisvorgang oder ein charakterlicher Grundzug kann nach der Intensität oder nach der Quantität seiner Ausgestaltung so akzentuiert hervortreten, daß er nicht mehr zu den durchschnittlichen Entfaltungsformen zu zählen ist. Der verstehenspsychologische Zugang bleibt aber immer gegeben. Jeder Mensch kann bei gegebener Veranlassung einmal in äußerste Erregung geraten. Es gibt Menschen, die diesen Zustand besonders leicht erreichen. Einzelne steigern sich schon bei den geringsten Anlässen und praktisch bei jeder Gelegenheit in wütende Erregung. Die höheren Grade dieser Erregbarkeit dürfen als *nicht mehr normal* gelten. Wir sprechen bei einem in dieser Weise abartigen Menschen von einem explosiblen Psychopathen. Entsprechende Steigerungen normalseelischer Züge finden wir bei allen anderen Typen psychopathischer Persönlichkeiten. Auch bezüglich des Verstandes läßt sich Ähnliches ausführen. Die Menschen zeichnen sich durch mehr oder durch weniger Intelligenz aus. Ist die geistige Begabung unterdurchschnittlich, so wenden wir den Begriff Schwachsinn an. Die beiden Begriffe Psychopathie und Schwachsinn bezeichnen eine abnorme Spielart in der seelischen Prägung des Menschen. Daß das Wort Schwachsinn auch einen krankheitsbedingten Befund beschreiben kann, werden wir später erörtern.

Von den charakterlichen Normabweichungen und von den intellektuellen Minderleistungen möchten wir hier zuerst sprechen. Abnorme Äußerungen des sexuellen Trieblebens werden wir später noch in einem eigenen Kapitel abhandeln. Im Rahmen des vorliegenden Abschnittes sollen weiterhin die abnormen Entwicklungszustände besprochen werden. Abschließend möchten wir an Hand einer Gegenüberstellung des Abnormen und des Krankhaften noch einige entscheidende Fragen erläutern.

Für die Bestimmung der abnormen Charakterveranlagung möchten wir die Abgrenzung übernehmen, die *Kurt Schneider* für seinen Begriff der psychopathischen Persönlichkeit aufgestellt hat. Danach sind Psychopathen solche Menschen, die „an ihrer Abnormität leiden oder unter deren

Abnormität die Gesellschaft leidet". Bei dieser Definition wird vorausgesetzt, daß eine Abnormität vorliegt. Abnormität heißt zunächst nicht mehr als grobe Auffälligkeit. Für den abnorm ausgeprägten Charakterzug wird die Bezeichnung psychopathisch erst angewandt, wenn die genannten negativen Auswirkungen zu beobachten sind. In die Definition ist ein sozialer Maßstab eingebaut, der durch Kriterien der verstehenden Psychologie nicht zu ersetzen ist, wenn überhaupt eine lebensnahe Abgrenzung erfolgen soll. Obwohl dieser soziale Gesichtspunkt mitberücksichtigt wird, muß die Anwendung des Wortes Psychopath rein beschreibend bleiben. Sprechen wir beispielsweise von einem willensschwachen Psychopathen, so heißt das, er sei nicht nur ein willensschwacher Mensch, sondern ein extrem oder eben ein abnorm willensschwacher Mensch. Entweder leidet er selbst unter seiner Unentschlossenheit, oder die Gesellschaft leidet an den Auswirkungen seiner Verführbarkeit. In beiden Fällen ist die Lebensbewährung gefährdet. Die Annahme einer abnormen Willensschwäche ist eine aus der Beobachtung abzuleitende Aussage über den Charakter dieses Menschen. Wir stellen damit keine Diagnose, sondern treffen nur eine beschreibende, charakterologisch relevante Feststellung.

Zu erwähnen ist in diesem Zusammenhang noch einmal ausdrücklich, daß nicht jede abnorme seelische Reaktion oder jede von der Norm abweichende Verhaltensweise schon auf einen abnormen Charakterzug schließen läßt. *Kurt Schneider* hat den Begriff der „abnormen Erlebnisreaktion" geprägt. Damit sind Formen der Erlebnisverarbeitung gemeint, die für sich betrachtet abnorm sind, die aber nicht auf einen durchgehend abnormen Grundzug hinweisen. So kann auch eine Handlung als abnorme Reaktion auf ein Erlebnis erfolgen. Eine abnorme Erlebnisreaktion oder eine daraus erwachsende Handlung wird nicht durch Berücksichtigung charakterlicher Grundzüge, sondern nur durch die Konstellation der Erlebnisfaktoren verständlich.

Eine Abweichung vom Normverhalten läßt keineswegs unmittelbar den Schluß auf eine seelische Abnormität zu. Schwierig ist allenfalls das Problem, wann bei einem wiederholt abnormen Verhalten oder bei einer Rückfälligkeit im strafbaren Handeln auf eine psychopathische Veranlagung geschlossen werden darf. Wir müssen immer wieder — vor allem wenn es sich um jugendliche Rechtsbrecher handelt — davor warnen, bei einem abwegigen Verhalten oder bei einem abnormen Reagieren allzu voreilig von einer abnormen oder psychopathischen Persönlichkeit zu sprechen.

Bei der Anwendung des Wortes Schwachsinn ist die Grenzbestimmung gegenüber der einfachen Minderbegabung nicht leichter als bei der begrifflichen Abgrenzung einer Psychopathie. Obwohl man das intellektuelle Leistungsvermögen eher messen kann als eine charakterliche Eigenschaft, bleibt doch jede exakte Gradabstufung schwierig. Bei unserer klinischen Arbeit halten wir uns an eine pragmatische Leitlinie. Liegt ein Intelligenzmangel vor, der zum Versagen in der Schule, im Beruf oder im Sozialleben führt, so sprechen wir von Schwachsinn. Wir glauben auch hier — wie bei den Psychopathen —, nicht auf den sozialen Gesichtspunkt verzichten zu können. Beim Schwachsinnigen ist auf eine andere Weise wie beim Psychopathen die Lebensbewährung gefährdet, eben weil es ihm an geistiger Überschau fehlt. Die Fähigkeit des „Findens, Erfindens und Sich-zu-recht-findens", wie wir mit *Philipp Lersch* die Intelligenz beschreiben, steht den geistig Minderbegabten nicht in ausreichendem Maß zur Verfügung. In unserem Kulturstand und der weit verzweigten Sozialstruktur läßt sich aus der Art und Weise des Nichthineinfindens eine weitgehend zuverlässige Auswahl derer treffen, die eine vom Durchschnitt abweichende Unterbegabung besitzen. Durch die Bestimmung des sogenannten Intelligenzalters, des Intelligenzquotienten, oder durch die Ermittlung anderer verbaler oder handlungstheoretischer Leistungsgrade gelingt es nicht, ein wesentlich exakteres Maß für die Grenzbestimmung des Schwachsinns zu finden. Die hierbei gewonnenen Meßwerte, die als vermeintlich exakte Konkretisierungen des Intelligenzniveaus imponieren, stehen nicht immer im Einklang mit dem tatsächlichen Leistungsvermögen. *Clemens E. Benda* hat in seiner zusammenfassenden Arbeit über den Schwachsinn ausdrücklich geschrieben, daß bei Kindern mit gleichen Intelligenzquotienten nach klinischen und praktischen Gesichtspunkten doch unterschiedliche Schweregrade der Intelligenzschwäche angenommen werden können. Das gilt auch für Jugendliche und Erwachsene. Zum Problem der Intelligenzprüfungen sei noch aus dem im Jahre 1963 erschienenen Werk „Moderne neurologisch-psychiatrische Diagnostik" von *Dietfried Müller-Hegemann* zitiert: „Wir sind der Meinung, daß — wie auch von *Bleuler* immer wieder betont wird — die Lebensbewährung der beste Test ist. ... daß die Bedeutung der Testverfahren oftmals leicht überschätzt wird. Sie leisten grundsätzlich nicht viel mehr als eine Intelligenzprüfung im Zwiegespräch mit dem Patienten."

Unser pragmatisches Vorgehen bei der Abgrenzung des Schwachsinns kann selbstverständlich auf Bedenken stoßen. In erster Linie wäre auf das charakterbedingte Schul-, Berufs- und Lebensversagen hinzuweisen, das sich nicht deutlich genug vom schwachsinnsbedingten Versagen abheben läßt. Darin liegt tatsächlich eine große Schwierigkeit, die uns besonders bei der Beobachtung verwahrloster und kriminell gewordener Jugendlicher immer wieder begegnet. Nach den in der forensischen Psychiatrie gewonnenen Erfahrungen müssen wir hierzu einige Überlegungen anstellen.

Viele im strengen begrifflichen Sinn als psychopathisch einzuschätzende Menschen sind nur deshalb abnorm und stören die Gesellschaft, weil sie gleichzeitig schwach begabt sind. In diesen Fällen entspricht zwar der intellektuelle Leistungsstand noch dem Durchschnitt, so daß also keinesfalls von Schwachsinn, sondern nur von einer geistigen Minderbegabung gesprochen werden kann. Jedoch wäre ohne diese Minderbegabung manche

Form von Erregbarkeit, Gemütlosigkeit oder Betriebsamkeit nicht derart abnorm, daß sie als psychopathisch gelten muß.

In der gleichen Weise wie die Verstandesschwäche einem charakterlichen Grundzug erst sein abnormes und — gemäß unserer Definition — psychopathisches Gepräge gibt, hängt auch das Urteil Schwachsinn manchmal von der charakterlichen Grundstruktur ab. Bei anderen seelischen Voraussetzungen würden eine Reihe von geistig Minderbegabten ein günstigeres Leistungsbild bieten können und sich sozial besser bewähren, da sich Intelligenzmängel immer dann stärker auswirken, wenn etwa eine im Charakter verankerte Antriebsarmut oder Willensschwäche hinzukommt. Die charakterlichen Auffälligkeiten brauchen in diesen Fällen ihrem Ausmaß nach nicht abnorm zu sein, sind aber doch geeignet, das intellektuelle Leistungsversagen manifest werden zu lassen. Liegt eine geistige Minderbegabung vor, die vielleicht bei etwas günstigerer charakterlicher Veranlagung noch nicht das Ausmaß des Schwachsinns besäße, die aber unter den gegebenen charakterlichen Voraussetzungen die Bedingungen unserer pragmatischen Definition erfüllt, dann zögern wir im allgemeinen nicht, von Schwachsinn zu sprechen. Wir finden gerade unter den forensisch in Erscheinung tretenden Jugendlichen alle möglichen Kombinationsformen. Die kriminelle Entgleisung ist oft nur ein Glied des sozialen Versagens, für das entweder mehr die charakterlichen oder mehr die intellektuellen Mängel ausschlaggebend sind. Oft ist es nicht ohne Zwang möglich, die einwandfrei seelisch-geistig Abnormen eindeutig der Gruppe der Schwachsinnigen oder der Gruppe der Psychopathen zuzuordnen, weil weder die rein charakterliche Beurteilung noch die rein intellektuelle Leistungsfähigkeit die eine oder andere Zuordnung rechtfertigen. Wenn wir in einigen dieser Fälle nach einer Ermessensentscheidung von Schwachsinn sprechen, weil die Voraussetzungen unserer auf die praktischen Belange gestützten Begriffsbestimmungen erfüllt sind, so läßt sich dieses Urteil nicht immer durch eine vermeintlich objektive Messung des Intelligenzgrades belegen.

Wir weisen hier so nachdrücklich auf die Kombinationsformen von Intelligenz- und Charakterschwächen hin, weil wir von einem Erfahrungsbereich ausgehen, in dem diesen Formen von Abnormität eine besondere Bedeutung zukommt. Selbstverständlich ist es nach praktischen und grundsätzlichen Erwägungen unerläßlich, die Grundzüge des Charakters und die Grade der geistigen Begabung gesondert zu betrachten und auch ihre Abnormitäten getrennt zu erfassen. Wir müßten uns aber im Einzelfall um Begriffe streiten, wenn wir bei den Kombinationsformen von Psychopathie und Schwachsinn in der forensischen Praxis theoretisch allzu starre Grenzen ziehen wollten.

Wir haben die Abgrenzung der abnormen Minderbegabung nach verstehenspsychologischen Gesichtspunkten unter Berücksichtigung der sozialen Bewährung erläutert. Danach sprechen wir von Schwachsinn oder auch von Debilität, wenn eine unterdurchschnittliche Verstandesanlage zum Versagen in Schule, Beruf und im Leben führt. Der Begriff des Schwachsinns wird aber noch in einem ganz anderen Sinn verwendet. Schwachsinn ist nicht immer eine Normvariante. Er kann auch Symptom einer Störung von Krankheitswert sein. Zusätzlich weisen dann in der Regel körperliche Befunde auf eine Hirnschädigung hin. Neben der verstehenspsychologischen Einschätzung einer abnormen Minderbegabung steht also die diagnostische Feststellung einer Geistesschwäche, die auf einen angeborenen oder früh erworbenen Gehirndefekt zurückzuführen ist. Bei den nicht krankhaft bedingten Minusvarianten der Begabung hängt der Gebrauch des Wortes Schwachsinn stets von einem bestimmten Schweregrad ab. Eine krankhafte Form des Schwachsinns kann dagegen gradmäßig weniger ausgeprägt sein und einer einfachen Dummheit entsprechen. Wir finden hier eine gewisse Diskrepanz zwischen der diagnostischen Beurteilung einer Intelligenzstörung und der verstehenspsychologischen Gradeinteilung der geistigen Minderbegabung. Erscheinungsbildlich lassen sich aber zwischen den krankheitsbedingten Formen und den einfachen Normvarianten einer intellektuellen Unterbegabung keine Unterschiede feststellen, so daß eine gleichlautende Bezeichnung gerechtfertigt ist. In vielen Fällen erweist sich die medizinisch diagnostische Zuordnung als belanglos. Die intellektuelle Leistungseinbuße kann aber auch, selbst wenn sie nur geringgradig ist, auf Gehirnstörungen hinweisen, die für alle Beurteilungskonsequenzen nicht vernachlässigt werden dürfen. In diesem Punkt sind an das Sachverständnis besondere Anforderungen zu stellen. Dabei gilt es, den Schwachsinn als Symptom richtig zu bewerten und alle forensischen Folgerungen im wesentlichen vom Grad der Unterbegabung abzuleiten.

Die Entscheidung, ob eine geistig-seelische Dauerverfassung abnorm ist, und wir somit die Begriffe Psychopathie oder Schwachsinn anwenden können, bereitet in der Praxis meist keine Schwierigkeiten. Dennoch bleibt es, da die Übergänge von der Norm zum Abnormen fließend sind, gelegentlich eine Ermessensfrage, ob man schon von Psychopathie oder Schwachsinn reden soll. Es sei wiederholt, daß es keine objektiven Meßwerte und keine ganz zuverlässigen Begriffsbestimmungen gibt. Aus diesem Grunde läßt sich nur von der Einschätzung und nicht von einer Abgrenzung des Abnormen sprechen.

Wir möchten nunmehr die Beurteilung der abnormen seelischen Züge in den verschiedenen Entwicklungsphasen erörtern. Dabei sei an erster Stelle der Schwachsinn kurz erwähnt. Seine Abgrenzung von einer noch normalen Begabung ist in der Kindheit nicht immer einfach. Die zusätzliche Anwendung von Testen erweist sich in den frühen Altersstufen als besonders nützlich. Nach den Erfahrungen von *Heinz Leferenz* ist „vielfach eine längere Beobachtung" der Kinder erforderlich, um über ihren Intelligenzstand sowie über ihre Charakterstruktur ein richtiges Urteil zu gewinnen. Bei Jugendlichen, die ihre Schulzeit hinter sich haben, können wir den Grad der intellektuellen Leistungsfähigkeit wesentlich leichter als bei Kindern überschauen und meist ohne größeren experimentellen Aufwand beurteilen. Ist der Schwachsinn bei einem Jugendlichen erwiesen, so kann auch mit genügender Sicherheit eine entsprechende Voraussage für die Weiterentwicklung gemacht werden. Zu nennenswerten Umstrukturierungen kommt es im Zusammenhang mit dem Reifungsgeschehen nicht mehr. Finden wir bei einem Jugendlichen ein meßbares Zurückbleiben der Verstandesentwicklung, so ist dieses niemals reifungsbedingt, sondern immer bleibendes Persönlichkeitsmerkmal. Das gilt sowohl für die krankheitsbedingten wie für die anlagebedingten Minderbegabungen.

Auch die Einschätzung der abnormen Charakterzüge ist in der Kindheit besonders problematisch, weil das Reifungsgeschehen noch erhebliche Wandlungen erwarten läßt. Die prognostische Beurteilung des werdenden Charakters erweist sich bei Kindern vielfach als unmöglich. Bei der Besprechung der seelischen Entwicklung des Menschen haben wir betont, daß sich in der Jugendzeit die persönlichen Merkmale wesentlich deutlicher abzeichnen, ohne allerdings schon ihre endgültige Form gefunden zu haben. Beobachten wir bei einem Jugendlichen — abgesehen von bloßen Verhaltensauffälligkeiten — durchgehende Merkmale einer persönlichen Eigenart, die abnorm ausgeprägt sind, so sprechen wir von einem abnormen Jugendlichen. Wir nennen ihn nur ungern einen jugendlichen Psychopathen, weil nicht mit Sicherheit vorauszusagen ist, ob seine Persönlichkeit ebenso abnorm oder psychopathisch bleiben wird.

Als Maßstab für die Annahme einer Abnormität haben wir auch bei Jugendlichen nur die Möglichkeit einer empirisch-pragmatischen Einteilung. Analog zum Erwachsenen müssen wir die an ihrer Abnormität leidenden und die durch ihre charakterliche Veranlagung in der Gesellschaft Störenden als abnorme Jugendliche bezeichnen. In Grenz- oder Zweifelsfällen fehlt ein zwingendes diagnostisches oder verstehenspsychologisches Kriterium für die Zuordnung zum Begriff des Abnormen.

Einige Charakterzüge finden ihr abnormes Ausmaß erst nach Ausreifung der Persönlichkeit. Jedoch ist gleichzeitig die Feststellung wichtig, daß ein in der Jugendphase abnorm ausgeprägter Charakterzug im Vollzug des weiteren Reifwerdens zurücktreten kann. Selbst wenn dasselbe Merkmal als persönliches Kennzeichen fortbesteht, kann es doch sein abnormes Gepräge verlieren. Ein selbstunsicherer Mensch kann in der Jugend abnorm selbstunsicher sein, während er später seine Selbstunsicherheit zu bewältigen vermag.

Äußerst schwierig ist *die Einschätzung des Abnormen in der Pubertät.* Diese Phase, die die Schwelle von der Kindheit zur Jugendzeit darstellt, läßt viele Züge hervortreten, die mit üblichem Maß gemessen als abnorm zu beurteilen wären, in der Phase der Pubertät aber doch zur Norm gehören. Jeder heranreifende Mensch *leidet* mehr oder weniger stark unter den seelischen Begleiterscheinungen seiner Pubertät. Auch die Gesellschaft kann unter den seelischen Auswirkungen der Pubertät leiden, wenn man sich beispielsweise das Erscheinungsbild der „Flegeljahre“ vor Augen hält. Da der Durchschnitt der Minderjährigen diese Auffälligkeiten bietet, ist das für den Erwachsenen angewandte Maß der Norm in der Pubertät nicht brauchbar. Es besteht die Möglichkeit, seelische Züge während der Pubertät dann als abnorm anzusehen, wenn der in der Pubertät stehende Mensch oder seine Mitwelt *übermäßig* unter den Auswirkungen dieser Reifungskrise *leiden,* wie wir es selbst einmal vorgeschlagen haben (1962). Aber auch das kann nicht ganz befriedigen. Der Erfahrene wird sich darauf beschränken zu beachten, daß in der Pubertät die Schwankungsbreite der Norm für viele Charakterzüge sehr groß ist, so daß nur ganz besondere Überprofilierungen und Übersteigerungen als abnorm angesehen werden können.

Manche Eigenschaften, die in der Pubertätszeit oder auch in der Jugendphase noch als normal gelten dürfen, sind beim Erwachsenen als abnorm anzusehen. Es ergibt sich die Frage, bis zu welcher Entwicklungsstufe einzelne seelische Grundzüge noch altersgemäß sind, und in welchem Alter sie nicht mehr als normal bezeichnet werden können. Wie bei allen Fällen, in denen es um die Einschätzung des Abnormen geht, gibt es auch hier keine begrifflich und methodisch exakte Abgrenzung. Man wird sich im Zweifelsfall besser auf die Beschreibung der Eigenschaften beschränken und die Ermessensentscheidung, ob ein Einzelzug abnorm ist oder nicht, ganz vermeiden.

Die Beurteilung des Altersgemäßen ist eng an das Problem der Reife gekoppelt. Wir haben darüber schon grundsätzliche Ausführungen in einem vorhergehenden Abschnitt gebracht. Hier sei nur noch einmal aufgegriffen, daß bei der Reifebeurteilung oft von Retardierung, Teilretardierung oder von Reifungsdisharmonie gesprochen wird. Lassen wir die krankheitsbedingten Reifungsverzögerungen außer Betracht, dann ergibt sich für jede Variante des Entwicklungsverlaufs wieder die Frage nach dem, was noch normal oder schon abnorm ist. Vielfach wird bei der Annahme einer Retardierung oder einer Reifungsdissonanz unmittelbar auf etwas Abnormes geschlossen. Sehen wir ganz von der an sich schon fragwürdigen Unterstellung einer sogenannten Retardierung ab, so ist vor allem die Zuordnung zu den Abnormitäten im allgemeinen gänzlich unbegründet. *Nikolaus Petrilowitsch* schreibt in Übereinstimmung mit vielen anderen Autoren: „Das Zurückbleiben eines Persönlichkeitsbereichs hinter dem Stand des Persönlichkeitsganzen und das ‚Vorprellen‘ eines anderen sind normale Vorkommnisse.“ Wenn den sogenannten Reifungsdisharmonien allzu voreilig etwas Abnormes zugesprochen wird, so möchten wir auch an die Formulierung erinnern, die *Ludwig Scholz* und *Adalbert Gregor* in ihrem Buch über anormale Kinder niedergelegt haben: „Wir dürfen nicht vergessen: Seine Disharmonie hat jeder Mensch.“ Die Überbewertung von sogenannten Reifungsdissonanzen hat — vor allem in der forensischen Jugendpsychiatrie — praktische Folgen, die psychologisch nicht vertretbar sind.

Manche Schwierigkeiten bei der Einschätzung des Abnormen und die nicht selten sehr großzügige Ausweitung dieses Begriffs führen uns zu der Frage, ob es überhaupt sachlich zwingende Gründe gibt, eine individuelle Besonderheit, die nicht krankheitsbedingt ist, als abnorm zu bezeichnen. Die Beschreibung der seelischen Auffälligkeit und die Kennzeichnung ihrer graduellen Ausprägung sollte oftmals genügen. Die anfechtbare und verstehenspsychologisch ohnehin nicht überzeugende Unterscheidung von normal und abnorm wäre so zu umgehen. Wenn wir diese Konsequenz nicht ziehen und den Begriff des Abnormen beibehalten, so machen wir ein Zugeständnis, das uns gelegentlich zu begrifflichen Kompromissen zwingt.

Die Einführung des Normbegriffes ist durch klinische Gegebenheiten gefördert worden. Im psychiatrischen Alltag ergibt sich immer wieder die Notwendigkeit, unter den möglicherweise krankhaften Erscheinungen die *nur* abnormen zu erkennen. Abnormes steht hier immer in der Konkurrenz mit dem Krankhaften. Es gibt zwar Verwechslungen oder begrifflich und methodisch ungenaue Abgrenzungen, grundsätzlich ist jedoch zwischen dem Krankheitsbedingten und den bloßen Spielarten der Norm eine scharfe Unterscheidung möglich, während zwischen der Norm und ihren abnormen Spielarten fließende Übergänge bestehen.

Beurteilt der Psychologe oder der Psychiater außerhalb des klinischen Erfahrungsbereiches irgendwelche seelischen Erscheinungen als abnorm, so führt das erwiesenermaßen leicht zu Mißverständnissen. Häufig ist es für den Arzt schon innerhalb seiner Fachsprache unbefriedigend, wenn er einen Menschen als eine abnorme Persönlichkeit bezeichnen soll. Sind aber erzieherische oder rechtliche Konsequenzen geboten, so wird die Aussage, der Mensch sei „nicht normal", oft als Vorentscheidung angesehen, die zu bedenklichen Folgerungen führt.

Zur Klärung einiger grundsätzlicher Fragen ist noch einmal auf die Gegenüberstellung des Abnormen und des Krankhaften zurückzugreifen. Wir knüpfen an die Unterscheidung der einfachen Minderbegabung von der Diagnose des Schwachsinns an. Ohne den Begriff der frühkindlichen Hirnschädigung und die damit verbundenen Symptome in allen Einzelheiten zu erläutern, muß doch schon hier gesagt werden, daß aus dieser Diagnose allein keinerlei Rückschlüsse auf die seelisch-geistige Verfassung möglich sind. Wir sehen immer wieder Menschen, bei denen die Annahme einer Hirnschädigung gesichert ist, die aber gleichzeitig einen völlig regelrechten psychischen Befund und ein normales praktisches Leistungsvermögen zeigen. Schwere Lähmungen, Bewegungsstörungen oder andere neurologische Ausfallserscheinungen können beweisend für den Hirnschaden sein, ohne daß sich faßbare oder nennenswerte charakterliche und intellektuelle Auffälligkeiten bieten. In anderen Fällen läßt sich die Diagnose des Hirnschadens nur aus entsprechend schweren psychischen Auffälligkeiten ableiten, während die körperlichen Befunde der Norm entsprechen.

Bestehen nur geringe krankhafte Mängel der Verstandesentwicklung, so können diese durchaus einer einfachen Dummheit entsprechen. Wir sind gewohnt — und das entspricht einer allgemeinen Übereinkunft —, daß für alle Formen der geistigen Minderbegabung der gleiche psychologische, gegebenenfalls psychologisch-experimentell unterbaute Leistungsmaßstab angewandt wird. Das ätiologische Moment, die Frage der Ursache, wird dabei ganz vernachlässigt. Selbstverständlich sind die diagnostischen Überlegungen von größter Wichtigkeit und immer an den Anfang der Erörterung zu stellen. Ist aber die Diagnose eines angeborenen oder früh erworbenen Defektzustandes gesichert, dann ist das psychische Zustandsbild für sich allein zu beurteilen. Alle körperlichen Befunde und auch die Tatsache der Hirnschädigung sind für die Abschätzung der seelischen Beeinträchtigung unbedeutend. Die praktisch-psychologischen Konsequenzen sind vom intellektuellen Leistungsstand und vom psychopathologischen Bild abzuleiten. *Diagnostische Zuordnung einerseits und psychologische Bewertung andererseits sind zwei streng zu trennende Beurteilungsgesichtspunkte.*

Was im Hinblick auf die krankhaft bedingten Intelligenzmängel besonders betont worden ist, muß auch für die körperlich begründeten charakterlichen Abartigkeiten erläutert werden. Wie der Schwachsinn, bieten die Auffälligkeiten und Veränderungen des Charakters ebenfalls alle Abschwächungs- und Verdünnungsgrade. Im Vordergrund steht hier die Frage, wie die leichten und leichtesten charakterlichen Veränderungen, die durch eine sicher krankhafte körperliche Störung begründet sind, in der Praxis bewertet werden sollen. Wir erkennen zwar grundsätzlich keine fließenden Übergänge vom Normalen zum Krankhaften an, finden aber im Erscheinungsbild dennoch manchmal verwaschene Grenzen. Um diesen Gesichtspunkt an einem Beispiel zu erläutern, wählen wir eine akute seelische Störung von echtem Krankheitswert: die Alkoholintoxikation. Die Diagnose ist schon bei einem niedrigen Blutalkoholspiegel berechtigt. Trotzdem kann der Mensch in diesem Stadium seelisch völlig normal reagieren. Über die Intensitätsgrade einer zunächst geringen, dann immer stärkeren Enthemmung mit Einbuße an Kritikvermögen kommt es schließlich zum Vollrausch oder gar zur lebensbedrohlichen Alkoholvergiftung. Es ist allgemein bekannt, welche Schwierigkeiten darin liegen, für die einzelnen Grade der Alkoholkonzentration im Blut eine angemessene psychologische oder psychopathologische Beurteilung zu finden. Mit den beschreibenden Hilfsbegriffen, wie angeheitert, trunken, volltrunken, sinnlos betrunken, ist nur eine sehr grobe Orientierung, niemals aber eine exakte Einteilung möglich. Entscheidend für die Beurteilung ist das in der Situation erkennbare Gesamtverhalten. Nur auf Grund einer beschreibenden und verstehenden Analyse können wir zu einer Einschätzung des seelischen Beeinträchtigungsgrades kommen.

Wichtig scheint uns der Hinweis, daß mit der Diagnose einer Alkoholintoxikation für die psychologische oder psychiatrische Beurteilung nichts

Endgültiges ausgesagt ist. Sofern es darum geht, praktische Konsequenzen zu ziehen, und auch die Frage des Verantwortungsbewußtseins oder der Willensbestimmbarkeit zu beurteilen, dürfen minimale seelische Auffälligkeiten bis zu einem gewissen Grade vernachlässigt werden. Wir können schwerlich unterstellen, daß schon die leichtesten Veränderungen der Reaktionsweise alle Kräfte und Anlagen der Persönlichkeit maßgebend beeinflussen. Diese Wirkung können wir erst bei einer in jedem Einzelfall näher zu bestimmenden Stufe der Auffälligkeit erwarten. Es ist für den Diagnostiker selbstverständlich, daß er auch die feinsten Verdünnungsgrade einer veränderten seelischen Reaktionslage als krankhaft ansehen muß. Das kann aber nicht unmittelbar zu forensisch-psychologischen Folgerungen führen. Das Beispiel der Alkoholintoxikation möge verdeutlichen, daß wir gelegentlich zu einer Entscheidung gezwungen sind, ob auch den geringsten seelischen Auffälligkeiten praktisch belangvoller Krankheitswert zukommt. Bei den minderen Graden der Beeinflußung dürfen wir diese Frage im allgemeinen verneinen.

Ähnliche Überlegungen ergeben sich bei der Bewertung charakterlicher Störungen auf dem Boden einer frühkindlichen Hirnschädigung. Wir sprechen je nach dem Schweregrad von leichten oder schweren Verhaltensstörungen, von verschieden ausgeprägten Wesensänderungen oder von einem erheblich seelisch-geistigen Defekt. Im Rahmen dieses Kapitels, das die Grenzen des Abnormen und die Bewertungsmaßstäbe der damit konkurrierenden Krankheitserscheinungen kritisch darlegen soll, interessieren nur die ganz leichten seelischen Folgeerscheinungen eines Hirnschadens. Oft tragen sie kaum die Merkmale einer organisch begründeten Störung und weichen auch von den durchschnittlichen Normvarianten des Charakters nur unwesentlich ab. Bei der Persönlichkeitsbeurteilung dieser Jugendlichen wird man krankhafte Störungen praktisch vernachlässigen dürfen, wenn die Sinnkontinuität der Erlebniszusammenhänge nicht faßbar gestört ist.

Die seelischen Auffälligkeiten, die wir als krankheitsbedingte Störungen bezeichnen müssen, können auch das Gepräge rein psychopathischer Wesenszüge tragen. Die Ähnlichkeit mit einer Psychopathie beobachten wir vor allem bei Jugendlichen, die einen angeborenen Schaden aufweisen, während die später erworbenen Störungen meist besondere, mehr organisch wirkende Kennzeichen bieten. Wir kommen damit auf die Gegenüberstellung von Psychopathen und „Enzephalopathen". Die Enzephalopathen und andere „Somatopathen", die — wie das Wort besagt — körperlich krank und nur deshalb auch seelisch auffällig sind, können als abnorm veranlagte Persönlichkeiten imponieren. Man spricht in diesen Fällen vielfach von Pseudo-Psychopathen. Die echten Psychopathen werden ihnen als Charakteropathen gegenübergestellt. Inwieweit die infolge eines angeborenen Defektes Auffälligen anders zu beurteilen sind als die infolge einer angeborenen Charakteranlage Abnormen, möchten wir näher erläutern, um gleichzeitig noch einige grundsätzliche Anmerkungen einzufügen.

Durch den Fortschritt der technischen Untersuchungsmöglichkeiten ist es gelungen, manchen zweifelsfrei Hirngeschädigten aus dem Kreis der sogenannten Psychopathen auszusondern. Selbstverständlich spielt bei der ärztlichen Beurteilung die diagnostische Klärung immer eine Hauptrolle. Jedoch ergeben sich trotz der diagnostischen Unterscheidung hinsichtlich der Psychopathen und der Pseudo-Psychopathen vielfach die gleichen psychologischen und pädagogischen Konsequenzen. Es läßt sich in den meisten Fällen kein ärztlicher oder psychologischer Gesichtspunkt finden, der eine grundsätzlich verschiedene erzieherische Behandlung rechtfertigen könnte. Für beide Gruppen, also für die abnorm veranlagten wie für die infolge Krankheit abnorm gewordenen Jugendlichen besteht die Notwendigkeit, mit ihrer seelischen Eigenart fertig zu werden. Ob ein ungebärdiger Minderjähriger nur hyperthym im Sinne einer konstitutionellen Besonderheit oder ob er auffallend betriebsam infolge einer früh erworbenen Hirnschädigung ist, immer sind die erzieherischen Aufgaben der Umgebung ebenso wie die Erfolgsaussichten jeder Behandlungsmaßnahme weitgehend die gleichen.

Nur wenn strafrechtliche Konsequenzen zur Diskussion stehen, wird man für die Enzephalopathen im Unterschied zu den Psychopathen in der Regel eine mildere Behandlung empfehlen und gegebenenfalls die Verantwortlichkeit verneinen müssen. Die im weiteren Sinne gerechte Urteilsfindung kann nur unter Berücksichtigung sowohl der ärztlich-diagnostischen wie der praktisch-psychologischen und der rechtlich-normativen Gesichtspunkte erfolgen.

Nicht jede charakterliche Eigenart vermag, nur weil sie krankhaft bedingt ist, die Bewertungsmaßstäbe der verstehenden Psychologie gänzlich aufzuheben. Wir müssen bei niederen Graden der Auffälligkeit unterstellen, daß die Kräfte der Persönlichkeit einschließlich des Willens noch so weit erhalten sind, daß die Anwendung normal-psychologischer Wertungen gerechtfertigt ist.

Nur in seltenen Fällen sehen wir uns gezwungen, auch bei symptomarmen Krankheitsbildern grundsätzliche und verstehenspsychologisch nicht ohne weiteres zu begründende Rückschlüsse auf die Gesamtbeeinträchtigung der Persönlichkeit zu ziehen. Krankheitsprozesse, bei denen wir einen Fortschritt erwarten müssen, die aber in ihrem Beginn nur unbedeutende seelische Auffälligkeiten bieten, zwingen immer zu einer gänzlich anderen Wertung. Dasselbe gilt ganz allgemein für die Fälle, bei denen einmal die Diagnose einer Schizophrenie gestellt ist. Infolge der geheimnisvoll undurchschaubaren Eigenart dieser Krankheit und ihrer erfahrungsgemäß fortwirkenden Beeinflussung des Seelischen nehmen wir selbst in den weitgehend erscheinungsfreien Episoden starke Auswirkungen auf die Gesamtpersönlichkeit und ihr Willensleben an. Die gleichen Konsequenzen können wir für die Folgen einer frühkindlichen Hirnschädigung oder auch für die seelischen Begleiterscheinungen mancher hormoneller Entwicklungsentgleisungen nicht ziehen. Spezielle Gesichtspunkte der Beurteilung sind später noch anzugeben.

Mit den zuletzt ausgeführten Gedanken sind wir von einer Einschätzung des Abnormen zu einer Einschätzung des Krankhaften gekommen. Dabei haben wir darauf hingewiesen, daß gelegentlich die diagnostisch als krankhaft zu wertenden Symptome, wenn sie sehr bescheiden ausgeprägt sind, bei der Beurteilung der praktischen Konsequenzen vernachlässigt werden dürfen. Das Problem der Beurteilung des Krankhaften hat noch eine andere Seite. Es gibt zahlreiche körperliche Symptome, die manchmal als Krankheitszeichen angesprochen werden, obwohl ihr Krankheitswert durchaus fragwürdig ist. Im körperlichen Bereich gibt es ebenso wie im seelischen Normvarianten, die zum Teil sehr ausgeprägt sind, aber nichts mit Krankheit zu tun haben. Die Vervollkommnung zahlreicher Untersuchungsmethoden und die Ausnutzung immer neuer Untersuchungswege hat dazu geführt, Normabweichungen mannigfacher Art aufzudecken, deren Zugehörigkeit zu den krankhaften Störungen umstritten ist. Besonders aktuell wird diese Frage sehr häufig bei der Bewertung von Rhythmusstörungen im Hirnstrombild (Elektroenzephalogramm) oder von Formveränderungen des Hirnkammerluftbildes (Pneumenzephalogramm). Im körperlichen Bereich sind die Spielarten der Norm und die Mikrosymptome einer überstandenen Krankheit nicht immer scharf voneinander abzugrenzen. Einzelne unscheinbare und isolierte Befunde besitzen echten Symptomwert. Das gilt beispielsweise für ein eindeutig positives Babinskisches Phänomen oder für die Bajonettstellung der Finger. Aber nicht jede Dysmetrie der Bewegungen und nicht jede Formabweichung des Schädels oder des Gehirns sind als beweisend für das Vorliegen eines Krankheitsprozesses oder eines Krankheitsfolgezustandes anzusehen.

Auf diesen Punkt müssen wir nachdrücklich hinweisen, weil in der forensischen Psychiatrie Lehren verbreitet sind, die allzu großzügig jede körperliche Auffälligkeit als belangvollen Befund registrieren und hieraus sehr voreilig psychologische Konsequenzen ziehen. Verhaltensauffälligkeiten werden oft in bedenklicher Weise als krankhaft gewertet, wenn sich gleichzeitig eine körperliche Auffälligkeit feststellen läßt. Sowohl bei der diagnostischen Zuordnung als auch bei der verstehenden Betrachtung geht man in vielen Fällen nicht genügend kritisch vor. So wird nicht nur bei eindeutig krankhaften Befunden das psychologische Problem von diagnostischen Aussagen manchmal ganz überdeckt, sondern es werden auch die in ihrer diagnostischen Wertigkeit strittigen Befunde erheblich überbewertet. Anders wäre es nicht möglich gewesen, daß *Gerhard Göllnitz* auf Grund seiner Untersuchungen bei psychisch auffälligen Kindern „etwa 90% (vielleicht noch mehr)" frühkindliche Hirnschädigungen annehmen konnte. *Hermann Stutte* hat schon die Vermutung zum Ausdruck gebracht, daß hier eine Registrierung von Mikrosymptomen vorliegen müsse, „deren pathognostische Bedeutung nicht über allen Zweifel erhaben ist" (1958). Ähnliche grundsätzliche Einwände lassen sich gegen die Ergebnisse und Schlußfolgerungen von *Willi Enke, Adolf Illchmann-Christ, Reinhart Lempp* und vielen anderen Autoren geltend machen.

In den erwähnten Untersuchungen wird eine starke Tendenz erkennbar, den Begriff der Störung und des Abnormen oder auch des Krankhaften ungebührlich auszuweiten. Wir möchten mit *Friedrich Wilhelm Foerster* die schon im Jahre 1911 geäußerte Sorge teilen, daß „der Begriff des Normalen überhaupt bald einer überwundenen Epoche der Wissenschaft angehören wird, oder man wird — wie einmal treffend bemerkt wurde — als ‚normal' die ‚richtige' Mischung aller möglichen Minderwertigkeiten bezeichnen." *Foersters* Werk „Schuld und Sühne", in dem er auf die „Übertreibungen in der pathologischen Analyse" hinweist, wurde vielfach neu aufgelegt und ist erst im Jahre 1961 als durchaus zeitgemäß wieder gedruckt worden.

In der forensischen Praxis wird gelegentlich die Frage gestellt, wann einer seelischen Abnormität — als Spielart der Norm — Krankheitswert zukommt. Dabei setzt man voraus, daß einige Entgleisungen normaler seelischer Vorgänge die Grenze des Verstehbaren weit überschreiten, ohne daß etwas Krankhaftes zugrunde läge. Wir hegen gegen diese Annahme größte begriffliche und methodische Bedenken. Jedoch müssen wir in seltenen Ausnahmefällen etwas *nur* Abnormes wegen seiner grotesken Ausprägung als etwas vom Krankhaften nicht zu Trennendes bewerten. In welchen Fällen diese Sonderbedingungen gegeben sind, kann nur in einer Einzelanalyse dargelegt werden.

Viel häufiger ist die Gegenfrage sachlich begründet: Wann besitzt eine in diagnostischer Hinsicht zweifellos krankhafte Auffälligkeit bei der praktisch-psychologischen Beurteilung *keinen* „Krankheitswert"? Wir möchten die hierzu unterbreiteten Gedanken noch einmal mit einem abschließenden Hinweis ergänzen. Als ärztliche und psychologische Sachverständige sind wir nicht nur an ein kritisches Methodenbewußtsein gebunden, sondern auch verpflichtet zu verhindern, daß aus unserer fachwissenschaftlichen Beurteilung unangemessene Folgerungen gezogen werden. Dabei ist zu bedenken, daß aus der Bezeichnung „abnorm" oder „krankhaft" oft Konsequenzen hergeleitet werden, die nicht im Sinne der ärztlichen oder der psychologischen Beurteilung liegen. Um den Schwierigkeiten möglichst aus dem Wege zu gehen, ist streng zwischen den ärztlich-diagnostischen und den praktisch-psychologischen Gesichtspunkten zu unterscheiden. Im forensischen Bereich muß vor allem gefragt werden, „welche seelischen Abnormitäten rechtserheblich" sind *(Heinz Leferenz).* Das gleiche gilt auch für alle wenig ausgeprägten seelischen Krankheitszeichen.

Das Problem der Einschätzung des Abnormen und die Frage der Bewertung des Krankhaften sind von größter Bedeutung in der forensischen Psychiatrie. Alle Schwierigkeiten und Einzelfragen lassen sich im

Rahmen dieser Arbeit nicht umfassend darlegen. Im Verlauf der weiteren Abhandlung werden sie noch an vielen Stellen anklingen. Mit dem vorliegenden Abschnitt sollte nur auf einige methodische Leitlinien hingewiesen werden.

II. SPEZIELLER TEIL

Im Anschluß an die Darlegung der methodischen Leitlinien sind nunmehr die Gesichtspunkte aufzuzeigen, die nach der Erfahrung für die sachverständige Beurteilung straffälliger Jugendlicher wesentlich erscheinen. Zuerst besprechen wir die psychologischen Grundlagen des rechtswidrigen Handelns. Wie die kritische Erforschung der jugendforensischen Probleme erkennen läßt, muß die Verständigung zwischen dem psychologisch-psychiatrischen Sachverständigen und dem Richter mit der Erörterung und Erfassung von charakterlichen Grundeigenschaften beginnen, sonst kann weder die psychologische Grundlage für eine gerichtlich zu verhängende Strafe oder Erziehungsmaßnahme gefunden werden, noch wird es gelingen, überhaupt etwas Entscheidendes über die Eigenart der Persönlichkeit des minderjährigen Rechtsbrechers auszusagen.

Bei der psychologischen Betrachtung wenden wir die Maßstäbe des Verstehens an. Davon sind grundsätzlich die ärztlich-diagnostischen Gesichtspunkte zu trennen, die wir im zweiten Abschnitt dieses speziellen Teiles besprechen werden. Die krankhaften Bedingungen, die zu strafbaren Handlungen führen können, sind dem psychologischen Verständnis nicht zugänglich. Sobald eine Krankheit zu diagnostizieren ist, die mit seelischen Störungen einhergeht, werden die psychologischen Folgerungen und die Motive des Handelns unüberschaubar. Welche Maßstäbe der Sachverständige in solchen Fällen anzuwenden hat, ist eingehend zu erläutern.

Schließlich sollen im letzten Abschnitt die rechtlichen Grundlagen dargelegt werden. Ausgehend vom Gesetzestext besprechen wir die Zurechnungsfähigkeit, die Verantwortungsreife und andere gelegentlich im Strafverfahren an den Gutachter herangetragene Fragen.

A. Die psychologischen Beurteilungsgrundlagen

Der Rechtsbruch eines Jugendlichen muß wie alles Handeln des Menschen mehrdimensional betrachtet werden, weil der Aufbau jeder Tat vielschichtig und weitverzweigt ist. Die Erfahrung lehrt jedoch, daß in der Regel nur wenige charakterliche Grundzüge einigermaßen zuverlässig aufzuzeigen sind, die als entscheidende Bedingungen der Fehlhandlung in Frage kommen. Indem wir sie hervorheben, tragen wir Wesentliches zur charakterlichen Beurteilung eines Täters bei. Wenn es nicht gelingt, das sehr verästelte Spannungsfeld der äußeren und inneren

Faktoren auf einen charakterologischen Kern oder auf wenige Grundeigenschaften des Täters zurückzuführen, bleibt das Ziel jeder psychologischen Beurteilung verfehlt.

In der forensischen Jugendpsychiatrie und -psychologie haben diese Gedanken bisher wenig Beachtung gefunden. Nach der vorherrschenden Meinung ist das Ziel der Beurteilung von minderjährigen Tätern eine mehrdimensionale oder polyätiologische Betrachtung. Die Tat soll genetisch-dynamisch verstanden werden. Diese Anschauungen gehen, soweit nicht ein ganz einseitiger Einfluß von seiten der psychotherapeutischen Schulen vorliegt, auf die Lehren *Ernst Kretschmers* zurück. Sie wurden von *Werner Villinger*, *Hermann Stutte* und vielen anderen Forschern weiter ausgebaut. In der Aufstellung entsprechend vielgliedriger Strukturformeln wird das erstrebenswerte Ziel einer psychologisch-psychiatrischen Untersuchung gesehen.

Sicherlich ist es erforderlich, die mannigfachen Verzweigungen des Charakter- und Motivgefüges in einem möglichst breiten Spektrum vor Augen zu haben. An diesem Punkt beginnt aber erst die Täteranalyse. Letzten Endes ist der Täter danach zu beurteilen, wo seine besondere Schwäche liegt, die ihn straffällig werden ließ, und auf die im wesentlichen die Erziehung und strafrechtliche Behandlung ausgerichtet werden muß. Die vieldimensionalen Interpretationen verfehlen meist das psychologische Fundament für alle praktischen Konsequenzen, wenn sie nicht jenen Schritt weitergehen, den wir mit der Erfassung der charakterbestimmenden Grundeigenschaften anstreben.

Einer charakterologischen Methode, die bei den Menschen Eigenschaften zu erfassen sucht, wird von Vertretern der modernen Jugendpsychiatrie gelegentlich der Vorwurf gemacht, sie betrachte den Menschen allzu statisch. Das kann so aussehen und mag in mißverständlichen Auslegungen oft auch der Fall sein. Keineswegs ist es eine notwendige Folge. Alles seelische Geschehen läßt sich in seiner Fülle nicht anders als durch die Auffindung von Leitlinien überschaubar machen. Wir können es sonst nicht geistig bewältigen oder anschaulich beschreiben. Das seelische Leben weist immer einige Konstanten auf, die sich begrifflich bestimmen lassen. Gäbe es keine empirisch nachzuweisenden statischen Elemente im seelischen Geschehen, so wäre überhaupt keine Verständigung über den Charakter eines Menschen möglich. Daß die Leitlinien oder Konstanten, die sich unserer Erkenntnis darbieten, Bestandteil des Lebens bleiben und insofern als etwas durchaus Dynamisches anzusehen sind, kann ein der lebendigen Anschauung verbundener Empiriker niemals verkennen.

Eine Kennzeichnung des Menschen nach seinen Grundeigenschaften wird immer dort vorgenommen, wo von Typen die Rede ist. In der psychiatrischen und forensischen Praxis hat sich die Typologie von *Kurt Schneider* vielfältig bewährt. Mit ihr ist nichts anderes beabsichtigt, als ein begriffliches Rüstzeug zur Kennzeichnung abnormer Menschen zu liefern. Dies geschieht durch Benennung ihrer hervorstechenden Charakterzüge.

Als etwas schwierig ist oftmals das Problem angesehen worden, wie man sich die Überschneidungen der verschiedenen Typenbilder vorstellen und wie man dann die Benennungen vornehmen soll. Wir möchten deshalb auf den Gebrauch des Wortes Typ ganz verzichten. Es kann zu einer etwas bedenklichen diagnostischen Rubrizierung verleiten. Das einfache *Hervorheben der Grundeigenschaft* durch Anwendung geeigneter Begriffe läßt die Absicht der Beschreibung besser erkennen. Außerdem ist die Kombination von Grundeigenschaften eher einleuchtend als die „Überschneidung" von Typenbildern.

Wir möchten uns aber eng an den Erfahrungsschatz anlehnen, der in der *Schneider*schen Psychopathenlehre seinen Niederschlag gefunden hat. Die von *Kurt Schneider* aufgezählten psychologischen Begriffe sind als Mittel der Beschreibung besonders geeignet und kommen der Erfahrung am nächsten. Alle Typenbegriffe, die ein diagnostisches Begriffsschema voraussetzen und nicht unmittelbar mit der Anschauung verglichen werden können, sind für die charakterologische Beschreibung ungeeignet. Sie werden allzu leicht willkürlich oder mißverständlich angewandt. So sehen wir es an den Ausdrücken schizothym, epileptoid oder hysterisch. Ähnlich ist es mit vielen anderen sogenannten Typenbegriffen.

Heben wir bei einem straffällig gewordenen Jugendlichen das Merkmal der Willensschwäche oder der Gemütsarmut hervor, so ist damit nicht mehr und nicht weniger ausgesagt, als daß seine Straftat wesentlich durch Willensschwäche oder durch Gemütsarmut motiviert ist. Bei den Typenbegriffen *Kurt Schneiders* ist, da er von Psychopathen spricht, immer an eine abnorm ausgeprägte Eigenschaft, also an eine abnorme Willensschwäche oder an eine abnorme Gemütsarmut gedacht. Wenn ein Mensch aus Willensschwäche oder aus einer anderen charakterlichen Grundeigenschaft einen Rechtsbruch begeht, so braucht er darum nicht abnorm willensschwach oder in anderer Weise abnorm veranlagt zu sein. Von abnormer Willensschwäche, abnormer Geltungssucht oder sonstigen abnormen seelischen Zügen wird man allenfalls dann sprechen können, wenn der Betreffende immer wieder aus dieser Schwäche heraus kriminell wird, oder wenn er sich auch in anderen Bereichen des Lebens als überdurchschnittlich willensschwach, geltungssüchtig oder entsprechend psychopathisch zeigt.

Neben den im einzelnen zu besprechenden Charakterzügen ist die geistige Minderbegabung ein psychologisches Faktum, das wir bei Leicht- und bei Schwerkriminellen besonders oft vorfinden. Wird ein schwachbegabter Jugendlicher straffällig, so sind fast immer *auch* besondere charakterliche Eigenschaften zu erkennen, die sein Fehlverhalten mitbestimmen. Die verschiedenen, insbesondere die häufigen Kombinationen dieser Art werden wir zu erläutern haben.

Als weitere psychologische Grundlage für gesetzwidrige Taten sind die sexuellen Triebabweichungen zu berücksichtigen. Sie können mit dem einen oder anderen Grundzug des Charakters verbunden sein. In Einzelfällen finden wir auch Kombinationen mit der geistigen Minderbegabung. Diese

Zusammenhänge bedürfen ebenfalls der näheren Erörterung. Alle seelischen Züge, die als eindeutig krankhaft zu werten sind, lassen wir zunächst außer acht, sofern sich nicht differentialdiagnostische Hinweise ergeben.

Wenn wir darauf hinzielen, die jugendlichen Rechtsbrecher nach ihren charakterlichen Grundzügen zu beurteilen, so läßt sich schwer eine statistische Übersicht darüber geben, in welchem Umfang die einzelnen Züge für das Kriminellwerden eine Rolle spielen. Eine phänomenologische Charakterologie kann nicht mit Auszählungen arbeiten. Jede Einzelbeurteilung berücksichtigt individuelle Ausprägungen und damit alle Möglichkeiten der Kombination, so daß es schwer fällt, mit Zahlen belegte Gruppen zu bilden. Heben wir einen Grundzug des Menschen hervor, so ist damit keine Zuordnung getroffen, die einer Diagnose entspricht. Wir erfassen Schwerpunkte, mit denen straffällige Jugendliche psychologisch zu charakterisieren sind. Die beschreibenden Ausführungen statistisch zu bekräftigen, wäre ebenso unangemessen, wie sie statistisch widerlegen zu wollen. Wir müssen also darauf verzichten, die von uns begutachteten oder untersuchten Jugendlichen tabellarisch nach ihren wesentlichen Grundeigenschaften zusammenzustellen. Die größere oder geringere Häufigkeit der einzelnen Charakterprägungen kann nur durch entsprechende Hinweise gestützt werden. Wir glauben eine nach der Erfahrung genügend begründete Auswahl von Regelfällen getroffen zu haben. Die Darstellung möge unsere methodischen Grundsätze sowie die daraus abgeleiteten Folgerungen erproben und möglichst einleuchtend machen. Lediglich bei der Besprechung der geistigen Minderbegabung und bei der Erörterung der sexuellen Triebabweichungen werden wir einige Zahlenangaben hinzufügen. Diese seelischen Merkmale lassen sich leichter isoliert betrachten und erscheinungsbildlich klarer abgrenzen als die Charaktereigenschaften im engeren Sinne.

Gelegentlich besteht eine starke Versuchung, von Einzelfällen auszugehen, um Theorien abzuleiten. In der Praxis steht der unkritischen Überwertung statistischer Aussagen ein ebenso bedenkliches Überschätzen von Ausnahmefällen gegenüber. Dabei wird das Seltene zum Regelfall gestempelt. Wenn man den Ausnahmefällen nicht die ihnen gebührende Sonderstellung läßt, so wird nicht nur die Methodentreue, sondern ganz allgemein die sachliche Verständigung gefährdet. Freilich darf auch nicht in jedem Fall ein Sonderfall gesehen werden. Die Ausnahmen sind und bleiben stets das Seltene.

Wir werden im Rahmen der nachfolgenden Abschnitte eine Reihe von Beispielen zur Erläuterung unserer Darlegungen einfügen. Damit soll keine Kasuistik im üblichen Sinne geboten werden. Jeder Fall wird nur in dem Ausschnitt dargestellt, der zur Verdeutlichung eines bestimmten Gedankenganges erforderlich scheint. Deshalb verzichten wir auch auf jede Modellvorlage eines Einzelgutachtens.

Bei den grundsätzlichen Darlegungen im ersten Teil haben wir uns sehr allgemein auf alle jugendlichen Straftäter bezogen. Unsere folgenden

Erläuterungen müssen von einer engeren Auswahl ausgehen. Die zur Begutachtung kommenden Fälle stehen für uns ganz im Mittelpunkt. Damit ist zwar kein bestimmter Auslesegesichtspunkt angegeben aber doch ein Schwerpunkt bezeichnet. Ein Sachverständigengutachten wird in der Regel dann angefordert, wenn an der Persönlichkeit des Täters oder in den Umständen der Tat etwas Auffälliges bemerkt wurde. Bei Minderjährigen ist oft die Schwere der Tat schon auffällig genug, um die Mitwirkung eines Sachverständigen als ratsam anzusehen. Es ist das Ziel dieses speziellen Teiles, die entscheidenden Gesichtspunkte zusammenzustellen, die geeignet erscheinen, Besonderheiten des Täters oder der Tat verständlich zu machen oder einzuordnen.

Wir sehen als Gutachter immer auch eine Anzahl von Tätern, bei denen sich der Sachverständige auf die Aussage beschränken muß, daß Krankhaftes und auf Krankheit Verdächtiges nicht zu finden ist, und daß sich das Verhalten auch nicht auf eine charakterliche Abnormität gründet. Der Sachverständige wird sich gelegentlich zu weiteren verneinenden Aussagen gezwungen sehen. So kann er häufig nur feststellen, daß für ihn ein Motiv der Tat nicht aufzudecken ist. Viele Straftaten — auch von nicht krankhaft gestörten Tätern — bleiben dem Sachverständigen motivisch durchaus unverständlich. Allenfalls läßt sich noch etwas zu der Frage sagen, ob die vom Täter angegebenen Motive überzeugend erscheinen oder nicht. Aber diese und alle sonst möglichen Überlegungen betreffen schon die Beweiswürdigung. Davon muß sich der Sachverständige fernhalten. Die bei psychologischen Fragen oft einzig mögliche ehrliche Antwort: „Ich weiß es nicht“, sollte vom Sachverständigen viel häufiger gegeben werden. Von einzelnen Prozeßbeteiligten wird diese Antwort nicht gern gehört. Innere und äußere Umstände können den Sachverständigen verleiten, die klar verneinende Antwort durch persönliche Erläuterungen zu umgehen. Aus dem Munde des sehr Erfahrenen können die so vorgebrachten Anmerkungen wertvolle Beiträge zur Beweiserhebung oder zur Urteilsfindung bilden. Aber meist werden sie doch falsch eingeschätzt. Eine als persönliche Meinung vorgetragene Äußerung wird wie eine sachverständige Feststellung mit diagnostischem Gewicht angesehen. Spricht man sich hierüber mit dem Richter nicht aus, so ergeben sich wegen der dem Gutachter in vielen Fällen anhaftenden Autorität allzu leicht Mißverständnisse.

Wir können und wollen mit den Ausführungen dieses zweiten Teiles unserer Arbeit keine Anleitung zur Lösung schlechterdings nicht beantwortbarer Fragen geben. Wir wollen nur die Gesichtspunkte zusammenstellen, auf die sich die entscheidenden sachverständigen Aussagen stützen können.

In den nächsten Abschnitten des psychologischen Teils haben wir das Thema in einer sich regelmäßig wiederholenden Gliederung besprochen, die wir hier zur einleitenden Orientierung angeben möchten. Nach der allgemeinen Kennzeichnung und näheren Begriffsbestimmung der dominanten

Persönlichkeitsmerkmale werden wir eine Beschreibung der charakterlichen Begleiterscheinungen und der mit ihnen verbundenen Verhaltensauffälligkeiten vornehmen. Anschließend sollen jeweils die phänomenologischen und verstehenspsychologischen Beziehungen zu anderen seelischen Grundzügen und zur geistigen Minderbegabung aufgezeigt werden. Außerdem ist die Entwicklung des dominanten Persönlichkeitsmerkmales und seine Erscheinungsweise in den einzelnen Reifungsphasen zu besprechen. Weiterhin werden wir die einzelnen Charaktereigenschaften in ihrer Bedeutung für die Erziehung und im Hinblick auf ihre prognostische Wertigkeit erörtern. Zum Schluß bringen wir Ergänzungen und Beispiele, die die Beziehungen des einzelnen persönlichen Merkmales zur Kriminalität verdeutlichen.

Die geistige Minderbegabung

Die intellektuelle Unterbegabung stellt sich bei der forensisch-psychiatrischen Beurteilung Jugendlicher als häufigstes Tätermerkmal dar. Wir möchten hier nicht allein vom Schwachsinn sprechen, sondern von dem umfassenderen Begriff der geistigen Minderbegabung. Als Schwachsinn haben wir die abnorme, unterdurchschnittliche Begabung bezeichnet, die zu einem Leistungsversagen in Schule, Beruf und Leben führt. Die damit verbundene Einschätzung des Abnormen, die wir im allgemeinen Teil besprochen haben, vernachlässigen wir deshalb, weil für die forensische Fragestellung nicht ausschlaggebend ist, ob in den Grenzfällen von einer erheblichen Dummheit oder von einer unterdurchschnittlichen Begabung die Rede sein kann. Die Maßstäbe der verstehenden Beurteilung zwingen ohnehin — wie wir darzulegen haben — zu einer jeweiligen Einzelbeurteilung, bei der die Zuordnung zum Begriff des Abnormen nicht entscheidend ist.

Der Anteil von Schwachbegabten unter den jugendlichen Rechtsbrechern ist sicher nicht unbedeutend. Darüber sind aber sehr unterschiedliche Angaben gemacht worden, wie wir dem Überblick von *Lucien Bovet* entnehmen. Wir müssen es als unzutreffend bezeichnen, wenn *Sheldon* und *Eleanor Glueck* behaupten, „daß ein mangelhaft entwickelter Intellekt unter den entscheidenden Wesenszügen der Kriminellen nicht vertreten ist". Mit dieser Aussage liefert das amerikanische Forscherehepaar einen zusätzlichen Beweis, wie unverbindlich seine psychologischen Erhebungen sind. *Hermann Witter* hat zuletzt nachweisen können, daß bei 100 Insassen einer Jugendstrafanstalt die Minderbegabungen einschließlich der echten Schwachsinnsformen vorherrschend waren. Wie sich die Verhältniszahlen bei einer größeren Gruppe unter Einbeziehung der Leichtkriminellen darstellen, kann hier nicht weiter interessieren. Auf jeden Fall sind unter den zur Begutachtung kommenden Tätern die Schwachbegabten außerordentlich zahlreich vertreten. Bei 600 Minderjährigen, deren Gutachten wir in dieser Hinsicht auswerten konnten, lag das Hauptproblem bei über der Hälfte der Fälle in einer Auseinandersetzung mit dem

Schwachsinn des Täters. Insgesamt 329, nämlich 161 Jugendliche und 168 Heranwachsende, waren schwachsinnig. Bei den übrigen 271 Begutachteten war in vielen Fällen die Minderbegabung so ausgeprägt, daß sie eingehend diskutiert werden mußte und bei der Erörterung der strafrechtlichen Konsequenzen — Frage der Verantwortungsreife — mit ins Gewicht fiel. Oftmals standen die charakterlichen Mängel ganz im Vordergrund; trotzdem mußte der Faktor der Geistesschwäche mit berücksichtigt werden. Die Bedeutung der intellektuellen Unterbegabung für die Praxis der forensischen Begutachtung ist mit diesen Hinweisen genügend unterstrichen.

Wir haben hier als Überschrift den Begriff der geistigen Minderbegabung gewählt, um jede Formulierung, die an einen Diagnosebegriff erinnert, zu vermeiden. In dieser Hinsicht besonders belastet sind die Ausdrücke Geistesschwäche oder Schwachsinn. Man könnte in Analogie zur Willensschwäche auch von Verstandesschwäche oder von Intelligenzschwäche sprechen. Wir haben uns aber für den Ausdruck geistige Minderbegabung entschieden, weil die Verstandesschwäche nicht in gleicher Weise wie andere Charakterschwächen einer erzieherischen Gestaltung zugänglich ist. Begabungen können zwar auch geweckt und gefördert werden, über den Rahmen der ihnen eigenen Kapazität hinaus lassen sie sich aber nicht beeinflussen. Bei den charakterlichen Anlagen postulieren wir die Beeinflußbarkeit in viel stärkerem Maße. Wenn wir nicht von verstandesmäßiger, sondern von geistiger Minderbegabung sprechen, so ist das nur eine Frage des Ausdrucks.

Wir können nicht begrifflich genauer bestimmen, wann von einer *Minder*begabung zu sprechen ist. Auf jeden Fall soll ein größerer Kreis gezogen werden, als der, der den Schwachsinn umfaßt. Von geistiger Minderbegabung sprechen wir auch, wenn nur eine erhebliche Dummheit oder eine entsprechende Einfältigkeit vorliegen. Gemeint ist stets eine Einschränkung vorwiegend der logischen Fähigkeiten, die zu einer Minderleistung im „Finden und Sich-zurecht-finden" führt. Wir beschreiben mit der Bezeichnung geistige Minderbegabung die *Unfähigkeit, in ausreichendem Umfang überschauend zu denken und nachzudenken.*

Wenn wir die Besonderheiten der geistigen Minderbegabung in ihrem Einfluß auf das Handeln und die Willensbestimmbarkeit näher kennzeichnen, können wir die schweren geistigen Defektzustände, die wir Imbezillität und Idiotie nennen, ausschließen. Diese höchsten Schwachsinnsgrade sind immer Folge einer schweren Gehirnschädigung und niemals mit dem vergleichbar, was als Spielart der Norm unter den Begriff der geistigen Minderbegabung fallen kann. Ein Schwachsinn niederen Grades, den wir als Debilität bezeichnen, ist ganz unter verstehenspsychologischem Aspekt zu betrachten, während wir die Imbezillität und die Idiotie immer zu den Krankheiten zählen müssen.

Das Problem, bei welchem Schwachsinnsgrad von Imbezillität gesprochen werden soll, möchten wir hier nur streifen. Fehlen bei einem

Schwachsinnigen die Voraussetzungen, sein Leben in der Gemeinschaft einigermaßen selbständig einzurichten und sich wenigstens einen bescheidenen Lebensunterhalt zu verdienen, so ist er imbezill. Nach dem Definitionsversuch *Manfred Bleulers* können Imbezille sich „gerade noch in der menschlichen Gesellschaft bewegen und auch einige untergeordnete Leistungen vollbringen". Nähere Bestimmungen gelingen nicht. Der Intelligenzquotient von „unter 50" ist auch kein verläßlicheres Maß. Es bleibt also bei einer pragmatischen Einschätzung, die mehr auf ein Akzentuieren als auf ein scharfes Abgrenzen abzielt. Von Idiotie sprechen wir nur, wenn infolge eines geistigen Defektes die sprachliche Verständigung nicht gelingt und eine Hilflosigkeit vorliegt, die jede soziale Einordnung und Selbständigkeit unmöglich macht.

Über den Anteil der krankheitsbedingten Schwachsinnsformen gibt *Clemens E. Benda* (1960) eine zusammenfassende Übersicht. Danach machen die schweren geistigen Defektzustände, die immer auf eine Gehirnschädigung hinweisen, etwa 15 % aller Schwachsinnigen aus. Die verbleibenden 85 % sind nach seinen Angaben Debile. Von ihnen erweisen sich nach *Benda* nur 20 % als „exogen", das heißt durch einen Krankheitsprozeß geschädigt. Es bleiben wiederum 80 %, bei denen „einfache Minusvarianten oder erbliche Unterbegabungen" vorliegen. *Benda* erwähnt, daß für schwachbegabte Kinder die Bezeichnung der „geistig entwicklungsgestörten Kinder" eingeführt sei, und er empfiehlt diesen Begriff, weil er „freundlicher und höflicher" klinge. Die Anwendung dieses Begriffs werde auch von der Weltgesundheitsorganisation unterstützt. Unserer Ansicht nach entspricht diese Ausdrucksweise einer einseitigen und vielfach irreführenden Vorstellung. Es könnte der Eindruck entstehen, als ob es sich um entwicklungsbedingte Störungen handele. Tatsächlich weisen aber die erwähnten Zahlen deutlich darauf hin, wie groß der Anteil der anlagebedingten Schwachsinnsformen ist. Die Zahlen von *Clemens E. Benda* lassen erkennen, daß etwa ein Drittel aller Schwachsinnszustände auf Gehirnschäden zurückzuführen sind. Bei den Formen der Minderbegabung, die niederen Grades sind und daher noch nicht einmal dem Begriff der Debilität untergeordnet werden können, ist der Prozentsatz der exogen bedingten Intelligenzstörungen sicher verschwindend klein.

Zur Erfassung der geistigen Minderbegabung im Rahmen der charakterologischen Beurteilung sind einige Hinweise zu geben. Das erlernte Wissen und der Gedächtnisbesitz liefern selbstverständlich keinen verbindlichen Maßstab zur Feststellung des Intelligenzgrades. Oft ist das reproduktive Gedächtnis bei Schwachsinnigen erstaunlich gut. Immerhin gibt die Weite des Wissenshorizontes und der Differenzierungsgrad des Gedächtnis- und Wissensbesitzes doch schon recht verläßliche Hinweise für das Intelligenzniveau. Im wesentlichen kommt es auf den im Gespräch zu ermittelnden Grad der Kombinationsfähigkeit und der geistigen Beweglichkeit an. Darin zeigt sich die Fähigkeit, überschauend zu denken und nachzudenken.

Es erweist sich ganz allgemein als zweckmäßig, zwischen einer theoretischen und einer praktischen Intelligenz zu unterscheiden. Eine geringe Unterbegabung beeinträchtigt immer in erster Linie den Vollzug abstrakter Denkleistungen. Bei dieser Schwäche der sogenannten theoretischen Intelligenz lassen sich die unanschaulichen Gedankengänge einschließlich des Rechnens mit größeren Zahlen nur äußerst schwer bewältigen. Dagegen wird gleichzeitig das Kombinieren anhand praktischer Überlegungen mit großer Findigkeit und ausgesprochener Schläue geleistet. Diese sogenannte praktische Intelligenz kann auch bei einer geistigen Minderbegabung sehr gut ausgebildet sein, während beim echten Schwachsinn immer die praktischen und anschaulichen Denkvorgänge zugleich beeinträchtigt sind. Für die meisten gutachtlichen Konsequenzen ist der Grad der praktischen Intelligenz ausschlaggebend.

Diese wenigen Hinweise zur Beurteilung der Verstandesbegabung kennzeichnen ein sehr komplexes Leistungsbild. Wir können hier auf eine detaillierte Betrachtung verzichten und möchten nur ausdrücklich feststellen, daß die Grundlagen für die Beurteilung des intellektuellen Leistungsgrades am ehesten im Rahmen einer ausführlichen Exploration zu gewinnen sind. In seiner „Anleitung zur Intelligenzprüfung" betont der in dieser Hinsicht besonders erfahrene *Gerhard Kloos:* „Auch eine methodisch richtige Intelligenzprüfung ... leistet nicht dasselbe wie eine lange und planmäßige Beobachtung des spontanen geistigen Verhaltens eines Menschen im Leben und bei der Berufsarbeit." Objektive Feststellungen über die Schul- und Berufsanamnese wird man so weit wie möglich mit heranziehen. Außerdem können Prüfungsaufgaben nach Art einer experimentellen Untersuchung dazu beitragen, eine breitere Beurteilungsgrundlage zu finden. Jedoch ist auch ohne die Anwendung standardisierter Teste durch einfache mit Erfahrung und Sorgfalt durchgeführte Erhebungen eine beschreibende Aussage über den Stand der geistigen Begabung genügend zu begründen. Schließlich gilt auch hier der in der Charakterologie *Philipp Lerschs* ausgesprochene Grundsatz, daß man bei der Beschreibung seelischer Phänomene nicht scharf abgrenzend, sondern nur akzentuierend vorgehen kann.

Bei forensischen Begutachtungen haben wie niemals den Intelligenzquotienten oder einen entsprechenden Zahlenwert aufgeführt. Auch in der schon genannten Sammlung jugendpsychiatrischer Gerichtsgutachten, die sich in der überwiegenden Mehrzahl mit den verschiedenen Graden der Minderbegabung zu befassen hatten, ist nur in wenigen Einzelfällen das Ergebnis eines standartisierten Leistungstestes in den Befund eingebaut worden. Einige grundsätzliche Einwände gegen die experimentellen Intelligenzgradabmessungen haben wir im allgemeinen Teil schon zum Ausdruck gebracht. In der forensischen Praxis gilt es vor allem zu bedenken, daß die Begriffe der geistigen Reife und der Einsichtsfähigkeit immer auf den Tatbestand bezogen werden müssen, der im Gerichtsverfahren geltend gemacht ist. Selbst bei denkbar exaktester Messung der

Intelligenz wäre ihr Verhältnis zu dem in Frage stehenden Schuldvorwurf nicht leichter zu bestimmen.

Im Hinblick auf das strafbare Handeln der Minderbegabten ist eine grundlegende Feststellung zu treffen: Geistige Minderbegabung oder gar Schwachsinn sind ganz selten die alleinige Ursache für eine kriminelle Entgleisung. Wir werden die zur Kriminalität führenden Charaktermerkmale noch ausführlich besprechen und dabei auch deren Zusammenhänge mit dem Schwachsinn erörtern. Hier gilt es zunächst nur, auf einige allgemeine Beziehungen hinzuweisen.

Vielfach findet sich eine seelische Überaktivität mit innerer und äußerer Unruhe oder Getriebenheit, die bei minderer Verstandesbegabung schlechter gesteuert werden und daher leichter über die Grenzen des Rechtmäßigen hinausschießen kann. In anderen Fällen wirkt sich die intellektuelle Unterbegabung wie ein wesentlicher Bestandteil der Willensschwäche aus. Bei den gemütsarmen Verwahrlosten oder Straftätern besteht sehr häufig — nach *Werner Runge* „in fast der Hälfte der Fälle" — eine mangelhafte intellektuelle Begabung. Eine sehr enge Korrelation zeigt sich in vielen Fällen zwischen der gesteigerten Reizbarkeit und einer geringen Verstandesanlage. Liegen diese oder andere Charaktereigenschaften vor, so ist ihr Zusammentreffen mit einer verminderten geistigen Leistungsfähigkeit entsprechend herauszustellen. Der Einfluß des Verstandes auf die charakterlichen Fähigkeiten kann sehr verschiedenartig sein, er kann das Handeln sozial positiv oder negativ beeinflussen. Die abwägenden Kräfte des Verstandes können sich für eine ungünstige Charaktereigenschaft und die damit verbundenen kriminellen Neigungen einsetzen und ihnen zu besonderer Wirksamkeit verhelfen. Häufig ist das Gegenteil der Fall. So bildet der Verstand nicht selten ein mehr oder weniger starkes Gegengewicht gegen die im Charakter wirksamen Gefühle und Triebe. Die Intelligenz stellt sich — wie *Walter Gerson* einmal geschrieben hat — „in den Dienst des Charakters", indem sie positive oder negative Wesenszüge fördert. In anderen Fällen wirkt sie auf Grund von Erfahrung und Einsicht als eine selbständige Kraft gegen die ihr bedenklich erscheinenden Charaktereigenschaften. Fehlt es an Verstandeskraft, so daß ihre Regulierungsfunktion fortfällt, dann treten viele persönliche Merkmale unverhüllter und ungehemmter hervor.

Von praktischer Wichtigkeit ist das Problem der Triebhaftigkeit bei Minderbegabten. Die Erfahrung lehrt, daß manche Triebhandlungen schwachbegabter Jugendlicher sehr stark den Eindruck erwecken, als sei der Täter dem Trieb gegenüber machtlos. Ob bei impulsivem Ausbruch einer sexuellen Erregung die vitale Dynamik des Triebs biologisch oder objektiv größer ist als bei einem durchschnittlich Begabten, oder ob nur der Mangel an vernünftiger Steuerung sich ungünstiger auswirkt, kann empirisch nicht entschieden werden. Wir können im Einzelfall nur das Faktum starker Überwältigung registrieren. Es muß als reine Spekulation betrachtet werden, abzuwägen, ob der vom Triebanspruch überwältigte

Minderbegabte mit der ihm zur Verfügung stehenden Einsicht den Trieb besser hätte steuern können, oder ob die bei ihm wirksame Triebkraft auch für eine normale Einsichts- und Steuerungsfähigkeit überstark war. Eine *unnatürliche* Triebstärke kann bei Minderbegabten nicht großzügiger unterstellt werden als bei einem normal Begabten.

Unter dem Aspekt der Entwicklung und Reifung nimmt die Minderbegabung eine Sonderstellung ein. Während die Grundzüge des Charakters oft ganz entscheidenden Wandlungen unterliegen, ist die Entfaltung des Verstandes wesentlich kontinuierlicher. Das Profil der Intelligenz, ihr Differenzierungsgrad und das voraussichtlich erreichbare Intelligenzniveau sind bei jedem Menschen mit Eintritt in die Jugendjahre — nach Abschluß der Pubertät — ziemlich genau abzuschätzen. Finden wir bei einem Jugendlichen eine mindere Verstandesanlage, so wird auch im späteren Leben die Intelligenz einer Unterbegabung entsprechen. Entscheidende Umbrüche sind in und nach der Jugendzeit nicht mehr zu erwarten.

Beim Kind, das erst allmählich seine Objektbeziehungen aufnimmt, ist eine Übersicht über seine Verstandesanlagen nicht in gleichem Maße zuverlässig zu ermitteln. Auch in der Pubertät — für die wir zeitlich niemals einen jahrelangen Verlauf ansetzen — ist es infolge der charakterlichen Labilisierung und Umstrukturierung manchmal noch etwas schwer, ein endgültiges Bild von den Grenzen der geistigen Begabung zu gewinnen. Zeigt sich über die Pubertät hinaus eine geistige Entwicklungsverzögerung, so ist diese keinesfalls entscheidend aufholbar. Ein meßbarer Rückstand gegenüber dem Durchschnitt weist bei jedem Jugendlichen auf eine bleibende Minderbegabung hin.

Wohl ist es möglich, daß bei entsprechender charakterlicher Artung in den späteren Reifungsjahren das Erfahrungswissen nachhaltiger wirkt. Der Mensch wird zunehmend besonnen und sieht sich mit dem Fortschritt der Jahre veranlaßt, seine Verstandesanlagen stärker zu aktivieren. Er kann auch durch die ihm entgegenwachsenden Aufgaben angeregt oder gezwungen werden, die Möglichkeiten rational gesteuerter Anpassung besser zu nutzen. Damit wird jedoch nicht die intellektuelle Kapazität vermehrt. Zunahme des Verantwortungsbewußtseins, Erweiterung des Interessenhorizontes und Beruhigung in den charakterlichen Umschichtungen vermögen eine Zunahme an Intelligenz vorzutäuschen. Die reale Festigung der vom Verstand gesteuerten seelischen Vorgänge ist bei jugendlichen und älteren Menschen nur Folge einer charakterlichen Stabilisierung sowie einer zunehmenden Verfestigung der Haltung und des Lebensstils.

Die besondere Entwicklungsgesetzlichkeit der geistigen Begabung läßt eine erzieherische Einflußnahme nicht zu. Dennoch sind Möglichkeiten der sogenannten Verstandesbildung gegeben. Diese beruhen auf dem Prinzip der Übung. Sie ist die Grundlage alles Lehrens und Lernens in der Schule. Wenn mit dem Erlernen als einer Methode des geistigen Übens zugleich verfügbares Wissen vermittelt wird, so ist das vom Gesichtspunkt der Verstandesentwicklung beinahe nur ein Nebenerfolg.

Das von der Schule mitgegebene Schulwissen und das im alltäglichen Leben zufließende Erfahrungswissen werden je nach der Leistungsfähigkeit des Verstandes mehr mechanisch aufgenommen oder mehr organisch verarbeitet. Sowohl das bloß aufgenommene wie das gedanklich besser verarbeitete Wissen kann gut oder schlecht reproduzierbar sein. Auch die Schwachbegabten, die sich jedes Wissen mehr mechanisch aneignen, können unter Umständen viele Einzelheiten erstaunlich gut behalten. Das Gedächtnis ist zwar ein integrierender Bestandteil der Intelligenz, kann aber unabhängig von der Gesamtbegabung unterschiedlich entwickelt sein. In welchem Umfang das verfügbare Wissen angewandt und im praktischen Leben und im Handeln fruchtbar gemacht wird, ist vom intellektuellen Gesamtniveau *und* von der Charakterveranlagung abhängig.

Das Wissen, das dem heranwachsenden Menschen auf irgendeine Weise angeboten wird, und die Erfahrung, die ihm ohne unterweisende Vermittlung zuwächst, werden nicht immer unmittelbar angenommen und entsprechend verwertet. Das Einprägvermögen hängt keineswegs nur von der Fassungskraft des Verstandes, sondern ganz wesentlich auch von der Eigenart des Charakters ab; so können emotionale Einstellungen die Aufnahme bestimmter Erfahrungen verhindern oder begünstigen. Außerdem vermögen Antriebsimpulse sich auch gegen besseres Wissen durchzusetzen. Schließlich werden schon angenommene Erfahrungen oftmals von persönlichkeitseigenen Impulsen gänzlich ausgelöscht. Der erzieherische Einfluß muß vorwiegend auf die Charakterbildung hinzielen, wenn beim Minderbegabten eine bessere Einsicht erreicht werden soll. Gelingt dies, so wird er auch vernünftiger und reifer erscheinen, ohne daß eine tatsächliche Verstandesbildung erfolgt ist. Das Sammeln von Erfahrung und Wissen läßt sich ohne Einflußnahme auf die Charakterbildung schwer steuern. Daneben bleibt allerdings die Möglichkeit, durch sogenanntes Einpauken oder durch Vermittlung eindrucksvoller schlechter Erfahrungen einen Prozeß nach Art der Vorsatz- und Gewohnheitsbildung einzuleiten. Dieses Vorgehen entspricht dem Üben oder Einüben und hat manche Ähnlichkeit mit dem, was man Dressur nennt.

Das Phänomen der geistigen Minderbegabung ist noch unter dem Gesichtspunkt der Prognose zu betrachten. Dabei geht es nicht um die Prognose der Minderbegabung selbst, von der wir schon sagten, daß sie festgelegt ist. Hier soll über die Prognose der Lebensführung oder die sogenannte kriminelle Prognose gesprochen werden. Eine Voraussage über die Wahrscheinlichkeit künftigen Fehlverhaltens läßt sich niemals aus dem Grad der intellektuellen Unterbegabung herleiten. Auch ist die Tatsache der Verstandesschwäche allein noch keinesfalls ein in krimineller Hinsicht prognostisch ungünstiges Indiz. Wenn allerdings ein Jugendlicher schon einmal oder gar wiederholt gegen das Strafgesetz mehr als bloß fahrlässig verstoßen hat, so stellt sich die Minderbegabung immer als ein nachteilig wirkendes Faktum dar. Der Minderbegabte ist schwerer als andere zur Besinnung oder zur nachhaltigen Einsicht zu bringen. Die Prognose hängt aber entscheidend von der charakterlichen Eigenart des Jugendlichen ab. Es ist ausschlaggebend, wieviel Willensstärke er aufbringen kann, wie stark er von gemütsarmen, geltungssüchtigen oder sonstigen Impulsen beherrscht ist.

Die Prognose wird außerdem ganz wesentlich davon bestimmt, welche Folgen die rechtswidrige Handlung mit sich bringt. Eine aus der eigenen Einsicht erwachsende Besserung ist bei einem Minderbegabten weniger zu erwarten als bei einem höher Begabten. Ohne hier die Frage der strafrechtlichen Maßnahmen aufzugreifen, seien doch einige grundsätzliche Überlegungen dargelegt. In der Regel ist für den Minderbegabten eher die obere als die untere Grenze der angemessenen Strafe zweckmäßig und erfolgversprechend. Alle Maßnahmen, bei denen eine Einwirkung schon von der Geste erwartet wird, also Ermahnungen oder mehr „symbolische" Bußauflagen, wirken bei einem Minderbegabten sicher wenig nachhaltig. Eindrucksvolle Strafen vermögen sich am ehesten als „schlechte Erfahrungen" einzuprägen. Sie werden mit größerer Wahrscheinlichkeit eine vorsatzbildende und haltungsverfestigende Wirkung ausüben als jede mildere Maßnahme. Die weit verbreitete Meinung, daß schwächer Begabte mit größerer Nachsicht und Milde behandelt werden sollten, läßt sich aus der Erfahrung nicht begründen und sollte deshalb nicht zur Regel gemacht werden.

Bestimmte Umstände können allerdings eine mildere Erziehungs- oder Strafmaßnahme rechtfertigen. Ist ein Tatbestand mit schwer überschaubaren Zusammenhängen verbunden, so muß man oft auf Grund verstehenspsychologischer Evidenz ein vermindertes Unrechtbewußtsein annehmen. In solchen Fällen kann der Minderbegabung eine schuldmindernde und demzufolge auch strafmildernde Bedeutung zuerkannt werden.

Um unsere Gedanken über den Zusammenhang zwischen geistiger Minderbegabung und strafbarer Handlung näher zu erläutern, seien einige Beispiele kurz dargestellt:

Theo B. ist ein eben 20 Jahre alter Bauarbeiter, der die Hilfsschule besuchte, dann zunächst in der Landwirtschaft, in der Fabrik und schließlich mit wechselnden Arbeitsplätzen auf dem Bau arbeitete. Er war mit 17 Jahren schon einmal wegen Diebstahls verurteilt worden und beging dann weitere Diebstähle, die ihm zuletzt eine Gefängnisstrafe von acht Monaten einbrachten. Zweimal wurde er wegen fahrlässiger Körperverletzung bestraft, die er durch falsches Verhalten im Straßenverkehr verschuldet hatte. Zur Zeit der Begutachtung stand er wieder wegen eines fortgesetzten gemeinsamen Diebstahls unter Anklage. Die Tatsachenermittlung ließ folgenden Sachverhalt erkennen: Von einem später nicht mehr in Erscheinung tretenden „Bekannten" war Theo B. auf ein Edelmetalllager eines großen Werkes aufmerksam gemacht worden. Am Tage vor der Tat führte Theo B. eine Ortsbesichtigung durch. Zur Ausführung der Tat fuhr er ohne Führerschein mit dem Wagen eines „Vetters" zum Tatort. Theo B. hatte einen Mittäter gefunden, der unterwegs noch einen Lieferwagen stahl. Diesen nahm man zum Tatort mit. Es gelang, große Mengen Kupferdraht zu entwenden und zu verladen. Als der Verkauf des in kleinere Mengen aufgeteilten Diebesgutes beim Althändler erfolgen sollte, schöpfte dieser Verdacht, benachrichtigte die Polizei, und es kam zur Verhaftung.

Aus der Minderbegabung des Täters ist für die psychologische Beurteilung dieses strafrechtlichen Tatbestandes keine entscheidende Konsequenz zu ziehen. Die umsichtig und nach den Beweiserhebungen eigenständig vorbereitete Tat sowie der in der Durchführung gelungene Handlungsablauf sprechen für eine beachtliche praktische Intelligenz. Charakterologisch wesentlich ist eine erhebliche Willensschwäche mit schon weit fortgeschrittener Verfestigung einer kriminellen Haltung. Ohne die Analyse des Charakters hier vollständig darlegen zu wollen, seien einige Leitgedanken für die Beurteilung herausgestellt.

Die geschilderte Straftat stellt ein sehr häufiges, beinahe typisches Jugend- oder Heranwachsendendelikt dar. Die Intelligenzschwäche des Täters ist zwar ein psychologischer Teilfaktor, der den willensschwachen, etwas umtriebig haltlosen jungen Mann zum Frühkriminellen werden ließ, jedoch darf für die vorliegende Tat bei der Beurteilung der Einsichtsfähigkeit das Tätermerkmal der geistigen Minderbegabung weitgehend vernachlässigt werden. Anders liegen die Verhältnisse in folgendem Fall.

Derselbe Täter Theo B. beging kurz nach Vollendung des 21. Lebensjahres ein weiteres Delikt. Der Vorfall stellte sich zunächst so dar: Das Auto des Täters hatte einen Getriebeschaden. Seine Bemühungen, Ersatz zu beschaffen, führten ihn zu einem Althändler, der ihm auch ein geeignetes Getriebe zeigte und zum Kaufpreis von 120,— DM anbot. Theo B. entschloß sich nicht zum Kauf und verließ den Lagerplatz. Am nächsten Morgen war das angebotene Getriebe gestohlen. Der Althändler konnte Theo B. wenige Stunden später beim Einbau eben desselben Getriebes überraschen und erstattete Anzeige. Theo B. bestritt den Diebstahl. Er schilderte den Sachverhalt folgendermaßen: Das angebotene Getriebe sei ihm zu teuer gewesen. Am Abend jenes Tages habe er mit seiner späteren Frau, die als Zeugin alles entsprechend bestätigte, ein Kino besucht. Vorher sei ihm ein beiläufig Bekannter begegnet, dem er seinen Wunsch nach einem alten Getriebe vorgetragen habe. Der namentlich bezeichnete, aber durch Ermittlungen nicht auffindbare Mann wurde als „Bekannter" aus einer Bierbar beschrieben. Dieser sei angeblich Arbeiter in einem großen Automobilwerk und habe dem Beschuldigten schon wiederholt erzählt, er könne preiswert an Gebrauchtteile kommen. Bei dem Gespräch vor dem Kinobesuch habe er ihm versichert, daß er nach der Vorstellung wieder da sei und ein Getriebe für 50,— DM liefern werde. Er habe ein solches gerade zur Verfügung. B. war einverstanden und erhielt pünktlich das passende Getriebe. Auf Befragen gab er bei der Vernehmung zu, daß er dem Bekannten sicher von seinem kurz vorher unternommenen Kaufversuch berichtet, und daß er ihm auch wahrscheinlich den Lagerplatz und den ihm zu hoch erscheinenden Preis angegeben habe. Er sei aber nicht auf den Gedanken gekommen, daß der Bekannte das so prompt und kurzfristig gelieferte Getriebe gestohlen haben könnte. Die Anklage war im ersten Rechtszug vom Tatbestand der Hehlerei ausgegangen und das Gericht hatte drei Monate Gefängnis verhängt. Gegen das Strafmaß legte Theo B. Berufung ein. In diesem Verfahren wurden wir wieder als Gutachter gehört.

Wir führen dieses Beispiel an, obwohl der Begutachtete inzwischen das 21. Lebensjahr vollendet hat. Der Fall zeigt — gerade im Vergleich zu der vorher erläuterten Tat — in besonders deutlicher Weise, worauf es uns ankommt. Hätte man dem Täter in diesem Verfahren den Diebstahl selbst nachweisen können, wäre dazu nichts anderes zu sagen gewesen als das, was wir für den vorher begangenen, umsichtig geplanten Diebstahl ausgeführt haben. Auch wenn der Angeklagte zu überführen gewesen wäre, daß er den sogenannten Bekannten ausdrücklich zum Diebstahl veranlaßt oder stillschweigend sein Vorgehen gebilligt hätte, wäre trotz der Minderbegabung ein weitgehend normales Unrechtbewußtsein zu unterstellen gewesen. Der Richter sah sich aber gezwungen, von der Voraussetzung auszugehen, daß die recht naive Einlassung des Beschuldigten — die auch seine Frau durch ihre Angaben stützte — zutreffend sei.

Nach dem Wortlaut des Gesetzestextes kommt es darauf an, ob der Täter, dem Hehlerei vorgeworfen wird, „den Umständen nach annehmen mußte", daß er unrechtmäßig erworbenes Gut ankaufte. Für eine Verurteilung muß diese subjektive Seite des Tatbestandes bejaht werden können. Die objektive Seite, daß B. nämlich gestohlenes Gut erwarb, ist erfüllt. Bei der Erwägung, was ein Mensch den Umständen nach annehmen mußte, muß eine Verstandesschwäche immer in Rechnung gestellt werden. Da es bei der geistigen Minderbegabung an Überschau fehlt, werden die für einen normal Begabten leicht durchschaubaren Zusammenhänge nicht immer entsprechend klar und deutlich erkannt. In welchem Umfang aber im Einzelfall eine bestrittene Einsicht doch gefordert werden darf, läßt sich auf Grund des psychiatrischen Sachverständnisses nicht beantworten.

Wir möchten an Hand des zitierten Beispiels, bei dem es um die Frage der Hehlerei ging, noch einige in der Gerichtsverhandlung gelegentlich auftauchende Überlegungen erörtern. Als Sachverständige müssen wir erkennen, daß wir im allgemeinen nicht alle Gründe und Gegengründe, die bei der Beweiswürdigung in die Waagschale fallen, übersehen können. Im Falle des Täters Theo B. konnte der Richter einerseits geltend machen, daß dieser junge Mann bei seinen Erfahrungen im Diebesgewerbe eher als jeder Unerfahrene hätte Verdacht schöpfen müssen. Auch die Tatsache, daß der Beschuldigte dem als Dieb tätigen Bekannten offenbar sehr genau beschrieben hat, wo das ihm zu teuer erscheinende Getriebe zu finden sei, ist ein belastender Umstand. Diese Hinweise stehen den Einlassungen des B., der nicht an einen Diebstahl gedacht haben will, entgegen. Ob auf der anderen Seite die Minderbegabung des Täters für die Annahme spricht, daß seine Behauptungen glaubhaft sind, kann mit Hilfe unserer Einsicht in den Grad der Minderbegabung nicht entschieden werden. Wir können als Sachverständige fast niemals sagen, ob bei einer Vielfalt von psychologischen Indizien, zu denen auch die Minderbegabung zählt, die subjektive Seite eines strafrechtlichen Tatbestandes erfüllt ist oder nicht. Im vorliegenden Falle dürfen wir als erwiesen ansehen, daß Theo B. in seiner Leidenschaft zum Autofahren sehr brennend den Wunsch hegte, möglichst bald an ein geeignetes Getriebe zu kommen. Nach der charakterologischen Beurteilung ist es durchaus *denkbar*, daß er mit naiver Begeisterung diesen Wunsch in Erfüllung gehen sah, und deshalb bei seinem beschränkten Kritikvermögen die Einsicht in die verdächtigen Umstände verlor. Wir haben diesen Gesichtspunkt in der Hauptverhandlung als Denkmöglichkeit angedeutet, und B. wurde freigesprochen.

Bei diesem Urteil ist der Minderbegabung ein sehr entscheidendes Gewicht zugesprochen worden. Was wir als Denkmöglichkeit vorgetragen haben, wurde vom Richter als sehr gewichtig angesehen, obwohl wir über den Wahrscheinlichkeitsgrad dieser Deutung nichts aussagen konnten. Wir hätten auch, wenn unsere Denkmöglichkeit nach Abwägung aller rechtlichen Maßstäbe fallen gelassen worden wäre, mit unserem Hinweis auf die Minderbegabung keine ernsten Zweifel gegenüber einer Verurteilung geltend machen können. Bei den letzten Schlußfolgerungen einer psychologisch schwierigen Beweiswürdigung kann der psychologische oder psychiatrische Sachverständige niemals entscheidend mitsprechen. In der Regel vermag er auf Grund seiner spezialwissenschaftlichen Erkenntnisse nicht zu beurteilen, wieviel subjektive Voraussetzungen nach dem Tathergang als selbstverständlich gegeben anzusehen sind. Auf der subjektiven Seite eines Straftatbestandes ist bei der Rechtsprechung in manchen Fällen eine Absicht oder Einsicht zu unterstellen, selbst wenn sie bestritten wird, und auch der Sachverständige sie in den Grenzen seiner Fachkenntnisse nicht beweisen kann.

Wir möchten einen weiteren Fall anführen, um die Zusammenhänge zwischen der geistigen Minderbegabung und einer strafbaren Handlung an noch einem Beispiel zu erörtern.

Raymund C. ist ein fast 21 Jahre alter Arbeiter, der in der Hilfsschule nur bis zur vierten Klasse aufstieg. Vorübergehend hat er auf dem Bau gearbeitet und kurze Zeit bei der Bundeswehr gedient. Zuletzt arbeitete er mit großem Fleiß bei einem Kohlenhändler. Durch Überstunden konnte er seinen Wochenlohn von DM 100,— zeitweise auf das Doppelte erhöhen. Außerdem bekam er gelegentlich Trinkgelder bis zu DM 30,— am Tag. Sein Geld gab er in Lokalen aus, trank reichlich und ließ sich wiederholt mit Frauen ein. Vorübergehend hatte er ein Moped. Da er keine Fahrerlaubnis bekam, mußte er es wieder verkaufen. Kurz vor Vollendung des 18. Lebensjahres war er wegen Fahrens ohne Führerschein mit einem Freizeitarrest verurteilt worden. Schließlich beging er als Heranwachsender einen Kraftfahrzeugdiebstahl, fuhr wieder ohne Führerschein und machte sich gleichzeitig einer Verkehrsbehinderung mit Sachbeschädigung und Unfallflucht schuldig. Das Urteil lautete auf vier Monate Gefängnis. Gleichzeitig wurde die Erteilung einer Fahrerlaubnis während des Zeitraums von drei Jahren verboten.

Über die zuletzt zur Aburteilung anstehende Tat ergaben die Ermittlungen folgendes Bild: Raymund ging nach der Arbeit in ein Tanzlokal. Dort wurde er von einer Frau, mit der er schon intimere Beziehungen gehabt haben soll, an einen Tisch gebeten. An demselben Tisch saß noch ein der Frau bekanntes, 15 Jahre altes, aber nach allgemeiner Überzeugung wesentlich älter aussehendes Mädchen. Dieses Mädchen gab in der Hauptverhandlung zu, daß sie mit Raymund getanzt habe und daß auch über den Geschlechtsverkehr gesprochen worden sei. Aus den Andeutungen sei zu verstehen gewesen, daß Raymund mit ihr verkehren wollte. Angeblich habe sie das abgelehnt. Dennoch ließ sie sich gegen 20 Uhr in ein anderes Lokal einladen und war nach gemeinsamen Trinken und „Knutschen" kurz vor Mitternacht damit einverstanden, daß Raymund sie „auf einem Umweg" zur Bahn begleitete. Er führte das Mädchen auf ein verlassenes Gelände des Güterbahnhofes, wo eine fensterlose Holzbaracke stand. Raymund wußte, daß sie geöffnet werden konnte, weil er dort häufig Kohlensäcke seines Arbeitgebers abgelegt hatte. Vor der Tür lief das Mädchen plötzlich weg. Raymund lief ihm nach und schlug es mit der Hand ins Gesicht, so daß nachher ein blutunterlaufenes Auge festzustellen war. Von diesem Augenblick an zeigte sich das Mädchen wieder gefügig. Schließlich zog es seine Hose aus und leistete beim Verkehr keinen Widerstand mehr. Das Mädchen berichtete, Raymund habe ihr mit weiteren Schlägen gedroht, und sie habe dann aus Angst mitgemacht. Raymund selbst sagte, daß sie sich vorher ganz einig gewesen seien. Er habe das Mädchen den ganzen Abend frei gehalten, sie hätten miteinander getanzt und geknutscht, und als es sich dann plötzlich in letzter Minute zurückziehen wollte, sei er in seinem etwas angetrunkenen Zustand so erregt gewesen, daß er zugeschlagen habe. Das tue ihm jetzt sehr leid. Das Mädchen sei aber schließlich wieder mitgegangen und habe bis zur Verabschiedung keine Vorwürfe mehr gemacht. Daß es trotzdem anschließend gleich die Polizei benachrichtigt habe, sei ihm völlig überraschend gewesen. Raymund wurde wenige Stunden später in seiner Unterkunft angetroffen und verhaftet. Der Blutalkoholspiegel betrug fünf bis sechs Stunden nach der Tat 0,61 mg ‰.

Die körperliche Untersuchung des Täters ergab keine nennenswerten Krankheitszeichen. In psychischer Hinsicht erwies er sich als mittelgradig schwachsinnig. Er konnte nur buchstabierend lesen und kaum schreiben. Mit einem selbst verfaßten „Lebensgestentnies" lieferte er ein Bild seiner theoretischen Leistungsmängel, während er in praktischen Fragen ein ausreichendes Kritikvermögen zeigte. In charakterlicher Hinsicht fiel vor allem eine muntere Betriebsamkeit auf, die ihn zu beachtlichem Fleiß bei der Arbeit und zu großer Unternehmungslust in der Freizeit antrieb. „Ich habe oft zwölf Stunden und noch mehr gearbeitet und viel Geld verdient. In der Freizeit war ich meist in Lokalen ... Für ein Moped hatte ich keinen Führerschein."

Die eingehenden Explorationen ergaben, daß Raymund C. den Schlag, den er dem Mädchen versetzt hatte, sehr überzeugend bereute. Dem Vorwurf der Notzucht gegenüber zeigte er jedoch keinerlei Unrechtbewußtsein. Gutachtlich sollte zum Tatbestand der Körperverletzung und der Notzucht Stellung genommen werden. Nach dem Ergebnis der Hauptverhandlung war unverkennbar, daß Raymund mit dem Mädchen in einem wenig sittenstrengen Milieu zusammengetroffen war, weshalb er nach den Umständen einen erheblichen Grad von Leichtlebigkeit unterstellen konnte. Für den Täter zielte das über viele Stunden währende Beisammensein ganz auf den geschlechtlichen Verkehr hin. Ihm kam die plötzliche Abwendung des Mädchens im entscheidenden Augenblick so überraschend, daß er abnorm reagierte und es in seiner Erregung schlug. Bei dieser Tat dürfte der Alkohol noch eine enthemmende Rolle gespielt haben. Uns schien es gerechtfertigt, auf Grund dieser Sachlage angesichts des Schwachsinns und der wenn auch nur mäßigen Alkoholeinwirkung eine beeinträchtigte Zurechnungsfähigkeit für das Delikt der Körperverletzung anzunehmen. Hierzu sind später noch einige Ausführungen angebracht.

Die Frage der Notzucht bereitet größere Schwierigkeiten. Objektiv ist das Faktum des unter Gewaltanwendung und Drohung erzwungenen Beischlafs offenbar gegeben. Auf der subjektiven Seite des Tatbestandes sind aber bei dem Schwachsinn des Täters sicher einige Einschränkungen geltend zu machen. Trotz anfänglichen Widerspruchs erschien dem Täter das Mädchen durchaus willig. Da es sich durch den Schlag von dem unvermittelten Fluchtversuch schnell abbringen ließ und dann wieder gefügig war, kann es bei dem sehr beschränkten Verstand des Täters durchaus zu dem Mißverständnis gekommen sein, der Widerstand sei nicht ganz ernst gemeint gewesen. Anders liegen die Voraussetzungen bei einer unvermittelten Vergewaltigung. Dabei ist viel weniger naheliegend, daß die für den Tatbestand wesentlichen Umstände subjektiv falsch ausgelegt werden. Im Falle des Raymund C. ist es nicht nur denkbar, sondern weitgehend wahrscheinlich, daß er von einigen irrtümlichen Annahmen ausging. Allen an der Hauptverhandlung Beteiligten schienen seine naiv vorgebrachten Angaben in dieser Hinsicht durchaus glaubwürdig. Bezüglich solcher Irrtumsmöglichkeiten sind bei der Kritikschwäche eines Minderbegabten — selbst bei guter praktischer Intelligenz — andere Maßstäbe anzulegen, als bei einem durchschnittlich Begabten. Unsere dem Richter vorgetragene Empfehlung, auf jeden Fall eine verminderte Zurechnungsfähigkeit anzunehmen, führte zu dem Urteil: drei Monate und zwei Wochen Gefängnis, die nach der Urteilsverkündung mit der Untersuchungshaft verbüßt waren.

Im Anschluß an das soeben erläuterte Beispiel seien noch zwei Punkte besonders hervorgehoben. Die Erfahrung lehrt, daß Minderbegabte, wenn sie strafrechtlich beschuldigt werden, gelegentlich mit verblüffender Naivität und geradezu routinierter Schlauheit den Eindruck zu erwecken vermögen, sie hätten sich über die Bedeutung eines wichtigen Tatbestandsmerkmals geirrt. Zweifel an der Glaubhaftigkeit lassen sich in solchen Fällen nicht immer genügend begründen. In anderen Fällen ist aber die Glaubwürdigkeit eines solchen Irrtums so überzeugend, daß er bei der Beweiswürdigung und bei der Strafzumessung entsprechend berücksichtigt werden muß. Sollte in das Strafgesetzbuch der heute so viel diskutierte Begriff des Verbotsirrtums aufgenommen werden, so würden sich bei der Beurteilung Minderbegabter bezüglich dieses Punktes sicher viele Zweifelsfragen ergeben. Wir können dieses Thema hier nicht grundsätzlich erörtern. Anzumerken ist in diesem Zusammenhang lediglich, daß jeder in bestimmten Situationen naheliegende oder nur mögliche Irrtum bei einem Minderbegabten immer eher zu unterstellen ist als bei einem besser begabten Menschen.

Ein weiterer Punkt sei hier noch berücksichtigt. Die Bedeutung des Alkohols, die wir grundsätzlich unter den krankhaften Einwirkungen abzuhandeln haben, sei an Hand des Falles Raymund C. schon kurz besprochen. Bei bestimmten seelischen Grundzügen ist die Wirkung des Alkohols anders einzuschätzen als im Normalfall. So ist etwa ein hochgradig reizbarer Mensch unter dem Einfluß von Alkohol eher bis zur Zurechnungsfähigkeit erregt, als ein nicht so reizbarer Mensch. Auch der Schwachsinnige, der ohnehin ein beschränktes Einsichtsvermögen besitzt, ist unter Alkoholeinwirkung schneller vermindert zurechnungsfähig als ein

Normalbegabter. Es läßt sich nicht entscheiden, ob man dem Alkohol einen stärkeren Einfluß auf die Einsicht oder auf die Willensbestimmbarkeit zusprechen soll. Tatsächlich kommt beides zusammen. Die sich gegenseitig regulierenden Funktionen des Verstandes und des Willens stehen bei einer Minderbegabung regelmäßig in einem labileren und leichter störbaren Verhältnis. Der Alkohol, der sowohl das Kritikvermögen als auch das Hemmungsvermögen beeinträchtigt, wirkt auf diese labile Ausgangslage geradezu gezielt störend ein.

Wir haben mit unseren Erläuterungen und Beispielen die wichtigsten Gesichtspunkte herausgestellt, die bei der Beurteilung der geistigen Minderbegabung maßgebend sind. Die schweren krankheitsbedingten Schwachsinnsformen vom Grade der Imbezillität und Idiotie haben wir hier bei der Besprechung ausgeschlossen. Gleichzeitig haben wir mit dem Begriff der geistigen Minderbegabung die Grenzen über den klinischen Begriff des Schwachsinns hinaus erweitert. Ohne uns allzu sehr in Abgrenzungsprobleme zu verlieren, schien es uns ratsam, pragmatische Maßstäbe bei der Einteilung der Intelligenzgrade anzuwenden. In der forensischen Praxis kommt es ohnehin nicht darauf an, einen theoretischen Begriff der Intelligenz möglichst exakt zu bestimmen. Es sind vielmehr verstehenspsychologisch klare Beziehungen zum Straftatbestand aufzudecken. Welche Maßstäbe dabei anzuwenden sind, haben wir an einigen Beispielen darzustellen versucht.

Die Willensschwäche

Der häufigste charakterliche Grundzug, der die Jugendlichen straffällig werden läßt, ist die Willensschwäche. Sie bedingt in der Regel eine besondere Verführbarkeit. Das Verführtwerden wiederum spielt bei Minderjährigen eine große Rolle. Zur Verführung kann es auch aus einem Mangel an Einsicht oder an Erfahrung kommen. Meist liegt aber bei dem Verführten eine Willensschwäche vor.

Wir gebrauchen den Ausdruck Willensschwäche und sprechen nicht von Willenlosigkeit. *Kurt Schneider* beschreibt die willenlosen Psychopathen. Er denkt dabei an die abnorm willensschwachen Menschen. Die Erfahrung lehrt, daß selbst bei extremer Willensschwäche immer noch bescheidene Willensleistungen möglich sind. Daher kann die Annahme einer Willenlosigkeit irreführend sein. Wird beispielsweise eine Tat aus Willensschwäche begonnen, so stellt sich bei ihrer Ausführung manchmal so viel Willenskraft und Eigeninitiative ein, daß eine bemerkenswert zielstrebige Aktivität die initiale Passivität überdeckt. In diesem Sinne verbinden sich Reaktionen, die aus einer Willensschwäche zu motivieren sind mit einem willensgesteuerten Vorgehen, so daß nie mit vollem Recht von Willenlosigkeit gesprochen werden kann.

Von Willenlosigkeit im engeren Sinne kann allenfalls bei einer ausgesprochenen Hörigkeit die Rede sein. Das willenlose Verfallensein an bestimmte Versuchungsmomente zeigt sich dann aber nur in einem engeren Erlebnisbereich oder einzelnen Personen gegenüber. Wahrscheinlich hat jeder Mensch einen sogenannten schwachen Punkt, der ihn unter gegebenen Voraussetzungen zum willenlosen Opfer äußerer Umstände werden läßt. Wenn die persönliche Schwäche einen größeren Bereich des Erlebens umfaßt oder belangvolle Reaktionen aus ihr erwachsen, wird man von Willensschwäche sprechen.

Im jugendlichen Alter spielt ein weiterer Gesichtspunkt eine wichtige Rolle. Grundsätzlich wird bei jedem Minderjährigen weniger Willenskraft als bei einem Erwachsenen vorausgesetzt. Das kommt schon darin zum Ausdruck, daß der Gesetzgeber den jungen Menschen eine verminderte strafrechtliche Verantwortlichkeit zubilligt. Willensreife wäre aber zu unterscheiden von einem individuellen Mangel an Willenskraft. Darauf ist später noch einzugehen.

Willensschwäche führt dazu, daß dem Fremdantrieb ein besonderer Einfluß auf das Handeln zukommt. Aber auch die eigenen Antriebe und Begehrungsvorstellungen setzen sich ungehemmter durch. Alle Antriebe haben bei großer Willensschwäche ihre besondere Durchsetzungkraft, weil die Gegenregulationen eines inneren Widerstandes ausfallen. Das als leichtsinnig gekennzeichnete Tun erwächst, sofern nicht eine unbedachte Fahrlässigkeit im Spiele ist, meistens aus einer Willensschwäche. Der Leichtsinn äußert sich sowohl in der Ausnutzung von Gelegenheiten als auch in einer Anfälligkeit gegenüber inneren Impulsen. Häufig lassen sich die von außen und die von innen wirkenden Kräfte nicht gegeneinander abgrenzen. Dabei zeigt sich, daß das innere Antriebsgeschehen und die Umweltgegebenheiten besonders unmittelbar aufeinander bezogen sind und zwar wesentlich mehr als bei einem willensgesteuerten Menschen.

Die infolge Willensschwäche sich durchsetzenden Wunsch- und Begehrungsvorstellungen können sich als ein vermeintlich eigenständiges Wollen verkleiden. Wir kennen es als ein Besitzen-wollen, ein Mal-versuchen-wollen oder ein Mitmachen-wollen. Diesem scheinbaren Wollen unterliegt der sittlich gebundene Wille. Die Handlungen des Willensschwachen stehen immer im Licht einer eigenartigen Ambivalenz. Der Entschluß wird innerlich zugleich bejaht und verneint. Rückblickend wird die Tat meist bereut und als „nicht gewollt“ bezeichnet. Aus dieser Sicht erwachsen dem willensschwachen Menschen zwar gute Vorsätze, jedoch mißlingt ihm deren Erfüllung nur allzu häufig.

Haben die den Willen unterdrückenden Antriebe eine sehr einseitige und gleichbleibende Akzentuierung, dann muß die vorherrschende Antriebsdynamik als charakterbestimmend angesehen werden. Setzt sich beispielsweise bei jeder Gelegenheit ein starkes Geltungsstreben durch, dem der Wille andauernd unterliegt, so tritt für die charakterologische Beschreibung die Willensschwäche in den Hintergrund. Für den willensschwachen Menschen ist es charakteristisch, daß er nicht immer in der gleichen Weise willentlich versagt. Nur wenn es im Laufe der Zeit zu gewohnheitsbildenden Verfestigungen gekommen ist, kann sich eine einseitige Entgleisungsrichtung ganz in den Vordergrund drängen. Wir beobachten solche Fehlentwicklungen bei den willensschwachen Rückfall- und Gewohnheitstätern, bei vielen sexuellen Abnormitäten und bei den willensschwachen Trinkern.

Ein gewisser Anteil von Willensschwäche ist fast bei jeder rechtswidrigen Handlung anzunehmen, wenn wir von den reinen Überzeugungsdelikten, von kaltblütig berechneten Verbrechen und einigen anderen kriminellen Straftatbeständen absehen. Die Aussage, daß ein Täter im Augenblick der Tat zu schwach in seinem Willen gewesen sei, ist psychologisch inhaltslos. Aussagewert besitzen nur die Feststellungen, die sich auf eine Gesamtwürdigung der Persönlichkeit stützen und dabei den Grundzug beispielsweise der Willensschwäche hervorheben. Für die Beurteilung der Einzelhandlung sind noch die jeweils wirksamen Antriebe ausschlaggebend, denen der Wille unterlegen ist. Es kann auch ein seelischer Konflikt sein, der eine momentane Schwäche des Willens hervortreten läßt. In diesem Falle wäre wieder nach dessen Motivierung zu forschen.

Wenn wir bei einem Täter zur Motivierung seiner Straftat als entscheidende psychologische Voraussetzung die Willensschwäche annehmen, so muß dieser Grundzug auch in der übrigen Biographie aufzudecken sein. Vielfach läßt sich in der mangelnden Regulierung des sexuellen Trieblebens, in einer unbeständigen Berufsanamnese oder in einer allgemeinen Ziellosigkeit der Lebensplanung die Willensschwäche verfolgen. Sie kommt beinahe regelmäßig schon in einer auffallend schlaffen Körperhaltung zum Ausdruck.

Führt die Willensschwäche zu einer strafbaren Handlung, so zeigt sich darin eine die Gesellschaft beeinträchtigende Auswirkung. Das berechtigt aber nicht dazu, unmittelbar von einer abnormen oder psychopathischen Willensschwäche zu sprechen. Die Straftat kann eine einmalige Gelegenheitstat bleiben. Entwickelt sich aber eine Rückfallneigung oder führt die Willensschwäche zur Verwahrlosung, so wird man meist von einem willensschwachen Psychopathen sprechen dürfen.

Vom Grundzug der Willensschwäche dürfen wir nur sprechen, wenn das Versagen des Willens so regelmäßig zu beobachten ist, daß wir es als habituell bezeichnen können. Diese Form der Willensschwäche kann sich auch mit allen anderen Eigenschaften verbinden und ein kriminelles Verhalten begünstigen. Wir haben schon kurz von den Beziehungen zum Geltungsbedürfnis gesprochen. Das unwiderstehliche Geltungsstreben vermag sich über alle guten Vorsätze und gegen die ganze Willenskraft durchzusetzen. Wir beobachten aber auch, daß der Wille sich in den Dienst des Geltungsbedürfnisses stellt. Dabei wird der Geltungsanspruch mit dem Einsatz der ganzen Willenskraft wirksam. Aus dem Gesagten ergibt sich, daß der Geltungsbedürftige entweder willensschwach oder willensstark erscheinen kann. Noch wieder anders liegen die Verhältnisse, wenn der allgemein Willensschwache neben anderen Impulsen und Wunschvorstellungen auch einmal einem geltungssüchtigen Drang unterliegt. In diesen Fällen bleibt die Willensschwäche das charakterbestimmende und wesentlich tatgestaltende Merkmal, während dem Geltungsbdürfnis nur eine untergeordnete, vielleicht rein augenblicks- oder phasengebundene Bedeutung zukommt.

Ein hyperthymer Mensch kann ebenfalls erheblich willensschwach erscheinen, wenn er andauernd — entgegen allen guten Vorsätzen — seiner Betriebsamkeit unterliegt. Aus einem Überschuß an Aktivität ist ihm die willentliche Steuerung und soziale Anpassung seines Handelns erschwert. Das gibt oftmals Veranlassung, ihn als haltlos zu bezeichnen. Diese Haltlosigkeit entspricht einer Willensschwäche. Nur der dominante Charakterzug, mit dem sich die Haltlosigkeit oder die Willensschwäche verbindet, ist verschieden. Wir unterscheiden die haltlos Betriebsamen, die haltlos Erregbaren, die haltlos Geltungssüchtigen von den ausschließlich Willensschwachen.

Die geistige Minderbegabung finden wir besonders häufig mit einer Willensschwäche verbunden. Schwach begabte Straftäter sind sehr oft Verführte, die nicht nur zu einfältig, sondern gleichzeitig auch zu wenig widerstandsfähig sind, um sich der Versuchung zu widersetzen. In diesen Fällen läßt sich nicht scharf abgrenzen, ob den Rechtsbrechern mehr die Einsicht in das Unerlaubte ihres Tuns fehlt, oder ob sie charakterlich unfähig sind, nach einer besseren Einsicht zu handeln. Meistens sind Einsichtsfähigkeit und Willensbestimmbarkeit bei den schwach Begabten im gleichen Maße eingeschränkt. Richtmaß der Beurteilung ist dann immer der Grad des Intelligenzmangels, dem ein entsprechender Mangel an Willenskraft zugerechnet wird. Der Aufbau einer klaren Willenshaltung setzt eine durchschnittliche Intelligenz voraus, so daß die Minderbegabung oft ein integrierender Bestandteil der Willensschwäche ist. Die spezielle Phänomenologie der Willensschwäche läßt sich am besten bei den ausreichend Begabten ermitteln, die zumindest genügend Einsicht und ein hinreichend kritisches Erkenntnisvermögen gegenüber sich selbst und ihrem Tun besitzen, aber dennoch willentlich unterliegen.

Der entwicklungspsychologische Aspekt der Willensschwäche bietet eine Reihe von Besonderheiten. Zu Beginn seines Lebens hat der Mensch noch keinen eigenen und freien Willen. Die Äußerungen des Trotzes sind als erste Anzeichen einer Eigenwilligkeit anzusehen, dabei tritt mehr noch der Unwille als ein wirklicher Wille hervor. Eine erste Zuspitzung der Willensentwicklung zeigt sich in der Trotzperiode des dritten Lebensjahres. Nach zunehmender Entfaltung des Willens kommt es in der zweiten Trotzperiode, die etwa der Pubertät entspricht, zu einer nachdrücklich ichbewußten Selbständigkeit auch des Wollens. Indem sich der eigene und zugleich freie Wille des Menschen entwickelt, entfaltet sich sein Handeln zu einem mehr und mehr verantwortlichen Tun.

Wir haben in der Einleitung dieses Abschnitts schon von dem altersbedingten Mangel an Willensreife bei den Jugendlichen gesprochen. Er ist ganz allgemein begründet durch eine entwicklungsabhängige Instabilität, durch einen Mangel an seelischer Ausformung und an charakterlicher Festigung. Die von der Willensunreife abzugrenzende, bleibende Willensschwäche ist immer dann anzunehmen, wenn die Verführbarkeit als persönliches Merkmal besonders hervortritt. Dabei gelingt es schwer, einen altersentsprechenden Mangel an Willensreife von der persönlichkeitseigenen Willensschwäche abzugrenzen. Ist die Willensschwäche eines Jugendlichen als beschreibbares Merkmal seiner seelischen Haltung besonders deutlich ausgeprägt, so ist eher an eine Charaktereigenschaft als an ein Unreifezeichen zu denken. Alle prognostischen Aussagen darüber, ob die Reifung mit Wahrscheinlichkeit noch eine wesentliche Willensfestigung bringen wird, sind methodisch nur wenig zuverlässig zu begründen.

Das Bild der Willensschwäche hat seine eigenen Entwicklungsgesetze. Dabei spielt die Gewohnheitsbildung eine bedeutende Rolle. Je größer die Willensschwäche ist, um so eher verfestigt sich ein Fehlverhalten zu einer Gewohnheit. Bei jedem Menschen, der einmal einer Versuchungssituation unterlegen oder ihr wiederholt verfallen ist, wachsen die Voraussetzungen dafür, daß er immer leichter nachgibt. Weil der willensschwache Mensch besonders leicht einer Versuchung erliegt und entsprechende Versuchungen ihm im Leben immer wieder begegnen, wird die Fixierung eines gleichartigen Reaktionsablaufes sehr begünstigt. Außerdem erfordert es weniger Kraftaufwand, nach einem gewohnten Muster zu handeln als immer neue Zielsetzungen, Entschlüsse oder Widerstände aufzubauen. Bei entsprechender Willensschwäche unterliegt der Mensch vor allem den sozial negativen, also den schlechten Gewohnheiten, besonders leicht, da eine positive Einstellung zu den Anforderungen des Gemeinschaftslebens immer eine willentliche Steuerung des Verhaltens erfordert. Man darf unterstellen, daß ein Mensch mit auffallend schlechten Gewohnheiten in den meisten Fällen vorwiegend willensschwach ist. Dagegen vermögen die sittlich oder sozial positiven Haltungen und Gewohnheitsbildungen ein gewisses Maß an Willensschwäche zu kompensieren.

Es läßt sich niemals beweisen, daß die Willensschwäche eine erworbene Eigenschaft ist, die aus der biographischen Entwicklung abgeleitet oder verstanden werden kann. Gelegentlich wird es für möglich gehalten, daß eine Erziehungsmethode, die andauernd den Willen des Kindes oder des Jugendlichen unterdrückt, zu einer bleibenden Schwäche des Willens führen könne. Auch die Verwöhnung, das Abnehmen jeder Entscheidung, wird nicht selten für eine fortbestehende Willensschwäche verantwortlich gemacht. Nach der Erfahrung sind diese Entwicklungen keineswegs die Regel. Selbst wenn man es in Einzelfällen als möglich ansehen muß, daß eine Willensschwäche erziehungsbedingt ist, läßt sich diese Annahme selten durch methodisch zuverlässige Kriterien wahrscheinlich machen. Psychoanalytische und neurosenpsychologische Deutungen über die Entstehung einer Willensschwäche haben uns niemals restlos überzeugen können.

Grundsätzlich kann man durch erzieherische Lenkung die Auswirkungen einer zu geringen Willenskraft in gewissem Umfang steuern. Jedoch bleiben die Ergebnisse der Erziehung in vielen Fällen sehr enttäuschend. Willensschwache Menschen sind ebenso leicht zu führen, wie sie sich leicht verführen lassen. Günstige Umweltverhältnise vermögen die Folgen einer Energielosigkeit weitgehend auszugleichen. Aber selbst dem denkbar besten Erziehungs- und Milieueinfluß können die Willensschwachen frühzeitig entgleiten. Hat ein Mensch mit ausgeprägter Willensschwäche nur einmal einer bedenklichen Versuchung nachgegeben, so ist der Weg einer abgleitenden Entwicklung häufig unwiderruflich beschritten.

Für den Willensschwachen ist die Erziehung in Form einer ethischen Wertsetzung und Gesinnungsbildung meist nicht das Entscheidende. Sobald sich gewohnheitsbildende Entwicklungen angebahnt haben, läßt sich durch moralisch akzentuierte Impulse kaum noch darauf Einfluß nehmen. Das Gewissen zu fördern und zu wecken bleibt erfolglos, wenn der Wille als Diener des Gewissens versagt. Außerdem ist das Gewissen nach vorhergehenden Niederlagen des Willens meist abgestumpft. Sogar ein unbedeutendes Versagen der Willenskraft kann bedeutende Einbußen an Gewissenskraft hervorrufen. Kleine Enttäuschungen über ein willentliches Versagen können eine große Resignation bewirken. Bei einem willensschwachen Menschen, der mit sich selbst viele schlechte Erfahrungen gemacht hat, vermögen alle ethischen Bindungen und sittlichen Wissensinhalte das Handeln immer weniger zu bestimmen. Der ohnehin schwache Wille verliert dabei mehr und mehr an Durchsetzungskraft.

Dem Willensschwachen hilft am ehesten noch diejenige Form erzieherischer Beeinflussung, die mit strenger Zucht verbunden ist. Gezielte Steuerung der Gewohnheitsbildung nicht von der höheren Warte moralischer Theorie, sondern im Aufbau alltäglicher Praktiken, vermag den Willensschwachen real zu stärken und günstig zu beeinflussen. Erziehung zur Pünktlichkeit, Erziehung zum Frühaufstehen, Erziehung zu jeder Form von Regelmäßigkeit und ähnliche Maßnahmen können die Ausbildung und Festigung von Gewohnheiten fördern, die dem Willensschwachen eine entscheidende Grundlage zur sozial positiven Lebensführung bieten. Was ihm selbstverständlich ist und mit einem gewissen Automatismus ausgeführt wird, erspart ihm manchen Willenseinsatz und hilft ihm daher weiter.

Die Auswirkungen der Willensschwäche bei einem Jugendlichen lassen sich besonders einleuchtend am Beispiel des Onanierens erläutern. Selten liegt in diesen Fällen eine primäre Triebstärke vor. Die Kraft und Wirkung der sexuellen Reizimpulse gewinnt erst eine zunehmende Intensität infolge der Gewohnheitsbildung. Der Wille, der schon zu Beginn dieser Entwicklung nicht regulierend einzugreifen vermochte, wird immer ohnmächtiger gegen den zwangsähnlichen, mehr und mehr automatisierten

Ablauf. Diese Form der Symptombildung ist bei den Willensschwachen recht charakteristisch. Auch das Schulschwänzen, das Stehlen sowie andere Entgleisungen und Unzuverlässigkeiten jeder Art können aus einer reinen Willensschwäche mit nachfolgender Gewohnheitsbildung und Gewissensabstumpfung erwachsen.

Bei sehr fortgeschrittener negativer Entwicklung kann die Rückführung größte Schwierigkeiten bereiten oder gar hoffnungslos werden. Hat die Willensschwäche einen Jugendlichen auf den Weg der Kriminalität geführt, dann bedarf es besonders eindrucksvoller Straf- oder Erziehungsmaßnahmen, um ihn nach Möglichkeit zu resozialisieren.

Eine wesentliche pädagogische Erfahrung läßt sich bei den willensschwachen Jugendlichen hervorheben. Das Charaktermerkmal der Willensschwäche kann durch geeignete Erziehungsmaßnahmen überformt werden, obwohl wir annehmen, daß es in der Anlage verankert ist. Haben sich jedoch Gewohnheiten ausgebildet, die wir als erworbene Eigenschaften ansehen müssen, so sind diese erzieherisch meist viel schwerer zu beeinflussen. Die häufig ausgesprochene und fast naheliegende Unterstellung, daß angeborene Charaktereigenschaften zum pädagogischen Nihilismus zwingen, ist ganz unberechtigt. Viele Fehlentwicklungen, die als eingeschliffene Gewohnheiten das Bild erworbener Eigenschaften darstellen, geben viel mehr Grund zu pädagogischer Hoffnungslosigkeit. Hat die Charaktereigenschaft der Willensschwäche zur Ausbildung fixierter schlechter Gewohnheiten geführt, dann sind die Voraussetzungen zur Besserung sehr ungünstig.

Mit dem Problem der Erziehbarkeit hängt sehr eng die Frage der Prognose zusammen. Stellen wir bei einem Jugendlichen eine ausgeprägte Willensschwäche fest, die über den altersgemäßen Mangel an Willensreife hinausgeht, so könnte man an eine Reifungsverzögerung denken, die sich entwicklungsgesetzlich ausgleichen wird. Die schon von *Emil Kraepelin* ausgesprochene Erfahrung, daß „einzelne seelische Gebiete in ihrer Ausbildung dauernd oder vorübergehend hinter anderen zurückbleiben“ können, würde dann auch für die Funktion des Willens gelten. Willensschwäche bei einem Jugendlichen wird dementsprechend von manchen Autoren als eine „umschriebene Entwicklungshemmung“ angesehen. Würden wir eine solche Möglichkeit anerkennen, so gälte es nach Kriterien zu suchen, um die aufholbaren von den endgültigen Formen der Willensschwäche abzugrenzen. Wir erwähnten bereits, daß es schwer gelingt, einen durch das Jugendalter bedingten Mangel an Willensreife von entsprechenden Graden der charaktereigenen Willensschwäche abzugrenzen. Ebensowenig können wir einer ausgeprägten Willensschwäche ansehen, ob sie lediglich vorübergehendes Merkmal der jugendlichen Charakterstruktur oder fortbestehende Eigenschaft der Persönlichkeit ist. Nur bei sehr hochgradiger und über mehrere Jahre zu verfolgender Schwäche des Willens würden wir uns mit großer Wahrscheinlichkeit zur Annahme eines fortbestehenden psychopathischen Persönlichkeitsmerkmals entschließen. Da wir über die Prognose der Willensschwäche keine exakten, methodisch zuverlässigen Aussagen machen können, müssen wir uns um Richtlinien für die praktische Einstellung gegenüber den willensschwachen jungen Menschen bemühen.

In der pädagogischen und in der forensischen Praxis wird heute meist etwas großzügig unterstellt, daß jeder junge Mensch noch eine Nachreifung erlebt. Bei erwiesener Willensschwäche scheint dieses Postulat besonders naheliegend. Auf eine günstige Prognose stützen sich nicht nur alle menschlichen Hoffnungen für die Zukunft, sondern auch viele pädagogische und strafrichterliche Maßnahmen. Man nimmt Rücksicht, um die Willensbildung durch allzu strenge Beschränkung nicht zu gefährden. Es wird dabei völlig verkannt, wie verhängnisvoll sich diese betont nachsichtige Einstellung gerade auf den willensschwachen jungen Menschen auswirkt.

Es ist unseres Erachtens pädagogisch richtiger, den willensschwachen Minderjährigen so zu behandeln, als wenn seine Willensschwäche ein endgültiges Merkmal seines Wesens wäre. Diese Betrachtung zwingt dazu, dem Willen stärkste Unterstützung zu geben. Hierfür sind nur solche Maßnahmen geeignet, die einen intensiven Eindruck vermitteln und mit einer auf Dauer gerichteten Nachwirkung verbunden sind. Jede Bewährungssituation bedeutet für den Willensschwachen eine Versuchungssituation, die ihm nicht zugemutet werden sollte. Das Risiko der Nichtbewährung ist zu groß. Vor allem sind die Folgen, falls eine Chance versäumt wird oder ein Rückfall eintritt, für die Willens- und Gewissensbildung äußerst ungünstig.

Selbst wenn eine entwicklungsgesetzliche Festigung der Willenskraft noch bevorsteht oder möglich ist, wird diese nicht gehindert durch Maßnahmen, die auf eine erzieherische Festigung hinwirken. Läßt man sich aber von der Vorstellung leiten, der junge Mensch sei nur *noch nicht* so reif und willensstark, wie er sein müsse, so kann ein entscheidender Zeitpunkt versäumt werden, um einen den Willen stärkenden Verfestigungsprozeß des Charakters einzuleiten. Wesentliche Möglichkeiten der Willensbildung werden verfehlt, wenn man eine erwiesene Willensschwäche nicht von Anfang an als prognostisch ungünstig ansieht.

Die Willensschwachen sind in besonderem Maße die Leidtragenden mancher modernen Erziehungsmethode, in der das ideelle Moment der Gesinnungsbildung über die Gesetze der Konsequenz gestellt wird. Was in der Geschichte unserer Kultur sowie in Religionsgemeinschaften zu allen Zeiten an Zucht und Disziplin gefordert wurde, ist den Willensschwachen am ehesten zugute gekommen.

Für den willensschwachen Straftäter sind einige Besonderheiten charakteristisch. Von diesen jungen Menschen wird man meistens hören, daß sie in der Kindheit keine besonderen Schwierigkeiten bereitet haben. Im allgemeinen werden sie als liebe, gutwillige, anpassungsfähige, friedfertige Kinder geschildert. Nur wenn sie sehr früh einem schlechten Einfluß ausgeliefert sind, können sie in jüngsten Jahren schon gefährlich entgleisen und jeden Halt verlieren. In den meisten Fällen ist das spätere Straffälligwerden für die Umgebung sehr überraschend. Typisch ist die voll Erstaunen vorgebrachte Äußerung: „Es ist kaum zu glauben, daß dieser liebe Junge so etwas machen konnte.“ Diese Reaktion der Umgebung führt viele Willensschwache dazu, den guten Schein so lange wie möglich aufrechtzuerhalten. Daher werden sie zum Leugnen, Beschönigen oder Lügen verleitet. Lügen ist leichter als eine aufrichtige Erklärung. Wird ein willensschwacher Täter einmal in die Abwehrstellung des Bestreitens hineingedrängt, dann vermag er sich darin sehr zu versteifen. Sein hartnäckiges Lügen oder gar die Erfindung von Ausflüchten kann den Eindruck einer besonderen Bösartigkeit erwecken. Als bösartig wird dieses Verhalten vor allem deshalb gewertet, weil es in starkem Kontrast zu dem früher bekannten Bild steht. Ist dem Willensschwachen eine Straftat nicht nachzuweisen, so ergibt sich für ihn die große Versuchung, dieselbe noch einmal mitzumachen oder auszuprobieren. Dabei stumpft das Gewissen immer mehr ab. Ein weiteres soziales Absinken ist häufig die unausweichliche Folge. Da willensschwache Menschen die Auswirkungen ihrer Willensschwäche vor sich selbst nicht wahrhaben wollen, suchen sie ihr Tun auch innerlich zu beschönigen. Schließlich sind sie sich selbst gegenüber nicht mehr ehrlich genug, um Einsicht und Einhalt zu finden.

Als Vorstufe zur kriminellen Tat können sich kleine Unregelmäßigkeiten auswirken, die rechtlich noch irrelevant, aber psychologisch doch bedeutungsvoll sind. Eine zunächst belanglos erscheinende Aneignung kann zur Keimzelle weiterer Eigentumsdelikte werden. Die ausgeprägte Neigung zum Naschen ist oftmals als ungünstiges Vorzeichen für die spätere Entwicklung der Eigentumsbegriffe angesehen worden. In diesen Fällen ist nicht immer bloße Habgier wirksam, die sich früh im Naschen und später im rechtswidrigen Aneignen ausdrückt. Der Willensschwache erliegt beim Naschen einer Versuchung des Augenblicks und wird für ähnliche Versuchungen mehr und mehr anfällig. Bald verwischen sich ihm die Grenzen der Rechtmäßigkeit, es setzt die Ausbildung von Gewohnheiten ein, und aus den kleinen Unarten werden größere Straftaten. Das Handeln erscheint zunehmend gewissenloser. Ähnliche Entwicklungen können wir auch bei dem Vorherrschen anderer charakterlicher Grundzüge beobachten. Für die Willensschwäche sind diese Verlaufsformen jedoch besonders charakteristisch.

Die aus einer Willensschwäche erwachsenden strafbaren Handlungen sind durchweg leicht zu verstehen. Ob ein junger Mensch mitmacht, weil er nicht widerstehen kann, ob er etwas haben oder besitzen will, was für ihn begehrenswert ist, ob er sich in eine sexuelle Spielerei einläßt, weil hierzu Gelegenheit oder ein gewisser Anreiz gegeben ist — oder welches Motiv sonst vorliegen mag — immer ist der Ausgangspunkt des Entgleisens gut einfühlbar. Schwer einzusehen ist meist nur, warum es so weit kommen mußte.

Um an Hand eines alltäglichen Beispiels noch einige weitere Gedanken darzulegen, berichten wir zuerst über einen kleinen Dieb.

Michael H. ist ein 15-jähriger Bäckerlehrling, der von uns ambulant untersucht wurde. Ein Gutachtenauftrag des Gerichtes oder die Akten lagen nicht vor. Die Stiefmutter brachte den Jungen zum Nervenarzt, weil sie über sein Fehlverhalten besorgt war.

Michaels Geburt und Entwicklung sollen regelrecht gewesen sein. Nach vierjährigem Volksschulbesuch kam er auf eine höhere Schule, wo er das dritte Jahr wiederholen mußte und dann abging. Anschließend wurde er Lehrling in einer Großhandlung. Hier beging er nach etwa einem halben Jahr einen Diebstahl. Er nahm vom Schreibtisch seines Arbeitgebers einen Umschlag mit 600,— DM. Erst nach einigen Tagen wurde er als Täter ermittelt und aus dem Lehrverhältnis entlassen. Das Geld hatte er angeblich für Kleidung, Kinobesuche, Taxifahrten und anderes ausgegeben. Von den Eltern war nichts bemerkt worden, bis die Ermittlungen des Arbeitgebers Michael überführen konnten.

Michael, der zur Zeit der Tat 14 Jahre und fünf Monate alt war, erhielt vom Gericht eine Verwarnung. Die Eltern hatten sich bereit erklärt, das Geld zurückzuerstatten. Nach einigen Monaten starb aber der Vater, und der Stiefmutter fiel es schwer, den noch verbliebenen Restbetrag abzuzahlen. Inzwischen hatte Michael eine neue Lehre in einer Bäckerei begonnen. Als dem Arbeitgeber nach einigen Monaten 200,— DM gestohlen wurden, fiel der Verdacht wieder auf Michael. Der Verdacht verstärkte sich, als man bei ihm 130,— DM fand, über deren Herkunft er zunächst nichts sagen wollte. Michael bestritt hartnäckig die zweite Tat und sagte schließlich, das bei ihm gefundene Geld stamme noch von dem ersten Diebstahl.

Michaels Stiefmutter beklagte sich außerdem darüber, daß der Junge einmal ohne ihr Wissen nicht zur Berufsschule gegangen sei. Er selbst erklärte hierzu, daß er an dem Tag keine Lust gehabt habe. Er sei damals den ganzen Tag in der Nähe des Bahnhofs geblieben, ohne seinen Schulweg fortzusetzen. Abends sei er wie üblich zurückgefahren, so daß die Eltern keinen Verdacht schöpfen konnten. Erst durch die Ermittlungen der Schule sei alles herausgekommen.

Die Stiefmutter zeigte sich dem Jungen sehr zugetan. Sie berichtete, daß er sich stets lieb und anhänglich gezeigt habe. Er sei immer ein „herzensgutes Kind" und besonders hilfsbereit gewesen. Er gehe regelmäßig sonntags in die Kirche. Seinen Diebstahl habe sie anfangs für gänzlich undenkbar gehalten. Jetzt müsse sie glauben, daß ihr Junge einer Versuchung erlegen sei. Er habe immer nur 3,— DM Taschengeld bekommen, während seine gleichaltrigen Kameraden über viel größere Summen verfügen konnten.

Die Untersuchung des Jungen ergab außer einer leichten Schielstellung der Augen keine körperlichen Krankheitszeichen. Er hatte einen auffallend schlaffen Händedruck. In psychischer Hinsicht zeigte er eine noch durchschnittliche Intelligenz, aber alle Züge eines weichen und unentschlossenen jungen Menschen. Anhaltspunkte für eine krankhafte Störung ergaben sich nicht.

Michael wußte zur Motivierung seines ihm nachgewiesenen Diebstahls nicht viel zu sagen. Er habe gewußt, daß in dem Umschlag auf dem Schreibtisch das viele Geld gewesen sei und habe es dann an sich genommen. Wegen des zweiten Diebstahls war er noch nicht überführt und auch nicht geständig.

Wir verzichten auf eine Schilderung weiterer Einzelheiten, weil wir nur einige Gesichtspunkte für unsere Gesamtdarstellung hervorheben möchten.

Das geschilderte Tun entspricht einem häufigen Jugenddelikt. Es ist nicht ausgeschlossen, daß Michael mit etwa 14 Jahren noch in der Spätphase seiner Pubertät stand. Wahrscheinlich würden einige Sachverständige diesem Umstand besondere Bedeutung beimessen und den damit verbundenen Fragen weiter nachgehen. Wir haben von einer näheren Erforschung des sexuellen Reifestandes abgesehen. Darauf glaubten wir verzichten zu dürfen, weil man — gleich welche Einzelheiten darüber noch zu ermitteln gewesen wären — nur Zusammenhangs*vermutungen* zwischen dem Eigentumsdelikt und der sexuellen Reifung aufstellen könnte.

Wir meinen, daß nur zwei Gesichtspunkte für die charakterologische Beurteilung entscheidenden Aufschluß geben und gleichzeitig hinreichend evident sind. Der Anreiz, den Diebstahl zu begehen, entspricht einem durchaus altersspezifischem Erleben. Der Junge mochte den Gleichaltrigen nicht nachstehen und wollte sich auch ein wenig hervortun. Daher fuhr er, als er das Geld hierzu hatte, mit einem Taxi umher und fühlte sich wie ein großer Mann. Auf dem Hintergrund dieses Begehrens wurde der Gelddiebstahl möglich.

Hinzu kam nun eine entsprechende Willensschwäche, die diesen jungen Menschen der gegebenen Versuchung verfallen ließ. Der immer „herzensgute" Junge, der bei der Untersuchung seine allgemeine charakterliche Weichheit klar erkennen ließ, ist nach den Schilderungen der Stiefmutter und nach dem eigenen Eindruck genügend deutlich als willensschwach gekennzeichnet. Auch die Tatsache, daß er einmal, weil er keine Lust hatte, die Berufsschule versäumte, darf charakterologisch für die Willensschwäche als bezeichnend angesehen werden. Die typische Deliktform, daß er nämlich bei sonst guter Führung eine „Gelegenheit" wahrnahm, läßt sich zwanglos mit einer Willensschwäche motivieren.

Mehr psychologisch Belangvolles ist aus diesem einfachen Tatbestand nicht herauszulesen. Alle Fragen über die Bedeutung von Milieufaktoren, die bei einer sich als ungünstig erweisenden Familienkonstellation anzuführen wären, dürfen für die forensische Beurteilung ohne Bedenken vernachlässigt werden. Ob Michael H. mit 3,— DM in der Woche bei den sozialen Verhältnissen seiner Eltern tatsächlich zu wenig Taschengeld erhielt, ist schwer zu entscheiden. Es läßt sich auch mit keinem beweiskräftigen oder evidenten Argument belegen, daß die Willensschwäche, die bei dem Jungen in der Auseinandersetzung mit altersgemäßen Impulsen hervortrat, bei anderen Familienverhältnissen besser diszipliniert worden wäre. Vielleicht könnte nach den Maßstäben der älteren Kriminalanthropologie sogar das Schielen bei sonst normalem Befund als ein leichtes Degenerationsmerkmal gewertet werden, um damit eine Anfälligkeit des Jungen zu begründen. Alle diese Überlegungen mögen von vielschichtigem Interesse sein. Die entscheidende Frage aber, warum der Junge in dieser Weise straffällig wurde, ist bei Abwägung aller Umstände nicht besser zu beantworten als wir es angedeutet haben. Aus der Fülle der biographischen Fakten, die im Gerichtsverfahren oder bei einer Begutachtung immer herangezogen werden müssen, ragt hier die Individualität des jugendlichen Täters als die eines willensschwachen Menschen heraus. Dies zu erkennen und das Mitwirken von Krankheit auszuschließen, ist die entscheidende Aufgabe des Sachverständigen.

Die willensschwachen Täter kommen — gemessen an ihrer Gesamtzahl — relativ selten zur Begutachtung, sofern sie nicht erheblich schwachsinnig sind. Viel häufiger sieht man sie in der Erziehungsberatung oder in der nervenärztlichen Sprechstunde.

Auf Grund des erwähnten Beispiels läßt sich die Frage der Behandlung und der Prognose noch einmal aufgreifen. Der Junge ist ganz sicher infolge seiner Willensschwäche auch weiterhin erheblich gefährdet. Wenn ihn zur Zeit der Tat alterseigentümliche Wünsche in die Straffälligkeit hineinführten, so können es bei späteren Gelegenheiten andere innere oder äußere Umstände sein. Der Hinweis auf die Willensschwäche allein ermöglicht keine näher bestimmbare Wahrscheinlichkeitsaussage darüber, ob der Junge noch einmal kriminell werden wird. Diese Frage läßt sich auch nicht durch Hinzuziehung weiterer Fakten eindeutiger entscheiden. Vieles hängt bei ausgeprägter Willensschwäche von den auferlegten Maßnahmen ab. Wenn der Diebstahl von 600,— DM mit einer Verwarnung beantwortet worden ist, ohne daß der Junge gleichzeitig zu einer persönlichen Buße gezwungen wurde, so ist bei einer Willensschwäche jeder beabsichtigte erzieherische Erfolg mit ziemlicher Sicherheit verfehlt. Das häusliche Milieu hat bis dahin der Willensschwäche keine Grenzen setzen können. Daher wäre der Richter nach dem Rechtsbruch zu einem wirksamen Eingriff gegen die Willensschwäche aufgerufen gewesen, wenn schon der Erziehungsgedanke im Jugendstrafrecht wegweisend sein soll. Mit einem angemessenen Zuchtmittel, das der Junge als Strafe erlebt hätte, wäre hier mit großer Wahrscheinlichkeit ein erzieherischer Erfolg erzielt worden. Das Schlagwort „Erziehen statt Strafen" muß auch unter diesem Gesichtspunkt einmal kritisch beleuchtet werden. Die sonst so gute Führung und die mit Nachdruck vorgebrachten Beteuerungen eines Besserungswillens geben fast immer Veranlassung, Milde walten zu lassen. Psychologisch liegt darin eine große Gefahr. Obwohl wir auf die rechtliche Würdigung der Tat und auf die Strafzumessung keinesweg Einfluß nehmen möchten, müssen wir bei einer psychologischen Beurteilung des Täters, wenn wir hierzu ausdrücklich aufgerufen sind, die erwähnten Gesichtspunkte geltend machen.

Bei erwiesener Willensschwäche ist immer die erste eingreifende Maßnahme von größter Bedeutung. Sind bei einem willensschwachen Täter durch anfängliche Milde günstige Voraussetzungen zum Rückfall geschaffen, so kann jedem weiteren Rückfall auch durch spätere Strenge nicht mehr entsprechend wirksam vorgebeugt werden. Im Rahmen der klinischen Psychiatrie sind ähnliche Erfahrungen mit den willensschwachen Trinkern zu gewinnen. Wenn nicht die erste Entziehungsbehandlung konsequent und lange genug durchgeführt wird, läßt sich von späteren ein Erfolg kaum noch erwarten. Ist erst einmal der Vorgang des Rückfalls psychologisch gebahnt, so sind alle folgenden Entziehungsversuche weit weniger erfolgversprechend. Diese allgemeine psychiatrische Erfahrung müssen wir immer wieder betonen. Die Wirksamkeit des Gewissens und der inneren Widerstandskraft wird durch jede Wiederholung einer bedenklichen Handlung zunehmend abgeschwächt. Deshalb muß auch bei Straftätern so weit wie möglich schon dem ersten Rückfall vorgebeugt werden. Diese Forderung immer unter dem Gesichtspunkt der Gerechtigkeit zu erfüllen, ist zweifellos ungeheuer schwierig.

Nicht jede Straftat eines Willensschwachen ist mit so wenig Aktivität verbunden wie das Geldwegnehmen des Michael H. Das Beispiel eines weiteren Täters möge die Problematik noch von einer anderen Seite beleuchten.

Willi Sch. ist ein 18-jähriger Arbeiter, der nach regelrechtem Volksschulbesuch eine Autoschlosserlehre durchmachte, die praktische Prüfung bestand, die theoretische Prüfung aber wiederholen mußte. Hierzu zeigte er keine Lust, weil er lieber Geld verdienen wollte. Da er immer häufiger die Arbeit versäumte und mehr und mehr dem Alkohol zusprach, wurde ihm zweimal gekündigt. Während er in einer Autowerkstatt arbeitete, fuhr er einmal unbefugt mit dem Wagen eines Kunden. Dabei kam es zu einem Unfall, der Wagen überschlug sich, und es entstand ein Totalschaden. Wegen Fahrens ohne Führerschein wurde Sch. eine Buße von DM 20,— auferlegt. Weitere Verurteilungen erfolgten nicht.

Bei der Straftat, die zur Begutachtung Anlaß gab, ging es um folgenden Vorfall: Die Eheleute K. hatten schon morgens die „Kirmes" ihres Ortes besucht, gingen auch nachmittags wieder dorthin und zechten bis nach Mitternacht. Ein Bekannter dieser Familie war der rauflustige und vor allem im trunkenen Zustand unverträgliche 22jährige Ulrich Th. Dieser hatte mit Willi Sch. ebenfalls bis nach Mitternacht auf der „Kirmes" zugebracht und reichlich Alkohol getrunken. Auf dem Heimweg trennten sich Ulrich Th. und Willi Sch. – Th. traf dann mit dem Ehepaar K. zusammen. Nach einiger Zeit kam es zum Streit zwischen dem gehbehinderten Herrn K. und dem Haupttäter Ulrich Th. – K. wurde überwältigt, in einen der Straße anliegenden Garten gedrängt und beraubt. Willi Sch. kam, vom Wortgefecht angelockt, hinzu, soll angeblich K. auch angegriffen haben, ohne in dieser Hinsicht aber ernstlich belastet werden zu können. Er selbst behauptet, ganz ahnungslos Augenzeuge des Streites geworden zu sein. K. und Th. hätten sich wohl schon öfter laut angeschrien, so daß er aus dem Wortgefecht zunächst nichts Besonderes geschlossen habe. „Der Th. schreit auch sonst schon mal andere an, einfach aus Blödsinn. Man weiß dann nie, ob es Ernst oder Spaß ist." Nun habe er gesehen, daß Frau K. ihrem Mann zu Hilfe kam. Sein Vorsatz sei es gewesen, sie aus dem Handgemenge herauszuholen, ohne sich in die Schlägerei einzulassen. Von einem Raub habe er überhaupt nichts bemerkt. Für ihn sei es einfach eine Auseinandersetzung zwischen zwei Trunkenen gewesen. Schließlich sei er mit Th., den sie alle „Uli" nannten, der Frau K. nachgegangen, während Herr K. am Ort des Überfalls zurückblieb. Uli habe gesagt: „Büb, komm ens her. Wir machen die Alte spitz." Willi habe darauf geantwortet: „Du bist verrückt, laß sie doch in Ruh." Th. habe die etwa 40jährige Frau K. trotz ihres Sträubens abseits vom Wege gezerrt, habe ihr die Hose heruntergerissen und sich auf sie gelegt. Nachdem er aufgestanden sei, habe Th. gesagt: „Jetzt bist du dran."

Besonderen Widerstand habe Frau K. dann nicht geleistet. Er sei gar nicht auf den Gedanken gekommen, mit der Frau etwas zu machen. Th. habe ihm jedoch drohend zugeredet. Schließlich habe er sich mit geschlossener Hose auf Frau K. gelegt, weiter sei aber nichts passiert. Nach ihm habe dann Th. noch einmal mit Frau K. geschlechtlich verkehrt.

Die Blutalkoholbestimmung bei Sch. ergab einen Wert von 0,5 ‰. Es erfolgte im ersten Rechtszug Verurteilung wegen versuchter Notzucht zu einem Jahr und sechs Monaten Gefängnis. Unter Hinzuziehung der gleichzeitig vorgeworfenen Beteiligung an dem Überfall auf K. wurde eine Gesamtstrafe von einem Jahr und sieben Monaten Gefängnis ausgesprochen. Gegen das Strafmaß legte Sch. Berufung ein. Im Berufungsverfahren wurden wir zur Begutachtung aufgefordert, wobei insbesondere zur Frage des Entwicklungsstandes Stellung genommen werden sollte.

Die Untersuchung ergab keine Krankheitszeichen. Willi Sch. fiel unmittelbar durch eine außerordentlich schlaffe Körperhaltung und eine ganz lässige Sprechweise auf. In psychischer Hinsicht wirkte er bedrückt, beschönigte die Tat nicht und schilderte weitgehend überzeugend seine mehr passive Teilnahme. „Wissen Se, ich han ming Mädche, ich wollt von der Frau nix. Aber wat meinen Se, wat der Th. mit mir jemach hätt, wenn ich nit op die Frau jejange wär. Mir wär et vielleich jenau so jejange wie dem K." Diese Darstellung erschien bei Kenntnis des Haupttäters so einleuchtend, daß für die Tatsituation ohne weiteres unterstellt werden konnte, Sch. habe sich durch die Umstände und aus einer gewissen Furcht vor Th. nur mitreißen lassen. Dieses Mitmachen war hauptsächlich wegen der erwiesenen Willensschwäche möglich.

Für eine Willensschwäche des Täters sprach unter anderem der unverständliche Abbruch seiner Lehre, obwohl er die Prüfung nach seinen intellektuellen Voraussetzungen aller Wahrscheinlichkeit nach hätte schaffen müssen. Offenbar fehlte es an Durchhaltevermögen. So ist auch die zunehmende Unbeständigkeit auf seinen Arbeitsstellen und der immer stärkere Hang zum Alkoholgenuß als Folge seiner Willensschwäche anzusehen. Er sagt von sich selbst in recht selbstkritischer Weise: „Wenn ich mal wat will, dann schaff ich et schon. Aber da muß ich fürchterlich mit mir kämpfen."

Unser zusammenfassendes Urteil lautete: „Nach der Gesamtbeurteilung der Persönlichkeit ist als wesentliche charakterliche Eigenschaft eine Willensschwäche festzustellen. Diese ist wahrscheinlich ein Persönlichkeitsmerkmal und nicht ein Zeichen besonderer Unreife. Da wir ärztlich oder psychologisch keine Möglichkeit sehen, methodisch zuverlässig die Reife eines Heranwachsenden nachzuweisen, ist zu unterstellen, daß der Gesetzgeber in erster Linie an die willensschwachen oder an die selbstunsicheren Täter gedacht hat, wenn er nach § 105 JGG eine Maßnahme aus dem Jugendrecht angewendet wissen will."

Nach unseren vergleichenden Erhebungen über die Reifebeurteilung bei Heranwachsenden werden die willensschwachen Täter regelmäßig als „einem Jugendlichen unter 18 Jahren" gleichstehend angesehen. Die willensschwachen Heranwachsenden erwecken bei der vom Gesetzgeber geforderten „Gesamtbeurteilung der Persönlichkeit" stets den Eindruck eines unreifen Menschen. Auf nichts anderes als auf diesen Eindruck stützen sich die Sachverständigen oder auch die Richter, wenn sie von Unreife sprechen. Da auch Sch. den Eindruck eines durchaus unreifen

Burschen erweckte und nach den üblichen Maßstäben der Gutachter sicher als nicht voll verantwortungsreif im Sinne des § 105 JGG eingeschätzt würde, sahen wir uns trotz aller methodischen Bedenken gezwungen, für ihn die Anwendung von Jugendrecht zu empfehlen, zumal er zur Zeit der Tat erst 18 1/2 Jahre alt war. Die ursprüngliche Strafe von einem Jahr und sieben Monaten Gefängnis wurde in eine Jugendstrafe von einem Jahr und drei Monaten umgewandelt.

Der geringen Alkoholwirkung konnte keine Bedeutung für die Beurteilung zugesprochen werden. Immerhin sei hier noch erwähnt, daß ein willensschwacher Täter schon durch wenig Alkohol in seiner Willensbestimmbarkeit besonders beeinträchtigt ist. Gelegentlich dürfen hieraus schuldmindernde Konsequenzen abgeleitet werden. Der objektive Wert des Alkoholgehaltes im Blut ist nicht bei jeder charakterlichen Veranlagung von gleicher forensischer und praktischer Bedeutung. Dieser Gesichtspunkt war aber bei dem niedrigen Blutalkoholspiegel von 0,5 ‰ für Sch. noch nicht belangvoll.

Zusätzliche Überlegungen möchten wir an Hand eines dritten Beispiels erörtern:

Christian St. ist ein 20 Jahre alter Büffetier, der nach vier Volksschulklassen in die Hilfsschule kam. Zunächst war er vorübergehend als Beifahrer und Lagerarbeiter tätig, schließlich wurde er als Büffetier angelernt, hatte aber keine Lust, diese Ausbildung regelrecht zu beenden. Trotzdem arbeitete er zuletzt wieder am Ausschank einer Gastwirtschaft. Im Alter von 15 Jahren wurde er von einer Kellnerin zum Weihnachtsfest eingeladen. Da er zu Hause sehr unglückliche Wohn- und Familienverhältnisse hatte, folgte er der Einladung. „Weil es am Heiligen Abend so spät geworden war, blieb ich über Nacht dort. Ich mußte mit dem Bruder der Gastgeberin auf einer Couch schlafen und da hat er mich das erstemal angefaßt." Etwa ein halbes Jahr habe er sich häufiger mit dem etwa 30-jährigen W. eingelassen, habe ihn dann aber mehrere Jahre nicht gesehen. Dieser W. eröffnete inzwischen mit seiner Schwester ein Schänke. Als Christian keine Arbeit hatte, fand er sich wieder bei dem Verführer ein und arbeitete an dessen Büffet. Sehr schnell lebte das alte Verhältnis auf. Schließlich mieteten sie eine Wohnung, die im wesentlichen von W. finanziert, aber von Christian bewohnt wurde. Wegen besserer Verdienstmöglichkeit nahm St. eine andere Arbeitsstelle — wieder in einer Gastwirtschaft — an. W. besuchte ihn mindestens zweimal wöchentlich. Dabei wurde gegenseitig onaniert und verkehrt. Als W. darauf bestand, Christian solle ihm zum Geburtstag eine Flasche Whisky schenken, stahl Christian diese bei seinem Arbeitgeber. Die Kriminalpolizei konnte ihn sehr bald als Täter ermitteln, und er gestand sogleich die ganzen Zusammenhänge.

Zur Zeit der Begutachtung war das Verhältnis seit acht Monaten gelöst. Christian hatte sich inzwischen mit einer 23-jährigen Geschäftsführerin verlobt. Sie erwarteten ein Kind und die Hochzeit war nach der kurz bevorstehenden Vollendung des 21. Lebenjahres geplant.

Die Untersuchung des kräftig gebauten jungen Mannes ergab keinerlei Krankheitszeichen. Er machte einen etwas schwerfälligen Eindruck. In seiner matten Verhaltensweise kam die Weichheit seines Wesens deutlich zum Ausdruck. Er fühlte sich durch die Beendigung des gleichgeschlechtlichen Verhältnisses sichtlich befreit. Bei der Untersuchung seiner intellektuellen Fähigkeiten erwies er sich als sehr interesselos. Sein Schulwissen war dürftig, die theoretischen Leistungen erschienen mäßig, seine praktische Intelligenz war ausreichend.

In der charakterlichen Struktur steht die Willensschwäche ganz im Vordergrund. Anhaltspunkte für eine homosexuelle Veranlagung waren nicht aufzudecken. Christian versicherte glaubhaft, daß er keine Beziehungen zu anderen Männern aufgenommen habe und auch sonst nie verführt worden sei. Er fühle sich ganz glücklich und zufrieden mit seiner Verlobten. Aus der Tatsache, daß sie eine ältere, wohl recht resolute Frau — Geschäftsführerin! — ist, darf geschlossen werden, Christian habe Anlehnung an einen willensstärkeren Menschen gesucht und gefunden. Wegen der ausgeprägten Willensschwäche und der Beeinflussung durch die schon bis in die frühen Jugendjahre zurückreichenden Verführung erschien es uns gerechtfertigt, die Voraussetzungen des § 105 JGG zu bejahen, obwohl man auch Bedenken äußern kann, Christian wegen seiner bleibenden persönlichen Eigenart und der äußeren Umstände einem noch nicht 18 Jahre alten Jugendlichen gleichzustellen. Er wurde wegen gewerbsmäßiger Unzucht und wegen eines Diebstahls zu sechs Monaten Jugendstrafe verurteilt. Der Vollzug der Strafe wurde zur Bewährung auf zwei Jahre ausgesetzt. Außerdem wurde eine Buße von 60,— DM auferlegt.

Uns schien bei dem Täter Christian St. weitgehende Milderung der Strafe psychologisch deshalb gerechtfertigt, weil hier das Verführungsmoment als besonders stark angesehen werden mußte. Wird ein Jugendlicher mit Vorbedacht überrumpelt und zur Strafhandlung verleitet, so sind daraus stets — auch ohne spekulative Gradeinteilung seiner Willenskraft — schuldmindernde Voraussetzungen herzuleiten. Lediglich die Fixierung der Fehlhaltung, die sich durch einen Mangel an Entschlußkraft motivieren läßt, ist wesentlich von der Willensschwäche abhängig. So wird man bei einem Willensschwachen stets erforschen und abwägen müssen, ob die das strafbare Handeln auslösende Situation eine aus fremder Initiative erwachsende Verführung oder eine mehr konstellative Versuchung darstellt. Im ersten Fall, wie wir ihn bei der Straftat des Christian St. vor uns haben, ist trotz seiner Willensschwäche Milde angemessen. Erst wenn es zu einem bedenklichen Rückfall kommt, sind die einer Stärkung des Willens dienenden eingreifenderen Erziehungs- oder Strafmaßnahmen angezeigt. Der Diebstahl des Christian St. liegt ebenfalls ganz auf der Linie eines unter dem Einfluß der Erpressung begangenen Tatbestandes. In welchem Umfang in solchen Fällen der Schutz der Rechtsordnung eine Ahndung der Verfehlung erfordert, liegt außerhalb des sachverständigen Ermessens. Wir können nur neben einer Berücksichtigung der Tatumstände ein Urteil über die allgemeine Beeindruckbarkeit abgeben und die Voraussetzungen der Erziehbarkeit und der sozialen Prognose abwägen.

In diesem Abschnitt haben wir sehr ausführlich von der Willensschwäche gesprochen. Sie hat wie kein anderer charakterlicher Grundzug ihre besondere Bedeutung für die Beurteilung jugendlicher Rechtsbrecher.

Vor allem scheint uns eine praktische Konsequenz außerordentlich wichtig, die aus diesen Darlegungen abgeleitet werden kann. In jedem Erziehungssystem sollten Möglichkeiten zu einer angemessenen Behandlung von willensschwachen Jugendlichen berücksichtigt werden. Was gegen die Willensschwäche erzieherisch wirksam ist, wird niemals einem Willensstarken schaden. Dagegen wirkt sich jede Erziehungsmethode, die zu viel Willensstärke voraussetzt, bei den Willensschwachen nachteilig aus. Daher dürfte es auch im Rahmen eines strafrichterlichen Urteils psychologisch vertretbar sein, bei dem jugendlichen Rechtsbrecher eher etwas zu wenig als zuviel Willenskraft zu unterstellen.

Die Gemütsarmut

Die Gemütsarmut ist bei jugendlichen Rechtsbrechern nicht so verbreitet, wie nach dem ersten Anschein vermutet werden könnte. Freilich läßt sich der Begriff der Gemütsarmut sehr weit fassen. So wäre fast aus jeder vorsätzlichen Straftat zu schließen, daß der Täter in seinen gemütlichen Regungen beeinträchtigt ist. Wir müssen jedoch das Charaktermerkmal der Gemütsarmut in einem engeren Sinn bestimmen. Es ist vor allem bei den aktiven und rücksichtslosen Tätern zu finden, die ohne Mitleid und Schamgefühl handeln. Die jugendlichen oder auch die erwachsenen Gewaltverbrecher bieten den Grundzug der Gemütlosigkeit in besonders ausgeprägter Weise.

Wir sprechen lieber von Gemütsarmut als von Gemütlosigkeit. Selbstverständlich ist damit kein grundsätzlicher Unterschied bezeichnet. Das Typenmerkmal, das *Kurt Schneider* seinen gemütlosen Psychopathen zuspricht, ist mit dem hier Gemeinten praktisch identisch. Nur weist das Wort gemütlos allzu sehr auf einen extremen Sonderfall hin. Zudem lehrt die Beobachtung der vermeintlich Gemüt*losen*, daß einzelne Gefühlstöne mitmenschlichen Erlebens wenigstens vorübergehend doch anklingen können. Dabei sind gewisse Rührseligkeiten sicher sehr sentimental. Dennoch ist ihnen ein echter Kern oft nicht abzusprechen. Allein aus diesem Grund erscheint uns der Begriff Gemütsarmut ganz allgemein geeigneter.

In der deutschen Sprachgeschichte wurde das Wort Gemüt in sehr vielen schillernden Auslegungen angewandt *(Heinrich Albrecht, Paul H. Bresser).* Die Psychologie hat sich des Begriffes nicht einheitlich bemächtigt. Wir können hier nur das Wesentliche des von uns Gemeinten hervorheben, ohne uns mit *Paul Schroeder* und anderen darüber Gedanken zu machen, ob statt des Wortes Gemüt der mehr allgemeine Ausdruck Gefühl oder eine andere Bezeichnung passender sei.

Mit dem Wort Gemüt bezeichnen wir eine im Gefühlsgrund verankerte Fähigkeit zur Anteilnahme an menschlichen Werten und zur Aufnahme mitmenschlicher Beziehungen. Im Vorgang des Mitfühlens findet das Gemüt seinen lebendigsten Ausdruck. Rücksicht, Nachsicht, Verständnis für den anderen Menschen, Reue, Scham und Ehrgefühl sind Auswirkungen der Gemüthaftigkeit. Bei einem Mangel derselben sprechen wir von Gemütsarmut.

Kennzeichnend für die dem Gemüt eigenen Funktionen ist in erster Linie das Erlebnis von Bindungen (*Johannes Rudert, Albert Wellek, Heinrich Albrecht*). Sich einem Menschen oder einem Kreis von Menschen verbunden zu fühlen, einem anderen etwa nur dankbar verbunden sein, auch das Gewahrwerden einer engeren Bindung an die Heimat ist nur möglich bei entsprechender Regsamkeit des Gemütes. Ebenso gründen sich alle engeren Beziehungen zu überpersönlichen oder ideellen Werten und vor allem die höhere Bindung des Menschen in der Religion auf ein im Gemüt verankertes Erleben. Der Gemütsarme ist ein im engeren Sinne bindungsloser Mensch.

Da die Gemütsarmut mit der Unfähigkeit verknüpft ist, menschliche Bindungen aufzunehmen, verhindert sie näheren persönlichen Kontakt. Bei ausgeprägter Gemütsarmut sind die Beziehungen zu anderen Menschen immer recht oberflächlich. Allenfalls bilden sich Zweckgemeinschaften, die aber auch schnell wieder gelöst werden. Der Gemütsarme läßt sich nur von der Nützlichkeit oder vom eigenen Vorteil bestimmen, wobei je nach dem Intelligenzgrad mehr oder weniger Berechnung wirksam wird. Daher wirkt ein durch das Charaktermerkmal der Gemütsarmut geprägter Mensch kalt. Wir sprechen auch von Gemütskälte, die wir der Gemütswärme als dem Inbegriff der Gemüthaftigkeit gegenüberstellen.

Es liegt außerhalb unseres Themas zu erörtern, in welchem Umfang beim Vorliegen einer Gemütsarmut und gleichzeitig guter Intelligenz eine normale Lebensbewältigung und soziale Bewährung möglich ist. Zweifellos gibt es rücksichtslose Menschen, die mit absoluter Gefühlskälte ihren Weg gehen, hierbei Erfolg haben und niemals psychiatrisch oder kriminell auffällig werden. Unsere Aufmerksamkeit gilt nur den straffällig gewordenen Minderjährigen.

Liegt bei einem Jugendlichen eine echte Gemütsarmut vor, dann wird er in erster Linie von egoistischen Impulsen beherrscht. Der Drang nach reinem Lustgewinn, einfache Besitz- oder Geldgier, rücksichtslose Durchsetzung eines Bequemlichkeitsanspruches führen ihn in der bedenkenlosesten Weise zu jedweder Störung des Gemeinschaftlebens und der Rechtsordnung. Niemals folgt den rücksichtslosen Taten eine angemessene Reue. Wer in seinem Handeln von der Gemütsarmut bestimmt wird, fühlt gar nicht, daß seinem Verhalten und seinem selbstsüchtigen Anspruch etwas seelisch zu Empfindendes entgegensteht. Je nach der Ausbildung des Verstandes gelingt es dem Gemütsarmen zwar einzusehen, daß man dieses oder jenes nicht darf. Verbindet sich aber die Gemütsschwäche mit einer geistigen Minderbegabung — wie bei vielen kriminell gewordenen Jugendlichen — so fällt auch noch die zweckgebundene Steuerung des Verstandes oder die auf einer Einsicht beruhende sogenannte Verstandesmoral fort. In diesen Fällen können allenfalls die sich einstellenden nachteiligen Folgen die egoistischen Impulse einigermaßen dämpfen.

Mit der Willensschwäche haben wir einen charakterlichen Grundzug beschrieben, bei dem die äußere Situation als sogenannte Gelegenheit regelmäßig eine bedeutende motivierende Rolle spielt. Der willensschwache Straftäter ist wie kaum ein anderer zur Gruppe der Gelegenheitstäter zu zählen. Selbst als Rückfalltäter ist er oft nichts anderes als ein chronischer Gelegenheitstäter. Auch für den gemütsarmen Rechtsbrecher kann die Versuchung oder eine für sein Tun günstige äußere Konstellation eine auslösende Bedeutung besitzen. Jedoch setzt sich die Gemütsarmut stets eigengesetzlich durch. Die Gemütsarmen schaffen sich in den meisten Fällen die Gelegenheit, die ihnen zur Verwirklichung eines Wunschzieles geeignet erscheint. Selbst wenn der Eindruck entsteht, als ob sie eine günstige Gelegenheit ausnutzten, imponiert die Tat nie als Gelegenheitstat. Ausschlaggebend ist immer die rücksichtslose und sich oft zerstörerisch auswirkende Grundhaltung.

Die sogenannten Rohheitsdelikte, die meist von gemütsarmen Tätern begangen werden, sind von den Milieutheoretikern häufig auf zeitbedingte äußere Faktoren zurückgeführt worden. So ist vor allem in Kriegs- und Nachkriegszeiten dem Vorbild der Grausamkeit immer ein großer Einfluß auf die Zahl der Gewaltverbrechen zugesprochen worden. Heute führt man das Fortbestehen dieser schweren Kriminalität auf eine „Mode der Gewalt" *(Anne-Eva Brauneck)* zurück, die durch eine von der Presse stark beeinflußte Sensationslust maßgeblich gefördert werde. Tatsächlich erscheint uns das Handeln des Gemütsarmen von Zeitumständen wesentlich weniger abhängig als viele andere Formen der Kriminalität.

Die Gemütsarmut zeigt in der Kombination mit anderen charakterlichen Grundzügen ein sehr wechselndes kriminelles Gepräge. Sie tritt besonders gesellschafts- und rechtsfeindlich in Erscheinung, wenn gleichzeitig eine große Betriebsamkeit vorliegt. Auch die Verbindung mit einer ausgesprochenen Reizbarkeit kann zu bemerkenswerten kriminellen Ausschreitungen führen. Die wenig aktiven und wenig impulsiven Gemütsarmen sind auch weniger antisozial. Besteht neben der Gemütsarmut eine auffallend passive Haltung, so ist manchmal eine Willensschwäche als Charaktermerkmal mit zu berücksichtigen. In solchen Fällen läßt sich nicht leicht entscheiden, ob die Willensschwäche vorherrscht und die gemütskalten Reaktionen mehr auf der Basis einer Mittäterschaft erwachsen, oder ob die Gemütsarmut sich eigenständig durchsetzt. In der Regel sind nur die aktiven Täter — auch unter den Jugendlichen und Heranwachsenden — als die im engeren Sinne gemütsarmen Rechtsbrecher anzusehen.

Besondere Beziehungen zeigen sich zwischen der Gemütsarmut und der geistigen Minderbegabung. Teilweise besteht ein direkter struktureller Zusammenhang. Mit der Verstandesschwäche ist vielfach eine seelische Undifferenziertheit verbunden, die gleichzeitig das Gemüt betrifft. Außer dem strukturellen ist ein psychologischer Zusammenhang gegeben, da bei einem Mangel an Intelligenz auch die Möglichkeit fehlt, aus Vernunftgründen oder mit Hilfe einer besseren Einsicht die Gemütsmängel zu überformen. Die Straftäter, die mit dem Merkmal der Gemütsarmut in den Gesichtskreis des Sachverständigen treten, sind zu einem großen Teil minderbegabt oder gar schwachsinnig.

Die wenigen Ausnahmen, bei denen die Kriminellen das charakterologische Merkmal der Gemütsarmut ohne Intelligenzmangel bieten, geben stets besondere Fragen auf. Mehr als andere charakterliche Grundzüge erweckt die Gemütsarmut des normal Begabten den Eindruck eines krankhaften Defektes. *Kurt Schneider* hat sicher mit Recht darauf hingewiesen, daß die „skrupellosen kalten Gemütlosen ... auch in ihrem Aussehen eine gewisse Ähnlichkeit mit Schizophrenen" haben. Eine ausgeprägte Gemütsarmut ist zudem besonders schwer einfühlbar. Besteht bei einem Normalbegabten das Charaktermerkmal einer ausgeprägten Gemütsarmut, so muß immer eine krankhafte Störung erwogen werden. Beispielsweise ist an den Folgezustand einer Gehirnschädigung oder auch an eine Schizophrenie zu denken. Über diese Probleme soll aber erst später im Zusammenhang mit den Krankheiten gesprochen werden.

In der Geschichte der Psychiatrie läßt sich sehr lehrreich verfolgen, wie häufig gerade das Merkmal der Gemütsarmut in die Nähe der Krankheiten eingeordnet worden ist. In Analogie zur Diagnose des „intellektuellen Schwachsinns" wurde von einem moralischen Schwachsinn gesprochen. Der im Jahre 1834 von *J. C. Prichard* geprägte Ausdruck der „moral insanity" galt vielfach als ein Krankheitsbegriff. Die Kriminologen und eine Reihe von Psychiatern haben über Jahrzehnte zum Teil heftig gestritten, welche rechtlichen Konsequenzen bei einer „moralischen Krankheit" zu ziehen seien.

Dem Krankheitsbegriff sehr nahe steht auch die im Jahre 1890 von *Karl Kahlbaum* geprägte Bezeichnung der Heboidophrenie oder des Heboiden. *Kahlbaum* hat dabei offenbar an Menschen gedacht, die schon in jungen Jahren durch „Abweichungen der Gewohnheit und der Sittlichkeit" den Eindruck erwecken, als bestünde bei ihnen ein moralischer Defekt. *Kahlbaum* erwähnt, daß neben der „Veränderung des ganzen Menschen" vor allem das „Hervortreten moralischer Symptome" und „verbrecherischer Taten" auffällig sei. Obwohl er ausdrücklich davor warnt, aus diesem Zustandsbild eine „Form des moralischen Irreseins zu construieren", ist in der Folgezeit seine Bezeichnung des Heboiden oft als diagnostischer Begriff eingeschätzt und mit entsprechenden Konsequenzen verbunden worden. In diesem Zusammenhang müssen wir noch einmal darauf hinweisen, daß jeder an eine Diagnose erinnernde Begriff außerhalb des Bereiches der Krankheit vermieden werden sollte. Wir können im psychologischen Bereich nur beschreiben und gliedern. Dabei heben wir Grundmerkmale hervor, zu denen auch die Gemütsarmut zählt.

Der Grundzug der Gemütsarmut ist zweifellos in der Anlage fest verankert. Alle Theorien oder Einzelbeschreibungen, die das Charaktermerkmal der Gemütskälte auf biographische Bedingungen zurückführen, sind nicht einleuchtend. Als wichtige empirische Grundlage für die

Annahme, daß gemütsarme Züge angeboren sind, sei die Untersuchung von *Anna Leiter* genannt. Bei 3000 gemütsarmen, antisozialen Kindern und Jugendlichen, die intellektuell normal begabt waren, konnte sie „die überwiegende Bedeutung der Charakter*anlage*" nachweisen.

In der seelischen Entwicklung des Minderjährigen ist die Gemütsarmut ein sehr früh hervortretendes Merkmal. Als Kinder sind die Gemütsarmen meist schon rücksichtslos und egoistisch gegenüber den Spielgefährten, oft zeigen sie einen starken Zerstörungsdrang. Zu den Familienmitgliedern finden sie nur wenig Kontakt. Die Gemütsarmen zeigen sich in jeder Weise respektlos. Daher wirken sie in der Gemeinschaft oder in der Schule wie ein moralisches Gift. Mit ihrer hemmungslosen Durchsetzungskraft gefährden sie alle sittlichen Maßstäbe der charakterlich wenig gefestigten Minderjährigen. Der Grundzug der Gemütsarmut bleibt durch alle Reifungskrisen hindurch fast unbeeinflußt bestehen. Er verleiht den einzelnen Phasenmerkmalen eine besondere affektive Kälte. So entfaltet sich der Trotz bei starker Gemütsarmut besonders rücksichtslos und herausfordernd. Spielsituationen werden durch egoistische Impulse immer wieder zerstört. Sowohl die kindliche wie die jugendliche Phantasiewelt ist durch eine Freude am Grausamen und Brutalen gekennzeichnet. Im allgemeinen sind gemütskalte Minderjährige freudlos, sie kennen nur den Stolz einer primitiven Lustbefriedigung. In ihrer Geschlechtlichkeit entfalten sie meist eine ungebremste Triebhaftigkeit.

Erziehung hat auf die Gemütsarmut kaum einen Einfluß. Es fehlt jede Voraussetzung für eine wertbezogene Gesinnungsbildung. Weder beschämende Einwirkungen noch Appelle an das Ehrgefühl finden eine hinreichende Resonanz. Eine zielstrebig gesteuerte Gewohnheitsbildung vermag in bescheidenem Umfang die gröbsten Ausschreitungen der Rücksichtslosigkeit einzudämmen. Jedoch werden Beschränkungen, die mit einer angemessenen Strenge auferlegt werden, von einem Gemütsarmen leicht durchbrochen. Am ehesten läßt sich mit dem Verstand — bei entsprechender intellektueller Begabung — über die Willensbildung ein gewisser erzieherischer Erfolg erzielen. Für den Minderbegabten muß allerdings die Gefahr des persönlichen Nachteils oder der Mangel an Erfolgsaussicht schon sehr imponierend sein, wenn die Einsicht ein entsprechendes Gegengewicht für die Gemütsarmut bilden soll.

Eine aus dem Charaktermerkmal der Gemütsarmut erwachsende Verletzung der Rechts- oder Gemeinschaftsordnung wird immer mit einer relativ strengen Strafe beantwortet werden müssen, wenn überhaupt ein erzieherischer Nutzen erzielt werden soll. Große Strenge schätzt man gelegentlich als unpädagogisch ein. Dieser Gesichtspunkt gilt keineswegs für die Gemütsarmen.

Bei der Betreuung von Jugendlichen mit starker Gemütsarmut gibt es manchmal Situationen, in denen eine strenge Strafe aus äußeren Gründen nicht angewandt werden kann. In diesen Fällen sollte man eine milde Strafe vermeiden, weil sie allzu leicht höhnische Reaktionen hervorruft, die den Erzieher in eine denkbar peinliche Lage bringen. Da milde Strafen mit respektlosen Äußerungen beantwortet werden, ist es oft besser, darauf zu verzichten und in der Zubilligung persönlicher Vorteile und Sonderrechte stillschweigend großzügig zu sein. Gegenüber der Erziehungsgemeinschaft ist es eher zu vertreten, den Eindruck einer ganz unangemessenen Nachsicht zu hinterlassen, als durch nutzlose Strafen die erzieherische Autorität aufs Spiel zu setzen.

Liegt eine Gemütsarmut vor, so gestaltet sich die Prognose eines Jugendlichen häufig ungünstig. Die Aussichten sind um so schlechter, je weniger geistige Begabung vorliegt. Ist erst einmal der Weg einer aktiven Kriminalität betreten, so hat der Versuch einer Resozialisierung sehr geringe Erfolgsaussichten. Die gemütlosen Täter sind diejenigen, die nach einem sozialen Versagen auch noch den letzten Rest an sittlichem Halt verlieren. Die Gleichgültigkeit gegenüber der Rechtsordnung nimmt mit jeder Fehlhandlung zu.

Wir müssen noch einige Besonderheiten der von einer Gemütsarmut geprägten Straftäter erläutern. Sie stellen sich zu ihrer Verfehlung sehr verschieden ein. Entweder legt der gemütsarme Rechtsbrecher ein kaltblütiges, noch mit Stolz vorgetragenes Geständnis ab, oder er erfindet bedenkenlos und ohne Scham jede Lüge. Dabei kann es ihm völlig gleichgültig sein, ob er andere belastet, seelisch verletzt oder den Mittätern gegenüber das Vertrauen bricht. Seine „unverbrüchliche“ Ganovenkameradschaft ist nur solange beständig, wie sie seinem Vorteil dient. Eine echte Reue dürfen wir vom Gemütsarmen nicht erwarten. Er vermag das Unrecht seines Tuns intellektuell vielleicht einzusehen, aber er fühlt es nicht nach. So findet er wohl die Worte: „Mir tut es leid“, aber man kann sie ihm nicht recht glauben. Einige bezeichnende Symptome der Gemütsarmut bietet der im folgenden geschilderte Täter:

Peter H. ist ein gerade 19 Jahre alter Arbeiter, der die Hilfsschule besucht hat, eine zeitlang in der Schrotthandlung des Vaters arbeitete und nach dessen Geschäftsaufgabe als Hilfsarbeiter in eine Fabrik ging. Die ungünstigen häuslichen Verhältnisse seien nur kurz geschildert: der Vater verbrachte 13 Jahre — meist wegen Diebstahls — im Gefängnis, er trank viel, war äußerst rücksichtslos gegen die Familie und hat auch seinen Sohn Peter oft heftig geschlagen. Peter gibt selbst an, daß er im Einvernehmen mit der Mutter schon während der Schulzeit wiederholt Kartoffeln und Gemüse gestohlen habe, um sich und der Mutter etwas zum Essen zu beschaffen. Da die Eltern ständig in Streit lebten und Peter sowie seine beiden Schwestern verwahrlost waren, kamen die Kinder in Fürsorgeerziehung. Peter war bis dahin wegen eines Diebstahl von 35,— DM aufgefallen, hatte wiederholt die Schule geschwänzt und war mehrfach umhergestreunt. Die Eltern ließen sich später scheiden, Peter wohnte zuletzt in einem Jungarbeiterwohnheim.

Die Ermittlungen ergaben folgendes Bild der jetzigen Straftat: Peter glaubte zu wissen, daß ein 78-jähriger Rentner im Nachbarhaus seiner Eltern im Besitz von sehr viel gespartem Bargeld sei. Schon im 13. Lebensjahr — so gab Peter an — habe er sich Gedanken gemacht, wie er an dessen Geld kommen könne.

Jetzt fand er unter den Heimgenossen den Mittäter Rolf H., den er in seine Geldbeschaffungspläne einweihte. Da dieser, ein vorwiegend willensschwacher und schon leicht verwahrloster Gleichaltriger, im Hinblick auf das damals bevorstehende Weihnachtsfest meinte, noch Geld zu benötigen, erklärte er sich zum Mitmachen bereit. Beide stiegen abends gegen 19 Uhr über die dem Haupttäter gut bekannte Hofmauer, hoben mit einer Eisenstange die Fensterläden aus, schlugen ein Fenster ein und durchsuchten ein Zimmer, offenbar ohne von dem schwerhörigen und gebrechlichen Alten bemerkt zu werden. Schließlich ging Peter in das Zimmer, in dem er den Wohnungsbesitzer vermuten mußte. Dieser trat ihm entgegen. Beide Täter, die sich einen Schal vor die untere Hälfte des Gesichtes gebunden hatten, schoben den Mann ins Bett, zogen ihm eine Nachtmütze über den Kopf und fesselten seine Arme mit Strümpfen auf dem Rücken. Peter blieb bei dem Überfallenen, und der Mittäter fand schließlich 104,— DM, die er an sich nahm. Daraufhin wurde der alte Rentner wieder entfesselt und davor gewarnt, etwas der Polizei zu melden. Da Peter fest glaubte, daß bei dem alten Mann noch mehr Geld zu finden sein müsse, unternahmen beide Täter fünf Tage später zum zweitenmal — diesmal gegen Mitternacht — einen Einbruch in dieselbe Wohnung. Nach vergeblichem Durchsuchen der Küche gingen sie schließlich zu dem schlafenden Mann, der erwachte und laut schrie. Peter hielt ihm den Mund zu und fesselte ihn wieder in der früheren Weise. Gleichzeitig bedrohte er ihn und fragte eindringlich nach seinem Bargeld. Die Behauptung des Mannes, er habe kein Geld mehr im Haus, glaubte Peter nicht. Er fing an, den hilflosen Mann zu schlagen, bis dieser sich nach vielem Hin und Her bereit erklärte, sein Geldversteck im oberen Stock zu zeigen. Nachdem man ihm die Handfesseln gelöst hatte, ging er mit hinauf und öffnete mit einem Schlüssel die dort im Schrank liegende Kassette. Darin waren viele Scheine, die der Mittäter sofort ergriff. Angeblich wurde der alte Mann noch ins Bett zurückgebracht. Seinem Schwiegersohn hat der Überfallene am nächsten Tag berichtet, daß man ihn mit der Faust ins Gesicht geschlagen habe und daß er erst am Morgen in seinem Bett wieder zu Bewußtsein gekommen sei. Vier Tage später verstarb er. Die erbeutete Summe betrug fast 8000,— DM, die beide Täter sich teilten.

Ehe Peter am dritten Tag nach der Tat festgenommen werden konnte, hatte er sich Kleider sowie ein Moped angeschafft und in Lokalen viele hundert Mark ausgegeben. Zunächst bestritt er, über das in seiner Tasche gefundene Geld hinaus noch etwas von der Beute zu besitzen. Schließlich sagte er: „Ich weigere mich anzugeben, wo ich das Geld versteckt habe. Ich will, nachdem ich meine Strafe abgesessen habe, nicht mehr mit leeren Händen dastehen."

Die körperliche Untersuchung ergab bei hochgewachsener schlanker Statur keine Krankheitszeichen. In psychischer Hinsicht erwies Peter sich als mäßig schwachsinnig. Auffallend war seine teils pathetische, teils kaltschnäuzige Redeweise. Von seinen Taten berichtete er — obwohl er vom Tod des Überfallenen inzwischen unterrichtet war — mit großem Stolz. „Und geknebelt haben wir ihn auch noch, den Alten, und beim zweitenmal da war ich erst so richtig in Fahrt." Sehr bezeichnend für die Gemütsarmut ist die in keiner Weise überzeugende Bekundung seiner Reue: „Reue hab ich zu bass und genug." Mit welch unbekümmertem Selbstbewußtsein er auch während der Haft erfüllt war, zeigt sein Bericht: „Die geben mir hier keine Arbeit mehr. Ich habe mit dem Wachtmeister Streit gehabt. Durch ein Mißverständnis hat der mich angefaucht und da habe ich ihn wieder angefaucht und da bin ich geflogen ... die können mich nicht leiden, weil ich nicht dastehe wie ein kleiner Junge, der sich alles gefallen läßt.

Da habe ich auch mein Recht zu. Ich verteidige nur mein Recht und sonst nichts ... wenn ich auch auf deutsch gesagt ein Schweinehund bin — ich meine, nachdem was ich da gemacht habe — aber da steht mir hier immer noch mein Recht zu."

Eine erhebliche Minderung der Zurechnungsfähigkeit oder eine aufholbare Reifungsstörung konnten wir nicht annehmen. Das Urteil lautete, nachdem der Staatsanwalt neun Jahre Zuchthaus beantragt hatte, für beide Täter auf sechs Jahre Gefängnis.

Mit der relativ kurzen, aber beispielhaften Skizze dürfte der Grundzug der Gemütsarmut des heranwachsenden Straftäters Peter H. genügend verdeutlicht sein. Die Planung und die zweimalige Wiederholung der grausamen Tat sind eindrucksvoll genug, um die Gemütskälte dieses Räubers zu illustrieren. Fast jede seiner hier zitierten Äußerungen ist ein weiterer Hinweis auf einen hochgradigen Mangel an jeder menschlichen Rührung. Das völlige Fehlen von Reue darf gerade in diesem Fall als ein gewichtiges Symptom gelten, da neben dem Unrechtsgehalt der Tat auch noch so erschütternde Tatfolgen vorliegen. Die selbstkritische Äußerung des Peter H., daß er sich angesichts der vollbrachten Tat als einen „Schweinehund" ansehe, ist kein Zeichen einer mit Überzeugung verbundenen Einsicht, sondern eine leere Redewendung. Bezeichnend und geradezu typisch für seine Gemütskälte ist im übrigen das starke und selbst nach der schweren Verfehlung noch ungebrochene Selbstbewußtsein. Auch dieses weist auf einen Mangel an Reue und echtem Schuldgefühl hin.

Die Familienverhältnisse, in denen Peter H. aufgewachsen ist, geben natürlich Anhaltspunkte genug, um einen erheblichen Milieuschaden anzunehmen. Dennoch ist hier die vorliegende echte Gemütsarmut in der Charakteranlage entscheidend vorgeprägt. Offenbar hat sich der Vater des Täters nicht viel anders gezeigt, so daß wahrscheinlich auch ein Erbfaktor angenommen werden darf. Den Einfluß des Milieus gegenüber dem der Anlage abzugrenzen, gelingt hier so wenig wie in jedem anderen Falle. Der in der Hauptverhandlung von dem zuständigen Jugendfürsorger vorgetragene Gedanke, Peter habe auf den alten Rentner seinen Haß gegen den eigenen Vater übertragen, ist eine zwar moderne, aber doch sehr konstruierte Deutung. Als wegweisend für das Handeln dieses Täters ist ganz einfach eine ungebändigte Geldgier anzusehen, die mit den Mitteln eines brutalen Verbrechens rücksichtslos befriedigt wurde. Jede weitere Motivforschung muß hier unergiebig bleiben.

Bei bestimmten charakterlichen Grundzügen, wir werden es vor allem bei der Selbstunsicherheit noch zu erläutern haben, ist die Erforschung der seelischen Zusammenhänge in viel weiterem Umfang erforderlich als gerade bei der Gemütsarmut. Der mit einer starken Selbstunsicherheit ausgestattete Mensch ist stets wesentlich differenzierter als der Gemütsarme. In Verbindung mit der Selbstunsicherheit zeigen sich sehr viel mehr seelische Unwägbarkeiten, die bei der Gemütsarmut nur eine geringe Rolle spielen. Ist die Gemütskälte deutlich und ein Krankheitsprozeß als Ursache ausgeschlossen, so kann allenfalls noch die Frage gestellt werden, ob nicht eine unechte oder nur scheinbare Gemütsarmut vorliegt.

Eine scheinbare Gemütsarmut, die besondere Probleme des Verstehens aufgibt, finden wir bei Minderjährigen nicht ganz selten. Vor allem bei Kindern läßt sich die Beobachtung machen, daß sie etwas nach dem Allgemeinempfinden Grausames tun, ohne wirklich gemütsarm zu sein. Rein sachliche Neugier kann sie zu einem dem Anschein nach brutalen Tierquälen verleiten. Kinder können auch leicht ein Herzensanliegen anderer Menschen verkennen, so daß sie sich wie herzlose Wesen gegen diese verhalten. Außerdem führt eine durch Scham oder durch ein schlechtes Gewissen bedingte Hemmung gelegentlich zu rücksichtslosen Äußerungen oder zum vermeintlich kaltblütigen Lügen. Auch der Trotz kann sehr hartherzig wirkende Verhaltensweisen hervorrufen. Wenn solche Haltungen sich in einer verbissenen Verstocktheit fixieren, so kann der Eindruck einer Gemütskälte entstehen, die wir aber nicht als eine primäre, charakterlich verankerte Gemütsarmut ansehen können.

Bei Jugendlichen stellt das Erkennen der unechten Gemütsarmut kein praktisches Problem dar. Die Züge einer scheinbaren Gemütskälte finden wir am ehesten bei großer Willensschwäche oder bei starker Reizbarkeit. Wir beoboachteten sie auch bei einigen Fällen von außergewöhnlicher Selbstunsicherheit. Jedoch ist die Fehleinschätzung bei Berücksichtigung der psychologischen Gesamtsituation leicht zu vermeiden. Wenn zunächst in großen Zügen die Vorgeschichte betrachtet wird, so ist nach einer Straftat vor allem die Motivschilderung des Täters für die Einschätzung seiner Gemütsarmut aufschlußreich. Entscheidende Gewißheit gibt die sehr genaue und kritische Beurteilung der Reue-Äußerungen und des Schuldbewußtseins.

Wir fassen die Darlegungen über den charakterlichen Grundzug der Gemütsarmut in einigen Sätzen kurz zusammen. Das Merkmal der Gemütskälte erinnert stets an einen moralischen Defekt. Die Frage nach einer krankhaften Entstehung hat historisch gesehen als Gegenstand vieler Kontroversen eine große Rolle gespielt. Sie ist auch heute noch in jedem Einzelfall kritisch zu prüfen. Liegt keine der klinisch bekannten Krankheiten vor, so kann unter Vermeidung jedes an eine Diagnose erinnernden Begriffs nur die Eigenschaft beschrieben werden. Das Erscheinungsbild der Gemütsarmut stellt sich hauptsächlich in einem Mangel an Reue, Scham- und Ehrgefühl, in einer Unfähigkeit zur Nachsicht und zur Rücksicht, in einer Bindungslosigkeit und in einer Kontaktschwäche dar. Das Problem der Echtheit ist hier in zwei Richtungen zu berücksichtigen: einmal kann Reue vorgetäuscht werden und echte Gemütsarmut überdecken. Zum anderen können vereinzelt vorkommende Formen von Rücksichtslosigkeit das Bild einer dominanten Gemütskälte vortäuschen. Eine Abgrenzung des Echten vom Unechten ist bei jugendlichen Straftätern meist ohne größere Schwierigkeiten möglich.

Abschließend sei noch erwähnt, daß gemütsarme Rechtsbrecher relativ häufig — im Gegensatz etwa zu den Willensschwachen — dem Sachverständigen vorgestellt werden. Da sie wegen ihrer meist schweren Delikte eine hohe Strafe zu erwarten haben, erfolgt eher eine vorsorgliche Begutachtung als bei vielen anderen Straftätern.

Das Geltungbedürfnis

Das Geltungsbedürfnis spielt bei Minderjährigen eine bedeutende Rolle. Angeberei, Großmannssucht oder Renommierfreude sind oft sehr stark ausgeprägt. Zum großen Teil hängt das gesteigerte Geltungsstreben Jugendlicher eng mit ihrem noch nicht gefestigten Selbstgefühl zusammen. Das Geltungsbedürfnis ist gerade bei minderjährigen Rechtsbrechern ein wichtiger charakterlicher Grundzug. *Kurt Schneider* hat den Ausdruck Geltungssucht, den er früher einmal gebraucht hat, selbst fallen lassen. Unter Sucht im medizinischen Sinn verstehen wir — abweichend von manchen neueren Umgrenzungen — eine psychische Konstellation, die immer von einer starken körperlichen Komponente getragen wird. Freilich gibt es auch eine Herrschsucht, eine Prahlsucht und ebenso ließe sich von einer Geltungssucht sprechen. Dem wertfreien Beschreiben des Sachverhaltes kommt aber der Ausdruck Geltungsbedürfnis näher, den wir auch dem Wort Geltungsdrang vorziehen.

Jeder Mensch erhebt den selbstverständlichen Anspruch, etwas zu gelten. Zumindest will er als Mensch anerkannt werden und nicht unbeachtet bleiben. Die Geltungsbedürftigen wollen entschieden mehr, sie wollen mehr scheinen als sie sind. Sie möchten eine Rolle spielen oder einen Eindruck erwecken, der nicht den tatsächlichen Verhältnissen entspricht. Ihr Streben geht dahin, bedeutend, aufsehenerregend oder verblüffend zu wirken. Dabei gelingt es ihnen, Pläne zu entwickeln und durchzuführen, die nicht leicht durchschaubar und häufig erfolgreich sind. Das Lügen der Geltungsbedürftigen erweckt in besonderem Maße den Eindruck der Glaubwürdigkeit. Selbst ihre exzentrischen Machenschaften sind wirkungsvoll angelegt. Das gesamte Verhalten ist auf Eindruckmachen und daher auf Äußerlichkeit abgestellt. Der Geltungsbedürftige läßt seelische Tiefe vermissen. Gemütsbindungen, die auf einer gegenseitigen Achtung beruhen, sind mit dem Geltungsbedürfnis schwer vereinbar. Oft findet sich eine bemerkenswerte Rücksichtslosigkeit. Das Ich und seine Geltung sind Mittelpunkt des Erlebens.

Bei der Beschreibung geltungsbedürftiger Menschen haben vielen Autoren die sogenannten hysterischen Persönlichkeiten als Vorbild gedient. Daher wird das Merkmal des Unechten immer wieder sehr betont. Die Unterscheidung von echt und unecht trifft bei der Kennzeichnung des Geltungsbedürfnisses aber nicht das Wesentliche. Der Mensch, der mehr scheinen will, als es seinem Wesen und den realen Gegebenheiten entspricht, täuscht im allgemeinen etwas vor. Daher ist das, was er bietet, unwahr. Das Geltungsbedürfnis führt nur dann zum Erscheinungsbild des Unechten, wenn sich der Mensch in die zunächst nur vorgetäuschte Rolle ganz hineingelebt hat. Was primär als Schein angelegt ist, kann schließlich zur Lebensform werden, die nicht mehr als unwahr, sondern als unecht erscheinen wird. Das Merkmal des Unechten gehört jedenfalls nicht als typische Begleiterscheinung zum Grundzug des Geltungsbedürfnisses. Das betonte Streben nach Geltung wird von jedem Menschen auf seine Weise entweder mehr unwahr oder mehr unecht ausgelebt.

Das Bedürfnis nach Geltung bedient sich in vielen Fällen ausschließlich der berechnenden Täuschung. Dabei findet das Geltungsbedürfnis seine Befriedigung in einem rein intellektuellen Lustgewinn. In anderen Fällen tritt es mehr unmittelbar dranghaft hervor. Die Lügenhaftigkeit erscheint dann besonders naiv. So kann sich das Geltungsbedürfnis in mannigfachen Kombinationen von endothymen Regungen und zielbewußten Steuerungen auswirken. Allen Formen gemeinsam ist aber der Grundzug des Mehrscheinenwollens, der wie ein roter Faden durch die Biographie dieser Menschen zieht.

Das Geltungsbedürfnis hat nicht nur negative Auswirkungen. Wahrscheinlich würden viele kulturelle Leistungen nicht geschaffen, wenn nicht wenigstens ein Minimum von Geltungsstreben in allen Menschen angelegt wäre. Auch bei Jugendlichen äußert sich das Geltungsbedürfnis nicht bloß im Prahlen und Renommieren. Manchmal werden unter seinem Einfluß absolut wertbeständige Leistungen vollbracht. Selbst ein über das Normale hinausgehendes Geltungsstreben kann dem Menschen produktiven Auftrieb geben. Wir sehen diesen charakterlichen Grundzug hier nur in seinen rechtswidrigen Entfaltungsweisen.

In der Biographie eines geltungsbedürftigen Menschen kann beispielsweise eine große Hilfsbereitschaft auffallen. Darin bekundet sich kein besonderer Altruismus, sondern vielfach nur der Wunsch, auch auf diesem Wege in den Vordergrund zu treten und unter allen Umständen lobende Anerkennung zu finden. Manche scheinbare Uneigennützigkeit — die selbstverständlich auch nichts anderes als Berechnung sein kann — ist bei Jugendlichen im Geltungsstreben verankert. Einstellungen, mit denen gleichsam auf einem Umweg das Geltungsbedürfnis befriedigt wird, sind als solche selten von großer Beständigkeit. Hierbei kommt eine allgemeine Begleiterscheinung des Geltungsbedürfnisses zum Ausdruck, nämlich der Hang zur Abwechslung. Es muß immer Neues gelingen, um immer mehr Geltung zu gewinnen. Schließlich werden die Maßstäbe des Erlaubten falsch eingeschätzt, oder es werden leicht die Grenzen des noch überzeugend Wirksamen verkannt.

Auch bei einem Mangel an Selbstsicherheit können wir häufig ein besonderes Streben nach Lob und Anerkennung beobachten. In diesen Fällen zielt das vermeintliche Geltungsbedürfnis nicht darauf hin, mehr zu scheinen. Der Selbstunsichere strebt danach, überhaupt etwas zu gelten. Er vermißt das ihm notwendig erscheinende Maß an Anerkennung. Aus dem Wunsch, wenigstens eine normale Beachtung zu finden, werden oft Verhaltensweisen geboten, die mit Betonung die Aufmerksamkeit anderer erregen sollen. Dieses Verhalten wirkt dann wie eine Ausdrucksform von Geltungsbedürfnis. Gelegentlich ist eine scharfe Abgrenzung des primären Geltungsbedürfnisses vom selbstunsicheren Geltenwollen nicht möglich. Der ursprünglich Geltungsbedürftige zeigt jedoch durchweg ein starkes Selbstbewußtsein. Entlarvt man beispielsweise seine Schwindeleien oder Vortäuschungstendenzen, so vermag er noch mit sicherer Geste ein Bekenntnis zu seinem Tun abzulegen. Es gelingt ihm, edle Motive, erfundene Absichten oder auch ganz ehrliche Eingeständnisse vorzubringen, mit denen er sich gerechtfertigt oder entlastet fühlt. Das Selbstbewußtsein erleidet dabei keinen entscheidenden Einbruch.

Die selbstsichere Beschönigungstendenz, die wir bei starkem Geltungsbedürfnis immer finden, läßt sich nicht mit dem Gefühl der Reue verbinden. Wegen des Fehlens echter Schuldgefühle kann der Eindruck einer Gemütsarmut entstehen, der durch das ichbezogene Gesamtverhalten noch unterstrichen wird. Eine Gegenüberstellung des primären Geltungsbedürfnisses und der Gemütsarmut macht uns deutlich, wie sich die egozentrische Einstellung in beiden Fällen sehr unterschiedlich darstellt. Der Eingriff in die Rechte des anderen ist bei der Gemütlosigkeit im allgemeinen viel rücksichtsloser und einschneidender. Die Geltungssucht richtet sich dagegen nicht primär gegen die Interessen des Mitmenschen. Während der gemütlose Mensch in seinem Egoismus außerordentlich gewinnsüchtig sein kann, geht es dem Geltungsbedürftigen ganz selten um realen Vorteil. Ein auf Gemütlosigkeit zurückzuführendes Fehlverhalten erscheint immer sittlich verwerflich. Alle Ausschreitungen dagegen, zu denen das Geltungsbedürfnis verleitet, sind selten erschütternd oder zerstörerisch. Sie bieten vielfach etwas ausgesprochen Tragikomisches.

Neben den erwähnten Beziehungen zur Selbstunsicherheit und zur Gemütsarmut zeigt sich eine nahe Verwandtschaft zur hyperthymen Struktur. Der Geltungsbedürftige muß ständig etwas unternehmen, um seinem Geltungsanspruch gerecht zu werden. Er entfaltet dabei häufig eine große Betriebsamkeit. Wie bei den Hyperthymen ist auch die Stimmung des Geltungsbedürftigen eher gehoben als gedämpft. Nur auf Grund der zuversichtlichen Haltung gelingt es, einen überzeugenden und anspruchheischenden Eindruck zu erwecken. Die Grundstimmung bildet ein wichtiges Kriterium zur Unterscheidung eines urspünglichen Bedürfnisses nach Geltung von einem aus Selbstunsicherheit erwachsenden Geltenwollen. Der Selbstunsichere hat immer stark depressive Züge, die für den Geltungsbedürftigen nicht spezifisch sind.

Zur geistigen Minderbegabung bestehen keine engeren psychologischen Verbindungen. Immerhin wird eine größere Intelligenz dem Geltungsbedürfnis zu mehr Erfolg verhelfen können als eine schwächere

Begabung. Aber auch den Geltungsbedürftigen, die gleichzeitig minderbegabt sind, kann es gelingen, durch plumpe Lügen eine pseudologische Fassade aufzubauen, die oft nicht leicht zu durchschauen oder zu entlarven ist.

Bei schwach Begabten kann das Geltungsstreben auch aus einem Minderwertigkeitsgefühl erwachsen. Sie fühlen sich häufig in realer Weise zurückgesetzt, und darum versuchen einzelne, auf Umwegen Anerkennung zu erheischen. Läßt sich dieser motivische Zusammenhang aufweisen, dann kann das Geltungsbedürfnis nicht als primärer Grundzug angesehen werden. Im übrigen lebt sich jedes Geltungsbedürfnis entsprechend dem Intelligenzgrad des Einzelnen stets in persönlichkeitseigener Weise aus.

Im Laufe der seelischen Entwicklung tritt das Geltungsstreben im allgemeinen schon sehr früh in Erscheinung. Das Kind neigt natürlicherweise dazu, mit allen Mitteln die Aufmerksamkeit seiner Umgebung auf sich zu lenken. Aber auch die Eitelkeit kann schon in der Kindheit sehr starke Ausprägungsgrade erreichen. Die einzelnen Formen und Motive des Geltenwollens lassen sich beim Kind leicht unterscheiden.

Die Pubertät schafft besonders günstige psychologische Voraussetzungen für jede Variation des Geltungsstrebens. Die Krise des Selbstbewußtseins, die sich in dieser Zeit einstellt, führt zu einem besonderen Verlangen nach Geltung. Der ersehnten Selbstfindung dient jede Anerkennung, so daß darauf ein besonderer Wert gelegt wird. In dieser Zeit werden auch Rivalitätsgefühle außergewöhnlich stark empfunden und führen zu einem betonten Geltungsanspruch. Diese motivierten Formen des Geltungsstrebens stehen neben dem primären Geltungsbedürfnis, das ebenfalls in der Pubertät schon als manifester Charakterzug hervortreten kann. Solange im Verlauf der seelischen Entwicklung das Selbstbewußtsein noch nicht gefestigt ist, fällt es schwer, ein charaktereigenes Geltungsbedürfnis als solches zu erkennen. Bei der Beurteilung eines Jugendlichen wird man geneigt sein zu unterstellen, daß ein bei ihm erwiesenes Geltungsbedürfnis mit einem reifungsbedingten Mangel an Selbstsicherheit zusammenhängt. Besteht aber in den weiteren Jugendjahren das Geltungsbedürfnis als dominanter Zug fort, so darf man darin ein Charaktermerkmal sehen.

Der Charakterzug des Geltungsbedürfnisses wird von einigen Autoren nach dem Modell einer neurosenpsychologischen Interpretation als motivierbar angesehen. In der Lebensgeschichte des Kindes lassen sich immer Umstände aufdecken, durch die dem Kind eine ausreichende Anerkennung verwehrt worden ist. Daraus wird gefolgert, daß das Kind gezwungen war, sich selbst Geltung zu verschaffen. Dies könnte dann den Ausgangspunkt für eine Gewohnheitsbildung darstellen, die sich als erworbener Charakterzug im Sinne eines Geltungsbedürfnisses manifestiert. Es gibt keine Methode, diese Deutung im Einzelfall auszuschließen. Wie wir jedoch in unseren grundsätzlichen Ausführungen betont haben, können solche Interpretationen nicht ohne weiteres überzeugen. Daß der eine

Mensch mehr, der andere weniger Geltungsstreben zeigt, ist nicht wie eine errechenbare Bilanz der ihm in den Entwicklungsjahren zuteil gewordenen Anerkennung anzusehen.

Wir haben die Möglichkeit erwähnt, daß ein geltungsbedürftiges Verhalten auch aus starker Selbstunsicherheit erwachsen kann. Damit ist ein motivischer Zusammenhang angedeutet, der einer kritischen Würdigung bedarf. Der psychologische Nachweis einer ausgeprägten Selbstunsicherheit muß ganz evident sein, um darin ein Motiv des Geltungsstrebens zu sehen. Andernfalls ist größte Zurückhaltung bei dieser Zuordnung geboten. Bei dem mit starker Selbstunsicherheit verbundenen Geltungsstreben läßt sich am ehesten die Annahme einer sogenannten Geltungsneurose diskutieren. Die hierfür gültigen Gesichtspunkte werden wir im Abschnitt über die Selbstunsicherheit erläutern. In den meisten Fällen müssen wir in einem erwiesenen Geltungsbedürfnis bei einem der Pubertät entwachsenen Jugendlichen einen nicht weiter motivierbaren Grundzug sehen, der sich nur beschreiben läßt. Ob dieses Merkmal in der Anlage richtungweisend vorgezeichnet ist, sei dahingestellt. Die Tatsache, daß die meisten Menschen, die im Leben wenig Anerkennung gefunden haben, trotzdem nicht geltungsbedürftig sind, läßt allerdings vermuten, daß das ausgeprägte Geltungsbedürfnis zu den Charakteranlagen gehört.

Die Möglichkeit, auf das Geltungsbedürfnis einen erzieherischen Einfluß auszuüben, ist gering. Nur die schlechten Erfahrungen, die ein Mensch sammelt, wenn er seinen Geltungsanspruch auslebt, können zu einer gewissen Dämpfung beitragen. Ist ein gesetzliches Einschreiten geboten, so hilft eine die Strafe ersetzende Geste oder eine bloße Warnung wenig. Nur die entschiedenen Reaktionen der Umwelt vermögen einen erzieherischen Zweck zu erfüllen. Im Rahmen eines Strafverfahrens erlebt der Geltungsbedürftige oft noch den Ruhm seiner vermeintlichen Heldentat. Diese Wirkung sollte man soweit wie möglich zu verhüten suchen. Da der objektive Unrechtsgehalt des im Geltungsbedürfnis begründeten Tuns vielfach nicht sehr groß ist — sofern nicht schwere betrügerische Hochstapeleien vorliegen — ist die nach dem Gesetz hierfür vorgesehene Strafe zur Erziehung des Geltungsbedürftigen häufig ungeeignet.

Geltungsbedürftige Züge als Merkmal der Unreife auszulegen, erscheint pädagogisch bedenklich. Nur wenn bei erwiesener und ausgeprägter Selbstunsicherheit daran zu denken ist, daß es sich um ein sekundäres Geltungsbedürfnis handelt, sollte man mit der Unterstellung einer Unreife großzügig sein und Nachsicht gewähren.

Über die Prognose eines geltungsbedürftigen Jugendlichen läßt sich schwer etwas aussagen. Wenn er Lebensverhältnisse findet, die seinem Geltungsanspruch genügend Befriedigung verschaffen, so kann sich seine soziale Entwicklung unauffällig gestalten. Hat der Geltungsbedürftige aber den Reiz abwegiger Erfolge einmal genossen, dann wächst sein Ehrgeiz, erneut etwas Gleiches oder etwas noch Wirkungsvolleres zu erleben. Daher sind alle Jugendlichen, die den Weg der Kriminalität aus einem ihrem Wesen eigenen Geltungsdrang erst einmal betreten haben, stark gefährdet. Günstige Veränderungen ihrer Lebensumstände können die Gefahr einer abgleitenden Weiterentwicklung überraschend schnell abwenden. Die Möglichkeiten hierzu lassen sich aber meist nicht voraussehen und in ihrer Wirkung schwer abschätzen. Sichere prognostische Aussagen sind weder im positiven noch im negativen Sinne möglich.

Wo die Eigenschaft des Geltungsbedürfnisses juristisch relevant wird, setzt sie sich hauptsächlich in Strafhandlungen durch, die der Hochstapelei nahestehen. Bei Jugendlichen und zum Teil auch noch bei Heranwachsenden ist zu berücksichtigen, daß ein beiläufig auftauchendes Geltungsstreben, ohne die Rolle eines wesentlichen Motives zu besitzen, doch mitbestimmend für das Fehlverhalten werden kann. Wir sehen oft keine Veranlassung, den Grundzug des Geltungsbedürfnisses anzunehmen, wenn bei einzelnen strafbaren Handlungen ein Geltungsanspruch wirksam ist, andere Charakterzüge aber vorherrschen und die Tat erst ermöglichen. Viele Eigentumsdelikte minderjähriger Täter werden wegen einer vorherrschenden Willensschwäche begangen, wobei der Antrieb, dem der Wille unterliegt, einem Geltenwollen entspringt. Mit den gestohlenen Gegenständen soll etwa renommiert werden. In anderen Fällen wird das Gestohlene mit Gönnergeste verschenkt, um dadurch Eindruck zu machen. Steht eine ausgeprägte Willensschwäche im Vordergrund, so können außer dem Geltungsbedürfnis auch andere Antriebskräfte in gleicher Weise tatbestimmend werden. Ähnlich verhält es sich bei einigen Tätern, deren Charakter im wesentlichen von der Betriebsamkeit geprägt ist. Sie können in ihrer überschießenden Aktivität auch von einer gewissen Prahlsucht mitbestimmt werden. Sogar bei großer Gemütsarmut wird manche strafbare Handlung unter dem motivischen Einfluß eines Geltungsbedürfnisses begangen. Die in diesen und ähnlichen Fällen faßbare Mitwirkung des Geltungsstrebens ist nur beiläufig zu berücksichtigen. Das entscheidende charakterologische Gewicht hat der dominante Grundzug. Er bildet auch die Leitlinie für alle pädagogischen oder strafrechtlichen Maßnahmen. Der Grundzug des Geltungsbedürfnisses tritt in dem folgenden Beispiel besonders eindrucksvoll hervor.

Rolf L. ist ein zur Zeit der Straftaten eben 18 Jahre alter Bäckergeselle. Schon mit 15 Jahren benutzte er unbefugterweise Kraftfahrzeuge und wurde mit einem Freizeitarrest bestraft. Nach einem kleineren Diebstahl ordnete das Gericht Fürsorgeerziehung an, die jedoch nicht durchgeführt wurde, weil der Arbeitgeber die Aufsicht übernehmen wollte. Später erfolgte wegen eines Betruges die Verhängung einer Gefängnisstrafe von einem Jahr, die das Gericht aber auf Bewährung aussetzte. Das Jugendamt seiner bayrischen Heimat berichtete über Rolf, er sei in der Umgebung dafür bekannt, daß er „zur Großmannssucht neige und durch seine Angebereien und Prahlereien immer wieder mit dem Gesetz in Konflikt“ komme. Der junge Mann verlegte seinen Wohnsitz ins Rheinland, arbeitete hier recht unbeständig bei verschiedenen Meistern und wurde schließlich durch folgende Verhaltensweise auffällig:

Nach den eigenen Angaben, die durch die Beweisaufnahme voll bestätigt wurden, äußerte Rolf L. zunächst seiner Freundin gegenüber, er habe studiert und sei Rechtsanwalt. Seine Prahlerei ging jedoch weiter, indem er behauptete, auch ein Medizinstudium abgeschlossen zu haben. Er legte sich die Titel eines Doktors der Rechte und der Medizin zu. Außerdem gab er sich einen adeligen Namen: Dr. Dr. von M. Er besuchte als Zuhörer die Gerichtssäle und meinte, es könne wohl nicht ganz schwierig sein, als Verteidiger eines Angeklagten aufzutreten. Daraufhin kam er eines Morgens in das Gerichtsgebäude und meldete sich in der Wachtmeisterei mit dem Wunsch, man möge ihm eine Robe leihen. Er sei Rechtsanwalt, komme aber aus einer benachbarten Stadt und habe seine eigene vergessen. Diesem Wunsch wurde entsprochen. Während er nun mit seiner geliehenen Amtstracht durch die Gänge des Gerichtsgebäudes schritt, sprach ihn eine Frau an, um nach einer bestimmten Abteilung zu fragen. Er wies ihr geflissentlich den Weg und erwähnte, daß er Rechtsanwalt sei. Daraufhin fragte ihn die Frau, ob er denn nicht die Verteidigung ihres in Haft befindlichen Freundes übernehmen könne. Rolf L. ging darauf ein. Es gelang ihm auch, unter Angabe des Aktenzeichens und unter Ausnutzung der Umstände einen Besuchsschein in die Haftanstalt zu erhalten, von dem er unmittelbar Gebrauch machte. Der Häftling gab ihm eine schriftliche Vollmacht. Auf diese Weise erreichte Rolf es, daß er als angeblicher Rechtsanwalt noch wiederholte Male Einlaß in die Untersuchungshaftanstalt fand. Der Versuch, weitere Klienten zu gewinnen, mißlang zwar, aber es kam so weit, daß „Dr. Dr. v. M." seinen Mandanten in der Hauptverhandlung vertrat. Aus einem formalen Grund mußte die Verhandlung vertagt werden. Anschließend beging Rolf L. den Fehler, zu dem Vorsitzenden des Gerichtes zu gehen und einen schlecht begründeten Antrag auf Haftentlassung seines Mandanten zu stellen. Die nachfolgenden Ermittlungen über die Person dieses „Verteidigers" führten schließlich zu seiner Festnahme. Ohne hier die weiteren Einzelheiten zu erörtern, die das Abenteuer umrahmten, sei nur erwähnt, daß der materielle Gewinn dieses Spieles gering war. Es fiel ihm lediglich der Betrag von 20,— DM zu, den die Freundin des Inhaftierten als Anzahlung geleistet hatte.

Die Untersuchung des Angeklagten ergab keine neurologischen oder psychischen Krankheitszeichen. Mit seinen schmalen Gesichtszügen, einer deutlichen steilen Stirnfalte und einer dünngeränderten Brille erweckte er nicht den Eindruck eines erst 18-jährigen Heranwachsenden. Von Zeugen war er auf 24 bis 30 Jahre geschätzt worden. Seine Intelligenz erwies sich als durchschnittlich. In seiner Stimmung zeigte er sich andauernd vergnügt und zuversichtlich. Er berichtete ganz unbefangen darüber, daß er seine Schwäche des Prahlens kenne, aber nur schwer dagegen ankomme. Wenn man ihn beispielsweise nach seinem Beruf frage, so sei er nie auf den Gedanken gekommen, einfach Bäckerlehrling oder Bäckergeselle zu sagen. Er habe immer gleich „Bäckermeister" angegeben. „Wenn ich das dann meiner Braut erzähle, dann macht die mich zur Schnecke und wenn es sich ergibt, entschuldige ich mich für die falsche Angabe. Wie mir die Sache mit dem Rechtsanwalt in den Kopf gekommen ist, weiß ich auch nicht mehr. Das war Blödsinn. Ich verstehe jetzt die Dreistigkeit gar nicht mehr. Daß ich mich strafbar machen würde, habe ich gar nicht gedacht. Ich meinte immer, wenn du keinen betrügst, dann ist das nicht so schlimm. Ich habe öfters an den Hauptmann von Köpenick gedacht." Er berichtet dann, daß er von Verwandten und Bekannten wiederholt auf seine kluge Art zu reden angesprochen worden sei. Viele hätten gemeint, er habe studiert. „Ich habe auch oft den Mädchen gesagt, ich sei Student." Man habe häufig sogar geäußert, er könne mit seinen Redekünsten fast ein Rechtsanwalt sein. „In einem Roman habe ich von einem guten Rechtsanwalt gelesen, der hieß Dr. Dr. v. M. – Der hat als Rechtsanwalt große Karriere gemacht. Dann bin ich auf die Idee gekommen, das könntest du auch sein." — „Ich war immer gut angezogen, und dann hat man mir auch geglaubt, daß ich Akademiker sei. Ich habe mir sogar einmal einen Smoking gekauft, um entsprechend auftreten zu können."

Bei der gutachtlichen Beurteilung konnte nur auf den Grundzug des Geltungsbedürfnisses hingewiesen werden. Anhaltspunkte, die eine Anwendung des § 51 StGB oder des § 105 JGG gerechtfertigt hätten, waren nicht gegeben. Das Urteil lautete wegen Amtsanmaßung, Betrug und Urkundenfälschung auf zehn Monate Gefängnis.

Derart extreme Ausgestaltungen eines Geltungsbedürfnisses lassen manchmal an einen krankheitsbedingten „Größenwahn" denken. Für eine krankhafte Geistestörung war jedoch bei L. kein Hinweis gegeben. Der Grundzug der Prahlsucht ließ sich durch die Biographie dieses jungen Menschen über Jahre verfolgen, so daß auch nicht von einem bloß reifungsbedingten Merkmal gesprochen werden kann.

Ob es einem so veranlagten Menschen gelingen wird, sich in der Folgezeit innerhalb der Grenzen des Rechtes zu halten, kann nur die Zeit lehren. Entscheidend ist wohl immer und so auch bei Rolf L., daß er einen sozialen Rückhalt im Beruf, in der Ehe oder in einer Familiengemeinschaft findet. Leider kann auf die soziale Entwicklung nur sehr schwer Einfluß genommen werden, weil ein ausgeprägtes Geltungsbedürfnis im allgemeinen mit einer großen Eigenwilligkeit verbunden ist.

Bemerkenswert erscheint, daß im Falle Rolf L. — und so ist es in den meisten Fällen — situative Faktoren der kriminellen Entgleisung einen nicht unbeachtlichen Vorschub geleistet haben. Es ist kaum zu übersehen, wie viele Umstände zusammengekommen sein müssen, um ihm den Weg zum Auftritt als Verteidiger zu ebnen. Auch die Bemerkungen, daß er wie ein Akademiker aussehe oder wie ein Rechtsanwalt reden könne, sowie die Anregungen, die er durch einen Roman aufgegriffen hat, mögen den abwegigen Handlungen nachgeholfen haben. Dennoch leuchtet unmittelbar ein, daß bei ihm der charakterliche Grundzug des Geltungsbedürfnisses als die entscheidende psychologische Grundlage seines Fehlverhaltens anzusehen ist.

Durch das eindrucksvolle Beispiel und die vorausgehenden Erläuterungen glauben wir, den Grundzug des Geltungsbedürfnisses hinreichend beschrieben zu haben. Wie häufig das Merkmal eines starken Geltungsdranges bei Jugendlichen oder Heranwachsenden forensisch eine Rolle spielt, ist schwer zu übersehen, weil nur wenige dieser minderjährigen Angeklagten dem Gutachter vorgestellt werden. Lediglich die extremen Fälle kommen in der Regel zur Begutachtung, da ihr Verhalten den Eindruck einer krankhaften Störung erweckt.

Abschließend möchten wir hervorheben, daß eine über Jahre zu verfolgende Prahl- oder Großmannssucht als Charaktermerkmal anzusehen ist. Bei Minderjährigen tritt das Geltungsbedürfnis gelegentlich als eine phasengebundene Erscheinung auf. Dabei ist meist an einen die jugendliche Selbstunsicherheit kompensierenden Geltungsdrang zu denken. Zeigt sich das Geltungsbedürfnis mit einem kritiklosen Größenwahn verbunden, muß selbstverständlich eine Krankheit mit manischen Zügen erwogen werden. In der Regel läßt sich der Grundzug des Geltungsbedürfnisses nicht verkennen. Auch die Zuordnung zum Charakter oder zum Reifungsgeschehen gelingt ohne Schwierigkeiten.

Die Reizbarkeit

Bei vielen jugendlichen Straftätern finden wir eine besondere Erregbarkeit. Sie zeigt sich in Form von unbeherrschten Äußerungen des Trotzes oder in einer besonderen Neigung zu sogenannten Kurzschlußreaktionen. Die leicht erregbaren Jugendlichen oder Heranwachsenden fallen dadurch auf, daß sie schon beim geringsten Anlaß aufgebracht sind. Wir nennen sie reizbar und sprechen vom Grundzug der Reizbarkeit. Hierüber ist weniger zur Sache als zum Begriff zu sagen.

Wir meinen jenes charakterologische Merkmal, das *Kurt Schneider* bei seinen explosiblen Psychopathen beschrieben hat. Danach läge es nahe, den seelischen Grundzug mit dem Begriff Explosibilität zu bezeichnen. Wir meiden aber das Fremdwort. Durch Erregbarkeit ist es schlecht zu übersetzen, weil — was auch *Kurt Schneider* anführt — nur die nach außen gerichtete Erregung erfaßt werden soll. Viele Menschen sind innerlich stark erregbar. Sie sollen hier nicht betrachtet werden. Mit dem Wort Reizbarkeit glauben wir der angestrebten Beschreibung am nächsten zu kommen. Man sagt von einem Menschen, er sei reizbar, wenn schon geringe Anlässe zu einem Ausbruch von Erregung führen. Eine andere Form, sehr empfindlich auf äußere Reize zu reagieren, zeigt sich bei der Gereiztheit. Als gereizt bezeichnen wir einen Menschen, wenn ihn die geringsten Außeneinflüsse belästigen und stören. Oft wird von Reizbarkeit vor allem bei Kindern gesprochen, wenn nur eine nervöse Unruhe oder Gereiztheit gemeint ist. Unter den Kindern, die *August Homburger* ausführlich beschrieben hat, sind die reizbar-Unruhigen von den reizbar-Zornmütigen zu unterscheiden. Nur bei den reizbar-zornmütigen Jugendlichen sprechen wir vom Grundzug der Reizbarkeit.

Betrachten wir die Gesamtpersönlichkeit, so können sehr verschieden erscheinende Menschen zur Wut oder zum Jähzorn neigen. Tritt die seelische Reizbarkeit als dominanter Grundzug des Charakters hervor, so hat sie fast immer ein abnormes Ausmaß. Nur als Psychopathen stellen die Explosiblen einen weitgehend einheitlichen Typ dar. Viele reizbare Menschen sind für die meiste Zeit recht umgänglich, beherrscht und ausgeglichen, und nur bei bestimmten Anlässen geraten sie in höchste Erregung. Wenn man recht genau die empfindlichen Seiten kennt, kann man den Ausbrüchen von Erregung manchmal erfolgreich vorbeugen.

Trotzdem sind die Explosionen nie ganz zu vermeiden. Die reizbaren Menschen brauchen von Zeit zu Zeit eine affektive Entladung, um dadurch ihre seelische Verfassung wieder auszugleichen. Neben den sogenannten Cholerikern, die durchweg gemütlich und freundlich, aber zu Zeiten ausgesprochen jähzornig sind, gibt es auch die Streitsüchtigen, die andauernd einen Anlaß zur Aufregung förmlich suchen. Alle Explosiblen verlieren zwar ihre volle Beherrschung, wenn die Erregung über sie hereinbricht, aber nicht alle neigen zu strafrechtlich relevanten Ausschreitungen. Um eine forensische Bedeutung zu erlangen, muß die Reizbarkeit entweder mit anderen seelischen Grundzügen kombiniert sein — etwa mit einer Gemüts-, Willens- oder Verstandesschwäche — oder sie muß graduell einer erheblich psychopathischen Reizbarkeit entsprechen. Wir sehen jedenfalls im Rahmen der Gutachtertätigkeit nur die Jugendlichen oder Heranwachsenden, bei denen die Reizbarkeit, die zur Strafhandlung führt, ein besonderes Gepräge zeigt. Viele reizbare Menschen, die charakterologisch große Unterschiede aufweisen, sind für unsere Betrachtung zu vernachlässigen. Daß mit der Reizbarkeit nur Erregungs- oder Aggressionshandlungen in Zusammenhang gebracht werden können, bedarf keiner weiteren Erklärung.

Unter den praktisch belangvollen Kombinationsmöglichkeiten sei zunächst die Verbindung von Reizbarkeit und Betriebsamkeit erwähnt. Stellen wir das Bild des gemütlichen Cholerikers, der von Zeit zu Zeit dem Jähzorn verfällt, einem erregbaren Streitsüchtigen gegenüber, so haben wir zwei Gegenpole vor Augen, bei denen die Betriebsamkeit einerseits wenig, andererseits stark ausgeprägt ist. Je größer der Grad der Betriebsamkeit, um so eher sind rechstwidrige Übergriffe des explosiblen Menschen zu erwarten. Auch die Kombination mit dem Geltungsbedürfnis kann sich ungünstig auswirken. Wenn in der Erregung der Antrieb zum Eindruck-machen-wollen hinzukommt, erlangen die daraus erwachsenden „Heldentaten" allzuleicht ein strafrechtliches Gewicht. Bei ausgeprägter Selbstunsicherheit besitzt die Reizbarkeit im allgemeinen wenig Durchschlagskraft. Hinter der Fassade der Reizbarkeit kann sich allerdings ein Grad von Selbstunsicherheit verbergen, der bei bestimmten Anlässen eine starke Erregung begünstigt. Die selbstunsicheren Menschen haben in der Regel bestimmte verletzliche Gefühlsbereiche, die immer dann, wenn sie in mißverständlicher Weise angesprochen werden, eine überschießende Erregung bewirken. Es ist möglich, daß es dabei auch zu Verletzungen der Rechtsordnung kommt. In diesen Fällen muß der Selbstunsicherheit psychologisch meist eine größere Bedeutung beigemessen werden als der äußerlich hervortretenden Reizbarkeit. Die forensisch belangvolle, primäre Reizbarkeit hat durchweg expansive Züge. Wut und Jähzorn sind sthenische Affekte, die sich bei einem habituellen Auftreten leicht von den Formen der Erregbarkeit unterscheiden lassen, die nur eine innere Unsicherheit übertönen. Bei den forensisch auffälligen Jugendlichen bestehen besonders häufig enge

Beziehungen der Reizbarkeit zur Gemütsschwäche. Je gemütsärmer der reizbare Mensch ist, um so gemeinschaftsfeindlicher sind die Auswirkungen seiner Erregung, um so krimineller sind gegebenenfalls auch die Straftaten.

Von größter Bedeutung scheint der Zusammenhang mit einer Willensschwäche. Willensstärke bewirkt stets einen entsprechenden Grad an Haltung und Selbstbeherrschung. Je weniger willentliche Steuerung schon außerhalb der Reizzustände vorhanden ist, desto unbeherrschter sind auch die Ausbrüche der Erregung. Bei den reizbaren Straftätern drängt sich oftmals die Frage auf, ob die Reizbarkeit nicht eine besondere Ausprägungsform ihrer Willensschwäche ist. Die Erregung zeugt immer für einen Mangel an Selbstbeherrschung. Selbstbeherrschung muß als eine positive Verfestigung der Haltung angesehen werden, die vor allem für den Willensschwachen schwer zu erwerben ist. Bei der Besprechung der Willensschwäche haben wir darauf hingewiesen, daß sie oft zu ungünstigen Gewohnheitshaltungen führt, deren Entstehung und fortschreitende Fixierung kaum zu beeinflussen ist. Eine solche Gewohnheitsbildung steht häufig auch hinter den starken Ausprägungsformen der Reizbarkeit. Wie der Willensschwache sich regelmäßig gehen läßt, wenn bestimmte Versuchungen an ihn herantreten, so lassen sich viele Reizbare mehr und mehr gehen, wenn die Erregung über sie kommt. Hat die Erregung wiederholt ihre Herrschaft über den Menschen gefunden, so wird er auf die Dauer ihr Sklave. In Einzelfällen erscheint der Grundzug wie eine erworbene Eigenschaft, in der sich die Neigung zu unbeherrschten Reaktionen auf Grund einer primären Willensschwäche einseitig verfestigt hat.

Das Verhältnis der Reizbarkeit zur geistigen Minderbegabung ist noch zu besprechen. Die in den Gesichtskreis des Psychiaters, insbesondere des forensischen Sachverständigen, tretenden Explosiblen sind durchweg schwach begabt. Die Charakterprägung, die wir bei den erethischen Schwachsinnigen finden, läßt sich — abgesehen von der betriebsamen Komponente — als Reizbarkeit in allen Gradabstufungen neben der Minderbegabung beobachten. Die mit der Geistesschwäche fast regelmäßig verbundene Willensschwäche muß wiederum als Begünstigungsfaktor einer explosiblen Erregbarkeit angesehen werden.

Nicht in allen Fällen ist es angemessen, die Reizbarkeit normalpsychologisch zu betrachten. So wie die geistige Minderbegabung besonders in den höheren Ausprägungsgraden immer an eine organische Ursache denken läßt, so muß auch bei einer gesteigerten Reizbarkeit stets ein körperlich begründeter charakterlicher Defekt erwogen werden. Die Enthemmung, die sich in den Zuständen der Erregung zeigt, mutet gerade bei einem Schwachbegabten oder gar Schwachsinnigen vielfach wie etwas Krankhaftes an. Bezüglich der forensischen Beurteilung müssen wir für die Formen der Erregbarkeit — genau so wie beim Schwachsinn — graduelle Abstufungen vornehmen. Der Schwachsinn ist oft, selbst wenn er auf eine Defektbildung des Gehirns bezogen werden muß, so geringgradig ausgeprägt, daß er praktisch nicht ins Gewicht fällt. So kann auch eine Reizbarkeit gelegentlich so geartet sein, daß sich für die praktisch-psychologischen Konsequenzen die Frage nach ihrer körperlichen Begründung erübrigt. Besteht aber bei ausgeprägter Reizbarkeit ein *hinreichend* begründeter Verdacht auf eine Hirnschädigung, so wird man die normale Willensbestimmbarkeit verneinen oder als eingeschränkt einschätzen müssen. Dies gilt vor allem dann, wenn eine Kombination mit dem Schwachsinn vorliegt. Näheres ist hierzu im Abschnitt über die Gehirnschäden zu sagen. Es sei nur ausdrücklich betont, daß Reizbarkeit und Minderbegabung bei den jugendlichen Straftätern vielfach verbunden sind. Sobald es sich um krankhafte Erscheinungen handelt, lassen sich für beide Merkmale nicht selten enge ätiologische Beziehungen aufweisen.

Die Reizbarkeit kann in allen Altersphasen sehr ausgeprägt sein. Schon in der frühen Kindheit beobachten wir die Neigung zu Ausbrüchen von Jähzorn. Als episodische Auffälligkeit zeigt sich eine vermehrte Reizbarkeit besonders in den Trotzphasen, also auch in der Pubertät. Tritt die Reizbarkeit in der Reifezeit auffällig hervor und bietet stark aggressive Züge, so ist darin kein Pubertätsmerkmal, sondern in der Regel ein Grundzug des Charakters zu sehen. In der Folgezeit kann sich diese Eigenschaft je nach den Entwicklungsbedingungen immer deutlicher manifestieren oder aber auch abgeschwächt werden. Die Erfahrung lehrt, daß die Auswüchse mangelnder Selbstbeherrschung durch die Reaktionen der Umgebung entscheidend gefördert oder gehemmt werden können. Damit kommen wir zum Problem der Erziehung.

In allen Phasen der seelischen Entwicklung muß die Erziehung darauf gerichtet sein, den Ausbrüchen der Erregung entschieden und klar entgegenzutreten. Dazu ist ein besonderes Maß an Besonnenheit und Konsequenz erforderlich. Ist die Gegenreaktion selbst mit Erregung verbunden, so kommt es leicht zu immer erhitzteren Auseinandersetzungen, und es wird erzieherisch das Gegenteil von dem erreicht, was zu wünschen ist.

Finden wir bei einem straffällig gewordenen Jugendlichen das Merkmal der Reizbarkeit als dominanten Grundzug, dann ist diese Eigenschaft in der Regel schon so fixiert, daß es schwer fällt, sie noch mit psychologisch angemessenen Mitteln zu beeinflussen. Auf jeden Fall sind nur eindrucksvolle Maßnahmen geeignet, der Anspannung des Willens zum Erwerb besserer Selbstbeherrschung gebührenden Auftrieb zu geben. Jeder Appell an die Gesinnung findet bei den explosibel Erregbaren wenig Nachwirkung. In diesem Zusammenhang ist zu betonen, daß die reizbaren Menschen fast regelmäßig eine Besonderheit bieten, die auch den Willensschwachen zukommt. Außerhalb ihrer Erregung besitzen sie die besten Vorsätze, sich nicht mehr hinreißen zu lassen.

Während der Willensschwache durch die Versuchung, die als günstige äußere Konstellation wirksam ist, von seinen besseren Vorsätzen abgebracht wird, überwältigt die Kraft des dynamischen Affektes von innen her den Reizbaren und läßt ihn alle guten Vorsätze vergessen. Die Auswüchse der Reizbarkeit lassen sich nur durch sehr strenge und konsequente Maßnahmen mit dem Ziel der Charakterbildung leidlich steuern. Jede Methode, die systematisch die Selbstbeherrschung fördert, wird auch der Reizbarkeit entgegenwirken können.

Es sei beiläufig betont, daß hier von Menschen die Rede ist, bei denen die Reizbarkeit einen Grundzug ihres Charakters darstellt. Nicht für jede in der Erregung begangene Handlung ist eine entsprechend strenge erzieherische Reaktion angezeigt. Wer sich durchweg gut beherrschen kann und sich lediglich bei besonderen Gelegenheiten von einer Erregung überwältigen läßt, ist oft durch diesen Vorgang selbst — vor allem wenn er strafrechtliche Auswirkungen hat — schon so beeindruckt, daß er aus sich heraus einen Auftrieb zu besserer Beherrschung findet.

Die Prognose hängt vom Ausprägungs- und Fixierungsgrad der Reizbarkeit ab. In der Regel ist die Zukunftsaussicht nicht günstig, sobald die Reizbarkeit als ein dominantes Merkmal schon zu strafbaren Handlungen geführt hat. Finden die zur Reizbarkeit veranlagten Jugendlichen besonders ausgewogene Lebensumstände, so wird ihre Erregbarkeit dadurch oft merklich gedämpft. Bei günstigen äußeren Entwicklungsbedingungen kann die zunächst vom jugendlichen Überschwang oder von pubertärer Unausgeglichenheit stark genährte Reizbarkeit so weit abklingen, daß sie im Bild des Charaktergefüges nicht mehr hervorragt. Zeigt sich bei einem Jugendlichen eine fortbestehende oder noch zunehmende Reizbarkeit, so sind außer der hierzu disponierenden Anlage fast immer ungünstige Umweltverhältnisse gegeben. In manchen Lebenskreisen gehört die explosible Reaktionsweise zum Umgangston. Außerdem führt eine aufkeimende Reizbarkeit regelmäßig zu einer Spannung gegen einzelne Mitmenschen. Aus solchen Konstellationen nährt sich die Fortentwicklung der Reizbarkeit. Insofern läßt sich stets ein ungünstiger Einfluß durch die Umgebung, also ein Milieuschaden, nachweisen. Dabei darf jedoch nicht die richtunggebende charakterliche Veranlagung übersehen werden, die einer fortschreitenden Fixierung der erworbenen Fehlhaltung eine starke Verwurzelung ermöglicht.

Bei den Straftaten, die von reizbaren Jugendlichen oder Heranwachsenden — oder auch von Erwachsenen — begangen werden, spielt in den meisten Fällen der Alkoholeinfluß eine wichtige Rolle. Oft scheint es so, als ob die zur Kriminalität führende Reizbarkeit nur in Verbindung mit einem mehr oder weniger gewohnheitsmäßigen Alkoholgenuß vorkomme. Die nähere Betrachtung der Vorgeschichte weist aber fast immer darauf hin, daß auch unabhängig von der Neigung zum Alkoholmißbrauch die gleichen Züge vorgebildet waren. Der Alkohol kann nicht nur im Einzelfall den Ausbruch der Erregung begünstigen, vielmehr fördert er auch auf die Dauer die reizbare Gewohnheitshaltung.

Bei der ausführlichen Besprechung der explosiblen Pyschopathen hat *Kurt Schneider* schon zum Ausdruck gebracht: „An Kombinationen steht die mit Alkoholismus obenan." Einen psychologischen Grund der Vorliebe für den Alkohol sehen wir bei den Reizbaren darin, daß sie zunächst durch etwas Alkohol eine leichte Beruhigung ihrer Reizbarkeit empfinden oder daß sie vorausgegangenen Ärger durch das Trinken zu unterdrücken suchen. Ehe es ihnen aber gelingt, diese beruhigte innere Verfassung nutzbringend zu verwerten, nimmt in kürzester Zeit die Reizbarkeit sprunghaft zu. Schon bei geringer Angetrunkenheit ist die vorgegebene Neigung zur Reizbarkeit kaum noch zu dämpfen. Relativ niedrige Blutalkoholkonzentrationen ergeben bei entsprechender charakterlicher Disposition eine oft erhebliche Reizbarkeitssteigerung. Wird unter diesen Bedingungen unbesonnen gehandelt oder gar eine Straftat begangen, so liegt es nahe, dem Alkohol eine große Bedeutung beizumessen. Wir glauben aber, daß es in solchen Fällen — auch hinsichtlich der erzieherischen Konsequenzen — im allgemeinen wohl begründet und zweckmäßig ist, dem charakterlichen Grundzug der Reizbarkeit das größere Gewicht zuzusprechen. Freilich ist dies im Einzelfall nur unter Abwägung der objektiv gefundenen Alkoholwerte zu entscheiden.

Die Erfahrung der Klinik lehrt, daß beim Alkoholiker noch andere psychologische Umstände die Entwicklung der Reizbarkeit begünstigen. Dem reizbaren Trinker werden verständlicherweise viele Vorhaltungen wegen seiner Lebensführung gemacht, die ihn zum Widerspruch herausfordern. Die dadurch sich einstellende Protest- oder Abwehrhaltung führt zu immer stärkerer Akzentuierung und zu immer festerer Verwurzelung der reizbaren Grundhaltung. Gehen wir von den begutachteten Minderjährigen aus, so muß bei nahezu allen jugendlichen Straftätern, die den dominanten Grundzug der Reizbarkeit bieten, ein gewohnheitsmäßiger oder ein akuter Alkoholgenuß berücksichtigt werden. Die reizbar-zornmütigen Trinker verkörpern einen besonderen Typ unter den Alkoholikern und unter den Kriminellen.

Nicht nur der Alkohol, sondern auch andere toxisch wirkende Stoffe können das Hervortreten einer Reizbarkeit begünstigen. Wir sehen in den letzten Jahren immer häufiger Patienten mit chronischem Medikamentengebrauch, die — ohne daß man immer von einer Sucht sprechen kann — ständig unter Einwirkung von Arzneimitteln stehen. Sehr verschiedene Substanzen, selbst diejenigen, die zunächst beruhigend wirken, können die Neigung zu erregten und aggressiven Reaktionen so steigern, daß daraus kriminelle Handlungen erwachsen. Ist bei Jugendlichen die Reizbarkeit ohnehin als ein Grundzug angelegt, so vermögen schon geringe Mengen eines entsprechend wirksamen Mittels einen stark enthemmenden Einfluß auszuüben. Schließlich kann sich die Aggressivität bei den nichtigsten Anlässen in immer auffälligerer Weise entladen.

Sobald eine größere Dosis eingenommen oder vielleicht sogar chronisch zugeführt wird, tritt selbst bei weitgehend ausgeglichenen Menschen manchmal eine gesteigerte Reizbarkeit hervor, die — wie es von den Auswirkungen des Alkohols bekannt ist — je nach dem Beeinflußungsgrad zur Zeit der Tat mehr oder weniger belangvollen Krankheitswert besitzen kann. Wir möchten in diesem Zusammenhang von einem Fall berichten.

Hans-Lothar O., ein noch nicht 18 Jahre alter Patient, wurde mit Polizeibegleitung in die Klinik gebracht, nachdem er die Tage vorher heftigste Errregungszustände geboten hatte und schon wiederholt festgenommen worden war. Zur Vorgeschichte berichteten die Eltern, daß die Schulzeit und die erste Zeit einer Autoschlosserlehre befriedigend verlaufen seien. Der Junge sei wohl immer etwas eigenwillig und reizbar gewesen, aber er habe sich doch leidlich führen lassen. Kurz vor Beendigung der Lehre habe er sich immer häufiger erregt, wütend und jähzornig gezeigt, so daß er entlassen wurde. Auf der nächsten Arbeitsstelle kam es ebenfalls zu wiederholten Schlägereien. Der Meister mußte Hans-Lothar sogar einmal von der Polizei abführen lassen. Auch im Elternhaus kam es nun laufend zu immer heftigeren Drohungen, Aggressionen und tätlichen Auseinandersetzungen. Bei einem besonders dramatischen Streit sei die Mutter ins Schlafzimmer geflüchtet. Daraufhin habe der Sohn die Türe eingetreten und habe die Mutter heftig geschlagen, bis sich die Eltern durch Flucht aus dem Hause retten konnten. Hans-Lothar habe in der folgenden Zeit andauernd mit „Erschlagen“ und „Niederstechen“ gedroht. Auch mit dem 15-jährigen Bruder sei es wegen geringfügiger Anlässe zu größten Streitigkeiten gekommen. Im Rahmen einer weiteren Auseinandersetzung, die Hans-Lothar heraufbeschwor, griff er den Vater mit einem Bündel Metallsägen an, verletzte ihn im Gesicht und fügte ihm auch Wunden an der Hand zu. Die Erregung war bei dieser Gelegenheit so stark, daß ein Überfallkommando herbeigerufen werden mußte, und der Junge mit Handschellen abgeführt wurde. Nach der Entlassung aus dem Polizeigewahrsam am nächsten Tag, mit der die Eltern gar nicht gerechnet hatten, sei Hans-Lothar spät abends zu den schlafenden Eltern gekommen. Die Mutter sei aufgewacht, als sie bemerkte, daß ihr die Nase zugehalten wurde. Der Sohn habe dann mit zwei Messern bewaffnet vor ihr gestanden und gesagt: „Jetzt wirst Du kaputt gemacht. Bis morgen seid ihr beide kaputt.“ An diesem Abend habe der Junge erstmals eine Alkoholfahne gehabt. Die Eltern hätten ihn aber wegen seiner Trunkenheit überwältigen können und seien dann geflohen. Die Einweisung in die Klinik erfolgte wenige Tage später durch Vermittlung des Jugendamtes unter dem Vorwand, er solle — seinem Wunsch entsprechend — auf Seefahrtstauglichkeit untersucht werden.

Die Erhebungen zur Krankheitsvorgeschichte zeigten, daß der Junge schon seit dem ersten Lebensjahr asthmatische Anfälle bekam und in letzter Zeit zunehmend Medikamente gegen das Asthma eingenommen hatte. Zuletzt nahm er regelmäßig jeden Tag mehrere Tabletten. Die körperliche Untersuchung ergab keine belangvollen Krankheitszeichen. In psychischer Hinsicht fehlten alle Anzeichen einer Bewußtseinstrübung oder einer als krankhaft zu wertenden seelischen Störung. Der Junge wirkte insgesamt etwas fahrig unruhig, nahm es jedoch beherrscht hin, als er erkannte, daß er auf einer geschlossenen Abteilung untergebracht war. Die Schuld für sein ausfälliges Verhalten sprach er den Eltern zu. Es heißt in der Befundbeschreibung unter anderem: „Sein Gesamtverhalten wirkt recht flotzig, selbstbewußt und reuelos. Zwischendurch bietet er etwas fauchende Atemgeräusche, auf die er im Gespräch ausdrücklich hinweist, um zu motivieren, daß er immer Asthmamittel gebraucht habe." Im Blutserum fanden wir eine Barbituratkonzentration von 5,4 mg %, die für einen sehr großen Medikamentenkonsum und — da der Junge nicht stärker schläfrig oder gar bewußtlos war — für eine lange Gewöhnung spricht.

Der Vater hatte gegen seinen Sohn auf Grund der letzten tätlichen Aggressionen Strafantrag wegen Körperverletzung gestellt. In dem daraufhin eingeleiteten Strafverfahren wurden wir zum Gutachten aufgefordert. Wir glaubten in diesem Falle die Zurechnungsfähigkeit wegen des erheblichen Einflusses der Medikamente verneinen zu dürfen. Da der Vater aber während der Hauptverhandlung seinen Strafantrag gegen den inzwischen wieder wesentlich friedlicheren Sohn zurückzog, kam es nicht zur Erörterung des Gutachtens und auch nicht zur Verurteilung oder zur Auflage von Maßnahmen.

Es könnte in diesem Fall wie bei allen alkoholisierten Aggressionstätern die Frage gestellt werden, welchen Anteil der Reizbarkeit man dem Charakter zusprechen darf. Methodisch zuverlässige Abgrenzungen gibt es aber in diesem Punkt nicht. Der Intoxikationsgrad läßt sich nur nach den Maßstäben einer groben quantitativen Abstufung an Hand objektiver Tatbestandskriterien einschätzen. Besitzt das Ausmaß der Beeinträchtigung keinen erheblichen Krankheitswert, so daß die Auswirkungen der Reizbarkeit vorwerfbar bleiben, wird man die Neigung zur Explosibilität ganz in den Mittelpunkt der erzieherischen Bemühungen stellen müssen. Wenn gleichzeitig eine Anfälligkeit zum Genuß von Alkohol oder von Medikamenten besteht, dann ist es psychologisch geboten, die in dieser verhängnisvollen Konstellation liegende Gefährdung einem derartigen Straftäter nachdrücklich bewußt zu machen. Die darauf bezüglichen Ermahnungen sollten in jedem einschlägigen Urteil niedergelegt werden, damit für den in seiner Reizbarkeit kriminell entgleisten Menschen im Wiederholungsfalle der Alkohol- oder Medikamentenmißbrauch zum vorwerfbaren Tatbestand wird. Hierauf die erzieherischen Intentionen zu richten, scheint gerade bei explosiblen Jugendlichen ein besonders wichtiger Gesichtspunkt.

Zusammenfassend soll betont werden, daß wir als Reizbarkeit denjenigen Grundzug bezeichnen, den die explosiblen Psychopathen aufweisen. Wir haben die Reizbarkeit der Gereiztheit gegenübergestellt. Als bemerkenswert haben wir auch angesehen, daß die Neigung zum Jähzorn so in das Charaktergefüge eingebaut sein kann, daß ihr eine strafrechtliche Bedeutung nicht zukommt. Bei den Reizbaren, die sich vereinzelt oder laufend entsprechende Rechtsbrüche zuschulden kommen lassen, finden wir in der Regel Kombinationen mit der Betriebsamkeit, mit einer Willens-, Gemüts- oder Verstandesschwäche. Eine Gehirnschädigung kann Ursache der Reizbarkeit sein. Nicht selten sind toxische Wirkungen für das Aufflammen der Reizbarkeit mitverantwortlich. Die meisten reizbaren Straftäter begehen ihre strafbaren Handlungen unter Alkoholeinwirkung.

Die Betriebsamkeit

Unter den minderjährigen Rechtsbrechern finden wir eine große Anzahl, bei denen die Umtriebigkeit als dominantes Charaktermerkmal hervortritt. Die Abenteuerlust der Jugendlichen und die Unbeständigkeit in ihrer Lebensführung sind in vielen Fällen von einem schwer zu bändigenden inneren Drang getragen, den wir in seinen seelischen Auswirkungen als Betriebsamkeit beschreiben möchten. Allerdings dürfen nicht alle Formen des jugendlichen Überschwangs und nicht alle Ausdrucksweisen einer zügellosen Ungebärdigkeit auf eine echte Betriebsamkeit zurückgeführt werden. Die Erscheinungsbilder einer flatterhaften Ruhelosigkeit oder einer ausgelassenen Albernheit haben wenig mit der eigentlichen Betriebsamkeit zu tun. Die äußere Unruhe eines Jugendlichen kann verschiedene psychologische Ursachen besitzen, die wir erläutern müssen. Zunächst seien noch einige Bemerkungen zum Begrifflichen vorausgeschickt.

Kurt Schneider hat bei der Besprechung der hyperthymischen Persönlichkeit sehr entscheidende Merkmale erwähnt, die eng mit dem zusammenhängen, was wir unter Betriebsamkeit verstehen. Er sprach ausdrücklich nicht von den „Betriebsamen", weil er die Aufmerksamkeit mehr auf die Stimmungskomponente richten wollte. Die vergnügte Grundstimmung und der unumstößliche Optimismus seiner Hyperthymen sind tatsächlich sehr oft mit der Betriebsamkeit verbunden. Unter den jugendlichen Straftätern spielt jedoch die von der munteren Stimmung geprägte Variante nicht die Hauptrolle. Wer sich ständig besonders aktiv oder umtriebig zeigt, erweckt durchweg den Eindruck einer gehobenen Stimmung. Dieser Eindruck entspricht nicht immer der wahren Gefühlslage. Allerdings verbinden sich mit der Betriebsamkeit selten die depressiven Töne des Mürrischen, Mißmutigen oder der mehr warmherzigen Schwermut. Bei vielen Jugendlichen und Erwachsenen ist die neben der Betriebsamkeit herrschende Stimmung recht farblos. Wir möchten deshalb den Ausdruck „hyperthym" vermeiden. Im Zusammenhang mit der Charakterisierung jugendlicher Straftäter dürfte der uns wesentlich erscheinende Grundzug mit dem Begriff Betriebsamkeit treffender beschrieben sein.

Liegt bei einem Menschen der dominante Grundzug der Betriebsamkeit vor, so ist das Tempo des Erlebens andauernd etwas schneller als bei anderen Menschen. Zugleich finden wir einen starken Wechsel der Erlebnisinhalte. Alles das, was im Rhythmus des Alltags geschieht, wird als langweilig empfunden. Die von der Betriebsamkeit geprägten Menschen suchen die Kurzweil, das Abenteuer, den Betrieb und jede Form der Abwechslung, nicht um sich in das mitreißende Treiben zu flüchten, sondern um mit der ganzen Seele darin aufzugehen. Der Betrieb ist das Lebenselement der Betriebsamkeit.

Diejenigen Menschen, die ohne den Betrieb als Ablenkungsmittel nicht auskommen und doch in den betriebsamen Bereichen des Lebens nicht zu Hause sind, bieten das Bild einer mehr äußerlichen oder auch unechten Betriebsamkeit. Sie verschreiben sich der Hast des Lebens oder verausgaben sich in einer leeren Geschäftigkeit, ohne daß dies ihrer inneren Antriebsfülle entspricht. Aus einer Unzufriedenheit mit sich selbst, oder aus einer dunklen „Angst vor dem Nichts“, wie es in existenzphilosophischer Interpretation formuliert würde, liefern sie sich dem turbulenten Treiben aus. Diese Menschen möchten nicht zur Besinnung kommen, weil sie dadurch in Verzweiflung geraten könnten. Ihre hastende Unruhe, eine immer etwas hektisch wirkende Getriebenheit oder auch die als „nervös“ angesprochene Rastlosigkeit sind phänomenologisch etwas anderes als die ursprüngliche Betriebsamkeit. Nicht alle Formen eines derart betriebsamen Verhaltens weisen auf den gleichen Grundzug des Charakters hin. Betriebsames Verhalten finden wir häufig bei selbstunsicheren Menschen, die in einer Art von Geschäftigkeit ihre innere Unsicherheit zu überwinden oder zu verbergen suchen. Wir möchten diese Form der Betriebsamkeit, weil sie dem verstehbaren Wesensgrund der Persönlichkeit nicht entspricht, als unecht bezeichnen. Sie ist keine echte Erscheinungsform des Charakters.

Man kann natürlich Einwände gegen den Gedanken erheben, daß hinter einer im Verhalten hervortretenden Eigenschaft eine ganz anders geartete Charaktereigenschaft verborgen sein soll, da ein solches Vorgehen leicht auf den Weg der Deutung führt. Ist jedoch in der charakterlichen Gesamtverfassung der Grundzug der Selbstunsicherheit genügend deutlich faßbar, so kann auch die besondere Form eines meist etwas hastigen und nicht immer gezielten Betätigungsdranges mit entsprechender Evidenz auf die Selbstunsicherheit bezogen werden.

Die echte Betriebsamkeit, um die es uns hier in erster Linie geht, zeichnet sich durch eine weitgehend gleichbleibende Überaktivität aus, in der sie sich niemals verausgabt. Im Gegensatz hierzu zeigt jede mehr äußerliche Form einer sich überstürzenden Rastlosigkeit erhebliche Schwankungen in ihrer Intensität. Die ursprüngliche und echte Betriebsamkeit wirkt immer auch besonders naiv und erweckt dadurch den Eindruck der Lebensfrische und Natürlichkeit. Niemals entfaltet sie sich in einer verkrampften oder erzwungen anmutenden Lebhaftigkeit.

Die Betriebsamkeit mit ihren vermehrten inneren Antriebsreserven kann sich in der Form eines Schaffens- oder Betätigungsdranges konstruktiv oder destruktiv auswirken. Dies hängt ganz davon ab, mit welchen anderen Eigenschaften sie noch verbunden ist. Viele produktive Menschen sind nur dank ihrer Betriebsamkeit zu einem Erfolg und zu konstruktiven Leistungen gekommen. Alle betriebsamen Jugendlichen oder Heranwachsenden, die uns in der forensischen Praxis begegnen, haben die Grenzen der Rechtsordnung überschritten. Die ihnen eigene Betriebsamkeit wirkt sich insofern destruktiv aus. Dadurch haben wir immer eine negative Auslese vor uns.

Für eine Gemeinschaft ist die Betriebsamkeit oft belebend. Auf die Dauer wird sie jedoch von den meisten als störend und lästig empfunden. Da die Betriebsamkeit mit einer Unbeständigkeit und einer mangelnden Anpassungsfähigkeit verbunden ist, stellt sich ein engerer Kontakt nicht ein. Zu Schwierigkeiten im Sozialleben kommt es auch deshalb, weil sich die Gemeinschafts- und Lebensordnung nicht immer mit einer betriebsamen Überaktivität in Einklang bringen läßt. Für jeden weniger lebhaften Menschen ist es schwer, sich ständig auf die Betriebsamkeit eines anderen einzustellen.

Die Betriebsamkeit geht nicht nur mit großem Tatendrang einher. Oft werden viele Pläne aufgegriffen, zu deren Ausführung es gar nicht kommen kann. Die gesteigerte Unternehmungslust und der nahezu unstillbare Erlebnishunger verlangen nicht immer nach restloser Befriedigung. Spontan sich einstellende Abwechslungen können die Entfaltung der Aktivität so absättigen, daß ein nachwirkender Mißklang über versäumte Unternehmungen nicht aufzukommen braucht.

Liegt bei einem Menschen eine starke Betriebsamkeit vor, dann bedeuten für ihn bestimmte Umweltverhältnisse häufig eine übermächtige Versuchung. Wenn sich Möglichkeiten bieten, die Betriebsamkeit auszuleben, oder wenn in einer Situation das Abenteuer lockt, so läßt sich der Betriebsame leicht hinreißen. In diesen Fällen wirkt sich Betriebsamkeit wie Willensschwäche aus. Tatsächlich können fast alle betriebsamen Rechtsbrecher als haltlos bezeichnet werden. Von den Willensschwachen unterscheiden sie sich dadurch, daß sie nicht wie ein Schiff ohne Steuermann, sondern mehr wie ein Schiff mit ständig wechselndem Kurs durch das bewegte Meer des Lebens treiben.

Da die meisten Erlebnisse wenig nachhaltig sind und die Betriebsamkeit auch keine echten menschlichen Bindungen aufkommen läßt, entsteht gelegentlich der Eindruck einer Gemütsarmut. Zweifellos führt die Betriebsamkeit auch zu unbedachten Handlungen, wodurch der Eindruck der Rücksichtslosigkeit entstehen kann. Diese scheinbare Gemütsarmut ist aber selten primär zerstörerisch oder böswillig.

Die Betriebsamkeit kann gerade im jugendlichen Alter enge Beziehungen oder gar große Ähnlichkeit mit der Geltungssucht besitzen. Die betriebsame Abenteuerlust ist von einem geltungssüchtigen Drang nach Heldentaten manchmal nicht zu unterscheiden. Das nur geschäftige Eindruck-machen-wollen ist eine betriebsame Verhaltensweise, deren charakterologischer Kern im Geltungsbedürfnis liegt. Die wesenseigene Betriebsamkeit lebt sich ohne Rücksicht auf Anerkennung aus. Der Betriebsame findet seine Befriedigung darin, daß er sich in seiner Betriebsamkeit entfalten kann.

Lassen sich neben der Betriebsamkeit Züge der Selbstunsicherheit aufdecken, dann ist die psychologische Zuordnung oft schwierig. Wir haben schon davon gesprochen, daß sich bei einem Mangel an Selbstsicherheit jene Formen des betriebsamen Verhaltens zeigen, die den

Eindruck einer unnatürlichen und unechten Lebhaftigkeit erwecken. Der Anteil der wesenseigenen und der mehr äußeren Betriebsamkeit läßt sich bei dieser Kombination von Eigenschaften niemals voneinander trennen. Deshalb müssen wir, sobald im gesamten Erlebnisgeschehen die Selbstunsicherheit deutlich hervortritt, eine im Erscheinungsbild des Verhaltens ausgeprägte Betriebsamkeit für die charakterologische Beurteilung vernachlässigen und der Selbstunsicherheit größere Bedeutung beimessen. Positiv als Wesenszug feststellen läßt sich die Betriebsamkeit nur bei einigermaßen konsolidiertem Selbstbewußtsein.

Sehr wichtig sind die Beziehungen der Betriebsamkeit zur geistigen Minderbegabung. Dabei ist zunächst zu berücksichtigen, daß durch die natürliche Lebhaftigkeit des Wesens oft eine geistige Beweglichkeit vorgetäuscht wird, die nicht dem tatsächlichen Leistungsvermögen entspricht. Häufiger jedoch führt die Umtriebigkeit dazu, daß die Kritiklosigkeit der Minderbegabten besonders deutlich hervortritt. Mehr Zurückhaltung im täglichen Leben verdeckt die sozial negativen Auswirkungen der Unterbegabung besser. Auch in der Untersuchungssituation ist das gelassene Eingeständnis des Nichtwissens oder Nichtkönnens weniger gravierend als das betriebsam vorgebrachte Falschwissen mitsamt allen überschießenden Fehlleistungen.

Verbindet sich die Betriebsamkeit mit geistiger Minderbegabung, so ist die Gefahr der Verwahrlosung und des kriminellen Entgleisens groß. Das Hineingeraten in eine sogenannte schlechte Gesellschaft wird durch die Betriebsamkeit eines Minderbegabten sehr gefördert. Alle ungünstigen Einflüsse des Milieus, die der Betriebsamkeit entgegenkommen, werden unkritisch übernommen. Die betriebsamen Minderbegabten bilden eine Gruppe krimineller Jugendlicher, über deren soziale Erscheinungsweise wir später noch einige Anmerkungen machen werden.

In den frühen Entwicklungsphasen spielt der Grundzug der Betriebsamkeit eine besondere Rolle. Die den Kindern eigentümliche Lebhaftigkeit, ihr Herumspringen und Toben sind Ausdruck einer natürlichen, dem kindlichen Wesen entsprechenden Betriebsamkeit. Mit zunehmendem Alter verlieren sich diese Erscheinungen normalerweise mehr und mehr. Unter den Kindern fallen immer einige als besonders lebhaft oder unruhig auf. Diese sind in der Familiengemeinschaft oder in einer Gruppe kaum zu halten. Das Fortlaufen der Kinder oder mancherlei Unfug, den sie treiben, sind in vielen Fällen Folge einer gesteigerten Betriebsamkeit. Inwieweit hier persönlichkeitseigene und in der Weiterentwicklung fortbestehende Züge hervortreten, ist wenig erforscht. Die meisten betriebsamen Straftäter sind schon in ihrer Kindheit schwer zu bändigen gewesen und durch Fortlaufen, durch abenteuerlustige Spiele oder durch eine betriebsame Streitsucht aufgefallen.

Die Unruhe im Kindesalter muß auf sehr verschiedene Ursachen zurückgeführt werden. Das unruhige Kind wird oft auch „nervös“ genannt. Von einem „nervösen“ Kind wird gesprochen, wenn es leicht gereizt oder seelisch überempfindlich ist, wenn es konzentrationsschwach oder nur motorisch unruhig erscheint. Die Nervosität der Kinder kann auf sehr vielen situationsbedingten oder konstitutionellen Gründen beruhen. Wir dürfen auf die Erläuterung der verschiedenen Typen unruhiger Kinder hier verzichten. Für unsere Gedankengänge sind ausschließlich die konstitutionell Unruhigen beachtenswert.

In der Pubertät fällt die psychologische Zuordnung der Betriebsamkeit besonders schwer, da diese Zeit für alle Jugendlichen sehr viel seelische Unruhe mit sich bringt. Die kindlich spielerische Ausgelassenheit tritt zurück, und es macht sich eine neue Art von Expansionsstreben bemerkbar. Das Erscheinungsbild der Flegeljahre kennzeichnet eine bestimmte Form der reifungsbedingten Betriebsamkeit. Der die Pubertät beherrschende Drang nach Selbständigkeit entfaltet sich auf eine mehr oder weniger betriebsame Weise. Häufig wird jedoch auch die vorher unbefangene Lebhaftigkeit der Kinderjahre von einer betont starken Gehemmtheit oder von einer größeren Besonnenheit abgelöst. So kann die Pubertät geradezu einen phasenspezifischen Verlust an Betriebsamkeit mit sich bringen. Im übrigen schafft die Pubertät besonders günstige Voraussetzungen für viele Formen einer nicht im Wesen verankerten Betriebsamkeit. Die seelische Neuorientierung in der Welt bringt verschiedenartige Schwierigkeiten mit sich, die mit einer mehr verlegenen oder mehr trotzigen Geschäftigkeit beantwortet werden. Da das Selbstbewußtsein während der sexuellen Reifung ernste Krisen erleidet, läßt sich in dieser Übergangszeit ein betriebsames Verhalten schlecht zuordnen. Die meisten Flegelhaftigkeiten, Albernheiten und Lausbubenmanieren der Pubertätszeit wird man nicht als Ausdruck einer charaktereigenen Betriebsamkeit werten dürfen. Wie bei einigen anderen seelischen Grundzügen, etwa bei einem Geltungsbedürfnis, bei der Willensschwäche oder der Selbstunsicherheit, ist auch bei der sich im Reifungsalter zeigenden Betriebsamkeit kaum zu entscheiden, wieviel Phasengebundenes und wieviel Persönlichkeitseigenes darin hervortritt.

Während der Pubertät sind wir in besonderem Maße gezwungen, bei der Beschreibung zu bleiben und jede Zuordnung zum Charakter weitgehend zu meiden. Nur wenn die vorherrschende Betriebsamkeit schon in der Kinderzeit sehr auffällig war oder wenn derselbe Grundzug über die Pubertät hinaus fortbesteht, ist mit großer Wahrscheinlichkeit die Annahme eines Charakterzuges gerechtfertigt. Läßt sich durch zuverlässige Angaben oder durch eigene Beobachtungen ein längerer Verlauf übersehen, so können auch die von der Reifungsphase abhängigen Ausbrüche einer Betriebsamkeit gegenüber den charaktergebundenen Formen abgegrenzt werden. Die Verlaufsbeobachtung ermöglicht vor allem eine zuverlässige Unterscheidung der echten von den unechten Erscheinungsweisen der Betriebsamkeit.

Die Betriebsamkeit ist ein Anlagemerkmal. Ihre Entstehung läßt sich jedenfalls nie aus den Lebensumständen ableiten. Es stellt sich häufig die Frage, ob ein sehr unruhiges Milieu einen wesentlich fördernden Einfluß auf die Entwicklung der Betriebsamkeit ausübt. Da der Betriebsame von sehr aufregenden Situationen besonders stark angesprochen wird, fällt die Entscheidung immer schwer, wie das Verhältnis von Eigen- und Fremdantrieb einzuschätzen ist. Bei entsprechender Betriebsamkeit beobachten wir, daß die Jugendlichen leicht allen möglichen Umwelteinwirkungen, zum Beispiel dem Einfluß eines Films oder eines Romans unterliegen. Sie finden in den dargebotenen Modellfällen entsprechende Anregungen zum Ausleben ihrer Betriebsamkeit. Herrscht in dem Erziehungs- oder Lebensraum sehr viel Hast und Ruhelosigkeit, so daß der Entfaltung der Betriebsamkeit ein günstiges Klima geboten wird, dann entwickeln sich häufig besonders abnorme Verhaltensauswirkungen der konstitutionellen Betriebsamkeit.

Die Umwelt kann noch auf eine andere Weise realen Anteil an der Fehlentwicklung eines betriebsamen Minderjährigen haben. Infolge seiner gesteigerten Lebhaftigkeit ergibt sich fast ununterbrochen Anlaß zu disziplinarischen Hinweisen oder ernsteren Ermahnungen. Dieser erzieherischen Aufgabe sind die wenigsten Menschen gewachsen. Aus diesem Grunde entwickelt sich leicht ein Spannungsverhältnis, das immer häufiger zu Ausbrüchen der Erregung bei den Erziehern und zu Ausbrüchen aus der Ordnung bei den Kindern führt. Es kommt zu stetig größer werdenden Erziehungsschwierigkeiten, aus denen sich mehr und mehr Fehlregulationen und schließlich Fehlentwicklungen ergeben. In diesen Fällen darf mit gutem Recht von milieugeschädigten Minderjährigen gesprochen werden. Dem Entgleisen liegt aber auch hier eine wesentliche Anlagekomponente zugrunde, ohne die das Verständnis der Erziehungsproblematik nicht möglich ist.

Mit dem Hinweis auf die möglichen Fehlentwicklungen ist schon einiges über die Erziehung gesagt. Wichtig scheint vor allem, bei sehr betriebsamem Menschen trotz ständiger Ermahnungsbedürftigkeit mit Tadel und Strafe sparsam zu sein. Durch lobendes und aufmunterndes Zureden muß eine Steuerung in angemessene Bahnen versucht werden. Dazu bedarf es eines gewissen Einfühlungsvermögens, um die Richtung der vorhandenen Neigungen zu erkennen. Oft kommt man um ein vorsichtiges Experimentieren nicht herum. Ist erst einmal eine sozialpositive Lenkung und Entfaltung des Erlebnis- und Betätigungsdranges erreicht, dann ist die Erziehungssituation gemeistert. Bei Jugendlichen gibt die Aufnahme in eine Jugendgruppe oder in einen Sportclub und die Übernahme verantwortlicher Funktionen der Betriebsamkeit häufig so viel Inhalt, daß für Ausschreitungen in abwegiger Richtung nicht mehr allzu großer Spielraum bleibt. Die Wünsche der Minderjährigen sind möglichst nicht außer acht zu lassen. Gewinnt jedoch das Lästige und Störende das Übergewicht, so kann eine disziplinarisch strenge Gemeinschaftserziehung unerläßlich werden.

Die empfehlenswerte Nachsicht gegenüber der Ausgelassenheit und Umtriebigkeit muß mit entsprechender Strenge zur rechten Zeit verbunden sein. Sobald eine ernstere disziplinarische Maßnahme notwendig ist, muß in ihr eine exemplarische Sühne zum Ausdruck kommen, damit dem Ausleben der Betriebsamkeit eindeutige Grenzen gesetzt werden. Die Prognose der Jugendlichen, bei denen die Betriebsamkeit sehr ausgeprägt ist, bleibt immer unbestimmt. Meist sind die Milieubedingungen nicht so zu steuern, daß die als Versuchung wirksamen Gelegenheiten oder auch verhängnisvolle, zum Ausweichen führende Widerstände ferngehalten werden. Erweist sich die Gewöhnung an gewisse Schablonen der Entgleisung als sehr fixiert, oder ist die sich sozial negativ auswirkende Eigeninitiative groß, dann muß auch die Entwicklungsaussicht relativ ungünstig beurteilt werden. Erst im späteren Lebensalter stellt sich gewöhnlich eine Dämpfung der Betriebsamkeit ein. Einerseits läßt der natürliche Schwung nach, andererseits finden viele ihrer Träger einen dieser Veranlagung angemessenen Lebensraum. Wenn insofern die Eigenschaft der Betriebsamkeit als Merkmal im Jugendalter eine besondere Rolle spielt, ist sie doch keineswegs ein „jugendtümlicher“ Grundzug. Auch im dritten und vierten Lebensjahrzehnt kann sie als Charaktereigenschaft und soziales Gefährdungsmoment vorherrschend bleiben. *Hans Thomae* hat in seinem Werk „Persönlichkeit“ die recht eindrucksvolle Biographie eines umtriebigen Menschen, des schlesischen Malers Friedrich Balthasar Werner, wiedergegeben, von dem er schreibt: „Erst der 50-jährige wurde ein wenig seßhafter.“

Bei den jugendlichen Straftätern entfaltet sich die Betriebsamkeit heute mit Vorliebe im Bereich des Straßenverkehrs. Die Inbetriebnahme eines Motorfahrzeuges und die Teilnahme am rasanten Treiben auf den Verkehrswegen der Großstadt oder auf den weiten Landstraßen gibt dem motorischen und abenteuerlustigen Entladungsdrang den zeitgemäßen Spielraum. Zweifellos leben sich hier auch Geltungssucht und andere Grundzüge aus. Jedoch ist in vielen Fällen eine reine Betriebsamkeit das durchgehende und hervorstechende Merkmal. Dies führt zu Verkehrsdelikten mit den eigenen Fahrzeugen, die zur Befriedigung der Betriebsamkeit angeschafft und mit entsprechender Hast und Unvorsicht gefahren werden. Oder es kommt zu den so häufigen mißbräuchlichen Benutzungen von fremden Kraftfahrzeugen. In diesen Fällen besteht selten eine Bereicherungsabsicht. Es geht meist nur darum, mit Hilfe des Motors dem Erlebnisdrang in besonderer Weise zu dienen.

Bei der verwahrlosten und kriminellen weiblichen Jugend wirkt sich die Betriebsamkeit hauptsächlich im sexuellen Bereich aus. Die „geschlechtlich Verwahrlosten“ werden oft als sehr triebhaft charakterisiert; meist sind sie primär nur umtriebig, erlebnishungrig und unternehmungslustig. Ein willkommenes Betätigungsfeld finden sie in der Begegnung mit dem anderen Geschlecht. Das Vorspiel der intimen Erlebnisse mit Tanz, Alkoholgenuß und ausgelassenen Vergnügungen jeder Art, zu denen auch wieder das Autofahren zählt, ist meist aufregend und abenteuerlich genug, um die Betriebsamkeit zu befriedigen. Die sexuellen Handlungen sind manchmal nur ein unumgängliches Nachspiel. Auf Grund einer entsprechenden Gewohnheitsbildung können die so gewonnenen Erfahrungen mehr und mehr den sexuellen Erlebnisdrang wecken. Hinzu kommt die mit der sexuellen Betätigung verbundene Möglichkeit, auf schnelle und einfache Weise Geld zu verdienen. Dieser Umstand wird zum Versuchungsfaktor, der die Betriebsamkeit einseitig auf das Feld der geschlechtlichen Aktivität lenkt. Besonders die geistig minderbegabten Mädchen verfallen diesem Treiben leicht in völlig haltloser Weise. Sie werden immer triebhafter, erscheinen schließlich ganz willenlos und sind ursprünglich nichts anderes als betriebsam.

Wir möchten über einen Jungen berichten, bei dem die Betriebsamkeit schon früh zu Verhaltensauffälligkeiten und später mehr und mehr zur Kriminalität führte. Klaus O. wurde im Jahre 1953, als er knapp zehn Jahre alt war, vier Wochen in unserer Klinik beobachtet. Die Einweisung erfolgte, weil er seinen Pflegeeltern durch häufiges Fortlaufen große Sorge bereitet hatte. Klaus war uneheliches Kind einer Artistin und kam am neunten Lebenstag in die Pflege der Familie O. – Nach den Berichten des Jugendamtes wurde er gut gepflegt und „wie ein eigenes Kind gehalten". Es bestand auch der Plan zur Adoption. Schon früh erwies sich Klaus als ein sehr lebhafter Junge. Die Mutter konnte jedoch in ihrer starken Zuneigung seine Unruhe steuern, und es entwickelte sich eine große Anhänglichkeit zwischen den beiden. Als der Pflegevater nach mehrjähriger Gefangenschaft zurückkehrte und die Pflegeeltern schließlich noch einen eigenen Sohn bekamen, mußte Klaus wegen äußerst beengter Wohnverhältnisse vorübergehend in Heimpflege. Nachdem eine größere Wohnung gefunden war, kam er wieder in den Haushalt seiner Pflegeeltern. Die Umtriebigkeit und Lebhaftigkeit des Jungen trat nun immer störender in Erscheinung. Wenige Monate nach der Rückkehr in die Familie — zuerst in der Karnevalszeit — begann der damals neunjährige Junge, tagelang von zu Hause weg zu bleiben. Entweder verließ er vorzeitig die Schule oder er kam vom Spielen nicht nach Hause, bis er von der Polizei irgendwo aufgegriffen wurde und von den Eltern wieder abgeholt werden mußte. Zuletzt riß er fast regelmäßig zweimal in der Woche aus. Auf der Station zeigte sich der normal entwickelte und in keiner Weise krankhaft veränderte Junge auffallend lebhaft, wenn auch nicht disziplinlos. Er war aufgeschlossen, anlehnungsbedürftig und durchschnittlich begabt. Wir haben damals das Fortlaufen als milieubedingt angesehen und der Eifersucht gegen den jüngeren Bruder und gegen den aus der Kriegsgefangenschaft zurückgekehrten Vater große Bedeutung beigemessen. Die Mutter hatte während der Jahre ihres Alleinseins eine ungewöhnliche Anhänglichkeit an den Jungen gefunden und hatte ihn sehr schweren Herzens wegen der schlechten Wohnverhältnisse eine Zeitlang wieder in Heimpflege gegeben. Da der eigene Sohn der Pflegeltern etwas kränklich war und der besonderen Zuwendung bedurfte, schien es uns einleuchtend, daß Klaus einen erheblichen Liebesentzug erfahren mußte und daher auf seine Weise „Sorgen bereitete". Wir haben uns damals sehr intensiv um den Jungen bemüht und die Eltern eingehend beraten. Der Vater äußerte nach unseren Gesprächen, daß mit der von uns gegebenen Deutung wohl „der Nagel auf den Kopf getroffen sei".

Die gebildeten und beinahe von grenzenloser Fürsorge beseelten Eltern haben dann nach Kräften versucht, der Erziehung des Jungen in der Folgezeit gerecht zu werden. Klaus lief jedoch weiterhin von zu Hause fort, begann zu stehlen, und es war schließlich kein anderer Weg mehr möglich, als ihn ins Waisenhaus zu geben. Dort war sein Betragen auch nicht zufriedenstellend. „Er stört viel und hält sich wenig an die Ordnung". Nach der Schulentlassung kam Klaus in die Elektrolehre, wurde aber schon nach vier Wochen wegen eines Diebstahls entlassen. Auch bei einem abermaligen Aufenthalt im Haushalt der Pflegeeltern, die wieder ihr Bestes für den Jungen versuchten, beging er mehrere Diebstähle. Mit 15 Jahren hatte sich bei ihm schon eine starke Rauchlust entwickelt. Da Klaus sich jedem erzieherischen Einfluß entzog, wurde er einer freiwilligen Erziehungshilfe unterstellt, kam erneut in eine Elektrolehre, stahl aber laufend weiter und konnte daher die Lehre nicht fortsetzen. Zunächst wurde er vom Gericht als 16 jähriger einmal verwarnt. Im Erziehungsheim, wo er wiederholt entwich, hat er weitere Diebstähle begangen. Im Alter von 18 Jahren wurde er mit einem Jahr Jugendgefängnis bestraft. Die ihm zugestandene Bewährung mußte wegen fortgesetzten Entweichens aus dem Erziehungsheim schließlich aufgehoben werden. Kurz nach der Entlassung aus der Jugendstrafanstalt — diese erfolgte nach der Äußerung des Pflegevaters „unglücklicherweise" gerade vor der Karnevalszeit — wurde Klaus schon wieder durch Diebstähle gegenüber Kollegen und wegen eines Lohngeldbetruges straffällig. Obwohl er in knapp drei Wochen über 300,— DM verdient hatte, war er zur Befriedigung seiner Rauch-, Trink- und Vergnügungssucht ständig in Geldverlegenheit. Das Gericht verhängte für die zuletzt begangenen Diebstahls- und Betrugsdelikte gegen den eben 20 jährigen eine Gefängnisstrafe von sechs Monaten.

Bei der Charakterisierung dieses jungen Menschen ist wohl das kennzeichnend, was der psychiatrische Gutachter des Erziehungsheimes hervorgehoben hat: „Sein Temperament ist lebhaft, seine Aktivität ist erhöht. Er ist von einem ererbten Wandertrieb beseelt." Klaus ist mehr und mehr zum willenlosen Opfer seiner Betriebsamkeit geworden. Zweifellos wird man auch eine gewisse Gemütsarmut annehmen dürfen. Inwieweit sein Erlebnisdrang und die Abenteuerlust eine Eigenart der als Artistin und Zirkusreiterin tätigen leiblichen Mutter widerspiegelt, läßt sich schwer beurteilen. Die zunächst von uns vertretene Meinung, das Symptom des Streunens könne als eine vom Milieu ausgelöste Reaktion betrachtet werden, läßt sich rückblickend schwerlich aufrechterhalten. Selbst wenn der Familienkonstellation eine begünstigende Bedeutung für das Fortlaufen zugesprochen werden soll, kommt doch der Eigenart dieses Jungen ein größeres richtungbestimmendes Schwergewicht zu als dem kindlichen Rivalitätsverhältnis und dem situationsbedingten Liebesentzug. In den Verhaltensauffälligkeiten hat sich in erster Linie eine persönliche Eigenart durchgesetzt, die diesen Jungen schließlich zu einem schwer entgleisten Menschen werden ließ. Die Betriebsamkeit, die eine seiner dominanten Eigenschaften ist, kann sicher nicht aus der früh empfundenen Eifersucht oder aus anderen Milieufaktoren motivisch hergeleitet werden. Eine solche Deutung ließe sich zwar unter Hinzuziehung weiterer dynamischer Faktoren möglicherweise konstruieren, wäre aber keinesfalls evident, selbst wenn sie bei guter Interpretationskunst noch so bestrickend erschiene.

Wir möchten abschließend zusammenfassen, daß die Betriebsamkeit durch eine innere und äußere Unruhe gekennzeichnet ist. Überaktivität, Abenteuerlust und Unbeständigkeit sind die wesentlichen Erscheinungsmerkmale. Bei Jugendlichen bedürfen jene Formen betriebsamen Verhaltens der besonderen Aufmerksamkeit, die nur als Ausdruck einer Verlegenheit und Selbstunsicherheit zu gelten haben. Am Beispiel eines Minderjährigen, der schon mit neun Jahren durch ständiges Fortlaufen auffiel, und der später aus Leichtsinn und Überaktivität zum Kriminellen wurde, haben wir einige Merkmale der primären Betriebsamkeit näher dargelegt.

Die Selbstunsicherheit

Viele Jugendliche sind durch starke Minderwertigkeitsgefühle gekennzeichnet. Ihr Selbstwert scheint ihnen in Frage gestellt. Dies führt zu einem Mangel an Selbstsicherheit. Die Insuffizienzgefühle äußern sich meistens in starken Hemmungen, in einer ständigen Verlegenheit oder auch in ganz überraschenden Reaktionen, die einen Ausgleich oder eine Tarnung der inneren Unsicherheit darstellen. Viele Besonderheiten der jugendlichen Seele sind nur aus dem Grundzug der Selbstunsicherheit heraus zu verstehen.

Wir verwenden den Begriff der Selbstunsicherheit in dem gleichen Sinn wie *Kurt Schneider* ihn bei den psychopathischen Persönlichkeiten beschrieben hat. Dabei beziehen wir uns aber ausschließlich auf den Typ der sensitiven Persönlichkeit. *Kurt Schneider* hat daneben die Anankasten besprochen. Im Bereich unserer forensischen Belange spielen die anankastischen Jugendlichen keine Rolle.

Wenn der Grundzug der Selbstunsicherheit vorliegt, fällt in den meisten Fällen ein innerlicher Konfliktreichtum auf. Finden wir, daß der Jugendliche mit sich und seinem inneren Erleben nur schwer fertig wird, so kann dies durch äußere Bedrängnis bedingt sein. Zeigt sich aber in den Lebensumständen kein hinreichender Anhalt für einen erlebnisbedingten seelischen Konfliktstoff, dann liegt es immer nahe, an Selbstwertkonflikte zu denken und auf eine Selbstunsicherheit zu schließen. Die charakterologische Problematik der selbstunsicheren Jugendlichen ist im allgemeinen schwer durchschaubar. Die Verhaltensfassade erscheint bei reiner Gehemmtheit unmittelbar verständlich, die Ausweichreaktionen können jedoch so verschieden aussehen, daß der Zugang zum Verstehen nicht immer leicht ist.

Mit dem Beiwort „sensitiv“ wird ein wesentliches Merkmal bezeichnet, das in engem Zusammenhang mit der Selbstunsicherheit steht. Es weist auf eine besondere Überempfindlichkeit hin. Während die Menschen auf sehr verschiedene Weise empfindlich oder überempfindlich sein können, reagiert die von der Selbstunsicherheit geprägte Persönlichkeit auf eine eigene Art überempfindlich. Sie neigt dazu, jedes Erlebnis, jede Begegnung, jedes vernommene Wort und jede innere Regung aus dem Blickwinkel der Selbsteinschätzung zu verarbeiten. Das wenig gefestigte Selbstbewußtsein, das sich praktisch bei allen Erlebnissen ansprechbar und zugleich besonders verletzlich zeigt, liefert andauernd neuen Stoff für innerliche Konflikte. Durch unbedeutende Begleiterscheinungen kann ein normalerweise selbstwertbestätigendes Ereignis sehr leicht selbstwertmindernde Züge gewinnen. Die meisten Erlebnisse werden als enttäuschend empfunden, weil sie nicht der Bestätigung und Festigung des Selbstvertrauens dienen, sondern neue Nahrung für Selbstwertzweifel liefern. Je stärker sich die daraus erwachsenden innerseelischen Spannungen verdichten, um so größer wird wieder die Empfindlichkeit gegenüber äußeren Einwirkungen.

Die Begegnung mit Menschen, bei denen das Merkmal der Selbstunsicherheit sehr — wenn auch nicht abnorm — ausgeprägt ist, liefert überraschende Einblicke. Wir gewinnen durch sie einen Eindruck davon, in welchem Umfang alltägliche Vorgänge und durchaus selbstverständlich erscheinende Verhaltensweisen in die Selbstwertproblematik einbezogen werden können. Man gerät bei einer längeren Exploration leicht in einen Irrgarten der Gefühle und Vorstellungen, in dem sich die Zusammenhänge des Verstehens manchmal völlig aufzulösen scheinen. Nur eine intensive Beschäftigung mit den Motivationsbedingungen läßt schließlich ein einigermaßen schlüssiges Gesamtbild der Erlebnisvorgänge aufdecken. Die Selbstunsicherheit schafft ein wahrhaft kompliziertes Innenleben. Praktisch Belangloses kann zum Problem werden, während dem außenstehenden Beobachter der Problemcharakter nur schwer erkennbar wird. Ein bestimmtes Maß an Selbstsicherheit befähigt den Menschen, in jeder Situation manche innere Spannung unmittelbar zu lösen, so daß sie sich gar nicht zum Problem ausweitet. Selbstunsicherheit dagegen führt dazu, daß vieles durchlitten werden muß und nicht leicht abgetan werden kann.

Die Lebensbewältigung der Selbstunsicheren ist in jedem Fall erschwert. Menschen mit dem charakterlichen Grundzug der Selbstunsicherheit werden häufig in eine Isolierung gedrängt, obwohl sie den Anschluß an eine Gemeinschaft geradezu suchen. Unter günstigen Umständen gelingt es ihnen auch, sich ohne größere Schwierigkeiten in eine Gemeinschaft einzuordnen, solange nicht abwegige Verfestigungen eingetreten sind. Ein tieferer Kontakt ist schwer zu finden. Die besondere Art ihrer Überempfindlichkeit stört das nähere Zusammenleben und kann unglückliche Entwicklungen herbeiführen. Allerdings fühlt sich eine selbstunsichere Persönlichkeit in der Anlehnung an einen anderen Menschen manchmal so geborgen und sicher, daß daraus eine starke Hingabe oder gar eine Hörigkeit erwächst. In der Jugend bilden sich auf dieser Basis intime Freundschaften sowie starke Mutter- oder Vaterbindungen.

In der Kombination mit anderen Charakterzügen kann die Problematik des Selbstwerterlebens teilweise einen Ausgleich finden oder ganz in den Hintergrund treten. Bei vielen Menschen ist ein gewisser Anteil von Selbstunsicherheit durch so günstige Konstellation in das Gesamtbild der Persönlichkeit eingebaut, daß sich hieraus sogar recht produktive Kräfte herleiten lassen. Hat die Selbstunsicherheit aber das Übergewicht, so ist die Gefahr einer seelischen Entgleisung groß. Wir können nicht alle charakterologischen oder pathocharakterologischen Entfaltungsformen der von der Selbstunsicherheit geprägten Menschen darstellen. Unser Thema leitet uns immer wieder zu den straffällig gewordenen Jugendlichen zurück.

Die Selbstunsicherheit führt dazu, daß in der Erlebnisverarbeitung eine Fülle von Kräften und Gegenkräften wirksam wird, die in einem ständigen Spannungsverhältnis zueinander stehen. An einzelnen Erlebnisschwerpunkten kann es zu einer Verdichtung der affektiven Dynamik kommen, die zu unvermittelter Entladung drängt. Die Auswirkungen auf das Verhalten sind in diesen Fällen gänzlich unberechenbar. Es kommt manchmal zu Handlungen, die aus dem Rahmen der übrigen Verhaltenseigenarten herausfallen. Diese Reaktionen wirken besonders unverständlich. Der Kontrast zu dem sonstigen Verhalten ergibt sich vor allem deshalb, weil im allgemeinen durch die Selbstunsicherheit Hemmungsmechanismen eingeschaltet werden, während bei den ungewöhnlichen Ausweichreaktionen eine völlig überraschende Trieb- und Willenskraft wirksam scheint.

Die eigenartigen Fehlhandlungen, die eine Auswirkung der Selbstunsicherheit darstellen, werden nicht nur kurzschlußartig ausgeführt: der Plan kann auf dem affektiven Untergrund, in dem sich dynamische Faktoren wie ein Komplex verdichtet haben, mit langem Vorbedacht erwachsen. Welche rationalen Erklärungen dabei zurecht gelegt werden, ist von vielen äußeren Umständen abhängig. In diesen Fällen läßt sich auch unter psychologischer Sicht eine ganz aus dem Rahmen fallende Handlung nicht immer überzeugend motivieren. Sogar der Handelnde selbst kann rückblickend aus einer zeitlichen Distanz sein Tun unverständlich finden.

Einzelne Brennpunkte des Erlebens sind bei großer Selbstunsicherheit besonders anfällig für eine affektive Überspannung. Sie führt zur Bildung sogenannter Komplexe. Der hierfür häufig gebrauchte Ausdruck „Minderwertigkeitskomplex“ erscheint uns zu allgemein, da es teilweise sehr spezifische Gefühlsbereiche sind, in denen sich die affektiven Spannungen zuspitzen. Außer der Eifersucht und dem Ressentiment sind mannigfache wahnähnliche Reaktionen, fanatische Fixierungen und zwanghafte Fehlsteuerungen zu beobachten, die sich auf dem Hintergrund einer Selbstunsicherheit entwickeln. *Nikolaus Petrilowitsch* hat von den Komplexen mit Recht gesagt, daß sie als „affektive ‚Fremdkörper‘ von heftigstem Störungscharakter“ anzusehen sind.

Kennt man diese Zusammenhänge, so kann man die meisten auffälligen Verhaltensweisen der selbstunsicheren Menschen verständlich machen. Eine Reihe von Fehlhandlungen bleibt dennoch für das Verständnis unzugänglich. So leuchtet es nicht ohne weiteres ein, wenn ein selbstunsicherer Mensch aus einer Liebesenttäuschung zum vielfachen Brandstifter, aus einer unbestimmten Verzweiflung zum Kirchenschänder oder gar zum Räuber wird. Die Feststellung, er habe eben eigenartige Komplexe, ist unbefriedigend und methodisch bedenklich. Auch die Aussage, daß eine Selbstunsicherheit die entscheidende psychologische Bedingung sei, kann für sich allein nicht unmittelbar überzeugen. Dennoch läßt sich in entsprechenden Fällen durch gewichtige Indizien der Zusammenhang einleuchtend machen.

Am ehesten muß an den psychologischen Faktor der Selbstunsicherheit eines Straftäters gedacht werden, wenn die Tat motivisch unklar ist, und der Täter ihr überzeugend ratlos gegenübersteht. Wenn gleichzeitig die Erforschung der Lebensentwicklung — nach Ausschluß einer Krankheit — zeigt, daß stets eine ängstliche, gehemmte und unsichere Haltung vorherrschend war, so ist eine Beziehung zwischen der inneren Unsicherheit und einer abwegigen oder über das Ziel hinausschießenden Reaktion zu vermuten. Viele äußere und innere Umstände mögen motivisch bedeutungsvoll erscheinen. Entscheidend ist die eingehende Erforschung des Charakters und der schlüssige Nachweis der Selbstunsicherheit außerhalb der Fehlhandlung.

Bei der psychologischen Beurteilung einer schwer verständlichen Ausweich- oder Fehlhandlung gerät man häufig in große Verlegenheit. Zunächst besteht die Gefahr, daß der Handelnde für sein ihm selbst rätselhaft erscheinendes Tun eine Reihe von Erläuterungen anbietet, die das tatsächliche Motivationsgefüge entstellen. Im übrigen ist die Versuchung groß, über die Grenzen des Verstehens hinaus Deutungen anzuwenden, die den motivischen Zusammenhang zwar zu klären scheinen, grundsätzlich aber zu methodischen Verirrungen führen. Mannigfache innere Zusammenhänge sind in einzelnen Sonderfällen möglich, aber nicht alle lassen sich erweisen oder als ausschlaggebend erkennen. Die wichtige Erfahrung jeder Handlungspsychologie, daß nicht alles Handeln evident und zureichend zu motivieren ist, wird bei den Selbstunsicheren besonders eindrucksvoll belegt.

Starke Selbstunsicherheit disponiert im allgemeinen nicht zu antisozialem oder gar kriminellem Verhalten. Jedoch kann es in den schwer zu steuernden affektiven Entgleisungen zu Handlungen kommen, die nach dem Tatbestand ein schweres Verbrechen darstellen. In Frage kommen hauptsächlich Sexualdelikte oder ausgefallene Triebhandlungen.

Man kann an eine Beziehung der Selbstunsicherheit zur Willensschwäche denken. Die Gehemmtheit ist oft der Entschlußlosigkeit sehr ähnlich. Tatsächlich versagt auch bei den ungewöhnlichen Ausweichreaktionen der Wille ganz entscheidend. Bei der Willensschwäche spielen jedoch die äußeren Versuchungssituationen eine wichtige Rolle. Der Selbstunsichere unterliegt innerlichen Impulsen, über die er die angemessene Kontrolle verliert. Ein psychologischer Zusammenhang mit der Willensschwäche ist bei den Fällen gegeben, in denen der Willensschwache das ständig sich wiederholende Einstürzen seiner guten Vorsätze sehr stark im Lichte des Selbstwerterlebens verarbeitet. Er findet auf diese Weise immer neuen Grund für Selbstwertzweifel. Eine Kombination von Willensschwäche und Selbstunsicherheit führt dazu, daß der Mensch sowohl den situationsgebundenen Versuchungen als auch den innerlichen Fehlregulationen unterliegt.

Kurt Schneider hat auf die enge Beziehung zur depressiven Struktur hingewiesen, die zweifellos sehr entscheidend ist. Ohne den Nachweis depressiver Züge ist die Annahme einer vorherrschenden Selbstunsicherheit fraglich. Hyperthyme Wesenszüge sind mit der Selbstunsicherheit nicht vereinbar. Allerdings kann sich eine besondere Art von Lebhaftigkeit in Verbindung mit der Selbstunsicherheit zeigen, die den inneren Konfliktreichtum überdeckt. Erläuternd spricht man manchmal von Überkompensation. Damit ist jedoch der erste Schritt zu einer Deutung getan, die wir vermeiden möchten.

Wenn die Betriebsamkeit eines selbstunsicheren Menschen gelegentlich nur als Verhaltensfassade anzusehen ist, bleibt doch die Frage angebracht, inwieweit darin gleichzeitig ein primärer Wesenszug hervortritt. Die Gegenüberstellung von echter und unechter Betriebsamkeit kann nur als Hinweis auf zwei verschiedene Typen einer Eigenschaft angesehen werden, ohne daß eine scharfe Abgrenzung möglich ist. Es scheint jedoch bedenklich, eine im seelischen Erscheinungsbild deutlich hervorstechende Betriebsamkeit bei gleichzeitig stark ausgeprägter Selbstunsicherheit ohne weiteres als primäre Eigenschaft anzusehen. In der Regel ist bei dieser Kombination dem Mangel an Selbstsicherheit ein größeres charakterologisches Gewicht beizumessen.

Was wir von der Betriebsamkeit in Verbindung mit der Selbstunsicherheit gesagt haben, trifft in ähnlicher Weise für das Geltungsbedürfnis zu. Die innere Unsicherheit kann zu betont geltungssüchtigen Reaktionen führen. Dabei steht für die Beschreibung des Verhaltens der geltungsbedürftige Zug häufig im Vordergrund, während charakterlogisch der Selbstunsicherheit die größere Bedeutung zukommt. Ist das Geltungsbedürfnis von einer inneren Unsicherheit getragen, so kann es schwerlich als ein dominanter Grundzug des Charakters angesehen werden. Wir haben von dieser Form des nur scheinbaren oder unechten Geltungsbedürfnisses früher gesprochen.

Gemütsarmut und Selbstunsicherheit besitzen keine charakterologische Affinität im Sinne von *Philipp Lersch.* Wohl können einzelne Entgleisungen, die sich bei starker Selbstunsicherheit einstellen, recht grausam wirken. Manchmal bietet ein selbstunsicherer Mensch auch eine gefühlskalte Fassade, aber ein vorherrschender Mangel an Selbstsicherheit ist nicht mit dem Grundzug der Gemütsarmut vereinbar. Dies wird besonders deutlich, wenn wir auf die sensitiven Züge hinweisen, die zur Selbstunsicherheit gehören, der Gemütlosigkeit aber völlig fremd sind. In dieser Hinsicht können wir Selbstunsicherheit und Gemütsarmut als charakterologische Gegenpole ansehen.

Die aus einer Selbstunsicherheit erwachsenden inneren Konfliktreaktionen stehen in einer engen Beziehung zu den Konfliktreaktionen, die durch eine äußere Augenblickskonstellation motiviert sind. Die erlebnisabhängigen Vorgänge, die häufig keinen Zusammenhang mit einem charakterlichen Grundzug aufweisen, werden wir später noch erläutern.

Die Selbstunsicherheit besitzt keine näheren Beziehungen zur geistigen Begabung. Es ist allerdings festzustellen, daß sich bei intelligenten oder differenzierten Menschen die Selbstwertkonflikte auf einer höheren Ebene ausbilden. Ihre Probleme sind anspruchsvoller als die der Minderbegabten. Besteht neben der Selbstunsicherheit eine geistige Minderbegabung, so gestalten sich die Fehl- und Ausgleichshandlungen mehr oder weniger primitiv. Sofern sie einen Straftatbestand erfüllen, sind sie leicht durchschaubar und erwecken nicht wie bei den normal oder höher Begabten den Eindruck eines schwer zu motivierenden Deliktes. Für die Debilen sind in diesem Zusammenhang die plumpen Entgleisungen des Sexualtriebes kennzeichnend.

Liegt eine Unterbegabung vor, so können gleichzeitig bestehende Minderwertigkeitsgefühle dadurch dauernd neue Nahrung finden. Das Gefühl des Zurückgesetztseins hat seine reale Begründung, wenn der minderbegabte Jugendliche von den Gleichaltrigen entweder gehänselt oder böswillig übervorteilt wird. Dies kann zu einer starken Verfestigung affektiver Spannungen und zu einer Steigerung der Selbstunsicherheit führen. Außerdem fehlt dem intellektuell schwach Begabten die Möglichkeit, durch den Erwerb rationaler Sinngehalte seine Selbstwertproblematik etwas auszugleichen oder zu überwinden. So ist die Kombination von Selbstunsicherheit und geistiger Minderbegabung eine besonders ungünstige Konstellation für die Bewährung im Leben.

In den verschiedenen Reifungsphasen macht die Selbstunsicherheit erhebliche Wandlungen durch. Bei den Kindern zeigt sie sich meist in einer auffallenden Ängstlichkeit. *August Homburger* hat die ängstlichen Kinder ausführlich beschrieben und die Beziehungen zur Selbstunsicherheit aufgezeigt. Die Ängstlichkeit hängt mit der sensitiven Reaktionsweise zusammen. Häufig finden wir bei diesen Kindern als Ausdruck der Selbstunsicherheit eine starke Gehemmtheit oder Verlegenheit.

Mit dem Eintritt in die Pubertät gewinnt kein seelischer Grundzug eine so große Bedeutung wie die Selbstunsicherheit. Die Pubertät ist die entscheidende Schwelle zur Selbstfindung des Menschen. In dieser Zeit wird das seelische Ich entdeckt, und an ihm werden in erster Linie alle nur denkbaren Unzulänglichkeiten bemerkt. Die damit verbundene Krise des Selbstbewußtseins kann sehr flüchtig bleiben, kann aber auch den Zeitraum von einem Jahr überdauern. Herrschen die Selbstwertzweifel wesentlich länger vor, so sind sie als Merkmal des Charakters tiefer verankert und nicht nur dem Reifungsgeschehen zuzuordnen. Viele Verhaltensauffälligkeiten, die als Begleit- oder Folgeerscheinung der Selbstunsicherheit beschrieben wurden, sind typische Züge der Pubertät. Insbesondere die reifungsspezifische Eitelkeit, die sich teilweise in recht exzentrischer Weise auswirkt, und manche Formen der betriebsamen Ausgelassenheit in den Flegeljahren erwachsen aus dem entwicklungsbedingten Verlust an Selbstsicherheit.

Die in der Pubertät sich vollziehende „Entdeckung des Ich" *(Eduard Spranger)* geht mit einer „Wendung des Blickes nach innen" einher, zugleich aber auch mit einer Blickwendung in die Zukunft. Die ersten ernstgemeinten Lebenspläne werden in dieser Zeit entworfen. Gelingt der Entwurf eines Lebensplanes nicht, so hat das möglicherweise erhebliche Rückwirkungen auf das Selbstwerterleben. Umgekehrt ist bei schon manifester Selbstunsicherheit auch die Bildung eines Lebensplanes beeinträchtigt. In welcher Wirkungsrichtung jeweils der größere Einfluß stattfindet, kann im Einzelfall nicht entschieden werden. Bei etwas stärkerem Selbstbewußtsein erleben viele Jugendliche die in ihrer Zukunft liegende Unsicherheit gar nicht. Das gilt besonders für diejenigen, die sich einfach treiben lassen, oder die in ihrer Betriebsamkeit Genüge finden. Für sie spielt auch die Entdeckung des eigenen Ich eine geringe Rolle. Der Verlauf der Pubertät erfährt auf diese Weise verschiedenartige Wandlungen, die wahrscheinlich mehr in einer vorgegebenen Prägung des Charakters verankert sind, als daß sie in faßbare phasenspezifische Kräftewirkungen zerlegt werden können.

Mit diesen Ausführungen sind eine Reihe von Entwicklungslinien angedeutet, die über die Pubertät hinausweisen und für die verschiedenen Menschen eine persönlichkeitseigene Charakterprägung vorzeichnen. Nach Überwindung der pubertätseigenen Selbstunsicherheit werden die persönlichkeitsbestimmenden Grundzüge im Laufe der Jugendjahre immer deutlicher. Bleibt die Selbstunsicherheit bei einem Jugendlichen sehr ausgeprägt, so ist sie als ein Wesensmerkmal des Menschen anzusehen, das sich entweder in abwegigen Charakterentfaltungen weiter manifestieren oder durch die Entwicklung anderer Grundzüge in ein leidlich kompensiertes Gleichgewicht hineinfinden wird.

Ein Gesichtspunkt ist im Zusammenhang mit der Pubertät und der für sie typischen Selbstunsicherheit noch zu erwähnen. Zeitlich wird die Pubertät durch das Auftreten der ersten Zeichen einer sexuellen Reifung bestimmt. Nicht jedem Jugendlichen gelingt es, diese neue Erlebniswelt unmittelbar in sachgerechter Weise zu verarbeiten. Diese Schwierigkeiten nähren manchen Selbstzweifel. Oft würde der Jugendliche ohne Beeinflußung von außen nicht in nachhaltige sexuelle Skrupel hineingeraten. Aber das Protzen, schamloses Gerede oder Herausforderungen von Gleichaltrigen oder Älteren können auf Grund der noch nicht konsolidierten Selbstsicherheit Konflikte hervorrufen. So sind mannigfache Gründe vorhanden, die während der Pubertät das Selbstwerterleben zu beeinträchtigen vermögen.

Die Entwicklungsbedingungen, nach denen sich die Selbstunsicherheit in einem Fall stärker und im anderen weniger intensiv oder weniger nachhaltig entfaltet, kennen wir nicht. Wenn die Selbstunsicherheit frühzeitig ihren Ausdruck in einer inadaequaten Einstellung zum sexuellen Triebgeschehen findet, drängt sich leicht die Vermutung auf, daß sie in einer sexuellen Fehlregulation ihren motivischen Ursprung habe. In anderen Fällen sind die Selbstwertzweifel sehr eng an das Erlebnis echter oder nur vermeintlicher körperlicher Minderwertigkeiten gebunden. Es ist unzweifelhaft, daß durch eine Körperbehinderung oder eine vielleicht unbedeutende Mißbildung der Selbstunsicherheit sehr viel Konfliktstoff zuwächst. Die Verfestigung der Insuffizienzgefühle wird dadurch sicher begünstigt. Jedoch läßt sich in keinem Fall erweisen, daß die Selbstunsicherheit als Charakterzug erst infolge dieser Gegebenheiten entsteht.

Die Frage, nach welchen Gesetzen sich die Selbstunsicherheit entwickelt, hat zur Begründung sehr einflußreicher Theorien geführt. Dem Nachweis von selbstwertmindernden Erlebnissen und sogenannten Versagungen („Frustrationen") in der Kindheit mißt man vielerorts größte motivische Bedeutung zu. Auf eine weitläufige Auseinandersetzung mit diesen verbreiteten Anschauungen möchten wir verzichten, obwohl durch diese Lehren fixierte Vorurteile geprägt sind, die der Darlegung unseres methodischen Vorgehens im Wege stehen. An dieser Stelle sei nur hervorgehoben, daß diejenigen Jugendlichen und Erwachsenen, bei denen der Grundzug der Selbstunsicherheit deutlich im Vordergrund steht, die geeigneten Beispiele für jede Theorie der Neurosenbildung liefern. Die biographischen Zusammenhänge lassen sich immer so interpretieren, daß sich daraus — dem Anschein nach zwangsläufig — die Entstehung von Komplexen, von affektiven Fehlregulationen oder ein Versagen gegenüber einzelnen Aufgaben des Lebens erklären läßt. Man sieht es als verständlich an, daß ein Mensch, bei dem man in der Kindheit genügende Umstände auffindet, die sein Selbstbewußtsein mindern konnten, schließlich auch Minderwertigkeitskomplexe oder sonstige Fehlhaltungen und Fehlhandlungen bietet.

Bei kritischer Betrachtung ist es aber nicht zu verstehen, warum sich der eine Mensch gerade in dieser Richtung entwickelt und der andere unter ähnlichen oder noch ungünstigeren äußeren Umständen eine völlig andere und sozial wesentlich besser angepaßte Prägung erfährt. Mehr als bei allen anderen charakterlichen Grundzügen ist bei dem Vorliegen einer Selbstunsicherheit die Gefahr außerordentlich groß, genetisch-dynamische Deutungen anzuwenden und die Grenze der Methode des Verstehens zu überschreiten. Wir beschränken uns deshalb möglichst streng auf die Erfassung und Beschreibung des Grundzuges, den wir mit dem Ausdruck Selbstunsicherheit bezeichnen.

Aus der Geschichte der psychotherapeutischen Lehren sei als besonders bemerkenswert hervorgehoben, daß *Alfred Adler* seine ganze Theorie, die er Individualpsychologie benannte, auf den für ihn zentralen Begriff des Minderwertigkeitskomplexes aufgebaut hat. Außerdem heißt das grundlegende Werk der Neo-Psychoanalyse von *Harald Schultz-Hencke:* „Der gehemmte Mensch". Dabei ist ausdrücklich der Typ eines Menschen in den Mittelpunkt dieser Theorie gestellt, der in erster Linie die Selbstunsicheren umfaßt. Die Bedeutung, die der zwangsneurotischen Struktur in den psychoanalytischen Theorien zukommt, ist ein weiterer Hinweis, wie stark die Aufmerksamkeit gerade auf den Grundzug der Selbstunsicherheit gerichtet wird. Wir wollen nicht die ernsthaften ärztlichen Bemühungen mancher praktisch tätiger Psychotherapeuten schmälern. Bedenklich und überraschend ist jedoch der Umstand, daß die bei einem „nervösen Charakter" *(Alfred Adler)* gewonnenen Erfahrungen oder die bei den an ihrem Konflikt leidenden Menschen gesammelten Beobachtungen in der Theorie so sehr verallgemeinert werden. Diese Tatsache findet sicher eine entscheidende Erklärung darin, daß alle psychotherapeutischen Schulen auf die selbstunsicheren Persönlichkeiten eine besondere Anziehungskraft ausüben. Zudem sind gerade diese Menschen am häufigsten mit sogenannten Komplexen oder Neurosen belastet, die der Psychotherapeut bevorzugt behandelt.

Die Jugendlichen mit einer ausgeprägten Selbstunsicherheit liefern noch auf andere Weise ein besonders geeignetes Material zur Theorienbildung. Wir finden unter den Minderjährigen mit wenig gefestigtem Selbstbewußtsein zahlreiche Beispiele, bei denen dem Anschein nach eine verzögerte Reifung oder eine verlängerte Pubertät nachzuweisen ist. Viele moderne Theorien über die Entwicklungsdisharmonien sind auf solche Fälle gestützt. Das Mißverhältnis zwischen den affektbesetzten seelischen Bereichen und dem Gesamterleben oder der Gesamtpersönlichkeit, wie wir es bei den selbstunsicheren Menschen beobachten, läßt scheinbar jede Annahme von Teilretardierungen und gestörten Reifungsproportionen eindrucksvoll belegen. Die daraus abgeleiteten Folgerungen für die Reifebeurteilung sind jedoch methodisch ebenso problematisch wie die Ergebnisse der Neurosediagnostik in den psychotherapeutischen Schulen. Wer über die Beschreibung der charakterlichen Besonderheiten hinausgeht und mit einem entwicklungsdiagnostischen Anspruch von Reifungsdisharmonie spricht, verläßt den Boden gewissenhafter psychologischer Methodik. Selbstverständlich können wir gerade bei Jugendlichen viele Dissonanzen innerhalb der verschiedenen Erlebnisbereiche aufweisen. Wir müssen aber bedenken, daß dies zum Jugendlichsein hinzugehört, also normal ist. Überschreiten die Proportionsverschiebungen innerhalb der verschiedenen Altersklassen ein durchschnittliches Ausmaß, dann ist die Annahme einer Reifungshemmung — sofern nicht krankheitsbedingte Verzögerungen vorliegen — mit keiner Methodik zu beweisen. Wir können nicht mehr tun als solche Disharmonien beschreiben. Aus der Erfahrung wissen wir, daß sie in besonders enger Beziehung zum Grundzug der Selbstunsicherheit stehen. Es bleibt die Frage offen, ob die Selbstunsicherheit im Einzelfall dem Reifungsgeschehen der Pubertät zugeordnet werden kann oder nicht. An eine solche Zuordnung ist selbstverständlich nur dann zu denken, wenn ein nachweisbarer zeitlicher Zusammenhang mit dem Durchbruch der Sexualität besteht. Ist der zeitliche Zusammenhang nicht gegeben, wird jede Behauptung, daß dennoch ein ursächlicher Zusammenhang vorliege, zur reinen Spekulation.

Zur Frage, welche erzieherischen Konsequenzen sich aus der Selbstunsicherheit ergeben, können wir nur einige grundsätzliche Gedanken anführen. Bei der differenzierten und teilweise recht problematischen Natur der selbstunsicheren Menschen ist das Thema der geeigneten pädagogischen oder auch strafrechtlichen Behandlung überhaupt nicht zu erschöpfen. Alle Maßnahmen sind in diesen Fällen stark zu individualisieren. Zahlreiche Gesichtspunkte der modernen Pädagogik und Strafjustiz werden dem von der Selbstunsicherheit geprägten Menschen — wie kaum einem anderen — in optimaler Weise gerecht. Harte Strafen sind psychologisch sicher unangemessen, weil das Selbstwertgefüge damit allzu sehr erschüttert werden kann. Aber auch der Verzicht auf jegliches Strafen dient der Selbstwertordnung im allgemeinen nicht. Sowohl der junge Mensch als auch die selbstunsichere reife Persönlichkeit hat häufig ein ausgesprochenes Straf- oder Sühnebedürfnis. Der durch eine Fehlhandlung eingetretene Verlust an Selbstsicherheit ist am ehesten auszugleichen, wenn eine verwirkte Strafe auch verhängt und abgebüßt wird.

Bei der Beschäftigung mit den selbstunsicheren Menschen wird man immer dazu neigen, den Schlagworten „Erziehen statt Strafen“ oder „Heilen statt Strafen“ eine gewisse Berechtigung zuzusprechen. Jedoch bleibt zu beachten, daß das Erziehen und das sogenannte Heilen entweder sehr günstige äußere Existenzbedingungen voraussetzen oder einen mühsamen Weg intensiver Einzelbetreuung erfordern. Wirklich geholfen wird einem Menschen mit starker Selbstunsicherheit am ehesten, wenn ihm ein starkes Vorbild gegenwärtig ist, dem er sich anschließen kann, oder wenn ihm eine sehr beständige und menschlich-vertrauensvolle Zuwendung zuteil wird.

Das klare Bild einer äußeren Wertordnung bietet eine wichtige Voraussetzung für die Förderung der Selbstsicherheit und für die Ausrichtung der Selbstwertgefühle. Es ist gar nicht entscheidend, welche Wertordnung dabei vertreten wird. Selbst ein System festgefügter praktischer Zwecke kann eine solche Wertwelt darstellen. Jede Persönlichkeit, die das System einer mehr ideellen oder mehr praktischen Wertewelt verkörpert, vermag auch ohne pädagogische Intention sehr stark einzuwirken. Je mehr die Basis der natürlichen oder metaphysischen Werte zerbricht, um so ungünstiger werden die Entwicklungs- und Erziehungsbedingungen gerade für den selbstunsicheren Menschen.

Im Bereich des Strafrechtes besteht heute für viele Jugendliche der Eindruck einer Rechtsunsicherheit. Dies ist in mancher Hinsicht bedenklich, für die selbstunsicheren Jugendlichen aber besonders verhängnisvoll. Erzieherisch wirksam sind für ihn nur die klaren, unausweichlichen und in einer Wertordnung überzeugend begründeten Entscheidungen. Die Unsicherheit im Inneren kann nur durch eine menschlich und sachlich überzeugende Sicherheit in der Umwelt ausgeglichen oder überwunden werden.

Bei den Jugendlichen mit einer ausgeprägten Selbstunsicherheit wirken sich Erziehungsfehler besonders ungünstig aus. Die Möglichkeiten der Fehlentwicklung sind sehr zahlreich. Daher hat sich die Meinung entwickelt, für die Betreuung dieser Minderjährigen sei ein besonderer erzieherischer Aufwand erforderlich. Meist wird jedoch durch ein Zuviel an pädagogischer Einwirkung die abwegige Entwicklung noch begünstigt. Eine unbefangene Natürlichkeit und eine schlichte pädagogische Intuition sind die wichtigsten Bedingungen, um der Erziehung eines Selbstunsicheren gerecht zu werden. Er bedarf des freundschaftlichen Rates und der mitmenschlichen Zuwendung, aber nicht der Bevorzugung oder Schonung. Nicht kritiklose Milde, sondern die richtige Verbindung von Nachsicht und Konsequenz helfen ihm, sich gegenüber seiner Selbstunsicherheit zu behaupten. Damit sind erzieherische Maximen aufgestellt, die als Grundsätze aller Pädagogik gelten. Bei den selbstunsicheren Minderjährigen muß man sich auf die Selbstverständlichkeit dieser Erziehungsregeln besonders besinnen.

Bei keinem der forensisch belangvollen Charakterzüge ist die kriminologische Prognose so günstig wie bei der Selbstunsicherheit. Wenn die selbstunsicheren Jugendlichen kriminelle Handlungen begehen, so verkörpern sie in der Regel den Typ, den die Kriminologen mit dem Ausdruck „Entwicklungstäter" bezeichnen. Strafbares Verhalten ist bei ausgeprägter Selbstunsicherheit in den meisten Fällen eine vorübergehende Erscheinung. Nach Abbüßung der Strafe ist die Gefahr des Rückfalls außerordentlich gering. Selbst wenn sich eine gewisse Verfestigung krimineller Entgleisungen zeigt, darf noch sehr zuversichtlich mit einer völligen Umstellung des Verhaltens gerechnet werden. Die Strafe ist praktisch immer eine wirksame Warnung. Nur ganz selten und zwar dann, wenn ein Fehlverhalten lange nicht entdeckt wird und der Anreiz zur Wiederholung fortbesteht, kann sich beispielsweise eine abartige sexuelle Einstellung derart fixieren, daß es Jugendlichen schwer fällt, Handlungen, die strafrechtliche Auswirkungen nach sich ziehen, unmittelbar aufzugeben.

Die günstige Entwicklungsaussicht betrifft selbstverständlich in erster Linie die kriminologische Prognose. Anders ist es mit den zugrundeliegenden Affektstörungen. Nicht nur der Grundzug der Selbstunsicherheit bleibt als dominantes Merkmal unbeeinflußt, sondern auch die sogenannten Komplexe und die inneren Konflikte bestehen meist fort. Es ist nicht leicht, sie erfolgreich psychotherapeutisch anzugehen. Die Möglichkeit, daß sich durch eine Straftat die affektive Überspannung endgültig entlädt, wird zwar häufig diskutiert, kann aber sicher nur extrem selten empirisch belegt werden. Eher ist nach Auferlegung einer angemessenen — keinesfalls zu harten, aber auch nicht nur „symbolischen" — Strafe das seelische Gleichgewicht und die Selbstwertordnung wiederhergestellt.

Wenn wir zuletzt noch von einigen Besonderheiten sprechen wollen, so erscheint uns auf Grund unserer Erfahrung ein Punkt recht wichtig und noch einmal betonenswert. Die Strafhandlungen, die sich in der dargelegten Weise aus einem Selbstwertkonflikt oder einer daraus erwachsenden Komplexbildung ableiten lassen, sind in ihren motivischen Zusammenhängen manchmal schwer zu verstehen. Dadurch wirken die Delikte motivisch weitgehend ungeklärt, so daß unmittelbar der Gedanke auftaucht, sie könnten Ausdruck einer seelischen Erkrankung sein. Da in der forensischen Psychiatrie die „Initialdelikte" bei zunächst symptomarmen Schizophrenen besondere Beachtung verdienen, muß man gelegentlich bei den ungewöhnlichen Straftaten eines jungen Menschen an eine beginnende schizophrene Psychose denken.

Wir haben zwar in der von uns überschaubaren Kasuistik keinen Heranwachsenden gefunden, der diese differentialdiagnostischen Erwägungen nach einem Delikt aufgegeben hätte, sind aber in der Klinik häufig vor eine ähnliche Frage gestellt, wenn ein sonst absonderliches Verhalten den Verdacht auf eine Geistesstörung erweckt. Zwei Täter, die zwar nicht mehr zur Altersgruppe der Heranwachsenden, sondern schon zu den sogenannten Jungerwachsenen zu zählen waren, haben uns die hier interessierende Problematik besonders eindrucksvoll gezeigt. Als Jungerwachsene werden im kriminologischen Schrifttum die 21- bis 25-jährigen Täter bezeichnet, bei denen — wie häufig betont wird — noch viele dem Jugendalter vergleichbare Erscheinungsformen des Fehlverhaltens zu beobachten sind. Da sich — wie einleitend zur Genüge betont — viele Gesichtspunkte aus der Erwachsenenpsychiatrie ohne weiteres auf Heranwachsende übertragen lassen, zitieren wir diese eindrucksvollen Fälle etwas ausführlicher, obwohl sie nicht zum engeren Erfahrungsschatz der Jugendpsychiatrie gehören.

Der eben 25 Jahre alte Bergarbeiter Valentin A. beging innerhalb weniger Wochen etwa 40 versuchte und vollendete Brandstiftungen. Er legte regelmäßig in den Nächten von Samstag auf Sonntag wahllos in seinem Wohnort verteilt Brände, die zum Teil sehr hohen Sachschaden anrichteten. Obwohl ihm von Woche zu Woche ein größeres Aufgebot an Polizei nachstellte, wurde er schließlich fast nur durch einen Zufall als verdächtig ermittelt. Seine Familie war völlig ahnungslos. Er selbst gab alle Straftaten bald zu und erklärte, unter einem Zwang gehandelt zu haben. Die psychiatrische Begutachtung führte zur Annahme einer Schizophrenie. Dabei wies man auf das ungewöhnliche und durchaus „persönlichkeitsfremde" Delikt hin, das sich keinesfalls auf Geltungssucht, auf eine Freude am Feuer oder auf eine einleuchtend aggressive Haltung zurückführen ließ. Außerdem wurde aus den Angaben der Angehörigen und auf Grund des Untersuchungsergebnisses eine Kontaktstörung mit starker Hemmung, eine „inadaequate" Affektlage und eine gewisse Verschrobenheit in der Darstellung der Motive hervorgehoben. Es erfolgte Freispruch auf Grund der Diagnose Schizophrenie, und A. wurde wegen der Gemeingefährlichkeit der fortgesetzten Straftaten in einer Heilanstalt untergebracht. Nach einjähriger stationärer Beobachtung war die Annahme einer Schizophrenie nicht mehr aufrechtzuerhalten. Es wurde die Diagnose einer „Neurose" gestellt und ein Wiederaufnahmeverfahren eingeleitet, in dem wir als Gutachter tätig waren.

Auf Grund der ausführlichen Beobachtungsergebnisse der psychiatrischen Anstalt und einer mehrtägigen Beobachtung in unserer Klinik konnten wir die Diagnose Schizophrenie eindeutig verneinen. Inzwischen waren seit dem Delikt über drei Jahre verstrichen. Der Täter hatte sich auf Grund seiner guten Intelligenz intensiv mit der Frage beschäftigt, wie er zu den Brandstiftungen gekommen sein könnte. Im wesentlichen brachte er jetzt folgendes vor: Schon seit seinem 16. Lebensjahr habe er gelegentlich intimere Beziehungen zu Freundinnen aufgenommen. Zuletzt habe eine Bekannte von ihm ein Kind erwartet. Ihrem unmittelbaren Heiratswunsch habe er nicht so plötzlich zustimmen können. Darauf habe sie eine Abtreibung vorgenommen. Sie sei auch bestraft worden, und das Verhältnis sei auseinandergegangen. „Und dann hatte ich später immer Angst, so etwas könnte wieder passieren, und dann bin ich allmählich impotent geworden, und ich hatte so etwas wie sexuelles Lampenfieber." Da er regelmäßig, zum Teil mit Überstunden, gearbeitet habe, sei er in der Woche nicht „auf dumme Gedanken" gekommen. Aber an den Wochenenden, die er sonst mit seiner Freundin in recht intimer Weise zugebracht habe, hätten ihn viele Gedanken über sein Schicksal bewegt. Allmählich habe sich ein richtiger Haß gegen die Welt in ihm entwickelt. „Schließlich hatte ich richtig Angst vor den Wochenenden. Man kann auch nicht ganz ‚Angst' sagen. Dann hatte ich alle die Erinnerungen, und dann wurde mir zum Wochenende immer ganz anders. Und wenn man dann die Liebespärchen wieder so gesehen hatte, dann brach der Haß wieder so stark durch." — „Mein Haß richtete sich nicht gegen bestimmte Personen ... man versuchte immer mal wieder mit einem Mädchen Kontakt oder auch intime Beziehungen aufzunehmen, und dann merkte man, daß das nicht ging, und dann war man mit allem unzufrieden. — Es war ein langsam schwelender Haß, kein Affekt." Keinen einzigen Brand habe er mit Überlegungen zum Nachteil einer bestimmten Person angezündet. „Ich glaube kaum, daß ich zu dem Gedanken fähig gewesen wäre, einen Bestimmten zu schädigen." Er sei einfach in zugängliche Keller oder Scheunen eingestiegen, habe brennbares Material zusammengeschichtet und dann das Feuer entzündet. Es sei ihm jetzt völlig unerklärlich, wie er sich in besonnener Weise so habe betätigen können. Er habe sich niemals an den Brandstellen länger aufgehalten, um den Erfolg abzuwarten oder sich am Spiel der Flammen zu erfreuen. „Im Krieg sah ich fast jede Nacht Brände in Berlin. Die Zeit war schrecklich, und ich konnte wirklich keine Freude an Bränden oder am Feuer haben." Nachdem er mehrere Brandlegungen ausgeführt habe, sei er jedesmal gleich nach Hause gegangen und habe sich ins Bett gelegt. Er habe auch nicht in den Tageszeitungen verfolgt, was im einzelnen aus seinen Taten geworden sei.

Selbstverständlich ergab sich die Notwendigkeit, ausführlich über viele biographische Fragen mit dem Täter zu sprechen. Dabei zeigte sich, daß schon in früher Kindheit das Merkmal einer starken Gehemmtheit hervorgetreten war. Die Mutter schilderte in der Hauptverhandlung anschaulich, wie ihr Sohn immer ein zurückhaltendes, skrupelhaftes, zeitweise sehr ängstliches Sorgenkind gewesen sei. Symptomatisch erschien vor allem der Umstand, daß Valentin sich wegen dieses Vornamens oft unerklärliche Gedanken gemacht habe. Die Angehörigen hätten das nie recht verstanden, aber er habe sich lieber „Viktor" genannt. Die Bedeutung „Sieger" sei ihm dabei bewußt gewesen.

Daß dem strafbaren Handeln in erster Linie ein „verletztes Selbstwertgefühl" zugrunde lag, ist von dem Sachverständigen, der den Täter ein Jahr in der Anstalt beobachtet hatte, ausdrücklich hervorgehoben worden. Aus dieser Feststellung heraus meinte er, unter Anwendung des Begriffes Neurose die Annahme einer verminderten Zurechnungsfähigkeit begründen zu können. Wir haben uns für volle Zurechnungsfähgkeit ausgesprochen und haben im Gutachten geschrieben: „Die Unterstellung eines schweren Selbstwertkonfliktes mag... mildernde Umstände begründen. Diese können aber nach unserem fachärztlichen Ermessen nicht im Rahmen des § 51 Absatz 2 StGB gesehen werden." Der Tatsache, daß Valentin A. vor seinen Taten immer ein bis zwei Flaschen Bier getrunken hatte, konnten wir nach dem Ergebnis der Ermittlungen keine Bedeutung beimessen.

Als der Angeklagte von uns untersucht wurde, war er schon einige Monate auf freiem Fuß, hatte sich in seiner Familie „wieder ganz patent" eingelebt und bekleidete provisorisch einen Arbeitsplatz, um nach dem Abschluß des Verfahrens auf seine alte Stelle zurückzukehren. Die ganzen inneren Verstrickungen und Skrupel, die zu seiner Tat geführt hatten und die ihm durch die Tatfolgen schließlich noch stärker bewußt geworden waren, erschienen völlig überwunden. Er zeigte sich durchaus kontaktfähig, affektiv gelockert und zugleich reumütig. Wir haben es daher als ein ärztliches und menschliches Anliegen angesehen, unserem Gutachten den folgenden Gedanken anzufügen: „In welchem Maße nach Ablauf einer so langen Frist — inzwischen sind über drei Jahre verstrichen und etwa eineinhalb Jahre Freiheitsentziehung verbüßt — Strafe im eigentlichen Sinn dieses Wortes noch einen sühnenden Zweck oder einen psychologischen Sinn hat, muß dem richterlichen Urteil überlassen bleiben." In der Hauptverhandlung haben wir auf entsprechende Fragen geäußert, daß mit einer weiteren Freiheitsstrafe dieser selbstunsicheren Persönlichkeit nur ein neuer seelischer Konflikt zugefügt werden könne. Nach psychologischem Ermessen sei für diesen Menschen das Maß der zumutbaren Sühne und auch der erforderlichen Warnung erreicht. Obwohl das Gericht — wegen des den Straftaten vorausgegangenen Alkoholgenusses — die Voraussetzungen des § 51 Absatz 2 StGB bejaht hat, wurde Valentin A. noch zu vier Jahren Gefängnis verurteilt. Immerhin wurde die Verbüßung der Reststrafe im Gnadenwege zur Bewährung ausgesetzt.

Unsere weiteren Erläuterungen über diesen Fall möchten wir an die Formulierung eines Vorgutachters in diesem Verfahren anknüpfen. Er hat in seinem Gutachten geschrieben: „Es sind Protestreaktionen eines charakterlich unreifen, innerlich zerrissenen Jünglings." Manches Kriterium läßt sich dafür anführen, in diesen Straftaten ein Entwicklungsdelikt zu sehen. Zweifellos sind manche Rechtsbrüche bei später nie wieder straffällig werdenden Jugendlichen oder Heranwachsenden in ganz ähnlicher Weise zu deuten. Alle vergleichbaren Fälle scheinen uns enge Beziehungen zum charakterlichen Grundzug der Selbstunsicherheit aufzuweisen. Man mag auch von Unreife sprechen, die jedoch keineswegs so geartet ist, daß sie eine Gleichstellung mit einem Jugendlichen zuläßt. Die aufweisbaren psychologischen Kriterien, die hier an Unreife denken lassen, sind nicht typisch für einen Jugendlichen und können nicht als „jugendtümliche Züge“ bezeichnet werden. Sie sind nur typisch für einen so gearteten selbstunsicheren Menschen. Es ist richtig, daß bei großer Selbstunsicherheit oft in späteren Lebensjahren noch ein entscheidender Reifungsschritt im Sinne der sozialen Anpassung zurückgelegt wird. Dennoch ist auch in solchen Fällen keine Aussage über den sogenannten Reifungsgrad möglich, da man das Reifungsziel der jeweiligen Persönlichkeit nicht kennt. Die allgemeine Feststellung einer „mangelnden Reife“ ist ohne psychologischen Aussagewert.

Der Fall Valentin A. würde natürlich reichhaltigen Stoff für psychodynamische, tiefenpsychologische oder analytische Deutungen geben. Aussagen über die Beziehungen von Sexualität und Feuer, das Schlagwort einer Ersatz- oder Symbolhandlung und manche andere Interpretationen drängen sich unter Anwendung solcher Gesichtspunkte geradezu auf. Uns scheint aber bei diesem sonderbaren Straftäter, der zunächst als Geisteskranker angesehen wurde, der Hinweis auf seine Selbstunsicherheit die einzige Feststellung, die empirisch genügend begründet und zugleich für jede praktische Konsequenz ausschlaggebend ist. Man kann mit den Worten eines Vorgutachters von Selbstwertkonflikten sprechen. Damit ist der gleiche Gesichtspunkt hervorgehoben, der uns als phänomenologisch bedeutsam erscheint. Jedoch läßt sich die damit zusammenhängende seelische Verfassung nicht als erlebnisbedingte Neurose, sondern nur als echte charakterabhängige Fehlentwicklung beurteilen. Das persönliche Schicksal ist zwar eine nicht unwesentliche Bedingung für das Hervortreten des merkwürdigen Verhaltens, verständlich wird der Ablauf der Entwicklung jedoch nicht durch die Liebesenttäuschung und ihre Begleitumstände. Verstehen läßt sich die Straftat — soweit das überhaupt möglich ist — nur durch die eigenartige Erlebnisverarbeitung, nicht durch das Erlebnis selbst. Die Besonderheit der Erlebnisverarbeitung ist aber ganz entscheidend in der charakterlichen Eigenart des Menschen verwurzelt.

Kurz erwähnen möchten wir noch den Fall eines zur Tatzeit 22jährigen Jugoslawen Bozo G., der mit 18 Jahren seine Heimat verließ, über Italien flüchtete und schließlich, als alle seine Pläne, in überseeische Länder auszuwandern, gescheitert waren, nach Deutschland kam. Hier führte er ein zurückgezogenes Leben und erregte keinerlei Aufsehen bei seinen Wirtsleuten. Im Laufe von mehreren Wochen beging er — ohne daß er seiner Umgebung auffiel — in 13 Kirchen Norddeutschlands Kirchenschändungen. Zunächst stieg er in den Keller einer Friedhofskapelle und beschädigte willkürlich die vorgefundenen Gegenstände. Bei jedem weiteren Mal griff er mit immer größerer Aktivität zu den wertvolleren Objekten, zerstörte Meßgewänder, Wertgegenstände des Altars, zerriß Bücher, verrichtete seine Notdurft in den Klingelbeutel und stieg zuletzt auf dem Dachboden einer Kirche umher, wo er das ganze Deckengebälk heruntertrat, so daß allein in diesem letzten Fall ein Schaden von 10 000,— DM entstand.

Nach dreimonatigem Wirken wurde er auf frischer Tat gefaßt, kam in Haft, und die Ermittlungsbehörden hielten ihn unmittelbar für geisteskrank. Ein psychiatrisches Gutachten hat diese Meinung erhärtet. In der Beurteilung wird hervorgehoben, daß der Kontakt gestört, der Affekt matt und häufig inadaequat und sein Ausdruck etwas läppisch sei. Bei seinem Bericht über die fanatische und feindselige Einstellung gegen alles Kirchliche sei er durch häufiges Lächeln aufgefallen, ohne sich in zornmütigen Affekt zu steigern. „Er scheint auch unter dem Gefühl der Fremdbeeinflußung zu stehen. Bei den Explorationen kommt doch häufig seine Denkzerfahrenheit zum Ausdruck", bei seinen Taten habe er sich „von einer nicht näher bestimmbaren Macht getrieben" gefühlt. Mit der Diagnose Schizophrenie blieb G. zunächst straffrei und wurde in einer Nervenklinik untergebracht. Nach viermonatiger Beobachtung erwies sich die Diagnose Schizophrenie als unbegründet. Nunmehr wurde von einer Retardierung der charakterlichen Entwicklung bei einem unter dogmatisch-religiöser Erziehung aufgewachsenen Menschen gesprochen. Hierdurch seien psychische Konflikte entstanden, die zu sich lawinenartig steigernden Affektstörungen geführt hätten. Mit der Annahme einer affektiven Bewußtseinseinengung wurde eine verminderte Zurechnungsfähigkeit begründet.

Bei unserer Untersuchung bekannte sich der intellektuell durchschnittlich begabte G. wie in allen früheren Vernehmungen ganz gelassen zu seinen Straftaten. Er berichtete, daß er den Kampf gegen die Kirche habe führen wollen. Da ihm keine Redegabe zur Verfügung stehe, sei er auf diese Weise vorgegangen. Es habe ihm völlig fern gelegen, einen Menschen persönlich oder in seinem Eigentum zu schädigen, aber das anonyme Eigentum der Kirche, das sie ganz unrechtmäßig in ihren Besitz genommen habe, sei für ihn kein Sachwert, den er bei seiner Gesinnung respektieren könne. Die Züge der fanatischen Verfestigung seiner inneren Einstellung waren unverkennbar. Die bisherige Erfolglosigkeit seines Lebens empfand er als sehr enttäuschend. Wiederholte Unterhaltungen ergaben, daß bei G. starke Skrupel hinsichtlich seiner Lebensbewährung vorlagen. Eine gewisse Entschlußlosigkeit mag für ihn selbst den Eindruck einer Selbstwertminderung noch verstärkt haben. Er war mehr von einer ängstlichen Gehemmtheit als von einer aggressiven Grundhaltung beherrscht. Darüber konnten auch seine expansiv fanatischen Äußerungen nicht hinwegtäuschen. Sein Ressentiment gegen die Kirche wurde von einer ausgeprägten seelischen Unsicherheit getragen.

Die von dem Vorgutachter beschriebenen „starken affektiven Spannungen", die zu der Tat geführt haben, sind für den selbstunsicheren Menschen besonders charakteristisch. Wenn hier im Zusammenhang mit der Selbstunsicherheit wieder von „Retardierung" gesprochen wird, so ist das bezeichnend dafür, wie sehr der Grundzug der Selbstunsicherheit den Eindruck der Unreife erweckt.

Nach eingehender Exploration des Kirchenschänders Bozo G. kamen wir unter Hinzuziehung eines Nervenfacharztes jugoslawischer Herkunft und nach kritischem Studium aller früheren ärztlichen Unterlagen zu folgender Stellungnahme: „Bei der zusammenfassenden Beurteilung möchten wir zum Ausdruck bringen, daß es uns nicht überrascht, wenn der zuerst tätige Gutachter eine Schizophrenie angenommen hat. Allein das Ungewöhnliche der Delikte kann zu dieser Annahme verleiten. Ob eine beginnende Psychose vorliegt oder nicht, läßt sich bei den selbstunsicheren Menschen, zu denen wir G. zählen müssen, oft nicht leicht entscheiden. Die Verschlossenheit und Gehemmtheit können in beiden Fällen gleich stark ausgebildet sein. Zudem ist die Kontaktaufnahme sowohl zu den Menschen mit einer beginnenden Schizophrenie als auch zu den Selbstunsicheren vielfach in gleicher Weise gestört. Ferner finden wir bei etwas abwegiger Ausprägung der Selbstunsicherheit manchmal paranoid gefärbte Erlebnisweisen, die den Verdacht auf eine Psychose zusätzlich stützen. Schließlich produzieren die Selbstunsicheren ähnlich wie die Schizophrenen nicht ganz selten Handlungen, die überraschend sind und uneinfühlbar scheinen. Liegen diese Umstände vor, so muß man — wie auch im Falle G. — unbedingt an eine Schizophrenie denken."

„Da die Berichte über die mehrmonatige Beobachtung in B. für uns in durchaus überzeugender Weise die Diagnose einer Schizophrenie widerlegt haben, und auch nach unserem eigenen Beobachtungsergebnis nichts für eine Schizophrenie Beweisendes vorliegt, glauben wir, das anscheinend Unverständliche und von vorneherein auf eine Geistesstörung Verdächtige des Handelns verstehenspsychologisch motivieren zu dürfen. Dies ist nur möglich, wenn wir der erwiesenen Selbstunsicherheit entsprechendes Gewicht beimessen. Das ungewöhnliche Delikt, das nicht auf eine primitive Bereicherungsabsicht oder auf eine plumpe kriminelle Aggressivität zurückzuführen ist, kann nicht anders verstanden werden. Selbstunsichere Menschen suchen in derart ungewöhnlichen Taten ihr Selbstbewußtsein zu stärken oder aus ihrer Gehemmtheit dranghaft auszubrechen. Gelegentlich fixiert sich die fehlgeleitete Affektdynamik in einer fanatischen Haltung, die sich auch bei G. angebahnt hat."

Das Gericht schätzte den Täter, der keinerlei Reue bekundete, als einen ganz gefährlichen Kriminellen ein, für den das Urteil von dreieinhalb Jahren Gefängnis und fünf Jahren Ehrverlust angemessen erschien. Der Staatsanwalt sprach sich gegen die Aberkennung der bürgerlichen Ehrenrechte aus, weil er den Angeklagten für einen Überzeugungstäter hielt. Wir hatten in unserem Gutachten auch von einem Gesinnungsdelikt gesprochen. Handlungen, die aus einer Überzeugung begangen werden und sich mehr gegen eine Idee oder gegen ein Bekenntnis als gegen die natürlichen Rechte des Menschen richten, sind nicht in derselben Weise ehrlos wie die vom Sachverhalt ähnlichen Verbrechen gegen die Grundrechte des Menschen. Auch der Kirchenschänder Bozo G. ist nach seiner psychologischen Struktur nicht von einer primär antisozialen Einstellung bestimmt gewesen. Diese Annahme ist durch eine Beurteilung seiner charakterlichen Struktur mit hinreichender Evidenz zu belegen.

Wir haben dieses Beispiel in Ergänzung des vorhergehenden Falles angeführt, um auf die Schwierigkeiten hinzuweisen, die sich bei der Abgrenzung einer beginnenden Schizophrenie von außergewöhnlichen Fehlentwicklungen eines selbstunsicheren Menschen gelegentlich bieten. Gleichzeitig gibt uns dieser Fall aber auch Gelegenheit, auf einen weiteren Umstand hinzuweisen. Die Aburteilung des Bozo G. als eines ehrlosen Schwerstkriminellen erscheint uns vom psychologisch-psychiatrischen Standpunkt aus unangemessen. G., der vorher nur durch einen kleinen Fahrgeldbetrug straffällig geworden war, bekundete durchaus glaubhaft, daß er zwar seine antikirchliche Gesinnung nicht aufgeben könne, aber von seiner Art des Vorgehens Abstand nehmen werde, weil er diesen Weg als zwecklos erkannt habe. Die harte Formulierung des

Urteils schien uns daher den psychologischen Voraussetzungen des kriminellen Handelns und der Persönlichkeit des Täters nicht gerecht zu werden.

Im Zusammenhang mit unserer Erläuterung der Selbstunsicherheit ließen sich zweifellos noch außerordentlich viele interessante Aspekte, Einzelbeispiele und grundsätzliche Erörterungen vorbringen. Wir möchten darauf in diesem Zusammenhang verzichten, weil es uns nur um die Darstellung der speziellen Leitlinien der psychologisch-psychiatrischen Beurteilung geht.

Der Grundzug der Selbstunsicherheit — so möchten wir zusammenfassend sagen — ist das Merkmal jugendlicher Täter, das für die Beurteilung immer neue und schwierige Probleme aufgibt. Alle Minderjährigen, bei denen die selbstunsicheren Züge sehr ausgeprägt sind, bedürfen einer besonderen Aufmerksamkeit. Ihre Beurteilung ist nur nach eingehender Beschäftigung mit allen inneren und äußeren Umständen möglich. Da sich bei der Erforschung der Vorgeschichte und der Tatmotive viele überraschende Ausblicke ergeben, sieht man sich immer wieder verleitet, Deutungen, Zusammenhangsvermutungen oder Motivunterstellungen gelten zu lassen, die entweder vom Täter selbst durch seine Angaben angeboten oder aus der Sicht einer Theorie hineinprojiziert werden. Die Besinnung auf die Grenzen des Beschreibens und des Verstehens ist daher in diesen Fällen besonders wichtig. Menschen mit dem dominanten Grundzug der Selbstunsicherheit sind vielfach bei vorurteilsfreier Erforschung ihres Innenlebens nicht zu verstehen. Die Unberechenbarkeit des Verhaltens, für die gerne sogenannte Komplexe angeschuldigt werden, bleibt trotz aller Erklärungsversuche voller Überraschungen. In extremen Fällen ist das Unverständliche der Handlungsweise so geartet, daß ernsthaft an eine Geisteskrankheit gedacht werden kann. Das mißverständliche Schlagwort der Neurose drängt sich bei den selbstunsicheren Persönlichkeiten fast regelmäßig auf. Auch die Theorien über sogenannte Reifungsstörungen finden bei den selbstunsicheren Jugendlichen sehr viel Material. Für die Beurteilung einer Persönlichkeit hat aber der Hinweis auf die Selbstunsicherheit oder auf andere charakterliche Grundzüge mehr praktische Bedeutung als eine verallgemeinernde „Reife"- oder „Unreife"-Diagnose. Es läßt sich zwar sowohl vom Eindruck als auch theoretisch fast immer begründen, daß ein selbstunsicherer Mensch noch im höheren Lebensalter als unreif eingeschätzt wird. Jede auf solche Gesichtspunkte gestützte Aussage bedeutet aber für die Persönlichkeitsbeurteilung nur wenig. Man sollte auch bedenken, daß die Annahme einer charakterlichen Unreife leicht zu Konsequenzen führt, die der Selbstwertfindung dieser Menschen und dem Aufbau ihrer Wertordnung nur schaden können. Einem selbstunsicheren Menschen wird jedes vermeintlich wohlfundierte Unreife-Urteil weder menschlich noch sachlich gerecht.

Andere charakterliche Merkmale

Mit den bisher im einzelnen behandelten charakterlichen Grundzügen und der geistigen Minderbegabung sind die nach unserer Erfahrung wichtigsten Persönlichkeitsmerkmale erwähnt worden, denen in der forensischen Praxis Bedeutung zukommt. Alle anderen Eigenschaften eines jungen Menschen disponieren bei weitem nicht im gleichen Umfang zu kriminellen Taten. Wird ein Jugendlicher straffällig, so darf man — soweit krankhafte Störungen ausgeschlossen sind — mit größter Wahrscheinlichkeit darauf schließen, daß eine der erwähnten Eigenschaften bei ihm vorliegt. Wir werden in den folgenden Abschnitten noch von anderen Bedingungen sprechen, die außer den erläuterten Charakterzügen zu berücksichtigen sind: sexuelle Triebabweichungen, Einflüsse der Pubertät und besondere seelische Augenblickskonstellationen. Selbst wenn diese Faktoren motivisch bedeutsam werden, ist die zusätzliche Berücksichtigung der charakterlichen Grundzüge aufschlußreich. Zunächst möchten wir noch von einigen charakterlichen Eigenarten sprechen, die der jugendpsychiatrische Sachverständige zwar seltener beobachtet, die aber bei der forensischen Beurteilung gelegentlich erörtert werden müssen. So erscheinen nach unserer Erfahrung die Stimmungslabilität, die fanatische Haltung, die Züge eines zwanghaften Erlebens und das Bild der primitiv-formlosen Straftäter erwähnenswert.

Die Stimmungslabilität

Als dominanter Grundzug ist in seltenen Fällen auch eine Stimmungslabilität zu beobachten, die eine Straftat Jugendlicher entscheidend motivieren kann. Es kommt praktisch nicht vor, daß ein habituell depressiver Mensch oder auch ein depressiver Psychopath aus dieser Besonderheit seines Charakter heraus straffällig wird. Jedoch können diejenigen Menschen, die mit größeren oder kleineren zeitlichen Intervallen ihre sonst vorherrschende Ausgeglichenheit verlieren, in diesen Episoden eine Neigung zu rechtsbrecherischen Handlungen zeigen. Wenn wir von Stimmungslabilität sprechen, lehnen wir uns wieder an die Beschreibungen von *Kurt Schneider* an. Selbstverständlich ist nicht jeder stimmungslabile Mensch oder der im Einzelfall aus seiner Stimmungslabilität kriminell gewordene Jugendliche schon als Psychopath einzuschätzen.

Die periodisch auftretenden Verstimmungen sind in erster Linie dadurch gekennzeichnet, daß die hierzu disponierten Menschen mehr oder weniger unverhofft von einer Unzufriedenheit mit sich und der Welt überfallen werden. Ohne in aller Ausführlichkeit die Phänomenologie der Stimmungslabilität darzulegen, muß doch zum Verständnis einer unter Umständen damit verbundenen Neigung zu rechtswidrigen Handlungen hervorgehoben werden, daß nicht nur die gedrückte Gemütslage mit einer weitgehenden Hemmung der Aktivität und einem Anflug von Verzweiflung den Verstimmungszustand charakterisiert.

Vielmehr stellt sich in der Regel gleichzeitig eine auffallende Reizbarkeit oder eine sehr bemerkenswerte Willensschwäche ein. Daher sind nicht nur Strafhandlungen nach Art einer Verzweiflungstat, sondern auch Entgleisungen infolge einer unbeherrschten Erregung oder einer zustandsgebundenen Verführbarkeit denkbar. Die Dysphorie kann außerdem eine besondere Gleichgültigkeit bedingen. Deshalb ist es möglich, daß der Betroffene in diesem Zustand weniger verantwortungsbewußt handelt.

Wenn wir uns aus dem Erfahrungsschatz der allgemeinen Psychiatrie daran erinnern, daß der periodische Trinker in der Regel das eindrucksvollste Erscheinungsbild eines stimmungslabilen Menschen darstellt, so mag dieser Hinweis manche Besonderheiten des hier zu erläuternden Grundzuges verdeutlichen. Der periodische Trinker kommt nicht nur deshalb in häufig ganz regelmäßigen Abständen zum exzessiven Alkoholkonsum, weil er damit zunächst seine Verstimmung bekämpfen möchte und dann das Maß des Zuträglichen verkennt, vielmehr ist er gleichzeitig gerade in diesen Episoden zu willensschwach, um sich auf eine besser gesteuerte Weise über die Verstimmung hinwegzubringen. Der Mangel an Steuerungsfähigkeit zeigt sich auch in den während der Verstimmungsperiode auftretenden Ausbrüchen von Erregung. Hinzukommt, daß die Menschen in dieser Verfassung sich selbst nicht leiden mögen und auch auf andere unleidlich wirken. Sie zeigen sich überempfindlich, sind kaum ansprechbar und reagieren recht unverhofft abwegig. Jede stimmungslabile Persönlichkeit bietet im allgemeinen während der Verstimmungsphase eine für sie typische Entgleisungsrichtung; dennoch sind die Reaktionen auch bei guter Kenntnis der persönlichen Eigenart gelegentlich sehr überraschend.

Eine besondere Neigung zur Stimmungslabilität ist in der Pubertät und in den nachfolgenden Jugendjahren zu beobachten. Dabei muß berücksichtigt werden, daß Minderjährige die Auswirkungen ihrer Verstimmung weniger zu beherrschen vermögen. Fast jeder Jugendliche erlebt bei Beginn der Geschlechtsreife einzelne Verstimmungsepisoden, die sich später nicht wieder in derselben Stärke bemerkbar machen. Es ist nicht leicht, die während der Entwicklung auftretenden Stimmungseinbrüche prognostisch zu beurteilen. Eine phasenbedingte Stimmungslabilität tritt in der Pubertät manchmal sehr dominant hervor, ohne daß sich daraus ein persönlichkeitsprägendes Merkmal entwickelt. Sicher läßt sich gelegentlich eine vereinzelte Straftat Jugendlicher oder Heranwachsender aus einer von innen aufsteigenden, vorübergehend überwältigenden Verstimmung mit der dazugehörigen Reizbarkeit und Willensschwäche verstehen.

Begegnet uns der im Rahmen einer Stimmungskrise straffällig gewordene Jugendliche später als Angeklagter, so weiß er sich vielleicht nur schwer in den seelischen Zustand zurückzuversetzen, aus dem heraus er gehandelt hat. Für den Außenstehenden erscheint die Tat persönlichkeitsfremd, weil sie zu dem Bild des Menschen, der jetzt zur Rechenschaft gezogen wird, gar nicht paßt. Schließlich läßt die in diesem ausgeglichenen Zustand erkennbare Einsicht daran denken, daß eine angemessene Sühne kaum noch einen erzieherischen Zweck verfolgen könne. Dennoch ist es — was die strafrechtlichen Maßnahmen betrifft — in diesen Fällen entscheidend, daß für den jungen Menschen, der sozusagen in einer seelischen Ausnahmeverfassung gehandelt hat, nachwirkende Imperative für die Zeit gesetzt werden, in der er wieder in seine Charakterschwäche verfällt. Gleichzeitig wird mit einer an seine Verantwortung appellierenden Straffolge bewirkt, daß er auf dem Weg seiner weiteren Entwicklung ganz allgemein willentlich und vorsatzbildend gestärkt wird, um späteren Verstimmungen nicht regelmäßig wieder verantwortungslos zu unterliegen.

Dafür, daß die Stimmungslabilität sich in abnormer Weise ausbildet, sind sicher erzieherische Versäumnisse oder äußere Umstände in gewisser, vielleicht entscheidender Weise verantwortlich. Wir können nicht annehmen, daß das Auftreten einer Stimmungslabilität erziehungs- oder milieubedingt ist, und dürfen auch nicht erwarten, daß sie durch zweckmäßige Lenkung und Führung gänzlich behoben wird. Die Auswirkungen aber und die damit verbundenen strafrechtlichen Übergriffe lassen sich von vorneherein erzieherisch steuern. Für die Wahl der richtigen Behandlung ist es von entscheidender Bedeutung, in welchem Maße sich der Mensch an eine abwegige Ausgestaltung seiner Verstimmungsphasen schon gewöhnt hat. Manchmal zeigt sich die Verfestigung bestimmter Verhaltensmuster, die Art und Weise des Sich-gehen-lassens, in den periodisch wiederkehrenden Zuständen sehr fortgeschritten. Bei diesen Fällen ist in der Regel nur ein eindrucksvoller Appell an das Verantwortungsbewußtsein geeignet, so viel Haltung zu wecken, daß die Reaktionen in den Ausnahmezuständen der Kontrolle des Gewissens und der Willenskraft nicht allzu sehr entzogen werden.

Das Auftreten episodisch wiederkehrender Verstimmungen beobachten wir nicht nur als Charaktermerkmal, sondern auch im Rahmen verschiedener Krankheiten, etwa im Formenkreis der Epilepsie oder als länger anhaltende Verstimmungsphasen bei der Zyklothymie. Eine Abwägung der differentialdiagnostischen Möglichkeiten darf daher in keinem Fall versäumt werden. Entscheidend ist stets, daß die Diagnose eines krankhaften Verstimmungszustandes unabhängig von der Straftat nach klinischen Maßstäben gestellt wird. Dementsprechend kann vom Grundzug der Stimmungslabilität nur dann gesprochen werden, wenn auch außerhalb der seelischen Verfassung zur Zeit der strafbaren Handlung die periodische seelische Veränderung erweisbar ist. Wie die Annahme einer Krankheit anderweitig durch beweisende Symptome erhärtet werden muß, so gilt es auch, die charakterologische „Diagnose“ aus der Biographie, aus der Verhaltensbeobachtung und aus Selbstschilderungen evident zu machen.

Bei Jugendlichen kann insbesondere das Fortlaufen auf einer periodischen Verstimmung beruhen. Durch das Fortlaufen ergeben sich sehr oft mit psychologischer Konsequenz eine ganze Reihe von Straftaten, insbesondere Eigentumsdelikte, die — wenn auch nicht unmittelbar — so doch mittelbar durch die Verstimmung verständlich werden. Nach Abklingen der Verstimmungsperiode wird der Rückweg in das Elternhaus oder auf den Arbeitsplatz meist schwer gefunden. Durch eigenständiges Weiterhandeln kommt es allmählich zur Verstrickung in eine immer ernstere innere oder äußere Notlage. Die Bedeutung der initialen Verstimmung kann dadurch für den psychologischen Betrachter überdeckt werden. Je mehr allerdings ein rechtswidriges Verhalten nach Abklingen der Verstimmung aufrechterhalten wird, um so eher ist das Hinzukommen anderer für den Rechtsbruch disponierender Grundzüge zu vermuten. Zureichend motivieren lassen sich durch eine Stimmungslabilität in der Regel nur die impulsartigen oder die triebhaften Entgleisungen, beispielsweise eine Brandstiftung oder ein plötzliches Sichentfernen von der Truppe. Diejenigen Delikte, die sich aus einem verstimmungsbedingten Alkoholmißbrauch ergeben, können wieder als mittelbare Folgen der Stimmungslabilität zugeordnet werden.

Die fanatische Haltung

Als Merkmal einzelner jugendlicher Rechtsbrecher beobachten wir gelegentlich auch fanatische Züge. Fanatismus nennen wir die kompromißlose Haltung, mit der ein Mensch seine Einstellung und sein Handeln unter eine Leitidee stellt. Die fanatisch vertretene Idee gibt dem Einzelleben einen Sinn und dem Denken und Wollen ein festes Ziel. Der fanatische Mensch tritt durch seine Haltung gegen jeden ideologischen oder natürlichen Widerstand mit kämpferischem Nachdruck oder mit einer unbeirrbaren stillen Beständigkeit auf. Zur Ausbildung eines echten Fanatismus gehört im allgemeinen ein Grad der Persönlichkeitsentwicklung und der Charakterverfestigung, den wir bei Jugendlichen und Heranwachsenden selten so ausgeprägt finden. Fanatische Züge können sich aber schon bei Minderjährigen anzeigen. Wir sehen sie in Verbindung mit einer naiv schwärmerischen Begeisterung oder als Folge einer ideologisch verankerten Zweckerziehung.

Am ehesten wird der junge Mensch durch eine zum Fanatismus gesteigerte Schwärmerei im Bereich der Sittlichkeit zu einem strafrechtlich belangvollen Fehlverhalten geführt. Die abwegige Orientierung des Sexuallebens kann sich im Falle einer fanatischen Zuspitzung mit einer fest in der seelischen Struktur verankerten Gesinnungsbildung verbinden. Die Lebensform wird dabei einer ideellen Sinngebung unterstellt. Je stärker die im Höchstmaß gesteigerte Schwärmerei auf Widerstand stößt, um so mehr wird an seelischer Energie aufgebracht, sie zu rechtfertigen und fanatisch zu verteidigen. Entgegen allen Einwänden der Vernunft kann sich auf diese Weise schon in jungen Jahren eine kämpferische Haltung entwickeln, die nicht nur für eine einmal angenommene Stilform des Sexuallebens, sondern auch für die Entfaltung eines modischen oder exklusiven Gemeinschaftsgeistes mit allem Fanatismus eintritt. Selbst die mehr matte Form der Beharrlichkeit, mit der eine gesellschaftlich oder sittlich anfechtbare Fehlorientierung aufrechterhalten wird, gibt dem Erscheinungsbild eines Jugendlichen gelegentlich die Züge der fanatischen Haltung. Von einer fanatischen Charakterprägung wird man bei Jugendlichen nur mit größter Zurückhaltung sprechen. Liegen die psychologischen Wurzeln offensichtlich in einer Schwärmerei, oder läßt sich eine daraus erwachsene Hörigkeit als seelischer Hintergrund erkennen, so werden wir die Eigenart des Verhaltens nicht unmittelbar als primären Wesenszug ansprechen. Allerdings kann diese fanatische Haltung bei sehr extremem Verfestigungsgrad in einen charakterbestimmenden Fanatismus übergehen. Diese Entwicklung ist aber in der Regel nur bei persönlichkeitsspezifischen Vorgegebenheiten möglich. Bevor wir von den Grundzügen sprechen, die zum echten Fanatismus disponieren, möchten wir noch einige Bemerkungen über die durch Erziehung fanatisch gewordenen Jugendlichen einfügen.

Die fanatisierten Jugendlichen sind in weltanschaulich und politisch unruhigen Zeiten ein Sozialfaktor von größter Bedeutung. Infolge eines Mangels an Lebenserfahrung und auf Grund einer einseitig gesteuerten erzieherischen Beeinflussung kommt es zur Hemmung oder zur mangelhaften Entfaltung bestimmter Urteilsfunktionen. Die Einsicht in sittlich oder rechtlich relevante Bestimmungsgründe des Handelns wird beeinträchtigt oder systematisch unterdrückt, so daß in völlig unkritischer Weise Verhaltensformen und Gesinnungsbildungen angenommen und verherrlicht werden, die dem Allgemeinmenschlichen oder dem Gesetz einer Naturordnung nicht angepaßt sind. Ist das Verhalten des Jugendlichen von einem erzieherisch geweckten Fanatismus bestimmt, so zeichnet es sich meist durch eine starke Uniformierung aus. Sowohl die Denk- als auch die Lebensweise ist bei diesen Formen des Fanatismus von schablonenhaften Elementen geprägt. Schlagwortartige Formulierungen geben der Geisteshaltung Ausdruck, während die äußere Haltung mit Vorliebe durch mehr oder weniger markante Kennzeichen bekenntnishaft unterstrichen oder demonstrativ ausgestaltet wird.

Die aus einer fanatischen Haltung erwachsenden Verstöße gegen das Strafrecht können mannigfacher Art sein. Auf Grund einer Verachtung des Gesinnungsgegners ist jede Straftat gegen die Menschenrechte und gegen das Menschenleben möglich. Der fanatische Kampf kann sich gegen jeden Grundbegriff der Rechtsordnung richten. Wer sich beispielsweise die Ideologie bestimmter Strafrechtstheorien zu eigen macht, wird persönliches Eigentum nicht als unbedingt schutzbedürftiges Rechtsgut anerkennen. Wird der Jugendliche in einem solchen Geiste erzogen, so kann er mit entsprechend fanatischer Grundhaltung auch dort Eigentumsdelikte begehen, wo diese gegen geltende Gesetzesbestimmungen verstoßen. Der von starken Machtfaktoren gestützte Fanatismus ermöglicht vor allem bei Jugendlichen alle nur denkbaren Ausschreitungen, zumal wenn die Leitidee und deren Auswirkungen in anderen Rechtssystemen ausdrücklich legalisiert sind. Auf rein politische Delikte und alle damit verwandten Gesinnungstaten, die in der Regel auf eine fanatische Haltung zurückzuführen sind, sei nicht weiter eingegangen.

Auch in unserem Kulturbereich läßt sich gelegentlich feststellen, daß von Jugendlichen oder Heranwachsenden vorsätzliche Verstöße gegen die Rechtsordnung begangen werden, hinter denen etwas Ähnliches wie eine fanatische Gesinnung steht. Wie der aus einer Schwärmerei erwachsene Fanatismus, so ist auch der anerzogene Fanatismus dann, wenn er zur fortbestehenden Haltung wird, auf andere Grundzüge der Charakteranlage zu beziehen, die nicht einheitlich sind. Die Erfahrung spricht dagegen, daß die fanatischen Persönlichkeiten untereinander eine charakterologische Wesensverwandtschaft besitzen. Eine solche finden wir nicht einmal bei der engeren Auswahl der fanatischen Rechtsbrecher.

Wir müssen an dieser Stelle noch eine Zwischenbemerkung einfügen. Die fanatische Haltung beschäftigt uns nur insoweit, als sie zu rechtswidrigen Handlungen führt. In manchen Fällen ist der Fanatismus eine Ausdrucks- oder Entwicklungsform des Menschen, die eine weite sozial positive Ausstrahlung haben kann. In diesen Fällen begegnet uns die fanatisch verkörperte Idee als ein geistig stark durchdrungener, weitgehend selbstkritisch verarbeiteter und aus einer tiefen Überzeugung angeeigneter Lebensinhalt. Solche fanatischen Einstellungen, die Anspruch auf ein hohes geistig-sittliches Niveau erheben dürfen, haben wir bei Jugendlichen oder Heranwachsenden in unserem Erfahrungskreis nicht beobachten können. Der Erwerb dieser positiven Formen des Fanatismus setzt wohl auch eine Auseinandersetzung mit den Problemen des Lebens und einen Verfestigungsprozeß der Persönlichkeit voraus, wie wir sie erst in der Altersgruppe der Erwachsenen erwarten können.

In den meisten Fällen zeigt die fanatische Haltung starke Beziehungen zum Selbstwerterleben. *Moritz Tramer* hat in einem Versuch, die *Schneider*sche Typologie zu systematisieren, den Grundzug des Fanatischen als eine Sonderform im Bereich der „Ichdisposition" erwähnt. Tatsächlich fördert die Selbstunsicherheit die Entwicklung eines Fanatismus ganz entscheidend. Der selbstunsichere Jugendliche, der zunächst vielleicht nur aus einer Schwärmerei heraus fanatisch reagiert, vermag diese Einstellung weniger leicht aufzugeben als jeder selbstsichere Mensch. Je größer die Selbstunsicherheit ist, um so exzessiver gestaltet sich der Fanatismus. Letztlich sucht der selbstunsichere Mensch in der Idee, mit der er sich identifiziert, den sonst fehlenden seelischen Rückhalt. Gerade die sich gemeinschaftsfeindlich auswirkenden Formen des Fanatismus sind vielfach nichts anderes als ein blindes Besitzergreifen von einem Lebensentwurf, der objektiv nicht mehr als eine leere Formel oder ein theoretisches Programm darstellt. Der Mangel an einer natürlichen, innerlich verankerten Wertordnung wird durch die Art, mit der die eigenwillige Wertsetzung verteidigt wird, nur sehr durchsichtig verkleidet.

Ob der psychologische Ursprung der fanatischen Grundhaltung in einer einfachen Schwärmerei oder in einer anerzogenen Gesinnung liegt, erweist sich für die spätere Verfestigung nicht als so entscheidend wie eine für den Fanatismus günstige charakterliche Disposition. Wirken die persönlichen Voraussetzungen der Ausbildung eines fanatischen Grundzuges entgegen, so bleibt eine fanatisch-schwärmerische Haltung immer nur das Kennzeichen einer Episode. Das Hervortreten einer solchen Phase ist während der Jugendjahre, in denen das Selbstbewußtsein noch wenig gefestigt ist, besonders begünstigt. Ob eine fanatische Übergangsphase später persönlichkeitsbestimmend wird, ist schwer vorauszusagen. Zeigen sich die Züge einer Selbstunsicherheit sehr deutlich, so muß auch die Gefahr einer fanatischen Dauerhaltung als ernst angesehen werden. Die forensisch belangvollen Formen des Fanatismus erwecken — nicht nur im Zusammenhang mit der Selbstunsicherheit — sehr häufig den Eindruck einer seelischen Unreife. Durch die engen Beziehungen des Fanatismus zur jugendlichen Schwärmerei ist es naheliegend, einen Mangel an geistiger und sittlicher Reife zu unterstellen. Die vielleicht sehr spät einsetzende kritische Neuorientierung könnte wie eine seelische Spät- oder Nachreifung angesehen werden. Uns scheint diese Zuordnung von fanatischer Haltung und seelischer Unreife sehr problematisch. Betrachten wir dagegen die Beziehungen zur charakterlichen Grundstruktur, so werden uns Einsichten vermittelt, die auch für den Umgang mit diesen Menschen und für ihre Behandlung konstruktive Ansätze bieten.

Der Versuch einer Einflußnahme auf die fixierte Haltung wird bei den aus einer Selbstunsicherheit heraus fanatisch gewordenen Menschen wie ein Angriff gegen die Grundfesten ihrer Existenz erlebt. Je nachhaltiger die Belehrung oder Umstimmung unternommen wird, um so mehr versteift sich die fanatische Einstellung. Es empfiehlt sich im allgemeinen, gegenüber dem jugendlichen Fanatismus größte Toleranz walten zu lassen. Ist die rechtliche Ahndung einer aus dem Fanatismus erwachsenen Haltung erforderlich, so können nur ganz nüchtern die Normen der verbindlichen Rechts- und Wertordnung vor Augen geführt werden. Allzu harte Strafen vermögen einem Märtyrerbewußtsein Vorschub zu leisten. Im allgemeinen läßt das fanatisch verbildete Rechtsempfinden in Verbindung mit dem Grundzug der Selbstunsicherheit keine ungünstige kriminologische Prognose stellen.

Neben der Selbstunsicherheit kann nach unserer Erfahrung noch ein anderer charakterlicher Grundzug die Ausbildung eines forensisch belangvollen Fanatismus begünstigen. Es ist die Gemütsarmut. Unter den gemütsarmen Jugendlichen finden wir gelegentlich rücksichtslose Straftäter, denen ihr asoziales Verhalten zu einer Gesinnungsangelegenheit geworden ist. In diesen Fällen scheinen regelmäßig erzieherische Einflüsse von seiten der Familie oder einer sogenannten schlechten Gesellschaft eine Rolle zu spielen. Nicht die Gemütsarmut, aber die fanatische Entwicklung kann in diesem Sinne vielfach auf einen Milieuschaden zurückgeführt werden. Die hier gemeinten jugendlichen Rechtsbrecher lassen unverhohlen erkennen, daß ihnen die Verneinung der Rechtsordnung, das Begehen von Eigentums-, Aggressions- oder Sittlichkeitsdelikten so sehr zur persönlichen Zielsetzung geworden ist, daß geradezu von einem fanatischen Verbrechertum gesprochen werden darf. Die antisoziale, manchmal sozialrevolutionär verbrämte Mentalität, die sich in einer solchen gesellschaftsfeindlichen Haltung zeigt, kann selbstverständlich nur mit ganz eindrucksvollen Strafreaktionen beantwortet werden, wenn überhaupt das Ziel der Resozialisierung verfolgt werden soll.

Die Züge eines zwanghaften Erlebens

Einer besonderen Erwähnung bedürfen die anankastischen Züge. Hierunter verstehen wir eine Neigung zu zwanghaften Erlebnissen, die nicht nur das Denken und Fühlen, sondern auch das Handeln des Menschen bestimmen. Von allen maßgebenden Autoren der gerichtlichen Psychiatrie wird übereinstimmend zum Ausdruck gebracht, daß aus dem Zwangserleben eines Menschen heraus praktisch nie eine Straftat erwächst. So beschreibt beispielsweise *Albrecht Langelüddecke* in der letzten, im Jahre 1959 erschienenen Auflage seines Lehrbuches, daß „bis heute kein Fall bekannt geworden, in dem Zwangsvorstellungen kriminelle Handlungen ausgelöst hätten.“ *Langelüddecke* verweist dabei unter anderem auf die Darlegungen von *Oswald Bumke* und von *Wolfgang de Boor*. *Hermann Stutte* vertritt eine andere Meinung. Die von ihm angeführten Mitteilungen sind aber nicht ganz überzeugend, wenn man den Begriff des Zwanges nicht nach den Maßstäben der Laiensprache verwässern will.

Obwohl die Seltenheit zwischen Zwangserleben und Strafhandlung allgemein bekannt ist, ergibt sich in der forensischen Praxis häufig die Notwendigkeit, gerade dieses Problem eingehend zu erörtern, da die wegen einer Straftat Angeschuldigten in vielen Fällen geltend machen, sie seien von einem „Zwang“ überwältigt worden, verständen sich selbst nicht mehr und hätten im Augenblick der Tat keine freie Entscheidung treffen können. Werden solche Aussagen vorgebracht, so ist zunächst zu klären, ob ein momentaner Zwang oder ein anhaltend zwanghaftes Erleben vorliegen könnte. Von den zwanghaft sich auswirkenden akuten Impulsen, die entweder mehr durch innere oder mehr durch äußere Faktoren ausgelöst werden, soll in einem späteren Abschnitt die Rede sein. Hier sei nur angemerkt, daß sich nach dem subjektiven Ermessen des Menschen viele seiner alltäglichen Trieb- oder Antriebserlebnisse zwangsähnlich auswirken. Entscheidend für die psychologische Beurteilung ist in jedem Fall, unter welchen äußeren Umständen und mit welcher persönlichen Färbung sich die inneren Impulse imperativ geltend machen.

Ein anankastischer Grundzug liegt nur vor, wenn sich mit schablonenhafter Gleichmäßigkeit im Vorstellungsleben, Denken und Handeln gefühlsbetonte Impulse durchsetzen, deren Unsinnigkeit oder Unzweckmäßigkeit wohl erkannt wird, die aber selbst mit großem inneren Widerstand kaum zu unterdrücken sind. Derartig zwanghafte seelische Abläufe sind, wenn sie nicht aus einer anderweitig charakterisierten Geistes- oder Gemütskrankheit erwachsen, fast immer an eine ausgeprägte Selbstunsicherheit gebunden. Zwangsähnliche Erlebnisinhalte kennt jeder Mensch aus seiner eigenen Erfahrung, sei es ein Zwangszählen, ein zwanghaftes Einhalten bestimmter Schrittfolgen beim Gehen, sei es die Ausführung einzelner Alltagszeremonielle oder ähnliches. Als psychologisch und praktisch belangvoll interessieren nur die abnormen Ausgestaltungen von Zwangserlebnissen, unter denen der Mensch regelrecht leidet.

Wir haben am Beispiel des als schizophren verkannten Brandstifters Valentin A. den Ansatz zur Entwicklung eines Zwangsgeschehens auf dem Boden einer Selbstunsicherheit dargestellt. Die Imperative des Zwangs sind in diesem Fall nur sehr vorübergehend wirksam gewesen. Wir möchten deshalb noch nicht von einem Anankasmus sprechen. Immerhin ist die bei diesem Täter erkennbare Beziehung zu einem sogenanten inneren Komplex als recht typisch für die Eigenart eines zwanghaften Geschehens anzusehen. Die Selbstwertproblematik steht in allen ähnlichen Fällen gleichsam im Brennpunkt des Erlebens. Vom engen Zusammenhang zwischen Zwangserleben und Selbstunsicherheit ist auch *Kurt Schneider* in seiner Psychopathenlehre ausgegangen.

Bei einem starken Geltungsbedürfnis können die innerseelischen Vorgänge ebenfalls durchaus zwangsähnlich erlebt werden. Mit dem Wort Geltungs*drang* wird dieses psychologische Phänomen angedeutet. Wir meiden den Ausdruck Geltungsdrang, weil uns mit dem Begriff Geltungsbedürfnis der intentionale Charakter des Erlebens sprachlich zutreffender gekennzeichnet erscheint. Jedoch kommt in der sehr verwandten Bezeichnung Geltungsdrang ein dynamisches Moment zum Ausdruck, auf das wir in Verbindung mit dem Zwangserleben hinweisen möchten. Von einem geltungsbedürftigen Menschen werden die Imperative seines Geltungsstrebens nicht selten als unzweckmäßig empfunden, und doch entsteht ein kaum zu ertragendes Unbehagen, wenn er ihnen nicht nachgibt. So kann das Geltungsstreben Ähnlichkeiten mit dem Zwangserleben aufweisen.

Zwangsähnliche Züge können auch bei ganz anderen Charaktereigenschaften beobachtet werden. Bei großer Gemütsarmut zeigt sich oft ein Zerstörungsdrang, dessen Unsinnigkeit oder Unzweckmäßigkeit häufig verstandesmäßig eingesehen wird. Auch der Reizbare kann von seinen Erregungen mit der Dynamik des Zwanghaften überfallen werden. Als weitgehend unwiderstehlich und zwangsähnlich setzt sich bei den Betriebsamen die Überaktivität durch. Wir möchten damit nicht den Begriff des Zwanges im Sinne der klinischen Psychopathologie verwässern, glauben aber doch, darauf hinweisen zu müssen, daß der Zwang im engeren Sinne kein gänzlich unvergleichbares Phänomen darstellt, sondern alle Übergänge zu einem von Antrieben abhängigen Erleben erkennen läßt.

Um der Frage weiter nachzugehen, in welchen Fällen sonst noch von Zwang gesprochen wird, sei auf den Zusammenhang mit der Willensschwäche hingewiesen. Der willensschwache Mensch kann unter gegebenen Umständen einem durchaus zwangsähnlichen inneren Druck ausgeliefert sein. Bieten sich wiederholt gleichartige Versuchungssituationen oder besteht gar eine Hörigkeit, so entwickelt sich sehr leicht ein Reaktionsablauf, der die Eigenart des Zwanghaften aufweist. Viele Gewohnheiten nehmen im Laufe der Zeit mehr und mehr Zwangscharakter an. Die echten Zwangsmechanismen sind letzten Endes nichts anderes als besondere Formen einer extrem zugespitzten Gewohnheitsbildung.

Zwischen den beiden Polen des Zwangsähnlichen und dem im strengen Sinne Zwanghaften läßt sich kein grundsätzlicher Unterschied erkennen. Dennoch ist die Extremform des Zwangserlebens etwas menschlich, psychologisch und auch ärztlich ganz Außergewöhnliches. Dies ist der Grund, warum einige Autoren dazu neigen, die abnormen Ausgestaltungen eines Anankasmus begrifflich irreführend als Zwangskrankheit zu bezeichnen. Daß es sich wirklich um eine Krankheit handelt, läßt sich klinisch nicht genügend begründen. Dennoch steht der an einer schweren „Zwangsneurose“ — wie das Zustandsbild auch genannt wird — leidende Mensch seinen imperativen inneren Impulsen in ganz besonderer Weise hilflos gegenüber. Da zudem die psychotherapeutischen Ansatzpunkte bei diesen Menschen erfahrungsgemäß sehr bescheiden bleiben, fühlt man sich tatsächlich oft gedrängt, unter Abwendung von jeder wissenschaftlichen Erkenntnis einfach nach einer menschlichen Wertung von einer Krankheit zu sprechen. Dies gilt für die extremen Formen eines Zwangserlebens, für die auch das Modell einer abnorm ausgestalteten Gewohnheitsbildung kaum noch passend erscheint. Hier darf auf jeden Fall von einem schweren Leiden gesprochen werden. Wäre ein in diesem Grade Auffälliger einmal forensisch zu beurteilen, so würden für die Darlegungen des Sachverständigen allergrößte Schwierigkeiten entstehen. Aber wir haben schon erwähnt, daß wir in der forensischen Praxis diese Fälle nicht finden. Uns begegnen nur die verschiedenen Ausprägungen von Gewohnheiten und von dranghaften oder zwangsähnlichen Erlebnisweisen mannigfacher Art, die dazu führen, den Grundzug des zwanghaften Erlebens im Strafverfahren gelegentlich zu erörtern und seine Besonderheiten abzugrenzen.

Damit zusammenhängende Fragen können auch bei Jugendlichen durchaus aktuell werden. Jedoch beobachten wir echte anankastische Entwicklungen auch außerhalb der forensischen Jugendpsychiatrie vor dem 21. Lebensjahr äußerst selten. Die meisten an Zwangsvorgänge erinnernden Auffälligkeiten bei Kindern und Jugendlichen haben — sofern es sich nicht um triebhafte Vorgänge handelt, die lediglich zwanghaft erlebt werden — das Gepräge von abartigen Gewohnheiten oder von tic-ähnlichen Fehlsteuerungen.

Das Bild der primitiv-formlosen Straftäter

Unter den jugendlichen Rechtsbrechern finden wir einzelne, bei denen es schwer fällt, einen bestimmten Charakterzug hervorzuheben. Sie wirken völlig farb- und konturlos. Ohne daß sie schwachsinnig oder ausgesprochen minderbegabt sind, ist doch ihre geistige Struktur primitiv zu nennen. In charakterlicher Hinsicht bieten sie eine Kombination von Gemüts-, Willens- und Antriebsschwäche. Aber keines dieser Merkmale läßt sich besonders herausstellen. *Konrad Ernst* hat den Begriff der „Primitiv-Formlosen" geprägt, der uns für diese Straftäter am geeignetsten erscheint. Er schreibt über diese Menschen: „Wir finden eine Primitivität und Formlosigkeit des ganzen Lebens und aller seiner Gebiete, der ganzen Psyche, der Intelligenz, des Gemüts- und Willenslebens, der äußeren Lebensführung, der Gestaltung oder Nichtgestaltung ihrer Umwelt, der Familie, der Wohnung, des Berufs." *Nikolaus Petrilowitsch* hat diese „Amorphen", wie er sie nennt, als „eine extrem ungünstige Variante des gemütlosen Typus" bezeichnet. Sie können mit gleichem Recht auch als äußerst ungünstige Variante des willenlosen Täters angesehen werden. Meist sind sie das eine nicht mehr und nicht weniger als das andere.

Da diese Menschen weder im positiven noch im negativen Sinne als profilierte Persönlichkeiten wirken, könnte man ihnen auch jeden Grad von Unreife zusprechen. Eine derartige Zuordnung ist aber nicht befriedigend. Da keine charakterologischen Beziehungspunkte faßbar sind, fehlen sowohl für die entwicklungsdiagnostische wie für jede andere Beurteilung verbindliche Kriterien. Wir finden bei den Jugendlichen dieser Prägung nichts als eine innere Leere. Ihr einziges Merkmal ist die Formlosigkeit. Bei dieser Charakterkonstellation beobachten wir die unterschiedlichsten kriminellen Entgleisungen. Die Straftaten könnten ebenso aus einer Verführbarkeit wie aus einer Eigenständigkeit des Handelns hergeleitet werden. Auch hier ist eine nähere Zuordnung meist nicht möglich.

Auf Jugendliche mit einem solchen Mangel an seelischer Substanz vermag die Umwelt kaum prägende Einflüsse auszuüben. Es ist auch nicht denkbar, daß selbst die ungünstigsten Milieubedingungen einen Menschen so farblos machen könnten, wenn der Kern der Persönlichkeit nicht dazu angelegt wäre. Da zur näheren Beschreibung und zur psychologischen Beurteilung der primitiv-formlosen Jugendlichen nicht mehr zu sagen ist, seien lediglich noch einige Stichworte zur pädagogischen Behandlung angeführt. Im Hinblick auf die bei diesen Tätern vorhandene Gemütsarmut einerseits und die Willenschwäche andererseits ist eine Resozialisierung durch erzieherische Einflüsse kaum zu erwarten. Im allgemeinen sind diese gänzlich undifferenzierten und zugleich indifferenten Jugendlichen nicht einmal durch massive Abschreckung zu beeindrucken. Es fehlt der Resonanzboden für alles das, was jeden Jugendlichen an irgendeiner Seite seiner Persönlichkeit noch anzusprechen vermag. Bei diesen Tätern scheint es angemessen, unter Verzicht auf alle psychologischen Rücksichten ein einfaches Tatstrafrecht zu vollziehen.

Die Prognose bleibt bei den primitiv-formlosen Jugendlichen ungewiß. Die Möglichkeit, daß sie sozial unauffällig bleiben, ist nicht ganz ausgeschlossen. Bei besonders günstigen Umständen nehmen nicht alle in dem hier gemeinten Sinne substanzlosen Jugendlichen das Gepräge des Verbrechers an. So wird sich auch nach einem einmaligen Rechtsbruch nicht immer ein hoffnungsloses kriminelles Abgleiten einstellen. Das hängt jedoch weniger von einer zweckmäßigen Erziehung oder von einer wirksam angewandten Strafe ab, sondern wesentlich mehr davon, ob die Versuchungen und Gelegenheiten zum strafbaren Handeln von diesen gefährdeten Jugendlichen ferngehalten werden können.

Die sexuellen Triebabweichungen

Das sexuelle Erleben ist beim Menschen in den Gesamtvollzug seiner seelischen Abläufe eingebaut, und es besteht in der Regel keine Veranlassung, der sexuellen Triebstruktur eine besondere Beachtung zukommen zu lassen. Im Erfahrungsbereich des Psychiaters und des forensischen Sachverständigen beobachten wir jedoch außergewöhnliche Formen sexuellen Empfindens und Verhaltens, die wir auf Triebabweichungen zurückführen müssen. Wenn wir uns auf unseren methodischen Ausgangspunkt besinnen, so lassen sich diese eigenartigen Züge des Menschen nur beschreiben und registrieren. Sie entziehen sich der weiteren verstehenden Analyse und lassen sich auch nicht biologisch erklären. Wir nennen diese Triebabweichungen Perversionen. Sie sind nicht im eigentlichen Sinne als Charakterzüge anzusehen, sondern besitzen eine gewisse Selbständigkeit. Während alle charakterlichen Eigenschaften das Gesamtbild der Persönlichkeit durchflechten und die individuelle Eigenart gestalten, spielen die Abwegigkeiten der Sexualstruktur eine Außenseiterrolle. Es gibt zwar Homosexuelle, Transvestiten oder Menschen mit anderen Triebperversionen, die in ihrer ganzen Persönlichkeit von diesem Merkmal geprägt sind. In den meisten Fällen liegt jedoch der sexuelle Erlebnisbereich mit allen absonderlichen Reaktionsweisen in Bezug auf das Erscheinungsbild der Persönlichkeit gleichsam exterritorial. So stellt das fehlgesteuerte Sexualerleben bei der

Beschreibung des Menschen eine Seite des Seelenlebens dar, die der gesonderten Betrachtung bedarf.

Es scheint uns bedenklich, von Sexualstörung oder von Abnormitäten des Trieblebens zu sprechen, weil damit einer bewertenden Betrachtung oder einer falschen Zuordnung Vorschub geleistet wird. Von Störung und Abnormität würde man auch dann sprechen müssen, wenn ein normal ausgerichteter Sexualtrieb krankhaft oder übermäßig gesteigert, beziehungsweise vermindert oder aufgehoben ist. Der Begriff der Triebabweichung scheint uns als Oberbegriff besonders geeignet, weil damit am besten zum Ausdruck kommt, daß es sich mehr um eine abwegige Richtung als um eine abnorme Ausprägung des Sexualerlebens handelt. Hier interessieren lediglich die abwegigen Triebrichtungen, die das Geschlechtsleben völlig seinem Zweck entfremden. Die biologische Norm, die mit den Geschlechtsvorgängen das Ziel der Zeugung verbindet, bleibt Richtmaß für das, was als natürlich oder normal zu betrachten ist. Wir lassen diejenigen Handlungen unberücksichtigt, die lediglich der Förderung einer sexuellen Erregung dienen, ohne den Erfolg der Zeugung wenigstens als Möglichkeit auszuschließen.

Die sogenannte Sexualpathologie ist eine Fundgrube abstruser und kurioser menschlicher Verhaltensweisen. Wir möchten mit unseren Darlegungen die Grundformen sexueller Abartigkeit herausstellen, die von praktischer und vor allem von psychiatrisch-forensischer Bedeutung sind. Dabei müssen wir uns auf Leitlinien des Gedankenganges beschränken, die im Gespräch zwischen dem Richter und dem Sachverständigen wesentlich sind.

Wir unterscheiden zunächst die konträren Sexualempfindungen einerseits und die Formen der Selbst- oder Ersatzbefriedigung andererseits. Von einem konträren Geschlechtserleben sprechen wir dann, wenn den seelischen oder auch den körperlichen Intentionen nicht die als natürlich anzusehende Zuneigung zwischen beiden Geschlechtern zugrunde liegt. Alle Gefühlsregungen und Antriebe, die auf eine gleichgeschlechtliche Beziehung abgestellt sind, also die Formen der männlichen und weiblichen Homosexualität, sind hier an erster Stelle zu nennen. Hinzukommt das merkwürdige Phänomen des Transvestitismus. Die Transvestiten suchen im allgemeinen nicht ihre Geschlechtsrolle als Sexualpartner auszutauschen, sondern wollen mehr die soziale Stellung des anderen Geschlechtes vertreten. Inwieweit damit die Fähigkeit, andersgeschlechtlich zu empfinden, geweckt oder mehr ein autoerotisches Spiegelbild geschaffen werden soll, läßt sich schwer entscheiden. Den Deutungsversuchen bietet sich hier ein weiter Spielraum. In der Mehrzahl sind es Männer, die ohne homosexuelle Intentionen das Bedürfnis verspüren, weibliche Kleidung zu tragen.

Da die Variationen der genannten Formen eines konträren Sexualempfindens sehr zahlreich sind, und außerdem ihre psychologischen Verwurzelungen und die lebensgeschichtlichen Entwicklungen noch erhebliche Unterschiede zeigen, ist uns nur eine grobe, ganz pragmatisch ausgerichtete Besprechung möglich. Für die forensische Jugendpsychiatrie spielt lediglich das Phänomen der männlichen Homosexualität eine beachtenswerte Rolle. Wir müssen drei Gruppen von Tätern unterscheiden: Die homosexuell Erlebnisfähigen, die ausschließlich Verführten und die sogenannten Strichjungen.

Im Rahmen dieses Abschnittes beschäftigen uns ausschließlich diejenigen Jugendlichen oder Heranwachsenden, bei denen homosexuelle Züge hervortreten. Die lediglich zum homosexuellen Handeln Verführten müssen nach den allgemeinen charakterologischen Gesichtspunkten beurteilt werden. Viele sind vorwiegend willensschwach, andere selbstunsicher, betriebsam, gemütsarm oder auch geistig minderbegabt. Von den Jugendlichen, die sich gewerbsmäßig der Unzucht mit Männern zuwenden, sei nur erwähnt, daß bei ihnen ganz selten sexuelle Triebabweichungen vorliegen. In der Regel finden sich unter den Strichjungen sehr stark zur Kriminalität neigende Gemütsarme, Betriebsame oder Willensschwache, die nichts anderes im Sinn haben, als auf diese wenig mühsame Weise unverhältnismäßig viel Geld zu verdienen. Die meisten Strichjungen bekunden zusätzlich noch andere asoziale Tendenzen. Häufig spekulieren sie auf eine Erpressung; aber auch von der Strichjungentätigkeit ganz unabhängige Delikte sind ihnen jederzeit zuzutrauen. Durch ihr Gewerbe finden sie schnell in schlechte Gesellschaft und verwahrlosen mehr und mehr. Ihre charakterliche Struktur ist keineswegs einheitlich. Ihre Merkmale liegen aber stets im Bereich der von uns dargelegten seelischen Grundzüge. Wir müssen hier auf die eingehendere Besprechung dieses Tätertyps verzichten und wenden uns dem Phänomen der homosexuellen Triebabweichung bei männlichen Jugendlichen zu.

Bei der beschreibenden und verstehenden Betrachtung tritt die Fähigkeit oder das Bedürfnis, mit innerer Anteilnahme gleichgeschlechtliche Erlebnisse zu haben, als ein persönlicher Grundzug des Menschen hervor. Die Entstehungsbedingungen sind ebenso schwer zu bestimmen wie die jeder anderen Eigenschaft des Charakters. Die Erfahrung spricht entschieden dafür, daß dem homosexuellen Erleben eine vorgegebene Disposition zugrunde liegt. Dies läßt sich in erster Linie durch die Feststellung belegen, daß die von Jugendlichen betriebene gewerbsmäßige Unzucht mit Männern fast nie homosexuelle Weiterentwicklungen nach sich zieht. Außerdem werden die von Erwachsenen mißbrauchten Jungen in der Regel nicht homosexuell. Wenn trotzdem bei homosexuell gewordenen Jugendlichen oder Heranwachsenden in vielen Fällen eine frühzeitige Verführung nachgewiesen werden kann, so ist ernsthaft die Frage zu stellen, inwieweit diese Jungen dem Verführer vielleicht unbewußt entgegengekommen sind. Zweifellos besteht bei den älteren Homosexuellen ein bemerkenswerter Instinkt, diejenigen Minderjährigen aufzuspüren, die nicht nur nach ihrer charakterlichen Artung der

Verführung zugänglich sind, sondern die auch in ihrer Struktur zum homosexuellen Mitempfinden neigen. Auf diese Weise wird praktisch jeder zur Homosexualität disponierte Jugendliche, der überhaupt entsprechende Begegnungsmöglichkeiten mit Gleichaltrigen oder Älteren hat, frühzeitig verführt. Darüber hinaus kommt vielen Jugendlichen, in denen eine homoerotische Valenz angelegt ist, diese Erlebnisfähigkeit oft schon in den ersten Jugendjahren zum Bewußtsein, so daß sie je nach ihrer charakterlichen Haltung entsprechende Gelegenheiten zur Betätigung suchen. Auch in diesen Fällen wird man leicht die Schlußfolgerung ziehen können, eine zunächst vielleicht wenig zielgerichtete gleichgeschlechtliche Regung sei nur durch reale Erfahrungen zu einer manifesten Perversion geworden. Die Zusammenhänge in diesen und allen anders gelagerten Fällen methodisch gewissenhaft zu erforschen, ist nicht möglich. Sowohl Einzeluntersuchungen als auch statistische Vergleichserhebungen führen beinahe zwangsläufig immer wieder zu falschen verallgemeinernden Schlüssen. Was uns auf diesem Gebiet an vermeintlichem Tatsachenwissen — von allen Deutungen und Theorien ganz abgesehen — angeboten wird, ist in den meisten Fällen sowohl rein methodisch als auch empirisch fragwürdig. Wir sehen uns gezwungen, mit größter Bescheidenheit auf die Beschreibung der Phänomene, also auf die einfache Feststellung einer homosexuellen Erlebnisfähigkeit, zurückzugreifen, wenn uns dieser Grundzug in der Praxis begegnet.

Wie jeder andere Trieb gewinnt auch die homosexuelle Neigung erst allmählich im Laufe der seelischen Entwicklung ihr profiliertes Gepräge. Ob es eine latente homosexuelle Anlage gibt, ist ebenso problematisch wie die Rede von anderen latenten seelischen Anlagen und Fähigkeiten. Wir können nur die manifesten Züge, die verstehenspsychologisch evident erfaßbar oder zumindest in der Selbstbeobachtung erlebbar sind, in ihren verschiedenen Intensitätsgraden registrieren. Die Annahme einer latenten Eigenschaft stellt niemals mehr als ein Denkmodell oder eine Hypothese dar. Schwierig zu beantworten oder gar unbeantwortbar ist die Frage, nach welchen Gesetzen sich bei einer entsprechenden Anlage die verschiedenen Ausprägungsgrade der homosexuellen Valenzen entwickeln. Sicher nimmt die Neigung zu homosexuellen Erlebnissen, wie wir dies von vielen anderen Bedürfnisansprüchen kennen, bis zu einem gewissen Grade zu, wenn ihr ständig weitere Befriedigung geboten wird. So spielt sich ein Funktionskreis ein, in dem die reale Mächtigkeit des Trieb- oder Antriebgeschehens im Laufe der Zeit mit zunehmender Deutlichkeit spürbar wird. Wieviel Eigenkraft dabei ursprünglich dem Trieb selber zukommt, ist nicht zu entscheiden.

Eine Triebsteigerung ist auf die Dauer nicht nur dann zu erwarten, wenn die an den Trieb gebundenen Erlebnisinhalte eine fortschreitende Befriedigung finden. Auch wenn die Zielvorstellungen, die aus dem Trieb erwachsen, lediglich einen weiten Raum im Bewußtsein einnehmen, ohne eine angemessene Befriedigung zu erfahren, kann eine

Zunahme der Triebdynamik eintreten. Ob in diesen Fällen die starke Beanspruchung des Bewußtseins mehr durch die Triebkraft selbst oder aber durch eine primäre Schwäche der steuernden Regulationen zustandekommt und welchem dieser Faktoren die größere Bedeutung für das Wachsen der Triebherrschaft zugesprochen werden darf, läßt sich empirisch nicht ermitteln.

Alle Erhebungen, die den Entwicklungsgesetzen der Homosexualität nachspüren sollen, stoßen auf methodische Unsicherheiten. So müssen wir noch auf eine weitere Schwierigkeit hinweisen. Viele junge Menschen machen im Zusammenhang mit der Pubertät ein Stadium durch, in dem ihre sexuellen Regungen noch wenig ausgeformt und ganz ungezielt anmuten. In diesem Zustand kann der Jugendliche erleben, daß ein Partner gleichen Geschlechts auf ihn eine leiblich fundierte Anziehungskraft ausübt. Dieses Erleben ist teilweise von einer diffusen oder gezielten Neugier getragen, kann aber auch durch aufreizende Situationen oder durch außergewöhnliche menschliche Begegnungen geweckt werden. Bei der Beurteilung dieser Vorgänge ist an eine phasengebundene, unspezifische sexuelle Ambivalenz zu denken. Ob einzelne Menschen nach dem Gesetz ihrer individuellen Entwicklung eine echt homoerotische Übergangszeit durchmachen oder ob darin ein allgemein menschliches Phänomen zum Ausdruck kommt, läßt sich nicht zuverlässig ermitteln. Wir können nur den nach der Erfahrung nicht ganz seltenen Vorgang beschreiben, daß derartige Regungen auch bei solchen Jugendlichen auftauchen, denen später jedes gleichgeschlechtliche Sexualempfinden fehlt. Unter welchen inneren oder äußeren Umständen aus diesen seelischen Übergangserscheinungen eine manifeste Homosexualität hervorgehen kann, und unter welchen Bedingungen dies unterbunden wird, bleibt eine gänzlich offene Frage. Auch hier stehen einer Erforschung der Entwicklungsgesetze entscheidende Unsicherheiten entgegen.

Die Forschung hat bisher keinen zuverlässigen Anhaltspunkt dafür liefern können, daß die Neigung zu homosexuellen Empfindungen in einer Drüseneigenart, in einer Gen- oder Chromosomenanlage oder in einem faßbaren körperlichen Geschehen begründet ist. Es darf als äußerst wahrscheinlich gelten, daß eine Grundlage im Leiblichen vorhanden ist. Das gilt aber mit demselben Grade von Wahrscheinlichkeit von jeder anderen seelischen Reaktionsweise oder Charakteranlage auch. Da die Homosexualität als Erlebnisbereich besonders enge Beziehungen zu körperlichen Vorgängen bietet, herrscht ganz allgemein die Vorstellung, ihr körperliches Korrelat müsse nicht nur leichter als bei anderen seelischen Vorgängen aufzufinden sein, sondern der körperliche Befund könne auch nach seiner Entdeckung dem Erlebnisvorgang eine andere Wertigkeit geben. Diese Gesichtspunkte bedürfen der kritischen Betrachtung. Unsere methodologischen Einsichten lassen es jedenfalls nicht zu, die homosexuelle Erlebnisfähigkeit — abgesehen von ihren phänomenologischen Unterschieden — anders einzuschätzen als beispielsweise die Fähigkeit zu gemüthaftem oder zu gemütlosem Erleben. Homosexuelle Antriebe sind in die bunte Skala menschlicher Antriebe eingeordnet. In ihrer Dynamik vermögen wir sie nur als stärker oder schwächer zu beschreiben. Je stärker sie ausgebildet sind, um so mehr scheinen sie in der Wesensstruktur verankert, wobei der Grad der Verankerung ebenso erworbene Prägung wie vorgegebene Anlage sein kann. Im übrigen läßt sich nach der Methode des Verstehens über die Homosexualität wenig aussagen. Wir beobachten lediglich, daß sich homosexuelle Intentionen mit einer bestimmten Antriebskraft in Handlungen umsetzen, sofern sie nicht durch Gegenimpulse, durch willentliche Regulierung oder durch äußere Umstände an ihrer Entfaltung gehindert werden. Eine Eigengesetzlichkeit, wie wir sie bei den krankhaften Prozessen erkennen, haftet den homosexuellen Erlebnissen ebenso wenig wie den heterosexuellen an. Aus diesem Grunde ist der Ausdruck Homosexualität für uns auch nicht eine Diagnose, bei der das Verstehen aufhört und das Erklären beginnt. Die Anwendung des Begriffes homosexuell bedeutet nicht mehr als die Beschreibung einer Spielart und Entfaltungsform innerhalb des menschlichen Seelenlebens.

Die Tatsache, daß ein Jugendlicher ein konträres Sexualempfinden besitzt, stellt nicht in allen Fällen die zureichende Motivierung dafür dar, daß er sich schon in jungen Jahren in dieser abwegigen Weise betätigt. Häufig kommen wesentliche psychologische Bedingungen hinzu, die die Handlungsweise entscheidend begünstigen. Dabei kann eine Willensschwäche mit der dazugehörigen Verführbarkeit, eine Selbstunsicherheit mit starkem Selbstbestätigungsdrang, eine Betriebsamkeit mit entsprechendem Bedürfnis nach sexueller Aktivität oder auch eine fanatische Haltung mit strenger Verneinung der gesetzlichen Bestimmungen als charakterologische Zusatzkomponente eine Rolle spielen.

Sicher gibt es Menschen, denen bei gut komponierter Charakterstruktur das homosexuelle Handeln und Mitempfinden zu einem Inhalt des Lebens geworden ist. Dieses Verhalten kann nicht ohne weiteres sittlich verurteilt werden, solange es zwischen erwachsenen Menschen praktiziert wird. Der Wert und die Berechtigung einer gerichtlichen Strafe für diese Form der einfachen Homosexualität wird sehr umstritten. Bei Jugendlichen, für die auch der Gesetzgeber immer noch eine erzieherische Verantwortung übernimmt, erscheint es besonders schwierig, die richtigen Maßnahmen zur Behandlung zu finden. Wie weit in dieser Hinsicht tolerante Zugeständnisse gemacht werden dürfen, läßt sich nicht aus der Sicht des Sachverständigen entscheiden. Man möchte jedem zur Homosexualität neigenden jungen Menschen aus vielen Gründen wünschen, daß er von dem Weg homosexueller Betätigung unter allen Umständen abgebracht wird. In welchem Umfang dies aber grundsätzlich möglich ist, und welche Eingriffsbefugnis dem Richter zugesprochen werden soll, ist kaum von rein empirischer Warte zu entscheiden. Wahrscheinlich hat der Gesetzgeber seine guten Gründe, wenn er bei den derzeitigen Reformbestrebungen des Strafrechtes weiterhin alle homosexuellen Handlungen generell unter Strafe stellen will. Für Jugendliche wäre, wenn schon keine Strafe, so doch immer eine auf Erziehung abgestellte Maßnahme zu fordern. Um diese in der richtigen Weise anzuwenden, ist wieder in erster Linie die charakterliche Eigenart des Jugendlichen zu berücksichtigen, die sich in den von uns dargestellten seelischen Grundzügen äußert. Für den Richter, der bei der Beurteilung eines jugendlichen Angeklagten dessen charakterliche Eigenschaften zur Grundlage des Strafmaßes macht, liegt auch die homosexuelle Variante des Geschlechtstriebes im Bereich seines Erkenntnis- und Ermessensspielraumes. Das Faktum einer homosexuellen Neigung — gleich welchen Grades — ist jedenfalls kein seelischer Befund, der durch Hinzuziehung naturwissenschaftlicher oder medizinischer Erkenntnis weiter begründet, erklärt oder mit dem Etikett „krankhaft" versehen werden könnte. Wie eine Handlung, die aus dieser Eigenschaft erwächst, zu beurteilen ist, muß nach rein normativen Gesichtspunkten entschieden werden.

Erwähnen möchten wir abschließend noch, daß unter 600 begutachteten Jugendlichen und Heranwachsenden in 19 Fällen Anklage wegen eines einfachen homosexuellen Deliktes erhoben worden war. Nur bei drei Minderjährigen von diesen 19 Tätern ließ sich eine ausgeprägte, über Jahre zu verfolgende homosexuelle Neigung feststellen. In den anderen Fällen war Verführung oder gewerbsmäßige Unzucht für die Straftat motivisch entscheidend.

Nach der skizzierten Erläuterung des konträren Sexualempfindens möchten wir nunmehr die verschiedenen Formen der Selbst- oder Ersatzbefriedigung besprechen. Grundsätzlich können Bedenken erhoben werden, diese Entgleisungen des Sexualverhaltens unter die Triebabweichungen einzuordnen, da es sich hauptsächlich um Abweichungen von der natürlichen Trieb*befriedigung* handelt. Inwieweit der Jugendliche, der weibliche Unterwäsche zum Onanieren braucht, oder derjenige, der im Exhibieren seine Befriedigung findet, eine primär abwegige Triebstruktur besitzt oder einen natürlichen Trieb nur auf unnatürliche Weise abreagiert, läßt sich schwer entscheiden. Der kurze und von unerwünschten Gedankenverbindungen unbelastete Ausdruck der Triebabweichung scheint uns — um es noch einmal zu betonen — als Oberbegriff gerade für die hier noch zu besprechenden Formen besonders geeignet. Wie mit allen anderen psychologischen Begriffen, die wir verwenden, wird mit dieser Bezeichnung kein diagnostischer Anspruch erhoben.

Wenn homosexuelle Züge festzustellen sind, liegt die Annahme einer Fehlanlage im Sinne der echten Triebperversion näher als bei allen Erscheinungsformen der Selbst- oder der Ersatzbefriedigung. Jedenfalls scheint es — auch wenn der empirische Beweis aus methodischen Gründen schwer erbracht werden kann — im allgemeinen wenig wahrscheinlich, daß sich eine homosexuelle Neigung gleichsam als eine Verbiegung primär natürlichen Geschlechtsempfindens entwickelt. Jede Form der Selbst- oder Ersatzbefriedigung ist eher als eine erworbene Verhaltensform anzusehen, die bei einer entsprechenden charakterlichen Disposition im Laufe der Entwicklung angenommen wird, um dem Ausgleich natürlicher sexueller Spannungen zu dienen. Betrachtet man die Mannigfaltigkeit der Mittel und Wege, mit denen schon normalerweise eine sexuelle Befriedigung erzielt werden kann, so fällt es nicht schwer, die Absonderlichkeiten eines sexuell gefärbten Zeremoniells als einfache Übersteigerungen oder Spezialformen einer normalen Reaktionsweise anzusehen. Bunte Ausgestaltung der Vorstellungs- und Phantasiewelt sowie eine mannigfache Reizempfindlichkeit in allen Wahrnehmungsbereichen vermögen in sehr verschiedenen Abwandlungen ein sexuelles Mitreagieren auszulösen. Die daraus erwachsenden Verhaltensmuster spielen sich schon unter natürlichen Bedingungen schablonenhaft ein. Es bedarf nur einer geringen Abweichung von den üblichen Modellen, damit sich — unter betont einseitiger Zuspitzung und starker Fixierung der einzelnen Reaktionsschritte — eine Form perverser Befriedigung ausbildet. Man kann auch die homosexuelle Betätigung als Abart einer Ersatzbefriedigung zu deuten versuchen. Vielleicht gibt es tatsächlich solche Pseudohomosexuelle, die aus einem Mangel an natürlicher Geschlechtsbeziehung diesen Ausweg gefunden und beibehalten haben. Bei den echt homoerotischen Neigungen kommen jedoch offenbar Erlebnisqualitäten hinzu, die allen anderen Entgleisungen des Trieblebens unvergleichbar sind und für sich etwas Besonderes darstellen.

Nach dem von uns gewonnenen Überblick beanspruchen nur wenige Formen des perversen Fehlverhaltens in der forensischen Jugendpsychiatrie Beachtung. Selbstverständlich steht hinter jedem Sittlichkeitsdelikt, auch wenn es einer natürlichen sexuellen Befriedigung dient, eine bei Jugendlichen oft besonders gelagerte Fehlhaltung oder Triebproblematik. Von einer Triebabweichung können wir jedoch nur im Zusammenhang mit einigen Sonderfällen sprechen, zu denen wir kurz Stellung nehmen möchten. Es sind der Exhibitionismus, die Unzucht mit Kindern oder auch mit Gleichaltrigen, die Sodomie, der Diebstahl auf feteschistischer Grundlage sowie andere Rechtsbrüche mit dem Zweck der sexuellen Reizbefriedigung.

Die als Exhibitionismus bezeichnete Neigung zum Entblößen der Geschlechtsteile mit dem Ziel, sich zur Schau zu stellen, kommt in strafrechtlich relevanter Form nur beim männlichen Geschlecht vor. Der Exhibitionismus erfolgt fast ausschließlich vor Mädchen oder vor erwachsenen Frauen. Unter den Jugendlichen, die dieses Verhalten bieten, sind auffallend viele Minderbegabte oder Schwachsinnige zu finden. Dabei müssen die onanistischen Manipulationen und das ungezielt spielerische Entblößen der höhergradig Schwachsinnigen unberücksichtigt bleiben.

Charakterlich sind die Formen des echten Exhibitionismus meist in einer starken Selbstunsicherheit verwurzelt. Die Selbstunsicherheit bedingt, daß die Kontaktfähigkeit dieser Menschen erheblich beeinträchtigt ist. Sie suchen daher auf eine provozierende Weise, ihren sexuellen Erlebnisdrang zu befriedigen. Gelegentlich mag hinter diesen Handlungen der heimliche Wunsch stecken, eine sexuelle Begegnung anzubahnen. In der Regel ist es nur eine Form der Selbstbefriedigung, die unter Zuhilfenahme der exhibitionistischen Szenerie abläuft. Häufig wird die Meinung vertreten, das Zur-Schau-stellen der Geschlechtsteile verfolge den Zweck einer betont männlichen Demonstration. Die Erfahrung lehrt, daß niemals reines Geltungsbedürfnis zum Exhibitionismus führt. Wenn überhaupt das Verlangen, auf diese Weise Eindruck zu erwecken, motivisch ins Gewicht fällt, so handelt es sich allenfalls um einen Geltungsanspruch, der auf der Basis der Selbstunsicherheit gewachsen ist. Es scheint keine engere Korrelation zum Grad der Triebstärke zu bestehen. Exhibitionistische Handlungen werden sowohl unter dem Einfluß einer akuten Triebspannung als auch zur Weckung sonst darniederliegender Triebkräfte ausgeführt.

Die pädagogische und strafrechtliche Behandlung kann nur entsprechend den charakterlichen Grundzügen erfolgen. Wesentlich ist es letzten Endes, eine zielstrebige Steuerung der Vorsatz- und Gewohnheitsbildung zu fördern. Gelegenheiten zur Aufnahme regelrechter Geschlechtsbeziehungen, die natürlich nicht von dritter Seite herbeigeführt werden können, schaffen bei den jugendlichen Exhibitionisten meist eine völlige Beseitigung des Fehlverhaltens. Oft führt das einmalige Ertappt- oder Bestraftwerden unmittelbar zur Beendigung des anstößigen Tuns, sofern nicht eine stärkere Gewöhnung an diese abwegige Befriedigungsform eingetreten ist.

Da zwischen dem Exhibitionismus und der Selbstunsicherheit zweifellos enge Beziehungen bestehen, darf sein Auftreten in den Jugendjahren im allgemeinen als ein Ausdruck jugendlicher Unerfahrenheit bei mangelhafter Konsolidierung des Selbstbewußtseins angesehen werden. Im Heranwachsendenalter läßt dieses Delikt immer an eine persönlichkeitseigene Charakterschwäche oder an eine schon stark fixierte Abwegigkeit denken. Inwieweit die Pubertät hier ihre Auswirkungen und Nachwirkungen zeigen kann, soll im nächsten Abschnitt noch erörtert werden. Für die Häufigkeit dieses Fehlverhaltens spricht die Tatsache, daß sich unter 600 Begutachtungsfällen 17 Jugendliche und 17 Heranwachsende befanden, denen ein exhibitionistisches Delikt vorgeworfen wurde.

Noch verbreiteter ist die Unzucht zwischen Jugendlichen und Kindern. 38 Jugendliche und 30 Heranwachsende fanden sich unter 600 psychiatrisch begutachteten Fällen, denen diese Form sexuellen Fehlverhaltens zur Last gelegt wurde. Wenn man von den Erfahrungen ausgeht, die bei älteren Menschen zu gewinnen sind, so läßt der Tatbestand einer

Unzucht mit Kindern oft unmittelbar an eine perverse Triebanlage denken. Auf Jugendliche können diese Maßstäbe sicher nicht übertragen werden. Es ist sogar sehr zu bezweifeln, ob überhaupt eine echte Paedophilie, also eine sexuell begründete Liebe zu Kindern, schon in jungen Jahren vorkommt. Gleichaltrige oder auch jüngere Knaben und Mädchen werden meist noch als Spielgefährten angesehen, mit denen gemeinsam eine sexuelle Neugier befriedigt wird. Der regelrechte Mißbrauch kleiner Kinder erscheint zumeist als eine Form der Ersatzbefriedigung, die noch wenig profiliert und vom Objekt weitgehend unabhängig ist. In diesen Fällen kann nur erforscht werden, ob entweder eine gemütskalte Triebentladung, vielleicht auch eine Triebentgleisung infolge innerer Unsicherheit oder aber das Wahrnehmen einer Gelegenheit bei ausgeprägter Willensschwäche zu dem strafbaren Handeln geführt hat. Entsprechend diesen charakterlichen Voraussetzungen ist auch die erzieherische Behandlung auszurichten. Bei jedem Jugendlichen wird man im Falle einer Unzucht mit Kindern weitgehend Milde walten lassen, sofern nicht eine polytrope Kriminalität oder eine sehr ungünstige charakterliche Eigenart unabhängig von der einzelnen Unzuchtshandlung erkennbar ist. Keinesfalls sollte verkannt werden, daß sich in dem Fehlverhalten möglicherweise eine recht bedenkliche Willensschwäche, Betriebsamkeit oder Gemütsarmut anzeigt. Diese Charaktermerkmale sollten bei den strafrechtlichen Maßnahmen immer berücksichtigt werden. Wie bei allen Triebabweichungen Jugendlicher ist auch hier wieder die Frage zu stellen, in welchem Umfang die Pubertät ihren Einfluß ausübt. Darauf wollen wir erst später eingehen.

Relativ selten scheint bei Minderjährigen die Unzucht mit Tieren vorzukommen. Vielleicht werden die Fälle auch selten aufgedeckt oder gar nicht zur Anzeige gebracht. Wir haben weder bei unseren Erhebungen noch in unserem eigenen Untersuchungsmaterial einen Fall dieser Art gefunden. Der jüngste von uns begutachtete und wegen Sodomie angeklagte Täter war 22 Jahre. Er hatte in offenbar volltrunkenem Zustand eine Kuh zur Befriedigung seiner Geschlechtslust mißbraucht. Es gilt als erwiesen, daß vorwiegend Schwachsinnige der Sodomie verfallen oder Männer in trunkenem Zustand. Psychologisch erscheint es keineswegs ausgeschlossen, daß ein gehemmter, selbstunsicherer oder auch ein willensschwacher Jugendlicher eine ihm günstig erscheinende Gelegenheit zu einer derartigen Form der Ersatzbefriedigung wahrnimmt. Vielleicht ist auch an eine Gemütsarmut oder an eine Betriebsamkeit zu denken, die diese Abartigkeit des Sexualverhaltens begünstigen könnte. Die strafrechtliche oder pädagogische Behandlung wird danach einzurichten sein, welche persönlichen Grundzüge die Tat im wesentlichen ermöglicht haben.

Psychologisch sehr bemerkenswert sind die Diebstähle auf fetischistischer Grundlage. Der Fetischist besitzt oder sammelt bestimmte Gegenstände fast ausschließlich deshalb, um damit seine Geschlechtslust zu befriedigen. Strafrechtlich relevant wird diese eigenartige Form der Triebbefriedigung vor allem dann, wenn bei der Beschaffung begehrter Gegenstände fremde Rechte verletzt werden. Wir fanden die Gutachten über zwei 16-jährige, einen 18-jährigen und einen 19-jährigen Täter, die Damenwäsche gestohlen hatten, um sie zum Onanieren zu verwenden. Erwähnt sei auch ein Haarfetischist, der mit 19 Jahren in mehreren Filmtheatern Haare der vor ihm sitzenden Mädchen abschnitt. Er hatte zu Hause in Pappkisten eine Menge Haare gesammelt, die er sich teilweise bei einem Friseur beschaffen konnte, um sich vor diesem Fetisch selbst zu befriedigen.

Über den von unserer Klinik begutachteten, zur Tatzeit 19 Jahre alten Heinz-Günter K. ist etwas ausführlicher zu berichten: Nach Angaben der Mutter soll die frühe Entwicklung unauffällig gewesen sein. Heinz-Günter sei aber bis zur Berichtszeit Bettnässer geblieben. In der Schule habe er wenig Kontakt zu den Klassenkameraden oder zu Gleichaltrigen gefunden. Wegen seines Schielens sei er oft gehänselt worden. Außerdem sei er als etwas tolpatschiger und ungeschickter Junge wenig beliebt gewesen. „Er war immer ein Einzelgänger . . . Schon früh hat er angefangen, viel in der Ecke zu sitzen und vor sich hin zu brüten." Dabei habe er viele Vorwürfe gegen die Lehrer und andere ausgesprochen. „Er hat nämlich geglaubt, daß man ihn benachteilige, in der Schule nicht dran nehme und ungerecht beurteile. Des öfteren hat er geäußert, daß er am liebsten tot sei." Die Volksschule habe er regelrecht abgeschlossen, jedoch schon im zwölften Lebensjahr sei er umhergestreunt, sei Stunden fortgeblieben, ohne daß dies zunächst Aufsehen erregt habe. Allerdings sei aufgefallen, daß er nachher seine Unterhose verkehrt angehabt habe und daß diese mit Erde und Laub verschmutzt gewesen sei. Erst später sei man darauf gekommen, daß er in dieser Zeit wohl Selbstbefriedigung betrieben habe. Mit 15 Jahren habe man ihn erstmals ertappt, als er einen Schlüpfer zu stehlen versuchte. Da Heinz-Günter nach Abschluß der Schulzeit wiederholt mehrere Tage von Hause wegblieb, kam er in eine Erziehungsanstalt, von wo er aber bald als „nicht besserungsbedürftig" entlassen wurde. Er kehrte zu den Eltern zurück und arbeitete in einer Gärtnerei. Schon sehr bald sei er wieder tagelang von zu Hause und von der Arbeit weggeblieben. Die Mutter berichtete, daß er periodisch — es hinge wohl mit dem Mond zusammen — ganz verändert gewesen sei, sich selbst nicht mehr habe leiden können, mürrisch gewesen sei und sich noch verschlossener als sonst gezeigt habe. In diesem Zustand sei es niemals gelungen, ihn zu Hause zu halten. Er habe im Freien auf Bänken ohne Rücksicht auf seine Garderobe übernachtet, müsse wohl in dieser Zeit die sich immer wiederholenden Wäschediebstähle begangen haben, um nachher — ohne sich weiter über das Vorgefallene zu äußern — ziemlich verwahrlost und ausgehungert nach Hause zu kommen.

Die körperliche Untersuchung zeigte bei dem jungen Mann von grobschlächtigem Habitus bis auf ein Einwärtsschielen keine sonstigen Krankheitszeichen. Auch das Elektroencephalogramm war normal. In psychischer Hinsicht erwies sich der verschlossene junge Mann als durchschnittlich intelligent. Nur allmählich gelang es, ihn zu einem einigermaßen unbefangenen Gespräch über seine seelischen Schwierigkeiten zu bewegen. Er berichtete, daß er schon mit 13 Jahren nach dem Auftreten der ersten sexuellen Regungen von Gleichaltrigen zum Onanieren angeleitet worden sei, und daß er dies regelmäßig etwa zweimal wöchentlich geübt habe.

Wie er dazu gekommen sei, sich bei der Selbstbefriedigung Damenunterwäsche anzuziehen, wisse er nicht genau. Es sei nur manchmal so über ihn gekommen, daß er von zu Hause habe weg gehen müssen, um bei seiner mehrtägigen Abwesenheit irgendwo geeignete Wäsche aufzuspüren, wegzunehmen, zur Triebbefriedigung zu benutzen und meist gleich wieder wegzuwerfen. Er habe den Mädchen gegenüber immer größte Hemmungen gehabt. Kameraden des Erziehungsheimes hätten ihn zwar einmal mit einem Mädchen zusammengebracht, und es sei auch zum Geschlechtsverkehr gekommen, aber das Mädchen habe er nie wieder gesehen, und er sei immer für sich geblieben. Er hätte sich auch die Damenwäsche kaufen können, aber dazu habe er wieder Hemmungen gehabt. Es sei ihm nicht auf das Stehlen angekommen. Wenn er bei einzelnen Diebstählen eine geschlechtliche Erregung verspürt habe, so sei das wohl vor allem durch das Berühren der Wäschestücke gekommen. Bestimmte Vorstellungen habe er mit den Schlüpfern nie verbunden. Schon immer habe er den Willen gehabt, sich zu bessern, aber der Trieb sei doch stärker gewesen. Das Fortlaufen konnte er bei allen Gesprächen nicht weiter begründen. Er meinte, es käme „von innen heraus", er sei dann einfach unruhig und müsse weggehen. Die Schlüpferdiebstähle seien immer nur während des Herumstreunens erfolgt.

Heinz-Günter war wegen gleichartiger Delikte schon zweimal in verschiedenen Universitäts-Kliniken begutachtet worden. Im 16. Lebensjahr wurde von einem forensisch sehr erfahrenen Gutachter geäußert, daß es sich bei den Störungen um den „Ausdruck einer unruhigen Pubertät bei einem sozial gefährdeten" Jugendlichen handele. Als K. 17 Jahre alt war, sprach ein anderer Gutachter von einer „Psychopathie", die aber die Verantwortlichkeit nicht einschränke.

In den beiden Strafverfahren verhängte das Gericht wegen der gleichen Delikte einmal zwei und einmal vier Wochen Jugendarrest. Trotzdem wurde Heinz-Günter in gleicher Weise rückfällig. Die Vorgutachten gingen ebenso wie wir eingehend der Frage nach, ob nicht etwa Verstimmungs- oder „poriomanische" Zustände aus dem Formenkreis einer epileptischen Erkrankung vorliegen könnten. Weder für diese noch für eine andere Art von Krankheit konnte irgendein Anhaltspunkt gefunden werden. Der junge Mann erschien als kontaktschwacher, selbstunsicherer Mensch mit Neigung zu Verstimmungszuständen. Diese Züge sahen wir als Ausdruck einer psychopathischen Persönlichkeitsstruktur an. Unter Berücksichtigung der Tatsache, daß es sich um ein „Delikt mit pubertären Merkmalen" handelte, wurde die Anwendung von Jugendrecht empfohlen. — Wir würden heute aus später zu erläuternden Gründen nicht mehr die Formulierung „pubertär" wählen, wohl aber zu demselben Ergebnis kommen. Das Gericht verhängte eine Jugendstrafe von acht Monaten, die für zwei Jahre auf Bewährung ausgesetzt wurde.

Ein Gespräch mit der Mutter — neun Jahre nach der Begutachtung des jungen Täters — ergab, daß Heinz-Günter zwar nicht mehr mit dem Gericht in Berührung gekommen war, aber bis zum 24. Lebensjahr noch „seine Touren" bekam, von zu Hause mehrere Tage fortblieb und wahrscheinlich ähnliche Handlungen beging wie früher. „Wissen Sie Herr Doktor, wir haben viel Sorgen um den Jungen gehabt. Es waren alles seine Minderwertigkeitskomplexe." Erst als seine Verlobung in Aussicht stand, habe er an Selbstsicherheit gewonnen. Leider sei er vier Wochen vor dem angesetzten Verlobungstermin tödlich mit einem Auto verunglückt.

Bei der rückblickenden Betrachtung müssen wir als dominanten Charakterzug des damals 19-jährigen Täters seine Selbstunsicherheit ansehen, auf deren Basis sich die starke Neigung zur Ersatzbefriedigung entwickelte. Offenbar spielte das einfache Onanieren die Hauptrolle, während sich zu bestimmten Zeiten ein Bedürfnis nach fetischistischen Handlungen durchsetzte und zu kriminellen Ausschreitungen führte. Hierbei waren bemerkenswerterweise unmotivierte Verstimmungszustände mit ausschlaggebend. Daß der Grundzug der Stimmungslabilität in diesem Zusammenhang solche Bedeutung erlangen kann, verdient besonders hervorgehoben zu werden. Vielleicht könnte man auf Grund dieser Beobachtung die Frage stellen, ob die Verstimmungsperioden durch eine vorübergehende Zunahme der Triebspannung biologisch erklärt werden können. Dies wäre jedoch durch nichts zu beweisen und hätte auch keinen praktisch nutzbaren Aussagewert.

Wir verzichten auf eine weitläufigere Erörterung dieses Falles einer sexuellen Triebabweichung. Zweifellos ist er beispielhaft für viele ähnliche Fälle einer Fehlhaltung gegenüber den geschlechtlichen Regungen. Voraussetzung der abwegigen Entwicklung sind bestimmte Grundzüge des Charakters, deren Entfaltung zahlreiche Einzelheiten der Lebensumstände begünstigen. Der zum Autismus neigende Jugendliche unseres Beispiels wurde als Einzelkind sowie durch die Hänseleien wegen seines Schielens und seiner Ungeschicklichkeit völlig in die seelische Vereinsamung gedrängt, bekam immer größere Selbstwertzweifel und äußerte sogar Gedanken der Lebensmüdigkeit. In dieser Isolierung kam er zur Selbstbefriedigung, die er mehr und mehr übte und später auch noch fetischistisch ausgestaltete. Soweit ist die Entwicklung verstehenspsychologisch zu analysieren. Naturwissenschaftlich erklären kann man die Zusammenhänge nicht. Die Verirrung des Trieblebens muß als erworbene Haltung angesehen werden, die man hinsichtlich ihrer Entstehung mehrdimensional oder dynamisch betrachten kann, die aber nur durch die selbstunsicheren und stimmungslabilen Grundzüge dieser Persönlichkeit entscheidend motivisch bestimmt, ja überhaupt erst ermöglicht worden ist. Es besteht keine Veranlassung, von einer primären Triebstörung zu sprechen. Selbst in den Fällen, in denen sich der abwegige Stil einer Triebbefriedigung ganz uniform als Fetischismus ausgebildet hat, besteht durchaus kein logisch oder psychologisch zwingender Grund, dem Fehlverhalten eine grundsätzliche Sonderstellung zuzuschreiben. Wir finden bei allen verwandten Erscheinungen niemals Phänomene, die die Grenzen des steuerbaren Seelenlebens überschreiten und in den Bereich des Krankhaften hinüberweisen. Äußerstenfalls ist durch exzessive Fixierung einer Gewohnheitsbildung eine seelische Verfassung eingetreten, die an die Grenze der Willensbestimmbarkeit führt und dem Zustand der Süchtigkeit vergleichbar ist. Wenn für die in dieser Verfassung begangenen rechtswidrigen Handlungen ein Schuldvorwurf fragwürdig erscheint, so würde sicher in jedem Fall Grund genug bestehen, von einer Lebensführungsschuld zu sprechen.

Die gleichen Gesichtspunkte gelten auch für ein anderes Problem, von dem wir noch kurz sprechen müssen. Es sind die Strafhandlungen, von denen gesagt wird, sie seien zur Lösung einer sexuellen Spannung ausgeführt worden. Dabei wollen wir die gezielt auf sexuelle Befriedigung angelegten Taten wie Notzucht oder sonstige sexuelle Aggressionen unbeachtet lassen. Wir denken an Diebstähle, Betrügereien, verbale Beleidigungen und andere Taten, die angeblich zwanghaft zur Überwindung einer übermächtigen sexuellen Erregung begangen werden. Auch hierbei wird gelegentlich an eine Triebstörung im biologischen Sinne gedacht. Diese Ansicht erscheint uns jedoch durch nichts zu begründen.

Unter den erwähnten 600 begutachteten minderjährigen Straftätern fand sich ein zur Tatzeit fast 21 Jahre alter, vielfach rückfälliger Dieb, der im Strafverfahren geltend machte, daß er nach dem Anblick von Liebespärchen geschlechtlich erregt gewesen sei und dann eine Straftat habe planen und ausführen müssen — ganz gleich welche —, um zum Samenerguß zu kommen. Er gab an, daß er schon mit neun Jahren, wenn er etwas Unehrliches gesagt oder kleine Diebereien begangen habe, eine Versteifung seines Gliedes empfunden habe.

In derartigen Fällen ist über die Zusammenhänge, ganz abgesehen von den charakterologischen Bedingungen, folgendes zu sagen: Bei jedem Menschen können sich im Falle einer inneren Spannung, im Zusammenhang mit einer seelischen Erregung oder hervorgerufen durch ein schlechtes Gewissen vegetative Erscheinungen wie Schweißausbruch, Gänsehaut, Erröten oder ähnliche Begleiterscheinungen zeigen, die wir im allgemeinen Teil als mittelbare Ausdruckserscheinungen erwähnt haben. Jede Situation, die eine Art „Nervenkitzel“ darstellt, kann zu entsprechenden vegetativen Reaktionen führen. Die vegetative Symptomatik greift möglicherweise auch auf die Geschlechtsregion über. Wie die damit verbundenen Empfindungen oder Mißempfindungen verarbeitet werden, ist eine Frage der Einstellung zu solchen Regungen. Bevor das Abreagieren einer sexuellen Spannung mit Hilfe einer Straftat zu einer Handlung nach Art eines automatisierten Reaktionsablaufes wird, muß eine Reihe von Vorbedingungen erfüllt sein. Ein solcher Vorgang spielt sich nicht mit naturgesetzlicher Notwendigkeit oder infolge einer so geprägten Triebautonomie ein. Einen zwangsähnlichen Einfluß auf das Handeln vermag ein derartig verformtes Triebbedürfnis erst zu gewinnen, wenn eine weitgehende Gewöhnung eingetreten ist. Die Grundlage für derartige in der beschriebenen Form sicher extrem seltene Fehlentwicklungen bilden aber die charakterlichen Eigenschaften. Ausschlaggebend kann hier sowohl eine Willensschwäche sein als auch eine Gemütsarmut, eine Reizbarkeit, eine Betriebsamkeit oder eine Selbstunsicherheit.

In der Literatur werden gelegentlich auch Fälle von Jugendlichen oder Heranwachsenden erwähnt, bei denen mit mehr oder weniger sexuell gefärbter Tönung eine Nekrophilie, ein Masochismus, ein Sadismus oder ein ähnlich perverses Luststreben beobachtet wurde. Im Rahmen unserer Erhebungen fanden wir nur einen 18 Jahre alten, schwachsinnigen Täter, der zwei Schüler ohne erkennbares Motiv gefesselt und mit einer Peitsche geschlagen hatte. Der Gutachter dachte in diesem Fall an eine sadistische Komponente, ohne daß wir den Unterlagen einen weiteren Aufschluß entnehmen konnten. Nach unseren klinischen Erfahrungen glauben wir auch diesen Formen einer Triebabweichung, die wahrscheinlich ebenfalls eine Art Ersatzbefriedigung darstellen, am ehesten dadurch psychologisch gerecht zu werden, daß wir nach den charakterlichen Grundzügen fragen. Für die Beratung oder Behandlung lassen sich jedenfalls nur auf diesem Fundament praktische Konsequenzen aufbauen. Weder bei Jugendlichen noch bei Erwachsenen gibt es außerhalb der verstehenspsychologischen Analyse Erklärungsmöglichkeiten, die im Rahmen der strafrechtlichen Maßnahmen zu berücksichtigen wären.

Über die sexuellen Triebabweichungen möchten wir noch einige zusammenfassende Gedanken anführen. Trieb und Triebabweichung sind seelische, das heißt erlebbare Vorgänge. Ihre biologische Begründung ist wegen der leib-seelischen Kluft nicht näher zu erforschen. Keinesfalls ist die im Seelischen wirksame Gesetzlichkeit nach naturwissenschaftlichen Kategorien zu bestimmen, zu messen oder zu erklären. Dem konträren Sexualempfinden muß wohl eine Sonderstellung zugesprochen werden. Doch selbst diese Eigenschaft, die als Neigung zur Homosexualität eine größere Verbreitung aufweist, ist kein biologisches, sondern ein psychologisches Phänomen, das vermutlich nicht mehr und nicht weniger in den leiblichen Strukturen verankert ist als alle Seelenvorgänge des Menschen. Nichts spricht dafür, daß wir in der Homosexualität ein Phänomen vor uns haben, das über die Grenzen der Willenspsychologie hinausreicht. Eine Autonomie, so wie wir sie bei den Krankheiten finden, kommt der homosexuellen Neigung nicht zu. Für alle Formen der Selbst- und Ersatzbefriedigung gilt ebenfalls, daß sie nichts mit Krankheit oder mit einer erkennbar biologischen Ursache zu tun haben. Es handelt sich um Fehlentwicklungen, die auf der Basis von bestimmten charakterlichen Eigenschaften zu verschieden stark ausgeprägten Fehlhaltungen führen. Die Feststellung einer Triebabweichung ist niemals einer Diagnose gleichzustellen. Diagnosen im psychischen Bereich stellen wir nur dort, wo wir ein seelisches Phänomen über das einfache Beschreiben hinaus auf eine nicht mehr seelengesetzlich zu fassende Ursache zurückführen. Diagnostizieren ist soviel wie erklären. Kein Trieb und keine Triebabweichung läßt sich erklären, es sei denn, es handele sich ausnahmsweise um Begleiterscheinungen einer anderweitig zu diagnostizierenden Krankheit.

Beim Aufflackern einer perversen Triebabweichung im Jugendalter wird die Ursache häufig in der Pubertät gesehen. Man sollte sich nicht damit zufriedengeben, in diesem Hinweis eine zureichende oder auch nur wesentliche Begründung und Erklärung zu sehen. Während der Geschlechtsreifung kann sich zwar mit dem Erwachen ganz neuer Triebspannungen eine über die phasenspezifische Unternehmungslust hinausgehende sexuelle Aktivität jedweder Färbung einstellen, aber bei den geringsten Anzeichen einer Verfestigung derartiger Neigungen gewinnt der charakterologische Aspekt das Übergewicht gegenüber der entwicklungspsychologischen Zuordnung. Die Gefahr, daß bei Jugendlichen, die in sexueller Hinsicht entgleisen, allzu viel mit einer schlagwortartigen Anwendung des Wortes Pubertät zugedeckt wird, sollte nicht unterschätzt werden. Mit diesem Gedanken ergibt sich unmittelbar ein Übergang zu unserem nächsten Abschnitt.

Die Pubertät

Wir haben das Wort Pubertät in dieser Untersuchung schon häufig benutzt und es so angewandt, als ob sich seine Bedeutung mehr oder weniger von selbst verstünde. Tatsächlich führt gerade dieser Begriff in großem Umfang zu Mißverständnissen. Der Ausdruck Pubertät hat mit vielen anderen Bezeichnungen, die sowohl in der Psychologie und Psychopathologie als auch in der Umgangssprache eingebürgert sind, die Besonderheit gemeinsam, daß ihm die Rolle einer Diagnose zugesprochen wird. Daraus ergeben sich mannigfache Verständigungsschwierigkeiten. Wir müssen diesem Problem nachgehen, einige kritische Einwände erläutern und den Begriff der seelischen Pubertät näher definieren.

Mit Pubertät bezeichnen wir den Zeitraum, in dem sich die Geschlechtsreifung vollzieht. Wird dieser Vorgang rein physiologisch gesehen, so haben wir eine Entwicklung vor uns, die mit dem ersten Auftreten der sekundären Geschlechtsmerkmale beginnt, mit einer letzten Ausreifung der Geschlechtsorgane einhergeht, und die mit der Zeugungsfähigkeit beim männlichen Geschlecht und mit der Empfängnisfähigkeit beim weiblichen Geschlecht beendet ist. Treten Samenergüsse oder Regelblutungen auf, so sprechen wir von Geschlechtsreife. Die biologische Pubertät ist damit abgeschlossen. In zeitlichem Zusammenhang mit diesem körperlichen Reifungsgeschehen beobachten wir auch seelische Umstellungen, die zum Teil aus der Erlebnisverarbeitung des auflebenden Sexualtriebes erwachsen, die aber darüber hinaus auch mit einer Neuorientierung in der Welt und mit einer Neueinstellung zum eigenen Sein einhergehen. Wir dürfen diese Übergangsphase die seelische Pubertät nennen.

Für die biologische Pubertät gibt es eindeutige Erkennungszeichen. Man kann sie diagnostizieren im strengen Sinne dieses Wortes. Zwar läßt sich das Ende der körperlichen Geschlechtsreife bei der männlichen Jugend nicht so zuverlässig beobachten, wie es bei den Mädchen durch das Auftreten der Regelblutungen möglich ist, jedoch tut diese Unsicherheit der diagnostischen Methode keinen wesentlichen Abbruch. Völlig anders verhält es sich mit der seelischen Pubertät. Ihr Beginn und ihr Ende sind ebenso wie das Erscheinungsbild selbst in weiten Grenzen variabel. Außerdem ist die Zuordnung einzelner seelischer Merkmale zur Pubertät durchaus strittig. Die in der Natur der Sache liegenden Unstimmigkeiten haben dazu geführt, daß bei den zuständigen Autoren keine einheitliche Fassung des Begriffes der seelischen Pubertät erfolgte.

Da der als Pubertät bezeichnete Vorgang in erster Linie etwas mit der Geschlechtsreifung zu tun hat, bestimmt er die Schwelle von der Kindheit zum Jugendalter. *Die seelische Reifung und charakterliche Festigung des jungen Menschen reicht zeitlich natürlich über das hinaus, was wir seelische Pubertät nennen.* Jedoch entfaltet sich nach diesem entscheidenden Umbruch in jedem einzelnen Jugendlichen das, was seine Individualität ausmacht. Die charakterliche Substanz kann sich zwar schon in der Kindheit zu erkennen geben. Erst nach der Pubertät findet sie aber eine persönlichkeitseigene und auf Dauer angelegte Ausgestaltung. Von Reifezeit im weiteren Sinne kann man noch bis zum Eintritt in das Erwachsenenalter sprechen. Einige Autoren verwenden den Begriff Pubertät für diesen ganzen Weg der seelischen Entwicklung. Bei dieser Auslegung würde der Ausdruck Pubertät in einem sehr allgemeinen Sinne durch das Wort Reifezeit zu ersetzen sein.

Um die ermüdende Aufzählung von Einzelhinweisen zu ersparen, sei nur auf einige deutliche Differenzen, die bei der Anwendung des Wortes Pubertät festzustellen sind, aufmerksam gemacht. Studiert man etwa *Eduard Sprangers* „Psychologie des Jugendalters", so findet man, daß er selbst seine Darlegungen insgesamt als „Pubertätspsychologie" bezeichnet hat. Jugendalter und seelische Pubertät werden auf diese Weise gleich gesetzt. *Moritz Tramer* sagt ausdrücklich, daß für ihn die Phase der Pubertät „gleichsam die ‚Brücke' ... zwischen Kindheit und Erwachsenheit" bildet. Viele andere Jugendpsychiater, unter ihnen auch *Werner Villinger* mit seiner Schule, unterscheiden zwischen einer Pubeszenz mit der ersten und zweiten puberalen Phase und einer Adoleszenz. Das sogenannte Jünglingsalter wird hier also von der Reifezeit im engeren Sinne abgegrenzt. Im vor- und außerwissenschaftlichen Sprachgebrauch bezeichnet man mit dem Ausdruck Pubertät nur jenen entscheidenden Reifungsfortschritt, der wie eine seelische Krise abläuft, und der als Übergang zur endgültigen Persönlichkeitsentfaltung gilt. Wir werden uns auf diese engere Bedeutung des Wortes besinnen müssen, wenn wir von seelischer Pubertät sprechen.

Daß unter Pubertät bei den maßgebenden Autoren sehr verschiedenes verstanden wird, geht auch aus den mitgeteilten Altersangaben hervor. *Eduard Spranger* hat — mit Beschränkung auf unseren Kulturbereich — „die Dauer dieser seelischen Entwicklungsstufe bei den Mädchen auf das 13. bis 19. Jahr, bei den männlichen Jugendlichen auf das 14. bis 20. Jahr" angesetzt. *Moritz Tramer* gibt für die Pubertät das 13. bis 16. Jahr bei Mädchen und das 14. bis 17. Jahr bei Jungen an. *Hermann Stutte* macht in weitgehender Anlehnung an *Wilfried Zeller* — um einige kompetente Namen zu nennen — für die Pubertät wesentlich frühere Altersangaben. Die „Phase der Geschlechtsreifung" liegt „bei Mädchen zwischen 10 1/2 und 16 Jahren, beim Jungen zwischen 12 und 17 Jahren." Die Aufzählung weiterer Altersbestimmungen ließe sich noch beträchtlich verlängern. Wir verzichten darauf und möchten nur betonen, daß die unterschiedlichen Ergebnisse sicher nicht durch epochengebundene, soziale oder geographische Faktoren zu erklären sind. Viel wesentlicher ist der Umstand, daß unter Reifezeit oder Pubertät jeweils etwas anderes verstanden wird. *Spranger*, der in methodisch besonders klarer Weise ausschließlich die seelischen Vorgänge berücksichtigt, setzt den Beginn des Reifungsprozesses später an als die Autoren, die mangels prägnanter psychologischer Kriterien mit dem Beginn der biologischen Geschlechtsreifung ganz allgemein *die* Pubertät beginnen lassen. Weil *Spranger* aber die während des seelischen Umbruchs der Pubertät eingeleiteten Erlebnisvorgänge für die ganze Weiterentwicklung des Jugendlichen verfolgt, kommt er bei der Bestimmung der oberen Altersgrenze bis ins 19. und 20. Lebensjahr. In dieser Altersphase sprechen die meisten anderen Autoren im allgemeinen nicht mehr von Pubertät. Nach der Erfahrung ist es nicht begründet, den Beginn der seelischen Pubertät mit dem ersten Flaum der Sexualbehaarung in engere zeitliche Verbindung zu bringen. In der Regel tritt jener seelische Umbruch, der die Sexualproblematik aktuell werden läßt, wesentlich später auf als die beginnende Reifung der sekundären Geschlechtsmerkmale.

Bei den Altersangaben über die Pubertät erscheint es gerechtfertigt, die Variationen zwischen dem 10. und dem 20. Lebensjahr auf einen mittleren Bereich einzuengen. Die seelische Pubertät setzt nach unseren Beobachtungen im 13. bis 15. Lebensjahr ein, beim Mädchen manchmal etwas früher, also auch schon im 12., beim Knaben gelegentlich etwas später, also erst im 16. Lebensjahr. Größere Abweichungen von der Norm finden wir fast nur im Krankheitsfalle, so bei einem echten Infantilismus oder bei einer pathologischen Frühreife. Selbstverständlich ist jede Zuordnung zum Lebensalter davon abhängig, welche Grenzen für den Begriff Pubertät angenommen werden. Unsere umfangreichen Erhebungen haben gezeigt, daß heute beinahe alles, was im seelischen Bereich als jugendtümlich erscheint oder was irgendwie mit dem Sexualleben zusammenhängt, mit dem Wort pubertär gekennzeichnet wird. Wenn der Begriff der Pubertät auf diese Weise allmählich bis zur Bedeutungslosigkeit verwässert worden ist und nichts Spezifisches mehr aussagen kann, bleibt natürlich auch jede Alterszuordnung unsicher.

Uns scheint es sinnvoll, als seelische Pubertät nur jene Phase der Entwicklung zu bezeichnen, in der der Jugendliche beginnt, sich als geschlechtsreif zu erleben. In dieser Zeit treten die ersten sexuellen

Begehrungsvorstellungen auf, und die Auseinandersetzung mit dem Sexualtrieb kann zum Problem werden. Viele gleichzeitig zu beobachtende Veränderungen lassen sich motivisch, also mit verstehenspsychologischer Evidenz auf die sexuelle Erlebnisverarbeitung zurückführen. Jedoch erfolgen auch andere einschneidende seelische Umstellungen, die nicht unmittelbar mit dem Durchbruch der Sexualität zusammenhängen und auch nicht mit dem biologischen Reifungsgeschehen erklärt werden können. Es läßt sich nur als Erfahrungstatsache feststellen, daß während oder nach dem Eintritt der körperlichen Geschlechtsreife mehr oder weniger sprunghaft ein allgemeiner Umbruch des jugendlichen Seelenlebens eintritt. In dieser Zeit gehen die Leistungen oft erheblich zurück. Der Minderjährige erscheint außerdem charakterlich auffallend verändert. In vielen Fällen stellt sich eine merkwürdige Beunruhigung mit großer Flegelhaftigkeit ein, in anderen Fällen eine starke Zurückgezogenheit und Verschlossenheit, eine mehr träumerische oder mehr nachdenkliche Wendung nach innen. Ein vorher unbefangenes Selbstvertrauen geht verloren, oder es entwickeln sich umgekehrt aus einer wenig selbstbewußten Natürlichkeit merkwürdige Formen eines überbetonten, sogar etwas verschrobenen oder in besonderer Weise Anspruch heischenden Selbstbewußtseins. Über die Selbstwertproblematik hinaus werden alle möglichen Probleme des Lebens und der Welt aktuell. Das ganze Gefüge des Erlebens oder — wie wir es auch beschreiben können — das Gefüge des Charakters erscheint aufgelockert und unterliegt einer Umstrukturierung. Dieser Prozeß hat seine Auswirkungen nicht zuletzt im Stimmungsleben. Die inneren Schwierigkeiten der Neuorientierung können von einem stark depressiven Affekt beantwortet werden oder von ihm begleitet sein. In anderen Fällen vermag eine mehr oberflächliche Betriebsamkeit auch den Eindruck vergnügter Ausgelassenheit zu erwecken. Sehr häufig treten stimmungslabile Perioden auf, die mit der wechselhaften, in keiner Richtung ausgeglichenen Gesamtverfassung zusammenhängen dürften.

Die kurzen Hinweise dienen der Beschreibung dessen, was wir in ganz verschiedenen Ausgestaltungen in der Pubertät beobachten können. Dabei ergibt sich jedoch eine grundsätzliche Problematik. Alle charakterologischen Erkenntnismöglichkeiten beruhen auf einer gewissen Kontinuität des Verhaltens und der Erlebnisverarbeitung. Während der inneren Neuordnung, die sich mit der Pubertät vollzieht, ist die Kontinuität der seelischen Entwicklung auf eigenartige Weise unterbrochen, so daß auch die Richtpunkte und Grenzen des Verstehens in weitem Umfang verloren gehen. In diesem Zustand gewinnt der Ausspruch von *August Homburger* seine Berechtigung: „Keine Art von Geisteskranken ist hinsichtlich ihrer Innenvorgänge so schwer zu durchdringen, wie ein großer Teil der Menschen in der normalen Pubertät." Diese gewichtige und zutreffende Feststellung gilt nun aber nicht als phasenspezifisch für die ganze Jugend oder Reifezeit, sondern erfahrungsgemäß nur für eine recht umschriebene Übergangsphase der jugendlichen Entwicklung. Nach dem großen seelischen Umbruch der Pubertät stellen sich sehr bald wieder konstante Züge der seelischen Gesamtverfassung heraus, die auf das hinweisen, was nunmehr für die Weiterentwicklung richtunggebend wird. Wir möchten aus unseren Beobachtungen folgern, daß die als seelische Pubertät zu charakterisierende Umstellungsphase beim Jugendlichen im allgemeinen nicht länger als ein Jahr andauert. Manchmal verläuft sie viel schneller. Betrachten wir den Leistungsabfall, den die Pubertät in Form eines Schulversagens häufig bedingt, so währt dieser kaum über die Frist eines Jahres hinaus. Daß ein Jugendlicher ausschließlich wegen seiner Pubertätsschwierigkeiten zweimal in einer Schulklasse zurückbleibt, kommt nicht vor.

Die zeitlich eng umschriebene Phase der seelischen Pubertät hat natürlich ihr mehr oder weniger spezifisches Vorspiel und entsprechende Nachwirkungen. Je deutlicher sich darin dominante Züge mit einer längeren Kontinuität abzeichnen, um so mehr verliert die Zuordnung zur Pubertät ihre Berechtigung. Findet der Jugendliche das mit dem Einbruch der Pubertät verlorene Selbstbewußtsein nur sehr schwer wieder und herrscht deshalb die Selbstunsicherheit längere Zeit vor, so muß gefolgert werden, daß im Bereich des Selbstwerterlebens eine nicht nur phasenabhängige Unsicherheit liegt. Sobald die Neuordnung der Wertewelt, die sich während der Pubertät in fast allen Lebensbereichen vollzieht, in irgendeiner Hinsicht verfehlt wird oder nur langsam vor sich geht, ist zu vermuten, daß die Basis für das entsprechende Erlebnis- und Wertgefüge in der Persönlichkeit schwach ausgebildet ist.

Es ließe sich fragen, ob der Abschluß der seelischen Pubertät zu dem Zeitpunkt angenommen werden kann, in dem eine innere Anpassung an die neue Geschlechtsrolle erreicht ist. Die endgültige Stabilisierung im sexuellen Erlebnisbereich und seine Integration mit der Gesamtpersönlichkeit tritt oft sehr spät und in Einzelfällen während des ganzen Lebens nicht ein. Wollte man das Ende der seelischen Pubertät dort ansetzen, wo das sexuelle Geschehen zu einem integrierenden Teil der Gesamtpersönlichkeit geworden ist, dann würde wieder der Zeitraum der Pubertät mit der ganzen Periode des Jugendalters zusammenfallen oder gar darüber hinaus reichen. Es wird immer auch Menschen geben, die niemals zu diesem Ziel gelangen. Wir sehen es für uns als verbindlich an, mit dem Begriff der seelischen Pubertät nur den Zeitraum zu bezeichnen, der in engem Zusammenhang mit der körperlichen Geschlechtsreifung steht und der eine geschlechtsspezifische Persönlichkeitsdifferenzierung herbeiführt. Die seelische Pubertät bildet eine entscheidende Phase der Reifung, die jedoch mit ihr noch nicht endgültig abgeschlossen ist. Auch in der weiteren Entwicklung ergeben sich naturgemäß ständig neue sexuelle Probleme, die zwar Folge des Eintritts in die Geschlechtsreife, aber nicht deren unmittelbarer Ausdruck sind. In Verkennung dieser Voraussetzungen erfolgt besonders häufig eine unzulässige Grenzerweiterung des Pubertätsbegriffes.

Schwierigkeiten in der Beherrschung des Geschlechtstriebes weisen manchmal schon während der frühen Pubertät auf Grundzüge des Charakters hin. Vor allem nach der ersten Beunruhigungsphase auftretende sexuelle Entgleisungen bedürfen immer der charakterologischen Würdigung. *Paul Schröder* hat in seiner Studie über „kindliche Charaktere und ihre Abartigkeiten" mit Recht betont, daß „das Einsetzen der Geschlechtsreife ein Prüfstein auf den Charakter" sei. Wir haben es stets als besonders aufschlußreich erkannt, auch schon während der Pubertät die seelische Reaktions- und Verhaltensweise unter dem Blickwinkel der Persönlichkeitsbeurteilung zu sehen. Geschieht dies nicht, indem alle Besonderheiten als Symptom der Reifung gewertet werden, dann führt ein solches Vorgehen leicht zu einer völligen Destruktion psychologischer und charakterologischer Erkenntnisse. Selbstverständlich ist gegenüber einem jungen Menschen größte Zurückhaltung bei der endgültigen Beurteilung seiner Charakterstruktur geboten. Diese Einsicht ist grundlegend und allgemeingültig, kann aber im Einzelfall niemals durch Aussagen mit diagnostischem Anspruch begründet werden.

Es könnte zu sehr schwierigen und methodisch problematischen Erörterungen führen, wenn wir für ein einzelnes oder für mehrere erscheinungsbildlich verwandte seelische Merkmale, die während der Pubertät hervortreten, die Zugehörigkeit zum Charakter oder zur Pubertät bestimmen wollten. Als Erfahrungstatsache sei nur noch unterstrichen, daß die vermeintlich langen Verläufe der Pubertät in besonderem Maße für den Charakter spezifisch sind. Vielfach treten in dieser Übergangszeit erstmals Persönlichkeitszüge hervor, die das Bild der Pubertät für eine längere Zeit imitieren. Entsteht der Eindruck einer über Jahre fortwährenden Reifungsproblematik, so sollte man nur mit größter Zurückhaltung von einer sogenannten Pubertätskrise sprechen. Grundsätzlich ist der Verständigung besser gedient, wenn alle besonderen seelischen Erscheinungen und Schwierigkeiten in der Jugendzeit ohne voreilige und summarische Zuordnung zur Pubertät einfach beschrieben werden. Sicher kann es einer sinnvollen Anwendung des Wortes Pubertät nur förderlich sein, wenn bei Minderjährigen nicht alle Auffälligkeiten im Seelischen bedenkenlos als pubertär bezeichnet werden. Andernfalls ist es nicht zu vermeiden, daß dieser Begriff mehr und mehr zum Schlagwort entartet. Belege für eine solche Abwertung des Begriffes ließen sich auch aus der Fachliteratur und dem forensischen Alltag in großer Zahl anführen.

Das Problem des Verhältnisses von Charakter und Pubertät wird vielfach so betrachtet, als wenn die Pubertät mit einer Eigengesetzlichkeit in die Charakterentwicklung eingreifen könnte. Darauf gründet sich die weit verbreitete Vorstellung, daß der Mensch während der Pubertät sozusagen seinen Charakter verliere und unter der Pubertät ähnlich wie unter einer Krankheit leide. Die Tatsache, daß jeder Charakter *seine* Pubertät durchmacht und mit der ihm eigenen Gesetzlichkeit maßgebenden Einfluß auf die Auswirkungen der seelischen Pubertät ausübt, wird dabei völlig verkannt. Zweifellos schafft die Pubertät Sonderbedingungen des Handelns. Diese lassen sich jedoch nur aus ihrer Beziehung zu einem seelischen Grundzug erfassen und verstehen. Dabei den phasenspezifischen Anteil an seelischer Labilität von charakterabhängigen Faktoren abzugrenzen, ist methodisch nicht möglich.

Wir müssen darauf verzichten, der schwierigen und vielschichtigen Frage über das Verhältnis von Charakter und Pubertät hier weiter nachzugehen. Letzten Endes wollen wir uns nur mit den praktischen Konsequenzen beschäftigen, die für die Behandlung jugendlicher Rechtsbrecher gezogen werden können. Da sich pädagogische oder strafrechtliche Maßnahmen ohnehin nicht auf strittige Zuordnungen stützen lassen, seien einige Gesichtspunkte herausgestellt, die bei der Anwendung des Wortes Pubertät zur Vermeidung von Verständigungsschwierigkeiten nicht unbeachtet bleiben sollten.

Will man die Pubertät als nicht weiter erklärbares und auch verstehenspsychologisch schwer durchschaubares Phänomen in Rechnung setzen, dann muß in erster Linie in den Grenzen des Möglichen evident gemacht werden, daß der Jugendliche tatsächlich in dieser Übergangsphase steht. Hierbei sind vor allem zwei Bedingungen zu beachten. Der Minderjährige darf nicht schon seit Jahren die körperliche Geschlechtsreife besitzen. Außerdem muß ein merklicher Einbruch in die Kontinuität seiner seelischen Entwicklung zu erkennen sein. Lösen wir den Begriff der seelischen Pubertät allzu großzügig von der biologischen Geschlechtsreifung ab, so ergeben sich ganz willkürliche Zuordnungen. Bei kritischer Betrachtung stützt sich der vermeintliche Nachweis einer erheblichen zeitlichen Dissoziation zwischen körperlicher und seelischer Pubertät auf durchaus fragwürdige Einschätzungen. Seelische Reifungskrisen aller Art werden dabei oft vorbehaltlos als Ausdruck der Pubertät gewertet. Die seelischen, insbesondere die sexuellen Nöte eines Jugendlichen, die daraus erwachsenden Anpassungsschwierigkeiten oder gar kriminelle Entgleisungen können sinnvollerweise nur dann mit dem Vorgang der Geschlechtsreifung in Zusammenhang gebracht werden, wenn die erwähnten, für uns grundlegenden Bedingungen erfüllt sind. In allen anderen Fällen muß der charakterologische Aspekt, nämlich die Frage nach Grundzügen des Charakters, Anwendung finden. Das gleiche gilt insbesondere auch für die Beurteilung aller sexuellen Triebabweichungen.

Haben wir nun bei einem Jugendlichen die Feststellung getroffen, daß er in der seelischen Pubertät steht, so ergibt sich die weitere Frage, wie er zu behandeln ist. Zwei pädagogische Haltungen lassen sich gegenüberstellen. So wird auf der einen Seite dem Umstand größte Bedeutung beigemessen, daß die Pubertät ein seelischer Ausnahmezustand ist. An das Verantwortungsbewußtsein des Jugendlichen stellt man dann in dieser Verfassung nur sehr geringe Anforderungen. Auf eingreifendere erzieherische Maßnahmen wird möglichst verzichtet. Einer solchen Einstellung zur Pubertät liegt die selbstverständliche Erwartung zugrunde, daß sich nach Abschluß dieses Reifungsvorganges der Charakter aus einer unvoraussehbaren Selbstbestimmung weiter entfalten werde.

Es ist aber auch eine andere erzieherische Haltung möglich. Sie setzt sich das Leitziel, auch während der Pubertät der Charakterbildung zu dienen und dabei weitgehend zu vernachlässigen, daß die Pubertät ein Ausnahmezustand ist. Aus dieser Sicht stellt man während der Pubertät an das Verantwortungsbewußtsein ebenso große Anforderungen wie außerhalb dieses Zustandes. Alle erzieherischen Maßnahmen werden darauf angelegt, nachhaltig über die Zeit der Pubertät hinaus zu wirken. Unseres Erachtens darf man mit einer gewissen Berechtigung von dem Gedanken ausgehen, daß die Pubertät infolge der ihr eigenen seelischen Beunruhigung besonders deutlich gerade die Schwächen des Charakters aufdeckt, deren erzieherische Steuerung erforderlich ist. Der rechte Mittelweg zwischen beiden pädagogischen Alternativen läßt sich nicht auf Grund eines psychologisch-psychiatrischen Sachverständnisses oder nach methodisch zwingenden Gesichtspunkten finden. Die erzieherische oder auch strafrechtliche Betreuung dieser jungen Menschen verlangt ein viel weiteres Verständnis für ihre Besonderheit als es je durch exakte Begriffsbestimmungen oder verbindliche Normen vermittelt werden kann.

Hierzu sei noch ein Hinweis gegeben, der sich als Leitgedanke unserer Erfahrung nach immer bewähren wird. Man sollte auch in der Pubertät nach seelischen Grundzügen forschen, die ein Fehlverhalten oder bestimmte Anfälligkeiten verständlich machen. Tritt in der Pubertät — um nur ein Beispiel zu nennen — eine auffallende Willensschwäche hervor, so sind alle erzieherischen Konsequenzen anders zu gestalten als wenn sich eine Gemütsarmut oder eine Reizbarkeit zeigt. Die grundsätzliche Frage, ob in diesen Zügen bei einem in der Pubertät stehenden Minderjährigen auf Dauer angelegte Eigenschaften des Charakters zu sehen sind, oder ob es sich um flüchtig hervortretende Eigenarten handelt, muß als ein praktisch nicht zu entscheidendes Problem ganz zurückgestellt werden. Finden wir keinen dominanten Grundzug, der sich wie ein roter Faden durch die von der Pubertät geprägten Auffälligkeiten hindurch zieht, so wird man vielleicht ausnahmsweise die der Pubertät zuzuordnende Labilität als ausreichende Motivierung einer weiter nicht aufklärbaren Fehlhandlung ansehen können. Man sollte sich jedoch soweit wie möglich bemühen, eine nähere Beschreibung der seelischen Besonderheiten vorzunehmen. Nach unseren Beobachtungen ist im übrigen an eine Beziehung zwischen einer rechtswidrigen Handlung und der Pubertät nur bei Sittlichkeitsdelikten und einigen triebhaften

Aggressionshandlungen zu denken, sofern es sich um Einzelentgleisungen handelt. Bei polytroper Kriminalität oder auch bei uniformer Rückfälligkeit ist dies nie durch die Vorgänge der Pubertät zureichend motiviert.

Bevor wir unsere Darlegungen über die Pubertät zusammenfassen, müssen wir noch einen Gesichtspunkt erwähnen. Wir haben hervorgehoben, daß die Kontinuität der seelischen Entwicklung mit dem Eintritt der Geschlechtsreife mehr oder weniger unterbrochen wird. Die Veränderung des jungen Menschen kann dabei so eindrucksvoll sein, daß der Verdacht auf einen Krankheitsprozeß ernsthaft zu erwägen ist. Hinzu kommen die Schwierigkeiten des Verstehens und Einfühlens, die wir für die seelische Pubertät mit *August Homburger* als bemerkenswert herausgestellt haben. In erster Linie muß man in solchen Fällen an eine beginnende Schizophrenie denken. Diese Annahme wird dadurch noch bestärkt, daß der Kontaktverlust, die Introversion, gewisse Verschrobenheiten des Ausdrucks und des Verhaltens sowie die verschiedensten überraschenden Reaktionen nicht nur für die seelische Pubertät typisch sind, sondern mit gleichem Recht auch als kennzeichnend für eine symptomarm beginnende Schizophrenie angesehen werden dürfen. Das Problem der Differentialdiagnose läßt sich hier nicht ausschöpfen. In seltenen Einzelfällen, die uns aber bisher nicht in der forensischen Tätigkeit begegnet sind, lassen sich alle Zweifel hinsichtlich der diagnostischen Beurteilung nur schwer ausräumen, und manchmal gibt erst der Verlauf endgültige Klarheit. Die letzte Entscheidung muß nach den Maßstäben der klinischen Psychiatrie getroffen werden, über die wir in einem späteren Abschnitt sprechen wollen. Es sei an dieser Stelle nur noch betont, daß wir trotz gewisser Ähnlichkeiten im Erscheinungsbild keine fließenden Übergänge zwischen der normalen Pubertät mit ihren abnormen Ausgestaltungen und der Geisteskrankheit Schizophrenie annehmen können. *Ernst Kretschmer* hat wiederholt zum Ausdruck gebracht, daß aus der Sicht seiner Konstitutionsbiologie von den gewöhnlichen Pubertätskrisen eine „lückenlose biologische Variationsreihe zu den leichten Heboiden und den schweren Zerfallsformen des Jugendirreseins“ bestehe. Für uns liegt jedoch in der Krankheit immer eine lebensfeindliche und sinngesetzwidrige Autonomie, die der Pubertät nicht zukommt. Wir halten es deshalb — ganz abgesehen von allen anderen Einwänden, die wir vom Standpunkt des klinischen Psychiaters geltend machen müssen — für methodisch bedenklich, wenn der Grenzverwischung und willkürlichen Grenzerweiterung dadurch Vorschub geleistet wird, daß man mit allzu großem Nachdruck auf fließende Übergänge hinweist. Ob biologische Zusammenhänge bestehen, ist eine sehr umstrittene Frage. Als entscheidend muß in jedem Einzelfall gelten, die nach dem Gesetz einer Krankheit verlaufenden Zustandsbilder von den individualgesetzlichen Entwicklungen zu unterscheiden. Daß diese

Unterscheidung im Falle einer forensischen Begutachtung nicht gelingen könnte, ist nur in äußerst seltenen Fällen zu erwarten.

Abschließend möchten wir noch einmal betonen, daß es uns bei der Anwendung des Ausdruckes Pubertät sehr wichtig erscheint, begrifflich klare und nicht allzu weite Grenzen zu ziehen. Mit Pubertät bezeichnen wir den Zeitraum des Eintritts der Geschlechtsreife. Die seelische Pubertät ist als eine Phase zu beschreiben, in der nicht nur die Erlebnisverarbeitung des Sexuellen einen Einfluß gewinnt, sondern in der auch alle Probleme des Lebens und des eigenen Seins neu gesehen werden. Die damit verbundenen Einwirkungen vor allem auf das Selbstbewußtsein des jungen Menschen und auf sein Stimmungsleben haben wir kurz beschrieben. Die Schwierigkeiten, die sich während der Pubertät bei der Beurteilung der charakterlichen Grundzüge ergeben, wurden eingehend erörtert. Steht ein Jugendlicher in jener seelischen Entwicklungskrise, die wir bei methodisch strenger Fassung des Begriffes als Pubertät bezeichnen, dann ist seine erzieherische Betreuung und seine strafrechtliche Behandlung in besonderem Maße von pädagogischer Erfahrung abhängig. Der Erkenntnismöglichkeit des Sachverständigen sind bei der Erfassung der seelischen Pubertät sehr enge Grenzen gesetzt. Viele mit diagnostischem Anspruch formulierte Aussagen über das, was pubertär genannt wird, beruhen auf einer Zuordnung, die sehr unbestimmt ist. Nicht jedes sexuell gefärbte Fehlverhalten und nicht alle Reifungsschwierigkeiten des jüngeren Menschen können mit der Pubertät in Verbindung gebracht werden — wie es vielfach bedenkenlos geschieht. Auf diese Weise ist der Ausdruck Pubertät weithin zur Bedeutungslosigkeit verblaßt. Welche Maßstäbe wir im einzelnen anlegen, wurde in einigen grundsätzlichen Punkten dargelegt.

Besondere seelische Konstellationen

Wir haben in diesem speziellen Teil bisher nur von persönlichen Eigenarten und den Bedingungen der seelischen Entwicklung gesprochen, die bei der Beurteilung eines strafrechtlich belangvollen Fehlverhaltens berücksichtigt werden müssen. In einigen Fällen sind auch Augenblickskonstellationen für das rechtsbrecherische Handeln motivisch entscheidend. Eine vorübergehende seelische Verfassung, die nicht persönlichkeitsspezifisch ist, verstehbare Konfliktsituationen, die durch unmittelbar einzufühlende Umstände hervorgerufen werden, oder rein äußere Zwangslagen können den Jugendlichen dazu bringen, gegen das Gesetz zu verstoßen. Eine systematische Besprechung dieser Faktoren soll das Kapitel über die psychologischen Beurteilungsgrundlagen abrunden.

Alle seelischen Reaktionen und alle Handlungen eines Menschen, die sich nicht auf eine persönliche Eigenart, auf phasenspezifische Merkmale oder im besonderen Falle auf eine Krankheit zurückführen lassen, werden entscheidend von der äußeren Situation geprägt, sie sind Folge eines Erlebnisses. Die Erlebnisverarbeitung und das Reagieren auf äußere Umstände werden zwar in den meisten Fällen auch noch durch die individuelle Besonderheit des Menschen mitbestimmt — keine Handlung ist im wörtlichen Sinne persönlichkeitsfremd — aber unter bestimmten Bedingungen muß die nach innen gerichtete oder auch nach außen sich auswirkende Reaktion doch als übercharakterlich angesehen werden. Der Mensch kann beispielsweise von einem harten Schicksalsschlag so betroffen sein, daß daraus Verhaltensweisen erwachsen, die er unter erträglichen Bedingungen nicht gezeigt hätte. Auch durch ein Schreckerlebnis, durch eine Furcht erregende Situation oder durch herausfordernde Umstände anderer Art werden Reaktionen und Handlungen ausgelöst, die entweder Folge einer gefühlsmäßigen Entgleisung oder Folge einer rationalen Fehlsteuerung sind und manchmal fast reflexartig zustandekommen.

Die besonderen seelischen Konstellationen, die wir hier näher betrachten wollen, müssen von zwei Seiten gesehen werden. Während uns im Rahmen dieser Darlegungen vor allem die innere Reaktion des Menschen interessieren soll, ist doch gleichzeitig der sie auslösenden äußeren Situation eine besondere Aufmerksamkeit zuzuwenden. Selbstverständlich läßt sich das Handeln auch in anderen Fällen nicht aus den Umweltgegebenheiten herauslösen. Bei den besonderen Augenblickskonstellationen kommt jedoch dem äußeren Tatbestand die einzig entscheidende Bedeutung zu. Es sind immer Ausnahmesituationen, denen eine imperative Wertigkeit anhaftet. Nur auf Grund einer klaren Bestimmung der situativen Gegebenheiten kann schlüssig zu den seelischen Reaktionen und den daraus resultierenden Handlungen oder Unterlassungen Stellung genommen werden. Das psychologische Problem liegt bei diesen Fällen ganz in der Frage, ob und wie die seelischen Abläufe durch das äußere Geschehen sinnvoll zu motivieren sind.

Für die praktischen Zwecke unserer Grundlagenstudie empfiehlt es sich, bei der Beurteilung persönlichkeitsfremder Handlungen zunächst einmal die Seite des äußeren Tatbestandes näher zu beleuchten und dabei grob die deliktfördernden von den deliktneutralen Situationen zu unterscheiden. Wir haben damit zwei Pole vor uns, bei denen im Extremfall auf der einen Seite das Entgleisen nahezu zwingend aus den Umständen folgt, während auf der anderen Seite das Delikt nur auf dem Umweg über eine abnorme seelische Reaktion möglich ist. Zwischen diesen Polen liegt ein breites Spektrum von Variationen, für das wir nur einige Beispiele anführen können.

Als besonders deliktfördernd ist in erster Linie jede ernste Notlage zu betrachten. Wer sich in großer Not oder Bedrängnis befindet, ist ständig in der Versuchung, diesen Zustand gegebenenfalls auch auf unrechtmäßige Weise abzuwenden. Selbstverständlich wird jeder Mensch auf seine Weise die Not zu meistern suchen. Begeht er aber einen Rechtsbruch, der wenigstens für den Augenblick geeignet erscheint, die

Not zu lindern, so ist die Motivierung des Handelns nicht unter charakterologischen, sondern fast ausschließlich unter situationspsychologischen Aspekten zu sehen. Es bleibt mehr eine Frage der Tatsachenermittlung und weniger eine Frage der Menschenbeurteilung, wie unter diesen Umständen ein rechtswidriges Handeln zu verstehen und zu werten ist. Dieser Einsicht entspricht es, wenn die Beurteilung von Notumständen aller Art mehr zum Aufgabenbereich richterlicher Erhebungen als zur Kompetenz psychologischer Sachkunde gerechnet wird. Persönliche Merkmale des Täters können hier nur ganz beiläufig erörtert und berücksichtigt werden. Allenfalls ist noch die Frage von psychologischer Bedeutung, ob die Notlage verschuldet oder unverschuldet eintrat.

Als äußerster Grenzfall einer Notlage muß die Notwehrsituation angesehen werden. Ist diese vom Tatbestand her erwiesen, so entfällt jedes psychologische Problem, weil in diesen Fällen niemals ein Schuldvorwurf erhoben wird: „Eine strafbare Handlung ist nicht vorhanden, wenn Notwehr geboten war." Dies gilt generell, obwohl die seelische Reaktionsweise im Einzelfall sehr unterschiedlich sein kann. Manchmal wird die Gefahr klar erkannt und entweder besonnen oder aber recht unbesonnen abgewehrt. Die Abwehr erfolgt in anderen Fällen mehr reflexartig. So vermag ein schreckhaftes Gewahrwerden der akut bedrohlichen Notlage ganz ungesteuerte oder auch wieder sehr instinktsichere und zweckmäßige Verteidigungsmaßnahmen auszulösen. Das Verhalten eines Menschen ist selbst in der Notwehrsituation noch stark von persönlichen Zügen geprägt. Liegt eine große Reizbarkeit vor, so wird die Abwehrreaktion sicher heftiger ausfallen als bei vielen gehemmten Selbstunsicheren. Gemütsarme wenden rücksichtsloser Gewalt an als die meisten anderen Menschen. Vor allem überschreiten verschieden geartete Täter die Grenze der in Notwehr gebotenen Verteidigung aus „Bestürzung, Furcht oder Schrecken" — wie es im Gesetz heißt — leicht oder weniger leicht. Alle diese psychologischen Probleme treten aber zurück. Entscheidend für die Motivierung des Handelns und für seine rechtliche Würdigung sind ausschließlich die objektiven Tatumstände. Der Gesetzgeber hat vorgesehen, neben der Notwehr und dem Notstand auch den Nötigungsstand, einen Notbetrug oder eine Notentwendung anzuerkennen, die in der Regel Strafmilderung oder gar Straffreiheit begründen.

Betrachten wir ganz allgemein die seelische Konstellation, die sich in diesen äußeren Notsituationen ergibt, so können wir von seelischen Notlagen sprechen. In ihnen erlebt der Mensch seine persönliche Existenz als bedroht, und alles Streben wird wesentlich darauf ausgerichtet, die Not abzuwenden. Deshalb ist auch die Entscheidungsfreiheit eingeengt. Der psychologische Beweis einer Beschränkung der Willensbestimmbarkeit kann zwar in diesen — wie in allen anderen Fällen — niemals aus einer Rekonstruktion der inneren Verfassung erbracht werden. Aus den realen Umständen läßt sich aber im Falle einer ernsten Notlage mit verstehenspsychologischer Evidenz schließen, daß der Mensch in seiner gefühlsmäßigen und in seiner rationalen Reaktion erheblich beeinträchtigt gewesen sein muß. Aus diesem Grunde wird er auch nicht in vollem Umfang oder überhaupt nicht zur Verantwortung gezogen.

Neben den ohne weiteres erkenntlichen Notlagen gibt es Situationen, die deshalb deliktfördernd sind, weil in ihnen eine mehr oder weniger latente Gefahr schlummert. Wir denken hierbei an Gegebenheiten, in denen die Gefahr nicht unmittelbar gegenwärtig ist, aber bei geringfügiger Änderung der Ausgangslage akut werden kann. Viele Fahrlässigkeitsdelikte erwachsen aus solchen delikträchtigen Gefahrensituationen. Beispielhaft hierfür sind die sich täglich im Straßenverkehr bietenden Verhältnisse. *Hans Göppinger* hat in verdienstvoller Weise darauf hingewiesen, daß „die Verkehrssituation für jeden Verkehrsteilnehmer bereits eine potentielle Deliktsituation ist." Die Teilnahme am Straßenverkehr erweist sich nicht nur deshalb als besonders begünstigend für ein rechtswidriges Verhalten, weil jederzeit bedrohliche Notsituationen zu folgenreichen Entgleisungen führen können, sondern auch deshalb, weil mitunter schwer überschaubare Verkehrsverhältnisse überraschend schnell eine Ausnahmesituation herbeiführen, die nach menschlichem Ermessen nicht ohne weiteres unter Wahrung aller Ordnungsregeln und Rechtsinteressen zu meistern ist. Bei der Beurteilung des unter solchen äußeren Bedingungen gezeigten Fehlverhaltens wird man zwar charakterliche Faktoren vielfach mitberücksichtigen können, es müssen aber doch ernste Bedenken geltend gemacht werden, wenn die in diesen Situationen ablaufende seelische Reaktion allzu stark unter charakterologischen Gesichtspunkten betrachtet wird. Nur wenn ein ganz ausgeprägter habitueller Leichtsinn oder andere gemeinschaftsfeindliche Eigenschaften festzustellen sind, kann gegebenenfalls ein psychologisch evidenter Zusammenhang zwischen persönlicher Eigenart und situationsspezifischer Entgleisung hergestellt werden. Motivisch haben die äußeren Umstände meist größeres Gewicht als die charakterlichen Dispositionen.

Wir können hier nicht eine umfassende Psychologie der Vergehen und Ordnungswidrigkeiten im Straßenverkehr entwickeln. Im vorliegenden Zusammenhang sehen wir ganz von der wichtigen Erfahrung ab, daß viele Erwachsene, aber vor allem auch Jugendliche durch ihre Betriebsamkeit, ihren Geltungsdrang oder aus anderen charakterlichen Gründen die Gefahr im Straßenverkehr geradezu heraufbeschwören. Zahlreiche Gewohnheiten, regelmäßig geübte Leichtfertigkeiten und eine ganz allgemeine Unbeherrschtheit können jederzeit die latente Dauergefahr in eine akut bedrohliche Situation umwandeln. Die psychologischen Voraussetzungen, durch die in dieser Weise die reale Gefahr erst provoziert wird, sind für die charakterologische Betrachtung sicher sehr aufschlußreich. Diese Überlegungen sollen uns hier aber nicht beschäftigen. Wir erwähnen den Straßenverkehr als eine beispielhafte delikträchtige Situation, weil er auch Menschen mit einer besonnenen

Haltung, mit einer durchschnittlich guten Beherrschung und mit normaler Intelligenz besonders leicht in gefahrvolle Situationen hineinführen kann. Die Verhältnisse im Straßenverkehr sind auf Grund der selten ganz gegenwärtigen, aber doch ständig schwebenden Bedrohung nicht ohne weiteres mit Notlagen anderer Art zu vergleichen.

Betrachten wir die seelische Konstellation bei diesen potentiellen Deliktsituationen, so ist das Moment der Überraschung von besonderer Bedeutung. Selbst bei optimaler Anspannung der Aufmerksamkeit und erst recht im Zusammenhang mit natürlichen Aufmerksamkeitsschwankungen kann es zu Verkennungen, Irrtümern und zu realen Einbrüchen in die Ordnung der rational durchdrungenen Wahrnehmungswelt kommen, so daß unverhofft ein fehlerhaftes Reagieren ausgelöst wird, und möglicherweise tragische Folgen zustande kommen können. Die motivisch entscheidenden Bedingungen und die tatsächlich primären Überraschungsmomente lassen sich rückblickend nur selten auffinden oder rekonstruieren. In der Regel entwickelt sich sehr schnell ein subjektiv entstelltes Bild vom Ablauf der blitzartigen Kettenreaktion, so daß eine zuverlässige Ermittlung der richtungbestimmenden *inneren* Vorgänge fast unmöglich wird. Inwieweit unter diesen Bedingungen die Willensbestimmbarkeit entweder mit Eintritt des ersten Überraschungsfaktors oder erst während der weiteren Erlebnis- und Handlungsschritte beeinträchtigt ist, läßt sich in keinem Einzelfall empirisch ermitteln oder methodisch begründen. Wir sind daher gezwungen, einen entsprechenden Grad an Willensfreiheit gegenüber solchen Überraschungsmomenten zu unterstellen oder aber die Willensfähigkeit bei dieser seelischen Konstellation generell zu verneinen. Wird bei der Erforschung des psychologischen Zusammenhanges ein vermeintlicher Überraschungsfaktor nachgewiesen oder vom Beschuldigten nur behauptet, so erscheint die weitere Kettenreaktion verständlich, und oft werden dann auch mildernde Umstände zugebilligt. In vielen Fällen bleibt die Möglichkeit eines in gleicher Weise unverschuldeten Überraschungsfaktors ganz außer Acht. Beweisbar sind die näheren Zusammenhänge und vor allem das motivische Gewicht von objektiver Ablenkung und subjektiver Unaufmerksamkeit oder Unbeherrschtheit in keinem Falle. Die gleichen Hinweise können ohne weiteres auf andere Überraschungssituationen übertragen werden. Innerhalb der Erkenntnisgrenzen unserer methodenkritischen Psychologie läßt sich ein Fehlverhalten unter solchen Umständen sowohl motivisch wie charakterologisch selten ganz befriedigend aufklären. Darin liegt die Besonderheit der seelischen Konstellation, die in Verbindung mit den potentiellen Deliktsituationen gegeben ist. Rechtlich stellt sich bei diesen Voraussetzungen das gesetzwidrige Handeln in der Regel als Fahrlässigkeitsdelikt dar.

Bei der psychologisch-psychiatrischen Beurteilung von Straftaten haben wir es gelegentlich mit Bedrängnissituationen zu tun, die in einem weiteren Sinne ebenfalls deliktfördernd wirken. Wir möchten nur die außereheliche Schwangerschaft, die Geburt eines unehelichen Kindes, die Aufdeckung einer Treulosigkeit oder eine fortbestehende hochgradige zwischenmenschliche Spannung nennen. Bei diesen und ähnlichen Umständen können wir Handlungen beobachten, die keineswegs persönlichkeitsspezifisch, sondern eher situationsgebunden anmuten. Sie wirken zum Teil wie überlegte und vorsätzliche Reaktionen, werden aber häufig auch unüberlegt ausgeführt. Der Einfluß einer bewußten Steuerung läßt sich vielfach nur als ein scheinbarer deuten, weil alle Entschlüsse unter starkem Druck der situationsbedingten Affekte stehen. Um das Charakterfremde der hier auftretenden Reaktionen und Handlungen zu kennzeichnen, wurden die Begriffe Primitivreaktion und Kurzschlußreaktion geprägt. Auf diese Ausdrücke müssen wir etwas näher eingehen.

Wenn von einer Primitivreaktion oder von einer Kurzschlußhandlung gesprochen wird, dann geschieht dies im allgemeinen so, als sei etwas Derartiges zu diagnostizieren. Bei kritischer Betrachtung lassen sich aber nur einzelne Handlungsmuster beschreiben, die für bestimmte Situationen typisch sind, und die man vereinbarungsgemäß mit diesen Bezeichnungen belegen kann. Um von einem einfachen Fall auszugehen, möchten wir den von anderen Autoren wiederholt zitierten Bericht des Strafrechtlers *Hans Gross* erwähnen: „Ich ging einmal abends durch eine menschenleere Straße und kam an einem Gasthaus gerade in dem Augenblick vorbei, als ein Betrunkener heraus und direkt auf mich geworfen wurde; im selben Augenblick versetzte ich dem Armen eine kräftige Ohrfeige. Sofort bereute ich die Tat, ... Hätte ich dem Mann damals mit der Ohrfeige das Trommelfell gesprengt oder ihn sonst schwer verletzt, so wäre der Kriminalfall fertig gewesen, und ich zweifle, daß mir jemand die ‚Reflexbewegung' geglaubt hätte, obwohl ich damals so gut wie heute darüber klar war, daß es in der Tat eine solche war." (Zitiert nach *Alfred Hoche:* Handbuch der Gerichtlichen Psychiatrie, 3. A. 1934).

Dieses Beispiel vermittelt uns eine wichtige Erkenntnis. Wenn der Tatbestand in der hier geschilderten Weise feststeht, wird auch der seelische Vorgang unmittelbar verständlich. Man kann zwar mit großem Aufwand an psychologischer Begriffskunst diesen Ablauf näher zu analysieren suchen und dadurch die inneren Zusammenhänge eines solchen Geschehens dem theoretischen Verständnis näher bringen, aber eine mit Beweiswert versehene Rekonstruktion des innerseelischen Ablaufs läßt sich nicht herstellen. Die positiven Aussagen über die Tatsituation besagen auch für die strafrechtliche Beurteilung wesentlich mehr als jede Beschreibung dessen, was in dem Täter vorgegangen sein könnte. Die Tatbestandserhebungen sind bei der Beurteilung des Handlungsablaufes ganz allein entscheidend. Ob man bei dem zitierten Beispiel in Übereinstimmung mit der Meinung des „Täters" von einer Reflexbewegung sprechen und mit *Udo Undeutsch* eine Handlung im strafrechtlichen Sinne verneinen will, ob man mit *Alfred Hoche* den Vorgang als eine

Triebhandlung oder als ein impulsives Handeln bezeichnet oder ob man ganz allgemein in Anlehnung an *Ernst Kretschmer* den Ausdruck Primitivreaktion wählt, ist eine Frage der Vereinbarung. Mit keiner psychologischen Methode läßt sich in diesem oder in ähnlichen Fällen durch Rekonstruktion des inneren Geschehensablaufes die Frage beantworten, ob im Augenblick der Tat steuerungsfähige Funktionen ungenutzt blieben oder erweisbar ausgeschaltet waren. Nur dies wäre für die Beurteilung der strafrechtlichen Konsequenz von Bedeutung. Alle sonstigen Auslegungen über eine Fehlschaltung zwischen Triebschicht, Erkenntnisvermögen und Willenskraft sind zwar von größtem erkenntnistheoretischem Interesse, aber ohne evidenten Nutzen bei der Erörterung der Zurechnungsfähigkeit oder der Schuld.

„Die Grenzlinien zwischen fehlender Handlung und ausgeschlossener Zurechnungsfähigkeit sind“ — wie *Udo Undeutsch* schreibt — „im Einzelfall nicht immer mit Sicherheit zu ziehen.“ Wir halten es für grundsätzlich unmöglich, hier eine Grenzbestimmung vorzunehmen. Vielmehr erscheint es uns eine reine Rechts- oder Tatbestandsfrage, wie ein Vorgang nach Art der geschilderten „Reflexhandlung“ im Falle einer strafrechtlichen Verfolgung zu beurteilen ist. Vielleicht würde der Richter sogar den Tatbestand der Notwehr oder eine Art Notstand annehmen können.

Bezüglich des Ausdrucks Primitivreaktion möchten wir unsere Bedenken auch noch in einer anderen Richtung erläutern. Seine Verwendung mit dem Anspruch auf eine diagnostische Aussage geht so weit, daß unter Abkehr von jeder urspünglichen Sinngebung Vorgänge mit dieser Bezeichnung benannt werden, die allenfalls als Handlungen einer primitiven Persönlichkeit zu beschreiben wären. Um unseren Einwand mit einem Beispiel aus dem jugendpsychiatrischen Schrifttum zu belegen, erwähnen wir den „Beitrag zur Primitivreaktion bei Jugendlichen“ von *Peter Berner* und *Walter Spiel* über „Jugendliche Opferstockdiebstähle“. Es heißt dort unter anderem: „Der Opferstockdiebstahl stellt bei Jugendlichen, wie aus der Untersuchung unserer Fälle hervorgeht, eine besondere Art solcher Primitivreaktionen dar.“ Die Autoren haben über drei Jugendliche berichtet, die alle in weiterem Umfang kriminell geworden waren und nur unter anderem Opferstockdiebstähle begingen. Die Täter erwiesen sich als „knapp durchschnittlich“ oder eindeutig unterdurchschnittlich begabt, und ihre Familienverhältnisse waren in jedem Falle schlecht. Es ist nach den Schilderungen keineswegs einleuchtend, daß die Opferstockdiebstähle als „Primitivreaktionen“ eine Sonderstellung einnehmen sollen. In keinem der zitierten Fälle liegt ein impulsives, ausschließlich von den „Primitivschichten“ der Persönlichkeit diktiertes und daher persönlichkeitsfremd erscheinendes Handeln vor. Auch in den von uns durchgearbeiteten Gutachten wurden drei jugendliche Opferstockdiebe beurteilt, von denen einer schwachbegabt, die beiden anderen schwachsinnig waren. Zwei hatten wiederholt Diebstähle begangen, der dritte wurde wegen „mehrerer Opferstockdiebstähle" angeklagt. Auch in diesen Fällen fügte sich die Tat in das Gesamtbild der Verhaltensauffälligkeiten zwanglos ein. Man mag geneigt sein, in solchen Taten ein „primitives Delikt" zu sehen. Auch die Täter sind in allen erwähnten Fällen gleichermaßen „primitiv". Den erwähnten Straftaten aber als „Primitivreaktion" einen eigenen „Stellenwert" zuzuordnen, erscheint als nicht gerechtfertigt. Jedenfalls tritt die Vieldeutigkeit, die dem Wort Primitivreaktion anhaftet, hier besonders deutlich zutage. Der diagnostische Anspruch, der in der Arbeit von *Berner* und *Spiel* noch durch die Formulierung: „wie aus der Untersuchung unserer Fälle hervorgeht", akzentuiert wird, erscheint uns methodisch keineswegs einleuchtend. Es gibt keine Untersuchungsmethode, die im Hinblick auf eine begangene, also immer zurückliegende, Straftat den Beweis einer Primitivreaktion erbringen könnte. Dergleichen läßt sich nur aus einem entsprechenden äußeren Tatbestand folgern.

Außer den Formen der Primitivreaktion, die *Ernst Kretschmer* in seiner „Medizinischen Psychologie" auch als Explosivreaktion bezeichnet hat, kennen wir eine Reihe weiterer „antriebsunmittelbarer Handlungen", bei denen eine besondere äußere Situation eine entsprechende seelische Konstellation auslöst. Wir möchten den von *Philipp Lersch* geprägten Begriff der antriebsunmittelbaren Handlung, den wir im allgemeinen Teil erläutert haben, als Oberbegriff anwenden. Er faßt alle Handlungen zusammen, die sich als unmittelbar aus einem Antrieb erwachsende Reaktionen beschreiben lassen. Dazu gehören eine große Zahl von Taten, insbesondere die sogenannten Affekthandlungen, die wir als Kurzschluß- und als Konfliktreaktionen beschreiben werden. Die seelische Konstellation, die diesen Verhaltensformen zugrundeliegt, ist dadurch gekennzeichnet, daß — im Gegensatz zu den Explosivreaktionen — eine meist schon länger bestehende Spannung bei einem mehr oder weniger dramatischen Anlaß zu Handlungen oder zu Unterlassungen führt, ohne daß Gegenimpulse wirksam werden. Die in der affektiven Spannung aufgespeicherten Antriebskräfte, die bis zum Durchbruch der Kurzschlußreaktion noch gesteuert oder überformt werden konnten, werden plötzlich übermächtig und lösen das aus, was wir eine antriebsunmittelbare Handlung nennen. „Die Handlung zusammen mit dem affektiven Antrieb, der sie herbeiführte, bildet ein in sich geordnetes, sinnvolles Ganzes, aber sie ist von der übrigen Persönlichkeit abgespalten, sie ist ein Teilstück für sich." *(Ernst Kretschmer)*

Kretschmer hat die Grenzen des Begriffes Kurzschlußreaktion nicht genügend klar bestimmt. Er sieht in ihnen eine Untergruppe der Primitivreaktionen. Wir glauben, daß es für die Verständigung nicht ratsam ist, den Oberbegriff der Primitivreaktion auch für Kurzschlußhandlungen anzuwenden. Die sogenannte Reflex- oder Explosivreaktion läßt sich in ganz anderem Maße als die nur formal ähnliche Kurzschlußreaktion auf ein Reagieren der Primitivschicht des Menschen zurückführen. Bei der Kurzschlußreaktion wirken oft affektive Regungen mit, die aus sehr viel differenzierteren Strukturen erwachsen als die ganz vitalen Explosiv- oder Abwehrreaktionen. Außerdem halten wir es für sachlich nicht zweckmäßig, zu den Kurzschlußhandlungen ganz allgemein auch solche Handlungsweisen hinzuzurechnen, die aus inneren Konfliktsituationen erwachsen. Vielmehr erscheint es für alle praktischen, insbesondere für die forensischen Belange erforderlich, hier eine grundsätzliche Unterscheidung zu treffen. Als Kriterium gilt für uns die evidente Abhängigkeit des Kurzschlußvorganges von der äußeren Situation. Die scheinbar spontanen, ausschließlich von innen durchbrechenden Handlungsimpulse lassen sich immer auf persönlichkeitsspezifische Grundzüge zurückführen. „Von der übrigen Persönlichkeit abgespalten und ein Teilstück für sich“ sind nur die Reaktionsformen, die — da sie ganz aus den Besonderheiten einer Situation erwachsen — als übercharakterlich oder persönlichkeitsfremd gelten können. Kurzschlußähnliche, aber persönlichkeitsspezifische Reaktionen, deren entscheidendes Motiv in einer fanatischen Haltung oder in einem habituellen Mangel an Beherrschung liegt, sollen hier unberücksichtigt bleiben.

Wir richten unsere Aufmerksamkeit ganz auf die Kurzschlußreaktionen, die aus einer äußeren Konfliktsituation erwachsen. Kommt es dabei zu einem Rechtsbruch, so sind die spannungsgeladenen Umstände als ein entscheidendes Motiv der Handlung anzusehen. Eine solche Bedeutung kann aber im Einzelfall dem äußeren Konflikt nur dann beigemessen werden, wenn verschiedene Bedingungen erfüllt sind. Die äußere Bedrängnis muß hinreichend gewichtig, sie muß dem betroffenen Menschen bewußt, für jeden außenstehenden Betrachter zu erkennen und nachzufühlen sein, und der Konflikt muß zur Zeit der Reaktion noch seine volle Aktualität besitzen. Auf die einzelnen hier erwähnten Punkte sei noch etwas ausführlicher eingegangen.

Daß ein Konflikt, der eine persönlichkeitsfremde Reaktion auslösen soll, mit objektiv erheblichen Spannungsmomenten verbunden sein muß, erscheint bei unbefangener Betrachtung selbstverständlich. In unserem Zeitalter der analysierenden Psychologien wird jedoch manche latente Konfliktsituation für die Beurteilung einer Persönlichkeit und ihres Verhaltens allzu sehr überbewertet. Aus dieser Sicht lassen sich fast alle äußeren Konstellationen als Auslösungsfaktoren für persönlichkeitsfremde Handlungsweisen ansehen. Bei sachlicher Situationsbetrachtung stellen aber viele von den Tiefenpsychologen herausgearbeitete dynamische Milieubedingungen keine ernsten Konfliktsituationen sondern alltäglich vorkommende Gegebenheiten dar. In solchen Fällen vermag nur die persönlichkeitsspezifische Verarbeitungsweise ernste Schwierigkeiten hervorzurufen. Den äußeren Umständen kommt dann zwar eine auslösende Rolle, aber kein entscheidendes motivisches Gewicht zu. Oft handelt es sich um mehr oder weniger typische „Schlüsselerlebnisse“ im Sinne *Ernst Kretschmers*, und die daraus erwachsenden Handlungsfolgen sind eher als „Persönlichkeitsreaktionen" — wieder im Sinne *Ernst Kretschmers,* auch wenn er selbst diese Unterscheidung nicht genügend klar dargelegt hat — anzusehen. Zu den Kurzschlußreaktionen sollte man nicht diese überwiegend aus inneren Spannungsfaktoren hervorbrechenden Handlungsformen rechnen. Das ist aber nur möglich, wenn alle Umweltverhältnisse, die keine hinreichend gewichtige Konfliktsituation ausmachen und daher auch nicht delikttrăchtig sind, hier außer Betracht bleiben. Die vom Erlebnis selbst oder von der Situation ausgehenden Impulse müssen gegenüber der inneren Handlungsbereitschaft ein evidentes Übergewicht haben, wenn überhaupt an eine persönlichkeitsfremde Reaktion gedacht werden kann. Heimweh, sexuelle Triebregungen und viele äußere Belastungen oder zwischenmenschliche Spannungen können niemals einen Rechtsbruch hinreichend motivieren, ohne daß den charakterlichen Grundzügen, also der Persönlichkeit des Handelnden, ein entscheidendes Gewicht zukommt. Selbst wenn die Tat in solchen Fällen kurzschlußähnlich begangen wird, muß sie hier ausgeklammert und unter einem anderen psychologischen Aspekt gesehen werden.

Ist die Bedingung erfüllt, daß der äußere Konflikt ernst und gewichtig genug ist, um eine persönlichkeitsfremde Kurzschlußreaktion hervorzurufen, so wird er zwangsläufig auch dem betroffenen Menschen bewußt sein. Äußere Konstellationen, die einen Menschen — nach der Ausdrucksweise vieler Autoren — unbewußt belasten, haben zwar mit größter Wahrscheinlichkeit auch einen Einfluß auf die seelische Gesamtverfassung, sind aber nicht geeignet, das auszulösen, was wir hier als Kurzschlußreaktion bezeichnen. Durch unkritische Anwendung psychologischer Teste oder psychoanalytischer Theorien werden über die mannigfachen gewichtigen oder mehr alltäglichen Konflikterlebnisse des Menschen hinaus alle möglichen, vermutlich unbewußt wirksamen Belastungsfaktoren, als bedeutsam herausgestellt, deren faktische Wirksamkeit sehr problematisch bleiben dürfte. Die daraus konstruierbaren Kurzschlußmöglichkeiten leisten bei der Erörterung forensischer Probleme keinerlei Erkenntnishilfe. Die theoretische und praktische Überbewertung der aus dieser Sicht gewonnenen „Erfahrung" läßt nahezu jede Tat eines Menschen als persönlichkeitsfremde Kurzschlußhandlung interpretieren.

Äußere Konflikte, die bei der Erörterung von Kurzschlußreaktionen in Betracht gezogen werden können und die ein entsprechendes motivisches Gewicht besitzen, sind für den außenstehenden Betrachter auch vom Tatbestand her nachweisbar. Jeder reale Konflikt wirkt sich so auf die Lebensumstände aus, daß er durch eine einfache Situationsanalyse wahrscheinlich gemacht oder sogar erwiesen werden kann. Dieser Punkt gewinnt gerade im Rahmen der forensischen Begutachtung eine große Wichtigkeit. Gelegentlich macht ein Täter geltend, daß er vor seiner zur Aburteilung anstehenden Tat in einer ernsten Bedrängnis gewesen, und daß er deshalb zu einer kurzschlußartigen Reaktion getrieben worden sei. Gelingt es nicht, diese Behauptung durch entsprechende Tatbestandskriterien zu erhärten, so ist entweder die Ernsthaftigkeit des Konfliktes zu bezweifeln, oder es muß wieder mehr an eine innere Konfliktreaktion gedacht werden.

Als weitere Bedingung einer Kurzschlußreaktion haben wir den Umstand bezeichnet, daß der Konflikt zur Zeit der Reaktion noch seine volle Aktualität besitzen muß. Spannungsgeladene Situationen, deren dynamische Impulse nicht mehr ganz gegenwärtig sind, können nicht zur Motivierung einer persönlichkeitsfremden Kurzschlußreaktion herangezogen werden. Früher erlebte Konflikte werden zwar bei jedem Menschen mehr oder weniger nachwirken, vermögen jedoch keine impulsive Reaktion auszulösen, es sei denn, der Konflikt wirkt innerlich weiter fort, so daß das Schwergewicht nunmehr bei der Eigenart der Erlebnisverarbeitung, aber nicht mehr im Erlebnis selbst liegt.

Bei der zusammenfassenden Betrachtung der aufgezeigten Gesichtspunkte stehen wir immer wieder vor der Aufgabe, die situative Konstellation und ihre motivierende Kraft mit der persönlichkeitseigenen Aktivität zu vergleichen und beide Seiten gegeneinander abzuwägen. Da der Umstand, daß einzelne Rechtsbrüche ganz und gar persönlichkeitsfremd erscheinen, für das Täterstrafrecht ein großes Problem darstellt, hat man verschiedene Wege beschritten, um aus diesem Dilemma für die forensische Praxis einen Ausweg zu finden. So wurde, um das Persönlichkeitsfremde einer Kurzschlußreaktion zu erklären, in letzter Zeit immer häufiger der Begriff der Bewußtseinsstörung in die Diskussion einbezogen. Damit sind aber nur neue begriffliche Schwierigkeiten heraufbeschworen worden. Wir sehen uns nämlich vor die Frage gestellt, was wir Bewußtseinsstörung nennen sollen.

Jede normale heftige Gefühlsreaktion beeinträchtigt mehr oder weniger unser Bewußtsein. Wir brauchen nur an den Schreck, an die Wut, an spannende Augenblicke mannigfacher Art, an den Zustand des Abgelenktseins und ähnliche seelische Verfassungen zu denken, um uns die vielfältigen Formen einer „Einengung" des Bewußtseins zu vergegenwärtigen. Es bleibt eine reine Definitionsfrage, bei welchem Grade von Gefühlserregung oder äußerer Bedrängnis wir eine der Bewußtseinsstörung gleichkommende Einengung unserer Steuerungsfähigkeit annehmen wollen. Der Psychologe *Udo Undeutsch* zieht die Grenzen des Begriffes in seinem Aufsatz „Zurechnungsfähigkeit bei Bewußtseinsstörung" sehr weit, während von seiten der Psychiater im Rahmen der nicht krankhaften und nicht körperlich begründeten Zustände das Wort Bewußtseinsstörung ganz gemieden wird. Am konsequentesten hat sich hierüber *Hans W. Gruhle* ausgesprochen. Unseres Erachtens ist mit dem Begriff der Bewußtseinsstörung und mit einer systematisch gegliederten Beschreibung der inneren Vorgänge für die Beurteilung und Einschätzung der Kurzschlußreaktionen wenig zu gewinnen. Vielmehr läßt sich die Annahme einer persönlichkeitsfremden oder übercharakterlichen Kurzschlußhandlung nur durch zwei Fakten wahrscheinlich machen: Erstens durch eine evidente Erhellung der äußeren Konfliktsituation und zweitens durch den Nachweis bestimmter Auffälligkeiten, die das Tatgeschehen und die anschließende Verhaltensweise des Täters prägen. Läßt sich während der Tat oder während dem ihr unmittelbar nachfolgenden Zeitraum eine eindrucksvolle Veränderung des Täters gegenüber seiner sonst ihm eigenen Verfassung feststellen, so kann das für eben den Ausnahmezustand sprechen, dem wir im Zusammenhang mit den Kurzschlußreaktionen eine Sonderstellung zuerkennen. Für die Beurteilung entscheidend sind vor allem eine sichtlich verwirrte, oft geradezu planlose Reaktionsweise, schwere körperliche Rückwirkungen und schließlich auch eine überzeugend tiefe Betroffenheit im Augenblick der ersten Besinnung. Gegenüber diesen Kriterien besitzen alle anderen Gesichtspunkte, die sich auf eine isolierte Betrachtung der Bewußtseinslage, der Einsicht oder der Willensfähigkeit beziehen, eine äußerst geringe Beweiskraft.

Bei der abschließenden Stellungnahme zu dem wichtigen Phänomen der Kurzschlußhandlung möchten wir noch einmal an die schon wiederholt erwähnte charakterologische Einsicht erinnern, daß sich seelische Erscheinungsbilder in der Regel nicht abgrenzen, sondern nur durch Akzentuierungen bestimmen lassen. So ist auch die Kurzschlußhandlung, ohne daß sie von einer Willenshandlung scharf abgrenzbar wäre, nur als ein besonderer Handlungstyp zu beschreiben. Zu ihm dürfen wir die meisten sogenannten Affekthandlungen rechnen. Innerhalb dieses Typs aber Unterscheidungen, Abgrenzungen, nähere Bestimmungen oder gar diagnostisch zu unterbauende Einteilungen vorzunehmen, ist weder theoretisch möglich noch praktisch sinnvoll. Allenfalls weisen die Beziehungen zur charakterlichen Grundstruktur auf gewisse Besonderheiten des Handlungsvorganges hin. Im übrigen läßt sich der Ausnahmezustand, der bei einer echten Kurzschlußhandlung gegeben ist, nicht mit einer aus psychologischen Begriffen oder Hilfsbegriffen allzu subtil rekonstruierten Skizze beschreiben. Wir können nur feststellen, daß bei Kurzschlußhandlungen die normale Motivstruktur des Handelns, die sonst unter Einbeziehung der ganzen Persönlichkeit und aller situativen Gegebenheiten ein leidlich geschlossenes Bild darstellt, auf nicht weiter motivierbare Weise gestört ist. Das in der Regel weitgehend gesteuerte Handeln wird bei einer Kurzschlußreaktion von ungesteuerten Affekten bestimmt. Der weiteren psychologischen Aussage sind hier Grenzen gesetzt, ohne daß aus der Sicht psychiatrischer Erfahrung etwas Wesentliches zur näheren Aufschlüsselung gesagt werden könnte. Der Psychiater vermag nur das Krankhafte auszuschließen. Für Sonderformen seelischen Seins, bei denen er nicht dem menschlichen Anspruch um Hilfe begegnet, kann er sich als Arzt schwerlich zuständig fühlen. Er wird auch zögern, für forensisch belangvolle Zustände eigene Kategorien zu schaffen, oder die in seinem Erfahrungsbereich geprägten Begriffe — etwa das Wort Bewußtseinsstörung — in die der Krankheit fernen Sachgebiete zu übertragen.

Eine ganz andere Fragestellung ergibt sich hinsichtlich der inneren Konfliktreaktionen, die wir in diesem Abschnitt schon mehrfach beiläufig erwähnt haben. Liegt eine Tat nach Art einer Kurzschlußhandlung vor, ohne daß ein äußerer, noch aktueller und zugleich hinreichend ernster Konflikt aufzudecken ist, so muß an eine innere Konfliktreaktion gedacht werden. Eine wichtige psychologische Feststellung hierzu hat *Kurt Schneider* formuliert: „Die inneren Konfliktreaktionen sind an ganz bestimmte Persönlichkeiten gebunden, und zwar wohl stets an sensitive, selbstunsichere.“ Innere Konflikte und Schwierigkeiten in der Erlebnisverarbeitung gehören zum Erfahrungsschatz eines jeden Menschen. Gewinnen aber solche Konflikte und Schwierigkeiten, ohne ständig und offensichtlich neue Nahrung von außen zu finden, eine solche Impulsstärke, daß der Mensch aus dieser inneren Konstellation heraus abnorm reagiert oder gar straffällig wird, so spricht diese Reaktionsweise für einen besonderen seelischen Grundzug, den wir mit *Kurt Schneider* in der Selbstunsicherheit sehen müssen. Die Beurteilung der Täter, die infolge einer inneren Konfliktreaktion zum Rechtsbrecher werden, ist vorwiegend ein charakterologisches Problem. Kurzschlußähnliche Handlungen, die aus einer inneren Spannung erwachsen, nehmen zwar unter den Taten einer selbstunsicheren Persönlichkeit auch noch eine gewisse Sonderstellung ein. Jedoch weist die ganze Problematik, die sich bei der Beurteilung persönlichkeitsfremder, durch eine reale äußere Bedrängnis hervorgerufener Kurzschlußhandlungen ergibt, völlig andere Schwerpunkte auf. Da wir den Grundzug der Selbstunsicherheit und die damit verbundene Möglichkeit der überraschenden Entgleisungen ausführlich besprochen haben, werden wir das Thema der inneren Konfliktreaktionen hier nicht mehr ausführlich behandeln, sondern nur noch einige Hinweise geben.

Wir möchten zunächst wieder die äußere Situation betrachten. Auch bei den Handlungen, die aus einer inneren Konfliktreaktion erwachsen, finden wir manchmal äußere Konstellationen, die dem Modell einer im weiteren Sinne delikturächtigen Situation entsprechen. Um die Zusammenhänge mit der Situation aus einer Gegenüberstellung zu verdeutlichen, wählen wir das Beispiel der Eifersucht. Liegt die Ausgangssituation erwiesener Untreue vor, so wird jeder normal empfindende Mensch die Gefahr der Fehlhandlung aus Eifersucht erkennen und nachfühlen können. Erwächst aus dem Gewahrwerden der Untreue eine ernste Zwangslage und treten äußere Überraschungen hinzu, so muß es in vielen Fällen als evident verständlich angesehen werden, wenn eine unvorhersehbare, völlig persönlichkeitsfremde Kurzschlußreaktion erfolgt. Wirken aber die äußeren Vorgänge innerlich weiter und führen erst nach einer konfliktreichen seelischen Verarbeitung zu einer womöglich strafrechtlich belangvollen Affektentladung, so ist nicht mehr die delikttträchtige Situation, sondern die charakterliche Eigenart für das Verstehen der psychologischen Zusammenhänge motivisch entscheidend. In diesen Fällen kommt der inneren Spannung im allgemeinen größere Bedeutung zu als der äußeren. Wahrscheinlich bietet die Eifersucht das größte Spektrum äußerer und innerer Konfliktmöglichkeiten. Die Kombination von mehr situationsgeprägten oder mehr persönlichkeitseigenen Reaktionsweisen läßt sich hier in vielen Variationen beobachten. Die Mannigfaltigkeit der seelischen Konstellationen ist noch weiter zu differenzieren, wenn wir auch die wenig begründeten Eifersuchtsformen berücksichtigen. Ist eine Eifersucht weitgehend unbegründet, so sind die situativen Voraussetzungen deliktneutral und eine kurzschlußartige Affektentladung wäre ausschließlich auf dem Umweg über eine innere Konfliktreaktion möglich.

Außer der Eifersucht können viele zwischenmenschliche Anpassungsschwierigkeiten oder persönliche Benachteiligungen in verschiedenen Schweregraden als delikttträchtige Situationen wirksam werden. Während die deliktneutralen, äußerlich wenig gespannten Situationen nur durch persönlichkeitseigene Impulse zu Fehlhandlungen führen, finden wir bei äußerlichen Spannungs- und Konfliktzuständen charakterspezifische neben den situationsgebundenen Entgleisungsformen. Gelegentlich müssen wir auch Kombinationen annehmen, bei denen eine Kurzschlußreaktion im engeren Sinne nicht scharf von einer inneren Konfliktreaktion zu trennen ist.

Ein weiterer Gesichtspunkt läßt sich bei der Gegenüberstellung von inneren Konfliktreaktionen und anderen Kurzschlußreaktionen — einschließlich der Primitivreaktionen — hervorheben. Für die durch äußere Überraschungen oder Konflikte hervorgerufenen Reaktionen ist die Situation nicht nur motivisch von entscheidender Bedeutung, vielmehr gibt sie dem Verhalten auch ein entsprechendes Gepräge. Bei inneren Konfliktreaktionen ist die Art der Entgleisung nicht immer in der äußeren Situation vorentworfen. Wenn zum Beispiel eine Liebesenttäuschung oder das Gefühl des Heimwehs mit einer Brandstiftung, eine eheliche Auseinandersetzung mit einem Diebstahl oder eine belanglose Zurechtweisung mit einer hinterhältigen Aggressionshandlung beantwortet wird, so ist das Delikt auch in seiner Ausgestaltung nur mittelbare und nicht wie bei den persönlichkeitsfremden Reaktionen unmittelbare Folge der äußeren Umstände.

Zur Aufklärung der seelischen Hintergründe einer inneren Konfliktreaktion ist in der Regel die Hinzuziehung eines psychologisch-psychiatrischen Sachverständigen empfehlenswert. Ihm kann es zwar bei methodenkritischer Einstellung nicht in jedem Falle gelingen, die Besonderheit der persönlichen Erlebnisverarbeitung und die daraus hervorgehende Kurzschlußhandlung in jeder Hinsicht befriedigend zu motivieren. Er wird jedoch in der Herausarbeitung der persönlichen Grundzüge etwas aus seiner Facherfahrung beitragen können. Schließlich sei noch darauf hingewiesen, daß bei einer schwer durchschaubaren Motivstruktur der Handlung immer auch eine seelische Erkrankung — insbesondere eine Schizophrenie — erwogen werden muß.

Nicht weiter eingehen möchten wir auf die Tatsache, daß der Mensch unabhängig von besonderen äußeren oder inneren Konstellationen zu Entgleisungen fähig ist, die ebenso wenig situations- wie persönlichkeitsgeprägt sind. Hierbei wird es sich jedoch immer nur um Taten mit geringem Unrechtsgehalt handeln, die für die psychologische Beurteilung wenig Aufklärungs- und Aussagemöglichkeiten bieten. Nur wenn ganz außergewöhnliche körperliche Verfassungen, etwa eine hochgradige Ermüdung, eine starke Aushungerung oder ähnliche körperliche Schwächezustände vorliegen, lassen sich diese als Sonderbedingungen des Handelns geltend machen.

Zusammenfassend seien die zum Thema der situationsabhängigen Reaktionen und der damit verbundenen seelischen Konstellationen für uns grundlegenden Gedanken hervorgehoben. Wir gehen von einer in der Psychiatrie geläufigen Überlegung aus. Wenn sich ein Mensch sichtlich abnorm verhält und bei ihm keine Krankheit zu diagnostizieren ist, sind wir immer gezwungen zu fragen, ob das auffällige Verhalten Ausdruck einer abnormen charakterlichen Struktur oder Ausdruck einer mehr oder weniger einmaligen abnormen Erlebnisverarbeitung ist. Finden wir in der Neigung zu abnormer Erlebnisverarbeitung einen Grundzug des zu beurteilenden Menschen, so sprechen wir von einer Psychopathie. Läßt sich aber ein entsprechend gewichtiges Erlebnis nachweisen, das die abnorme Reaktion, wenn auch nicht in ihrer Intensität und Dauer, so doch in ihrer Gefühlstönung sinnvoll motiviert, so sprechen wir von einer abnormen Erlebnisreaktion. Bei der Unterscheidung, ob eine abnorme Verhaltens- oder Reaktionsweise Ausdruck einer persönlichen Eigenart oder lediglich Folge eines von außen hervorgerufenen Erlebnisses ist, richten wir uns mit *Kurt Schneider* danach, welcher Seite das Schwergewicht zugesprochen werden kann; ob die Motivierung schlüssiger gelingt, wenn den äußeren oder wenn den inneren Voraussetzungen mehr Gewicht zugesprochen wird. Wir verdanken *Kurt Schneider* eine besonders klare Abgrenzung des Kreises, innerhalb dessen wir von abnormen Erlebnisreaktionen sprechen können.

Wenn wir mit *Kurt Schneider* die Gegenüberstellung von abnormer Erlebnisreaktion und abnormer Persönlichkeit vor Augen haben, so wird häufig ein Gesichtspunkt übersehen. Die abnorme Erlebnisverarbeitung weist zwar nicht immer auf eine abnorme charakterliche Struktur und damit auf eine Psychopathie hin, sie erwächst aber doch vielfach aus einem persönlichen Grundzug, ohne daß dieser schon deshalb *abnorm* genannt werden kann, weil er bei Gelegenheit einmal zur abnormen Reaktion geführt hat. Man darf sicher sagen, daß auch die abnormen

Erlebnisreaktionen meistens in charakterspezifischen Grundzügen verankert sind. Bei dieser Sicht engt sich der Kreis aller im wörtlichen Sinne übercharakterlichen, also voll situationsgebundenen abnormen Erlebnisreaktionen auf eine sehr kleine Zahl von Fällen ein.

Da zwischen den erlebnisabhängigen, weitgehend übercharakterlichen Reaktionen einerseits und persönlichkeitsspezifischen Erlebnis- und Verhaltensweisen andererseits fließende Übergänge bestehen, ist eine Abgrenzung nicht immer leicht und in vielen Fällen nur durch eine Ermessensentscheidung zu treffen. Hinsichtlich der praktischen Konsequenzen besteht kein Grund, bei der Alternative „abnorme Erlebnisreaktion" oder „abnorme Persönlichkeit" die Entscheidung zu erzwingen. In den strittigen Grenzfällen wirkt sich die methodische Unsicherheit der Zuordnung für die beratenden oder die ärztlichen Belange nicht weiter aus. In der Mehrzahl aller Fälle ist es für den Erfahrenen offenkundig, wo die richtige Einordnung erfolgen muß, auch wenn heute durch eine vielfach kritiklose Anwendung des Neurosebegriffes alles getan wird, um die Grenze gänzlich zu verwischen.

Wenn wir uns darauf besinnen, daß jede Handlung aus einer seelischen Verfassung oder aus einer charakterlichen Konstellation erwächst, so lassen sich die in der Psychopathologie bewährten Maßstäbe weitgehend auf die Beurteilung von Straftaten übertragen. Wir kommen dabei zu einer Gegenüberstellung von Handlungen, die maßgebend durch einen charakterlichen Grundzug bedingt oder motiviert sind, und solchen, die aus besonderen seelischen Konstellationen und den dazugehörigen Situationen erwachsen. Die polare Koexistenz — wie wir in Anlehnung an *Philipp Lersch* sagen möchten — zwischen Persönlichkeit und Situation ist zwar immer Voraussetzung einer Handlung, und eine scharfe Abgrenzung beider Seiten ist niemals möglich, aber es gelingt doch in den meisten Fällen zu bestimmen, ob das Schwergewicht der motivierenden Faktoren entweder außerhalb oder innerhalb der Persönlichkeit liegt.

Die Besprechung der besonderen seelischen Konstellationen, die sich als Not-, Kurzschluß- oder Konfliktreaktionen darstellen, erfolgte unter weitgehender Vernachlässigung des spezifisch jugendpsychiatrischen Aspektes. Es erschien jedoch notwendig, die Grundlagen und die Grenzen einer sachverständigen Beurteilung hier ganz allgemein etwas deutlicher hervorzuheben als es für die forensischen Belange gewöhnlich geschieht. Die Kriterien, die von uns zur Kennzeichnung der Ausnahmesituationen aufgeführt wurden, lassen sich ohne weiteres auf das Verhalten und die Reaktionsweise der Minderjährigen übertragen. Darüber hinaus bleibt nur die Frage zu erörtern, ob bei Jugendlichen und Heranwachsenden weitere oder noch speziellere Faktoren berücksichtigt werden müssen. Bei folgerichtiger Anwendung unserer methodischen Leitlinien scheint dies nicht der Fall. Lediglich wäre der Umstand zu erwähnen, daß junge Menschen etwas leichter unbesonnen handeln und kurzschlußartig reagieren als ältere Menschen. Dieser Gesichtspunkt wird aber allzu leicht überbewertet, indem man vor allem den jugendlichen Rechtsbrechern Handlungen als persönlichkeitsfremde Kurzschluß- oder Konfliktreaktionen auslegt, die keineswegs diese Zuordnung verdienen. Zwar geschieht es nicht immer zu Unrecht, wenn den situativen Gegebenheiten bei Minderjährigen eine große Bedeutung für ihr Verhalten zugesprochen wird. Jedoch sollte beim Abwägen der inneren und äußeren Faktoren jede milieutheoretische Voreingenommenheit kritisch eliminiert werden. Daß wir auch mit den charakterologischen Erklärungsversuchen zurückhaltend sein müssen, darf als ebenso selbstverständlich gelten. Wegen vieler methodischer Unsicherheiten ist es oft angemessen, das Verhalten eines Minderjährigen einfach als solches zu registrieren und gegebenenfalls rechtlich zu ahnden, ohne von der psychologischen Interpretationskunst immer den letzten Rest an Aufklärung und Entscheidung über die Zusammenhänge zwischen Dispositionellem und Augenblicksgebundenem zu erwarten. Daß in unserer Zeit eine starke Tendenz besteht, die erzieherisch ungünstigen Milieueinflüsse und die tatgestaltenden äußeren Umstände zu überwerten, bedarf kaum der wiederholten Erwähnung. Es ist immer wieder zu bedenken, daß auch für Minderjährige nur selten eine echte Ausnahmesituation im Sinne unserer Darlegungen gegeben ist. Wenn ein Jugendlicher — wir sprechen nicht von Kindern — dem Diktat einer nicht absolut imperativen Augenblickskonstellation unterliegt, so ist in der Regel an eine entsprechende Anfälligkeit oder Verführbarkeit zu denken, die in ihm liegt. Diese richtig zu erfassen, ist deshalb so wichtig, weil hier jede erzieherische Aktivität ansetzen muß.

Eine besondere Beachtung verdienen lediglich noch die inneren Konfliktreaktionen. Die Skala der Konfliktmöglichkeiten ist bei den Minderjährigen zweifellos breiter als bei einem Erwachsenen. Nicht nur die Auseinandersetzung mit den auflebenden sexuellen Regungen, sondern auch die Neuorientierung in der menschlichen Gesellschaft, die Begegnung mit erweiterten Aufgaben, beruflichen Anforderungen und ganz allgemein der Zuwachs an Verantwortung liefern reichlich Stoff zu seelischen Nöten und Schwierigkeiten. Allerdings muß auch in diesem Punkt wieder eine sehr methodenkritische Einstellung empfohlen werden. Bei eingehender Beschäftigung mit den Jugendlichen lassen sich stets innere Konflikte von mehr oder weniger großer Aktualität und verschiedener Wirkungsintensität aufdecken. Man darf diese Konflikte, vor allem wenn sie sehr bereitwillig preisgegeben werden, nicht überschätzen. Ebensosehr muß man sich der Gefahr bewußt bleiben, daß die auf diagnostischen Umwegen ermittelten Konfliktstoffe sehr leicht zu spekulativen Konstruktionen führen, aus denen sich keine praktischen Konsequenzen herleiten lassen.

Wir können selbstverständlich nicht alle ernsten inneren Konflikte eines jungen Menschen in der Pubertät ohne weiteres mit dem phasenspezifischen Grundzug der Selbstunsicherheit zureichend motivieren. In der Umbruchphase der seelischen Pubertät, die wir als einen zeitlich eng begrenzten Vorgang gekennzeichnet haben, bleibt uns manche Einsicht in das innere Konfliktgeschehen des Jugendlichen verschlossen. Auch die Anwendung einer sogenannten mehrdimensionalen Betrachtung führt zu einer wenig überzeugenden Aufzählung vieler Gesichtspunkte, die zum großen Teil für jeden normalen Jugendlichen nichts Besonderes darstellen und die keineswegs gewichtig bei der Beurteilung praktischer Fragen sind. Es sei hier wieder an den empirisch bewährten Grundsatz erinnert, daß nur den evident dominanten Faktoren, seien es nun persönliche Grundzüge oder situative Konstellationen, eine besondere Aufmerksamkeit geschenkt werden kann. Alle Nebenbedingungen des Handelns können ohnehin niemals erfaßt oder berücksichtigt werden.

Abschließend sei hervorgehoben, daß wir unter den besonderen seelischen Situationen die verschiedenen Notlagen, die Primitiv-, Kurzschluß- und Konfliktreaktionen sowie die ihnen verwandten Vorgänge besprochen haben. Es ging in erster Linie um die situationsgebundenen, nicht persönlichkeitsspezifischen seelischen Vorgänge, über die mit einer rein psychologischen Analyse zumeist wenig auszusagen ist. Soweit sich hinter diesen seelischen Reaktionen keine individuellen Grundzüge aufdecken lassen, vermag in der Regel nur eine Erhellung des äußeren Tatbestandes zu einer angemessenen Beurteilung solcher Sonderfälle hinzuführen. Der im Zusammenhang mit den impulsiven Reaktionen gelegentlich angewandte Ausdruck Bewußtseinstrübung räumt die Mißverständnisse nicht aus, vielmehr werden durch ihn die begrifflichen Schwierigkeiten nur vermehrt. Es empfiehlt sich, bei Jugendlichen nicht einfach unter Hinweis auf ihre allgemeine Labilität die augenblicks- und situationsgebundenen Vorgänge gegenüber den individuellgeprägten Reaktionsformen zu überschätzen. Fehlhandlungen unter den Bedingungen einer Ausnahmesituation sind in allen Altersgruppen gleichermaßen selten.

B. Die psychiatrischen Beurteilungsgrundlagen

Bei allen seelischen Auffälligkeiten, die in den Aufgabenbereich des Psychiaters gelangen, liegt der erste und wichtigste Gesichtspunkt der Beurteilung immer darin, das Krankhafte zu erkennen und es vom Nichtkrankhaften zu trennen. Viele psychische Besonderheiten und vermeintliche Störungen sind nur Variationen des normalen Seelenlebens. Sie besitzen nicht die der Krankheit eigene Gesetzlichkeit und können auch nicht als Folge eines körperlichen Schadens angesehen werden. Unter welchen Gesichtspunkten die nichtkrankhaften seelischen Erscheinungen zu betrachten sind, haben wir im psychologischen und im vorausgehenden allgemeinen Teil erläutert. In den folgenden Abschnitten soll über die krankhaften Bedingungen gesprochen werden, die bei der Beurteilung von Rechtsbrüchen Jugendlicher eine Rolle spielen können.

Besteht der Verdacht auf eine krankhafte seelische Störung bei einem Straftäter, so muß die Diagnose geklärt werden. Sie ist der Ausgangspunkt aller weiteren Überlegungen und Folgerungen. Um eine Diagnose zu stellen oder um eine Kranheit auszuschließen, müssen wir von den Maßstäben der klinischen Psychiatrie ausgehen. Die Erfahrungen in der forensischen Sachverständigenpraxis haben uns gezeigt, daß im Rahmen der Begutachtung häufig vermeintliche Krankheitszeichen überbewertet werden. Die daraus erwachsende diagnostische Unsicherheit wird vielfach mit einem selbstbewußten Anspruch überdeckt oder kompensiert, und es werden aus einer methodisch nicht genügend geklärten Diagnose unmittelbar Konsequenzen für die Rechtsfolgen vorgeschlagen. Dabei beachten einzelne Sachverständige zu wenig, daß wissenschaftliche Zweifel nicht immer rechtserhebliche Zweifel bezüglich der Zurechnungsfähigkeit oder der Verantwortlichkeit begründen können. Vor allem dürfen keine Schlußfolgerungen aus den Symptomen hergeleitet werden, wenn nicht durch die Zusammenschau der Symptome zunächst eine diagnostische Klärung herbeigeführt worden ist. Um das klinische Bild einer Krankheit zu erkennen, sind möglicherweise Zusatzbefunde zu erheben, deren Auswertung dem erfahrenen Diagnostiker überlassen bleiben muß. Inwieweit es gelingt, die empirischen Fakten bei der Erörterung der Diagnose einem Nichtpsychiater zur eigenständigen Urteilsbildung darzulegen und zu interpretieren, hängt in der Regel ganz von dem rhetorischen oder didaktischen Geschick des Sachverständigen ab. Gerade diese unerläßliche Fähigkeit des Gutachters kann aber auch einen Mangel an Sachkenntnis oder Methodenkritik verbergen. Der Jurist wird immer gut daran tun, sich eine persönliche Meinung über die methodische Einstellung des Gutachters zu verschaffen. Das gibt uns hier Veranlassung, das eigene methodische Vorgehen möglichst klar zu entwickeln und zu begründen.

Die entscheidende Kritik gegenüber einer Diagnose muß immer bei der Bewertung der Symptome beginnen. Dabei sei in diesem Zusammenhang noch einmal der wichtige Gesichtspunkt betont, daß sich ein Krankheitszeichen niemals verstehen, ja manchmal nicht einmal erklären läßt. Auch der Zusammenhang verschiedener Krankheitszeichen ist nicht immer ganz einhellig aufklärbar. Warum es bei einem Alkoholdelir gleichzeitig und regelmäßig zum Zittern, zur allgemeinen psychomotorischen Unruhe und zu optischen Halluzinationen kommt, läßt sich nicht in allen Einzelheiten schlüssig begründen. Die Zugehörigkeit der Symptome zu einer Diagnose und die im Bereich der Krankheit wirksamen Kausalgesetze haben ihre Begründung ausschließlich in der Erfahrung. Nur auf Grund der empirisch ermittelten Gesetzmäßigkeiten und bei bestimmten Symptomverbindungen, die wir als Syndrome erfassen und beschreiben, kann eine Diagnose als beweisbare Feststellung in jedem Einzelfall erhärtet werden.

Das Miteinander körperlicher Krankheitszeichen läßt sich teilweise in Verbindung mit der Ursache des Prozesses an Hand naturwissenschaftlicher Methoden näher erklären. Seelische Symptome sind dagegen nie weiter begründbar. Sie lassen sich allenfalls strukturell oder phänomenologisch aufhellen. Neben den körperlichen Symptomen können die seelischen lediglich als Begleiterscheinungen registriert und nur sehr summarisch zugeordnet werden. Körperlich begründbar ist gegebenenfalls nur die seelische Störung als ein Ganzes. Bietet die Krankheit ausschließlich seelische Symptome, dann sind diese ebenso methodenbewußt wie die körperlichen zum Aufbau einer Diagnose heranzuziehen.

Das Zustandekommen einer rechtswidrigen Handlung bei einem seelisch Kranken läßt sich nicht einfach durch den Nachweis der Krankheit erklären. Nur selten darf die Tat unmittelbar als Symptom der Krankheit angesehen werden. Soweit die Motivationszusammenhänge überschaubar sind, stellt sich manchmal eine einleuchtende Geschlossenheit der Erlebniszusammenhänge dar, auch wenn dabei seelische Vorgänge zu berücksichtigen sind, die von der Krankheit hervorgerufen werden und in ihrer Eigenart dem Verständnis verschlossen bleiben. Halluziniert beispielsweise ein Schizophreniekranker Stimmen, die ihm Befehle erteilen, so kann dadurch manche Handlung motiviert werden. Meist sind derartige Zusammenhänge aber nicht gegeben oder jedenfalls nicht erkennbar. Führt ein an einer Schizophrenie leidender Mensch einen Diebstahl aus, so muß es für möglich gehalten werden, daß er diesen aus völlig einleuchtenden normalpsychologischen Motiven begeht. Ob in solch einem Fall dennoch krankhafte Impulse wirksam sind, oder ob infolge der Krankheit bestimmte Hemmungs- und Regulierungsvorgänge versagen, läßt sich meist gar nicht entscheiden. Welche Folgerungen für die forensische Beurteilung in diesen Fällen zu ziehen sind, werden wir in den späteren Aufführungen darlegen müssen.

Im Rahmen dieser Arbeit können nicht alle Diagnosen ausführlich erläutert werden, die in der jugendpsychiatrischen Praxis vorkommen. Wir möchten auch nicht die Fülle der Krankheitsbilder mit ihren wechselvollen Ausgestaltungen beschreiben. Vielmehr wollen wir von einer zusammenfassenden Übersicht ausgehen und die Probleme aufzeigen, die als Grundsatzfragen im Gespräch zwischen dem Richter und dem psychiatrischen Gutachter immer wieder auftauchen. Voraussetzung für die Verständigung ist eine allgemein anerkannte Gliederung der Krankheitsgruppen und eine grundsätzliche Einigung in der Bewertung der Einzelbefunde. Bevor wir näher auf die Krankheitszustände eingehen, soll etwas über das Schema, nach dem wir die Krankheiten unterteilen, gesagt werden.

Wir unterscheiden die sogenannten endogenen von den körperlich begründbaren Psychosen, die früher einmal als exogene Psychosen bezeichnet wurden. Mit dem Wort exogen wollte man ausdrücken, daß die Störungen von außerhalb der Seele und zwar vom Körperlichen ausgingen. Die Bezeichnung exogen läßt leicht das Mißverständnis aufkommen, es könne sich um Störungen handeln, die ihre Ursache außerhalb des Menschen haben. Sie wären dann durch die Reaktion auf ein äußeres Ereignis, also durch ein Erlebnis, hervorgerufen. Wegen dieser Möglichkeit des Mißverständnisses — vielleicht auch noch aus anderen historisch schwer rekonstruierbaren Gründen — ist der Ausdruck exogen fast aufgegeben worden. Mancherorts wurde er in durchaus sinnvoller Weise durch das Wort symptomatisch ersetzt. Von symptomatischen Psychosen zu sprechen, ist deshalb angemessen, weil die seelischen Störungen Symptom der zugrunde liegenden körperlichen Krankheit sind. Wir nennen diese Gruppe der Erkrankungen mit *Kurt Schneider:* körperlich begründbare Psychosen.

Der Ausdruck endogene Psychose wurde weitgehend beibehalten. „Man weiß, was man meint, und daher braucht man im täglichen Gebrauch diese Bezeichnung nicht aufzugeben" *(Kurt Schneider).* Die Formulierung endogen könnte allenfalls zu der falschen Vorstellung verleiten, als ob die hiermit bezeichneten Krankheiten „aus der Seele selbst" kämen. Es sind aber Krankheiten wie alle anderen, und es spricht vieles dafür, daß sie auch auf eine körperliche Ursache zurückzuführen sind. Wir wissen nur über die zugrunde liegenden Vorgänge nichts und sprechen diesen Psychosen zunächst noch eine Sonderstellung zu. Es handelt sich um die beiden Formenkreise der Schizophrenie und der Zyklothymie. Auf die neuerdings wieder stärker beachteten „atypischen" oder Randpsychosen brauchen wir nicht zu verweisen. Ihre Zuordnung ist teilweise umstritten. Im Rahmen der Jugendpsychiatrie — insbesondere im forensischen Bereich — spielen sie keine Rolle.

Bei den körperlich begründbaren Psychosen ist die Zahl der unterscheidbaren Krankheiten wesentlich größer. Alle Hirnkrankheiten, Hirnverletzungen, Hirnmißbildungen, viele Allgemeinerkrankungen mit oder ohne Fieber, auch Stoffwechselstörungen mannigfacher Art und Vergiftungszustände führen zum Teil zwangsläufig, zum Teil nur unter besonderen Bedingungen zu seelischen Störungen, die als Symptome der Krankheit anzusehen sind. Wir können noch eine wesentliche Unterteilung vornehmen, indem wir die akuten oder vorübergehenden (reversiblen) von den chronischen (irreversiblen) Störungen trennen. Damit sind die großen Gruppen seelischer Krankheitszustände in schematischer Zusammenfassung nach empirischen Maßstäben hinreichend übersichtlich gegliedert.

Für die forensische Jugendpsychiatrie haben nur ganz wenige Formen von krankhaften Störungen eine praktische Bedeutung. Es handelt sich neben den *endogenen Psychosen* in erster Linie um die *irreversiblen Hirnschäden,* die meist in der frühen Kindheit oder schon vor der Geburt eingetreten sind. In Zusammenhang mit diesen frühkindlichen Hirnschädigungen spielt *die Epilepsie* eine wichtige Rolle, über deren Sonderstellung ausführlich zu sprechen ist. Daran anschließend werden wir die Bedeutung der *reversiblen seelischen Veränderungen* erläutern. Der besonderen Besprechung bedürfen die *hormonellen Störungen,* denen teilweise seelische Auswirkungen zuzuordnen sind. Alle anderen körperlich begründbaren seelischen Auffälligkeiten spielen bei der Beurteilung jugendlicher Rechtsbrecher keine nennenswerte Rolle. Es wird unter den straffällig gewordenen Minderjährigen immer Einzelfälle geben, bei denen eine Paralyse, ein Hirntumor oder ein anderes fortschreitendes Hirnleiden diagnostiziert werden muß. Solche Fälle lassen aber nicht so grundsätzlich wichtige Probleme erwarten, wie wir sie im Bereich der von uns ausgewählten Kapitel zu besprechen haben. In der Regel kann bei allen hier nicht erörterten Fragestellungen unmittelbar ein Bezug zu vergleichbaren Gesichtspunkten, die im Rahmen unserer Darlegungen berücksichtigt sind, aufgefunden werden. In dieser Grundlagenstudie sollen die Maßstäbe der psychiatrischen Diagnostik in einer auch für den Juristen verständlichen Weise erläutert werden. Es ist nicht beabsichtigt, eine Anleitung zur Diagnostik seelischer Störungen zu geben. Psychiatrische Diagnosen lassen sich ohnehin nur auf Grund einer ausreichenden klinischen Schulung stellen. Die Diagnose erwächst aus einer Zusammenschau der Krankheitszeichen. Sie bedarf stets der kritischen Würdigung durch einen Erfahrenen, der nicht blindlings Symptome überbewertet. Es sei nicht übersehen, daß die Sachverständigen vor Gericht manchmal dazu neigen, einen Mangel an kritisch angeeigneter Sachkenntnis durch allzu selbstbewußte Betonung formelhaften Wissens oder Meinens auszugleichen. Außerdem werden viele Ausdrücke — wir denken etwa an die Bezeichnung: frühkindliche Hirnschädigung — mißverständlich verallgemeinert. So scheinen uns bei aller Bemühung um naturwissenschaftliche und statistische Exaktheit beispielsweise die Werke von *Willi Enke*, *Gerhard Göllnitz* und *Reinhart Lempp* zu demonstrieren, wie sehr der Begriff einer Diagnose unkritisch ausgeweitet werden kann.

Wir wollen uns bei den körperlich begründbaren seelischen Störungen nicht eingehend mit dem krankhaften körperlichen Befund befassen. Er kann immer nur zur Sicherung der Diagnose beitragen. Für die strafbaren Handlungen und ihre Beurteilungen sind ausschließlich die seelischen Auffälligkeiten von Bedeutung. Wie wir bei einem seelisch gesunden Menschen Grundzüge des Charakters oder persönliche Eigenschaften bestimmen, so können wir auch bei psychisch Kranken Grundzüge ihres krankhaft veränderten Wesens aufzeigen. Die Reizbarkeit des Epileptikers, die Wahnstimmung des Schizophrenen oder die Überaktivität des Manischen seien als Beispiele für krankhafte Wesenszüge genannt. Um sie zu erfassen, muß sich wieder die Methode des Verstehens bewähren. Das Verstehen wird niemals das Dasein der seelischen Besonderheiten näher begründen können. Wir vermögen jedoch psychologische Zusammenhänge, Kontinuitäten und Gliederungen der Phänomene und des Soseins der psychischen Störungen zu erfassen, die sich begrifflich bestimmen oder eben beschreiben lassen. Die Beschreibung der seelischen Grundzüge bildet — nach einer jeweils kurzen Erläuterung der Diagnose — den wesentlichen Inhalt der folgenden Abschnitte. Wir gehen hierbei teilweise schon auf die gutachtlichen Folgerungen ein, um die entsprechenden forensischen Gesichtspunkte im Zusammenhang mit den psychiatrischen Darlegungen zu erläutern. Die grundsätzlichen und allgemein wichtigen rechtlichen Fragen sollen jedoch erst in den späteren Abschnitten besprochen werden.

Die Gehirnschäden

Die Diagnose, die in der allgemeinen Jugendpsychiatrie und erst recht in unserem forensischen Grenzgebiet weitaus am häufigsten gestellt werden muß, ist die einer frühkindlichen Hirnschädigung. Der irreversible seelische Defekt, der sich bei diesen Zustandsbildern zeigt, kann in erster Linie die Intelligenz betreffen. In anderen Fällen wirkt er sich mehr in den charakterlichen Funktionen aus. Vielfach kommt beides zusammen. Um zunächst über die Häufigkeit der frühkindlichen Hirnschäden nähere Angaben zu machen, greifen wir auf frühere Ausführungen zurück. Im Abschnitt über die geistige Minderbegabung haben wir erwähnt, daß weit über die Hälfte der zu begutachtenden Straftäter schwachsinnig ist (329 von 600 Rechtsbrechern = 55 %). Bei den Schwachsinnigen finden wir — darin glauben wir den schon zitierten Angaben von *Clemens E. Benda* folgen zu dürfen — etwa ein Drittel exogene, also krankhaft begründete Intelligenzdefekte. In diesen Zahlen kommt zum Ausdruck, daß etwa jeder sechste zur Zeit der Begutachtung minderjährige Rechtsbrecher einen Hirnschaden mit Schwachsinn bietet. Hinzukommen noch die hirngeschädigten Rechtsbrecher, die nur charakterliche Störungen bieten. Es sind die pseudopsychopathischen Enzephalopathen, oder die im Sinne der klinischen Psychiatrie „Wesensgeänderten", von denen wir noch sprechen werden. Die Diagnose einer durch Hirnschädigung bedingten Charakterverändeung ist in dem von uns bearbeiteten Material nur bei ganz vereinzelten Fällen in Erwägung gezogen worden. Auch nach unserer klinischen Erfahrung machen die charakterveränderten Hirngeschädigten — wenn wir die Schwachsinnigen unter ihnen und die an Epilepsie Erkrankten außer Betracht lassen — nur einen kleinen Prozentsatz aus.

Wir haben erwähnt, daß die Diagnose der frühkindlichen Hirnschädigung bei den auffälligen Minderjährigen, die deshalb begutachtet werden, relativ häufig gestellt werden muß. Das besagt *nicht,* daß dieser Befund *für die Gesamtheit der minderjährigen Rechtsbrecher* erheblich ins Gewicht fällt, wie es die geradezu astronomischen Zahlen von *Gerhard Göllnitz* und anderen Autoren vermuten lassen. Nach unseren schon im Jahre 1960 mitgeteilten Erhebungen werden aus der Gruppe der Heranwachsenden nur etwa 5 % der Rechtsbrecher psychologisch-psychiatrisch begutachtet. Dieselbe Zahl wurde von *Paul Kühling* ermittelt. Da die Jugendlichen nach dem von uns gewonnenen Überblick nicht in einem größeren Prozentsatz dem Gutachter vorgestellt werden als die Heranwachsenden, darf — sofern wir bei den Nichtbegutachteten noch eine Reihe unentdeckter Hirnschädigungen unterstellen — geschätzt werden, daß sicher weniger als 10 % der minderjährigen Rechtsbrecher an einem Gehirnschaden leiden. *Göllnitz* spricht von „90 % und mehr". Wir haben im Abschnitt über die Einschätzung des Abnormen unsere Einwände gegen diese Ergebnisse schon erläutert.

Die Diagnose der frühkindlichen Hirnschädigung ist ein Sammelbegriff. Wir bezeichnen damit einen Defektzustand, der sehr viele Ursachen haben kann. In den meisten Fällen läßt sich die spezielle Ursache nicht ermitteln. Wir vermögen durch entsprechend beweisende Symptome nur den Defekt als solchen zu diagnostizieren, der sozusagen als Narbenzustand fortbesteht und sich entweder mehr auf die körperlichen Leistungen oder mehr auf die seelischen Funktionen auswirkt. Für alle praktischen Konsequenzen ist es gleichgültig, welcher Prozeß die Narbe am Gehirn hervorgerufen hat. Lediglich das Ausmaß des Schadens und die Art der seelischen Folgeerscheinungen sind von Bedeutung, wenn weitere Maßnahmen ergriffen werden müssen. Diagnostisch ist allenfalls gewissenhaft zu prüfen, ob nicht statt eines Gehirndefektes ein Gehirnprozeß, also ein fortschreitendes Geschehen, vorliegt und zu besonderen therapeutischen oder auch psychologischen Konsequenzen zwingt.

Die häufigsten Ursachen der frühkindlichen Hirnschädigung sind Sauerstoffmangelzustände. Wenn die Gehirndurchblutung oder die Sauerstoffzufuhr vor, während oder nach der Geburt beeinträchtigt ist, kommt es nicht selten zu Entwicklungsstörungen des Gehirns. Außerdem können Komplikationen bei der Geburt zu umschriebenen oder ausgedehnten Hirnverletzungen führen. Ist die Schädigung erwiesenermaßen angeboren, so läßt sich in den meisten Fällen nicht entscheiden, ob eine Variationsbildung der Anlage, eine Erkrankung der Mutter während der Schwangerschaft, eine mechanische Beeinträchtigung im Mutterleib oder sonst eine Einwirkung auf den unreifen Organismus die in den ersten Lebenstagen hervortretenden Störungen verursacht hat. Wir kennen nur wenige typische Fehlbildungen und Defektzustände, deren Ätiologie weitgehend bekannt ist. Aber selbst wenn wir etwa vom Mongolismus neuerdings wissen, daß er auf Anomalien der kleinsten Erbträger (Chromosome) zurückzuführen ist, bleibt die Frage der Ursache noch weitgehend ungeklärt. So sind wir in der Regel gezwungen, uns mit der Sammelbezeichnung einer frühkindlichen Hirnschädigung zu begnügen. Die Diagnose ist damit — zumal für die forensischen Belange — hinreichend bestimmt. Erwähnen möchten wir nur noch, daß derselbe Defektzustand auch nach solchen Erkrankungen auftritt, die in den ersten Lebensjahren durchgemacht werden. Solange die Ausreifung des Gehirns noch nicht abgeschlossen ist, können Hirnentzündungen, Hirnverletzungen oder sonstige die Gehirnfunktion beeinträchtigende Erkrankungen körperliche oder seelische Ausfallserscheinungen hinterlassen, die unter der Diagnose der frühkindlichen Hirnschädigung zusammengefaßt werden.

Einen wichtigen Baustein für die Diagnose muß die Vorgeschichte liefern. Aus ihr ergibt sich im allgemeinen, daß die Störungen bis in die ersten Lebensjahre zurückzuverfolgen sind. Neben der Vorgeschichte haben die körperlichen Symptome die größte Bedeutung. Besonderes diagnostisches Gewicht besitzen Lähmungserscheinungen, Bewegungsstörungen oder Fehlbildungen des Organismus, die wir hier in ihrer Ausgestaltung nicht weiter beschreiben möchten. Oft lassen sich die Folgeerscheinungen des durchgemachten Prozesses nur durch zusätzliche körperliche Untersuchungen nachweisen. Die einfache Röntgenaufnahme des Schädels, eine Ableitung der Hirnströme (Elektroenzephalogramm = EEG), eine Luftfüllung der Hirnkammern (Pneumenzephalogramm) oder eine Kontrastmitteldarstellung der Hirngefäße (Angiographie von der Hals- oder von der Wirbelschlagader) vermögen Hinweise zu geben, die eine Hirnschädigung oder eine Mißbildung erkennen lassen. Die eingreifenderen diagnostischen Verfahren brauchen nur in seltenen Fällen herangezogen zu werden. In der Regel ist die Diagnose mit Hilfe der körperlichen Untersuchung durch Erhebung des neurologischen Befundes möglich. Die ohne Eingriff durchzuführenden Maßnahmen der Röntgenuntersuchung, insbesondere auch die Ableitung einer Hirnstromkurve stellen vielfach unerläßliche Ergänzungen dar, durch die die Diagnose einer frühkindlichen Hirnschädigung genügend erhärtet werden kann.

Ein sehr häufiges und wichtiges körperliches Symptom der frühkindlichen Hirnschädigung ist der epileptische Anfall. Wenn sich auf der Basis des Gehirndefektes oft erst nach Jahren ein — wie wir es auch nennen — hirnorganisches Anfallsleiden entwickelt, so ist in vielen Fällen sogar eine Zunahme der seelischen Störungen zu beobachten. Das Auftreten von Anfällen ist zwar nicht einem progredienten Leiden gleichzusetzen, aber die von dem Narbenzustand ausgelösten Anfälle können doch eine weitere Schädigung des Gehirns bedingen und eine fortschreitende Wesensänderung mit sich bringen. Da die Beurteilung der Epilepsiekranken besondere Fragen aufgibt, möchten wir dieses Thema im Anschluß an diesen Abschnitt gesondert behandeln.

Auch wenn wir die strittigen Grenzbefunde, von denen wir im Kapitel über die Einschätzung des Abnormen gesprochen haben, außer Betracht lassen, bleiben viele körperliche Krankheitszeichen übrig, die gegebenenfalls für einen frühkindlichen Hirnschaden sprechen. Im Gegensatz zu den körperlichen Symptomen können die seelischen Auffälligkeiten in vielen Fällen nur den Verdacht auf die Diagnose erwecken. Kommen zu den psychischen Merkmalen keine beweisenden körperlichen Krankheitszeichen hinzu, so bleibt die Diagnose eines leichten Gehirnschadens sehr oft fraglich. Bei Störungen sehr typischen Gepräges nach Art einer organisch bedingten Wesensänderung oder eines Persönlichkeitstiefstandes ist eine frühkindliche Hirnschädigung allein aus dem psychischen Befund zu diagnostizieren. Absoluten Beweiswert haben die schweren Schwachsinnsformen vom Grade der Imbezillität und der Idiotie, die allerdings auch wieder selten ohne körperliche Fehlbildungen auftreten. Alle nur mäßig ausgebildeten Besonderheiten in intellektueller oder charakterlicher Hinsicht sollten ohne körperlichen Anhaltspunkt nur mit größter Zurückhaltung als organisch bedingt oder als krankhaft bewertet werden. Daß auch bei beweisenden körperlichen Symptomen einer Hirnschädigung vielfach eine Trennung der im Charakter begründeten Vorgegebenheiten von den durch die Schädigung bedingten Besonderheiten sehr schwierig oder unmöglich ist, hat zuletzt wieder *Werner Munkwitz* betont und kasuistisch erläutert.

Wir möchten hier den Begriff der frühkindlichen Hirnschädigung und die Frage, wie diese Diagnose zu stellen ist, nicht weiter erörtern. Jedoch müssen wir noch die Grundzüge des veränderten Wesens beschreiben, wie sie für den Defektzustand nach einem früh erworbenen oder anlagebedingten Gehirnschaden kennzeichnend sind. Die Zustandsbilder wechseln in ihrer Tönung und im Ausprägungsgrad der einzelnen Merkmale, so daß nicht immer alle charakteristischen Züge nebeneinander bestehen. Es muß auch noch einmal betont werden, daß bei einem durch körperliche Befunde bewiesenen Hirnschaden keineswegs immer seelische Veränderungen bestehen. Wenn aber eine psychische Störung vorliegt, dann ist auch mindestens einer der hier zu besprechenden Züge so ausgeprägt, daß er als dominantes Merkmal hervortritt. Jeder dieser Einzelzüge besitzt — falls die Zusammenschau der Symptome die Diagnose rechtfertigt — einen wichtigen Symptom- oder Beweiswert. Zu erwähnen sind: der Schwachsinn, die Reizbarkeit, Verstimmungen, eine Antriebsvermehrung oder eine Antriebsverminderung sowie bestimmte Formen der Gemütsarmut und ein allgemeiner Infantilismus.

Den Schwachsinn und seine Auswirkung auf das Handeln der Jugendlichen haben wir ausführlicher im Abschnitt über die geistige Minderbegabung erläutert. Nicht eingegangen sind wir dort auf die Frage, ob ein exogener Schwachsinn immer mit charakterlichen Auffälligkeiten organischen Gepräges gekoppelt ist. Die klinische Erfahrung lehrt, daß auch die einfachen Normvarianten der intellektuellen Unterbegabung häufig mit Persönlichkeitsmerkmalen verbunden sind, die als gesteigerte Erregbarkeit oder als Antriebsmangel imponieren. Diese Variationen des Charakters sind nicht immer von körperlich begründbaren Begleiterscheinungen, wie sie beim exogenen Schwachsinn vorkommen, phänomenologisch abzugrenzen. Jedenfalls glauben wir, daß für die Unterscheidung zwischen dem auf eine Gehirnschädigung zurückzuführenden Schwachsinn und den Normvarianten einer einfachen Minderbegabung keine grundsätzlichen Unterschiede gesehen werden können. Die einwandfrei exogenen Schwachsinnszustände lassen sich nur durch Kriterien von eindeutig diagnostischem Gewicht aussondern. Jedoch bieten die verschiedenen Formen des Schwachsinns keine grundsätzlichen Unterschiede bei der Beurteilung der praktisch-psychologischen Konsequenzen. Zur individuellen Differenzierung gegebenenfalls notwendiger Rechtsfolgen liefert allein der Grad der intellektuellen Minderleistung oder die Art der begleitenden charakterlichen Auffälligkeiten gewisse Anhaltspunkte, die wir nicht mehr weiter zu erläutern brauchen.

Auch die Reizbarkeit der Hirngeschädigten unterscheidet sich nicht wesentlich von dem, was wir als charakterliche Normvariante mit dem gleichen Begriff beschrieben haben. Wenn sich neben der Reizbarkeit keine diagnostisch belangvollen körperlichen Befunde erheben lassen, kann ihr in seltenen Fällen ein echter Krankheitswert zukommen, sobald gleichzeitig ein Schwachsinn oder eine auffallende Antriebsverminderung festzustellen ist. Die psychologischen Auswirkungen sind bei der krankhaften Reizbarkeit oftmals weniger einfühlbar oder noch exzessiver als bei der gleichartigen charakterlichen Normvariante, aber grundsätzliche Unterschiede in der Erscheinungsform lassen sich nicht aufweisen. An Hand des von uns geschilderten Beispiels eines reizbaren jugendlichen Straftäters haben wir schon auf die Schwierigkeiten der Abgrenzung hingewiesen.

In Verbindung mit anderen seelischen Grundzügen, etwa neben einer Reizbarkeit oder neben einer Antriebsarmut, zeigt sich gelegentlich eine habituell dysphorische Stimmung, die als Symptom eines Hirnschadens angesprochen werden darf. Die dauerhafte Verstimmung ist aber bei Hirngeschädigten — zumal bei jugendlichen Rechtsbrechern — selten als dominantes Merkmal zu beobachten. Dagegen muß die Neigung zu periodischen Verstimmungen als ein seelischer Grundzug angesehen werden, der im Zusammenhang mit einer Epilepsie oder auch unabhängig davon echten Symptomwert besitzen kann. Was wir als Stimmungslabilität beschrieben haben, ist weitgehend vergleichbar oder sogar erscheinungsbildlich identisch mit den episodisch auftretenden, organisch begründeten Verstimmungszuständen. Nicht immer stellt sich das Bild während der periodischen Ausnahmezustände rein depressiv dar, oft wird einfach ein verändertes Zumutesein geschildert, eine eigenartige innere Unruhe oder Getriebenheit, die sich entweder in Reizbarkeit umsetzt oder auch zu Verzweiflung und Lebensmüdigkeit führt. Das Handeln wird in diesen Phasen — wenn nicht alle Aktivität stark gehemmt ist — meist von großer Dranghaftigkeit bestimmt: der Kranke verliert seine Steuerungsfähigkeit mehr oder weniger vollständig. Die krankhaften Verstimmungszustände können sehr viel länger dauern und wirken oft auch elementarer als die normalpsychologischen oder psychopathischen Stimmungsschwankungen. Die Bedeutung eines krankhaften Symptoms besitzt der Grundzug der Stimmungslabilität wieder nur in Verbindung mit körperlichen Symptomen, etwa beim Vorliegen eindeutig pathologischer EEG-Veränderungen oder in Verbindung mit weiteren Zügen organischen Gepräges. Die depressiven Phasen aus dem Formenkreis der endogenen Psychosen bleiben hier selbstverständlich außer Betracht. Ihre Differentialdiagnose ist ein klinisches Problem, das wir in diesem Zusammenhang nicht erörtern möchten.

Dominanter Grundzug eines hirngeschädigten Jugendlichen kann auch eine Antriebsvermehrung sein, die sich in ständiger Unruhe und dranghafter Getriebenheit auswirkt. Erscheinungsbildlich enge Beziehungen bestehen zu dem, was wir als Betriebsamkeit beschrieben haben. Ein Unterschied scheint vor allem darin gegeben, daß die organisch bedingte Unruhe sich situationsfremder auswirkt. Die als charakterliche Normvariante zu beobachtende Betriebsamkeit scheint eher den Gegebenheiten der Situation angepaßt. Der Betriebsame nutzt die Gelegenheiten. Selbst wenn er die Umwelt durch seine Unruhe außerordentlich stört, ist doch unter Berücksichtigung seiner Eigenart die Reaktionsweise nachfühlbar und durchweg motivpsychologisch zuzuordnen, während die organisch begründete Steigerung des Antriebs sehr viel mehr situative und psychologische Dissonanzen auslöst. Die durch einen Gehirnschaden bedingte Form der Überaktivität wirkt ganz wie eine Enthemmung, wie eine echte Dranghaftigkeit. Nur bei Kindern fällt es nicht immer leicht, erethische, also exogen bedingte Züge von der reinen Betriebsamkeit zu unterscheiden. Nach unserer klinischen Erfahrung glauben wir sagen zu dürfen, daß sich bei Jugendlichen und Erwachsenen eine körperlich begründete Antriebsvermehrung weitaus leichter von einer übersteigerten Betriebsamkeit unterscheiden läßt als eine organisch bedingte Reizbarkeit von der entsprechenden charakterlichen Normvariante. Einen als krankhaft anzusehenden Symptomwert können wir aber auch der Antriebsvermehrung nur wieder im Rahmen anderer beweisender Symptome zusprechen.

Häufiger als die Antriebsvermehrung finden wir bei hirngeschädigten Jugendlichen und Heranwachsenden eine Antriebsverarmung. Die Verlangsamung sowohl der psychischen als auch der motorischen Abläufe, große Schwerfälligkeit und Umständlichkeit sind die am meisten verbreiteten Kernsymptome der organisch bedingten Wesensänderung. Die Antriebsverarmung hat in der Regel unabhängig von allen Begleitbefunden den Wert eines primären Symptoms. Sie darf hier nur deshalb weitgehend vernachlässigt werden, weil sie die Anfälligkeit für Rechtsbrüche eher hemmt als fördert. Die verlangsamten, antriebsverarmten Hirngeschädigten neigen allenfalls aus ihrer Gleichgültigkeit zu Fahrlässigkeitsdelikten oder zu strafbaren Unterlassungen, sofern nicht etwa der Grundzug der Reizbarkeit hinzukommt, der seinerseits eine strafbare Handlung auslösen kann.

Bei den hirngeschädigten Minderjährigen finden wir immer einige, die durch nichts so sehr auffallen wie durch ihre Gemütskälte. Ihre vom Gefühl getragenen Beziehungen zu den Mitmenschen und selbst zu Sachwerten der Umwelt sind so schwach, daß daraus ein Grundzug abgelesen werden darf, der dem Charaktermerkmal der Gemütsarmut entspricht. Erscheinungsbildlich lassen sich keine deutlichen Unterschiede aufdecken. Symptomwert im Sinne eines Krankheitszeichens kommt dieser Art von Gemütskälte nur zu, wenn körperliche Befunde mit entsprechendem diagnostischem Gewicht vorliegen oder andere seelische Merkmale den Hirnschaden hinreichend wahrscheinlich machen. Wollte man für den Begriff „moral insanity“ einen eng umschriebenen Bereich reservieren, so würde er sich bei den infolge einer Krankheit Gemütsarmen anbieten.

Gesellt sich zu diesem Grundzug der Gemütskälte eine Antriebsvermehrung, so entsteht das Bild der zerstörungswütigen, in ihrer Enthemmung rücksichtslosen Hirngeschädigten, die selbstverständlich auch stark zu entsprechenden Straftaten neigen.

Als ein Merkmal hirngeschädigter Jugendlicher müssen wir noch den sogenannten Infantilismus erwähnen. Dieser Begriff ist in den früheren Abschnitten nicht berücksichtigt worden, obwohl man meinen könnte, er habe schon vorher einen legitimen Platz finden müssen. Unter Infantilismus verstehen wir aber nur jene Entwicklungsstörungen, die als Defekt von echtem Krankheitscharakter anzusehen sind. Dem Infantilismus liegt als Ursache entweder eine Hirnschädigung zugrunde, oder er muß auf endokrine Störungen zurückgeführt werden. Von den Formen des hormonell bedingten Infantilismus werden wir in einem späteren Abschnitt noch sprechen. Da die frühkindlichen Hirnschäden ihrerseits außerordentlich zahlreiche Ursachen aufweisen können, sind auch sehr viele schädigende Einflüsse als letzte Ursache des Infantilismus möglich.

Die geradezu „chaotische“ Vielfältigkeit in der Deutung des Begriffes Infantilismus hat *Bengt J. Lindberg* sehr eindrucksvoll und ausführlich aufgezeigt. Wir müssen daher zur näheren Bestimmung einige Anhaltspunkte geben. Zunächst kennen wir den körperlichen Infantilismus, der gelegentlich ohne gröbere seelische Auffälligkeiten zu beobachten ist. Hier interessiert nur der seelische oder Psycho-Infantilismus. Er findet sich immer in Verbindung mit körperlichen Unterentwicklungen, insbesondere mit kindlichen Wuchs- und Ausdrucksformen. Wenn wir davon absehen, daß das Wort infantil oder Infantilismus für jede Variation von Unreife, Teilretardierung, Kindhaftigkeit oder Einfältigkeit angewandt wird, so bleibt der als ein krankhafter Defekt zu wertende irreversible Entwicklungsrückstand ein gut abgrenzbares Zustandsbild. Alle nicht krankhaften Normvarianten einer verzögerten Reifung unterscheiden sich von dem, was wir in engerem Sinne unter psychischem Infantilismus verstehen. *Theodor Gött* hat in sachgerechter Weise vorgeschlagen, allen begrifflichen Schwierigkeiten in erster Linie dadurch zu begegnen, daß man zwischen „Schwachsinn und Infantilismus nichts Wesensverschiedenes“ sieht. Er meint sehr zutreffend, daß der Begriff an „Handlichkeit verliert, wenn man ihn zu erweitern sucht“. Eine gesonderte Erwähnung ist nur deshalb notwendig, weil sich das Bild der infantilistischen Verstandesschwäche doch in einer Hinsicht von allen gewöhnlichen Schwachsinnsformen unterscheidet und zwar insbesondere dadurch, daß das seelische Gesamt beim Infantilismus stärker und auf eine andere Weise mit in die Entwicklungsstörung einbezogen ist. Kennzeichnend in charakterlicher wie in intellektueller Hinsicht ist ein besonders ausgeprägter Differenzierungsmangel, der den Eindruck des ungewöhnlich Kindlichen erweckt. Bei Kindern sind die Bilder des Infantilismus — abgesehen von der auch bei *Hermann Stutte* betonten „contradictio in terminis“ — nicht immer so leicht abzugrenzen, während bei Jugendlichen die erhebliche Diskrepanz schließlich recht deutlich wird. „Mit der Annäherung an das Pubertätsalter hebt sich der Infantile vom Normalen immer stärker ab“ *(August Homburger).* In der Gegenüberstellung mit den Schwachsinnigen hat *Homburger* sehr treffend gesagt, daß die Infantilen eine „eingeengte Reichweite, eine tiefere Aktstufe besitzen“, daß sie aber innerhalb ihrer Reichweite höhere Leistungen als entsprechend Schwachsinnige bieten. Diese kurzen Darlegungen mögen der begrifflichen Orientierung und einer skizzenhaften Beschreibung dienen. Innerhalb der forensischen Jugendpsychiatrie begegnet uns der reine Infantilismus als dominantes Persönlichkeitsmerkmal praktisch nie. Wird der infolge einer Hirnschädigung infantil gebliebene Jugendliche kriminell, so läßt sich immer das Vorherrschen anderer Grundzüge vermuten. Wir sind lediglich deshalb auf diese Form eines krankhaft bedingten Erscheinungsbildes etwas näher eingegangen, um klarzustellen, was unter Infantilismus verstanden werden sollte. Nur durch Bestimmung dessen, was ein Begriff besagt, läßt sich der mißbräuchlichen Anwendung des Wortes vorbeugen.

Wir haben in diesem Abschnit den Begriff und die diagnostischen Probleme der frühkindlich erworbenen und der angeborenen Hirnschäden besprochen. In erster Linie kam es darauf an, die seelischen Züge zu beschreiben, die für die Beurteilung hirngeschädigter Jugendlicher von Bedeutung sind. Ohne körperliche Symptome kann bei einem in seinem Verhalten und in seiner Eigenart auffälligen Minderjährigen nur ganz selten die Diagnose der Hirnschädigung gestellt werden. Welche Fragen sich ergeben, wenn das Problem der Einsicht oder Willensbestimmbarkeit auftaucht, werden wir im Abschnitt über die Zurechnungsfähigkeit erläutern.

Die Sonderstellung der Epilepsie

Von einer Epilepsie sprechen wir dann, wenn der Mensch Anfallszustände mit einem charakteristischen Gepräge erleidet. Der Ausdruck Epilepsie bezeichnet keine endgültige Diagnose. Epileptische Anfälle können bei sehr verschiedenen Krankheiten auftreten. Sie gehen immer mit Störungen der Gehirnfunktion einher; deshalb sprechen wir statt von einer Epilepse auch von einem hirnorganischen Anfallsleiden. Daneben kennen wir vegetative, kreislaufabhängige oder psychogene Anfälle. Nahezu jeder das Gehirn beeinträchtigende Prozeß, mag es sich um eine Geschwulst im Schädelinneren, um eine Gefäß- oder Stoffwechselerkrankung oder um einen entzündlichen Prozeß handeln, vermag epileptische Anfälle hervorzurufen. Eine besonders häufige Ursache stellen Hirnverletzungen oder frühkindliche Hirnschäden dar. Bei einer Gruppe von Epilepsiekranken haben wir keinen Anhalt für die Ursache der Anfälle. Diese Erkrankungsform nennen wir genuine Epilepsie. Gelegentlich läßt sich bei der Epilepsie ohne erkennbare Ursache eine Erblichkeit, also ein gehäuftes Auftreten in der Sippe, nachweisen. Die im strengen Sinne erbliche Epilepsie ist bei der Vielzahl der Anfallskranken relativ selten anzutreffen. Einheitliche Zahlenangaben über die erbliche Epilepsie finden sich in der Literatur nicht. Schließlich möchten wir noch erwähnen, daß epileptische Anfälle bei jedem Menschen auftreten können. Sie lassen sich beispielsweise durch elektrische Reizung des Gehirns, durch Einspritzung krampferzeugender Medikamente oder allein durch intensiven Schlafentzug auslösen. Die Epilepsie ist immer nur ein Symptom oder — wenn wir daran denken, daß eine Gruppe typischer Erscheinungen zu jedem Anfallsleiden hinzukommt — ein Syndrom, das in jedem Einzelfalle der diagnostischen Zuordnung bedarf.

Eine Sonderstellung kommt der Epilepsie nicht nur wegen ihrer Häufigkeit, sondern auch wegen der Besonderheit der sie begleitenden seelischen Auffälligkeiten zu. Die psychischen Ausnahmezustände, die im Zusammenhang mit epileptischen Anfällen auftreten, können für das Handeln des Kranken von entscheidender Bedeutung sein. Bevor wir auf das Erscheinungsbild der Epilepsie eingehen, sei nur kurz erwähnt, daß sich unter 600 begutachteten minderjährigen Straftätern fünf Jugendliche und elf Heranwachsende fanden, bei denen eine Epilepsie festgestellt werden konnte. In allen Fällen bestand in Verbindung mit dem Anfallsleiden eine mehr oder weniger erhebliche Wesensänderung bei gleichzeitigem Vorliegen eines Schwachsinns.

Für die forensisch-psychiatrische Beurteilung sind lediglich die seelischen Auffälligkeiten von Bedeutung, die bei einer Epilepsie als typische Begleitsymptome vorkommen. Die dem Anfallsleiden zugrunde liegende Krankheit läßt sich nur durch körperliche Befunde klären, über die wir hier nicht sprechen möchten. Wir wollen auch auf eine ausführliche Beschreibung der im Anfall auftretenden Erscheinungen verzichten. Manchmal kommt es zu Zuckungen und Verkrampfungen aller Glieder, seltener zu motorischen Entäußerungen in umschriebenen Körperabschnitten, und gelegentlich stellen sich die Krampferscheinungen nur durch ganz unscheinbare Bewegungen des Auges und der Mundpartie dar. Dem Anfallsgeschehen gleichwertig sind kurze Abwesenheitszustände (Absencen), bei denen es nicht zu motorischen Äußerungen, aber doch zu sehr charakteristischen Veränderungen in der Hirnstromkurve kommt. Diese verschiedenen anfallsartig auftretenden Erscheinungen sind für die Annahme einer Epilepsie verbindlich, jedoch besagt die Form der Krämpfe nichts über die im Einzelfall wirksame Ursache. Auch die seelischen Begleiterscheinungen lassen keine Schlüsse auf die zugrunde liegende Krankheit zu. Man hat lange Zeit angenommen, daß die sogenannte genuine Epilepsie eher und in ausgeprägterem Maße zu einer Wesensänderung führt als die mit einer erkennbaren Ursache verbundenen, also im eigentlichen Sinne symptomatischen Formen der Epilepsie. Diese Annahme ist durch die Erfahrung widerlegt. Es ist sogar besonders hervorzuheben, daß sowohl Kranke mit einer genuinen Epilepsie als auch diejenigen mit einem symptomatischen Anfallsleiden gelegentlich gar keine seelischen Auffälligkeiten bieten.

Die psychischen Störungen bei einer Epilepsie sind durch bestimmte Grundzüge gekennzeichnet, die wir bei jedem Hirnprozeß wiederfinden. In der Mehrzahl der Fälle beobachten wir bei den Anfallskranken das unspezifische Bild einer organisch begründeten Wesensänderung. Die Auffälligkeiten, die wir als Folge einer Hirnschädigung beschrieben haben, treten auch als Begleiterscheinung eines Anfallsleidens auf. Dabei ist zu bedenken, daß der Hirnprozeß, der die Anfälle hervorruft, auch als Ursache der Wesensänderung in Frage kommt. Jedoch gehen die Formen der Epilepsie, bei denen kein faßbarer Hirnprozeß als Ursache nachweisbar ist, praktisch mit den gleichen Auffälligkeiten einher. Oftmals beobachten wir sogar, daß eine Hirnschädigung zunächst keine oder nur unbedeutende seelische Veränderungen hinterläßt, während sich mit dem Auftreten und dem Fortbestehen des Anfallsleidens die Wesensänderung erst ausbildet. Unter den verschieden gefärbten Bildern einer organisch begründeten Wesensänderung läßt sich ein Typ der epileptischen Wesensänderung hervorheben, der oft als spezifisch angesehen wird. Bei der großen Zahl der Anfallskranken finden wir diese sogenannte epileptische Wesensänderung, wie sie in vielen Lehrbüchern klassisch beschrieben worden ist, jedoch nur selten. Obwohl uns dieses typische Bild — zumal in der Jugendpsychiatrie — nicht häufig begegnet, seien die kennzeichnenden Merkmale kurz skizziert. Neben dem Grundzug einer Verlangsamung und Umständlichkeit zeigt sich eine eigenartige, fast nicht zu beschreibende Neigung zu zähflüssigen Reaktionen, die dem Gesamtverhalten den Eindruck der „Klebrigkeit" verleiht. Keine Definition vermag dem Wesentlichen treffender Ausdruck zu verleihen, als dieses Wort. Es weist nicht nur auf die erwähnte Zähflüssigkeit hin, sondern auch auf eine Neigung zum Perseverieren — das ist ein Hängen- oder Klebenbleiben an Formulierungen, Gedanken, Gesten, die sich immer wiederholen —, aber auch auf eine besondere Art der Aufdringlichkeit mit einer den Gesprächspartner nicht los-lassen-wollenden Redeweise, zu der meist noch eine übertriebene Anhänglichkeit hinzukommt. Dies alles klingt in dem Wort Klebrigkeit an. In rein lehrbuchgemäßen Fällen nimmt das übertrieben gründliche und pedantische Verhalten, das auch mit dem Begriff enechetisch gekennzeichnet wird, einen recht bigotten und manirierten Stil an. Früher ist dieses psychische Bild, zu dem in der Regel eine Einbuße an Intelligenz hinzukommt, als eine eigene Art von Geisteskrankheit angesehen worden. Da wir in vereinzelten Fällen die gleichen seelischen Störungen auch bei Menschen finden, die nicht an Anfällen leiden, und da im übrigen die meisten Anfallskranken nicht in dieser typischen Weise seelisch auffällig werden, können wir dem Bild der sogenannten epileptischen Wesensänderung keine Sonderstellung einräumen. Wir sprechen allgemein von einer organischen Wesensänderung, worunter wir in der klinischen Psychiatrie jede organisch-bedingte Charakterveränderung verstehen. Die Ausformung der Zustandsbilder weist zwar durch mehr oder weniger hervorstechende Merkmale oft sehr typische Unterschiede auf — so kann einmal die Reizbarkeit im Vordergrund stehen, während in anderen Fällen als dominantes Merkmal der Wesensänderung die Verlangsamung aller seelischen Abläufe hervortritt — aber eine klare Unterscheidung und Differentialdiagnose ist hiernach nicht möglich. Wir sind an den allgemeinen Oberbegriff „organische Wesensänderung" gebunden und können nur durch Hervorhebung der beschreibbaren Unterschiede jeden Einzelfall näher charakterisieren. Zu erwähnen ist noch, daß die seelischen Auffälligkeiten alle Ausprägungsgrade zeigen. Die Wesensänderung kann schwer oder leicht sein, und es begegnen uns — wie schon erwähnt — auch Anfallskranke, die keinerlei Anzeichen einer Wesensänderung bieten. Eine Beeinträchtigung der geistigen Leistungsfähigkeit kommt vielfach zur Wesensänderung hinzu. Oft liegt die Ursache für das Absinken der intellektuellen Fähigkeiten mehr in der Antriebsverarmung oder in einer Einengung der gesamtseelischen Beweglichkeit als in einer primären Einschränkung der intellektuellen Möglichkeiten.

Forensisch und praktisch besonders wichtig sind neben den seelischen Dauerveränderungen, die sich bei einem Anfallskranken in der Regel allmählich fortschreitend entwickeln, die reversiblen psychischen Störungen. Der Anfallszustand geht meistens mit einer Bewußtseinsstörung einher. Zu den schweren Krämpfen gesellt sich immer eine tiefe Bewußtlosigkeit, zu den leichten Anfällen oft nur eine Bewußtseinstrübung. Schließlich folgt dem Anfallsgeschehen in der Regel eine Veränderung des Bewußtseins oder der seelischen Funktionen, die schon nach wenigen Sekunden abklingen oder aber tagelang anhalten kann. Oft bemerken wir im Anschluß an den Anfall nur eine flüchtige Ratlosigkeit, oder es stellt sich eine Schläfrigkeit ein, die in einen sogenannten Terminalschlaf übergeht. Treten anhaltende und im Erleben oder im Verhalten produktive psychische Veränderungen auf, so sprechen wir von Dämmerzuständen, die eine Sonderstellung einnehmen. In der Regel beobachten wir die für einen Dämmerzustand charakteristischen seelischen Störungen im Anschluß an einen Anfall; ganz selten zeigen sie sich als ein episodisches Geschehen ohne erkennbares Auslösungsmoment. Während des Dämmerzustandes befindet sich der Kranke gegenüber der sonst bei ihm vorherrschenden Dauerverfassung in einem Ausnahmezustand. Im Vordergrund des seelischen Gesamtbildes kann sowohl eine außerordentliche Erregung als auch eine große Teilnahmslosigkeit stehen. Die Erlebnisinhalte während der Verdämmerung wechseln zwischen Sinnestäuschungen, Wahneinfällen und Zwangserlebnissen in bunter Mannigfaltigkeit. Meist können diese Vorgänge vom Kranken später nicht mehr erinnert werden. Wir dürfen hier von einer echten Amnesie sprechen.

Die symptomarmen Bilder der Verdämmerung lassen oft nur eine situationsfremde Reaktionsweise erkennen. Dabei herrscht entweder eine geringe affektive Beeinträchtigung vor, oder es zeigt sich eine merkwürdige, nicht näher zu bestimmende Auffassungsstörung. In anderen Fällen tritt während des Dämmerzustandes eine Reizbarkeit in den Vordergrund, die im Wesen des Kranken nicht vorgeprägt oder doch außerhalb des Dämmerzustandes nicht so beherrschend ist. Die vorübergehenden seelischen Veränderungen nach einem Anfall können sehr verschiedene Erscheinungsformen bieten, die wir nicht weiter im einzelnen beschreiben möchten. Obwohl die sogenannten Dämmerzustände ein sehr uneinheitliches Bild darstellen, müssen wir sie doch als Gruppe oder als eine besondere Art von „krankhafter Störung der Geistestätigkeit" ansehen.

So wie die immer wiederkehrenden Dämmerzustände können auch die bei einem Anfallsleiden vorkommenden periodischen Verstimmungen unter dem Gesichtspunkt der akuten Störungen betrachtet werden. Diese Verstimmungszustände sind als Ausdruck einer krankheitsbedingten Stimmungslabilität anzusehen. Ähnlich wie in den Dämmerzuständen ist in den Phasen der Verstimmung das seelische Gesamt verändert. Der elementaren Erregung im Dämmerzustand entspricht die dranghafte Getriebenheit des Verstimmungszustandes. Planlose Handlungen, unvermittelte Entschlüsse oder imperative Rechtsbrüche können ebenso aus dem Dämmer- wie aus dem Verstimmungszustand erwachsen. Beide Zustandsbilder können auch durch eine ausgeprägte Gleichgültigkeit oder Lethargie gekennzeichnet sein. Diese seelischen Veränderungen müssen als typische Begleitsymptome des Anfallsleidens gewertet werden. In seltenen Fällen sehen wir in Verbindung mit der Epilepsie atypische Psychosen, die wochenlang anhalten und mehr schizophrenes, mehr manisches oder mehr depressives Gepräge bieten. Sie bedürfen jedoch keiner weiteren Betrachtung, weil wir für die praktisch-forensischen Belange nicht von der Feinstruktur dieser Psychosen, sondern nur von einer generellen Zuordnung zum entsprechenden Formenkreis ausgehen. Ist das Anfallsleiden als solches gesichert, so darf jede flüchtige Psychose ohne Bedenken diesem Syndrom zugeordnet werden.

Im Zusammenhang mit den seelischen Ausnahmezuständen bei der Epilepsie werden häufig jene Zustände genannt, die man früher als episodische Monomanien bezeichnete. Wir denken an den periodischen Wandertrieb, die sogenannten Fuguezustände, oder an das imperative Fortlaufen im Sinne der Poriomanie. Nicht selten ist auch die periodische Trunksucht als Dipsomanie oder gar die Kleptomanie in diesem Zusammenhang abgehandelt worden. Mit diesen Ausdrücken gewinnen wir für die psychologisch-psychiatrische Beurteilung keinerlei Aufschluß. Geht man davon aus, daß eine Beziehung zur Epilepsie im Einzelfall bestehen könnte, so wäre für diesen Fall die Diagnose des Anfallsleidens zunächst mit geeigneten Untersuchungsmethoden oder durch die überzeugende Beobachtung von epileptischen Anfalls- oder Ausnahmezuständen zu erhärten. Viele sogenannte Monomanien sind Fehlentwicklungen eines charakterlich abartigen Menschen. Sie sind daher nach normal-psychologischen Kategorien zu beurteilen.

Wir haben in diesem Abschnitt die Sonderstellung der Epilepsie erläutert. Obwohl wir mit diesem Begriff keine Diagnose, sondern nur ein Syndrom, also eine klinisch gegebene Einheit von Symptomen bezeichnen, kommt diesem Bild, das wir auch hirnorganisches Anfallsleiden nennen, eine besondere Bedeutung zu. Wir müssen die mit der Epilepsie verbundenen Dauerveränderungen des Charakters von den reversiblen seelischen Ausnahmezuständen unterscheiden. Die verschiedenen Formen der Wesensänderung geben keine grundsätzlich anderen Probleme auf als alle anderen Bilder einer hirnorganisch bedingten Charakterstörung, wie wir sie schon im Zusammenhang mit den frühkindlichen Hirnschäden besprochen haben. Aber die akuten psychischen Störungen, als deren Inbegriff der Dämmer- oder der Verstimmungszustand gelten kann, lassen doch eigene Probleme auftauchen, die hier aus dem Erfahrungsschatz der klinischen Psychiatrie allgemein erörtert wurden. Für die Jugendlichen und Heranwachsenden ergeben sich bei dem Vorliegen einer Epilepsie im Rahmen einer forensischen Begutachtung keine grundsätzlich anderen Gesichtspunkte als für die Erwachsenen.

Die reversiblen seelischen Störungen

Wir unterscheiden die seelischen Dauerveränderungen oder Defektzustände und die flüchtigen seelischen Störungen. Die bei Minderjährigen wichtigsten und häufigsten irreversiblen Zustandsbilder haben wir in den beiden Abschnitten über die Gehirnschäden und über die Epilepsie besprochen. Es sind die Enzephalopathien oder die organische Wesensänderung mit mehr oder weniger Intelligenzdefekt. Als Beispiel einer reversiblen psychischen Veränderung wurden schon die epileptischen Dämmer- und Verstimmungszustände erwähnt. Wir können nicht auf alle Krankheiten eingehen, die mit vorübergehenden seelischen Zustandsänderungen verbunden sind, müssen aber doch das Grundsätzliche hervorheben. Nicht in jedem Falle ist die Gleichstellung einer reversiblen psychischen Störung mit einer akuten Krankheit möglich. Ausgesprochen chronische Erkrankungen wie etwa die Blutzuckerkrankheit oder eine Gefäßmißbildung im Gehirn können zu lediglich zeitweiligen oder anfallsartigen Bewußtseinsveränderungen führen, während viele akute Erkrankungen — wir nennen die Gehirnentzündung oder die Kohlenoxydintoxikation (die sogenannte Gasvergiftung) — nicht selten dauerhafte Defektzustände mit Wesensänderung oder Demenz hinterlassen.

Als Kardinalsymptom der reversiblen seelischen Störungen gilt die Bewußtseinsstörung oder die Bewußtseinstrübung. *Kurt Schneider* hat in der letzten Fassung seiner von Auflage zu Auflage neu durchgearbeiteten „Klinischen Psychopathologie" die Bewußtseinstrübung als das „obligate Symptom" der akuten psychischen Veränderungen bezeichnet, „das alle anderen Symptome, alle Ausgestaltungen umgreift". Jedoch gibt es sicher auch reversible seelische Störungen ohne klinisch manifeste Beeinträchtigung des Bewußtseins. Ihnen schenkte man erst in den letzten Jahren eine besondere Aufmerksamkeit. *Hans H. Wieck* hat den Begriff des Durchgangssyndroms eingeführt. Wesentliche Erläuterung hierzu gab *Werner Scheid.* Auch *Hans Jörg Weitbrecht* hat in seinem Grundriß der Psychiatrie diese Zustandsbilder angesprochen. Es wird unsere Aufgabe sein, die hieraus erwachsenden forensischen Konsequenzen zu diskutieren. Die reversiblen psychischen Störungen ohne Bewußtseinstrübung besitzen kein einheitliches Achsensymptom. Vielmehr äußern sie sich in Störungen des Antriebs, der Stimmung, der Erinnerungsfähigkeit, in halluzinatorischen oder in wahnhaften Erlebnissen.

Das Thema dieses Abschnittes muß wiederum unabhängig von den speziellen Fragen der Jugendpsychiatrie abgehandelt werden, weil alle akuten seelischen Erscheinungen von echtem Krankheitswert in keinem Zusammenhang mit dem Alter stehen. Da nur sehr wenige dieser Zustandsbilder eine praktische Bedeutung im Bereich der jugendforensischen Gutachtertätigkeit besitzen, möchten wir lediglich einige Hinweise auf die wichtigsten Probleme geben.

Als Bewußtseinstrübung im engeren Sinne bezeichnen wir die seelische Verfassung, die bei zunehmender Intensität in völlige Bewußtlosigkeit übergeht. Geringe Grade der Bewußtseinstrübung stellen sich als *Benommenheit* dar. In der Benommenheit werden Außenreize weniger leicht beantwortet. Alle Antriebe wirken abgeschwächt. Macht sich aber dennoch ein Impuls bemerkbar, so sind häufig die regulierenden Gegentriebe beeinträchtigt. Vor allem die Kontrollfunktion der Einsicht ist gemindert, so daß der volle Überblick für eine willentliche Steuerung des Handelns und Unterlassens fehlt. Die gesamte Auffassung ist getrübt, eben deshalb sprechen wir von einer Trübung des Bewußtseins.

Von einer krankhaften Benommenheit klar abzugrenzen sind die Formen der Müdigkeit oder Schläfrigkeit, wie sie im Rahmen des normalen Lebensrhythmus auftreten. Die sogenannte *Schlaftrunkenheit* vermag als ein körperlich begründetes aber nicht krankhaftes Zustandsbild ebenfalls die Aktivität der Antriebe und Gegentriebe, die Steuerungsfähigkeit des Willens und die Einsicht des Verstandes zu beeinträchtigen.

Als eine *andere Form der Bewußtseinsstörung* sind die Bilder mit den Zeichen der *Verwirrtheit* anzusehen. In diesen Zuständen, für die auch der Ausdruck Umdämmerung kennzeichnend ist, verlieren die psychischen Vorgänge ihren geordneten Zusammenhang. Übersicht und Steuerungsfähigkeit gehen für viele Einzelvorgänge verloren. Zugleich sind die verschiedenen Leistungen der Orientierung, die Einordnung in Raum und Zeit sowie die Kritik gegenüber der eigenen Person beeinträchtigt. Als klassische Beispiele dieser Form von Bewußtseinsstörung gelten die Dämmerzustände und die Delirien. Oft kommen zu der Verwirrtheit noch mannigfache krankhafte Erlebnisinhalte hinzu. Zu erwähnen sind in erster Linie Sinnestäuschungen, wahnhafte Erlebnisse oder zwanghafte Impulse. Für das, was der Mensch in einer derart umdämmerten Verfassung begeht, kann er nicht verantwortlich gemacht werden.

Schwierigkeiten für die Beurteilung ergeben sich hauptsächlich im Hinblick auf die sogenannten *besonnenen Dämmerzustände*. Wir beobachten — wenn auch sehr selten — beispielsweise nach einer Gehirnerschütterung oder im Rahmen der epileptischen Ausnahmezustände, daß der Mensch sich dem Anschein nach besonnen und geordnet verhält, obwohl einzelne Bewußtseinsinhalte bei ihm ausgeklammert sind. In dieser seelischen Verfassung werden augenblicksbestimmte Handlungen unternommen — vielleicht wird eine Reise angetreten, ein Kauf getätigt —, die durchaus mit momentaner Übersicht abgewickelt werden, die aber doch nicht aus der Kontinuität des Seelischen erwachsen. So kommt es vor, daß ein Mensch nach kurzfristiger Bewußtseinsstörung infolge einer Gehirnerschütterung nicht wieder voll bewußt in die tatsächliche Situation eintritt. Er geht möglicherweise zielbewußt nach Hause, reagiert auf alle Reize sinngemäß, verfolgt aber die vorher gehegten Pläne nicht weiter und kann sich nachher an eine längere Phase dieses geordneten Dämmerzustandes nicht mehr erinnern.

Neben diesen verschiedenen Formen der Bewußtseinsstörung sind noch die als *Durchgangssyndrome* bezeichneten psychischen Zustandsänderungen zu betrachten. Ist der körperliche Grundprozeß nicht so schwer, daß er manifeste Bewußtseinsstörungen hervorruft, dann kommt es vielfach zu Veränderungen der Persönlichkeit, die sich in einer Umstellung des Antriebs oder Stimmungslebens äußern, die die Erinnerungsfunktion beeinträchtigen oder die zu anderen, der Persönlichkeit nicht gemäßen oder ihr doch nicht in demselben Grade eigenen Reaktionsweisen führen. Schreitet die zugrunde liegende Krankheit fort, so entwickeln sich regelmäßig Zustände von Bewußtseinsstörung. Aber auch nach Abklingen von Bewußtseinsveränderungen ist der Mensch nicht immer gleich wieder der alte. Er zeigt vielmehr Durchgangsstadien, die in ihrer Vielgestaltigkeit wegen des Verlaufskriteriums unter dem einheitlichen Begriff des Durchgangssyndroms zusammengefaßt werden können.

Aus dem alltäglichen Erfahrungsschatz und aus der forensischen Praxis sind als Beispiel eines Durchgangssyndroms am besten die seelischen Veränderungen bekannt, die sich bei Alkoholeinwirkung einstellen, bevor es zu echten Bewußtseinstrübungen oder zum Bilde einer Verwirrtheit kommt. Vielfach scheint es so, daß sich in diesem Zustand bestimmte Persönlichkeitsmerkmale zuspitzen oder deutlicher konturiert und ungehemmter hervortreten. In anderen Fällen nimmt die Reaktionsweise ein persönlichkeitsfremdes Profil an. Der Mensch wird sensibel oder reizbar, er wird antriebsreicher oder antriebsärmer, er wird vergnügt oder mißvergnügt und bietet alle möglichen Formen und Grade einer Kritikschwäche. Zu den gleichen Veränderungen kann es im Vorstadium oder im Gefolge eines Dämmerzustandes kommen. Bestimmte Erlebnisweisen wie etwa Halluzinationen (Sinnestäuschungen) oder wahnhafte Gedanken können den produktiven Dämmerzustand überdauern oder auch unabhängig von einer manifesten Bewußtseinstrübung auftreten. Gelegentlich zeigen sich Durchgangssyndrome, also reversible psychische Veränderungen ohne Bewußtseinsstörung, von solchem Schweregrad, daß die Erscheinungen einer „Wesensänderung" oder gar einer „Demenz" gleichwertig erscheinen.

Schwer zu erfassen, aber auch klinisch und forensisch weitgehend irrelevant, sind jene leichten Grade eines Durchgangssyndroms, die erscheinungsbildlich mit fließenden Grenzen in die normalen Schwankungen der Lebens- und Erlebensrhythmik übergehen. Betrachten wir dies wieder am Beispiel der Alkoholeinwirkung. Der Alkohol vermag wie andere Genußmittel, bevor er den Menschen als Persönlichkeit gänzlich wandelt, das Lebensgefühl oder bestimmte Leistungen zu beeinflussen. Dabei stellen sich nicht unmittelbar alkoholspezifische Veränderungen oder als krankhaft zu wertende Vorgänge ein. Spannungslage und Stimmungszustand des Menschen unterliegen in den Grenzen einer normalen Spielbreite dem Einfluß vieler Außenreize. Zu ihnen gehören ganz allgemein Essen und Trinken, der Schlaf, ein Bad und eben auch die gebräuchlichen Reizmittel. Von Durchgangssyndromen sprechen wir erst, wenn bei zunehmender Einwirkung toxisch wirksamer Stoffe Einzelzüge oder Reaktionen hervortreten, die zwar echten Krankheitswert haben, die aber noch nicht mit einer Bewußtseinstrübung oder mit Verwirrtheit verbunden sind.

Auf eine weitere Erläuterung der reversiblen seelischen Störungen möchten wir verzichten, um lediglich nach unserer eigenen Erfahrung noch einige Anhaltspunkte für die tatsächliche Häufigkeit dieser Zustandsbilder im Beobachtungsbereich des forensischen Jugendpsychiaters zu geben.

Die größte Rolle spielen die durch Alkoholeinwirkung hervorgerufenen Ausnahmezustände. Bei 600 Begutachtungen minderjähriger Straftäter war in zwölf Fällen — bei fünf Jugendlichen und bei sieben Heranwachsenden — ein erheblicher Alkoholgenuß Hauptgegenstand der Beurteilung. In der Regel ist es im Zusammenhang mit dem Alkohol nicht üblich, die Beschreibung des Trunkenheitsgrades durch eine Unterscheidung von Benommenheit, Verwirrtheit oder von Durchgangssyndromen vorzunehmen, obwohl es oftmals der besseren Verständigung dienen könnte, diese klinischen Begriffe zu verwenden. Wir behelfen uns mit den Ausdrücken angetrunken, betrunken und volltrunken. Selbst wenn diese Bezeichnungen nur eine sehr grobe Orientierung ermöglichen, haben sie sich in der forensischen Praxis doch als brauchbar erwiesen. Wir können bei der Einschätzung der Zurechnungsfähigkeit mit diesen rein akzentuierenden und keinesfalls abgrenzenden Begriffen auskommen. Auch die klinischen Begriffe, die vielleicht der Beschreibung des jeweiligen Zustandes etwas näher kommen, sind nicht als klar abgrenzende Bezeichnungen anzusehen. Der Versuch, nähere Bestimmungen vorzunehmen, würde zu größten Verständigungsschwierigkeiten und zu unlösbaren Definitionsproblemen führen. Eine Beziehung zu den klinischen Begriffen ist dadurch gegeben, daß mit Angetrunkenheit durchweg ein leichtes Durchgangssyndrom gemeint ist. Mit Betrunkenheit bezeichnen wir in der Regel einen Zustand, der mit Bewußtseinsstörungen einhergeht. Volltrunkenheit entspricht, sofern sie mit großer Erregung verbunden ist, einem Dämmerzustand, oder, sobald sie der alkoholbedingten Narkose nahekommt, einer hochgradigen Bewußtseinstrübung mit Übergang zur Bewußtlosigkeit.

Die gleichen Fragen wie beim Alkohol ergeben sich bei dem heute immer mehr verbreiteten Medikamentenmißbrauch. In der forensischen Praxis begegnen uns mit zunehmender Häufigkeit Fälle, bei denen eine angeblich oder tatsächlich belangvolle Medikamenteneinnahme vor der Tat zu berücksichtigen ist. Nach den klinischen Erfahrungen ist es gerechtfertigt, hierbei Gradeinteilungen wie bei der Trunkenheit vorzunehmen, auch wenn bei einzelnen Medikamenten besondere Reaktionsformen und spezifische Störungsbilder auftreten. Wir möchten aber dieses Problem, das vielleicht in naher Zukunft eine größere Bedeutung gewinnt, im vorliegenden Zusammenhang nicht weiter besprechen. Abgesehen von einigen zaghaften Versuchen, eine belanglose Tabletteneinnahme vor dem Begehen der Tat geltend zu machen, ist uns bisher von keinem Minderjährigen bekannt geworden, daß er in dieser Hinsicht ein echtes Begutachtungsproblem aufgegeben hätte.

Wir haben eine kurze und zusammenfassende Übersicht über die Merkmale der reversiblen Störungen und ihre Auswirkung auf das Handeln gegeben. Besonders wichtig sind in erster Linie die durch Alkohol hervorgerufenen akuten psychischen Störungen. Hinzu kommen die früher schon abgehandelten epileptischen Zustände, die auch eine große praktische Bedeutung besitzen. Zu erörtern bleiben die dem nächsten Abschnitt vorbehaltenen hormonell bedingten Störungen. Für alle übrigen mit einem Hirnprozeß verbundenen Krankheitszustände kann unter entsprechender Anwendung der Begriffe Bewußtseinstrübung, Umdämmerung oder Durchgangssyndrom eine angemessene klinische Zuordnung und eine entsprechende Einschätzung der forensischen Konsequenzen erfolgen.

Die endokrinen Störungen

Den endokrinen Störungen oder den Endokrinopathien, wie sie auch genannt werden, ist in den letzten Jahren eine besondere Aufmerksamkeit zugewandt worden. Von einzelnen Autoren wurden sie als wesentliche Ursache für Verhaltensstörungen von Kindern und Jugendlichen angesehen *(Willi Enke, Georg Destunis)*. Wir können nach unserer Erfahrung auf Grund einer methodenkritischen Betrachtung viele Theorien nicht bestätigen und müssen feststellen, daß im Rahmen der forensischen Fragestellung den Drüsenstörungen nur eine sehr begrenzte Bedeutung zukommt. Um unsere Gedanken zu erläutern und das sachlich Wesentliche darzustellen, müssen wir etwas ausführlicher auf dieses Thema eingehen, obwohl in 600 Gerichtsgutachten über Jugendliche und Heranwachsende und in der eigenen Sachverständigentätigkeit kaum einschlägige Fälle vorgefunden wurden.

Als endokrin bezeichnen wir die Vorgänge, die auf einer Tätigkeit der Drüsen mit innerer Sekretion beruhen. Die wichtigsten endokrinen Drüsen sind die Geschlechtsdrüsen, die Nebenniere, der Hirnanhang (Hypophyse) und die Schilddrüse. Die wirksamen Stoffe der inneren Sekretion heißen Hormone. Sie beeinflussen entscheidend den Stoffwechsel und den Energieumsatz des Organismus, wirken auf die körperliche Entwicklung ein und führen auch zu seelischen Reaktionen. Im Rahmen unserer psychologisch-psychiatrischen Erläuterungen haben wir zunächst die Krankheiten des Hormonsystems mit ihren seelischen Auswirkungen zu betrachten. Darüber hinaus sind aber die nicht krankhaften Normabweichungen zu berücksichtigen, die einen Vergleich oder eine Gegenüberstellung mit den krankhaften Störungen nahelegen.

Die Erfahrungen über den Einfluß der Hormone sind zunächst an Hand von Krankheitszuständen gewonnen worden. Die gestörte Funktion der Drüsen mit innerer Sekretion ruft eindeutig charakterisierte Krankheitsbilder hervor, die sich in typischen Veränderungen der Wuchs- und Ausdrucksformen sowie in mehr oder weniger eingreifenden Umstellungen vieler körperlicher und seelischer Vorgänge darstellen. Die Zustände sind entweder durch eine Überfunktion oder durch eine Unterfunktion, selten durch eine Fehlfunktion einzelner oder mehrerer Drüsen zu erklären. Eine wichtige empirische Bestätigung finden die Grundlagen der Hormonlehre durch die Behandlungserfolge. Bei Zufuhr entsprechender Hormone läßt sich eine Unterproduktion meist ausgleichen, während durch Dämpfung der Drüsenfunktion oder durch eine operative Entfernung von Drüsengewebe die Überproduktion eingeschränkt werden kann. Wir müssen mit wenigen Hinweisen die entscheidenden Erfahrungstatsachen skizzieren, um die für die forensischen Belange wichtigsten Überlegungen zu erläutern.

Zunächst möchten wir von den Fehlbildungen der Sexualorgane sprechen. Primäre Störungen der Geschlechtsdrüsen finden wir äußerst selten. Pathologische Funktionen der Sexualdrüsen sind durchweg auf eine krankhafte Tätigkeit der Nebenniere, der Hypophyse oder der Schilddrüse zurückzuführen. Das sexuelle Empfinden bleibt von den Fehlbildungen und Erkankungen der ei- oder samenproduzierenden Organe weitgehend unbeeinflußt; allenfalls erweist sich die Sexualität bei Unterentwicklungen, Mißbildungen oder Zwitteranlagen als abgeschwächt. Wir sehen in diesen Fällen mehr oder weniger infantile Ausprägungsformen des Geschlechtsempfindens. Organisch bedingte Steigerungen der Sexualität gibt es praktisch nicht. Es ist bisher auch kein Anhaltspunkt dafür gefunden worden, daß durch die echten krankheitsbedingten Veränderungen an den Geschlechtsorganen ein konträres oder perverses Sexualleben ausgelöst wird.

Die Überfunktion der Nebenniere führt zu sehr verschiedenartigen Störungen. Bei bestimmten Neubildungen an dieser Drüse kommt es zu anfallsartigen Kreislaufkrisen, die oft — ähnlich wie die Herzdurchblutungsstörungen — mit starken Angsterlebnissen verbunden sind. Die Überproduktion eines Nebennierenrindenhormons kann außerdem beim weiblichen Geschlecht eine Vermännlichung des Erscheinungsbildes durch Zunahme des Haarwuchses und durch Vergröberung der Körperformen herbeiführen, während im gleichen Fall der Mann teilweise das Kopfhaar verliert und durch Veränderung seines Skelettsystems ebenfalls einen gröberen Ausdruck bietet. Ein wohl charakterisierter Krankheitszustand ist das Cushing-Syndrom, bei dem außer verschiedenen Organ- und Stoffwechselstörungen auch Veränderungen des Körperbildes festzustellen sind. Wir beobachten eine Fettsucht des Rumpfes, ein „Vollmondgesicht" und eine übermäßige Behaarung in allen Körperregionen. Psychische Auffälligkeiten sind im Rahmen dieses Bildes weder die Regel noch weisen sie typische Formen auf. Es bleiben immer nur Einzelfälle, bei denen in Verbindung mit einer Nebennierenerkrankung das Bild einer Psychose oder vielgestaltige Persönlichkeitsveränderungen vorkommen. Unbeachtet seien hier die psychischen Rückwirkungen, die sich infolge des ungewöhnlichen Aussehens bei Menschen mit stärkerer Selbstunsicherheit einstellen.

Bei vielen Formen der Intersexualität oder der sogenannten Zweigeschlechtlichkeit finden wir eine Überfunktion der Nebennierenrinde. Im Gegensatz zu den vorher genannten Nebennierenstörungen, die sich jeweils als Krankheitszustand im Laufe des Lebens ausbilden, sind die Zwitterformen durchweg anlagebedingt. Tritt die krankhafte Überfunktion der Nebennierenrinde im Kindesalter auf, so kann sie zur vorzeitigen Geschlechtsreifung, zur sogenannten Pubertas praecox, mit entsprechend frühzeitiger Ausbildung des Sexualempfindens führen. Im allgemeinen ist die sexuelle Triebkraft jedoch bei Nebennierenüberfunktion gemindert. Die Unterfunktion der Nebenniere löst ein typisches Krankheitsbild aus, das den Namen Addisonsche Krankheit trägt. Diese Erkrankung hat neben mannigfachen Veränderungen an den inneren Organen eine allgemeine Mattigkeit und Muskelschwäche mit Abmagerung und bräunlicher Verfärbung der Haut zur Folge, weshalb auch von Bronzekrankheit gesprochen wird. Der allgemeinen Körperschwäche entspricht in der Regel ein Absinken der seelischen Anteilnahme und Aktivität.

Eine besondere Mannigfaltigkeit weisen die Krankheitszustände auf, die von der Hirnanhangsdrüse (Hypophyse) hervorgerufen werden. Die Hypophyse produziert Hormone, die die Funktionen der Schilddrüse, der Geschlechtsdrüsen und der Nebenniere regulieren. Ihr Sekret hat Einfluß auf wichtige Stoffwechselvorgänge und auf das Körperwachstum.

Wir kennen den hypophysären Zwerg- oder Riesenwuchs und die hypophysäre Fett- und Magersucht. Spezifische psychische Störungen finden sich nicht bei einer Erkrankung dieses Organs. Gelegentlich kommt es bei Prozessen im Bereich der Hypophyse zu Psychosen, deren Zuordnung zur endokrinen Störung wegen ihrer Seltenheit unsicher ist. Sie bedürfen daher keiner gesonderten Erörterung.

Als Ausdruck einer Schilddrüsenstörung ist das Krankheitsbild der Hyperthyreose, die sogenannte Basedowsche Erkrankung, zu nennen. Sie beruht auf einer Überproduktion des Schilddrüsenhormons. Kennzeichnend für dieses Leiden, das ursprünglich, als man seine Ursache noch nicht kannte, als Glotzaugenkrankheit bezeichnet wurde, ist das Hervortreten der Augäpfel. Die Augen wirken dadurch weit aufgerissen und bekommen einen eigenartigen Glanz. Das vorstehende Glanzauge in Verbindung mit einer Schilddrüsenvergrößerung gibt der Gesichtsform ein charakteristisches Gepräge. Hinzukommt immer eine beschleunigte Herztätigkeit, sowie eine allgemeine „nervöse" Unruhe, die sich auch innerlich auf die Stimmung und auf die Erregbarkeit auswirkt. Das entgegengesetzte Bild mit glanzlosem Aussehen, Pulsverlangsamung und seelischer Gleichgültigkeit finden wir bei Schilddrüsenunterfunktion im Krankheitsbild des Myxödems oder — falls die Störung angeboren ist — bei Kretinismus. Sowohl bei der Schilddrüsenüberfunktion wie bei ihrer Unterfunktion kann es zu Psychosen kommen.

Kurz erwähnt seien noch die Störungen der Bauchspeicheldrüse. Neben den von ihr produzierten Verdauungssekreten, die nicht zu den endokrinen Produkten zählen, bildet sie das Hormon Insulin, durch das der Zuckerstoffwechsel reguliert wird. Die Zuckervergiftung des Blutes infolge Insulinmangel oder das (meist medikamentöse) Überangebot von Insulin können zu seelischen Krankheitszuständen, zu Benommenheit oder gar zur Bewußtlosigkeit führen.

In einer besonderen Beziehung zum gesamten endokrinen System steht der Hirnstamm, insbesondere das Zwischenhirn (Dienzephalon), das enge anatomische und funktionelle Verbindungen zum Hirnanhang aufweist. Die Bedeutung des Zwischenhirns für die Vielzahl der neuro-vegetativen Funktionen und ihre seelischen Begleiterscheinungen ist in den letzten Jahren erheblich überschätzt worden. Die einwandfrei krankheitsbedingten Störungen des Zwischenhirns sind meist nicht sicher von anderen endokrinen Fehlleistungen abzugrenzen.

Die psychischen Begleiterscheinungen der hormonell bedingten Erkrankungen, die wir hier nur stichwortartig erwähnen konnten, hat *Manfred Bleuler* in seiner „Endokrinologischen Psychiatrie" umfassend und kritisch dargestellt. Er kam dabei zu dem summarischen Ergebnis, daß „im großen ganzen ... die Psychopathologie der einzelnen endokrinen Funktionsstörungen erstaunlich wenig Beziehungen zur Art dieser Funktionsstörungen aufweist." Die Bilder der akuten körperlich begründbaren Psychosen mit Bewußtseinstrübung oder mit anderen Bewußtseinsstörungen, die Abbausyndrome mit Wesensänderung oder Demenz, das Zustandsbild des Infantilismus und die leichteren, von *Bleuler* unter dem Begriff des endokrinen Psychosyndroms zusammengefaßten Affekt- oder Antriebsstörungen sind alle ganz unspezifisch.

Da die Zusammenhänge zwischen hormonellen Erkrankungen und psychischen Störungen so wenig gesetzmäßig sind, muß in jedem Falle neben der zugrunde liegenden Funktionsstörung auch das vorliegende psychische Zustandsbild genauer geklärt werden. Die für die forensische Beurteilung maßgebenden Folgerungen können nicht aus der Diagnose einer endokrinen Störung, sondern nur aus den im Einzelfall nachweisbaren seelischen Veränderungen hergeleitet werden. Dabei sind alle einer Psychose gleichwertigen Bilder als generell exkulpierend anzusehen, während bei den leichten endokrinen Psychosyndromen eine Abwägung der schuldmindernden Voraussetzungen erfolgen muß. Wir würden im Falle eines endokrinen Psychosyndroms die Beurteilung der Willensbestimmbarkeit und Verantwortungsfähigkeit etwa in Analogie zu den bei den Durchgangsyndromen beschriebenen Maßstäben vornehmen. Dabei muß stets die psychologische Beziehung zwischen der nachgewiesenen Störung und der begangenen Tat berücksichtigt werden. Handlungen, die in keinerlei motivischem Zusammenhang mit der Eigenart der psychischen Störung stehen, sind eher als zurechenbar einzuschätzen, also solche, die mit der Dynamik des krankhaften seelischen Geschehens unmittelbar evidente Beziehungen aufweisen. Wir halten es für möglich, ohne hierfür eigene Erfahrungen anführen zu können, daß in seltenen Sonderfällen bei eindeutig erwiesener Erkrankung des Hormonsystems, selbst ohne Nachweis krankhafter seelischer Veränderungen, für eine ungewöhnliche Triebentgleisung eine Schuldminderung anzuerkennen ist. Hierbei sollte jedoch immer die Stimme des kritischen Klinikers gehört werden, der nicht nur große forensisch-psychiatrische Erfahrung, sondern auch ein ausreichendes Wissen auf dem Gebiet der Endokrinologie besitzt.

Neben den hier in gedrängter Kürze wiedergegebenen, klinisch und experimentell hinreichend geklärten Krankheitsbildern gibt es eine Vielzahl körperlicher und seelischer Normabweichungen, die nur in vager Analogie mit den bekannten Krankheiten des Drüsensystems verglichen werden können, deren Krankheitswert aber sehr fraglich ist. Dies läßt sich am Beispiel der Pubertätsmagersucht erläutern. Der Hamburger Pathologe *Morris Simmonds* (1855—1925) hat eine zur Auszehrung (Kachexie) führende Magersucht bei einer Hypophysenkrankheit beschrieben. Lange Zeit wurde das vor allem bei jungen Mädchen auftretende Bild der sogenannten Pubertätsmagersucht als eine derartige Drüsenerkrankung angesehen. Durch umfangreiche klinische Erfahrungen ist der Zusammenhang der Pubertätsmagersucht mit einer krankhaften Auszehrung bei Hypophysenprozessen widerlegt. Heute wird das Bild der Pubertätsmagersucht überwiegend auf eine seelische Fehlhaltung zurückgeführt und als psychogen oder als „nervös" (Anorexia mentalis seu nervosa) angesehen. Ihr Krankheitswert ist äußerst umstritten. Die Pubertätsmagersucht kann oft wohl nur als eine Entwicklungsvariante betrachtet werden, die ausschließlich der psychologischen Behandlung bedarf. Ähnlich verhält es sich mit der von dem Wiener Neurologen *Alfred Fröhlich* (1871 — 1953) beschriebenen Krankheit. Dieser Autor hat ein mit Fettsucht und Unterentwicklung des Genitales einhergehendes Krankheitsbild bei einem Hypophysentumor beschrieben. In der Folgezeit ist von einem Morbus Fröhlich oder von einem Fröhlichschen Syndrom — Dystrophia adiposogenitalis — bei allen mit Fettsucht und schwacher Sexualentwicklung einhergehenden Zustandsbildern gesprochen worden. *Hermann Stutte* stellt sehr kritisch und überzeugend fest: „Diese Diagnose hat . . . eine ungebührliche Ausweitung erfahren. Die Symptomlegierung: Fettsucht + Hypogenitalismus ist bei Kindern (und Jugendlichen! der Referent) überaus häufig, eine hypothalamisch-hypophysäre Ursache dieses Zustandsbildes jedoch selten. Von internistischer und pädiatrischer Seite wird überhaupt mehr und mehr eine primär endokrine Ursache der meisten Fettsucht-Formen angezweifelt . . . und darin eher die Folge stoffwechselunangepaßter Nahrungsgewohnheiten gesehen." Dennoch wird in der jugendpsychiatrischen Literatur immer noch recht voreilig jede Form einer Dystrophia adiposogenitalis auf eine Endokrinopathie zurückgeführt. Dasselbe gilt für viele andere Zustandsbilder, die vor, während oder nach der Pubertät als seelische oder körperliche Normabweichungen, als lediglich episodische Funktionsentgleisungen oder als persönlichkeitseigene Dauermerkmale in Erscheinung treten.

Alle Vorstellungen und Theorien, die unter dem Stichwort „Hormone und Persönlichkeit" oder „Hormone und Entwicklung" Verbreitung gefunden haben, müssen mit größter Skepsis betrachtet werden. Wir wissen über die Bedeutung der Hormone für die Charakteranlage und für die seelische Entwicklung des Menschen nahezu gar nichts. Es erscheint uns bedenklich, nur auf Grund oberflächlicher Ähnlichkeiten das Modell der Krankheit mit Normvarianten des individuellen Soseins zu vergleichen. Das geschieht, wenn beispielsweise von einer hyperthyreotischen Persönlichkeit, von einer Hypophysenhinterlappen-Persönlichkeit oder von ähnlichen Charakterprägungen gesprochen wird, die wir bei *Felix G. Sulman* zusammengestellt finden. Auch die in der Entwicklungs- und Konstitutionsbiologie von *Wilfried Zeller* angewandten Begriffe der endokrin stigmatisierten Entwicklungstypen erwecken den Eindruck eines diagnostischen Anspruchs, der nicht gerechtfertigt ist. Mit den erwähnten charakterologischen und entwicklungspsychologischen Begriffen sollen bestimmte Zustandsbilder gekennzeichnet werden, deren Beschreibung zweifellos besser und unvoreingenommener erfolgen könnte, wenn die tatsächlich beschreibbaren Kriterien beim Namen genannt würden, ohne eine voreilige Zuordnung zu den Endokrinopathien vorzunehmen. Zeigt ein Jugendlicher im Entwicklungsalter ein auffallendes Längenwachstum, so hat das nichts mit dem bekannten Krankheitsbild des hypophysären

Hochwuchses zu tun. Man sollte in diesen Fällen überhaupt nicht von einer Hypophysenstörung, sondern nur von einer individuellen Entwicklungseigenart sprechen, aus der keinerlei diagnostische und vor allem keine psychologischen Schlüsse gezogen werden dürfen. Ist ein Mensch in besonderem Maße erregbar oder „nervös", dann läßt sich diese Reaktionsweise nicht ohne weiteres mit der inneren Unruhe des Basedow-Kranken vergleichen oder als eine abgeschwächte Form von Schilddrüsenüberfunktion deuten.

Die Variationsbreite der biologischen und psychologischen Entwicklung des Menschen steht zweifellos zu einem großen Teil im Zusammenhang mit unterschiedlichen Funktionszuständen der Drüsen mit innerer Sekretion. Das gilt vor allem für den wichtigen körperlich-seelischen Umbruch der Pubertät. Jedoch sind die körperlichen und die seelischen Vorgänge so ineinander verschränkt, daß wir ihre gegenseitigen Beziehungen nicht näher erfassen können. Nur da, wo die Eigengesetzlichkeit einer Krankheit einbricht, können wir Einzelheiten über die Zusammengehörigkeit der körperlichen und der seelischen Abweichungen ermitteln. Bei allen Vorgängen, die im Bereich der Norm und ihrer Spielarten liegen, ist nicht nur die Abgrenzung der Einzelvorgänge, sondern vor allem ihre leib-seelische Zuordnung ein weitgehend unlösbares Problem. Immer wieder liegt die Versuchung nahe, eine Aufhellung auch der nicht krankhaften Zusammenhänge dadurch zu fördern, daß die am Beispiel der Krankheit gewonnenen Erfahrungen auf die normal-seelischen Zustände übertragen werden. Dabei wird der Gedanke zugrunde gelegt, die Krankheit zeige uns wie in einem Vergrößerungsglas die Spielarten und Entgleisungsmöglichkeiten der Norm. Tatsächlich ist die Krankheit nicht mehr als ein Zerrspiegel. Sie verzeichnet die körperlichen und seelischen Funktionen und verleiht ihnen ein fremdes Aussehen. Was wir im Bilde der Krankheit vorfinden, hat seine Eigengesetzlichkeit und läßt immer nur sehr oberflächliche Ähnlichkeiten mit den normalen Körperbau- und Charakterstrukturen erkennen. Wie wir unsere Bedenken dagegen hegen, daß Merkmale von Schizophreniekranken als vergleichbar mit den Grundzügen von „schizothymen" oder „schizoiden" Persönlichkeiten angesehen werden, so müssen wir auch grundsätzliche Zweifel gegenüber den Begriffen „thyreotische" Persönlichkeit oder „hypopituitär" — also durch Unterfunktion der Hypophyse — stigmatisierter Entwicklungstyp anmelden. Wenn diese Begriffe angewandt werden, so klingt in ihnen immer die Vorstellung mit, es könne etwas der Krankheit Ähnliches und daher Fremdgesetzliches vorliegen. Alle daraus erwachsenden Schlußfolgerungen sind aber unbegründet. Praktisch nutzbaren Aussagewert hat gegebenenfalls nur die Feststellung, daß eine Krankheit vorliegt, und der Nachweis einer dadurch verursachten psychischen Störung. Bei allen nicht krankhaften Störungen, bei den Normvarianten der körperlichen und seelischen Entwicklungs- und Zustandsformen, kann lediglich eine Beschreibung erfolgen. Jede Aussage, die einen diagnostischen

Anspruch erhebt, nimmt Erklärungen oder Deutungen vorweg. Die psychischen Zusammenhänge können außerhalb der Krankheit ohnehin nur durch die Methode des Verstehens aufgehellt werden.

Sehr häufig wird bei der Betrachtung der sogenannten Endokrinopathien ähnlich wie bei den Enzephalopathien und bei der Diagnose einer frühkindlichen Hirnschädigung die Abgrenzung des Abnormen vom Krankhaften infolge Überbewertung der Symptome nicht klar genug vorgenommen. Einige Gutachter oder Diagnostiker vernachlässigen darüberhinaus in vielen Fällen die Frage nach einem psychologischen Bindeglied zwischen endokriner oder hormoneller Störung einerseits und einer Verhaltensauffälligkeit andererseits. Es erscheint uns keineswegs erwiesen, daß beispielsweise zwischen dem Kryptorchismus — damit wird eine Rückständigkeit der Hodenentwicklung bezeichnet — und einer „Trias der Bindungslosigkeit“: Schwänzen, Lügen, Stehlen *(Georg Destunis)* ein Zusammenhang bestehen soll. Selbst wenn in einzelnen Fällen beide Erscheinungen nebeneinander beobachtet werden, ist keineswegs eine Beziehung zwischen ihnen zu postulieren. Als psychologisch und psychiatrisch irrelevant müssen wir auch die Darlegungen von *Johannes Hirschmann* einschätzen, der auf einen Zusammenhang zwischen „Kleptomanie“ und „Zwischenhirnstörungen“ einschließlich ihrer endokrinen Begleiterscheinungen hingewiesen hat.

Selbst wenn *Georg Destunis* angibt, er habe durch Hormonbehandlung eine Besserung des Verhaltens herbeigeführt, bleiben dies Einzelfälle, die für seine Theorie nicht beweisend sind. Wir müssen mit *Carl-Gottlieb Bennholdt-Thomsen* ernste Bedenken gegen die Anwendung von Hormonen im Kindes- und Jugendalter geltend machen, sofern nicht eindeutige Krankheitszustände vorliegen, bei denen — wie etwa beim Kretinismus — ein nachweisbarer Mangel an Hormonen ausgeglichen oder — wie bei Morbus Basedow — ein krankhafter Überschuß von Hormonen bekämpft werden kann. Selbst wenn umschriebene körperliche Entwicklungsverzögerungen oder jugendliche Verhaltensstörungen durch Hormongaben beeinflußbar sein sollten, ist doch die allzu großzügige Verabreichung von Hormonen an einen Minderjährigen nur mit äußerster Zurückhaltung zu vertreten. Wird im Hormonhaushalt des in der Entwicklung stehenden Menschen ohnehin schon eine Gleichgewichtsstörung vermutet, so vermag jede Hormongabe nur noch mehr Unruhe und Unausgeglichenheit in das äußerst komplizierte Zusammenspiel der innersekretorischen Vorgänge hineinzutragen. Daher scheint es uns ärztlich nicht ohne weiteres sinnvoll oder vertretbar, hochwirksame Substanzen dort anzuwenden, wo die erzieherischen Möglichkeiten versagt haben.

Die dargelegten kritischen Überlegungen und Anmerkungen haben für die forensische Fragestellung deshalb besondere Bedeutung, weil gerade in der Jugendpsychiatrie viele Lehren und Meinungen verbreitet sind, die sich nicht genügend methodenbewußt mit den grundsätzlichen Problemen auseinandersetzen. Mit der Diagnose eines vermeintlich endokrin bedingten Zustandsbildes bleiben zunächst alle Fragen bezüglich der forensischen Konsequenzen offen. Durch Anwendung des Krankheitsbegriffes werden sehr schnell Vorentscheidungen für die Beurteilung der Willensbestimmbarkeit und der Verantwortlichkeit getroffen, die methodisch und sachlich unbegründet sind. Man kann sich die Problematik leicht an einem Satz vergegenwärtigen, der in typischer Weise darlegt, wie psychologiefremd und empirisch fragwürdig die Konsequenzen einer Hormonlehre sein können: „Es ist unser Nebennierenmark, welches entscheidet, ob wir auf einen Reiz mit Angriff oder mit Flucht reagieren" *(Felix G. Sulman).* Daß derartige Betrachtungsweisen geeignet sind, im Bereich der Rechtsprechung Verwirrung zu stiften, bedarf keiner weiteren Erläuterung. Für den Gutachter muß als entscheidend allein die Frage gelten, ob eine Drüsenkrankheit zu diagnostizieren ist oder ob nur eine nicht krankhafte Normvariante vorliegt. Darüber hinaus hat der Sachverständige festzustellen, welche seelischen Auffälligkeiten bestehen und wie eine evidente Beziehung zwischen der seelischen Reaktionslage und dem einzelnen Rechtsbruch hergestellt werden kann. Erst dann läßt sich zum Problem der Zurechnungsfähigkeit Stellung nehmen.

Die Erfahrung lehrt, daß die Problematik der endokrinen Störungen im Rahmen eines Gerichtsgutachtens selten aktuell wird, sofern man nicht unkritisch Mikrosymptome einer sogenannten Endokrinopathie sucht. In den von uns durchgearbeiteten 600 Gutachten fanden wir lediglich einen Jugendlichen, bei dem eine offenbar echte Dystrophia adiposogenitalis vorlag. Der 15 1/2 Jahre alte Täter, der einmal in der Schule sitzengeblieben war und sich schon früh durch Diebereien auffällig zeigte, stand zum wiederholten Male wegen Diebstahls vor Gericht. In der letzten Strafsache wurde er gleichzeitig wegen eines Beleidigungsdeliktes angeklagt, weil er vor einer erwachsenen Frau unzüchtige Reden geführt hatte. Der Gutachter schätzte den Jugendlichen für die Diebstähle als verantwortungsreif und zurechnungsfähig ein. Jedoch sprach er demselben Jungen, der wegen seiner Körperfülle wie ein Zwanzigjähriger wirkte, hinsichtlich des Beleidigungsdeliktes die sittliche Reife ab. Unter Hinweis auf die selbstwertmindernde Bedeutung der körperlichen Verfassung unterstellte er eine aggressive Dauereinstellung gegen die Umgebung, aus der zwar nicht die Diebstähle, aber doch das Beleidigungsdelikt als nicht zurechenbare Handlung herzuleiten sei.

Im vorliegenden Beispiel ist die sogenannte Endokrinopathie (Dystrophia adiposogenitalis) in durchaus angemessener Weise als Ursache des Fehlverhaltens außer Betracht geblieben. Sie wurde auch bei der Beurteilung der Zurechnungsfähigkeit nicht berücksichtigt. Allerdings zog der Gutachter bei diesem Täter aus der Erlebnisverarbeitung des ungewöhnlichen Körperbildes einen psychologischen Schluß, der vielleicht erörterungswürdig ist, der aber sicher nicht als empirisch gesicherter Baustein einer Reifeentscheidung gewertet werden kann. Die abnorme Körperkonstitution wird hier nicht als Ursache, sondern als Motiv für einen Teil des Fehlverhaltens angesehen. Damit stehen wir außerhalb des Bereiches, der die unmittelbaren psychiatrischen Auswirkungen der Endokrinopathien umfaßt. Das abnorme Aussehen des Täters hat hier keinen anderen Stellenwert als ein narbig verändertes Gesicht, eine Verkrüppelung oder ein krankheitsbedingter Schönheitsfehler anderer Art. Man kann daraus, wenn der Sachverständige auf das Faktum hinweist, nach richterlichem Ermessen mildernde Umstände herleiten. Mehr bedeutet die endokrine Störung hier wie in sehr vielen Fällen nicht.

Der besonderen Besprechung bedürfen die Krankheitserscheinungen, die sich bei einem gestörten Insulin- oder Zuckerhaushalt einstellen. *Hermann Stutte* hat schon 1944 auf die forensische Bedeutung der Spontanhypoglykämie hingewiesen. Die Überzuckerung des Blutes infolge Insulinmangel ruft im allgemeinen keine forensisch belangvollen Ausnahmezustände hervor, da im beginnenden Coma allenfalls eine Bewußtseinstrübung mit Aktivitätsverlust eintritt. Dagegen finden wir bei der Unterzuckerung des Blutes (Hypoglykämie) gelegentlich psychische Ausnahmezustände mit Erregung, manchmal sogar mit epileptischen Anfällen und deren Äquivalenten oder Drangzustände anderer Art, die als echte seelische Krankheitszustände gewertet werden müssen, und die die Willensbestimmbarkeit entscheidend beeinflussen. Durch Zufuhr von Kohlenhydraten in relativ kleiner Menge kann dieses Geschehen unmittelbar unterbrochen werden. Die Zuckerkranken sind in der Regel auf eine sofortige Aufnahme entsprechender Nahrung vorbereitet und wissen sich manchmal sehr schnell selbst zu helfen. Ein triebhaftes Stehlen von geeigneten Lebensmitteln muß gelegentlich als verständliche Reaktion gewertet werden, der zugleich eine exkulpierende Bedeutung zuzusprechen ist. Wir können jedoch nicht ganz den Darlegungen folgen, die *Hermann Stutte* im Jahre 1952 für einen einschlägigen Fall gegeben hat. Zum Thema „Genußsüchtige Kinder" berichtet er über einen von ihm begutachteten 16 jährigen Bäckerlehrling: „Er war schon als Kind durch das dauernde Naschen von Zucker und Marmelade aufgefallen. Trotz guter und reichlicher Beköstigung im Hause des Dienstherren hatte er in seiner Stelle laufend Süßgebäck, Schokolade und Pralinen entwendet und seit längerem auch das Brotgeld unterschlagen, um dieses (vorwiegend) wieder in Süßigkeiten umzusetzen. Mitunter verschlang er drei Packungen Pralinen gierhaft hintereinander." Diese Form der Genußsucht ist keinesfalls durch hypoglykämische Vorgänge zureichend erklärt. Der Hpoglykämie kann hier auch bei polyätiologischer Betrachtung keineswegs ein hervorragender psychologischer Stellenwert zugesprochen werden. Wenn dieser Jugendliche trotz ausreichender Ernährung große Pralinenmengen zu sich nimmt und schließlich Geld unterschlägt, um sich — nicht einmal ausschließlich! — Süßigkeiten zu kaufen, so ist dies Ausdruck eines Charakterzuges, dessen krankhafte Entstehung erst nachgewiesen werden muß, bevor er als strafmilderndes oder strafausschließendes Faktum gewertet werden kann. Dem Bild, das *Hermann Stutte* als „hypoglykämische Naschsucht" beschrieben hat, stehen wir außerordentlich zurückhaltend gegnüber. Die klinische Erfahrung lehrt, daß es auch eine durch extreme Naschsucht hervorgerufene Neigung zu Hypoglykämien gibt. Diese Zusammenhänge müssen äußerst kritisch erwogen werden, ehe aus dem Nachweis hypoglykämischer Krisen gutachtliche Konsequenzen gezogen werden. Dabei ist zugleich der von *Stutte* erwähnte Umstand zu berücksichtigen, daß es sich bei hypoglykämischen Zuständen „nicht selten ... lediglich um eine letztlich konstitutionell verankerte Stoffwechsellabilität ohne erheblichen Krankheitswert" handelt. Wie bei jeder endokrinen Störung muß in allen ähnlich gelagerter Fällen vom Gutachter gefordert werden, daß nicht nur die womöglich krankhaften Zustände diagnostiziert werden, sondern daß vor allem die psychische Ausnahmesituation zur Zeit der Tat hinreichend wahrscheinlich gemacht wird. Ist die seelische Störung als solche nicht zu fassen, so können nur im Ausnahmefall unter bestimmten Umständen vereinzelte impulsive, ohne jede Vorplanung dranghaft ausgeführte Handlungen, zu begründeten Zweifeln an der Verantwortlichkeit und Zurechnungsfähigkeit Anlaß geben. Diese Voraussetzungen sind aber in dem erwähnten Fall von *Hermann Stutte* nicht erkennbar. Deshalb erschien er uns geeignet, ihn zu dieser grundsätzlichen Erläuterung als Beispiel heranzuziehen.

Den endokrinen Störungen haben wir einen eigenen Abschnitt gewidmet, weil sie unter allen Krankheitszuständen mit seelischen Begleiterscheinungen eine Sonderstellung einnehmen, und weil gerade bei Jugendlichen die hormonellen Vorgänge eine besondere Beachtung verdienen. Praktisch ergeben sich aus den Störungen der Drüsen mit innerer Sekretion kaum unmittelbare Konsequenzen für die forensische Beurteilung. Wenn im Einzelfall eine echte Krankheit des sehr kompliziert zusammenwirkenden Drüsenapparates vorliegt, muß in erster Linie nach den tatsächlichen Auswirkungen auf die Psyche gefragt werden, bevor Folgerungen für die strafrechtliche Beurteilung zu ziehen sind. Der Begriff der sogenannten Endokrinopathien wird in der Jugendpsychiatrie häufig ohne die notwendige Entscheidung, ob es sich um krankhafte oder nicht krankhafte Erscheinungen handelt, angewandt. Gleichzeitig kommt es zu unkritischen oder mißverständlichen Rückschlüssen auf die psychischen Reaktionen. Wie unsicher viele Erkenntnisse auf diesem Gebiet sind, läßt ein im Jahre 1962 veröffentlichtes Referat von *Walter Zübln* über endokrine Störungen im Kindes- und Jugendalter erkennen. Der Autor sagt ausdrücklich, daß er nur über den „heutigen Stand des Irrtums" berichten könne. Als Grundlage für eine forensische Beurteilung können viele klinische Beobachtungen nicht herangezogen werden, weil ihnen für jede psychologische Folgerung noch der Beweiswert fehlt. Zweifel an der Zurechnungsfähigkeit beruhen in diesem Bereich meist auf psychologischen Spekulationen. Welche Überlegungen uns als Sachverständige beschäftigen müssen, haben wir durch einige grundsätzliche Erläuterungen dargelegt.

Die endogenen Psychosen

Unter dem Begriff der endogenen Psychosen werden die Schizophrenie und die Zyklothymie zusammengefaßt. Diesen beiden Formen einer seelischen Erkrankung kommt bei der forensischen Beurteilung eine besonders weittragende Bedeutung zu. Wenn sie auch zahlenmäßig unter den zu begutachtenden Fällen innerhalb der Jugendpsychiatrie keine bevorzugte Stellung einnehmen, so sind doch über die grundsätzlichen Fragen, die sich in Verbindung mit diesen Diagnosen ergeben, einige wichtige Anmerkungen erforderlich.

Zunächst sei erwähnt, daß sich unter 600 Begutachtungsfällen zwölf Minderjährige — darunter nur ein Jugendlicher — mit einer Schizophrenie und vier Minderjährige — kein Jugendlicher — mit einem manischen Krankheitsbild fanden. Die Zyklothymie, die früher als manisch-depressives Irresein bezeichnet wurde, führt praktisch nur in den manischen Phasen zur Kriminalität. Die depressiven Zustände bedingen durchweg eine starke Hemmung und lähmen daher auch die antisozialen Regungen. Daß ein zyklothym Depressiver in rechtsverletzender Weise aggressiv wird, ist nahezu ausgeschlossen. Den Tatbestand einer schweren Gewalttat wird er allenfalls im Rahmen eines erweiterten Selbstmordversuches verwirklichen, wenn etwa das Kind, das mit in den Tod genommen werden soll, stirbt, und die Mutter oder der Vater überlebt, so daß sie unter Anklage gestellt werden. Viele zyklothym Depressive sind von Schuldvorwürfen beladen, und es ist schon recht ungewöhnlich, wenn sie sich absichtlich mit Schuld belasten. Zu denken wäre allenfalls an Unterlassungsdelikte, die aber auch praktisch keine Rolle spielen. Für unsere jugendpsychiatrischen Grundsatzerwägungen dürfen wir die bei Minderjährigen ohnehin seltene zyklothyme Depression gänzlich vernachlässigen.

Die manische Verstimmung ist gekennzeichnet durch eine gesteigerte Aktivität, durch expansive Erlebnisse bis zum „Größenwahn", durch eine unsteuerbare Kritiklosigkeit und oft durch große Reizbarkeit. Sie tritt ganz selten schon bald nach der Pubertät auf. Häufiger beobachten wir sie beim Heranwachsenden. Die Diagnose bereitet kaum Schwierigkeiten. Eine eindrucksvolle Verhaltensänderung bei Ausbruch des krankhaften Zustandes, eine nicht zu bändigende Überaktivität und Erregbarbarkeit mit einer mehr heiteren oder einer mehr gereizten Stimmung lassen die Zuordnung zum Krankheitsbild der Zyklothymie in aller Regel sehr schnell treffen. Daß diese Form des seelischen Krankseins zu kriminellen Entgleisungen disponiert, liegt auf der Hand. Der Maniker unternimmt in Verkennung seiner realen Möglichkeiten vor allem solche Handlungen, die dem Straftatbestand des Betruges entsprechen. Er neigt zur Hochstapelei, aber auch zu Aggressionen oder zu Entwendungen und zu Fahrlässigkeiten jedweder Art. Für alle Taten muß er als zurechnungsunfähig gelten. Ist die manische Phase abgeklungen, so tritt — falls nicht eine Depression nachfolgt — wieder ein normaler Zustand ein.

Die Schizophrenie gibt im Gegensatz zur Zyklothymie eine Reihe viel schwieriger Probleme auf. In einigen Fällen ist gerade bei Jugendlichen die Diagnose nicht leicht zu stellen. Über dieses Thema müssen wir etwas ausführlicher sprechen, ohne jedoch alle differentialdiagnostischen Einzelheiten erschöpfend zu behandeln. Wir möchten vor allem die forensisch belangvollen Überlegungen hervorheben. Besondere Aufmerksamkeit verdienen die erscheinungsfreien Intervalle im Verlauf einer Schizophrenie, über deren gutachtliche Beurteilung sehr unterschiedliche Meinungen herrschen.

Die Diagnose der Schizophrenie kann bei Minderjährigen wie bei Erwachsenen in der Regel dann leicht gestellt werden, wenn die Krankheitszeichen von Anfang an eindeutig sind. Von den mannigfachen Erscheinungsbildern, die zum Formenkreis der Schizophrenie gehören, sind am ehesten die katatonen Zustände ohne weiteres zu erkennen, die entweder mit großer elementarer Erregung oder mit einer völligen Willenshemmung (Stupor) einhergehen. Nicht selten sehen wir auch im Jugendalter schon schizophrene Erkrankungen, bei denen mehr oder weniger plötzlich eine auffallende Denkstörung mit zerfahrenem Gerede oder aber grob wahnhafte Erlebnisinhalte hervortreten, die eine Zuordnung zur schizophrenen Geistesstörung unmittelbar nahelegen. Manchmal zeigt sich nur ein auffallend verschrobenes Gebaren. Daß bei diesen Zuständen stets eine Gehirnkrankheit auszuschließen ist, ehe die Diagnose Schizophrenie als gesichert angesehen werden darf, sei nur beiläufig erwähnt.

Erhebliche diagnostische Schwierigkeiten ergeben sich bei den schleichend verlaufenden Krankheitsformen. Sofern sie dem Typ der paranoiden Schizophrenie entsprechen, können die Wahnerlebnisse ganz unbedeutend sein und zunächst durchaus einfühlbar erscheinen. Außerdem kennen wir die hebephrenen Zustandsbilder, die meist über lange Zeit nur eine kaum merkliche Veränderung des Affektes bieten. Während die paranoiden Erkrankungsformen im Jugendalter selten sind, bildet die Hebephrenie ein für die Minderjährigen geradezu typisches Erscheinungsbild der Schizophrenie. Bei diesen Jugendlichen wird oft erst sehr spät an eine seelische Erkrankung gedacht. Wir haben schon bei der Besprechung der Pubertät und bei der Darstellung der selbstunsicheren Persönlichkeiten davon gesprochen, welche seelischen Merkmale das Erkennen der Krankheit erschweren oder auch zu Verwechslungen von krankhaften und nicht krankhaften Vorgängen führen. Häufig wird das entscheidende Fundament der diagnostischen Beurteilung nur durch ein Abwägen zwischen zahlreichen psychologischen und psychopathologischen Fakten, durch die Erfassung von charakteristischen Ausdrucksphänomenen und durch Berücksichtigung von schwer zu beschreibenden, aber dem Kundigen unmittelbar auffallenden, Kontaktstörungen gewonnen. Leider verliert die strenge Fassung des Schizophreniebegriffes, die wir mit *Kurt Schneider* in Anschluß an *Eugen Bleuler* als verbindlich erachten, bei den symptomarmen Bildern der beginnenden Hebephrenie ihre überzeugende Prägnanz. Dieser Umstand führt dazu, daß beinahe keine psychiatrische Entscheidung mehr Erfahrung und kritische Besinnung verlangt als die Beurteilung eines leicht Hebephrenen oder eines auf eine Schizophrenie verdächtigen Jugendlichen. Wegen gewisser Unschärfen bei der Grenzbestimmung des Schizophreniebegriffes gegenüber ähnlichen Entwicklungskrisen der Minderjährigen wird von einigen, vor allem von nordamerikanischen Autoren die Grenze des Krankhaften sehr weit gezogen. Unter dem Einfluß vor allem von *Lauretta Bender* ist es teilweise üblich, schon in den ersten Kinderjahren Schizophrenien zu diagnostizieren, wozu wir uns ganz extrem selten entschließen würden. Episoden mit ängstlicher Unruhe oder autistische, mit Abkehr von der Umwelt einhergehende Phasen werden bei Kindern und Jugendlichen manchmal recht großzügig als frühe Manifestationen einer Schizophrenie gedeutet. Im deutschen jugendpsychiatrischen Schrifttum wahrt man diesen Anschauungen gegenüber große Zurückhaltung. Aber auch in Amerika haben *Leo Kramer* und *Hilde L. Mosse* den Mißbrauch des Schizophreniebegriffes nachdrücklich kritisiert.

Aus der erscheinungsbildlichen Ähnlichkeit zwischen den beginnenden Manifestationen einer schizophrenen Erkrankung und manchen seelischen Konfliktsituationen oder psychopathischen Reaktionen haben Anhänger der Konstitutionslehre fließende biologische Übergänge herauszulesen versucht. So sind auch zwischen abnormen Pubertätsverläufen und psychotischen Entwicklungen biologische Zusammenhänge gesehen worden. Dagegen haben einseitig psychotherapeutisch orientierte Autoren die fließenden Übergänge im Seelischen vermutet, indem sie das Erlebnisgeschehen der Psychose aus dem normalseelischen Reaktionsbereich ableiteten. Wir müssen in diesem Zusammenhang den Grundsatz unserer psychiatrischen Erfahrung noch einmal unterstreichen, daß wir zwischen den eigengesetzlichen Entwicklungen einer Krankheit und den individualgesetzlichen Verläufen des charakterlichen Reifens keine inneren Beziehungen annehmen können. Nur ganz vereinzelte Zustandsbilder geben infolge einer schwer durchschaubaren seelischen Dynamik Anlaß zu Fehlbeurteilungen oder auch zu Meinungsstreiten. Nach welchen Kriterien bei einem umstrittenen Fall die Diagnose erhärtet oder verworfen werden kann, bedarf oft einer sachkundigen Entscheidung, die sich zwar an Hand des konkreten Einzelfalles erläutern und begründen, deren Berechtigung sich aber nicht immer mit naturwissenschaftlicher Exaktheit oder absolut zwingender Evidenz erweisen läßt.

Von einer Schizophrenie sprechen wir nur dann, wenn für die Weiterentwicklung des seelisch Kranken auf die Dauer der Zeit ein „schizophrener Persönlichkeitsabbau“ zu erwarten ist. Diese Forderung hat auch *Jakob Lutz* in seiner „Kinderpsychiatrie“ aufgestellt. Die Schizophrenie führt entweder in Verbindung mit einem schubweisen Aufflackern der Krankheitserscheinung oder infolge des langsamen Fortschritts der affektiven Veränderung und Entdifferenzierung zu einer Destruktion der Persönlichkeit. Es kommt zu einer „Verwirrung der Entfaltungskräfte", wie *Werner Villinger* es einmal genannt hat. Die ärztlich-diagnostische Aufgabe liegt darin, schon möglichst früh diesen Verlauf vorauszusehen, aber nicht voreilig eine derartig düstere Prognose zu stellen.

Aus der Schizophrenie kann sich auf sehr verschiedene Weise ein rechtswidriges Verhalten ergeben. In erster Linie ist an Handlungen zu denken, die als Abwehr einer im Wahn erlebten Bedrohung erfolgen. Aus der Wahnstimmung, von der viele Schizophrene erfüllt sind, erwachsen krankhafte und beunruhigende Eigenbeziehungen. Das Wahrnehmen trügerischer Stimmen (Halluzinationen) kann die Beeinträchtigungsvorstellungen und -gedanken noch bekräftigen. Die damit verbundenen Erlebnisinhalte werden entweder nur innerlich verarbeitet, zu einem System ausgebaut und in einen ganz versponnenen Lebensstil umgesetzt, oder sie werden mit starken Aggressionen ausgelebt und können zu einem unvermittelten oder sorgsam vorbereiteten Angriff gegen Personen und Sachwerte führen. Wahnhafte Verkennungen bilden das oft schwer nachfühlbare Motiv von Eigentumsdelikten, Schamlosigkeiten und Ordnungswidrigkeiten aller Art. Der vorwiegend hebephren veränderte Kranke kann fahrlässige und scheinbar gänzlich unmotivierte Handlungen begehen, die wegen der uneinfühlbaren Affektlage weder voraussehbar noch rückblickend zu verstehen sind. Solche Handlungen erscheinen sinnlos. Gelegentlich läßt sich glaubhaft ermitteln, daß der Schizophrene dem Befehl einer von ihm halluzinierten Stimme gefolgt ist. Jedoch gelingt eine aus dem psychotischen Erleben derart schlüssig abzuleitende Motivierung des rechtswidrigen Handelns im allgemeinen nicht. Viele Motivzusammenhänge bleiben unsicher. Darum muß der Sachverständige auf eine verstehenspsychologische Ableitung des rechtswidrigen Handelns aus dem Strukturbild und den Phänomenen der Psychose durchweg verzichten. Selbst bei den scheinbar normal zu motivierenden Handlungen sollte immer an das Mitwirken psychotischer Impulse gedacht werden.

Psychopathologisch besondere Bedeutung besitzen einzelne Gewaltverbrechen, die manchmal von Minderjährigen vor dem manifesten Ausbruch der akuten Psychose begangen werden. Motivisch nicht durchschaubare Delikte können als Initialsymptom einer vorher nicht erkennbaren Schizophrenie auftreten. Bei geringfügigen Rechtsbrüchen wird diesem Problem selten nachgegangen. Ist jedoch ein ernster Verbrechenstatbestand erfüllt, so sind wegen der schweren Rechtsfolgen sehr kritische und fachkundige Überlegungen angezeigt. Sobald ein motivisch ungeklärtes Delikt die Frage der Psychose aktuell werden läßt, sollte eine psychiatrische Begutachtung erfolgen. Der Gutachter muß dann gewissenhaft prüfen, ob er die Diagnose der Schizophrenie stellen kann oder nicht. Er darf nicht der starken Versuchung erliegen, aus einem recht verschroben oder absonderlich motivierten Tatbestand allein die Diagnose abzuleiten. Wie leicht durch Hinweis auf seelische Merkmale, die auf eine Psychose wohl verdächtig, aber doch wenig spezifisch sind, ein Täter als schizophren verkannt werden kann, haben wir am Beispiel von zwei Fällen im Abschnitt über die Selbstunsicherheit erläutert. Daß umgekehrt eine Schizophrenie, selbst bei Mitwirkung eines Sachverständigen im Strafverfahren, übersehen wird, läßt sich auch bei gewissenhafter Urteilsbildung nicht völlig ausschließen. Die Praktiker des Strafvollzugs wissen immer über Fälle zu berichten, bei denen erst während der Haft eine Psychose erkannt wurde, die wahrscheinlich in der Straftat ihr Vorspiel hatte. Ein letzter Rest an methodischer Unsicherheit läßt sich in diesem Bereich der psychiatrischen Differentialdiagnostik nicht ausräumen, weil kein körperlicher Befund zum Beweis oder zum Ausschluß einer Schizophrenie herangezogen werden kann, und weil die Ausprägungen der Krankheit sehr wechselhaft und oft sehr unscheinbar sind. Das entscheidende Regulativ der diagnostischen Beurteilung ist ausschließlich die kritisch verarbeitete klinische Erfahrung des Sachverständigen. Im Rahmen der Jugendpsychiatrie sind hier an den Gutachter besonders hohe Anforderungen zu stellen. Ein gründliches Vertrautsein mit den Problemen und Phänomenen der Erwachsenenpsychiatrie ist dabei unerläßlich.

Zusammenfassend müssen wir feststellen, daß unter den endogenen Psychosen die Schizophrenie eine größere Rolle spielt und schwierigere Probleme aufgibt als die Zyklothymie. Die depressiven Phasen der Zyklothymie können bei unseren Grundsatzüberlegungen völlig vernachlässigt werden. Von praktischer Bedeutung sind allein die manischen Phasen, die aber sowohl in diagnostischer Hinsicht als auch bezüglich der strafrechtlichen Folgerungen keine gewichtigen Schwierigkeiten bereiten. Über die Schizophrenie haben wir etwas ausführlicher gesprochen, weil sie bei der Erörterung der forensischen Fragestellung zahlreiche bemerkenswerte Gesichtspunkte bietet. Ohne die Fülle der schizophrenen Phänomene vollständig zu erläutern, sollten vor allem die Fragen der krankhaften Motivierung und der Nichtmotivierbarkeit des Handelns ausdrücklich angeschnitten werden. Daß gerade bei Minderjährigen mit ihren entwicklungsbedingten seelischen Krisen die Erfassung und Abgrenzung der schizophrenen Zustände große Schwierigkeiten bereitet und besondere Sachkunde erfordert, sei abschließend noch einmal ausdrücklich betont.

C. Die rechtlichen Grundlagen

Die rechtlichen Grundlagen für die forensische Begutachtungspraxis liefern die geltenden Gesetze. Mit ihnen erfüllt der Staat eine Ordnungsaufgabe, um sowohl dem Einzelnen als auch dem Ganzen Schutz und Gerechtigkeit zu gewähren. Alle rechtlichen Begriffe sind normativ, indem sie einen wertsetzenden Willen des Gesetzgebers bekunden. Bei der Anwendung der Gesetze sind empirische Tatbestände zu berücksichtigen, über die gegebenenfalls ein psychiatrisch-psychologischer Sachverständiger gehört werden muß. Das gilt vor allem für die Fälle, bei denen es sich um Krankheit, um den Entwicklungsstand oder um eine charakterliche Besonderheit des Straftäters handelt. Die begriffliche Bestimmung dieser Tatbestände erfordert so weit wie möglich eine Annäherung von empirischen und normativen Maßstäben. Allerdings ergeben sich in den einzelnen Rechtsbereichen jeweils verschiedene Aspekte eines empirisch gleichen Tatbestandes. Ein Vergleich des Krankheitsbegriffes etwa im Versicherungs-, Entschädigungs- und schließlich im Strafrecht läßt erkennen, daß je nach den Erfordernissen der gesetzlichen Zweckbestimmung unterschiedlich weite Grenzen für die als krankhaft anerkannten Störungsbilder gezogen werden. Eine homosexuelle Neigung würde beispielsweise niemals als Krankheit im Sinne der Reichsversicherungsordnung angesehen, während im Strafverfahren die Frage nach dem „Krankheitswert" dieser seelischen Eigenart heute wieder gern diskutiert wird. Die in solchen und ähnlichen Fällen gelegentlich empfohlene Anwendung eines sogenannten juristischen Krankheitsbegriffes muß immer dann auf methodische Bedenken des Empirikers stoßen, wenn bei derartigen Subsummierungen ganz unexakte Begriffe von normal und nicht-normal zugrundegelegt werden. Inwieweit es unter dem Gesichtspunkt der Gerechtigkeit oder des Gesellschaftsschutzes geboten und vertretbar ist, bei der Rechtsprechung einen eigenen Krankheitsbegriff anzuwenden, der weiter oder enger als in der praktischen Heilkunde ist, entzieht sich selbstverständlich unserer Kritik. Es darf aber angemerkt werden, daß die Urteilsfindung auf diesem Gebiet allzuleicht in das Schlepptau durchaus anfechtbarer Theorien gerät. Es ist eben schwer — wie wir auch den Darlegungen von *Richard Lange* über den juristischen Krankheitsbegriff entnehmen —, daß der Rechtswissenschaftler aus seiner Perspektive innerhalb der sogenannten Schulen und medizinischen Lehrmeinungen die Spreu vom Weizen unterscheidet. Das Urteil jener literarisch sehr produktiven Theoretiker, die sich durch den Hinweis auf interessante Einzelfälle als gut gerüstete Empiriker ausgeben, steht zunächst gleichwertig neben der wohlfundierten Meinung jedes kritischen und im guten Sinne des Wortes sachverständigen Erfahrungswissenschaftlers. Daraus entsteht gegebenenfalls der Eindruck, es bestünden nicht nur kontradiktorische Meinungsverschiedenheiten, sondern die Erfahrung lehre Gegensätzliches. Nehmen wir das im Zusammenhang mit dem umstrittenen Krankheitsbegriff wiederholt zitierte Beispiel der Schizophrenie. Wenn moderne — insbesondere viele nordamerikanische — Autoren in ihr eine Neurose sehen wollen, so geht diese These an der Alltagserfahrung des kritischen Psychiaters und an dem großen Beobachtungsgut der psychiatrischen Anstalten vorbei. Nur ganz vereinzelte Fälle von Schizophrenie geben vorübergehend Anlaß, eine lebensgeschichtliche Analyse zu versuchen, wie man sie bei der Neurose vornimmt. Aber daraus läßt sich für die Anforderungen der forensischen Psychiatrie nicht die mindeste Konsequenz herleiten. Leider wird unter Anführung solcher Beispiele teilweise alles getan, um die Grenzen des Krankheitsbegriffes in Frage zu stellen, und nur selten tritt der weltanschauliche oder gar sozialpolitische Hintergrund solcher Bestrebungen deutlich hervor. Auch wenn in der Schule und im Umkreis von *Walter Ritter von Baeyer* zahlreichen sogenannten Neurosen und erlebnisbedingten Entwicklungen mehr und mehr Krankheitswert zugesprochen wird — mit allen medizinisch-psychologisch fragwürdigen Folgen für das Zivil- und Entschädigungsrecht —, muß hier von seiten der forensischen Praxis mit *Hermann Witter* sehr grundsätzliche Kritik geübt werden. Sicher ist es gut, eine bewährte Meinung von Zeit zu Zeit zu überprüfen, um den Boden für neues Saatgut der Erkenntnis aufzulockern. Die täglichen Belange der Gutachterpraxis erfordern aber ein festes Fundament, sonst gerät in ihrem Bereich alsbald die Rechtsordnung ins Wanken. Auch die fortschrittlichste Gesetzgebung und Rechtsprechung sollten nicht zögern, mit einem gewissen kritischen Konservatismus im Bereich der Erfahrungswissenschaft zu sympathisieren. Unter diesen Aspekten wollen wir uns hier mit den rechtlichen Grundlagen befassen. Damit die praktischen Konsequenzen unserer vorausgehenden Ausführungen im Rahmen des geltenden Rechtes deutlich werden, seien die entscheidenden Gesichtspunkte in den folgenden Abschnitten zusammengefaßt.

Die Zurechnungsfähigkeit

Begeht ein seelisch Kranker eine mit Strafe bedrohte Handlung, so hält es der Gesetzgeber in völliger Übereinstimmung mit unserem menschlichen und ärztlichen Empfinden für nicht angemessen, daß einem solchen Täter die Tat „zugerechnet“ oder als eine Schuld zur Last gelegt wird. Diese Regelung ist gesetzlich verankert in § 51 StGB. Er gilt in vollem Umfang auch für jugendliche Rechtsbrecher. Auf Überschneidungen mit dem Begriff der Strafmündigkeit sei hier nicht eingegangen. Darüber ist im Zusammenhang mit den Reifebeurteilungen zu sprechen. Der § 51 StGB lautet in seiner seit 1933 gültigen Fassung:

„I. Eine strafbare Handlung ist nicht vorhanden, wenn der Täter zur Zeit der Tat wegen Bewußtseinsstörung, wegen krankhafter Störung der Geistestätigkeit oder wegen Geistesschwäche unfähig ist, das Unerlaubte der Tat einzusehen oder nach dieser Einsicht zu handeln.

II. War die Fähigkeit, das Unerlaubte der Tat einzusehen oder nach dieser Einsicht zu handeln, zur Zeit der Tat aus einem dieser Gründe erheblich vermindert, so kann die Strafe nach den Vorschriften über die Betrafung des Versuches gemildert werden.“

Der erste Absatz des § 51 StGB bestimmt die Voraussetzungen der „Unzurechnungsfähigkeit“. Logisch besser als dieser häufig gebrauchte Ausdruck dürfte der Begriff der Zurechnungsunfähigkeit sein, der sich auch in der Rechtsprechung eingebürgert hat. Der zweite Absatz des § 51 StGB bezieht sich auf die verminderte Zurechnungsfähigkeit. In beiden Fällen werden zwei Glieder unterschieden. Einerseits die nähere

Bestimmung der seelischen Störungen, andererseits die daraus folgenden Auswirkungen auf das Handeln. Bewußtseinsstörung, krankhafte Störung der Geistestätigkeit und Geistesschwäche bilden die biologischen oder medizinisch-diagnostischen Voraussetzungen der Zurechnungsunfähigkeit, während der Mangel an Einsicht und Steuerungsfähigkeit die psychologischen Voraussetzungen ausmacht. Bei der Interpretation dieser gesetzlichen Regelung spricht man vielfach von der gemischt biologisch-psychologischen Methode. Dieser Ausdruck wird allerdings leicht dahingehend mißverstanden, daß die medizinisch-diagnostischen Voraussetzungen allein schon als „gemischt" anzusehen seien, weil neben den Geisteskrankheiten, die mit körperlichen Befunden einhergehen, die endogenen Psychosen nur psychologisch oder psychopathologisch diagnostiziert werden können. Außerdem neigt man dazu, in mehr oder weniger großzügiger Weise nicht-krankhafte, rein psychologische Zustände wie die Neurosen unter den biologischen Voraussetzungen des § 51 StGB mitzuberücksichtigen. Wir würden empfehlen, die beliebte Rede von der gemischten Methode möglichst zu vermeiden, weil sie nur zu Polemiken verleitet und nicht zu fruchtbaren Gesprächen führt. Unser Bestreben kann nur dahin gehen, die psychologisch-psychiatrischen Voraussetzungen der Zurechnungsfähigkeit im einzelnen näher zu kennzeichnen. Ob dabei den seelischen Störungen ein rein biologischer Krankheitsbegriff zugrunde gelegt wird — wie es unsere bewährte Arbeitshypothese und vielfältig zu begründende Überzeugung ist — oder ob man sich darauf beschränkt, als seelische Krankheiten ganz allgemein die Zustände anzusehen, die sich auf Grund ihrer Eigengestzlichkeit von den nicht-krankhaften seelischen Entwicklungen unterscheiden, bleibt eine Frage der Vereinbarung.

Umstritten ist das Problem, ob der Sachverständige über die Diagnose der im Gesetz genannten seelischen Veränderungen hinausgehen darf oder überhaupt hinausgehen kann, um etwas über die Einsicht in das Unerlaubte der Tat oder über die Fähigkeit, nach dieser Einsicht zu handeln, auszusagen. Tatsächlich läßt sich aus unserer psychologisch-psychiatrischen Erfahrung allenfalls die Möglichkeit zur Einsicht abschätzen, wenn wir den Intelligenzstand beurteilen. Im konkreten Falle kann aber diese Einsicht meist nur auf Grund der allgemeinen Verstandesbegabung postuliert werden; sie ist also nur potentiell zu beurteilen und keinesfalls mit einer tatsächlich gegebenen oder bewußten Einsicht in das Unerlaubte des Handelns gleichzusetzen. *Kurt Schneider* hat in seinem bedeutenden Vortrag über „Die Beurteilung der Zurechnungsfähigkeit" sehr deutlich zum Ausdruck gebracht und weiter begründet, daß dem psychologischen Teil des § 51 StGB „eine Psychologie der Handlung zugrunde liegt, die lebensfern ist". Das gilt insbesondere für die Frage, ob ein Täter „zur Zeit der Tat" fähig gewesen wäre, nach einer besseren Einsicht zu handeln. Von einem Menschen, der nicht seelisch krank ist, muß eine solche Steuerungs- oder Willensfähigkeit ganz allgemein einfach erwartet werden. Bei einem seelisch Kranken ist sie generell in Zweifel zu ziehen. Beweisen oder widerlegen läßt sich die reale Steuerungsfähigkeit zum Zeitpunkt einer strafbaren Handlung niemals. Der Sachverständige kann hierzu nur Überlegungen anstellen, die manchmal von einer sehr persönlichen Sicht geprägt sind. Wir möchten uns hier aber nicht in aller Ausführlichkeit auf die methodologischen Grundlagen dieses Problemkreises besinnen, sonst müßten wir vor allem die prinzipiellen Schwierigkeiten bei der Einschätzung der verminderten Zurechnungsfähigkeit noch eingehender diskutieren. Vielmehr werden wir uns darauf beschränken, die für uns verbindlichen praktischen Leitsätze unter Bezugnahme auf die einzelnen Diagnosen zu erläutern.

Zunächst darf gesagt werden, daß gemäß einer Konvention zwischen Juristen und psychiatrischen Sachverständigen bei allen akuten oder chronischen Psychosen Zurechnungsunfähigkeit angenommen wird. Das ist trotz aller Argumente, die im einzelnen zur Begründung angegeben werden können, nicht mehr als eine Vereinbarung. Obwohl sich manches Delikt von Geisteskranken dem Anschein nach durchaus normal motivieren läßt, müssen wir die normale Steuerungsfähigkeit in diesen Fällen doch regelmäßig in Frage stellen.

Bei der verminderten Zurechnungsfähigkeit ergibt sich die Notwendigkeit, nach fachärztlichem Ermessen abzuschätzen, ob im Einzelfall Einsicht und Willensbestimmbarkeit erheblich vermindert waren oder nicht. Absolut verbindliche Kriterien oder zuverlässige Grenzziehungen lassen sich weder zur vollen Zurechnungsfähigkeit hin noch gegenüber der Zurechnungsunfähigkeit angeben. Letzten Ausschlag gibt manchmal die Diagnose, ohne daß Gradabstufungen der seelischen Störungen berücksichtigt werden. Das gilt vor allem für die endogenen Psychosen. In anderen Fällen — wie beim Schwachsinn oder bei den verschiedenen Graden der Alkoholeinwirkung — werden Unterschiede in der Beurteilung der Zurechnungs- oder Schuldfähigkeit gemacht, die wir näher betrachten wollen.

Nach einer Durchsicht von weit über 7000 psychiatrischen Gutachten, die beim Gerichtsärztlichen Ausschuß der Landesregierung in Düsseldorf durchgearbeitet werden konnten, darf gesagt werden, daß bezüglich der Beurteilung der Zurechnungsfähigkeit eine weitgehende Abstimmung der Gutachtermaßstäbe — zumindest in unserem Landesteil — erzielt ist, auch wenn einzelne literarische Kontroversen oder gar von der Presse aufgebauschte Sonderfälle von gegensätzlichen Sachverständigenurteilen manchmal den Eindruck erwecken, es bestünde eine weitverbreitete sachliche Uneinigkeit. Nur in sehr speziellen und meist etwas ausgefallenen Verfahren werden gelegentlich nicht ohne Voreingenommenheit von einzelnen Gutachtern etwas abseitige Meinungen vertreten. Hier kann nur auf dem Wege der Selbstauslese oder durch bessere Einsicht der Richter einem methodisch anfechtbaren Vorgehen Einhalt geboten werden.

Vorweg sei noch kurz zu einem grundsätzlichen Problem Stellung genommen. Neuere Entwicklungen in der Psychiatrie haben unter

Anlehnung an die Lehre des französischen Gelehrten *Paul Ricoeur* und mit Hinweis auf den Schweizer Philosophen *Wilhelm Keller* bei der Einschätzung der Zurechnungs- und Verantwortungsfähigkeit versucht, Freiheitsgrade des Willens zu erfassen. Vor allem *Walter Ritter von Baeyer* ist dafür eingetreten, dies auch im Bereich des nicht krankhaften Seelenlebens in Verbindung mit den sogenannten Neurosen zu vertreten. Ein solches Vorgehen läuft darauf hinaus, zwischen den determinierten und den indeterminierten Faktoren des Handelns, also zwischen nicht gewollten Trieben und ähnlichen Kräften einerseits und willentlichen Einflüssen und Einflußmöglichkeiten andererseits abzuwägen. Das muß zwangsläufig zu willkürlichen Einschätzungen und zur freien Spekulation führen. *Siegfried Haddenbrock* hat hinreichend überzeugend dargelegt, daß wir wohl die Determinanten des Handelns im Gesamtbild einer Determinationsstruktur weitgehend erfassen können, daß wir aber nicht den Determinations- oder Freiheitsgrad der Handlungsvoraussetzungen bestimmen können. Weder lassen sich die verschiedenen Grade einer Bewußtseinstrübung mit entsprechenden Freiheitsgraden des Willens korrelieren, noch vermögen wir im Rahmen der Komplex- und Neurosestrukturen des menschlichen Innenlebens eine Abstufung von mehr oder weniger Freiheit des Willens zu ermitteln. Selbst das Problem, ob ein Minderjähriger in den verschiedenen Altersphasen mehr oder weniger verantwortlich und willensfähig ist, läßt sich nicht mit einer Einstufung nach Freiheitsgraden des Willens lösen.

Im Rahmen unserer diagnostischen Darlegungen haben wir schon zahlreiche Hinweise gegeben, die das Problem der Zurechnungsfähigkeit betreffen. Die folgenden Darlegungen fassen das Grundsätzliche noch einmal zusammen. Wir möchten zunächst von der Beurteilung der Zurechnungsfähigkeit bei den *endogenen Psychosen* sprechen. Anschließend werden wir die *körperlich begründbaren,* sogenannten symptomatischen *seelischen Störungen* und unter ihnen wieder die *Defektzustände* einerseits und die *akuten, reversiblen Zustände* andererseits berücksichtigen. Schließlich sollen die *Varianten des seelischen Erlebens und der Charakterstruktur* behandelt werden, um jeweils die ihnen entsprechende Beurteilung der Zurechnungsfähigkeit zu erläutern.

Wegen ihrer grundsätzlichen Bedeutung, nicht wegen ihrer Häufigkeit in der jugendforensischen Praxis sprechen wir zuerst von den endogenen Psychosen. In ihnen sehen wir in jedem Fall eine „krankhafte Störung der Geistestätigkeit" im Sinne des Gesetzes, die stets die Annahme einer Zurechnungsunfähigkeit begründet. Ist die Psychose diagnostisch gesichert, so muß regelmäßig eine solche Umstrukturierung der Persönlichkeit unterstellt werden, daß alle Determinanten des Handelns verändert und die differenzierten Gegenregulationen auf unabsehbare Weise ausgeschaltet sind. Dies gilt insbesondere für die Schizophrenie. Die Aussagemöglichkeit des Gutachters endet in diesem Falle bei der Diagnose. Das Abwägen zwischen möglicherweise normalen und sicher psychotischen Motivierungen ist fruchtlos. Die notwendige juristische Folgerung der Diagnose muß eine Verneinung der Schuldfähigkeit sein.

Bestehen Zweifel an der Diagnose einer Schizophrenie, so ist bei der forensischen Beurteilung niemals der Kompromiß einer verminderten Zurechnungsfähigkeit vertretbar. Vielmehr muß sich der Gutachter darauf besinnen, ob seine Zweifel an der geistigen Gesundheit nach klinisch-empirischen Maßstäben so gewichtig sind, daß er die Verantwortlichkeit des Täters verneinen kann, oder ob seine Bedenken und Zweifel den Verdacht nicht genügend rechtfertigen. In diesem letzten Falle ergibt sich als notwendige Konsequenz, zur Zurechnungsfähigkeit nach normalpsychologischen Kriterien Stellung zu nehmen, sofern nicht andere Fakten ihrerseits die Zurechnungsfähigkeit erheblich einschränken.

Schwierig ist vor allem die Frage zu beantworten, wie der einmal unzweifelhaft an Schizophrenie Erkrankte in einem über längere Zeit erscheinungsfreien Intervall strafrechtlich beurteilt werden soll. Wir selbst neigen dazu, daß auch bei einer zur Zeit der Untersuchung seelisch unauffälligen Verfassung die Zurechnungsfähigkeit in Frage gestellt werden muß, sobald unter Anlegung strenger Maßstäbe die Diagnose einer Schizophrenie bei einem Täter früher einmal gestellt worden ist und rückblickend nicht ernstlich bezweifelt werden kann. Die Schizophrenie verändert im allgemeinen die Persönlichkeit in erkennbarer Weise. Allerdings wissen wir, daß es selbst mit fachärztlichem Blick und einem besonderen Spürsinn für die Schizophrenie — mit dem in letzter Zeit viel berufenen „Praecox-Gefühl" — nicht immer leicht ist, geringgradige Veränderungen des Affektes klinisch zu erfassen. Wir können daher niemals ausschließen, daß ein durchschnittlich gut kompensierter, aber im Augenblick des Handelns doch wirksamer Einbruch in das Grundgefüge der Persönlichkeit vorgelegen hat. Bei einer in der Regel mit Defekt einhergehenden seelischen Erkrankung muß man diesen Defekt auch in den wenigen Fällen unterstellen, in denen er klinisch ausnahmsweise nicht nachweisbar ist. Man kann zwar, wie etwa *Albrecht Langelüddecke, Hans-Joachim Rauch* und viele andere Autoren versuchen, bestimmte Gesichtspunkte aufzustellen, nach denen ein erscheinungsfrei „geheilter" Schizophreniekranker ausnahmsweise als zurechnungsfähig einzuschätzen wäre. Die Diskussion über diese Frage, die sich manchmal auch an strittige Grenzbefunde anknüpft, läßt sich aber nur befriedigend führen, wenn im Einzelfall auf Grund eigener Untersuchung und Urteilsbildung die verschiedenen Meinungen gegenübergestellt werden. Der Sachverständige kann lediglich die Grundlinien seiner Methode aufzeigen und der Richter muß daraus seine normativen Schlüsse ziehen. Die Aussage des Gutachters, er könne keine seelischen Krankheitszeichen feststellen, mag den Richter veranlassen, sofern das Ergebnis der Ermittlungen ein „normal" motiviertes Delikt erkennen läßt, nach eigenem Ermessen rechtliche Konsequenzen zu ziehen. Vielleicht ist es gar nicht erforderlich, daß wir uns als Psychiater endgültig mit unserer Empfehlung festlegen, ob ein dem Anschein nach voll ausgeheilter Schizophreniekranker generell zu exkulpieren sei. Wir halten es für durchaus vertretbar, der richterlichen Urteilsbildung in diesen Fällen unter Hinweis auf unsere grundsätzlichen Bedenken die endgültige Entscheidung zu überlassen. Sind allerdings manifeste, wenn auch nur leichte Persönlichkeitsveränderungen erkennbar, müßten wir stets eine kompromißlose Zubilligung der Zurechnungsunfähigkeit empfehlen.

Wir sehen uns gegenüber dem Schizophreniekranken zu strengeren Konsequenzen gezwungen als bei jedem organisch Kranken, weil selbst die im Erscheinungsbild leichteste Form der Schizophrenie die Persönlichkeit des Kranken erfahrungsgemäß in viel geheimnisvollere Weise verändert als ein geringer Hirndefekt. Die Handlungsweise eines Menschen mit einer leichten organischen Wesensänderung ist im allgemeinen immer noch danach zu beurteilen, ob sie aus den Grundzügen seines in bestimmter Weise krankhaft veränderten Wesens herzuleiten und zu verstehen ist oder nicht, während das Verhalten des defektgeheilten Schizophrenen motivpsychologisch sehr viel undurchschaubarer ist. So wird man auch bei einem wenig veränderten organisch Kranken eher die Frage der Einsicht und Steuerungsfähigkeit je nach der Sachlage abwägen können als bei einem Schizophrenen, dessen scheinbar verständliche Handlungen oft dem Einfluß einer ganz unberechenbaren Dynamik unterliegen.

Bezüglich der Zyklothymie ergeben sich keine weiteren Probleme. In der forensischen Psychiatrie herrschen niemals Zweifel darüber, daß bei allen Handlungen während einer zyklothymen Phase — dieses Problem wird aus den früher erläuterten Gründen hauptsächlich bei manischen Zuständen aktuell — Verantwortlichkeit und Zurechnungsfähigkeit auszuschließen ist. Es gilt zudem als unbestritten, daß zwischen den Episoden der phasisch verlaufenden Krankheit, sofern nicht andere Bedingungen hinzukommen, volle Zurechnungsfähigkeit angenommen werden kann.

Auch bei den seelischen Defektzuständen infolge einer Hirnkrankheit darf immer von einer „krankhaften Störung der Geistestätigkeit“ gesprochen werden. Weil in solchen Fällen, etwa bei sehr geringen Restsymptomen einer Hirnschädigung, nicht ohne weiteres auf volle Zurechnungsunfähigkeit geschlossen werden soll, müssen hierzu einige Leitgedanken entwickelt werden. Zunächst ist es wieder in jedem Fall wichtig, die Diagnose zu klären oder die Hirnschädigung hinreichend wahrscheinlich zu machen. Sodann sind die seelischen Auswirkungen zu beschreiben, die als Folge des Krankheitsgeschehens im konkreten Fall vorliegen. Hierbei lassen sich in der oben dargelegten Weise stets bestimmte Grundzüge fassen. Von diesen ist auszugehen, wenn zur Motivierung der Tat und zur Zurechnungsfähigkeit des Täters Stellung genommen werden soll. Liegt das Delikt ganz auf der psychologischen Linie der krankhaften Auffälligkeit, so ist die Verantwortlichkeit eher in Frage zu stellen als dann, wenn ein Delikt begangen wird, das sich motivisch nicht mit den seelischen Veränderungen in Zusammenhang bringen läßt.

Finden wir beispielsweise eine organisch begründete Reizbarkeit bei einem Jugendlichen, der ein Aggressionsdelikt gegen einen realen oder vermeintlichen Herausforderer begangen hat, so erscheint es angemessen, die Verantwortlichkeit in hohem Maße zu bezweifeln. Wir dürfen unterstellen, daß die unter dem Einfluß eines Hirndefektes gegebene Explosibilität in etwas gespannten Situationen vom Willen nicht ebensogut gesteuert werden kann, wie wir es unter den gleichen äußeren Umständen bei einer charakterlichen Neigung zum Jähzorn oder bei einer Bereitschaft zu anderen Ausbrüchen von Unbeherrschtheit postulieren müssen. Läßt sich eine Verzweiflungstat aus einem körperlich begründeten Verstimmungszustand motivieren, oder wird ein reiner Gelegenheitsdiebstahl von einem Minderjährigen mit krankheitsbedingter Intelligenzeinbuße begangen, so scheint es uns in der Regel angemessen, so gewichtige Zweifel an der Zurechnungsfähigkeit geltend zu machen, daß mindestens die Anwendung des § 51 Abs. 2 StGB in Frage kommt. Allerdings können wir aus der Sicht unseres Erfahrungswissens nicht sagen, ob bei einem geringen Grad an Reizbarkeit oder Verstimmbarkeit doch noch eine ausreichende willentliche Steuerung des Handelns möglich wäre und bei welchem Ausprägungsgrad dies nicht mehr denkbar ist. Es könnte durchaus der Standpunkt vertreten werden, jede Verantwortlichkeit oder Willensbestimmbarkeit ausnahmslos zu verneinen, wenn überhaupt krankhafte seelische Züge bei dem Täter vorliegen. Das würde dazu führen, nicht nur bei geringen Graden einer krankheitsbedingten Wesensveränderung, sondern auch bei jeder Form einer körperlich verursachten Intelligenzschwäche Zurechnungsunfähigkeit anzunehmen. Diese Konsequenz müßte jedoch ernste kriminalpolitische Bedenken erwecken. Zudem liegt sie offenbar nicht im Sinne des Gesetzgebers, sonst wäre es nicht begründet, auch in den zweiten Absatz des § 51 StGB die krankhafte Störung der Geistestätigkeit mit einzuschließen.

Die Klärung der Diagnose und eine Kennzeichnung der seelischen Auffälligkeiten allein reichen also nicht aus, um eine unterschiedliche Einschätzung der Verantwortlichkeit zu begründen. Wir sehen uns gezwungen, noch verschiedene Gradabstufungen hinsichtlich der Schwere der Störungen vorzunehmen. Scharfe Abgrenzungen sind hier wieder nicht möglich. Vielmehr können wir nur auf Grund einer ausreichenden klinischen Erfahrung und nach den Maßstäben eines forensisch sachkundigen Ermessens die entsprechenden Zuordnungen treffen. Die höheren Grade seelischer Auffälligkeit, die unmittelbar den Eindruck der Geisteskrankheit erwecken und im allgemeinen eine soziale Anpassung fast unmöglich machen, rechtfertigen es, daß bei jeder Straftat die Verantwortlichkeit verneint wird. In den meisten Fällen läßt sich dann nicht sagen, ob mehr die Einsichts- oder mehr die Willensfähigkeit beeinträchtigt oder aufgehoben ist. Man sollte auf diese Unterscheidung — auch wenn es die Gesetzesformulierung vorsieht — möglichst nicht eingehen, weil es selbst bei den leichten Defekten kaum ein praktisches Beispiel gibt, bei dem die krankhafte Störung nachweisbar nur eine dieser beiden Funktionen betrifft.

Der Gutachter sieht sich immer wieder in größte Verlegenheit gebracht, wenn er die „mittleren" Grade einer organisch bedingten Seelenstörung, die gegebenenfalls die Anwendung des § 51 Abs. 2 StGB rechtfertigen, näher bestimmen soll. Im allgemeinen wird die Urteilsfindung hier sehr pragmatisch gehandhabt. Anders läßt sich das Problem wohl auch nicht lösen. Einige praktische Anhaltspunkte können bei der gutachtlichen Stellungnahme weiterhelfen. Sind die psychischen Auffälligkeiten so deutlich, daß sie im Rahmen einer Untersuchung unmittelbar auffallen und sich auch im alltäglichen Leben mehr oder weniger störend auswirken, wird man nur selten zögern, eine verminderte Zurechnungsfähigkeit anzunehmen. Dies gilt vor allem dann, wenn die begangene Handlung aus der krankhaften Eigenart der Persönlichkeit herzuleiten ist. Steht die Intelligenzstörung im Vordergrund, so haben wir die wegweisenden Gesichtspunkte für die Einschätzung der Zurechnungsfähigkeit im Abschnitt über die geistige Minderbegabung schon dargelegt. Objektiv bestimmbare Grenzen lassen sich nicht finden. Die Unterscheidung von hochgradigen, mittelschweren oder leichten Formen des Persönlichkeitstiefstandes oder der Wesensänderung bleibt eine grobe Einteilung, die der Erfahrene nach eigenem Ermessen in jedem Einzelfall vornehmen muß.

Noch schwieriger zu beantworten ist die Frage, ob bei Hirnschädigungsfolgen, die nur mit geringer Beeinträchtigung der seelischen Funktionen einhergehen, unter bestimmten Umständen die Verantwortlichkeit in vollem Umfang bejaht werden darf. Zunächst kann an diese Möglichkeit unseres Erachtens nur gedacht werden, wenn kein überzeugender motivischer Zusammenhang zwischen den faßbaren seelischen Krankheitszeichen und der Tat besteht. Hat eine krankhafte Eigenschaft offensichtlich den Rechtsbruch begünstigt, so muß die Zurechenbarkeit der Handlung immer als beeinträchtigt angesehen werden. Diese Voraussetzung trifft — wie schon erwähnt — für die Aggressionshandlung eines reizbaren Hirngeschädigten zu, nicht aber ohne weiteres für einen Diebstahl desselben Kranken. Sind jedoch die seelischen Auffälligkeiten an sich schon gering und der psychologische Wirkungszusammenhang zwischen der krankhaften Abartigkeit und der gesetzwidrigen Tat wenig evident, so darf wohl im Einzelfall daran gedacht werden, die volle Verantwortlichkeit zu bejahen. Allerdings würden wir noch eine weitere Bedingung stellen. Die rechtswidrige Handlung muß unmittelbar als strafbar zu erkennen sein, wie bei einem einfachen oder schweren Diebstahlsdelikt, bei groben Ordnungsstörungen, plumpen Verstößen gegen die Sittlichkeit und allen anderen Taten, die mit augenscheinlich gesetzeswidrigen Vorsätzen begangen werden. Fahrlässigkeiten wird man einem Hirngeschädigten eher zugute halten dürfen als einem Hirngesunden.

Besteht als Symptom der Hirnstörung ein hirnorganisches (epileptisches) Anfallsleiden, so ergeben sich einige besondere Fragen bezüglich der Zurechnungsfähigkeit. Sind lediglich die seelischen Dauerveränderungen als Begleiterscheinung der Anfallskrankheit zu würdigen, dann besteht kein Unterschied gegenüber den anders verursachten Formen einer sogenannten organischen Wesensänderung. Nur die reversiblen seelischen Störungen aus dem epileptischen Formenkreis bedürfen noch einiger Anmerkungen.

Während des Krampfanfalls und der ihm gleichwertigen Erscheinungen mit Bewußtseinsstörung ist der Mensch handlungsunfähig. Allerdings können, wenn der unvorhersehbare Anfall während einer verantwortungsvollen Tätigkeit auftritt, Fehlgriffe oder Unterlassungen erfolgen, die gegebenenfalls strafrechtlich zu würdigen sind. Daß in solchen Fällen immer Zurechnungsunfähigkeit zu bejahen ist, dürfte niemals strittig sein. Nicht selten kommt es vor, daß ein Epilepsiekranker sich am Steuer eines Kraftfahrzeuges befindet und durch den überraschend eintretenden Anfall einen möglicherweise folgenreichen Unfall herbeiführt. Ein Schuldvorwurf könnte in solchen Fällen immer nur darauf gestützt werden, daß der Kranke sich fahrlässig in eine für ihn spezifisch deliktträchtige Situation begeben hat. Ob eine derartige Fahrlässigkeit bei einem Jugendlichen oder Heranwachsenden mit altersbedingtem Leichtsinn oder mit einer durch die Krankheit bedingten Beeinträchtigung seiner Intelligenz in Zusammenhang gebracht werden kann, muß im Einzelfall erwogen werden.

Für die im Dämmerzustand oder in einem gleichwertigen episodischen Ausnahmezustand begangenen Handlungen darf ebenfalls in aller Regel Zurechnungsunfähigkeit unterstellt werden. Es handelt sich hierbei um Bewußtseinsstörungen im Sinne des Gesetzes, die mit gleichem Recht auch als krankhafte Störungen der Geistestätigkeit bezeichnet werden können. Durch die Beeinträchtigung des Bewußtseins ist nicht nur die Einsichtsfähigkeit gestört, vielmehr ist in diesen Zuständen durch die Wirksamkeit vieler unüberschaubarer seelischer Kräfte auch die Willens- oder Steuerungsfähigkeit aufgehoben. Für Handlungen, die nicht in engem zeitlichen Zusammenhang mit einem Anfall oder erwiesenermaßen während eines Dämmer- oder Verstimmungszustandes begangen werden, ist die Verantwortlichkeit je nach dem Grad der vorliegenden Wesensänderung zu beurteilen.

Von grundsätzlicher Bedeutung ist die Frage, ob bei einem nachgewiesenen Anfallsleiden unter Umständen volle Zurechnungsfähigkeit angenommen werden darf. Finden sich keine seelischen Dauerveränderungen, was gar nicht selten vorkommt, so kann auch eine gegebenenfalls rechtswidrige Handlung nicht anders als bei einem Geistesgesunden betrachtet werden. Da das Gesetz mindestens eine *erhebliche* Verminderung der Einsichts- und Willensfähigkeit fordert, wenn die Voraussetzungen des § 51 StGB erfüllt sein sollen, wird man aus der körperlichen Krankheit einer Epilepsie nicht ohne weiteres eine Beeinträchtigung der Zurechnungsfähigkeit herleiten können. Die Tatsache, daß das Gehirn in diesen Fällen immer im wörtlichen Sinne krank ist, reicht nicht aus, um die Zurechnungsfähigkeit grundsätzlich in Frage zu stellen. Allerdings wird man sich in Einzelfällen gezwungen sehen, von dieser Leitlinie abzuweichen. Wenn der Anfallskranke erwiesenermaßen in einer für den Epileptiker als typisch geltenden Weise eine Handlung dranghaft und imperativ begangen hat, darf man ernste Zweifel an der Zurechnungsfähigkeit auch dann geltend machen, wenn bei ihm keine Wesensänderung faßbar ist. Für manches vorsätzliche oder aus einer unverkennbar antisozialen Einstellung erwachsende Delikt können aber diese Folgerungen keinesfalls gezogen werden.

Neben den reversiblen seelischen Störungen aus dem Formenkreis der Epilepsie sind ganz allgemein die akuten körperlich begründbaren, mehr oder weniger flüchtigen, aber jedenfalls rückbildungsfähigen psychischen Krankheitsvorgänge zu erwähnen und hinsichtlich ihrer forensischen Konsequenzen zu betrachten. Wir haben im psychiatrischen Teil dargelegt, daß das Leitsymptom dieser Zustände die Bewußtseinsstörung ist, die immer einer krankhaften Störung der Geistestätigkeit gleichkommt. Wir kennen einerseits die Trübung des Bewußtseins, die je nach ihrer Intensität von der leichten Benommenheit bis zur Bewußtlosigkeit reicht, und andererseits solche Erscheinungsformen, die mehr das Bild der Verwirrung und Umdämmerung darstellen. Tritt bei den reversiblen körperlich begründbaren seelischen Veränderungen die Bewußtseinsstörung nicht mehr faßbar hervor, so kann man mit *Hans H. Wieck* und *Werner Scheid* von Durchgangssyndromen sprechen. Die genannten Zustandsbilder wollen wir gesondert besprechen.

Zunächst darf in Anlehnung an das schon bei der Epilepsie Erwähnte kurz gesagt werden, daß der Bewußtlose handlungsunfähig ist, und daß bei jedem Grad stärkerer Bewußtseinstrübung Zurechnungsunfähigkeit angenommen werden muß. Auch wenn wir nur von einer Benommenheit sprechen können, sind stets die Willensfunktionen und das Kritikvermögen so gestört, daß die Verantwortlichkeit beeinträchtigt ist. Schwierig erscheint lediglich die Frage, ob schon ganz leichte Grade von echter Benommenheit die Willensbestimmbarkeit oder Einsicht in dem von dem Gesetz geforderten Maße erheblich vermindern oder ob unter bestimmten Bedingungen eine leichte organisch begründete Benommenheit noch mit voller Verantwortlichkeit vereinbar ist. Kein empirisches Kriterium erlaubt, Grade der Willensfreiheit zu unterscheiden. Unter Hinweis auf den echten Krankheitswert der Benommenheit kommt ihr sicher immer dann ein entscheidendes schuldminderndes Gewicht zu, wenn Vorsatz, Planung und Ausführung einer Handlung ganz aus dem Zustand der Benommenheit erwachsen sind. Bei Begutachtungen mit dieser Problematik findet man meist, daß der Handlungsentwurf und die Bereitschaft zum Strafbarwerden schon vorgeprägt sind. In diesen Fällen läßt sich nur selten die Frage der Verantwortlichkeit nach einem empirischen Grundsatz beurteilen. Der Richter wird vielmehr nach seinem Ermessen unter Würdigung der Gesamtpersönlichkeit über die angemessenen Rechtsfolgen entscheiden müssen. Werden im Zustand der Benommenheit reine Fahrlässigkeitsdelikte begangen, bei denen keine actio libera in causa oder andere Voraussetzungen persönlicher Schuld vorliegen, so darf die Zurechnungsfähigkeit auch bei sehr geringgradiger Benommenheit gelegentlich in vollem Umfange verneint werden. Die entscheidenden und im Einzelfall überzeugenden Folgerungen werden jedoch manchmal nur aus einem Gespräch zwischen dem Sachverständigen und Richter herzuleiten sein. Dabei hat der Empiriker ein kritisches Methodenbewußtsein und der urteilende Richter ein gesetzkundiges Rechtsempfinden zu vertreten. Gutachtliche Maßstäbe, die für alle Fälle verbindlich und begrifflich genügend exakt sind, lassen sich in diesem Bereich nicht festlegen. Zudem ist meist noch eine besondere Schwierigkeiten dadurch gegeben, daß sich rückblickend schwer abschätzen läßt, wie stark die Benommenheit zur Zeit der Tat ausgeprägt war. Der Sachverständige ist hier weitgehend auf eine Würdigung der Tatbestandserhebungen angewiesen. Es scheint im übrigen geboten, bei jeder Benommenheit auch die zugrunde liegende Diagnose zu berücksichtigen. Ist die Benommenheit auf einen akuten Hirnprozeß zurückzuführen, so kommt diesem Umstand in der Regel ein größeres Gewicht zu, als wenn es sich um eine flüchtige Alkohol- oder Medikamentenwirkung handelt.

Liegt eine Bewußtseinsstörung nach Art einer Umdämmerung oder Verwirrtheit vor, so wird man auch bei geringem Ausprägungsgrad dieser Störung die Willensbestimmbarkeit und Einsicht stets verneinen müssen. Jedenfalls sind in derartigen Fällen wie bei jedem leichten oder schwereren epileptischen Dämmerzustand die Zweifel an der Zurechnungsfähigkeit immer so gewichtig, daß die Voraussetzungen des § 51 Abs. 1 StGB regelmäßig bejaht werden dürfen. Entsprechendes würde auch für die echte Schlaftrunkenheit gelten, die aber im forensischen Bereich praktisch keine Rolle spielt.

Eine besondere Bedeutung kommt dem sogenannten „besonnenen" Dämmerzustand zu, in dem sich der Mensch scheinbar zweckmäßig verhält, aber doch nicht bei klarem Bewußtsein ist und sich an diesen — allenfalls wenige Stunden anhaltenden — Zustand auch nachträglich nicht erinnern kann. Solche sicher äußerst seltenen Störungen, die nach relativ leichten Gehirnerschütterungen auftreten können, sind gelegentlich bei Fahrerflucht, bei Fahrlässigkeitsdelikten oder betrugsähnlichen Handlungen zu erörtern. Gelingt es, einen solchen Dämmerzustand zu beweisen oder wahrscheinlich zu machen, was bei dem Überangebot von Schutzbehauptungen nicht immer leicht ist, so wird man sich stets für volle Zurechnungsunfähigkeit aussprechen müssen.

Die sogenannten Durchgangssyndrome, also die reversiblen seelischen Krankheitserscheinungen ohne Bewußtseinsstörung, werden forensisch nur selten ins Gewicht fallen. Sind sie so ausgeprägt, daß sie dem Bild einer Wesensänderung nahezu gleichen, wird man im Einzelfall eine verminderte Zurechnungsfähigkeit diskutieren müssen. Im übrigen gehen diese Zustandsbilder mit fließenden Grenzen in die normalen Schwankungen der vitalen und psychischen Funktionen über, so daß von einer „erheblichen“ Beeinträchtigung der Einsichts- oder Willensfähigkeit meist nicht gesprochen werden kann.

Am anschaulichsten lassen sich diese Hinweise bei den verschiedenen Graden der Alkoholeinwirkung erläutern, denen auch praktisch die größte Wichtigkeit zukommt. Von einem Durchgangssyndrom kann man schon sprechen, wenn der Mensch nach Alkoholgenuß beginnt, sich anders zu verhalten als es sonst seine Art ist. Das Bild der Trunkenheit stellt sich bei zunehmender Alkoholwirkung erst ein, wenn eine Bewußtseinsstörung hinzukommt. In diesem Zustand werden die seelischen Veränderungen deutlicher, die schließlich ein geordnetes Verhalten erschweren. Daß wir die verschiedenen Trunkenheitsgrade nicht ganz klar begrifflich abgrenzen können, haben wir ausführlich dargelegt. Entscheidende Anhaltspunkte gibt die Alkoholkonzentration im Blut. Die Erfahrung lehrt aber, daß je nach der Gewöhnung und je nach der charakterlichen Grundstruktur bei gleichem Alkoholkonsum und gleichen Blutserumwerten verschieden schwere Auswirkungen auf die seelische Gesamtverfassung eintreten. Daher ist ohnehin für jede einzelne Tatsituation die Reaktionsweise des Täters an Hand von Tatbestandsermittlungen näher zu betrachten, um seinen seelischen Zustand in der fraglichen Zeit zu beurteilen und davon die Folgerungen bezüglich der Zurechnungsfähigkeit abzuleiten. Schließlich läßt sich die Zuordnung nach der Gradskala: angeheitert, angetrunken, betrunken, volltrunken immer nur recht grob treffen, so daß auch die rechtlich relevanten Folgerungen nie ohne eine gewisse Freiheit des sachkundigen Ermessens abgewogen werden können. Entsprechendes gilt auch für die Beeinflussung der seelischen Funktionen durch Medikamente. Da hier eine Standardisierung von Blutbefunden noch nicht möglich ist, wird man immer wieder gezwungen sein, das Verhalten des Täters und seinen seelischen Zustand zur Zeit der Tat danach zu beurteilen, ob eine erkennbare Störung nach Art einer Bewußtseinstrübung, einer Umdämmerung oder einer sonstwie deutlich charakterisierbaren seelischen Veränderung vorgelegen hat. Ist dies der Fall, so sind die entsprechenden Rückschlüsse auf die Verantwortlichkeit zu ziehen. Inwieweit im Einzelfall von einer actio libera in causa gesprochen werden darf, unterliegt einer rein juristischen Entscheidung.

Wir haben in einem kurzen Abriß die praktischen Gesichtspunkte für die Beurteilung der Zurechnungsfähigkeit bei krankhaften Zuständen dargelegt. Somit bleiben noch diejenigen Variationen des Seelenlebens zu betrachten, die nicht zu den Krankheiten zu rechnen sind, bei denen aber das Problem der Verantwortlichkeit ebenfalls aktuell werden kann. Zunächst wäre der nicht krankheitsbedingte, angeborene Schwachsinn zu erwähnen, für den der Begriff „Geistesschwäche“ im Sinne des Gesetzes zutrifft. Die grundlegenden Gedanken zu diesem Problem haben wir schon in dem Abschnitt über die geistige Minderbegabung an Hand verschiedener Beispiele erläutert. Der endogene oder familiäre Schwachsinn ist niemals so ausgeprägt und schwer, daß er ohne weiteres die Annahme einer Zurechnungsunfähigkeit begründen könnte. Allenfalls läßt sich bei schwer überschaubaren Rechtsverhältnissen die Verantwortlichkeit eines von Haus aus minderbegabten Jugendlichen in vollem Umfang verneinen. Meist wird bei einer sehr deutlichen Geistesschwäche die Anwendung des § 51 Abs. 2 StGB in Frage kommen. Ob der Richter in allen Fällen von der Möglichkeit einer Strafmilderung Gebrauch macht, muß ihm im Einzelfall überlassen bleiben. In der Regel kann bei einem Schwachsinnigen der Strafzweck nur erreicht werden, wenn nicht die milde, sondern nur wenn die strengere Form der möglichen Rechtsfolgen angewandt wird. Das gilt auch für Minderjährige. Für einen schwachsinnigen Jugendlichen ist die eindrucksvolle Strafe oft das einzig wirksame Erziehungsmittel.

Neben der geistigen Minderbegabung sind als besondere Spielarten des Seelischen die abnorme (psychopathische) Charakterstruktur und die akuten seelischen Ausnahmezustände, die als Kurzschlußreaktion oder ähnlich bezeichnet werden, zu erwähnen. Nach dem strengen Wortlaut des Gesetzes kann in diesen Fällen eigentlich keine Einschränkung der Zurechnungsfähigkeit angenommen werden, weil es sich hierbei niemals um „Bewußtseinsstörungen, krankhafte Störungen der Geistestätigkeit oder Geistesschwäche" handelt. Die Erfahrung zwingt uns, von dieser Regel gelegentlich abzuweichen. Einzelne Gutachter und verschiedene Bestrebungen der modernen Kriminologie sind jedoch immer großzügiger in der Anwendung des Krankheitsbegriffes geworden, so daß wir auch hier auf Grenzen und Grundlagen unserer Gutachtertätigkeit mit aller Deutlichkeit hinweisen müssen.

Zunächst sprechen wir ganz allgemein von den Psychopathen oder von den abnormen Persönlichkeiten, zu denen wir mit den früher erwähnten Einschränkungen auch die extrem abnormen Jugendlichen oder Heranwachsenden rechnen. Wir haben erhebliche Bedenken dagegen, den ungewöhnlichen charakterlichen Eigenarten im forensischen Bereich eine Sonderstellung zuzusprechen. Man müßte sonst bei jedem gemütskalten Schwerverbrecher eine Störung von Krankheitswert annehmen. Daß man diesen Menschen aus kriminalpolitisch durchaus verständlichen Gründen keine strafmildernde Sonderbehandlung zubilligt, bleibt vom Grade des sogenannten Krankheitswertes her völlig unerklärlich. Der sonst methodisch so strenge Psychiater *Hans W. Gruhle,* dessen Leitfaden der „Gutachtentechnik" immer wieder zu empfehlen ist, hat an anderer Stelle über die „Zurechnungsfähigkeit der Psychopathen" folgende Leitlinie angegeben: „Wenn also ein Täter ausgeprägte psychopathische Charaktereigenschaften hat und die Tat diesen Eigenschaften entsprang, liegen die Voraussetzungen des 2. Absatzes des § 51 StGB vor." Dieser Gedanke hat sich in der Gutachterpraxis weitgehend durchgesetzt. Beispielhaft wird dabei regelmäßig auf den hochgradig reizbaren Menschen hingewiesen, der sich bei einer Herausforderung schlechter zu beherrschen vermöge als ein weniger reizbarer Mensch, so daß ihm auch eine verminderte Verantwortlichkeit und Schuldfähigkeit zugebilligt werden müsse. Denken wir nun aber an den gemütlosen Gewalttäter, der auch nur infolge der so gearteten Abartigkeit zu seinen Rohheitsakten verleitet wird, dann wäre auch bei ihm an eine nur beschränkte Verantwortlichkeit und eine erheblich verminderte Zurechnungsfähigkeit zu denken.

Ganz gleich, welche begrifflichen Schranken wir aufbauen, um die Ausnahmefälle zu bestimmen, bei denen wir einen abnormen Jugendlichen oder Erwachsenen nach den Maßstäben des § 51 StGB beurteilen wollen, in keinem Falle ist der willkürlichen Auslegung Einhalt zu gebieten. Auch wenn der jüngste Entwurf des Strafgesetzbuches vorsieht, den Ausdruck der schweren seelischen Abartigkeit einzuführen, dürften sich die Grenzen, in denen dieser Begriff anzuwenden ist, schwerlich bestimmen lassen. Man mag zwar geltend machen, daß sich in der Praxis die eine oder andere Spielregel stillschweigend eingebürgert hat, aber gesetzlich genügend klar verankert, wissenschaftlich begründet oder beweisbar erhärtet sind derartige Konsequenzen einer ziemlich freien Auslegung des § 51 StGB nicht. Außerdem erweckt es immer den Eindruck der Ungerechtigkeit, wenn derjenige, der seine persönliche Eigenart nicht zu steuern weiß, als weniger verantwortlich angesehen wird als derjenige, der vielleicht unter Aufwendung großer Mühe und erfolgreicher Selbsterziehung ein rechtmäßiges Leben führt. Wir können jedenfalls aus ärztlichem Ermessen nicht mit gutem Gewissen einer unterschiedlichen rechtlichen Behandlung der sogenannten Psychopathen oder der abnormen Jugendlichen Vorschub leisten. Dazu legitimiert uns unsere Fachkunde keinesfalls.

Ähnliches gilt auch für den anderen Grenzbereich der Verantwortlichkeit. Wir haben ausführlich dargelegt, welche Schwierigkeiten sich bei der psychologischen Beurteilung einer Kurzschluß- oder Primitivreaktion ergeben. Beweiskräftige Kriterien zur Aufhellung eines inneren Kurzschlusses sind kaum zu gewinnen. Die wichtigsten Bausteine der Argumentation liegen ganz im Bereich dessen, was den objektiven Tatbestand ausmacht, sind aber nicht mit Facherfahrung diagnostizierbar. Entscheidend ist der Nachweis einer äußeren Konflikt- oder Provokationssituation. Darüber hinaus sind Rückschlüsse auf die innere Verfassung des Täters nur möglich, wenn sichtliche Auffälligkeiten des Verhaltens zur Zeit der Tat und unmittelbar anschließend beobachtet wurden. Sie können einzig und allein Anhaltspunkte für die Annahme einer sogenannten Affekthandlung oder Kurzschlußreaktion liefern. Aus dem Selbsterlebnis des Täters und seiner subjektiv entstellten Rückerinnerung gelingt der Nachweis einer seelischen Ausnahmesituation im Falle eines Strafverfahrens praktisch nie. Jede Kurzschlußreaktion ist streng situationsgebunden und lediglich aus einer Rekonstruktion der objektiven Situation aufzuschlüsseln. Nur wenn die äußeren Umstände erkennbar imperativen Charakter hatten, läßt sich eine völlig unüberlegte, mehr oder weniger reflektorische Reaktionsweise unterstellen und daraus eine Einschränkung der Verantwortlichkeit herleiten. Die methodische und begriffliche Verwirrung, die sich in diesem Punkt bei der Auslegung unseres Täterstrafrechtes während der letzten Zeit immer deutlicher gezeigt hat, gibt uns Veranlassung, an dieser Stelle einen gesetzesreformatorischen Gedanken einzuflechten. Unseres Erachtens kann die weit verbreitete Unsicherheit nur überwunden werden, wenn diese Fälle völlig unabhängig von der Frage der Zurechnungsfähigkeit gelöst werden. Es handelt sich in den strittigen Fällen immer um bestimmte Handlungsmodelle oder um typische Situationen, die so wie die Notwehrlage oder die Kindestötung nach unehelicher Geburt in der Art eines gesetzlich spezifizierten Tatbestandes umrissen werden sollten. Schon die Unterscheidung von Mord und Totschlag läßt erkennen, daß eine Gegenüberstellung von verschiedenen Handlungstypen aus den dem Richter zugänglichen Tatbestandskriterium möglich ist. Eine besondere Privilegierung des Totschlägers ist in § 213 StGB gegeben. In ähnlicher Weise wäre auch das Modell anderer Affekthandlungen, bei denen es sich regelmäßig um Aggressionen mit Sachschaden, Körperverletzung oder Todesfolge handelt, als ein strafrechtlicher Tatbestand herauszuarbeiten, um den leidigen Umweg über den § 51 StGB bei derartigen Taten zu vermeiden. Bei Fällen von Beleidigung wird ohnehin der Affekt überlicherweise rein rechtlich gewürdigt. Vielleicht läßt sich aus der Erfahrung der Rechtsprechung hier ein neuer Weg finden. Wir sehen uns jedenfalls immer wieder in großer Verlegenheit, wenn bei der Frage nach einer Kurzschlußhandlung an unser Sachverständnis appelliert wird. Es mag ein kleiner Trost sein, daß derartige Fälle, zumal in der jugendforensischen Praxis, außerordentlich selten sind. Wenn wir aber einen solchen Fall zu bearbeiten haben, scheint es uns angebracht, die hier vorgetragenen Einwände mit dem Richter zu diskutieren und angesichts der derzeitigen Rechtslage nach einer eingebürgerten Konvention für die vom Sachverhalt her erwiesenen Kurzschlußreaktionen die Zurechnungsfähigkeit nach den Maßstäben des § 51 StGB in Frage zu stellen. Sobald diese Konsequenz gezogen wird, sollte man aber stets auch für die Zubilligung voller Zurechnungsunfähigkeit eintreten. Werden für eine Affekthandlung nur die Voraussetzungen einer verminderten Zurechnungsfähigkeit als gegeben angesehen, muß unmittelbar der Verdacht aufkommen, daß hier aus rechtlicher oder sachverständiger Unsicherheit geurteilt wurde. Bei Jugendlichen oder Heranwachsenden ergeben sich bezüglich dieser Problematik keine anderen Gesichtspunkte als bei Erwachsenen. Wir haben schon in unseren Darlegungen über die besonderen seelischen Konstellationen hierzu ausdrücklich Stellung genommen. Von der Beeinträchtigung der Zurechnungsfähigkeit bei Taubstummen gemäß § 55 StGB sei hier nicht weiter die Rede.

Abschließend sei zu diesem Kapitel über die Beurteilung der Zurechnungsfähigkeit gesagt, daß keineswegs eine erschöpfende Besprechung aller Einzelfragen angestrebt war und geliefert werden konnte. In erster Linie haben wir die problematischen Punkte erläutert, um die Grenzen unserer Aussagemöglichkeit deutlich zu machen. Einige Richter erwarten für ihre Urteilsbegründung und für den Schuldspruch zu viel vom Sachverständigen und wählen die Zuflucht zum § 51 StGB, wo ganz andere rechtliche Wege geboten sind. Nicht immer ist auch dem Gutachter selbst genügend klar, wo seine Gedanken und Argumentationen über die fachliche Erfahrung hinausgehen, und wo sich die Diskussion über die Zurechnungsfähigkeit in Spekulationen verliert. Aus dem Gefühl einer sachlichen Verpflichtung mußten daher neben den praktischen Leitlinien immer wieder die methodischen Grenzen aufgewiesen werden.

Strafmündigkeit und Verantwortungsreife

Ein Kind kann für sein Tun nicht verantwortlich gemacht oder im Falle einer Gesetzesübertretung richterlich bestraft werden. Diese selbstverständliche Voraussetzung liegt allen modernen Strafrechtssystemen zugrunde. Ganz unterschiedlich ist aber in den verschiedenen Kulturländern die Altersgrenze der Strafmündigkeit festgesetzt worden. Einen zwingenden psychologischen Grund, als Schwelle für den Eintritt der Verantwortlichkeit das 6., 7., 10., 12., 14. oder noch ein späteres Lebensjahr anzusehen, gibt es nicht. Es läßt sich auf keine Art der Beweis erbringen, daß die Minderjährigen zu einem bestimmten Zeitpunkt strafmündig sind oder so viel Willensfreiheit besitzen, wie sie einem für sein Tun verantwortlichen Menschen zugesprochen wird. Darum können wir auch keinen gegenteiligen Beweis liefern, mit dem die Verantwortungsreife auszuschließen wäre. Wir müssen hier von Grenzsetzungen ausgehen, die der Gesetzgeber aus kriminalpolitischen, aus rechtsdogmatischen oder aus anderen normativen Gründen festgelegt hat.

Das im Jahre 1923 eingeführte Jugendgerichtsgesetz unterscheidet in seiner Fassung vom 4. 8. 1953 drei Altersgruppen der Minderjährigen, für die verschiedene Grade der Verantwortlichkeit gelten: es sind die strafrechtlich nicht verantwortlichen *Kinder*, die bedingt strafmündigen *Jugendlichen* und die in ihrer Verantwortlichkeit unterschiedlich zu beurteilenden *Heranwachsenden*. Für die Begutachtung der minderjährigen Rechtsbrecher ergeben sich daraus — abgesehen von der Frage der Zurechnungsfähigkeit — zwei Problemkreise: die Strafmündigkeit der Jugendlichen und die Verantwortungsreife der Heranwachsenden. In den folgenden Sätzen geben wir kurz die rechtlichen Grundlagen wieder.

Daß ein Kind vor Vollendung des 14. Lebensjahres nicht strafrechtlich verfolgt werden kann, geht aus § 1 Ziff. 3 des Jugendgerichtsgesetzes (JGG) hervor: „Strafrechtlich ist nicht verantwortlich, wer zur Zeit der Tat noch nicht vierzehn Jahre alt ist." Das Jugendgerichtsgesetz findet dann seine Anwendung bei Jugendlichen und Heranwachsenden, wenn sie eine Verfehlung begehen, „die nach den allgemeinen Vorschriften mit Strafe bedroht ist." § 1 Ziff. 2 JGG besagt: „Jugendlicher ist, wer zur Zeit der Tat vierzehn, aber noch nicht achtzehn, Heranwachsender, wer zur Zeit der Tat achtzehn, aber noch nicht einundzwanzig Jahre alt ist."

Nun sieht das Gesetz bei der strafrechtlichen Verfolgung von Jugendlichen Ausnahmen vor, die in § 3 JGG gekennzeichnet sind. Mit dieser Gesetzesbestimmung und mit dem für die Heranwachsenden geltenden § 105 JGG haben wir uns als Gutachter zu befassen. Beide Paragraphen zielen auf eine Reifeentscheidung hin. Um den Entwicklungsstand eines jugendlichen oder heranwachsenden Täters festzustellen, ist der Richter gemäß § 43 Ziff. 3 JGG gehalten, sofern es ihm erforderlich erscheint, bei dem Täter eine Untersuchung anzuordnen. Es heißt weiter: „Nach Möglichkeit soll ein zur kriminalbiologischen Untersuchung von Jugendlichen befähigter Sachverständiger mit der Durchführung der Anordnung betraut werden" (§ 43 Ziff. 3 Satz 2 JGG).

Zunächst gehen wir auf § 3 JGG ein, von dem hier nur der erste Satz maßgebend ist. Er lautet: „Ein Jugendlicher ist strafrechtlich verantwortwortlich, wenn er zur Zeit der Tat nach seiner sittlichen und geistigen Entwicklung reif genug ist, das Unrecht der Tat einzusehen und nach dieser Einsicht zu handeln." In allen Ausführungen und Kommentaren zu dieser Gesetzesbestimmung wird es als selbstverständlich angesehen, daß der forensisch und jugendpsychiatrisch Erfahrene wissenschaftlich begründete Aussagen zum Problem der hier umschriebenen Verantwortungsreife machen könne. Dieser Meinung müssen wir ausdrücklich entgegentreten. Jedes Urteil und jede Meinungsäußerung in diesem Punkt kann nur eine pragmatische Entscheidung sein, die sowohl der Richter als auch der Sachverständige aus der Sicht einer persönlichen Einstellung vornehmen muß. Der Psychiater vermag allenfalls auf krankhafte Störungen hinzuweisen, um daraus eine geistig-sittliche Unreife herzuleiten. Dann ergeben sich aber unentwirrbare Kollisionen mit dem § 51 StGB, wie wir schon im Jahre 1962 an Hand einer Auswertung von 264 diesbezüglichen Gutachten dargelegt haben. Hier können wir die Frage, die der § 3 JGG aufwirft, nur noch einmal vom Grundsätzlichen her entwickeln. Schließlich müssen die entscheidenden Leitlinien erkannt werden, die es ermöglichen, der Absicht des Gesetzgebers in diesem Punkt gerecht zu werden. Daß wir die Gesetzesbestimmung nach Art des § 3 JGG, die ihre historischen Gründe hat, im Rahmen des geltenden Jugendrechtes nur noch für bedingt zweckmäßig ansehen können, haben wir ebenfalls schon früher dargelegt.

Die Formulierung des § 3 JGG läßt gewisse Anklänge an den § 51 StGB erkennen. Es besteht aber ein grundsätzlicher Unterschied. Die Verantwortungsreife gemäß § 3 JGG ist in jedem Verurteilungsfalle eines Jugendlichen positiv festzustellen, während die Zurechnungsfähigkeit nur im Zweifelsfalle zu klären ist. Aus der positiven Formulierung des § 3 JGG ergeben sich im Wortlaut des Gutachtens sehr häufig Mißverständnisse. Die Sachverständigen sind aus ihrer Erfahrung mit dem § 51 StGB gewohnt, daß bei Verneinung der Voraussetzungen dieses Paragraphen die Zurechnungsfähigkeit bejaht ist. Dagegen wird bei Verneinung der Voraussetzungen des § 3 JGG auch die Strafmündigkeit verneint. Das wird erfahrungsgemäß nicht immer richtig ausgedrückt.

Wenn wir zu einer Stellungnahme gemäß § 3 JGG aufgefordert werden, ist nach der „sittlichen und geistigen Reife" gefragt. Überlegen wir uns nun, durch welche Kriterien diese Stufe der Entwicklung nach dem Gesetzestext gekennzeichnet ist, so finden wir *nur* die im Nachsatz gegebene Erklärung, nämlich die Fähigkeit, „das Unrecht der Tat einzusehen und nach dieser Einsicht zu handeln". Aber gerade hierfür haben wir keine psychologisch schlüssigen Anhaltspunkte, wie wir schon bei der Besprechung der Zurechnungsfähigkeit ausgeführt haben. Weder aus dem Selbsterlebnis des Handelnden, noch aus der objektiven Betrachtung des Tatgeschehens, noch aus einer charakterologisch, entwicklungspsychologisch oder situationsanalytisch denkbar subtilen Rekonstruktion der Handlungsvoraussetzungen läßt sich hier eine Urteilsfindung begründen. Daher ist es nach unseren umfangreichen Erhebungen auch so, daß tatsächlich nur ein einziges praktikables Richtmaß für die Anwendung des § 3 JGG gefunden wurde, nämlich die intellektuelle Begabung. Bei den schwachsinnigen Jugendlichen kann man — in absoluter Analogie zum § 51 StGB — die „Einsichtsfähigkeit" in Frage stellen. Das Problem, ob bei Verneinung der Einsichtsfähigkeit dem § 51 StGB oder dem § 3 JGG der Vorrang zu geben ist, bleibt eine reine Rechtsfrage, die bisher nicht geklärt wurde. Daher empfiehlt es sich, dem Richter in solchen Fällen regelmäßig die Wahl zwischen der Anwendung des § 51 StGB und des § 3 JGG nahezulegen. Daß nach dem Wortlaut des Gesetzes auf Grund empirischer Maßstäbe die eine oder die andere dieser beiden Gesetzesbestimmungen zu bevorzugen wäre, erscheint nicht begründbar. Am ehesten ist es bei dem Nachweis eines geistigen Entwicklungsrückstandes immer gerechtfertigt, von Geistesschwäche und nicht von geistiger Unreife zu sprechen. Darum wären in der Regel die Voraussetzungen des § 51 StGB zu bejahen.

Um der Intention des Gesetzgebers gerecht zu werden und bei den Jugendlichen eine Abgrenzung zwischen Zurechnungsfähigkeit und Verantwortungsreife zu finden, haben sich eine Reihe von Autoren um detaillierte Definitionen bemüht. In erster Linie darf *Hermann Stutte* genannt werden. Sein Versuch geht dahin, „psychische Entwicklungsrückstände ..., die einen Ausgleich erhoffen lassen", zu unterscheiden von „psychischen Entwicklungsrückständen, die nicht oder nur mangelhaft ausgleichsfähig sind". Gerade diese Unterscheidung ist aber praktisch nicht durchführbar. Besteht nach Vollendung des 14. Lebensjahres noch ein belangvoller — das heißt: klinisch und rechtlich relevanter — Persönlichkeitstiefstand, so zeigt sich darin wohl niemals das Ende einer Entwicklung, aber sicher immer ein nicht mehr aufholbares Zurückbleiben hinter dem Durchschnitt. Die späten Entwicklungsfortschritte bei den Minderbegabten, auf die zuletzt *Hermann Wegener* hingewiesen hat, können nicht als eine wesentliche Annäherung an den Durchschnitt angesehen werden. Mit oder nach einer solchen Reifungskrise kann zwar die soziale Anpassung besser gelingen, daß deshalb aber vor, während oder nach diesem Entwicklungsschritt die Verantwortlichkeit unterschiedlich zu beurteilen wäre, erscheint sehr fraglich und ist empirisch in keinem Fall beweisbar. Selbst wenn es gelingt, wie etwa *Werner Munkwitz* in einer Arbeit (1958) dargelegt hat, Reifungsdiskrepanzen bei Jugendlichen nachzuweisen, ist daraus weder etwas für die Verantwortungsreife noch für die Strafmündigkeit zu folgern.

Zu einem weitgehend freien Ermessen muß es kommen, wenn man nach dem Vorbild von *Reinhart Lempp* Retardierungsmerkmale und Hirnschädigungssymptome zur Beurteilung der Strafmündigkeit und Verantwortlichkeit Jugendlicher mit heranzieht. *Lempps* Überlegungen, mit denen er das Verhältnis zwischen den Voraussetzungen des § 51 StGB und denen des § 3 JGG abzuwägen sucht (1959), sind sehr theoretisch und absolut unschlüssig. Sehr bedenklich stimmen auch jene Versuche, die einen Integrierungsgrad des Jugendlichen, eine „Stabilität und Geschlossenheit der Persönlichkeit“ *(Hermann Stutte)* zur Beurteilung der Verantwortungsreife zugrunde legen möchten. Mehr als rein subjektive Abschätzungen sind dabei nicht möglich. Trifft derartige Einschätzungen ein Erfahrener, so mag dabei ein pragmatisches oder rechtlich sinnvolles Urteil gewonnen werden, aber eine allgemein gültige Leitlinie liefern solche Gesichtspunkte nicht.

Bei der Beurteilung des geistigen Entwicklungsstandes können wir die klinisch und pädagogisch allgemein bewährten Maßstäbe der intellektuellen Begabung anwenden. Sittliche Reife dagegen läßt sich überhaupt nicht begrifflich fassen. Mit *Gerhard Göllnitz* möchten wir ausdrücklich betonen, daß es „gar keine zuverlässig abgrenzbare Leistungsanforderung“ zur Beurteilung der sittlichen Reife gibt. *Göllnitz* kommt daher auch zu der entscheidenden Schlußfolgerung, „daß die Frage der Strafmündigkeit kein medizinisches Problem ist, sondern ein juristisch-normatives.“ Damit ist gesagt, so müssen wir ergänzen, daß die Frage der Strafmündigkeit auch kein psychologisches Problem ist.

Nach unseren Ermittlungen ist übrigens eindeutig festzustellen, daß neben dem Schwachsinn nur noch ein Gesichtspunkt für die Beurteilung der Strafmündigkeit herangezogen wird: eine Bewertung des Tatbestandes. Das geschieht beim Gutachter selbstverständlich nicht ausdrücklich, sonst wäre es nicht mit dem Wortlaut des § 3 vereinbar. Aber die kritische Betrachtung läßt doch bei vielen Begutachtungen nicht verkennen, daß der Sachverständige mehr oder weniger unter Vorgriff auf die richterlichen Urteilsgrundlagen von der Besonderheit einzelner Delikte ausgeht, um daraus auf eine Unreife des jugendlichen Täters zu schließen. Der „Eindruck“ der Unreife, den man entweder aus recht naiven Tatmotiven oder mehr aus einem Leichtsinn und einem Übermut des Handelns gewinnt, wird mit gut zurechtgeschnitzten psychologischen Argumenten und viel menschlicher Einfühlung unterbaut, so daß die entsprechenden Folgerungen für die Beurteilung der Verantwortlichkeit bald gefunden sind. Diese Erkenntnis ergibt sich aus der Praxis. Beinahe muß es schon als Einvernehmen zwischen den Juristen und den Gutachtern gelten, wenn dieses Vorgehen gebilligt wird. Vielleicht geschieht es auf beiden Seiten aus einer gewissen Ratlosigkeit heraus, weil sich die Einsicht durchgesetzt hat, daß man den Gesetzesbuchstaben auf keine andere Weise gerecht werden kann. Wir vermögen dieser Resignation nicht entgegenzutreten, weil wir keine begriffliche Handhabe aufzeigen können, mit der innerhalb dieses Problemkreises ein wissenschaftliches Weiterkommen zu erwarten wäre. Nur wenn man sich darauf beschränkt, die im eigentlichen Sinne krankhaften Abweichungen von der Norm und die echten Schwachsinnszustände zu berücksichtigen, läßt sich eine sachverständige Entscheidung bezüglich § 3 JGG genügend begründen. Ob man in diesen Fällen aber nicht besser den § 51 StGB heranzieht, möge von richterlicher Seite entschieden werden. Es dürfte unseres Erachtens bei der derzeitigen Rechtslage überhaupt empfehlenswert sein, den § 3 JGG lediglich als ein Instrument in der Hand des Richters anzusehen und ihn nicht zum Prüfstein unseres Sachverständnisses werden zu lassen.

Der Jurist mag immer dann Bedenken hegen, wenn über die Rechtsfolgen einer Tat gesprochen wird, bevor die Beurteilung der Tat und des Täters abgeschlossen ist. Dennoch empfiehlt es sich, fernab vom Einzelfall einmal darüber nachzudenken, was es praktisch bedeutet, wenn wir die Voraussetzungen des § 3 JGG verneinen. Wir würden damit sagen, daß von dem zu beurteilenden jugendlichen Täter die Erfüllung der rechtlichen Minimalforderungen des Strafgesetzes nicht erwartet werden könne, oder daß ihm eine Ahndung selbst mit den Mitteln einer vom Jugendrichter verhängten Erziehungsmaßnahme nicht zugemutet werden dürfe. Die Möglichkeit oder das Recht, so weitgehende Folgerungen sachverständig zu vertreten, sollten wir nur für einen krankhaft gestörten oder im strengen Sinne geistesschwachen Jugendlichen in Anspruch nehmen. Ob wir darüber hinaus dem Richter behilflich sein können, für bestimmte Jugendliche eine besondere Milde in der rechtlichen Behandlung zu empfehlen oder ihm eine negative Entscheidung nach § 3 JGG zu erleichtern, bleibt bei hinreichender forensischer Erfahrung eine Frage des persönlichen Ermessens.

Von einem Gedanken, den man häufig ausgesprochen oder unausgesprochen anklingen hört, muß der Sachverständige sich ganz frei machen. Er darf nicht von der Meinung ausgehen, es sei vielleicht seine Aufgabe, auf dem Wege über die Beurteilung der Strafmündigkeit einem Jugendlichen ein Gerichtsverfahren zu ersparen. Ob das gelegentlich etwas überbesorgte Fernhalten vom Richter überhaupt jemals gerechtfertigt ist, dürfte strittig sein. Die Vermutung, daß die formalistische

Abwicklung eines Gerichtsverfahrens dem Jugendlichen schaden oder eine kriminelle Weiterentwicklung fördern könne, läßt sich empirisch nicht stützen. Sicher gibt es zahlreiche Beispiele, in denen der Jugendliche viel zu spät vor einen Richter gestellt wurde. Andererseits ist vielleicht manches Ermittlungs- und Strafverfahren keine psychologisch oder praktisch angemessene Maßnahme. Die Entscheidung hierüber sollte aber nicht im Vorfeld der Juristen fallen, sondern eher dem Verständnis und Ermessen des Jugendstaatsanwaltes überlassen bleiben.

Zum § 3 JGG sei abschließend und zusammenfassend festgestellt, daß wir durch die Aufforderung zu einer Reifeentscheidung als Sachverständige meist in eine schwierige Lage geraten. Empirische Maßstäbe für die Verantwortlichkeit oder für die Einschätzung der Strafmündigkeit gibt es nicht. Nur bei krankhaften Störungen oder bei echter Geistesschwäche glauben wir von einem rechtlich relevanten Mangel an Einsichts- oder Steuerungsfähigkeit sprechen zu dürfen. In diesen Fällen sind aber immer auch die Voraussetzungen des § 51 StGB gegeben, so daß wir dem Richter nur wahlweise die Anwendung des einen oder des anderen Paragraphen überlassen können. Aus einer sachlichen und begrifflichen Unsicherheit, die sich bei der Anwendung des § 3 JGG ergibt, werden unter Anlegung teilweise ganz willkürlicher Maßstäbe die verschiedensten Auswege für vermeintlich sachverständige Entscheidungen gesucht. Deshalb ist der Appell an eine klare Methodenkritik hier besonders geboten. Im wesentlichen scheint uns der § 3 JGG ein Instrument der Rechtsfindung zu sein, das nach juristisch-normativen oder nach rein pragmatischen Gesichtspunkten zu handhaben ist.

Im Gegensatz zu dem gesetzeshistorisch älteren § 3 JGG ist der § 105 JGG eine Neuschöpfung des modernen Jugendrechts. Mit dem Jugendgerichtsgesetz in der Fassung vom 4. 8. 1953 wurde die rechtliche Sonderregelung für Heranwachsende getroffen, die in der mit dem § 105 JGG vorgesehenen Reifeentscheidung ihren äußerst fragwürdigen und sehr umstrittenen Kernpunkt besitzt. Es darf nach den kritischen Gedanken, die sich in der Literatur inzwischen widerspruchslos durchgesetzt haben, mit allergrößter Wahrscheinlichkeit erwartet werden, daß alsbald eine Aufhebung dieser Gesetzesregelung erfolgt. Damit wird dann nach einem den Juristen bekannten Wort „mit einem Federstrich des Gesetzgebers ein umfangreiches Schrifttum zur Makulatur". Wir glauben, uns deshalb nicht noch einmal ausführlich mit all den empirischen Einwänden auseinandersetzen zu müssen, die gegen den § 105 JGG gemacht worden sind und die vielleicht noch vermehrt werden könnten. Wir möchten nur die wesentlichsten Gesichtspunkte erläutern, die bei der gegenwärtigen Rechtslage hervorzuheben sind, damit die Hauptprobleme der gutachtlichen Fragestellung deutlich werden.

Der Text des § 105 JGG lautet in seinem für den Sachverständigen ausschlaggebenden ersten Absatz: „Begeht ein Heranwachsender eine Verfehlung, die nach den allgemeinen Vorschriften mit Strafe bedroht ist, so wendet der Richter die für einen Jugendlichen geltenden Vorschriften der §§ 4 bis 32 an, wenn

1. die Gesamtwürdigung der Persönlichkeit des Täters bei Berücksichtigung auch der Umweltbedingungen ergibt, daß er zur Zeit der Tat nach seiner sittlichen und geistigen Entwicklung noch einem Jugendlichen gleichstand, oder
2. es sich nach der Art, den Umständen oder Beweggründen der Tat um eine Jugendverfehlung handelt."

Zunächst sei beiläufig betont, daß nach diesem Wortlaut die Voraussetzungen des § 3 JGG auf einen Heranwachsenden auch dann nicht angewandt werden können, wenn er als Jugendlicher eingeschätzt wird.

Für die nach dem Gesetzestext geforderte Reifeentscheidung ergeben sich mehrere Gesichtspunkte, die bei einer Begutachtung zu ermitteln und zu beachten sind: 1. Die Gesamtwürdigung der Persönlichkeit des Täters. 2. Die Berücksichtigung der Umweltbedingungen. 3. Die geistige und sittliche Reife zur Zeit der Tat. Entscheidend ist aber die Frage, ob der heranwachsende Täter bei sachverständiger Beurteilung dieser Punkte noch einem Jugendlichen gleichzusetzen ist. Von diesem Kerngedanken müssen wir bei unserer Besprechung ausgehen. Ganz im Vordergrund steht das Problem: was verstehen wir unter „einem Jugendlichen", wenn wir den vorgesehenen Vergleich anstellen. Alle Definitions- oder Umschreibungsversuche, die psychologisch überzeugend oder für die forensische Praxis verbindlich wären, sind bisher gescheitert. Eine Auswertung der Erfahrung und eine methodologische Besinnung lassen auch nicht erwarten, daß in dieser Hinsicht eine befriedigende Lösung zu finden ist. In unseren Darlegungen über die seelische Entwicklung des Menschen haben wir ausgeführt, daß einheitliche alters- oder phasenspezifische Merkmale für die Jugendlichen unter 18 Jahren nicht festgestellt werden können. Die charakterlichen Verschiedenheiten der Minderjährigen unter 18 Jahren sind praktisch ebenso groß und ebenso reichhaltig wie die der Minderjährigen über 18 Jahre. Alle Menschen, das gilt für Erwachsene wie für Jugendliche, unterscheiden sich bei Gesamtwürdigung ihrer Persönlichkeit durch zahlreiche Merkmale, die man bei entsprechender Sicht als mehr oder weniger jugendtümlich einschätzen kann. Daraus lassen sich aber keine entwicklungsdiagnostischen, sondern lediglich charakterologische Schlüsse ziehen. Zeichen der sogenannten Unreife sind bei einem Menschen im Alter von über 18 Jahren immer eher ein individuelles Merkmal als Anhaltspunkt für einen Rückstand seiner Entwicklung. Ein Heranwachsender oder ein Erwachsener, der gegenüber Gleichaltrigen unreif erscheint, ist ganz einfach anders. Oft hat er nur ein begrenztes Reifungsziel und ist diesem ebenso nahe oder gar noch näher als mancher vermeintlich Reifere. Dieses Anderssein nach den Maßstäben eines Reif- oder Unreifseins zu beurteilen, halten wir nicht nur für menschlich unangemessen, sondern auch in der forensischen Praxis für mehr als bedenklich.

Wir können wohl bei Kindern sehr bezeichnende Altersmerkmale beobachten und oft Entwicklungsrückstände nach Jahren bestimmen, aber die Erfahrung lehrt allenthalben, daß dies — wenn wir vom Krankhaften ganz absehen — nach Abschluß des schulpflichtigen Alters und mit Eintritt der körperlichen Geschlechtsreife kaum noch gelingt.

Diese grundsätzlichen Einwände gegen die vom Gesetzestext vorgezeichnete Urteilsbildung lassen sich am anschaulichsten demonstrieren, wenn man auf die Anhaltspunkte zurückgreift, die mit fast eintöniger Gleichmäßigkeit in den Kommentaren zum Jugendgerichtsgesetz, in der Literatur und in zahlreichen Gutachten immer wieder zitiert werden. Wir denken an diejenigen Gesichtspunkte, die als Vorschläge zur Ergänzung der Richtlinien zu § 105 JGG im April 1954 in Marburg auf einer Arbeitstagung für ärztlich-psychologische Jugendhilfe ausgearbeitet wurden. Sie fanden bis heute einen Nachhall, der keinem Verbesserungsvorschlag in der Folgezeit beschieden war.

Die Marburger Richtlinien lauten in der von *Walter Gerson, Hans Aloys Schmitz* und *Hermann Stutte* ausgearbeiteten Fassung: „a) ein Heranwachsender wird einem Jugendlichen oft in seiner sittlichen und geistigen Entwicklung dann gleichzustellen sein, wenn seine Persönlichkeit insbesondere folgende Züge vermissen läßt: Eine gewisse Lebensplanung, Fähigkeit zu selbständigem Urteilen und Entscheiden, Fähigkeit zu zeitlich überschauendem Denken, Fähigkeit, Gefühlsurteile rational zu unterbauen, ernsthafte Einstellung zur Arbeit, gewisse Eigenständigkeit im Verhältnis zu anderen Menschen usw. b) Charakteristische jugendtümliche Züge können zum Beispiel sein: Ungenügende Ausformung der Persönlichkeit, Hilfslosigkeit (die sich nicht selten hinter Trotz und Arroganz versteckt), naivvertrauensseliges Verhalten, Leben im Augenblick, starke Anlehnungsbedürftigkeit, spielerische Einstellung zur Arbeit, Neigung zu Tagträumen, zu abenteuerlichem Handeln, Hineinleben in selbstwerterhöhende Rollen, mangelhafter Anschluß an Altergenossen usw. c) Zur Sicherung des diagnostischen Ergebnisses ist zusätzlich die Überlegung anzuraten, ob der Heranwachsende noch mit den Maßnahmen des JGG, die auf die Formbarkeit des Jugendlichen abgestellt sind, zu fördern ist oder nicht."

Die hier unter a) und b) aufgeführten Gesichtspunkte und das von denselben abzuleitende Gesamtbild einer Persönlichkeit umschreiben einen Menschen, der als geistig und charakterlich undifferenziert bezeichnet werden darf, der wenig Pflicht- und Verantwortungsbewußtsein besitzt, der recht haltschwach und sicher nur dem Anschein nach „unreif" ist. Die ersten Ansätze zu einer diesbezüglichen Kritik hat *Dietrich Mutschler* schon im Jahre 1956 vorgelegt. Betrachten wir mit einiger forensischer Erfahrung ganz unvoreingenommen die aufgezählten psychologischen Kriterien, so wird es unmittelbar deutlich, daß diese Merkmale gerade jene Menschen *aller Altersklassen auszeichnen,* die zur Kriminalität disponiert sind. Das hier umrissene Bild entspricht nicht den sogenannten

Entwicklungstätern, für die durch den § 105 JGG eine Anwendung des allgemeinen Strafrechts vermieden werden soll. Was mit den Marburger Richtlinien herausgestellt wird, läßt sich zwar auch als Unreife bezeichnen, aber nur in einem allgemeinen Sinn ohne jeden entwicklungsdiagnostischen Anspruch. Diese Art von Unreife können wir fast jedem sozial wenig angepaßten Menschen zusprechen. *Siegfried Borelli* und *Willy Starck*, die die Prostituierten sehr eingehend untersucht haben, kamen mit ihrer im Jahre 1957 veröffentlichten psychologischen Untersuchung zu dem Ergebnis, daß bei solchen Menschen „die Bildung der personalen Mitte" unterbleibt. Sie schreiben: „In diesem Sinne sind die Prostituierten unreif und infantil." Unter etwas anderer Akzentuierung fand *Joachim Hellmer* auf Grund seiner umfangreichen Erhebungen, daß neben Willensschwäche und Haltlosigkeit „die Unreife das hervorstechendste geistig-seelische Merkmal unserer Gewohnheitsverbrecher" sei. Diese und viele andere wissenschaftlich wohl begründete Darlegungen, in denen mit dem Ausdruck Unreife jeweils ein bestimmtes persönliches Kennzeichen hervorgehoben wird, lassen erkennen, wie fragwürdig ein solcher Aspekt unter dem Blickwinkel des § 105 JGG ist. Nimmt man die Heranwachsenden, bei denen in diesem oder jenem Sinn eine geistig-sittliche Unreife festzustellen ist, aus dem Zuständigkeitsbereich des allgemeinen Strafrechts heraus, so könnte damit gerade die ursprüngliche Absicht des Gesetzgebers verfehlt werden. Wir kommen jedenfalls zu dem Schluß, daß weder auf Grund einer Gesamtwürdigung der Persönlichkeit noch unter Berücksichtigung der Umweltverhältnisse ein Heranwachsender nach seiner geistig-sittlichen Reife jemals ganz allgemein einem Jugendlichen gleichgestellt werden kann. Bei der Gegenüberstellung eines straffällig gewordenen Heranwachsenden mit einem gleichartig strukturierten Jugendlichen zeigt sich stets, daß der Heranwachsende an Jahren gereifter, entsprechend erfahrener und in seiner sozialen oder asozialen Haltung gefestigter ist. Vergleicht man ihn aber mit einem anders gearteten Jugendlichen, so kann er diesem weder früher noch später gleichgestellt werden. Wir kennen kein geistig-sittliches Niveau *der* Jugendlichen, das als Richtmaß der Beurteilung zugrundegelegt werden könnte.

In der Praxis der Reifebeurteilung bei Heranwachsenden haben sich verschiedene Lehrmeinungen durchgesetzt, die auch in juristischen Kreisen eine ganz unverdiente Anerkennung gefunden haben. Wegen ihrer grundsätzlichen Bedeutung möchten wir kurz noch einmal auf deren Fragwürdigkeit hinweisen. Nach unseren früheren Ausführungen ist hier eine Erläuterung im einzelnen nicht mehr erforderlich. Das wesentliche läßt sich schlicht und thesenhaft sagen. Weder die von *Emil Ottinger* jüngst empfohlene „minutiöse diagnostische Nachschau" noch die Erforschung sogenannter körperlich-seelischer Disharmonien nach dem Vorbild von *Adolf Illchmann-Christ* verhelfen uns in einer empirisch und begrifflich zuverlässigen Weise zu der nach § 105 JGG geforderten Reifeentscheidung. Gutachter, die in dieser Weise vorgehen, werden zwar immer

Symptome aufdecken, an die sie ihre Folgerungen knüpfen können. Aber ihr Bemühen ist schon im Ansatz anfechtbar, so daß erst recht die juristischen Folgerungen ganz vage sein müssen. Diese Kritik glauben wir mit unseren vorausgehenden Darlegungen genügend begründet zu haben.

Die hier zusammengefaßten methodischen Einwände dürfen nicht als theoretisch angesehen werden. Die Rechtspraxis liefert genügend Beweise für unsere kritischen Gedanken. Ein erfahrener höherer Strafvollzugsbeamter hat uns unlängst in einer Diskussion berichtet, daß nach seinem Eindruck die inhaftierten Heranwachsenden, die nach Jugendrecht verurteilt wurden, sich durch nichts von denen unterscheiden, die nach allgemeinem Strafrecht abgeurteilt wurden. Daß der entwicklungspsychologische Ausgangspunkt der Reifeentscheidung nach § 105 JGG unklar ist, hat im Rahmen einer sehr eingehenden Untersuchung auch *Horst Eickmeyer* im Jahre 1963 nachgewiesen. „Die Folge dieser Unklarheiten ist, daß in der Rechtssprechungspraxis die Entscheidungen nach § 105 JGG weitgehend vom persönlichen Ermessen der einzelnen Jugendrichter abhängen." *Karl Lackner,* der zu den Vätern des Jugendgerichtsgesetzes zählt, hat in Übereinstimmung mit *Friedrich Schaffstein* schon im Jahre 1956 erkannt, daß der § 105 JGG eine der „problematischsten und schwierigsten Vorschriften der ganzen Strafrechtsordnung" sei. Erstaunlich wenig Resonanz gefunden hat, daß *Lackner* bereits damals schrieb: „Es kommt nicht darauf an, mit den Mitteln der Wissenschaft bis ins letzte hinein die Frage zu beantworten, wie der Heranwachsende einem Jugendlichen gleichzustellen ist. Wer sich dessen unterfängt, der muß scheitern, weil es eine gültige Antwort auf diese Frage überhaupt gar nicht gibt." Man kann — wie *Karl Lackner* weiter schreibt — mit dem § 105 JGG nur „arbeiten, wenn man nicht mit tausend wissenschaftlichen Hemmungen an die Sache herangeht." Wollte man diese Worte ernst nehmen, müßte man es als ein ungerechtfertigtes Ansinnen des Richters betrachten, wenn er überhaupt einen Sachverständigen hört, denn dieser ist immer zu einem wissenschaftlich begründeten Urteil verpflichtet und sollte sich niemals über wissenschaftliche Hemmungen hinwegsetzen.

Die Folgerung aus den wenigen hier aufgegriffenen Gedanken kann nur sein, die Reifeentscheidung gemäß § 105 JGG ganz nach praktischen Gesichtspunkten zu treffen. Dabei muß man die Tat, das Vorleben und den Gesamteindruck des Täters berücksichtigen, wie es bei jeder richterlichen Verurteilung geschieht. Raum für eine sachkundige Erkenntnishilfe durch einen psychologischen oder psychiatrischen Gutachter bleibt hier kaum. Allenfalls wären gesundheitliche Beeinträchtigungen oder erhebliche intellektuelle Minderbegabungen zu ermitteln, die bei der Festsetzung der Rechtsfolgen beachtenswert sein könnten. Damit würde man aber vom Gesetzestext, der danach fragt, ob der Heranwachsende einem Jugendlichen gleichsteht, völlig absehen. Es bleibt schließlich nur ein Ausweg für die Rechtsfindung, der zwar immer wieder auf formaljuristische Bedenken stößt, heute aber doch stillschweigend überall anerkannt wird. Man sollte die schon in den Marburger Richtlinien erwähnte „zusätzliche Überlegung" anstellen, ob der Heranwachsende durch die auf eine Formbarkeit des Rechtsbrechers abgestellten Maßnahmen des Jugendgerichtsgesetzes noch zu fördern sei oder nicht. Auf diese Frage möchten wir daher noch kurz eingehen.

Wenn die „Formbarkeit" eines Heranwachsenden abgeschätzt werden soll, dann muß in erster Linie eine charakterologische, nicht aber eine entwicklungsdiagnostische Beurteilung vorgenommen werden. Allein durch den Hinweis auf seelische Grundzüge des Täters vermag der Sachverständige wesentliche Anhaltspunkte für die zweckmäßige strafrechtliche Behandlung zu geben. Gleichzeitig sollte immer der Gesichtspunkt beachtet werden, in welchem Umfang die Haltung des Minderjährigen schon eine Verfestigung gesetzeswidriger Tendenzen zeigt. Nur unter Berücksichtigung dieser Gesichtspunkte kann zu der Frage Stellung genommen werden, ob die Anwendung jugendrechtlicher Maßnahmen einer Verhängung von Strafen nach dem allgemeinen Gesetzbuch vorzuziehen ist. Wir haben schon in unserem psychologischen Teil in Verbindung mit einer Darlegung der charakterlichen Grundzüge jeweils unsere Überlegungen zur Frage der Erziehung besprochen. Die dort erläuterten Einzelheiten möchten wir hier nicht noch einmal aufgreifen. Wenn man überhaupt mit einem Täterrecht im Jugendstrafverfahren Ernst machen will, wird man nur nach psychologischen Maßstäben eine unterschiedliche Behandlung der Heranwachsenden empirisch-methodologisch rechtfertigen können. Da uns der Wortlaut des Gesetzes nicht zu einer befriedigenden Lösung des Reifeproblems führt, glauben wir — sofern einem Nichtjuristen diese Interpretation gestattet wird — eine teleologische Auslegung des Gesetzes anstreben zu dürfen, die von der Betrachtung des vermutlichen Zweckes oder von dem „Sinn" des Paragraphen ausgeht *(Karl Engisch)*. Dabei kommen wir zu der Überzeugung, daß mit dem § 105 JGG die Möglichkeit einer stärkeren Individualisierung der Rechtsfolgen für Heranwachsende geschaffen werden soll. Diese Individualisierung kann aber wiederum nur erfolgen, wenn das Besondere des Täters erkannt wird. Dieses Besondere ist niemals als größere oder geringere Reife, sondern lediglich als eine Eigenart dieser oder jener Prägung bestimmbar. Wir können uns also nur fragen, wie die Heranwachsenden geartet sein müssen, für die wir eine jugendrechtliche Sonderbehandlung empfehlen möchten. Eine solche Empfehlung läßt sich nicht — um es abschließend noch einmal zu betonen — durch Hinweis auf hypothetische Reifemerkmale, sondern nur durch eine evidente charakterologische Begründung sachverständig vertreten. Dem Ziel einer individuellen Beurteilung des jugendlichen oder heranwachsenden Rechtsbrechers dient letztlich diese Arbeit als Ganzes, so daß sich alle speziellen Erörterungen für eine praktische Handhabung des § 105 JGG unseres Erachtens hier erübrigen.

Nur ein im Gesetzestext vorgesehener Punkt blieb bisher unberücksichtigt, auf den wir noch kurz eingehen müssen. Es handelt sich um den Begriff der Jugendverfehlung, der unter Ziffer 2 des § 105 Abs. 1 JGG aufgeführt ist. Wie wir schon früher (im Jahre 1960) erwähnt haben, halten viele Jugendpsychiater den Begriff Jugendverfehlung für überflüssig und irreführend. Ohne diese Äußerungen im einzelnen zu diskutieren, möchten wir betonen, daß mit dem Rüstzeug unserer psychologischen oder psychiatrischen Erfahrung nichts zu der Frage beigetragen werden kann, ob dem Rechtsbruch eines Heranwachsenden im Einzelfall die Sonderstellung einer Jugendverfehlung zukommt. Die Tatwürdigung nach Art, Umständen und Beweggründen des Handelns obliegt in jedem Falle dem Richter. Wir können aus dem Gesichtskreis unseres Sachverständnisses auch nicht beurteilen, ob die Individualisierung der Rechtsprechung und die Erfordernisse der Gerechtigkeit eine Rubrizierung unter dem Begriff der Jugendverfehlung ratsam erscheinen lassen. Wenn wir als Gutachter zu dieser Frage Stellung nehmen würden, müßte dies zu einem freien Ermessen und allzu leicht zur Verkennung der sachgemäßen Zuständigkeit führen.

Zum Abschluß dieses Kapitels möchten wir noch einmal unsere Gedanken zum Problem der Reifeentscheidung gemäß § 105 JGG zusammenfassen. Die Erkenntnisse der Entwicklungspsychologie und der Jugendpsychiatrie lassen es nicht zu, daß wir einen heranwachsenden Straftäter nach seiner sittlichen und geistigen Entwicklung jemals einem Jugendlichen gleichstellen. Der durch den Gesetzestext vorgezeichnete methodische Ansatz ist auf empirisch anfechtbare Voraussetzungen aufgebaut und daher nach übereinstimmender Meinung aller mit diesem Problem vertrauten Juristen, Psychologen und Psychiatern reformbedürftig. Daß diese Reform dahin gehen muß, alle Heranwachsenden dem Jugendrecht zu unterstellen, ist vom empirischen Standpunkt nicht zu stützen. Viele Juristen und eine Reihe von Erfahrungswissenschaftlern glauben wohl, daß durch die nach Einführung des § 105 JGG in Gang gebrachte Forschung auf dem Gebiet der Reifebeurteilung hinreichende Belege geliefert seien, um die Heranwachsenden insgesamt den Jugendlichen gleichzustellen. Diese Schlußfolgerung ist jedoch unbegründet. Die umfangreichen Beobachtungen von sogenannten Unreifemerkmalen bei heranwachsenden Rechtsbrechern gründen sich zwar auf zum Teil sehr fleißig registrierte Fakten, aber sowohl ihre Bewertung als Unreifezeichen als auch ihre Zuordnung zu vermeintlich jugendtümlichen Zügen sind äußerst problematisch. Dem methodisch-kritischen Empiriker bereitet es ein großes Unbehagen, wenn mit der Geste des Bedeutungsvollen Befunde in die Waagschale der Rechtsprechung geworfen werden, deren Gewicht für eine juristische Abwägung als absolut strittig angesehen werden muß.

Wir können den Sinn des § 105 JGG nur darin sehen, daß der Gesetzgeber eine besondere Art von Individualisierung der Rechtsfolgen für Heranwachsende schaffen wollte, die lediglich mit der Koppelung an den

Begriff der Reife einen unglücklichen formalen Niederschlag fand. Unsere Darlegungen über die charakterliche Beurteilung jugendlicher und heranwachsender Rechtsbrecher erlauben eine sachverständige Stellungnahme zu psychologisch angemessenen Rechtsfolgen, so daß die Maßstäbe des § 105 JGG unter Berücksichtigung dieser Beurteilungsgrundlagen ihre sinnvolle Auslegung erfahren können.

Die Maßnahmen

Grundsätzlich können wir es nicht als eine Aufgabe des Sachverständigen ansehen, darüber zu urteilen, welche Rechtsfolgen oder Sühnemaßnahmen für einen Täter und seine Tat angemessen sind. Dennoch werden wir entweder schon mit dem Gutachtenauftrag oder aber in der Hauptverhandlung häufig danach gefragt, auf welche Weise ein jugendlicher Rechtsbrecher am besten zu resozialisieren sei. Da dieses Ziel — die Spezialprävention nach dem juristischen Sprachgebrauch — im Jugendrecht ein tragendes Fundament der Gesetzgebung und Rechtsprechung ist, wird an den Sachverständigen besonders häufig das Ansinnen gestellt, auf Grund seiner Kenntnis des Minderjährigen die Erfolgsaussichten der unterschiedlichen Erziehungs- oder Strafmaßnahmen abzuschätzen. Bei umfangreicher Gerichtserfahrung und bei zusätzlicher Erfahrung durch eine Tätigkeit im Strafvollzug darf sich der einzelne Psychologe oder Psychiater wohl ein Urteil darüber erlauben, welches gesetzlich mögliche Einwirkungsmittel angebracht erscheint. Jede Äußerung zu dieser Frage sollte aber doch mit größter Zurückhaltung erfolgen und auch vom Richter als persönliche Meinung aufgefaßt werden. Spezielle Erfahrung, aus der ein empirisch unterbautes Wissen erwachsen sein könnte, besitzt der Gutachter in der Regel nicht. Äußert er seine Ansicht, so wird er stets von dem Erziehungs- oder Rechtsideal ausgehen müssen, das er sich als Mensch, ohne jedoch zum Hüter der Rechtsordnung berufen zu sein, gebildet hat. Das, was dem Nichtjuristen als menschliche oder psychologische Gerechtigkeit vorschwebt, entspricht nicht immer der Gerechtigkeit im Sinne des Gesetzes. Nur der Richter ist in der Lage, sowohl dem Gesetz als auch dem Straftäter zu seinem Recht zu verhelfen.

Wie sehr es sich zum Teil schon eingebürgert hat, mit genau festgelegten Vorschlägen für die Rechtsfolgen das Gutachten abzuschließen, konnte bei unseren Erhebungen in zahllosen Beispielen beobachtet werden. Ein beliebig ausgewählter Satz aus dem schriftlichen Gutachten über den 14-jährigen Täter in einem Verfahren wegen bandenmäßiger Raubüberfälle möge die Unbefangenheit des Gutachters dokumentieren, mit der er sich zutraut, vor der Hauptverhandlung klar abgegrenzte Vorschläge für die „Behandlung“ niederzulegen: „Man wird hier, um ihn vor weiteren Straftaten zu bewahren, ein Zuchtmittel vorschlagen müssen; ich glaube, daß die Verhängung von Kurzarrest, allenfalls Dauerarrest genügen wird.“ Daß viele Richter eine derartige Hilfeleistung durch den Sachverständigen erfahrungsgemäß durchaus willkommen heißen, sollte keine

Veranlassung sein, sich als Sachverständiger in der Meinungsäußerung so weit festzulegen.

Wir können uns in die besondere Aufgabe des Straf- oder Jugendrichters, die ihn zur Verhängung von Strafen oder anderen Maßnahmen verpflichtet, mit unserem ärztlich oder psychologisch geschulten Denken nur schwer hineinversetzen. Da, wo die ganze Verantwortung und Entscheidungsbefugnis des Richters ihren Gipfelpunkt hat, müssen wir respektvoll seine Maßstäbe billigen. Wenn wir uns belesen, welche hohe Meinung berufene Lehrer des Strafrechts über die Aufgabe der Strafzumessung vertreten haben — dabei verweisen wir besonders auf das Lehrbuch von *Edmund Mezger* —, dann wird in uns das Bewußtsein geweckt, wie vielschichtig die Problematik ist, und wie eigenständig sich oft der Wille des Gesetzgebers darstellt. Während das allgemeine Strafrecht dem Richter nur wenig Veranlassung gibt, den Sachverständigen über etwa erforderliche Maßnahmen zu befragen — dies geschieht praktisch nur in Verbindung mit dem § 42 b und c StGB — führt das moderne Jugendrecht den Richter leider allzu oft in Versuchung, den Sachverständigen um Rat und Hilfe zu bitten. Die erkennbare Notlage des Jugendrichters hat ihre Begründung nicht nur darin, daß viele aus mangelnder Erfahrung sich noch nicht genügend Sicherheit im Umgang mit dem Maßnahmenrecht des Jugendgesetzes zutrauen, sondern auch in der Tatsache, daß hier eine Reihe beinahe justizfremder Institutionen vorgesehen ist, für die nur der psychologisch, heilpädagogisch, kriminalbiologisch oder psychiatrisch vorgebildete Sachverständige zuständig zu sein scheint. Es sei nachdrücklich betont, daß wir diesen Umstand sehr bedauern, und daß der Gesetzgeber offenbar nicht geahnt hat, in welchen Wirbel pseudoexakten Bemühens die Richter im Zuge der modernen Entwicklung hineingerissen werden mußten.

Wir haben große Achtung vor denen, die mit Optimismus der Entwicklung des Jugendrechtes gegenüberstehen. Selbst wenn sie vielfach die Erfolgsaussicht dieser oder jener Resozialisierungsmaßnahme überschätzen, verdient doch die Haltung, mit der sie die Idee der Menschlichkeit oder das Recht des Jugendlichen auf Erziehung über alles stellen, höchste Anerkennung. Die alltägliche Erfahrung lehrt jedoch, daß die heutige Rechtspraxis den „Unverantwortlichkeitskomplex der heranwachsenden Generation" *(Erwin Stransky)* nicht zu bekämpfen vermag. Welcher Erfahrene will wohl leugnen, daß in der Jugend immer mehr das Bewußtsein gefestigt wird, nicht er, sondern die Mängel seiner Erziehung, die sogenannte Unreife oder die jugendgefährdenden Zeitumstände seien schuld an seinem Entgleisen und Fehlverhalten. Diese Einstellung hat ihre Ursache nicht allein in einem Mangel an weltanschaulicher und religiöser Bindung, sondern die Respektlosigkeit vor der Autorität des Gesetzes ist weitgehend durch eine einseitige Erziehungstendenz im Jugendrecht gefördert worden. Wenn wir diese Skepsis so deutlich hier äußern, geschieht das nicht aus einem Mangel an Achtung vor dem Gesetz, sondern aus einer besonderen Verpflichtung dem Recht gegenüber, dem wir auch als Sachverständige dienen möchten. Auf Grund einer genügend großen Erfahrung mit jugendlichen Rechtsbrechern glauben wir, diese Gedanken als einen empirischen Beitrag hier einfügen zu dürfen. In unserem Bestreben, innerhalb eines Jugendstrafverfahrens viel weniger mitzusprechen als es uns oft nahegelgt wird, möge zum Ausdruck kommen, daß wir nicht den Anspruch erheben, wir könnten mit den Mitteln unserer Erfahrung bessere Resozialisierungserfolge erzielen. Vielmehr scheint uns der Leitsatz angebracht: Rechtsfindung möge Sache des Richters bleiben; damit wäre sicher sowohl dem Recht als auch der Jugend am besten gedient. Auf dem Hintergrund dieser bekenntnishaften Darlegungen wollen wir nur kurz die Gedanken erörtern, die wir zu den Themen Erziehung, Strafe und Sicherung aus der Sicht psychologischer und psychiatrischer Erfahrung beitragen können. Daß wir auch hier neben den Grundlagen vor allem die Grenzen unserer Erkenntnismöglichkeit aufzeigen möchten, bedarf nur der beiläufigen Erinnerung.

Maßgebend für die Reihenfolge unserer drei folgenden Abschnitte sind die drei Absätze des § 5 JGG, dessen Wortlaut wir vorausschicken:

„(1) Aus Anlaß der Straftat eines Jugendlichen können Erziehungsmaßnahmen angeordnet werden.

(2) Die Straftat eines Jugendlichen wird mit Zuchtmitteln oder mit Jugendstrafe geahndet, wenn Erziehungsmaßnahmen nicht ausreichen.

(3) Von Zuchtmitteln und Jugendstrafe wird abgesehen, wenn die Unterbringung in einer Heil- und Pflegeanstalt die Ahndung durch den Richter entbehrlich macht."

Erziehung

Nicht nur einzelne Bereiche psychologischer Tätigkeit, sondern vor allem die täglichen Aufgaben des Psychiaters sind mit wichtigen pädagogischen Funktionen verbunden. Daraus läßt sich die Berechtigung herleiten, vom Standpunkt dieser Facherfahrung etwas über Erziehung auszusagen. Während der in der Erziehungsberatung oder im Schuldienst tätige Psychologe augenscheinlich mit Erziehungsproblemen konfrontiert wird, ist dies für den Psychiater nicht so offenbar. Besinnen wir uns aber, was es heißt, einen an seiner Eigenart leidenden Menschen, der nicht krank ist, zu beraten und psychotherapeutisch zu betreuen, so leuchtet es unmittelbar ein, daß hier ein großer Teil reiner Erziehungsarbeit zu leisten ist. Die vielfach erforderliche psychologische Führung seelisch entgleister Patienten und die sozialen Rehabilitierungsmaßnahmen nach überstandener Krankheit sind, soweit sie mehr als ein bloßes Üben oder Wiedereingewöhnen erfordern, meist nichts anderes als Erziehungsversuche. Wir glauben *verschiedene Ziele der Erziehung* unterscheiden zu dürfen, über die wir im einzelnen sprechen möchten. An erster Stelle ist *die sittliche Erziehung oder Gesinnungsbildung* zu behandeln. Sie bedarf in vielen Fällen einer Ergänzung und Unterstützung durch *eine einfache Verhaltenssteuerung und Gewohnheitsbildung*. Ein weiteres Ziel, das sich auf diesen beiden Fundamenten aufbaut, ist *die Anleitung zur Selbsterziehung*.

Diese wohl zu unterscheidenden erzieherischen Funktionen, die nur selten deutlich genug voneinander getrennt betrachtet werden, sind aus der Sicht des Empirikers zu erläutern. Angesichts der umfangreichen Einzelprobleme der Erziehung kann dieser Beitrag nur bescheiden sein. Wesentlich scheint uns vorweg die Feststellung, daß Erziehungswissenschaft überhaupt in ganz engen Grenzen Erfahrungswissenschaft ist. Jede pädagogische Lehre und Methode geht von vorgegebenen durchweg ideellen Zielsetzungen aus. Diesen Hinweis möchten wir mit einem Zitat des bedeutenden Pädagogen *Eduard Spranger* ergänzen, der in seinen „Pädagogischen Perspektiven“ schreibt: „Zuverlässiges darüber, was die Erziehung vermag, wissen wir nicht.“

Oft wird die sittliche Erziehung als der Inbegriff aller Erziehung angesehen. Zweifellos muß es als eine wichtige pädagogische Aufgabe gelten, auf jede nur mögliche Weise eine wertbejahende Gesinnung und Willensbildung zu wecken und zu fördern. Eine Empfänglichkeit für die Ideale der Menschlichkeit, der Wahrheit und der Gerechtigkeit ist in uns zwar angelegt, ihre Entwicklung jedoch erfordert eine sorgsame Pflege. Bei sehr differenzierter Persönlichkeitsstruktur genügen in der Regel schon spärliche Anregungen, um eine menschlich positive Gesinnung aufzubauen. Oft ist mehr Mühe erforderlich. Die Aufgabe der Gesinnungsbildung muß von jedem Erzieher mit stetiger Selbstverständlichkeit verfolgt werden. Nur ein solcher Einsatz verspricht, daß jeder Mensch in jungen Jahren, gleich wie er geartet ist, in bestmöglicher Weise sittlich gefestigt wird. In der Begegnung mit dem Kultur- und Geistesleben vollzieht sich oft auf eine ganz stille Weise die Ausbildung einer moralischen Vorsatz- und Willensbildung. Daß eine Reihe von Jugendlichen für sittliche Imperative trotz vorbildlicher Erziehungseinflüsse nur wenig empfänglich oder gar unempfindlich bleibt, darf als gesicherte Erkenntnis der Kriminalwissenschaft und der Psychiatrie gelten. Einen wesentlichen Grundstein für ihre sittliche Haltung erwerben sowohl Jugendliche als auch Erwachsene durch menschliche Vorbilder, deren Leistungen die Kulturgeschichte überliefert oder deren Vorleben einprägsam vor den eigenen Augen liegt.

Auf dem Gebiet der sittlichen Erziehung kann der Arzt, der Psychologe und sogar der Richter nur sehr wenig leisten. Das ist auch in keinem Fall ihre spezifische Aufgabe. Lediglich ihr Wirken als Persönlichkeit und die von ihnen selbst vertretene sittliche Haltung vermögen entsprechend auszustrahlen. Jedoch bedeuten alle Versuche, in das ärztliche Tun oder in die praktische Rechtsprechung eine bewußte Förderung der moralischen Gesinnung einzuflechten, fast immer ein Abweichen von dem sachlich gebotenen Weg. Im ärztlichen Bereich wirkt sich jede moralische oder an die Gesinnung eines Patienten appellierende Äußerung allzu leicht mißverständlich aus. Wenn der Arzt in besonderen Situationen die sittliche Einstellung seines Patienten anrufen muß, kann er ihm nur mit einer überzeugenden Aufrichtigkeit und Menschlichkeit entgegentreten, ohne damit einen Anspruch auf sittliche Erziehung erheben zu wollen. Auch der Richter sollte — obwohl ihm jederzeit moralische Vorhaltungen zustehen — in erster Linie gesetzestreuer Diener der Gerechtigkeit bleiben.

Wir erkennen in den geltenden Gesetzesbestimmungen keine Regelung, deren primäres Ziel es wäre, die innere sittliche Haltung eines Rechtsbrechers zu festigen. Strafe ist hauptsächlich auf Sühne abgestellt, während Erziehungsmaßnahmen und Zuchtmittel in erster Linie einen mahnenden Appell an das bei jedem Strafmündigen zu unterstellende Rechtsbewußtsein darstellen. Keine gesetzlich vorgesehene Maßnahme kann die Konstituierung ethischer Normen bei einem Straftäter bezwecken. Daß dennoch jede Rechtsanwendung, möge sie strafende oder auf Erziehung abgestellte Folgen haben, gleichzeitig geeignet erscheint, bei günstigen charakterlichen Voraussetzungen eine Festigung der moralischen Gesinnung zu bewirken, muß als Nebenerfolg angesehen werden. Vom Standpunkt der psychologisch-psychiatrischen Empirie läßt sich jenen Lehren der Kriminalpädagogik schwerlich beipflichten, die in der Anwendung zumal des Jugendrechts eine bis zur Gesinnungsbildung ausgreifende Zielsetzung fordern. Man kann die Erkenntnis, daß im Gesetz der Niederschlag einer Idee des Rechts liegt, nicht durch Verhängung einer notwendig mit Übelscharakter verbundenen Maßnahme fördern. Wenn die erzieherischen Bemühungen des Elternhauses, der Schule oder anderer Erziehungsinstitutionen — mögen sie im Einzelfall noch so ungünstig gewesen sein — nicht die innere moralische Haltung zu entfalten und genügend zu festigen vermochten, dann ist es für den Richter ohnehin wenig aussichtsreich, auch bei starker persönlicher Prägekraft diese Mängel auszugleichen.

Wer in der sittlichen Erziehung und Gesinnungsbildung den einzigen Schwerpunkt des pädagogischen Bemühens sieht, verkennt, daß viele Jugendliche oder auch Erwachsene trotz guter Entfaltung des Gewissens und einer durchaus wertbejahenden Einstellung immer wieder versagen. Um ihnen ein rechtmäßiges Leben und eine soziale Anpassung zu ermöglichen, sind besondere Formen der Verhaltenssteuerung und Gewohnheitsbildung oder einfach Mittel der Zucht erforderlich, die als ein eigenständiger Weg der Erziehung erkannt werden müssen. Auch für diejenigen, denen alle sittlichen Impulse fremd sind, muß eine Form der Lenkung gefunden werden, die geeignet ist, ihnen das Beachten und Einhalten der Gesetze womöglich zu erleichtern. Daß hierbei in vielen Fällen gar nichts anderes als die Abschreckung durch Strafe hilft, darf als wohlbegründete Erkenntnis der Kriminalpädagogik gelten. Im ärztlichen Bereich begegnen uns auch Menschen, die geradezu unter ihrer sittlichen Haltung leiden, und die dahin geführt werden müssen, sich im Leben zu behaupten und sich den sozialen Umständen anzupassen. Für alle verschiedenen Strukturen des Menschseins muß die Pädagogik Mittel der Verhaltenssteuerung finden. Dabei erweist es sich als ganz entscheidend, diejenigen Funktionen aufzubauen, die der Gewohnheitsbildung dienen. Die vielfach optimistisch vertretene Erwartung, auf dem Wege über die Gesinnungsbildung müsse immer eine rechtmäßige Lebensführung zu erreichen sein, erfüllt sich zwar bei den meisten durchschnittlich begabten und sozial unauffälligen Menschen, aber keinesfalls bei der Mehrzahl der kriminell Entgleisten. Die sittlich gefestigte Persönlichkeit ist in der Regel auch in ihrem Verhalten so angepaßt, daß es nur ganz ausnahmsweise zu einem Verstoß gegen die Gesellschafts- und Gesetzesordnung kommen wird. Gerade die Rechtsbrecher stellen aber weitgehend eine Auslese derjenigen minderjährigen oder volljährigen Menschen dar, denen die sittlichen Bindungen eine wenig wirksame innere Kraftquelle sind. Daher ist in den meisten Fällen ein Anruf dieser Kräfte vergeblich. Man wird auch bei solchen Menschen immer mit Recht geneigt sein, ethische Akzente zu setzen und die moralische Vorsatzbildung zu unterstützen, aber es bedarf doch einer klaren Besinnung auf ganz andere Schwerpunkte des erzieherischen Bemühens. Wenn wir sehen, daß *Karl Peters* in seinem kriminalpädagogischen Hauptwerk unter Hinweis auf namhafte Vertreter der allgemeinen Pädagogik in erster Linie und mit großer Ausschließlichkeit die „Liebe als pädagogische Haltung" empfiehlt, möchten wir hier auf Grund der psychologisch-psychiatrischen Erfahrung gewisse Bedenken anmelden. Selbstverständlich kann es keine Erziehung ohne Liebe geben, aber die Betonung von Strenge oder Konsequenz ist doch in manchen Fällen ganz entscheidend. In einem Aufsatz über die „Ordnung als Lebensproblem der jungen Straffälligen" hat in jüngster Zeit *Käthe Steinemann* die notwendige Einflußnahme auf die äußeren Verhaltensformen sehr klar einer Einflußnahme auf den Innenbereich der seelisch-geistigen Persönlichkeit gegenübergestellt.

Betrachtet man die Ergebnisse der Erziehungswissenschaft ein wenig als ein Außenstehender, der seine Erfahrungen aus einem anderen Blickwinkel sammelt, so erkennt man in vielen pädagogischen Systemen und Lehren die Überbetonung eines einzigen erzieherischen Prinzipes. Man kommt dabei zu der Überzeugung, daß viele Schulmeinungen eine Pädagogik ohne Psychologie darstellen. Sie verkennen, daß die Menschen in ihrer Struktur grundverschieden sind, wie es uns die Charakterologie lehrt — sofern diese nicht selbst einseitig von einer verwaschenen Schablone des Menschen ausgeht. Wir haben im Hauptteil dieses Buches versucht, eine Charakterologie der Rechtsbrecher zu entwickeln. In den einzelnen Abschnitten haben wir auch schon in großen Zügen dargelegt, welche Gesichtspunkte bei der pädagogischen oder juristischen Behandlung im Einzelfall zu berücksichtigen sind. Diese Ausführungen ließen sich natürlich unter sorgfältiger Beachtung zahlreicher Einzelhinweise noch wesentlich erweitern. Uns konnte es nur um einen Entwurf des Grundsätzlichen gehen. Es erübrigt sich, hier noch einmal die früher dargelegten Gedanken aufzugreifen.

Als empirische Grundlage der Pädagogik wird heute vielfach die soziologische Forschung ausgewertet. Konstellationen des Elternhauses, zeiteigentümliche Strömungen und viele andere Fakten werden in Betracht gezogen, um ganz allgemein Wege zu einer besseren erzieherischen Beeinflussung der Jugend zu finden. Dieses Vorgehen läßt aber nur wenig praktische Ergebnisse erwarten. Wegen zahlreicher Zeitgesetzlichkeiten des Kulturgeschehens kommt man mit den aus dieser Sicht aufgebauten Planungen fast notwendig und regelmäßig zu spät. Außerdem sind viele sogenannte Milieu- oder Zeitfaktoren niemals zu ändern. Daß die Ausmerzung grob sittenwidriger Erscheinungsformen aus dem Geistes- und Sozialleben gefordert werden muß, ist selbstverständlich, bedarf aber nicht der Begründung durch tiefschürfende Umfragen und Erhebungen. Der einzige praktische Ansatzpunkt der Erziehung ist der Minderjährige selbst, ein Eingehen auf seine Besonderheit und eine systematische Steuerung seines Verhaltens. Im Mittelpunkt der Pädagogik des Rechtsbrechers steht die Belehrung, daß er das Recht zu beachten hat. Seinem Verhalten werden Grenzen gesteckt, ganz gleich, ob er sie gesinnungsmäßig anerkennt, oder ob er seine Gesinnung dem Rechtsgedanken unterordnet. Gleichzeitig mit dem Tadelscharakter der Rechtsfolge soll dem straffällig gewordenen Jugendlichen eine Hilfe dazu geboten werden, daß er nicht so leicht rückfällig wird. Zuchtmittel vermögen diese Erziehungshilfe oft besser zu leisten als mildere Einwirkungsmittel. Welche Rolle der Strafe und vor allem der Strafvollstreckung im besonderen zukommt, möchten wir in einem späteren Abschnitt noch erörtern.

Alle Wege der Verhaltenssteuerung sind der sittlichen Erziehung unterzuordnen und dürfen nur dann mit Ausschließlichkeit beschritten werden, wenn die charakterologische Beurteilung ihre Anwendung als allein sinnvoll erscheinen läßt. Niemals sollen die Prinzipien, die sich aus dem Gebot der Zucht, der Strenge und der Konsequenz ergeben, das entscheidende Fundament der Pädagogik bilden. Das ebenso berühmte wie berüchtigte Nietzsche-Wort: Gelobt sei, was hart macht, verdient keinesfalls als allgemeines Erziehungsideal zu gelten. Diese Einseitigkeit wäre noch psychologiefremder als die Überbewertung einer ethisch hochstehenden Gesinnungsbildung. Die Forderung der Strenge und der Konsequenz sollte als ein sekundäres, aber nicht weniger wichtiges Leitziel der Erziehung anerkannt werden. Für einzelne Jugendliche weist es den gegebenen Erziehungsweg, wenn überhaupt ein sozial positiver Erfolg erreicht werden soll. Einer Ideologie zuliebe diese Einsicht zu vernachlässigen, ist unseres Erachtens ein sittliches Pflichtversäumnis gegenüber der Jugend. Wenn wir erwarten, daß die Minderjährigen lernen, ein gesetzmäßiges Leben zu führen, kann auf eine gewisse Härte nicht verzichtet werden. Man möge getrost, auch wenn mit solchen Redeweisen hin und wieder Mißbrauch getrieben wird, von „liebevoller Strenge“ sprechen. Lieblose

Strenge wirkt sich sehr leicht verhängnisvoll aus. Man kann auch einfach sagen, daß der Jugendliche zum Gehorsam erzogen werden soll. Wo seine sittliche Urteilskraft versagt, muß nach den Worten des Schweizer Jugendpsychiaters *Jakob Lutz* der Respekt vor der Autorität geweckt werden.

Zahlreichen Jugendlichen fehlt es bei moralisch fester Vorsatzbildung an Konsequenz in der Lebensführung. Charakterologisch finden wir in diesen Fällen entweder eine große Betriebsamkeit oder eine vorherrschende Willensschwäche. Abgesehen von allen anderen Gesichtspunkten, die bei der Erziehung solcher Menschen maßgebend sein können, ist das Vorleben einer konsequenten Haltung für ihre Charakterbildung und Verhaltenssteuerung von größter Bedeutung. Im Rahmen der Rechtsprechung besteht die Möglichkeit, die in der Konsequenz liegende Überzeugungs- und Erziehungskraft auszunutzen oder den durch sie zu gewinnenden Eindruck zu verfehlen. Dies soll vor allem in einem Punkt erläutert werden. Wir greifen dabei auf einen Hinweis von *Joachim Hellmer* zurück, in dessen Werk über Erziehung und Strafe sehr viele bedeutungsvolle und fruchtbare Aussprüche zu finden sind. *Hellmer* sagt, daß ein Jugendlicher durch „eine ungleiche Behandlung ähnlich gelagerter Fälle auf das ungünstigste beeinflußt, ja für die ganze weitere Zukunft in seiner sittlich-seelischen Entwicklung vergiftet werden kann." Die ungleiche Behandlung, die hier gemeint ist, sei „unvermeidbar, wenn Erziehung zum Zumessungsprinzip erhoben wird". Durch die in der Praxis des Jugendstrafverfahrens geübte Rechtsanwendung entsteht in der Tat leicht der Eindruck der Inkonsequenz. Daß dies einen erzieherisch ungünstigen Einfluß hat, ist zwar keine allgemein gültige Aussage, trifft aber zweifellos für diejenigen Jugendlichen zu, die nur durch Konsequenz erzogen werden können. Diese Menschen spüren in erstaunlicher Weise jede Inkonsequenz. Sie bewirkt bei der inneren Erlebnisverarbeitung eine Aufweichung ihrer ohnehin labilen Haltung. Daß beispielsweise für gleichaltrige Heranwachsende vom Richter unter ähnlichen Tatumständen völlig unvergleichliche Rechtsfolgen verhängt werden, ist vielen Minderjährigen vom Prinzip her nicht einleuchtend und fördert ihre eigene Inkonsequenz. Wo gleiche Taten oder Straftäter gleichen Alters wesentlich verschieden behandelt werden, müssen die Gründe der unterschiedlichen Behandlung schon sehr überzeugend sein, wenn der Eindruck der Konsequenz nicht verfehlt werden soll. Leider ist hier eine schwache Stelle der Jugendkriminalrechtspflege, die erzieherisch generell als ungünstig bezeichnet werden muß, auch wenn dieser Einfluß sich nur in Einzelfällen nachteilig auswirkt.

Es wäre lohnend und sehr verlockend, hier noch eingehender das Problem zu behandeln, in welcher Weise sich individualisierende und generalisierende Richtlinien in der Erziehung durchsetzen müssen, jedoch würde damit der uns gesteckte Rahmen gesprengt. Vom psychologischen oder charakterologischen Standpunkt ließe sich hierzu manches sagen. Viele Gedanken zu diesem Problem wären auch unter dem Aspekt der

Gerechtigkeit zu erläutern. Das ist aber eine juristische Frage. Wir möchten nur noch von einem Prinzip oder von einer Funktion der Erziehung sprechen, die wir als Anleitung zur Selbsterziehung bezeichnet haben.

Neben der Vermittlung von sittlichen Wertmaßstäben und neben allen Methoden einer pädagogisch wirksamen Verhaltenssteuerung muß es als die umfassendste Aufgabe der Erziehung angesehen werden, den jungen Menschen ausdrücklich zur Selbsterziehung anzuleiten. Das bedeutet, ihn zu einer zielbewußten Verwirklichung der sittlichen Imperative und zugleich zur Übernahme einer verantwortungsbewußten Eigeninitiative in der praktischen Einstellung zum Leben zu veranlassen. Mit dem Lauf der Entwicklung tritt jeder Minderjährige sozusagen naturgesetzlich aus dem Einfluß und Verantwortungsbereich seiner Erzieher heraus, so daß er selbst die Verantwortung für sich übernehmen muß. Von einem bestimmten Zeitpunkt ab werden entscheidende Möglichkeiten einer Lenkung von außen durch die Aufgabe der Selbsterziehung abgelöst. Schon beim schulpflichtigen Kind räumt unsere Gesellschaftsordnung der verantwortlichen Eigeninitiative ein immer größeres Feld ein. In den frühesten Stadien der Kindheit kann nur durch Übung und Konsequnz zunächst eine Gewohnheitsbildung angestrebt werden, die ein erstes Fundament für jede Regelmäßigkeit der Lebensführung und Verhaltenssteuerung legt. *Heinz Remplein* hat in seinem reichhaltigen und oft empfohlenen Werk über „die seelische Entwicklung des Menschen im Kindes- und Jugendalter" sehr zutreffend geschrieben, daß sich „die Gewöhnung als die früheste, vom ersten Tag des Lebens zu gebrauchende Erziehungsform" darstellt. Schon in den ersten Lebensjahren kommt etwas anderes hinzu. Die Unterscheidung von lustvoll und unlustvoll, zweckmäßig und unzweckmäßig wird mehr und mehr mit moralischen Akzenten versehen, und es beginnt die sittliche Erziehung, die Gut und Böse zu unterscheiden lehrt und ganz allgemein einen Respekt vor menschlichen Werten weckt. Schließlich gewinnt der Minderjährige mit dem Übergang zur Jugendzeit eine immer größere Selbstständigkeit, so daß ihm auch das Bewußtsein des Verantwortlichseins vermittelt werden muß. Für die Zeit des Jugendalters darf noch zu gleichen Teilen neben den Zielsetzungen der Selbsterziehung ein Anspruch auf fremdverantwortliche Erziehung erhoben werden. Mindestens mit dem 18. Lebensjahr muß der Selbsterziehung und Selbstverantwortlichkeit eindeutig ein Übergewicht gegenüber allen anderen pädagogischen Einwirkungsmöglichkeiten zugesprochen werden. Die erzieherischen Außeneinflüsse verlieren zwar bis zum Lebensende nicht ihre Bedeutung, treten aber doch ganz zurück gegenüber der persönlichen Aufgabe der Selbsterziehung.

Man mag den Einwand erheben, daß sich eine verantwortungsbewußte Selbstkontrolle zwangsläufig aus einer sittlich gefestigten Haltung ergebe, und man daher immer hier den selbsterzieherischen Ansatz suchen müsse. Diese Erwartung erfüllt sich aber nicht in allen Fällen, weil charakterliche

Gegebenheiten diesem Postulat entgegenstehen. Die Erfahrung lehrt, daß sich auch auf der Ebene einer lediglich durch Übung und Zucht erfolgten Verhaltensregulierung eine gewisse Selbstdisziplinierung einstellen kann. Jedoch selbst bei starkem sittlichen Halt und einer den sozialen Erfordernissen wohl angepaßten Verhaltensprägung muß in jedem Menschen für besondere moralische oder situative Belastungsmomente das Bewußtsein des Verantwortlichseins bereitliegen. Je mehr ein Mensch der Obhut seiner Erziehungsberechtigten entwächst, um so eher bedarf er einer ständigen Selbstkritik und einer Disziplinierung, die ihn jederzeit zu verantwortungsbewußten Entschlüssen oder Entsagungen befähigt. Bei dem großen Durchschnitt der Menschen wird man in dieser Hinsicht zwar nicht allzu hohe Ansprüche stellen dürfen, aber ein Minimum, etwa das Vermeiden von Gesetzesübertretungen, muß doch gefordert werden. Ob bei dem einzelnen Menschen diese Form der Selbststeuerung in einer moralischen Haltung begründet ist, oder ob sie sich als rein opportunistische Maxime in den verschiedenen Bereichen der Lebensführung auswirkt, hängt zusätzlich immer auch von der charakterlichen Artung und von der allgemeinen Verfestigung der Haltung ab.

Selbsterziehung ist der Weg, der den Menschen immer wieder über sich hinaus führt. Durch Gesinnungsbildung allein ist derselbe Erfolg nicht ohne weiters zu erlangen. Die Selbsterziehung bewährt sich im täglichen Kampf mit allen möglichen innerlichen Schwächen. Für jeden Menschen gibt es Versuchungssituationen, in denen er sich nach dem allgemeinen Sprachgebrauch überwinden muß, um etwas Gebotenes zu tun oder etwas Unrechtes zu unterlassen. Eine sehr labile Persönlichkeit kann ihre Selbsterziehung schon dort beweisen, wo sie sich in kritischen Situationen stabiler zeigt als man es von ihr gewohnt ist. Faßt der Mensch einen besseren Entschluß als nach dem früher von ihm Bekannten zu erwarten gewesen wäre, so ist er damit einen Schritt über sich hinaus gewachsen. Führt die weitere Entwicklung in dieser Richtung zu einer günstigen Gewohnheitsbildung, dann ergibt sich daraus ein Zuwachs an eingeschliffener Verhaltenssteuerung. Jeder Schritt im weiteren Verlauf des Lebens stellt aber neue Aufgaben der Selbsterziehung. Kein Mensch erreicht je den Punkt, der als Endziel seines verantwortlichen Bemühens angesehen werden könnte. Das Leben führt uns in immer wieder andere Bereiche, die uns mannigfache Bewährungsproben auferlegen. Jeder Lebensberater vermag sich als Helfer einzuschalten. Auch für den Arzt und den Psychologen muß es als ein legitimes Tätigkeitsfeld angesehen werden, den Menschen zur Selbsterziehung anzuleiten. Viele, die nicht mit sich selbst fertig werden und ärztlichen oder psychologischen Rat suchen, bedürfen des Hinweises auf ihre Selbstverantwortlichkeit. Eine konstruktive Psychotherapie ist ohne dieses Ziel nicht denkbar, ganz gleich, auf welchen Umwegen einer weitläufigen Exploration oder eines langwierigen Zuspruchs sie es zu erreichen versucht. Man mag im Rahmen der psychotherapeutischen Arbeit einige sittliche Akzente in das Gespräch einbauen, sollte aber darin nicht das Wesentliche sehen, sondern ganz schlicht die Anleitung zur Selbsterziehung im Auge behalten. *Victor E. Frankl* hat am deutlichsten auf eine solche Aufgabe der Psychotherapie hingewiesen. Er betont in seinen Schriften wiederholt, daß der Mensch für seine Lebensführung oder auch für seine Einstellung zu Gesundheit und Krankheit — nicht dagegen für die Krankheit selbst — verantwortlich gemacht werden müsse. Allerdings stellt *Frankls* Logotherapie gleichzeitig das „Geistige“ etwas zu sehr in den Mittelpunkt des psychotherapeutischen Tuns. Es wäre lohnend — kann hier aber nicht durchgeführt werden — bei ihm die Grenze zwischen weltanschaulichem Übergriff und sinnvollem Appell an die Selbsterziehung aufzuzeigen. Für unsere Darlegunggen möge der Hinweis auf die Gedanken von *Victor E. Frankl* genügen. Selbsterziehung als entscheidender Ansatzpunkt aller Psychagogik und Psychotherapie hat zwar mit den charakterlichen Möglichkeiten des Einzelnen zu rechnen, ist aber doch als generelle Zielsetzung anzusehen. Unter zweckmäßiger Ausnutzung der seelischen Reserven eines Menschen und unter Berücksichtigung der situativen Gegebenheiten seines Lebensraumes müssen die soziale Anpassung und die innerseelische Verfassung so gesteuert werden, daß im Verantwortungsbewußtsein ein Schwerpunkt des Lebens gesehen wird. Daraus erwachsen schließlich alle selbsterzieherischen Impulse.

Mehr als jeder andere ist der Richter berufen, nach der Vollbringung eines Rechtsbruches an die Verantwortlichkeit des Täters zu appellieren und für die Zukunft an die Notwendigkeit einer Selbsterziehung zu erinnern. Welche Mittel hierzu geeignet sind, kann aus psychologisch-psychiatrischer Sicht allein nicht beurteilt werden. Jedenfalls scheint uns der Hinweis ganz wesentlich, daß eine richterlich verhängte Maßnahme auch unter diesem Aspekt gesehen werden muß. Vielfach läßt sich nicht scharf unterscheiden, ob das Übel der Rechtsfolge zu einer wirksamen Disziplinierung nach Art der Abschreckung oder zu einem Appell an das Verantwortungsbewußtsein mit selbsterzieherischen Nachwirkungen führt. Beides sollte jedoch bei der Zumessung bedacht werden. Wenn eine Resozialisierung jugendlicher Rechtsbrecher nicht bis zur sittlich verankerten Gesinnungsbildung vorgetrieben werden kann, sollte sie doch nicht bloß eine Art Zwangseinordnung in die Gesellschaft bezwecken, die den jungen Menschen mit bedingten Reflexen ausrüstet, um ihn in den Grenzen des Rechtes zu halten und vom Unrecht abzuschrecken. Der rechte Weg ist dort gefunden, wo ein Aufruf zur Selbsterziehung ergeht. Das ist aber nur möglich, wenn nicht allzu unkritisch von einer Unreife der Minderjährigen oder von ähnlichen verantwortlichkeitsmindernden Faktoren gesprochen wird. Zur Bekräftigung dieses Hinweises möchten wir mit *Richard Lange* den Ausspruch des namhaften Pädagogen *Herman Nohl* wiederholen: Das Verantwortlichmachen ist eine unserer stärksten erzieherischen Mächte — diejenige, an der die Erziehung zur Freiheit hängt.

Wir möchten darauf verzichten, über den Katalog der Weisungen und Erziehungsmaßregeln, wie sie das Jugendgerichtsgesetz vorsieht, hier Einzelausführungen zu machen. Der Gesetzgeber hat versucht, dem Richter einen großen Spielraum für seine Entscheidungen einzuräumen, jedoch weist die damit gewonnene Elastizität sowohl positive als auch negative Seiten auf. Nicht immer steht hinter der Originalität und dem Einfallsreichtum, mit denen die einzelnen Rechtsfolgen verfügt werden, die pädagogische Instinktsicherheit, die bei einer mehr oder weniger improvisierenden Handhabung der Maßnahmen erforderlich ist. Von vielen Seiten wurde das von dem Darmstädter Jugendrichter *Karl Holzschuh* beschriebene Vorgehen als exemplarisch gelobt. Zweifellos verdienen seine Gedanken und Prinzipien, die er wiederholt kasuistisch belegt hat, Bewunderung. Es dürfte sicher sein, daß er persönliche Erfolge in der Behandlung jugendlicher Rechtsbrecher verzeichnen kann, die bei formalistischer Handhabung eines starren Gesetzeskodex nicht leicht zu erzielen wären. Jedoch erhebt sich die Frage — und sie ist oft genug auch von Juristen gestellt worden —, ob die Erfordernisse der Rechtsordnung und der Gerechtigkeit hier ein praktikables Fundament besitzen. Unsere forensisch-psychologisch-psychiatrische Erfahrung läßt uns noch sehr skeptisch sein.

Zu den einzelnen im Gesetz verankerten Erziehungsmaßregeln kann hier nicht ausführlich Stellung genommen werden. Die Einrichtung der Erziehungsbeistandschaft oder Fürsorgeerziehung sind in erster Linie als Wege zur Überwachung des Verhaltens geeignet. Im Rahmen der Fürsorgeerziehung kann dies bis zur Freiheitsentziehung führen. Die zugeteilten Erzieher werden selbstverständlich auch an die Eigenverantwortlichkeit appellieren müssen, finden aber zu einer in dieser Hinsicht wirksamen Behandlung meist nur in sehr beschränktem Umfang Gelegenheit. Die Weisungen stellen einfache Buß- oder Beschränkungsauflagen dar, die erfahrungsgemäß immer nur darauf gerichtet sind, den Jugendlichen von bestimmten Versuchungssituationen fernzuhalten, um somit einen bescheidenen Einfluß auf die Steuerung seines Lebensweges zu nehmen.

Nur von der in § 10 Abs. 2 JGG vorgesehenen Auflage einer heilpädagogischen Behandlung sei hier etwas eingehender gesprochen, weil sie unmittelbar in den jugendpsychiatrischen Bereich hineinfällt. Im Gesetzestext heißt es: „Der Richter kann dem Jugendlichen auch mit Zustimmung des Erziehungsberechtigten und des gesetzlichen Vertreters auferlegen, sich einer heilpädagogischen Behandlung durch einen Sachverständigen zu unterziehen." Wir halten diese vom Gesetzgeber getroffene Regelung nicht für glücklich. Zu dem Aufwand einer stationären Behandlung fehlen im allgemeinen schon die materiellen Voraussetzungen, da die Krankenkassen die Kosten nur selten übernehmen, der Justizfiskus — wie auf dem Jugendgerichtstag in Regensburg 1962 mitgeteilt wurde — lediglich in einzelnen Bereichen Geld zur Verfügung stellt, und die Angehörigen die Zahlung kaum leisten können oder auch nicht leisten wollen. Solange die Frage nicht gesetzlich geregelt ist, muß der Richter zwangsläufig in der Anwendung dieser Maßnahme zurückhaltend sein, weil ihre Verwirklichung auch bei gutem Willen des Jugendlichen möglicherweise nicht erfolgen kann. Rein rechtlich dürfte dieses Risiko untragbar sein. Eine lediglich ambulante Behandlung, die hinsichtlich der Kosten weniger aufwendig wäre, könnte schließlich nichts anderes als eine etwas intensivere Erziehungsbeistandschaft sein, die man schwerlich als eine heilpädagogische Behandlung ansprechen würde. Schließlich ist ausdrücklich zu betonen, daß jede auf richterliche Anordnung erfolgende ärztliche oder psychotherapeutische Maßnahme auf einem psychologisch schwachen Fundament steht. Wir möchten diese sehr vielschichtige Frage hier nicht eingehend erörtern, zumal sich wahrscheinlich nur ein sehr unfruchtbarer Standpunktstreit daraus entwickeln würde. Unsere Erhebungen haben ergeben, daß der Vorschlag einer Behandlung nach § 10 Abs. 2 JGG nur von einer ganz kleinen Zahl der jugendpsychiatrisch tätigen Gutachter gelegentlich gemacht wurde, und zwar durchweg noch mit einer uns wenig überzeugenden Begründung. Wir müssen es uns versagen, hierüber Einzelheiten mitzuteilen.

Sehr bemerkenswert erscheint uns in diesem Zusammenhang eine Arbeit von *Horst Pfeiffer* aus der Marburger Schule. In diesem Arbeitskreis ist zweifellos am ehesten zu erwarten, daß eine Behandlung nach § 10 Abs. 2 JGG empfohlen und auch durchgeführt wird, weil von dort wahrscheinlich die entscheidenden Impulse zur Einführung dieses Paragraphen ausgingen. *Pfeiffer* berichtet nun, daß in einem Zeitraum von fünf Jahren nur dreimal eine vom Sachverständigen vorgeschlagene heilpädagogische Behandlung erfolgt ist. Zehn weitere Minderjährige, die ohne den Sachverständigen oder gar gegen dessen Meinung vom Richter diese Auflage erhielten, wurden erfolglos behandelt. Die von *Horst Pfeiffer* im einzelnen angegebenen Einschränkungen für die erfolgversprechende Anwendung des § 10 Abs. 2 JGG lassen im Zusammenhang mit der seltenen Anwendung die Zweckmäßigkeit dieses rechtlichen Weges nicht gerade zuversichtlich beurteilen. Jedenfalls glauben wir dringend empfehlen zu müssen, daß in diesem Punkt alsbald eine Gesetzesrevision erfolgt. Obwohl es unser selbstverständliches ärztliches oder psychologisches Anliegen ist, jeden gefährdeten Jugendlichen womöglich zu beraten oder in geeigneter Weise heilpädagogisch zu betreuen, läßt sich diese Aufgabe doch kaum mit dem verbinden, was wir als Sachverständige zu leisten haben. Jeder Gutachter weiß, daß es in den meisten Fällen unvereinbar ist, gleichzeitig als ärztlicher Berater und als medizinischer (oder psychologischer) Sachverständiger tätig zu sein. Die menschlichen Konflikte, die sich daraus ergeben, und die meist unumgängliche Befangenheit durch ein besonderes Vertrauenverhältnis, wie es der Arzt und der Psychologe sich im Behandlungsfalle verschaffen muß, sind der gutachterlichen Beurteilung nicht dienlich. Bei Jugendlichen kann das nicht anders gesehen werden als bei Erwachsenen. Unsere diesbezügliche Skepsis kann auch schwerlich durch den Einwand ausgeräumt werden, daß sich die Behandlung nach § 10 Abs. 2 meist erst an die Begutachtung anschließt. Man ist nämlich in seiner Stellung als Gutachter schon dann zwangsläufig beeinträchtigt, wenn man darauf hintendiert, den Jugendlichen in Behandlung zu nehmen. Ihn zu einem anderen Sachverständigen in Behandlung zu geben, wird allgemein als nicht sinnvoll angesehen. Alle diese Gedanken haben uns bisher abgehalten, überhaupt jemals an die Empfehlung der Anwendung des § 10 Abs. 2 JGG zu denken.

Unsere Ausführungen über Erziehung mögen mit einigen zusammenfassenden Sätzen ihren Abschluß finden. Da wir als psychologisch-psychiatrische Gutachter nicht nur vielen erzieherischen Aufgaben begegnen und gewachsen sein müssen, sondern auch im Rahmen des Jugendstrafverfahrens häufig genug zu diesen Fragen Stellung zu nehmen haben, erscheint es uns gerechtfertigt, hier einige grundsätzliche Gedanken zu vertreten. Jede Pädagogik muß auf psychologischen und charakterologischen Erkenntnissen aufbauen. Daraus ergibt sich die Konsequenz, bei der Verschiedenheit der Charaktere auch verschiedene erzieherische Wege zu beschreiten. Als höchstes Ziel gilt die sittliche Erziehung auf der Basis einer weltanschaulich fundierten Gesinnungsbildung. Eine unerläßliche Ergänzung sehen wir in den Methoden der Verhaltenssteuerung. Im ersten Falle richtet sich die Einwirkung mehr auf die innere Haltung, im zweiten mehr auf die äußere. Die rein äußere Regulierung des Verhaltens ist schon im Säuglingsalter anzuwenden. Sie findet in der Erziehung zum Gehorsam während der Kinder- und Jugendzeit einen weiten Entfaltungsraum. Der Schlüssel aller Erziehung liegt in der Anleitung zur Selbsterziehung. Bei Jugendlichen stellt sich innerhalb der Rechtsprechung die besondere pädagogische Aufgabe, das Gefühl oder die Erkenntnis einer persönlichen Verantwortlichkeit zu wecken. Die verschiedenen Funktionen der Erziehung müssen sich selbstverständlich im allgemeinen ergänzen, machen aber im Einzelfall doch eine wechselnde Gewichtsverteilung notwendig. Ideologische Einseitigkeiten der pädagogischen Haltung gerade gegenüber minderjährigen Rechtsbrechern stimmen den psychologisch und forensisch Erfahrenen ebenso bedenklich wie die einseitige Erziehung zum Gehorsam mit den Mitteln der Strenge und einer starren Geradlinigkeit. Den Jugendlichen zum verantwortungsbewußten und sozial angepaßten Menschen erziehen, verlangt, daß man ihm diese Verantwortung und soziale Verpflichtung nachdrücklich ins Bewußtsein ruft, sei es mit den Mitteln der Sühne, mit Bußauflagen oder mit geeigneten Mitteln anderer Art. Von den verantwortungsbeschränkenden Momenten, von Unreife und ähnlichen Gesichtspunkten sollte man im Interesse der Erziehung nur mit äußerster Zurückhaltung sprechen, zumal sich alle diesbezüglichen Aussagen durchweg auf ganz vage empirische Fakten oder auf eine lediglich postulierte Zuordnung stützen.

Strafen

In Anlehnung an den einleitend zitierten zweiten Absatz des § 5 JGG fassen wir in diesem Abschnitt unsere Anmerkungen zum Thema der Zuchtmittel und der Jugendstrafe zusammen. Zunächst sei betont, daß gerade in diesem Punkt das psychologisch-psychiatrische Sachverständnis am allerwenigsten ausreicht, um verbindliche Beiträge zu liefern. Maßnahmen der Züchtigung oder Mittel des Strafens stehen dem Arzt oder dem Psychologen in seiner besonderen Tätigkeit nicht zu. Beide können daher auch nicht von speziellen Erfahrungen berichten, es sei denn, hier und da zeige sich ihnen der evidente Erfolg oder Mißerfolg des Strafens. Alle Gedanken, die wir vorbringen können, sind getragen von unserer menschlichen Haltung, von einer erzieherischen Verpflichtung und von einem Respekt vor der Rechtsordnung. Diese Voraussetzungen werden durch unsere berufliche Tätigkeit im Rahmen der forensischen Gutachterpraxis ständig angesprochen und berechtigen uns, eine wohlbegründete Meinung auch zum Thema des Strafens zu vertreten. Gelegentlich ist von psychologischer und selten auch von psychiatrischer Seite sehr einseitig über Wert und Unwert des Strafens geurteilt worden. Wer etwa im Sinne *Paul Reiwalds* das Recht des Staates zum Strafen generell verneint, darf nicht den Anspruch erheben, als Sachverständiger vor dem Gericht tätig zu sein. *Richard Lange* hat diesen Gesichtspunkt als erster ausgesprochen und mit großer Sachlichkeit behandelt. Viele moderne Vertreter der Heilpädagogik und ihrer Grenzgebiete propagieren sehr nachdrücklich die These: Heilen statt Strafen. Unter diesem Schlagwort werden mehr oder weniger ideologische Fehden ausgetragen, von denen wir uns grundsätzlich distanzieren. Daß Strafe im Einzelfall ein ganz wichtiges Hilfsmittel der Erziehung darstellt, haben wir genügend deutlich zum Ausdruck gebracht.

Strafe bedeutet aber, abgesehen von ihrer erzieherischen Funktion, in erster Linie Sühne. In welchen Grenzen sie als solche anwendbar und gegebenenfalls notwendig ist, kann nur normativ festgestellt werden. Strafe als Sühne ist nach dem Maß der Gerechtigkeit zu bemessen. Bei der Verhängung einer Strafe muß sich die salomonische Kunst des Richterberufes bewähren. Eine gerechte Strafe kann nicht der psychologischen Kritik unterzogen werden. Allenfalls ist es eine ärztliche oder psychologische Aufgabe, die Kranken und im strengen Sinne des Wortes zurechnungsunfähigen Menschen vor Strafe zu bewahren. Ihnen steht der Schutz des § 51 StGB zu, über den wir schon unsere Ausführungen gemacht haben. Wenn bei einem Rechtsbrecher nicht die Zurechnungsfähigkeit eingeschränkt oder aufgehoben ist, dann hat der Richter bei gegebenem Anlaß von seinem Recht des Strafens Gebrauch zu machen. Es entspricht dem Gebot der Gerechtigkeit, daß in jungen Jahren nicht die gleichen Strafen angewandt werden können wie im Erwachsenenalter. Von den Problemen der Strafunmündigkeit, der bedingten und vollen Strafmündigkeit haben wir schon ausführlich gesprochen. Hier können also nur noch einige zusätzliche Erläuterungen gegeben werden.

Wir halten es für undurchführbar, etwa nach dem Vorschlag des Jugendpsychiaters *Friedrich Meinertz* im Jugendstrafrecht Erziehungsstrafen von Rechtsstrafen zu unterscheiden. Jede Strafe muß gegenüber den Jugendlichen beide Aufgaben berücksichtigen, sie muß womöglich ihre erzieherischen Funktionen und zugleich ihren sühnenden Zweck erfüllen. Der Gedanke, daß eine lediglich als Sühne verhängte Strafe erzieherisch ungünstige Folgen haben würde, entspricht einem ganz unrealistischen Vorurteil. Nachteilig auf die Seele des Jugendlichen kann sich nur die ungerechte, und zwar sowohl die zu milde als auch die unverhältnismäßig strenge Strafe auswirken. Allenfalls gibt noch das, was der Strafvollzug mit seinen psychologischen Unzulänglichkeiten verursacht, Grund zu berechtigter Kritik an unserem Strafsystem.

Zu einem psychologischen Problem wird die Strafe, sobald es um den Strafvollzug geht. Hier gewinnt die Erziehung auf der ganzen Breite des menschlich und organisatorisch Möglichen einen wichtigen Entfaltungsraum. Neben den Mitteln der sittlichen Bildung und religiösen Betreuung haben die Gebote der Zucht ihre Berechtigung. Darüber hinaus darf im Rahmen der Freiheitsentziehung der Appell an die Selbsterziehung und Selbstverantwortung nicht vernachlässigt werden. Diese gelingt nur dadurch, daß die Strafe gleichzeitig sehr intensiv als Sühne und Entsagung erlebt wird. Alle Einzelprobleme, die den Strafvollzug und seine erzieherischen Möglichkeiten betreffen, lassen sich hier leider nicht aufzeigen. Als einen wichtigen Punkt haben wir immer erkannt, wie notwendig es ist, dem Zusammensein und den Gruppierungen der Jugendlichen eine besondere Aufmerksamkeit zu schenken. Inwieweit man nach dem Vorbild von *Gerhard Mauch* auch bei Jugendlichen oder Heranwachsenden Gruppentherapie oder andere Formen der Psychotherapie innerhalb des Strafvollzuges verwirklichen kann, sei dahingestellt. Jedenfalls ist während der Dauer der freiheitsentziehenden Maßnahmen der größte Spielraum für eine unter der Obhut der Justiz durchzuführende Erziehung gegeben. Der Einsatz von Psychologen oder von Jugendpsychiatern, die eine sozialpädagogische Aktivität mit ebensoviel psychologischem als realistischem Denken verbinden, erscheint dabei durchaus wünschenswert. Welche Sonderaufgaben sich in diesem Rahmen ergeben, vermögen wir mangels eigener Erfahrung nicht darzulegen. Daher können alle diesbezüglichen Anmerkungen hier auch nur beiläufig eingeflochten werden. Die Strafvollzugseinrichtungen für Jugendliche haben in der Ausnutzung erzieherischer Möglichkeiten schon zahlreiche Wege beschritten und teilweise fruchtbare Vorstöße gemacht. Es fehlt aber vielerorts doch noch an einer entsprechenden Aufgeschlossenheit, weil der erzieherische Auftrag im allgemeinen mehr den Richtern als den Strafvollzugsbeamten zugedacht wird. Daß diese Sicht die psychologischen Voraussetzungen der Erziehung verkennt, möge als ein kritischer Hinweis noch angefügt sein.

Eine besondere psychologische und pädagogische Problematik liegt in dem Problem der Strafaussetzung auf Bewährung, die im Jugendgerichtsgesetz nach den §§ 20, 27 und 45 JGG möglich ist. Die Kommentare zum Jugendgerichtsgesetz weisen zwar darauf hin, daß jede Form der Bewährung nur nach gründlicher Erforschung der Persönlichkeit des Täters beschlossen werden solle; an verbindlichen Kriterien für eine solche Entscheidung fehlt es jedoch allenthalben.

Immer wieder erlebt man bei rückfälligen Rechtsbrechern, daß sie eine früher auf Bewährung ausgesetzte Strafe gar nicht als solche erkannten, sondern das Urteil vielmehr als Freispruch werteten. Andere minderjährige Straftäter bauen die Strafaussetzung auf Bewährung so sehr in ihre Berechnungen ein, daß sie sich durch eine Zubilligung derselben ebenso als noch-einmal-davon-gekommen betrachten wie bei dem Nichtaufdecken einer Straftat. Nur wenige erleben sie als Chance, die ihnen gegeben wird, oder als echte Gnade des Richters und bewerten diese Geste entsprechend hoch. In der Regel wird vorausgesetzt, daß durch die während der Bewährungszeit fortbestehende Strafdrohung eine besondere Abschreckung vor weiteren Straftaten zu erwarten sei. Zahlreiche Rechtsbrecher finden jedoch bei ihrer Verführbarkeit durch eine noch laufende Bewährungsfrist keine Stärkung ihres inneren Haltes. Um die charakterologischen Voraussetzungen richtig zu beurteilen und um die Zweckmäßigkeit einer Bewährung abzuschätzen, liefern die dominanten Charaktermerkmale der Jugendlichen ein entscheidendes Fundament. Wir haben diese Gesichtspunkte im Rahmen der psychologischen Ausführungen hinreichend erläutert und können nur auf die entsprechenden Abschnitte verweisen. Kurz zusammengefaßt sei hier gesagt, daß überall dort, wo die Strafe allein in ihrer abschreckenden Wirkung erzieherisch erfolgreich sein kann, wie bei den gemütsarmen Jugendlichen, eine Aussetzung auf Bewährung psychologisch widersinnig ist. Für die Willensschwachen bringt jede Bewährungssituation die Gefahr mit sich, daß ein Versagen in der Bewährungszeit zu einem endgültigen Erlahmen der Gewissensregungen führt. Haben sich kriminelle Entgleisungsformen bei den verschieden gearteten Tätern schon weitgehend verfestigt, dürfte Bewährung ihren erzieherischen Zweck immer verfehlen. Weil sie nur selten einen Anreiz für das persönliche Verantwortungsgefühl darstellt, sollte man die Bewährung nicht allein unter erzieherischem Aspekt, sondern ebenso unter dem Gesichtspunkt der Gerechtigkeit anwenden.

Über die einzelnen Zuchtmittel und Strafmaßnahmen, sowie über die Voraussetzungen, unter denen sie im Einzelfall anzuwenden sind, sei hier nicht weiter gesprochen. Dem psychologisch-psychiatrisch Erfahrenen scheint es sehr begrüßenswert, daß die Skala der Einwirkungsmöglichkeiten nach dem geltenden Jugendgerichtsgesetz sehr breit ist. Die Erziehungsmittel oder Strafformen lassen sich deshalb weitgehend auf den einzelnen minderjährigen Täter zuschneiden. Ob es allerdings in der täglichen Rechtspraxis auf die Dauer gelingen wird, die individuelle

Auswahl immer glücklich zu treffen, muß sich erst erweisen. Solange noch allzu viel Mißbrauch mit den Begriffen Reife und Unreife getrieben wird, sind die Voraussetzungen der Strafzumessung vom Standpunkt unseres Erfahrungsbereiches nicht überzeugend.

Abschließend sei noch einmal betont, daß unseres Erachtens Strafe, die in erster Linie Sühne sein soll, ihren erzieherischen Zweck nur dann erfüllen kann, wenn sie das Verantwortungsbewußtsein des jugendlichen Rechtsbrechers stärkt. Daß darüber hinaus im Rahmen des Strafvollzugs erzieherische Möglichkeiten ausgenutzt werden müssen, ist ein anderes Problem. Der Minderjährige, der gegen das Gesetz verstoßen hat, muß lernen, die Verantwortung bei sich selber zu suchen. Eine gerechte Strafe, die dieses Ziel verfolgt, ist — wie *Richard Lange* mit seinem Lehrer *Eduard Kohlrausch* betont — wie keine andere Maßnahme berufen, „die Kraft des Könnens zu stählen". Wir möchten auch — um einen ehrwürdigen Pädagogen zu zitieren — noch einmal auf die bedeutende Schrift von *Friedrich Wilhelm Foerster* „Schuld und Sühne" hinweisen, die wegen ihrer bemerkenswerten Aspekte von 1911 bis 1961 mehrere Auflagen erlebte. *Foerster* schreibt: „Also nicht ‚Erziehung statt Strafe', sondern: ‚Erst Strafe, dann Erziehung'! Die Strafe ist Vorbedingung der Erziehung, weil ohne klare Sühne überhaupt der richtige Standpunkt gegenüber dem eigenen Vergehen fehlt." In diesem Zitat liegt eine pädagogische Einsicht, die wir zur Kenntnis nehmen und respektieren müssen. Wir können ihr schwerlich eine durch psychiatrisch-psychologische Erfahrung begründete Meinung entgegenstellen.

Sicherung

Im allgemeinen Strafrecht treten neben die verschiedenen Strafformen sogenannte „Maßregeln der Sicherung und Besserung". Der Sinn dieser gesetzlichen Bestimmungen liegt darin, daß im Interesse der öffentlichen Sicherheit in allen den Fällen, bei denen eine Strafe nicht angezeigt oder nicht ausreichend erscheint, eine Verwahrung des Täters oder andere Vorkehrungen erfolgen, die einer zu befürchtenden Rückfälligkeit entgegenwirken. Daß in diesem Zusammenhang ausdrücklich auch von Besserung die Rede ist, hat nur sehr geringe praktische Bedeutung. Besserung soll letzten Endes auch durch jede Strafe oder im Jugendrecht durch die Erziehungsmaßnahmen erreicht werden. Es bleibt also in erster Linie der Sicherungsgedanke ausschlaggebend, wenn die hierfür vorgesehenen Maßnahmen angewandt werden.

Das Jugendgerichtsgesetz besagt in § 7: „Als Maßregeln der Sicherung und Besserung im Sinne des allgemeinen Strafrechtes können nur die Unterbringung in einer Heil- oder Pflegeanstalt oder die Entziehung der Erlaubnis zum Führen von Kraftfahrzeugen angeordnet werden." Die Unterbringung in einer psychiatrischen Abteilung, die hier noch mit der außerhalb der Rechtsprechung nicht mehr üblichen Bezeichnung Heil- und

Pflegeanstalt benannt ist, kann nur unter den Voraussetzungen des § 42b StGB erfolgen: „Hat jemand eine mit Strafe bedrohte Handlung im Zustand der Zurechnungsunfähigkeit (§ 51 Abs. 1, § 55 Abs. 1) oder der verminderten Zurechnungsfähigkeit (§ 51 Abs. 2, § 55 Abs. 2) begangen, so ordnet das Gericht seine Unterbingung in einer Heil- oder Pflegeanstalt an, wenn die öffentliche Sicherheit es erfordert. Dies gilt nicht bei Übertretungen. Bei vermindert Zurechnungsfähigen tritt die Unterbringung neben die Strafe.“

Der Entzug des Führerscheins ist durch § 42m StGB geregelt: „Wird jemand wegen einer mit Strafe bedrohten Handlung, die er bei oder im Zusammenhang mit der Führung eines Kraftfahrzeuges oder unter Verletzung der dem Führer eines Kraftfahrzeugs obliegenden Pflichten begangen hat, zu einer Strafe verurteilt oder lediglich wegen Zurechnungsunfähigkeit freigesprochen, so entzieht ihm das Gericht die Fahrerlaubnis, wenn er sich durch die Tat als ungeeignet zum Führen von Kraftfahrzeugen erwiesen hat.“

Zur Frage des Führerscheinentzuges wird der Sachverständige im Strafverfahren nur ganz selten Stellung zu nehmen haben. Dies kann lediglich in den Fällen geschehen, in denen die Untersuchung eine krankhafte Störung oder eine Geistesschwäche ergeben hat. Auch wenn diese medizinisch diagnostischen Feststellungen für die strafrechtliche Beurteilung als nicht auschlaggebend angesehen werden und die Voraussetzungen des § 51 StGB nicht erfüllt sind, können unter besonderen Umständen Gründe zur Verneinung der Fahrtauglichkeit vorliegen. So ist es durchaus möglich, daß ein intellektuell unterbegabter und vielleicht infolge Hirnschädigung leicht wesensgeänderter Minderjähriger als strafmündig und voll verantwortlich beurteilt wird und doch für die Teilnahme am motorisierten Straßenverkehr als untauglich bezeichnet werden muß. Sind dagegen umgekehrt die Voraussetzungen des § 51 StGB in Verbindung mit einem Verkehrsdelikt erfüllt und darf gleichzeitig erwartet werden, daß bei einer zukünftigen ähnlichen Handlung voraussichtlich wieder die Voraussetzungen einer verminderten oder aufgehobenen Zurechnungsfähigkeit vorliegen, dann sollte auf jeden Fall ein Führerscheinentzug nachdrücklich empfohlen werden. Dies gilt in erster Linie für Kranke mit epileptischen Anfällen, mit schweren Hirnverletzungen, mit einer Schizophrenie oder auch für erheblich Schwachsinnige oder für zugleich charakterlich sehr auffällige Minderbegabte. Liegen die Bedenken gegen die Verkehrstüchtigkeit ausschließlich auf charakterlichem Gebiet, so bedarf es einer sorgsamen Abwägung der für und gegen den Beschuldigten anzuführenden Faktoren. Die Entscheidung hierüber muß letzten Endes der Richter unter Auswertung des Strafregisters und der anstehenden Verurteilung vornehmen. Das Mitsprechen des Gutachters spielt hier eine wesentlich geringere Rolle als bei der Erörterung der Zurechnungsfähigkeit und der damit verbundenen Unterbringungsmaßnahmen. Nicht nur die von *Karl Lackner* erörterte Frage, ob die Entziehung der Fahrerlaubnis bei Anwendung reiner Erziehungsmaßnahmen möglich sei, sondern auch alle weiteren diesbezüglichen Probleme sind in erster Linie Rechtsfragen, zu denen der Sachverständige nur wenig beitragen kann.

Als ein wesentlicher Punkt bleibt im Rahmen dieses Abschnittes also nur die Unterbringung nach § 42 b StGB in Verbindung mit § 7 JGG zu besprechen. In allen Kommentaren wird gemäß einer Entscheidung des Bundesgerichtshofes aus dem Jahre 1951 betont, daß bei Jugendlichen die Frage der Unterbringung in einer psychiatrischen Abteilung besonders eingehend und sorgfältig zu prüfen sei. Dieser Empfehlung liegt der Gedanke zugrunde, daß einem Minderjährigen in der Umgebung seelisch Kranker sehr leicht ein Schaden für seine Entwicklung zugefügt werden könne. *Hermann Schmitz* hat demgegenüber erst kürzlich sehr zutreffend ausgeführt: „Im Hinblick auf minderjährige Rechtsbrecher dürfte die Maßregelpraxis nach § 42 b vom Vollzug her nicht mit mehr Fragwürdigkeit und Anfechtbarkeit belastet sein als der Jugendstrafvollzug und die Fürsorgeerziehung im Rahmen der jeweiligen Zuständigkeit dieser Maßnahmen." Daß der Sachverständige die Übernahme des kriminell entgleisten Minderjährigen in ärztliche Obhut nur dann empfiehlt, wenn er darin eine menschliche und öffentlich rechtliche Notwendigkeit und gleichzeitig eine psychologisch vertretbare Maßnahme sieht, dürfte selbstverständlich sein.

Mit *Ella Koll-Bernards*, die in jüngster Zeit zu dem Problem der Unterbringung von Minderjährigen Stellung genommen hat, halten wir es für ratsam, stets die Zweckbestimmung der Heil- und Pflegeanstalt zu beachten. In den seltensten Fällen kann der Gesichtspunkt einer Heilbehandlung geltend gemacht werden. Die Aufgabe der Anstalt ist es darüber hinaus — auch wenn diese Einrichtungen heute mehr und mehr Kliniks- oder Krankenhauscharakter anzunehmen bestrebt sind — ein Asyl für seelisch defekte und daher der Verwahrlosung ausgelieferte Menschen zu bilden. Neigen dieselben gleichzeitig zu Verstößen gegen die Rechtsordnung, wird man anläßlich ihrer Verurteilung eine Unterbringung veranlassen können. Die im eigentlichen Sinne gemeingefährlichen, aggressiven und brutalen Rechtsbrecher sind nur dann in die ärztliche Obhut der Anstalt zu übernehmen, wenn eine krankhafte Störung im Sinne der Schizophrenie, eine schwere Form der Epilepsie oder eine Hirnschädigung ernsterer Art vorliegt. Dabei handelt es sich in erster Linie um die Fälle, für die eindeutig die Voraussetzungen des § 51 Abs. 1 StGB zugebilligt werden. In allen anderen Fällen, also bei Anwendung des § 51 Abs. 2 StGB, sollte man zumal bei Jugendlichen — so haben es übereinstimmend auch *Hermann Schmitz* und *Ella Koll-Bernards* betont — eher Jugendstrafe oder gegebenenfalls *Fürsorgeerziehung* empfehlen, bevor unter einseitiger Betonung des Sicherungsgedankens eine Unterbringung gemäß § 42 b StGB erfolgt. Hier darf wohl der Gedanke von *Ella Koll-Bernards* aufgegriffen werden: „Meines Erachtens ist eine zeitlich längere Jugendstrafe immer noch gegenüber einer anschließenden Unterbringung das leichtere Mittel, sicherlich auch ein pädagogischeres."

Für die psychiatrische Anstalt sind nicht die andernorts als unverbesserlich erkannten Minderjährigen geeignet, wenn sie nicht eindeutig eine krankhafte Störung bieten. Weder der Grad der Verwahrlosung und deren postulierte neurotische Entstehung noch das Ausmaß der Gemeingefährlichkeit allein erfüllen die Voraussetzungen für eine Unterbringung in der Heilanstalt. Mit größter Zurückhaltung wird man auch die lediglich charakterlich Abartigen — also die sogenannten Psychopathen — in eine psychiatrische Abteilung überführen. Es erweist sich als die Folge einer allzu großzügigen Anwendung des § 51 StGB für nicht krankhafte seelische Zustände, daß auch die Konsequenz des § 42 b StGB gelegentlich in ungeeigneten Fällen erwogen wird. Wenn bei einem zweifellos in Zukunft gemeingefährlichen Minderjährigen nicht primär die Voraussetzungen des § 42 b StGB unter Berücksichtigung des Zweckgedankens einer psychiatrischen Anstalt bejaht werden können, sollte erst gar nicht die Möglichkeit des § 51 StGB ernsthaft in Betracht gezogen werden. Ausnahmen von dieser Richtlinie wären bei Abwägung der dargelegten Gedanken ganz besonders zu begründen.

Eine zahlenmäßige Übersicht geben unsere früher schon angeführten Erhebungen. Wir konnten ermitteln, daß in 600 Gutachten über jugendliche Rechtsbrecher 48 mal die Anwendung des § 42 b StGB vorgeschlagen wurde. In 41 Fällen stand der Schwachsinn als Begründung für die Unterbringung im Vordergrund. Er war jeweils mit mehr oder weniger abnormen Charakterzügen verbunden. In drei Viertel dieser Fälle, insgesamt also bei 36 Minderjährigen, unter denen 30 schwachsinnig waren, wurde § 51 Abs. 1 StGB bejaht, während bei dem letzten Viertel — insgesamt zwölf Minderjährige mit elf Schwachsinnigen — der § 51 Abs. 2 StGB angemessen erschien. In den weiteren Fällen lautete die Diagnose fünfmal Epilepsie, in je einem Schizophrenie und Manie. Meist begingen die betroffenen Täter Eigentumsdelikte, vorwiegend Diebstähle im Rückfall. Elfmal wurde ein Sittlichkeitsdelikt, zweimal eine Brandstiftung, zweimal ein Mordversuch und einmal ein Raub zur Last gelegt.

Betrachten wir im einzelnen, welche Maßstäbe hierbei angelegt worden sind, so findet sich eine ziemlich einheitliche Handhabung des § 42 b StGB in den Sachverständigengutachten. Den ärztlichen Gesichtspunkten widerspricht es ein wenig, wenn gelegentlich formuliert wird, daß zwar zur Zeit die Voraussetzungen des § 42 b StGB noch nicht bejaht werden könnten, sie sollten aber für den Rückfall dem Täter „angedroht" werden.

Die Schwachsinnigen machen den größten Teil der Untergebrachten aus. Das geht auch aus der Übersicht von *Hermann Schmitz* hervor. Wenn bei Hirngeschädigten mit einer Epilepsie, bei Schizophrenen und bei Kranken mit einer Manie die Voraussetzungen der Unterbringung bejaht werden, dann dürften solche Fälle sehr selten strittig sein. Ob ein schwachsinniger Rückfalldieb, vor allem wenn er nur als vermindert zurechnungsfähig und nicht als zurechnungsunfähig eingeschätzt wird, seine pädagogisch optimale Unterbringung in einer Heil- und Pflegeanstalt erfährt, mag dahingestellt sein. Oft bietet sich keine andere praktikable Lösung an, es sei denn, die Jugendrichter würden sich in solchen Fällen zu einer großzügigen Verhängung von Jugendstrafe entschließen.

Der Gutachter hat sich bei der Beantwortung der Unterbringungsfrage stets darüber zu äußern, ob mit hoher Wahrscheinlichkeit zu erwarten ist, daß der Täter auch nach Abschluß des Verfahrens oder nach Verbüßung der Strafe noch ein schweres Delikt begehen wird. Das darf bei einem langen Strafregister, bei erkennbar antisozialen Auswirkungen des Gesamtverhaltens oder bei starker krimineller Dynamik einer Einzeltat oft ohne weiteres bejaht werden. Darüber hinaus muß aber auch die nach der Erfahrung in bestimmten Krankheitszuständen liegende potentielle Gefahr berücksichtigt werden. Ein Schizophrener, der seine Neigung zu Rechtsbrüchen schon einmal erwiesen hat, ist grundsätzlich gefährlicher und unberechenbarer als die meisten Schwachsinnigen.

Sehr schwer läßt sich häufig die Frage entscheiden, wie lange die Unterbringung dauern soll. § 42f StGB besagt: „Die Unterbringung dauert so lange, wie ihr Zweck es erfordert", sie ist an keine Frist gebunden. Das Gericht hat lediglich „jeweils nach dem Ablauf bestimmter Fristen zu entscheiden, ob der Zweck der Unterbringung erreicht ist". Bei der Unterbringung in der Heil- und Pflegeanstalt beträgt diese Frist drei Jahre. Die Prüfung kann auch „während des Laufes" dieser Frist erfolgen. Nach der psychiatrischen Erfahrung ist der geeignete Zeitpunkt der Entlassung oder das Erreichen des Zweckes der Unterbringung selten eindeutig zu bestimmen. Liegt eine manische Phase vor, so darf nach ihrem Abklingen ohne weiteres die Entlassung empfohlen werden. Bei einer Schizophrenie, bei den Schwachsinnszuständen oder bei anderen seelischen Krankheitsformen infolge Hirndefekt bleibt jede Entlassung mit einem mehr oder weniger großen Risiko verbunden. Zeigt sich durch das Verhalten in der Anstalt ein eindeutiges Fortbestehen grober antisozialer Neigungen, dann muß der Zweck der Unterbringung als offensichtlich nicht erfüllt angesehen werden. Ist die Einfügung in die Anstaltsordnung jedoch zufriedenstellend und fehlen Anhaltspunkte für eine akute Krankheitsperiode, dann bleibt es eine reine Ermessensfrage, wann die Unterbringung beendet werden kann. Die Besonderheit der begangenen Delikte, die Zahl der früheren Rückfälle und die schon abgelaufene Dauer der Unterbringung werden bei der Entscheidung mitberücksichtigt werden müssen. Verbindliche Kriterien für die Voraussage bietet uns die Empirie nicht immer. Das Problem der Prognose, über das wir später noch kurz sprechen wollen, tritt hier mit all seinen Unsicherheitsfaktoren hervor. Ob in diesen Fällen immer in dubio pro reo oder gelegentlich auch contra reum zu entscheiden ist, muß im Einzelfall abgewogen werden. In der Literatur und in den gerichtlichen Entscheidungen herrscht, wie wir den

Ausführungen von *Hans Jürgen Bruns* entnehmen, hierüber keine ganz einheitliche oder verbindliche Meinung. Wer die Entscheidung zur Entlassung trifft, möge nun der Arzt oder Richter das maßgebende Wort sprechen, übernimmt eine manchmal schwer zu tragende Verantwortung. Das Wohl des Einzelnen und das Wohl der Allgemeinheit lassen sich in diesem Punkt ganz besonders schwer gegeneinander abgrenzen.

Wir möchten die Maßregeln der Sicherung, die für den Sachverständigen in der Regel keine ernsteren Probleme aufgeben, hier nicht weiter kritisch erläutern. Zusammenfassend sei nur betont, daß man bei der Empfehlung zur Anwendung des § 42b StGB immer auch die Zweckbestimmung einer psychiatrischen Anstalt im Auge behalten sollte. Der rechtlich wohl entscheidende Zweck einer Unterbringung, nämlich die Sicherung gegenüber der Öffentlichkeit, kann nicht als der allein ausschlaggebende Gesichtspunkt gewertet werden. Krankheit oder Geistesschwäche müssen eindeutig erwiesen sein, wenn die Unterbringung empfohlen wird. Die lediglich charakterlich Abartigen, die sogenannten Psychopathen, sollten nur in ganz besonderen Ausnahmefällen gemäß § 42b StGB untergebracht werden, auch wenn sie sich bei vorausgehender Fürsorgeerziehung oder im Strafvollzug schon als gänzlich unverbesserlich erwiesen haben. Gerade, wenn es so ist, darf der Weg in die Heilanstalt nicht als letzter Ausweg gelten. In den meisten derartigen Fällen erfüllt der Strafvollzug den Zweck der „Sicherung und Besserung" leichter und wirksamer als die psychiatrische Anstalt.

Das Problem der Prognose

Der Ausdruck Prognose ist ein medizinischer Begriff. Deshalb können, wie *Heinz Leferenz* schon betont hat, Bedenken erhoben werden, den gleichen Ausdruck in die forensische Psychologie zu übertragen. Wir sprechen von der Prognose einer Krankheit, weil uns die allgemeine ärztliche Erfahrung bestimmte Verlaufsgesetzlichkeiten erkennen läßt, die wir bei zutreffender Diagnose auf den Einzelfall übertragen können. Im forensischen Bereich ist von einer anderen Prognose die Rede, nämlich von einer Verhaltensprognose, bei der völlig andere Maßstäbe anzulegen sind. Wie sich ein Minderjähriger oder auch ein Erwachsener in Zukunft verhalten wird, läßt sich nur sehr unbestimmt aus seinem früheren Verhalten und aus den konstanten Merkmalen seiner Eigenart herleiten. Jederzeit ist damit zu rechnen, daß günstige oder ungünstige äußere Umstände eine völlig unerwartete Weiterentwicklung auslösen. Insbesondere vermag eine Wandlung der inneren Haltung zu einer entscheidenden Umkehr in der Lebensführung beizutragen. Ob wir bei einem jugendlichen Rechtsbrecher künftiges Wohlverhalten oder kriminelle Rückfälligkeit erwarten dürfen, kann allenfalls in einigen Grenzfällen mit eindeutig ungünstiger oder mit sicher günstiger Prognose vorausgesehen werden. Für die Mehrzahl der minderjährigen Straftäter ist die Prognose ungewiß und keine Wahrscheinlichkeitsrechnung auf der Grundlage statistischer Erhebungen vermittelt uns für den Einzelfall zuverlässige oder treffsichere Anhaltspunkte. Im Gegensatz zum Verlauf einer Krankheit ist das Handeln des Menschen — wenn auch manchmal in bescheidenen Grenzen — stets dem freien Willen unterworfen. Die bei jedem Menschen gegebene Möglichkeit einer überraschenden Änderung in seiner Lebensgeschichte zwingt uns zu größter Zurückhaltung in der Voraussage. Weder die Gunst und Ungunst des Schicksals noch die unter ihrem Einfluß sich vollziehenden Fortschritte an moralischer Gesinnung oder an opportunistischer Einsicht lassen sich in eine Prognosetafel einbeziehen. Daher bleibt jede Vorhersage, die zur Grundlage von Rechtsentscheidungen gemacht wird, ausnahmslos mit großen Bedenken belastet. Eine ungünstige Prognose läßt oft in unangemessener Weise Maßnahmen ergreifen, die jede Chance der Bewährung ausschließen, während die günstige Prognose sehr leicht dazu führt, daß die Möglichkeiten, einen besseren Erziehungserfolg zu erreichen, im entscheidenden Augenblick verfehlt werden. Letzte Sicherheit kann hier keine empirische Methode vermitteln. Den Ausschlag muß die Waage der Gerechtigkeit geben.

In der Jugendkriminalrechtspflege werden heute größte Erwartungen in die Fortschritte der Prognoseforschung gesetzt. Die Untersuchungen und Ergebnisse von *Sheldon* und *Eleanor Glueck* gaben der verbreiteten Zuversicht beachtlichen Auftrieb. Im deutschen Sprachraum haben vor allem die Darlegungen von *Erwin Frey* vielfache Beachtung gefunden. Der Schweizer Kriminologe hat versucht, nach einem Punktesystem unter den Frühkriminellen die Rückfallverbrecher zu erkennen. Während das Ehepaar *Glueck* den sozialen Fakten zunächst besondere Aufmerksamkeit schenkte, suchte *Erwin Frey* zugleich die persönlichen Merkmale der Täter mit zu erfassen. Jedoch ist selbst gegenüber dieser Methode sicher die Skepsis angebracht, die *Heinz Leferenz* in folgende Worte kleidet: „Nicht das Punkteverfahren, sondern *Frey* selbst ist es, der gute Prognosen stellt." Daraus geht treffend hervor, daß auch die von *Erwin Frey* empfohlene Persönlichkeitsbeurteilung subjektive Momente umfaßt. Abgesehen von einigen Schülern des Kriminologen *Franz Exner*, deren Untersuchungen Jahrzehnte zurückliegen, stehen heute alle namhaften deutschen Autoren der kriminologischen Prognoseforschung sehr zurückhaltend gegenüber. Der mit den Problemen der sozial gefährdeten Minderjährigen besonders vertraute Psychiater *Werner Munkwitz* hat erst kürzlich wieder geschrieben: „Eine Prognose über das zukünftige Sozialverhalten eines kriminell gewordenen Jugendlichen oder Heranwachsenden zu stellen, ist nach wie vor problematisch." Auch die von *Gottfried Döring* zuletzt veröffentlichten Prognosetafeln, die eine „wissenschaftlich fundierte Prognose" ermöglichen sollen, aber nach den Worten des Verfassers doch „kein Allheilmittel zur Bekämpfung falscher Prognosen" sind, können nicht als wesentliche Bereicherung für den Juristen oder für den Sachverständigen angesehen werden. *Heinz-Rolf*

Lückert hat als Psychologe die Schwierigkeiten der Prognosebeurteilung in seinem soeben erschienenen Werk „Problematik der Persönlichkeits-Diagnostik“ ebenfalls sehr kritisch behandelt.

Die Fragen, die dem Gutachter vom Jugendrichter vorgelegt werden, sind entweder ausdrücklich auf die Stellung einer Prognose gerichtet, oder sie beziehen sich mehr indirekt auf ein Abwägen der möglichen Weiterentwicklung des Minderjährigen. Da alle Maßnahmen im Jugendrecht auf Erziehung abgestellt sein sollen, wird praktisch der Blick regelmäßig auf die zukünftigen sozialen Einordnungsmöglichkeiten gelenkt. Die Frage, wie die Resozialisierung zu fördern sei, steht im Mittelpunkt des Täterstrafrechts für Jugendliche, das sich darin wesentlich vom Schuldstrafrecht des allgemeinen Strafgesetzbuches unterscheidet. Im Rahmen unserer Besprechung der Erziehungs-, Straf- und Sicherungsmaßnahmen haben wir schon die grundlegenden Gedanken zu einer prognostischen Beurteilung angeschnitten. Es seien daher nur noch einige Gesichtspunkte hervorgehoben.

Wir haben nach unseren Erfahrungen die Erkenntnis gewonnen, daß man eine Verhaltensprognose nicht aus einer Fülle von Merkmalen nach Art der mehrdimensionalen Diagnostik aufbauen kann, wie es unter dem Einfluß des soziologischen Positivismus der modernen Kriminologie so häufig geschieht. Familiäre Belastungen, vermeintlich objektive Milieueinflüsse und psychodynamische Konstruktionen bieten zwar einen großen Reichtum von mehr oder weniger wertvollen Anhaltspunkten. Entscheidend bleibt aber einzig und allein, daß die evident dominanten Grundzüge des Verhaltens und der Erlebnisverarbeitung aufgedeckt werden, die eine charakterologische Aussage ermöglichen. Jede individuelle Eigenart, die in der Vergangenheit durchgehend die Leistungen und Verfehlungen eines Minderjährigen bestimmt hat, wird sich mit größter Wahrscheinlichkeit in ihren positiven oder negativen Auswirkungen auch in der Zukunft durchsetzen. Dabei gilt es abzuwägen, inwieweit sich bestimmte Verhaltensweisen schon verfestigt haben, und in welchem Maße die Kräfte des Gewissens und des Willens die Grundlage für eine Besserung darstellen. Erwiesene Gewissens- oder Gemütsschwäche, die ihren Ausdruck in kalter Brutalität finden, oder eine evidente Willensschwäche, die sich in einer oft erbarmenswerten Verführbarkeit ausdrückt, stellen die zuverlässigsten Merkmale einer ungünstigen Sozialprognose dar, sobald der Weg der Kriminalität schon betreten oder gar längere Zeit verfolgt worden ist. Sind diese Merkmale bei einem Minderjährigen überzeugend ausgeprägt, dann wird man auch bei noch so günstigen äußeren Lebensumständen immer gewichtige prognostische Bedenken hegen müssen. Legt in solchen Fällen der Unrechtsgehalt einer Tat eine für den Einzelnen harte Strafe oder Maßnahme nahe, so wird man bei dem Charaktermerkmal der Gewissens- und Gemütsarmut oder bei einer entsprechenden Willensschwäche wegen ihrer prognostisch ungünstigen Bedeutung nicht zu zögern brauchen, möglichst strenge Maßstäbe anzuwenden. Fast alle anderen charakterologischen oder situativen Gesichtspunkte — mögen sie eine statistisch noch so große Rolle spielen und daher den Kriminologen besonders wichtig erscheinen — sind nicht geeignet, ein überdurchschnittlich nachteiliges Urteil für den Täter zu begründen oder gar Sicherungsmaßnahmen gegen ihn zu ergreifen, es sei denn, daß auch bei andersartiger Charakterstruktur oder bei einer intellektuellen Minderbegabung eine starke Fixierung kriminellen Fehlverhaltens erwiesen ist. Lassen die begangenen Rechtsbrüche eine kriminelle Gewohnheitsbildung erkennen, so ist wegen der damit stets verbundenen Erlahmung des Besserungswillens eine auf psychologisches Verständnis aufbauende Form der Resozialisierung kaum noch erfolgversprechend — ganz gleich welche der früher besprochenen psychologischen Merkmale den Charakter prägen.

Im Unterschied zum Problem der ungünstigen Prognose erscheint uns bei jugendlichen Rechtsbrechern die empirische Begründung einer günstigen Prognose noch schwieriger. Nimmt man die erwähnten Fälle aus, die ein eindeutig sozial und kriminell gefährliches Persönlichkeitsprofil bieten, so erscheint es angemessen, mit einem generellen Wohlwollen gegenüber jugendlichen Straftätern und mit einem starken pädagogischen Optimismus stets auf deren gute Weiterentwicklung zu hoffen. Psychologisch den Beweis erbringen, daß ein einmal kriminell entgleister Minderjähriger eine gute Prognose hat und nicht mehr in der gleichen oder in einer ähnlichen Weise rückfällig wird, dürfte praktisch unmöglich sein. In der forensischen Praxis muß man davon ausgehen, daß jeder erste Rechtsbruch, wenn er nicht unmittelbar eine starke kriminelle Dynamik erkennen läßt, kein ungünstiges prognostisches Indiz darstellt, auch wenn in der charakterlichen Grundstruktur sich gewisse Gefährdungsmomente feststellen lassen. Wird aber der hinreichend gewarnte oder schon einmal durch ein Gerichtsverfahren gegangene Jugendliche erneut straffällig, so ist damit für die Prognose ein schwerwiegendes negatives Faktum gegeben. Zwar rechtfertigt nicht jede Form der Rückfälligkeit gleich eine Hoffnungslosigkeit für das zukünftige Verhalten. Gerade in diesen Fällen muß man genauer die Grundmerkmale der Persönlichkeit zu erfassen suchen. Der Hinweis auf dominante Charakterzüge kann unter solchen Umständen ganz wesentliche Schlußfolgerungen für die Prognose erbringen. Mindestens beim zweiten Rechtsbruch muß die Entscheidung sehr gewissenhaft abgewogen werden, ob noch weitere Milde vertretbar erscheint, oder ob schon ausgesprochen strenge Maßnahmen geboten sind. Dabei werden immer auch Anhaltspunkte aufzugreifen sein, die in der Gerichtspraxis bei Zubilligung von mildernden und erschwerenden Umständen nach den Richtlinien des Strafgesetzbuches ganz allgemein täglich angewandt werden. Sie sind in das Ermessen des Richters gestellt, gründen sich auf die von ihm in der Rechtsanwendung gewonnene Erfahrung und entsprechen seiner speziellen Menschenkenntnis. Nach den Leitzielen einer wissenschaftlichen Psychologie oder einer soziologisch orientierten Anthropologie für die Prognose noch besser gesicherte oder gar exakte Maßstäbe zu suchen, muß mit gutem Grund als ein wenig aussichtsreiches Bemühen bezeichnet werden. Diese kritische Feststellung darf nicht als Ausdruck einer unangemessenen Skepsis angesehen werden, vielmehr erwächst sie aus einer klaren Erkenntnis der Grenzen jeder psychologischen Aussagemöglichkeit.

Bei der Erstellung von Gutachten auch in Prognosefragen haben wir uns immer daran zu erinnern, daß die Maßstäbe der Gerechtigkeit und der Rechtlichkeit für die Beurteilung einer Tat nicht mit den psychologischen oder charakterologischen Kriterien zusammenfallen oder engstens korrelieren, und daß wir mit dem Anspruch, den wir in unsere Aussagen legen, zurückhaltend sein sollten. Allzu viel Beweisbares und für den Richter über seine eigenen Erkenntnismöglichkeiten Hinausreichendes haben wir als Sachverständige in der reinen Verhaltensprognose kaum zu bieten. Ein reines psychologie-gemäßes Täterstrafrecht kann auch das Jugendrecht nicht werden, wenn es überhaupt noch einen Rechtsauftrag erfüllen will. So ergibt es sich, daß etwa eine nach ihrem Unrechtsgehalt schwere Straftat oft für den Täter zu mehr oder weniger harten Rechtsfolgen führt, die auch bei größtmöglicher Milde des Richters aus dem Gesichtswinkel der charakterologischen Diagnose und der psychologischen Prognose nicht immer angemessen erscheinen. Auch Strafmilde kann nach psychologischen und pädagogisch-prognostischen Gesichtspunkten gelegentlich als unzweckmäßig angesehen werden, und doch muß der Richter aus rechtlichen Gründen Milde walten lassen, wenn es der Tatbestand gebietet. Daher wird nicht selten eine theoretisch noch so überzeugende Prognosebeurteilung für die Urteilsfindung ausgeklammert werden müssen. Diese von der Rechtsprechung gesetzte Grenze gegenüber psychologischen Feststellungen, sollte dem Sachverständigen ebenfalls bewußt bleiben, sonst ergeben sich im Gespräch mit dem Richter leicht Mißverständnisse.

Im Rahmen unserer allgemeinen Darlegungen zum Thema der Prognose sei auch ein uns immer wieder wichtiger Gedanke noch einmal eingeflochten. Charakterologische oder reifungspsychologische Faktoren, soweit sie prognostisch gewertet werden oder als Merkmale der Täterpersönlichkeit die Beurteilung einer Straftat richtungweisend mitbestimmen sollen, müssen mit besonderer Klarheit und Eindeutigkeit, das heißt mit unmittelbarer Evidenz, herausgestellt werden. Diese Voraussetzungen sind aber nur gegeben, wenn aus jeder noch so vielperspektivischen oder multifaktoriellen Betrachtung dominante Grundzüge der charakterlichen Eigenart oder stark verfestigte Entgleisungsformen des Verhaltens abgehoben werden. Nur die in diesem Sinne prägnanten psychologischen Feststellungen verdienen — in Verbindung mit den normativen Maßstäben — bei der gerechten Urteilsfindung eine enstprechende Würdigung, ganz gleich ob der prognostische oder der charakterdiagnostische Aspekt zur Diskussion steht.

Einer Erläuterung im einzelnen bedarf das Thema der Prognose in drei Punkten. Rechtsprechung und Gesetzgebung setzen bei den Maßnahmen der Sicherung und Besserung, bei der Verhängung des Freiheitsentzuges in einer Jugendstrafanstalt und bei der in den Verhandlungen über die Strafrechtsreform viel erörterten „vorbeugenden Verwahrung für junge Täter" ausdrücklich eine kriminologische Prognose voraus, so daß wir zu den damit verbundenen Problemen noch kurz Stellung nehmen möchten.

Der § 7 JGG verweist auf den § 42b StGB, über dessen Anwendung und Auslegung wir im vorigen Abschnitt ausführlicher gesprochen haben. Was dort auch schon über die prognostische Frage gesagt wurde, soll hier nur noch ergänzt und mit wenigen Hinweisen unterstrichen werden. Die Unterbringung in einer Heil- und Pflegeanstalt wird davon abhängig gemacht, ob eine fortbestehende Gemeingefährlichkeit des Täters bejaht werden kann. Wichtig erscheint zunächst, daß immer, wenn § 42b StGB zur Anwendung kommt, ein krankhafter Befund oder ein seelischer Defekt vorliegt. Daher hat das Problem der Prognose in diesem Zusammenhang gleichzeitig einen medizinischen Bedeutungsgehalt, weil die Weiterentwicklung der krankhaften Störung mitzubeurteilen ist. Jedoch ist damit keineswegs das entscheidende Problem gelöst. Der Grad und die Eigenart der Krankheit sowie deren Verlaufsgesetzlichkeit lassen nicht unmittelbar Schlüsse auf die Gefährlichkeit des Kranken zu. So kann beispielsweise bei einer für die jeweilige Krankheit ungünstigen Prognose die Gefahr für die öffentliche Sicherheit abnehmen. Oft muß die reale Gefährlichkeit gleichartig Erkrankter sehr unterschiedlich beurteilt werden. Bei der in jedem Einzelfall unter Berücksichtigung der Gesamtsituation zu fällenden Entscheidung hat man keinesfalls die ärztlichen oder psychologischen Gesichtspunkte allein, sondern stets auch die Besonderheit der vollbrachten rechtswidrigen Handlung zu würdigen. Oft wird nicht so sehr der Unrechtsgehalt der Tat, sondern vielmehr die Dynamik und Unberechenbarkeit ihrer Ausführung für die Beurteilung der tatsächlichen Gefährlichkeit ausschlaggebend sein. Damit sind aber schon Gesichtspunkte angesprochen, die in erster Linie der Richter beurteilen muß. Eine Kompetenzabgrenzung ist in diesem Punkt nicht immer leicht und setzt oft eine sehr klare Respektierung der gegenseitigen Zuständigkeiten voraus. Dem Sachverständigen fällt in erster Linie die Aufgabe zu, auf die möglichen Gefährdungsmomente hinzuweisen. Ihre reale Bedeutung hat der Jurist unter Würdigung der Gesamtumstände abzuschätzen. Auch die Frage, ob eine Unterbringung in der psychiatrischen Anstalt voraussichtlich die geeignetste und für den Betroffenen zugleich mildeste Maßnahme darstellt, um seine zukünftige Gefährdung abzuwenden, muß im wesentlichen vom Richter nach Anhören der nächsten Angehörigen und des ärztlichen Gutachters beantwortet werden.

An eine prognostische Beurteilung ist auch immer dann gedacht, wenn gemäß § 17 oder § 19 JGG nach „schädlichen Neigungen" gefragt wird.

Es heißt in § 17 Abs. 2 JGG: „Der Richter verhängt Jugendstrafe, wenn wegen der schädlichen Neigungen des Jugendlichen, die in der Tat hervorgetreten sind, Erziehungsmaßnahmen oder Zuchtmittel zur Erziehung nicht ausreichen oder wenn wegen der Schwere der Schuld Strafe erforderlich ist." § 19 Abs. 1 JGG lautet: „Der Richter verhängt Jugendstrafe von unbestimmter Dauer, wenn wegen der schädlichen Neigungen des Jugendlichen, die in der Tat hervorgetreten sind, eine Jugendstrafe von höchstens vier Jahren geboten ist und sich nicht voraussehen läßt, welche Zeit erforderlich ist, um den Jugendlichen durch den Strafvollzug zu einem rechtschaffenen Lebenswandel zu erziehen."

Die in diesen Gesetzesbestimmungen geforderte Beurteilung des Täters zielt im wesentlichen auf eine Sozialprognose hin. Wenn hier nach „Neigungen" gefragt wird, so klingt ein psychologisches Moment an, das sich jedoch schwer umschreiben oder exakt fassen läßt. Ob die Formulierung des Gesetzestextes angesichts der offenbar in ihr liegenden Intention ganz glücklich ist, sei dahingestellt. Praktisch können wir nur davon ausgehen, daß hier die Rückfalltäter gemeint sind, bei denen eine Erziehung nur durch entsprechend strenge Strafen möglich sein dürfte. Es handelt sich ausschließlich um die Fälle, für die eine eindeutig ungünstige Prognose gestellt werden muß. Mit unseren vorausgehenden Darlegungen über die gewissenlosen, die willensschwachen und über die in ihrer rechtsbrecherischen Haltung sehr stark gewohnheitsgebundenen Täter haben wir schon das Entscheidende über die Frage der „schädlichen Neigungen" gesagt. Für alle so gearteten Minderjährigen erscheint bei entsprechend schwerer Tatschuld das Rechtsmittel der Jugendstrafe immer angezeigt. Welche Kriterien allerdings ausschlaggebend sein können, um nach Ablauf einer gewissen Strafzeit eine Entlassung aus dem Strafvollzug psychologisch oder faktisch zu rechtfertigen, bleibt ein Thema für sich, auf das wir hier nicht näher eingehen möchten. Die zur Betreuung der jugendlichen Gefangenen eingesetzten Fachkräfte werden hierfür ihre eigenen Richtlinien aufstellen müssen. Dabei verdienen wiederum die auch für uns wichtigen charakterologischen Gesichtpunkte eine sehr bevorzugte Würdigung.

Wenn, wie der jüngste Entwurf des neuen Strafgesetzbuches es vorsieht, in Zukunft die sogenannte Jungtäterverwahrung gesetzlich verankert werden sollte, dann würde damit ein prognostisches Problem allergrößten Ausmaßes aufgeworfen. Einen jungen straffällig gewordenen Menschen „vorbeugend" in einer entsprechenden Einrichtung zu „verwahren", wäre selbstverständlich nur möglich, wenn hierfür sehr klare rechtliche und psychologische Entscheidungsgründe vorliegen. Sicher würde man in der Gerichtspraxis sehr bald auch für diese Frage den Sachverständigen in weitem Umfang in Anspruch nehmen, weil von ihm erwartet wird, daß er geeignete diagnostische Festellungen treffen könne. Es mag daher — obwohl nach dem geltenden Strafgesetz noch keine Veranlassung besteht, zu diesem Punkt ausführlicher Stellung zu nehmen — schon jetzt unsere diesbezügliche Skepsis angemeldet werden. Als Psychologen und als Psychiater werden wir schwerlich einen entscheidenden Beitrag zur Urteilsfindung im Einzelfall liefern können. Weitgehend eindeutig würde unsere ungünstige Prognose nur in den Fällen sein, in denen es auch dem Richter nicht schwer fallen dürfte, die Gefährlichkeit des jugendlichen Täters als hinreichend erwiesen zu erkennen. Wir müßten uns ganz auf die Gesichtspunkte beschränken, die wir im Zusammenhang mit dem Begriff der „schädlichen Neigungen" dargelegt haben. Eine genauere Abgrenzung des Kreises, in dem ein sogenannter Jungtäter als verwahrungsbedürftig anzusehen wäre, kann mit psychologischen Erkenntnismitteln nicht erfolgen. Vor allem der Rückgriff auf statistisch gewonnene Prognoseurteile erscheint für die Rechtspraxis mehr als problematisch.

Es dient uns sehr zur Beruhigung, daß auch in juristischen Kreisen die uns bewegenden Bedenken schon laut geworden sind. So hat vor allem der in Jugendrechtsfragen besonders erfahrene Strafrechtler *Karl Lackner* die in diesem Punkt gegebenen Schwierigkeiten klar erkannt und ausgesprochen. Er schreibt in einer Stellungnahme zur vorbeugenden Verwahrung für junge Täter: „Der Entwurf geht hier von einer wesentlichen Voraussetzung aus: Er nimmt an, die Prognoseforschung habe einen solchen Stand erreicht, daß es möglich sei, mit einer für die forensische Praxis ausreichenden Sicherheit unter den jungen Straftätern diejenigen herauszufinden, die in Gefahr sind, sich zum Hangtäter zu entwickeln." Sehr treffend bemerkt *Lackner*, daß in der Diskussion über die kriminologische Prognose „die grundsätzliche Problematik der Willensfreiheit" bisher nicht die gebührende Rolle gespielt habe, und daß „deren Anerkennung jede solche Prognose bis zu einem gewissen Grade fragwürdig macht." In der jeder Rechtsprechung zugrundeliegenden Voraussetzung eines freien Willens liegt das Dilemma jeder empirischen Prognoseforschung. Alle Bemühungen um eine berechenbare Voraussage für das zukünftige Verhaltens eines Menschen bauen auf einem mehr oder weniger deterministischen Denkmodell des sozialen Zusammenlebens auf. Jedoch für den kriminell entgleisten Jugendlichen liegen wie für jeden Menschen — mag der effektive Spielraum seiner freien und abwägenden Lebensführung noch so klein sein — grundsätzlich Bestimmungsgründe des Verhaltens bereit, die sich jeder psychologischen Erfassung und jeder berechnenden Vorausschau entziehen. Nur wenn der Minderjährige mit großer Hartnäckigkeit bewiesen hat, daß ihm jeder Besserungswille fehlt, oder daß er von den Möglichkeiten seines freien Willens keinen besseren Gebrauch machen will, sind die Voraussetzungen zu energischen Eingriffen in seine Freiheit geboten. Das Erkennen dieser Voraussetzungen ist jedoch in der Regel mehr eine Tatbestandsfrage, die nach den groben Zügen des Vorlebens, nach der Erziehungskartei und dem Strafregister zu beantworten ist, als ein mit wissenschaftlichen Mitteln zu klärendes Problem der Charakterbeurteilung. Als Erfahrungswissenschaftler sehen wir uns immer wieder zu der Feststellung gezwungen, daß wir trotz aller optimistisch betriebenen Prognoseforschung viel weniger zuverlässige Aussagen auf diesem Gebiet machen können als es allgemein von uns erwartet wird. Das kann sich auch wegen vieler in der Sache liegender Gründe in Zukunft nicht ändern. Die Ansätze zu einer kriminologischen Prognosebeurteilung sind mehr von theoretisch-soziologischem als von praktisch-forensischem Interesse, solange Recht nach den Maßstäben der Gerechtigkeit gesprochen werden soll.

Dieser Abschnitt, in dem wir uns mit dem Problem der Prognose auseinandergesetzt haben, konnte und sollte nur die Grundlagen der Prognoseforschung kritisch beleuchten. Entscheidend bleibt für uns der Hinweis, daß wir aus der Sicht unseres psychologischen Erkenntnisvermögens keine zuverlässige Voraussage über das zukünftige Sozialverhalten eines jugendlichen Rechtsbrechers machen können. Allerdings erlauben bestimmte charakterologische Feststellungen, vor allem eine evident erwiesene Gewissens- oder Gemütsarmut und eine ausgeprägte Willensschwäche bei schon fortgeschrittener krimineller Entgleisung, bezüglich der noch möglichen Besserung eine fast absolute Hoffnungslosigkeit. In diesen wenigen Fällen liegt aber eine entsprechende Prognose durchweg auch für den Richter auf der Hand, so daß wir ihm kaum eine neue Einsicht vermitteln, sondern gegebenenfalls nur den eigenen Eindruck oder seine eigene Meinung bekräftigen können. Um eine Verhaltensprognose mit einer zur Begründung rechtlicher Entscheidungen ausreichenden Sicherheit zu erhärten, reichen empirisch-wissenschaftliche Hilfsmittel oder statistisch gewonnene Untersuchungsergebnisse niemals aus.

Schlußbemerkungen

Die dieser Arbeit zugrundeliegenden Bemühungen zielen darauf hin, für die forensische Begutachtung jugendlicher Rechtsbrecher die wichtigsten Gesichtspunkte darzulegen und empirisch zu begründen. Für uns bleibt es immer wieder entscheidend, die Reichweite unserer Aussagemöglichkeiten überall deutlich abzugrenzen. Von seiten des Richters und selbst vom Gesetzgeber werden oft zu große Erwartungen an die empirischen Wissenschaften herangetragen. Die verschiedenen Forschungsrichtungen der Kriminalbiologie mit ihren umfangreichen naturwissenschaftlichen und korrelationsstatistischen Untersuchungen sind bestrebt, dem Anspruch gerecht zu werden, den die Rechtswissenschaft dem psychiatrischen oder auch dem psychologischen Sachverständigen entgegenbringt. Die Grenzen der wirklichkeitsnahen Menschenbeurteilung wurden dabei vielfach überschritten. Demgegenüber haben wir versucht, unter Besinnung auf die begrifflichen und methodischen Grundlagen unserer psychologisch-psychiatrischen Begutachtung, das empirisch Gesicherte und das forensisch Belangvolle zusammenzufassen.

Den psychologischen Ausführungen wurde ein größerer Platz eingeräumt als den psychiatrischen, weil die Erkenntnisse der Psychologie auch dem Richter nachvollziehbar sind und in enger Beziehung zum Inhalt seines eigenen Erfahrungsschatzes stehen. Die psychologische Beurteilung eines Menschen gründet sich auf die Erfassung von charakterlichen Merkmalen, die in einer sprachlich unmittelbar einleuchtenden Aussage wiedergegeben werden sollen. Der Richter muß in jeder Psychologie des jugendlichen Rechtsbrechers seine im Gerichtssaal und im Leben gewonnene Menschenkenntnis bestätigt finden. Psychologische Feststellungen, die diese lebendige Beziehung zum Anschauungsunterricht des Alltags nicht aufweisen, verdienen stets eine gewisse Skepsis. So legen wir unsere Ausführungen über die Charakterologie der minderjährigen Straftäter dem Juristen nicht nur zur Belehrung, sondern auch zur Diskussion vor.

Die psychiatrischen Erfahrungstatsachen sind außerhalb des Bereiches einer allgemeinen Menschenkenntnis zu erörtern. Hierüber kann sich der Jurist nur belehren lassen. Dennoch obliegt es ihm, die Grundlagen des methodischen Vorgehens kritisch zu betrachten. In den Abschnitten über die psychiatrischen Beurteilungsgrundlagen haben wir versucht, vor allem den Zugang zur Methodenkritik zu vermitteln, um die Anknüpfungspunkte eines Gespräches aufzuzeigen. Keinesfalls können wir als Sachverständige mit dem Richter über diagnostische Fragen diskutieren, die nur der Erfahrene kritisch zu würdigen vermag. Wichtig dürfte für den Richter die Erkenntnis sein, daß bei der Beurteilung von krankhaften Zuständen zunächst immer die Frage der Diagnose geklärt werden muß. Zu diesem Zwecke sind die eindeutig krankhaften psychischen Auffälligkeiten zu erkennen und richtig zuzuordnen. Um hierüber einige grundlegende Aufschlüsse zu geben, wurde der Einschätzung des Abnormen und der Abgrenzung des Krankhaften vom Nichtkrankhaften eine besondere Aufmerksamkeit geschenkt. Wir mußten darauf verzichten, alle diagnostischen Einzelheiten oder auch nur jeden wichtigen Befund zu erwähnen. Dieses wäre die Aufgabe eines jugendpsychiatrischen Lehrbuches, das wir hiermit nicht vorlegen wollten. Für die Verständigung der Sachverständigen untereinander und für die Meinungsbildung des Richters sind bezüglich der psychiatrischen Fakten nur wenige Orientierungspunkte von Bedeutung, so daß wir uns im wesentlichen ganz auf diese beschränken konnten.

Die Forschung der Fachwissenschaften richtet ihr Augenmerk immer auf die noch nicht geklärten oder zunächst unsicheren Tatsachen. Bemühungen der Rechtsprechung, mit der empirischen Forschung Schritt zu halten, führen leicht dazu, daß der Blick für die gesicherten Bausteine unserer Erfahrung verloren geht. Oftmals wird auch verkannt, daß Lehrmeinungen, die eine weite literarische Verbreitung gefunden haben, sich teilweise nur auf Theorien oder Deutungen stützen. Im Rahmen der forensischen Begutachtungspraxis müssen wir uns von jeder psychologischen oder psychiatrischen Weltanschauung fernhalten. Daher sind vor allem auch jene Lehren wenig zu Wort gekommen, die unter der Bezeichnung einer anthropologischen Psychiatrie heute viel von sich reden machen und sogar bei fast jeder Besprechung der Themen Schuld — Verantwortung — Strafe von Juristen aufgegriffen werden. Wir sehen in einer solchen Entwicklung eine Inflation der Psychiatrie heraufziehen, die leicht auch zu einer Inflation der Rechtsprechung führen kann. Das psychologische und psychiatrische Erfahrungsgut, von dem wir bei der forensischen Beurteilung ausgehen dürfen, wurde hier so weit wie möglich berücksichtigt. Dabei stützen wir uns nicht nur auf wichtige überlieferte Erkenntnisse unserer Fachwissenschaft, sondern auch auf eine reiche Beobachtung normaler, abnormer und seelisch kranker Menschen, die wir in der eigenen täglichen Praxis gewinnen konnten.

Der letzte Abschnitt über die rechtlichen Grundlagen erläutert die eigentlichen Probleme einer forensischen Begutachtung. An Hand der Gesetzesbestimmungen wurden die praktischen Leitlinien der Beurteilung dargelegt. Die Konsequenzen unserer Ausführungen stehen in vielen Punkten nicht im Einklang mit modernen Entwicklungen der Kriminalwissenschaft. Wir glauben aber, in dieser Arbeit wichtige Gedanken aufgegriffen zu haben, die auch im Rahmen der Verhandlungen über die Strafrechtsreform einen Beitrag zur Erörterung zahlreicher noch strittiger Probleme liefern können. Insbesondere wäre zu hoffen, daß in der Frage der Reifebeurteilung mit Hilfe der von uns dargelegten Gesichtspunkte neue Grundlagen für die Rechtspraxis gefunden werden. Es ist schließlich unser Wunsch, daß die Arbeit ihre Anerkennung als ein empirisch wohlbegründeter Beitrag für das Gespräch mit den Juristen finden möge. Der Verfasser wird dankbar sein, wenn er selbst aus der Fortführung dieses Gespräches weitere Anregungen und Erkenntnisse gewinnen kann.

Literaturverzeichnis

Abel, P., Möglichkeiten und Grenzen der Bewährungshilfe, Bewährungsh. 5, 1958, 87.

Adler, A., Über den nervösen Charakter, Wiesbaden 1912.

Adler, A., Studie über Minderwertigkeit von Organen, München 1927.

Aichhorn, A., Verwahrloste Jugend, Die Psychoanalyse in der Fürsorgeerziehung, Wien 1925.

Albrecht, H., Über das Gemüt, Stuttgart 1961.

Allers, R., Heilerziehung bei Abwegigkeit des Charakters, Einsiedeln, o. J.

Anton, G., Entwicklungsstörungen beim Kinde, Berlin 1908.

Arnold, W., Das Problem der Entwicklung in der Systematischen Psychologie, Psychol. Rdsch. 5, 1954, 251.

Aschaffenburg, G., Der Psychologische Sachverständige, Dtsch. Z. gerichtl. Med. 10, 1927, 149.

Aschenheim, E. B., Wie kam es soweit? Tiefenpsychologische Aspekte zur Jugendkriminalität, München 1958.

Asperger, H., Erlebnis und Persönlichkeit, Ein Beispiel, Z. Kinderforsch. 49, 1941, 201.

Asperger, H., Die Psychopathologie der jugendlichen Kriminellen, in: Jugendkriminalität, Salzburg 1952.

Asperger, H., Psychopathologische Erscheinungen als Ausdruck der Zeitsituation, in: Kind und Jugendlicher der Gegenwart, Hg. *L. Prohaska*, Wien, 1956.

Asperger, H., Autistisches Verhalten im Kindesalter, Jb. Jugendpsychiatr. 2, 1960, 53.

Asperger, H., Kriminalität der Instinktgestörten, Wien. med. Wschr. 114, 1964, 637.

Bader, K. S., Kriminalpsychologie oder forensische Psychologie? Zugleich eine Besprechung, Psyche (Heidelberg) 2, 1948/9, 442.

Bader, K., Soziologie der Jugendkriminalität, in: Bekämpfung der Jugendkriminalität, Wiesbaden 1955.

Baeyer, W. von, Neurose, Psychotherapie und Gesetzgebung, Hdb. Neurosenlehre u. Psychother., Bd. 1, 627, München, Berlin 1959.

Becker, W., Jugendgerichtsgesetz, Münster i. W., o. J.

Becker, W., Zweifelsfragen aus dem Jugendgerichtsgesetz, Neue jur. Wschr. 7, 335, 1954.

Behn-Eschenburg, H., Zur Frage der Kinderneurosen, Z. Kinderpsychiatr. 1, 1934, 8.

Bellingroth, F., Triebwirkung des Films auf Jugendliche, Bern, Stuttgart 1958.

Benda, Cl. E., Die Oligophrenien, in: Psychiatrie der Gegenwart, Bd. 2, 1960, 869.

Benda, Cl. E., u. *M. D. Melchior,* Childhood Schizophrenia, Childhood Autism and Heller's Disease, Intern. Rec. Med. 173, 1959, 137.

Bender, L., Children and adolescents who have killed, Amer. J. Psychiatr. 116, 1959, 510.

Benjamin, E., H. Hanselmann u. a., Lehrbuch der Psychopathologie des Kindesalters, Zürich — Leipzig 1938.

Bennett, L., Delinquent and neurotic Children, 1960.

Bennholdt-Thomsen, C., Die Entwicklungsbeschleunigung der Jugend (Grundtatsachen, Theorien, Folgerungen des Accelerationsproblems), Erg. Inn. Med. Kinderheilk. 62, 1942, 1153.

Bennholdt-Thomsen, C., Wachstumsprobleme, Mschr. Kinderheilkd. 97, 1949, 101.

Bennholdt-Thomsen, C., Über das Accelerationsproblem, Zschr. menschl. Vererb. Konstit. lehre 30, 1952, 619.

Bennholdt-Thomsen, C., Der Einfluß der Präpubertät auf die Entwicklung des Kindes, Mschr. Kinderheilk. 103, 1955, 43.

Bennholdt-Thomsen, C., Das gefährdete Kind unserer Zeit, Öff. Ges. dienst 18, 1956, 236.

Berger, Probleme des Jugendstrafrechts unter besonderer Berücksichtigung der Nachkriegsverhältnisse, Dtsch. Zschr. gerichtl. Med. 41, 1952, 267.

Bergius, R., Entwicklung als Stufenfolge, Hdb. Psychol., Bd. 3, 104, Göttingen 1959.

Berner, P., u. *W. Spiel,* Über eine besondere Gruppe von autistischen jugendlichen Kriminellen, Acta paedopsychiatr. (Basel) 27, 1960, 193.

Berner, P., u. *W. Spiel,* Jugendliche Opferstockdiebe, Nervenarzt 32, 1961, 114.

Berner, P., u. *W. Spiel,* Jugendliche Brandstifter, Acta paedopsychiatr. 30, 1963, 197.

Binder, H., Psychopathische Typen, Schw. med. Wschr. 88, 1958, 893.

Birnbaum, K., Kriminalpsychopathologie, Berlin 1921.

Birnbaum, K., Die psychopathischen Verbrecher, Leipzig 1926.

Bitter, W., Heilen statt strafen, Göttingen 1957.

Blau, G., Die Bedeutung der „Tat" im Jugendstrafrecht, Mschr. dtsch. Recht 12, 1958, 731.

Blau, G., Erziehungsgedanke und „Tatadäquanz" im Jugendstrafrecht, Zbl. Jug. Recht 46, 1959, 117.

Blau, G., Zur Frage der partiellen strafrechtlichen Vollreife Heranwachsender, Mschr. dtsch. Recht 13, 1959, 717.

Blau, G., Der Heranwachsende im Verkehrsstrafrecht, Recht d. Jug. 10, 1962, 289 u. 310.

Blau, G., Zur Reform des Strafrechts für Heranwachsende, Zbl. JgdRecht 51, 1964, 157.

Blau, G., u. *E. Müller-Luckmann,* Gerichtliche Psychologie, Neuwied a. R. — Berlin 1962.

Bleuler, M., Endokrinologische Psychiatrie, Stuttgart 1954.

Bleuler, E., Lehrbuch der Psychiatrie, 9. Aufl., Berlin — Göttingen — Heidelberg 1955.

Blum, K., Die Psychosen im Kindesalter, Ergebn. Inn. Med. Kinderheilkd. 44, 1932, 45.

Bockelmann, Paul, Strafrichter und psychologischer Sachverständiger, Goltd. Arch. 1955, 321.

Bollea, G., u. *A. Novelletto,* Incidence médico-légales de la maturation de l'enfant, I. Congr. europ. de pédo-psychiatr., Paris 1960.

Bondy, C., J. Braden, R. Cohen, u. K. Eyferth, Jugendliche stören die Ordnung, München 1957.

Boor, W. de, Zur Psychologie und Psychopathologie der Brandstiftung, Fortschr. Neurol. Psychiatr. 23, 1955, 367.

Boor, W. de, Über motivisch unklare Delikte, Berlin — Göttingen — Heidelberg 1959.

Borelli, S. u. *W. Stark,* Die Prostitution als psychologisches Problem, Berlin — Göttingen — Heidelberg 1957.

Borchardt, L., Über Abgrenzung und Entstehungsursachen des Infantilisums, Dtsch. Arch. klin. Med. 138, 1922, 129.

Bornemann, E., Jugendprobleme unserer Zeit, Psychol. Rdsch. 9, 1958, 77.

Bosch, G., Psychopathologie der kindlichen Hirnschädigung. Fortschr. Neurol. Psychiatr. 22, 1954, 425.

Bosma, H., Nervöse Kinder, Gießen 1904.

Bovet, L., Psychiatric aspects of juvenile delinquency, Geneve 1951.

Brauneck, A.-E., Die Entwicklung jugendlicher Straftäter, Hamburg 1961.

Brauneck, A.-E., Die kriminell schwer gefährdeten Minderjährigen, Mschr. Kriminol. 46, 1963, 12.

Brenner, W., Zur Diagnostik der kindlichen schizophrenen Prozesspsychose, Mschr. Kinderheilk. 98, 1950, 202.

Bresser, P. H., Die Bedeutung der Pubertätseinflüsse für die Beurteilung abnormer Äußerungen Jugendlicher, Nervenarzt 18, 1947, 256.

Bresser, P. H., Das Gemüt, Eine Studie zu seiner Theorie, Psychologie und Anthropologie, Phil. Diss., München 1950.

Bresser, P. H., Der Psychologe und § 51 StGB, Neue jur. Wschr. 11, 1958, 248.

Bresser, P. H., Die Problematik des § 105 JGG, Neue jur. Wschr. 13, 1960, 375.

Bresser, P. H., Das Problem der sachverständigen Beurteilung straffälliger Heranwachsender, Fortschr. Neurol. Psychiatr. 28, 1960, 309.

Bresser, P. H., Die Hirnkammerluftfüllung im Rahmen der forensisch-psychiatrischen Begutachtung, Med. Sachverst. 57, 1961, 5.

Bresser, P. H., Kinder- und Jugendpsychiatrie aus der Sicht des Psychopathologen, in: Psychopathologie heute, Stuttgart 1962.

Bresser, P. H., Jugendzurechnungsfähigkeit oder Strafmündigkeit, Zsch. ges. Strafrechtswiss. 74, 1963, 579.

Brückner, G., Die Jugendkriminalität, Hamburg 1957.

Bruns, H. J., Richterliche Überzeugung bei „Prognose-Entscheidungen" über Sicherungsmaßregeln, Jur. Ztg. 1958, 647.

Bühler, Ch., Das Seelenleben des Jugendlichen, Jena 1922.

Bühler, Ch., Kindheit und Jugend, 3. A., Wien 1931.

Bühler, Ch., u. *H. Hetzer,* Kleinkindertests, 2. Aufl., München 1953.

Bühler, K., Die geistige Entwicklung des Kindes, Jena 1918.

Bürger-Prinz, H., Motiv und Motivation, Hamburg 1950.

Busemann, A., Pädagogische Jugendkunde, Frankfurt a. M. 1931.

Busemann, A., Zur strafrechtlichen „Reife" der 18- bis 21 jährigen Jugendlichen, Unsere Jugend 4, 1952, 27.

Busemann, A., Beiträge zur pädagogischen Milieukunde, Hannover 1956.

Cabanis, D., Zur forensischen Bedeutung der Testpsychologie. Münch. med. Wschr. 106, 1964, 974.

Caemmerer, D. v., Probation (Bewährungshilfe), Köln — Berlin, o. J. (1952).

Cimbal, W., Die Neurosen des Kindes- und Jugendalters, 2. A., Berlin 1935.

Clostermann, L., Gutachten zum Thema: Ätiologie und Diagnostik der Jugendkriminalität und der Einfluß der Ergebnisse solcher Forschungen auf die Einrichtungen des Rechts, in: Römischer Kongreß für Kriminologie, Berlin 1939.

Coerper, C., W. Hagen u. *H. Thomae*, Deutsche Nachkriegskinder, Stuttgart 1954.

Cohnitz, W. G., Ein neuer Typ jugendlicher Intelligenzverbrecher, Bonn 1953.

Conrad, K., Der Konstitutionstyp als genetisches Problem, Berlin 1941.

Cosack, H., Kriminogene Persönlichkeitsveränderung durch Stirnhirnschaden, Arch. Psychiatr. 105, 1936, 291.

Crémineux, A., L'enfant devenu délinquent, Marseille 1945.

Czerny, A., Der Arzt als Erzieher des Kindes, Leipzig — Wien 1911.

Dallinger, W., u. *K. Lackner*, Jugendgerichtsgesetz, Kommentar, München — Berlin 1955.

Dallinger, W., u. *K. Lackner*, Rechtsprechung zum Jugendgerichtsgesetz, München — Berlin 1958.

Dellaert, R., Incidences médico-légales de la notion de maturation, I. Congr. europ. de pédo-psychiatr., Paris 1960.

Destunis, G., Organische Grundlagen der Schwererziehbarkeit, Med. Klinik 52, 1957, 1867.

Destunis, G., Ein Beitrag zum Problem der Plurikausalität der Neurose, Zschr. Psychother. 8, 1958, 170.

Destunis, G., Persönlichkeitsveränderungen bei Endokrinopathien im Kindesalter, Dtsch. Gesundheitswesen 14, 1959, 1092.

Destunis, G., Poliklinische Erfahrungen mit Diagnose und Therapie der Persönlichkeitsveränderungen bei Endokrinopathien des Kindesalters, Jb. Jugendpsychiatr. 3, 1962, 33.

Destunis, G., Die Schwererziehbarkeit und die Neurosen des Kindesalters, 1961.

Dietrich, G., Kriminelle Jugendliche, Bonn 1960.

Dietrich, G., Zur Phänomenologie der Handlungsformen bei kriminellen Jugendlichen, Vita hum. (Basel) 3, 1960, 91 u. 226.

Dittrich, P., Handbuch der ärztlichen Sachverständigen-Tätigkeit, VIII u. IX Forensische Psychiatrie, Wien — Leipzig 1908/10.

Doerks, G., Jugendkriminalität und Flüchtlingsschicksal, Zsch. Heilpäd. 8, 1957, 15.

Döring, G., Zur Rückfallprognose der bedingt verurteilten Jugendlichen und Heranwachsenden, Recht d. Jug. 12, 1964, 168.

Drechsler, J., Elternschuld und Elternmord, Psychol. Rdsch. 8, 1957, 136.

Dreher, E., Verbotsirrtum und § 51 StGB, Goltd. Arch. 1957, 97.

Driesch, H., Das Ganze und die Summe, Leipzig 1921.

Dubitscher, F., Infantilismus, Spätentwicklung, Schwachsinn, Z. menschl. Vererb. Konst. lehre 26, 1942/3, 129.

Dührssen, A., Psychopathie und Neurose, Psyche (Heidelberg) 2, 1948/9, 380.

Dührssen, A., Neurotische Eigentumsdelikte bei Kindern und Jugendlichen, Psychol. Rdsch. 3, 1952, 110.

Dührssen, A., Psychogene Erkankungen bei Kindern und Jugendlichen, Göttingen 1954.

Düring, E. von, Der Infantilismus besonders in der Unterscheidung von Schwachsinn, Z. Kinderforsch. 28, 1923, 263.

Easson, W. E., u. *R. M. Steinhilber*, Murderous aggresion by children and adolescents, Arch. gen. Psychiatr. 4, 1961, 1.

Ebermayer, L., *A. Lobe* u. *W. Rosenberg*, Strafgesetzbuch (Leipziger Kommentar), Berlin 1957.

Ehrhardt, H., Aktuelle Fragen der Jugendkriminalität in psychiatrischer Sicht, in: Daseinsformen und Nöte des Heranwachsenden, Bremen 1957.

Ehrhardt, H., Jugendstraftaten unter dem Gesichtspunkt der Kombination von Verbrechensursachen, Kriminalbiol. Gegenwartsfragen 3, 1958, 78.

Ehrhardt, H., Empfiehlt es sich, daß der Gesetzgeber die Fragen der ärztlichen Aufklärungspflicht regelt, Sitzber. Dtsch. Jur. tag. 1962, Tübingen 1964.

Ehrhardt, H., Über homosexuelle Verhaltensweisen als Straftatbestand, Münch. med. Wschr. 107, 1965, 178.

Ehrhardt, H., *D. Ploog* u. *H. Stutte*, Psychiatrie und Gesellschaft, Bern 1958.

Ehrhardt, H., u. *W. Villinger*, Forensische und administrative Psychiatrie, in: Psychiatrie der Gegenwart, Berlin — Göttingen — Heidelberg 1961.

Eickmeyer, H., Die strafrechtliche Behandlung der Heranwachsenden nach § 105 des Jugendgerichtsgesetzes, Bonn 1963.

Ein Jugendrichter auf der Suche nach neuen Wegen: Dr. Karl Holzschuh, Erziehung und Beruf 10, 1960, 261.

Emminghaus, H., Die psychischen Störungen des Kindesalters, Tübingen 1887.

Engel, S. W., Forensische Psychotherapie bei Jugendlichen und Heranwachsenden, Neue jur. Wschr. 11, 1958, 613.

Engel, S. W., Zur Psychopathologie des Rechtsbrechers, in: Psychopathologie heute, Stuttgart 1962.

Engels, H. J., Über psychologische Methoden der Diagnostik und ihre Anwendung in der Kinder- und Jugendpsychiatrie, Münch. med. Wschr. 103, 1961, 885.

Engisch, K., Einführung in das juristische Denken, Stuttgart 1956.

Engisch, K., Willensfreiheit und Strafrecht, Universitas 19, 1964, 493.

Enke, W., Grundzüge der Psychopathologie bei Kindern und Jugendlichen unter tiefenpsychologischen und psychotherapeutischen Gesichtspunkten, in: Bekämpfung der Jugendkriminalität, Wiesbaden 1955, 83.

Enke, W., Mehrdimensionale Diagnostik bei erziehungsschwierigen Kindern, Z. Psychother. med. Psychol. 5, 1955, 260.

Enke, W., Reifungsbiologische Faktoren kindlicher Neurosen, in: Bekämpfung der Jugendkriminalität, Wiesbaden 1955.

Enke, E. u. *W.*, Jugendkriminalität in psychiatrischer Sicht, in: Mehrdimensionale Diagnostik und Therapie, Stuttgart 1958.

Entzian, Statistische psychopathologische Untersuchungen über die jugendlichen Kriminellen in der Kriegszeit, Zschr. Kinderforsch. 28, 1923, 297.

Erikson, E. H., Kindheit und Gesellschaft, Zürich — Stuttgart 1957.

Ernst, K., Über Gewalttätigkeitsverbrecher und ihre Nachkommen, Berlin 1938.

Ernst, K., Forensische Psychiatrie und Kriminalbiologie, in: Psychiatrie, Hrg. *E. Kretschmer*, Wiesbaden 1948.

Ernst, K., Psychiatrie des Kindes- und Jugendalters, in: Psychiatrie, Hrg. *E. Kretschmer*, Wiesbaden 1948.
Exner, F., Die spätere Straffälligkeit jugendlicher Rechtsbrecher, Msch. Kriminol. 31, 1940, 217.
Exner, F., Kriminologie, Berlin — Göttingen — Heidelberg 1949.
Eyrich, M., Erziehungsberatung aus der Sicht des Jugendpsychiaters, Bl. Wohlfahrtspfl. 100, 1953, 394.
Eysenck, H. J., Symposium: the development of moral values in children. Brit. J. educat. Psychol. 30, 1960, 11.

Falck, E., Der psychologische Sachverständige im Strafprozeß, Psychol. Rdsch. 9 1958, 291.
Favre, A., A propos d'un adolescent assassin, Z. Kinderpsychiatr. 15, 1948, 77.
Feldner, J., Entwicklungspsychiatrie des Kindes, Aufbau und Zerfall der Persönlichkeit, Wien 1955.
Fischer, J. G., Tagungsbericht über den Internationalen Lehrgang für Kriminologie in Freiburg 1960, Neue Jur. Wschr. 14, 1961, 259.
Flik, G., Untersuchungen über den Einfluß des Films auf kriminell gewordene Jugendliche, Psychol. Rdsch. 5, 1954, 1.
Flitner, A., Der erwachsene Mensch und das Kind in der Sicht der Pädagogischen Anthropologie, Universitas 19, 1964, 385.
Foerster, F. W., Schuld und Sühne, München 1911.
Fräbel, A., Soll die Zweispurigkeit von Erziehungsmaßnahmen und Strafen im Jugendstrafrecht beibehalten werden, Neue Justiz 13, 1959, 93.
Fräbel, A., Zum Charakter des westdeutschen Jugendstrafrechts, Neue Justiz 13, 1959, 417.
Francke, H., Die strafrechtliche Behandlung der über 18 Jahre alten Minderjährigen, Zschr. ges. Strafrechtsw. 48, 1928, 588.
Francke, H., Jugendkriminalität, 14. Übersichtsreferat, Zsch. Kinderforsch. 49, 1943, 110.
Frank, R., Das Strafgesetzbuch für das Deutsche Reich, 18. A., Tübingen 1931.
Freund, J., Entwicklungswandel der Jugend, Stuttgart 1954.
Freund, J., u. *E.-H. Maier*, Zur Ätiologie der Entwicklungsbeschleunigung, Zsch. Kinderheilk. 71, 1952, 1.
Frey, E., Der frühkriminelle Rückfallverbrecher, Basel 1951.
Frey, E., Reform des Maßnahmenrechts für Frühkriminelle, Basel 1951.
Frey, E., Die kriminologische Frühprognose, in: Der Jugendliche im Lichte der Kriminalbiologie, München — Düsseldorf 1952.
Frey, E., Kriminologie und Kriminalpolitik, in: Kriminalbiol. Ggw. fragen 3, 1958, 10.
Fuchs-Kamp, A., Lebensschicksal und Persönlichkeit ehemaliger Fürsorgezöglinge, Berlin 1929.
Fuchs-Kamp, A., Jugendliche Fortläufer und Diebe, Prax. Kinderpsychol. 1, 1952, 133.

di Gaspero, H., Der psychische Infantilismus, Arch. Psychiatr. 43, 1908, 28.
Gaupp, R., Psychologie des Kindes, 5. A., Leipzig — Berlin 1925.
Gayral, L., Les troubles neuro-psychiques de la puberté et de l'age critique, Paris 1959.
Geerds, F., Zur kriminellen Prognose, Mschr. Kriminol. 43, 1960, 92.

Gehlen, A., Der Mensch, Seine Natur und seine Stellung in der Welt, Berlin 1941.

Geller, W., Jugendliche Täter und der Sachverständige, Dtsch. Z. f. ges. gerichtl. Med. 38, 1944, 322.

Genssen, E., Weibliche Jugendliche in der unbestimmten Verurteilung, Diss. jur. Fakult., München 1944.

Gerchow, J., Zur kriminogenen Bedeutung der Vereinsamung und Isolierung, Dtsch. Z. gerichtl. Med. 51, 1961, 595.

Gerson, W., Zur Frage des § 105 JGG, Die Sammlung 9, 1954, 390.

Gerson, W., Zur Frage der „partiellen Reifungsverzögerung" und der „Erfolgsaussicht", Mschr. Kriminol. 39, 1956, 89.

Gerson, W., Zur Frage der Strafaussetzung auf Bewährung bei einem jugendlichen Mörder, Nachtrag, Mschr. Kriminol. 43, 1960, 225.

Gerson, W., Die Anwendung des Jugendstrafrechts auf Heranwachsende, Recht d. Jug. 9, 1961, 1.

Gerson, W., Welche Lebenshilfen kann die Heimerziehung den 18- bis 21 jährigen geben? Referat AFET, Konstanz 1962.

Gerson, W., u. *F. Heigl*, Über einen jugendlichen Exhibitionisten, Praxis Kinderpsychol. 3, 1954, 249.

Gibbens, T .C. N., Trends in juvenile delinquency, Public health papers Nr. 5, Genf 1961.

Gleumes, K., Praxis der Erziehung in Freiheit, Bonn 1961.

Glöckel, H., Eine Vergleichsuntersuchung zur Frage jugendlichen Idealerlebens, Psychol. Rdsch. 11, 1960, 1.

Glueck, Sh. u. *E.*, Jugendliche Rechtsbrecher, Stuttgart 1963.

Göbel, O., Grenzen jugendgerichtlicher Weisungen, Neue jur. Wschr. 7, 1954, 15.

Göllnitz, G., Die Bedeutung der frühkindlichen Hirnschädigung für die Kinderpsychiatrie, Leipzig 1954.

Göllnitz, G., Probleme des Jugendstrafrechts aus jugendpsychiatrischer Sicht, Zbl. Neurol. Psychiatr. 160, 1961, 343.

Göllnitz, G., Gedanken und Wünsche für eine Neuordnung des Jugendgerichtsgesetzes, Psychiatr. Neur. med. Psychol. 12, 1960, 392.

Göppert, H., Zur Psychotherapie jugendlicher Rechtsbrecher, Kriminalbiol. Gegenwartsfragen 3, 1958, 59.

Göppert, H., Über die seelische Entwicklung des Jugendlichen und ihre Krisen, Prax. Kinderpsychol. 11, 1962, 161.

Göppinger, H., Zur Kriminologie der Verkehrsdelikte, Neue jur. Wschr. 12, 1959, 2281.

Göppinger, H., Psychopathologische und tiefenpsychologische Untersuchungsmethoden und ihr Aussagewert für die Beurteilung der Täterpersönlichkeit und der Schuldfähigkeit, Neue Jur. Wschr. 14, 1961, 241.

Göppinger, H., Die Bedeutung der Psychopathologie für die Kriminologie, in: Psychopathologie heute, Stuttgart 1962.

Gött, Th., Zum Wesens des psychischen Infantilismus beim Kinde, Zschr. Kinderheilk. 43, 1927, 1.

Gottschaldt, K., Probleme der Jugendverwahrlosung, Leipzig 1950.

Grage, H., Zur Differentialdiagnose der endogenen Psychosen des Kindesalters, Psychiatr. Neurol. med. Psychol. 5, 1953, 29.

Graumann, C.-F., *O. Ewert* u. *H. Graumann*, Der XVI. Internationale Kongreß für Psychologie in Bonn 1960, Psychol. Rdsch. 12, 1961, 3.

Gregor, A., Psychologie und Sozialpädagogik schwererziehbarer Fürsorgezöglinge, Zschr. Kinderforsch. 30, 1925, 129.

Gregor, A., Verwahrlosung und Vererbung, in: Handb. d. Erbbiolog. d. Menschen V/II, Berlin 1939.

Gregor, A., Die Bedeutung der Psychopathen in der Frühkriminalität, Allg. Zsch. Psychiatr. 121, 1942, 335.

Gregor, A., Zur Frage der strafrechtlichen Behandlung von Halberwachsenen, Mschr. Kriminalbiol. 33, 1942, 150.

Gregor, A., Das neue Reichsjugendgerichtsgesetz, Zsch. f. psych. Hyg. 17, 1944, 1.

Gregor, A., u. *E. Voigtländer*, Die Verwahrlosung, ihre klinisch-psychologische Bewertung und ihre Bekämpfung, Berlin 1918.

Grethlein, G., Jugendgerichtsgesetz, Kommentar, Berlin 1959.

Grimm, F., Ist eine strafrechtliche Sonderbehandlung der Altersstufe vom vollendeten 18. bis zum vollendeten 21. Lebensjahr empfehlenswert? Mschr. Kriminalpsychol. 8, 1911/2, 708.

Grobe, W., Psychotherapie in der Erziehungsberatung, Bericht 5. Lindauer Psychother. Woche, Stuttgart 1954.

Gross, H., Die strafrechtliche Behandlung der jugendlichen Personen, Verhandl. d. 27. Deutschen Juristentages, Berlin 1904.

Gruhle, H. W., Beitrag zum Studium der Kriminalität Jugendlicher, Mschr. Krimpsychol. 8, 1911, 17.

Gruhle, H. W., Die Ursachen der Jugendverwahrlosung und Jugendkriminalität, Berlin 1912.

Gruhle, H. W., Psychologie als Grundlage sozialer und pädagogischer Praxis, in: Das Problem des abnormen Kindes, Dresden 1929.

Gruhle, H. W., Gutachtentechnik, Berlin — Göttingen — Heidelberg 1955.

Gruhle, H. W., Verstehende Psychologie, Stuttgart 1956.

Gruhle, H. W., Zurechnungsfähigkeit der Psychopathen, in: Lehrbuch der gerichtlichen Medizin, Stuttgart 1957.

Gschwind-Gass, R., u. *C. Haffter*, Psychiatrische Fragestellungen bei endokrin gestörten Kindern, Schw. med. Wschr. 87, 1957, 1462.

Gudden, H., Die Behandlung der jugendlichen Verbrecher in den Vereinigten Staaten von Nordamerika. Friedreichs Blätter für gerichtliche Medizin 61, 1910, 241 u. 337.

Haddenbrock, S., Krankheitswert, Seinsgradminderung und Freiheitsgrad, Arch. Psychiatr. 195, 1956, 966.

Haddenbrock, S., Die Unbestimmbarkeiten von Freiheit und Unfreiheit als methodologischer Grenzbegriff der forensischen Psychiatrie, Nervenarzt. 32, 1961, 145.

Haddenbrock, S., Die psychopathologische Diagnose und ihre normative Bewertung, in: Psychopathologie heute, Stuttgart 1962.

Haebel, G., Die Kriminalität der Kinderschändung im Landgerichtsbezirk Duisburg während der Jahre 1935 — 1949, jur. Diss., Bonn 1952.

Haerringer, K., Juristische Aspekte der Retardation und Acceleration, Zschr. Kinderpsychiatr. 26, 1959, 181.

Haffter, C., Der infantile Mensch im Militärdienst, Schweiz. Arch. Neur. Psychiatr. 48, 1941, 196.

Haffter, C., Kinder aus geschiedenen Ehen, Bern 1948.

Haider, M., u. *W. Spiel*, Einige psychologische und psychiatrische Betrachtungen zum Jugendstrafrecht und Jugendstrafvollzug, Wien. Arch. Psychol. Psychiatr. Neur. 6, 1956, 142.

Haisch, E. O., Zur Fragwürdigkeit der konventionellen forensischen Psychiatrie, Med. Sachverst. 56, 1960, 217.

Haisch, E. O., § 42 b StGB — Erfahrungen aus der Sicht des Krankenhauspsychiaters, Neue jur. Wschr. 18, 1965, 330.

Haller, W. von, Ein Fall von jugendlichem Fetischismus, Prax. Kinderpsychol. 3, 1954, 257.

Hallermann, W., Psychologische und gerichtsärztliche Probleme der Reifejahre, Dtsch. Zschr. ges. gerichtl. Med. 38, 1944, 301.

Hallermann, W., Psychopathologie der jugendlichen Kriminellen einschließlich der Problematik jugendlicher Gewaltverbrecher, in: Bekämpfung der Jugendkriminalität, Wiesbaden 1955.

Hallermann, W., Die gemütliche Entwicklung und ihre Verzögerung bei Jugendlichen, Dtsch. Zschr. gerichtl. Med. 45, 1956, 210.

Hallermann, W., Über unsere heutigen Vorstellungen von der Umweltbedeutung für das Sozialverhalten des Menschen, Mschr. Kriminol. 44, 1961, 144.

Hamburger, F., Die Neurosen des Kindesalters, Stuttgart 1939.

Hannappel, C., Kinder- und Jugendpsychiatrie in Amerika (USA), Jb. Jugendpsychiatr. 2, 1960, 227.

Hanselmann, H., Einführung in die Heilpädagogik, 3. A., Zürich 1958.

Harbauer, H., Die Schizophrenie im Kindesalter, Med. Diss., Heidelberg 1948.

Harbauer, H., Allgemeine Entwicklungsbiologie und Reifungspathologie, Konstitutions- und Vererbungslehre, Jb. Jugendpsychiat. 3, 1962, 221.

Harnack, G. A. v., Wesen und soziale Bedingtheit frühkindlicher Verhaltensstörungen, Basel — New York 1953.

Hartmann, K., Spielaspekte der Jugendkrawalle, Z. Psychother. med. Psychol. 8, 1958, 159, u. 9, 1959, 108.

Hartmann, K., Über juvenile Gruppennotzuchtsdelikte, Mschr. Kriminol. 47, 1964, 24.

Hartmann, R., Für eine Neuregelung der strafrechtlichen Verantwortlichkeit Jugendlicher, Neue Justiz 13, 1959, 305.

Hasselmann-Kahlert, M., Das entwurzelte Kind, Stuttgart 1955.

Heiss, R., Die Lehre vom Charakter, 2. Aufl., Berlin 1949.

Helbig, H., Überlegungen zur Auswahl des Sachverständigen im Sinne des § 43, Abs. 3 JGG, Neue jur. Wschr. 10, 1957, 1665.

Heller, Th., Grundriß der Heilpädagogik, 2. A., Leipzig 1912.

Hellmer, J., Die rechtliche Stellung des Bewährungshelfers, Recht d. Jug. 3, 1955, 383.

Hellmer, J., Erziehung und Strafe, Berlin 1957.

Hellmer, J., Die Strafaussetzung im Jugendstrafrecht, Berlin — Neuwied — Darmstadt 1959.

Hellmer, J., Kriminalpädagogik als Kriminologie, Recht d. Jug. 8, 1960, 123.

Hellmer, J., Der Gewohnheitsverbrecher und die Sicherungsverwahrung 1934 bis 1945, Berlin 1961.

Hellmer, J., Schuld und Gefährlichkeit im Jugendstrafrecht, Tübingen 1962.

Hellmer, J., Bewährung und Nichtbewährung des Jugendstrafrechts, Neue jur. Wschr. 17, 1964, 177.

Henck, H., Die kriminogene Bedeutung cerebraler und hormonaler Störungen, in: Bekämpfung der Jugendkriminalität, Wiesbaden 1955, 25.
Herren, R., Der Mord ohne Motiv, Eine moderne Erscheinungsform der Jugendkriminalität, Psychol. Rdsch. 9, 1958, 273.
Herwig, B., u. *H. Dirks*, Strukturtypen des praktischen Handelns, Psychol. Rdsch. 2, 1951, 20.
Hetzer, H., Die seelischen Veränderungen des Kindes bei dem 1. Gestaltwandel, Leipzig 1936.
Heuyer, G., Introduction à la psychiatrie infantile, Paris 1952.
Heuyer, G., La délinquance des enfants et des adolescents, Acta paedopsychiatr. 31, 1964, 84.
Heymann, K., Infantilismus, Basel 1955.
Hirschmann, J., Periodische Kleptomanie im Rahmen von Zwischenhirnstörungen, in: Krimbiol. Gegenw. fragen, Stuttgart 1953.
Hirschmann, J., Statistik als Hilfsmittel der ärztlichen Psychotherapie, Bericht über die 4. Lindauer Psychotherapiewoche, Stuttgart 1954.
Hoche, A. E., Das Rechtsgefühl, Berlin 1932.
Hoeck-Gradewitz, E., Die Behandlung der Psychopathen in den Strafanstalten, Psychol. Rdsch. 14, 1963, 93.
Hoff, H., Die Therapie der jugendlichen Psychopathen, Wien. Arch. Psychol. 1, 1951, 201.
Hoff, H., Das Verbrechen des Jugendlichen, Wien. med. Wschr. 110, 1960, 467.
Hoff, H., u. *W. Spiel*, Die Dynamik der kriminellen Psychopathie Jugendlicher, in: Der Jugendliche im Lichte der Kriminalbiologie, München — Düsseldorf 1952.
Hoffmann, W., Jugend und Recht, in: Erziehungsprobleme der Reifezeit, Hgg. v. Küster, H., Leipzig, o. J. (1925).
Hoffmann, W., Pubertätskrisen, in: Erziehungsprobleme der Reifezeit, Hgg. v. Küster, H., Leipzig, o. J. (1925).
Hofstätter, P. R., Die Pflege des Gemüts im Jugendstrafvollzug, Wien. Arch. Psychol. Psychiatr. Neur. 1, 1951, 81.
Holzschuh, K., Erziehung und Strafe im deutschen Jugendstrafrecht, in: Jugendkriminalität, Salzburg 1952.
Holzschuh, K., Erziehung und Strafe im deutschen Jugendstrafrecht, in: Bekämpfung der Jugendkriminalität, Wiesbaden 1955, 147.
Holzschuh, K., ... aber ihr klagt uns an. Ein Jugendrichter erzählt, Frankfurt/M. 1957.
Homburger, A., Vorlesungen über Psychopathologie des Kindesalters, Berlin 1926.
Hübner, A. H., Lehrbuch der forensischen Psychiatrie, Bonn 1914.

Illchmann-Christ, A., Die Retardierung der älteren Minderjährigen als gerichtsärztliches Problem, Dtsch. Zschr. gerichtl. Medizin 41, 1952, 253.
Illchmann-Christ, A., Die rechtliche Stellung der strafmündigen Minderjährigen de lege lata und de lege ferenda. Zsch. ges. Strafrechtsw. 65, 1953, 226.
Illchmann-Christ, A., Die Dissozialität der männlichen 18- bis 21 jährigen Täter aus kriminalätiologischer und kriminalistischer Perspektive, Mschr. Kriminol. 36, 1953, 65.
Illchmann-Christ, A., Gerichtsärztliche Probleme des neuen Jugendgerichtsgesetzes, Zbl. Jgd. Recht 42, 1955, 69.

Illchmann-Christ, A., Die Kriminologie und gerichtsärztliche Beurteilung der Heranwachsenden vom Standpunkte des neuen Jugendgerichtsgesetzes, in: Neue Wege zur Bekämpfung der Jugendkriminalität, Bericht über den 9. deutschen Jugendgerichtstag in München (1953), Köln — Berlin 1955.

Illchmann-Christ, A., Zur forensisch-kriminologischen und psychopathologischen Beurteilung heranwachsender Sittlichkeitsverbrecher, Praxis Kinderpsychol. 6, 1956, 83.

Illchmann-Christ, A., Die forensisch-medizinische Beurteilung der Jugendlichen und Heranwachsenden, in: *A. Ponsold,* Lb. d. gerichtl. Med., 2. Aufl., Stuttgart 1957.

Isserlin, M., Die psychoanalytische Methode Freuds, Zsch. f. d. ges. Neur. Psychiatr. 1, 1910, 52.

Jaspers, K., Heimweh und Verbrecher, Leipzig 1909.

Jaspers, K., Allgemeine Psychopathologie, Berlin u. Heidelberg 1948.

Joray, R., Bandenbildung und Bandendelikte, Basel — New York 1960.

Joseph, L., Die neuen Reformen des französischen Jugendrechts, Mitt. Fachgr. Strafrecht 1959, 115.

Jugendkriminalrechtspflege als Personenfrage und als Aufgabe der Zusammenarbeit, Bericht über den 11. Deutschen Jugendgerichtstag in Berlin 1959, Köln — Berlin — Bonn — München 1962.

Kadecka, F., Das österreichische Jugendgerichtsgestz, Wien 1929.

Kahlbaum, K., Über Heboïdophrenie, Allg. Zsch. Psychiatr. 46, 1890, 461.

Kanner, L., Child psychiatry, 2. A., Springfield 1950.

Kanner, L., Parental perfectionism as a pathogenic agent, in: Psychiatrie und Gesellschaft, Bern u. Stuttgart 1958.

Kanner, L., Do behavioural symptoms always indicate psychopathology? J. Child Psychol. Psychiatr. 1, 1960, 17.

Kehrer, F. A., Das Verstehen und Begreifen in der Psychiatrie, Stuttgart 1951.

Kelchner, M., Motive jugendlicher Rechtsbrecher, Dtsch. Jugendh. 31, 1939, 1.

Keller, W., Freiheit, Wille und Schuld, Zbl. Neur. Psychiatr. 161, 1961, 23.

Kellmer Pringle, M. L., u. *V. Bossio,* Early, prolonged separation and emotional maladjustment. J. Child Psychol. Psychiatr. 1 37, 1960.

Keyserlingk, H. v., Grundsätzliches über die forensisch-psychiatrische Begutachtung von Jugendlichen, Psychiatr. Neur. med. Psychol. 12, 1960, 466.

Kihn, B., Über die menschliche Reife, Lindauer Psychother. Woche, Stuttgart 1951, 36.

Kisker, K. P., u. *L. Strötzel,* Zur vergleichenden Situationsanalyse beginnender Schizophrenien und erlebnisreaktiver Fehlentwicklungen bei Jugendlichen, Arch. Psychiatr. 202, 1961, 1.

Kloos, G., Anleitung zur Intelligenzprüfung in der psychiatrischen Diagnostik, 3. A., Stuttgart 1952.

Knögel, W., Jugend, Jugendrichter und Jugendkriminalität, Neue jur. Wsch. 11, 1958, 609.

Knögel, W., Grundsätzliches zum praktischen Jugendstrafrecht, Recht d. Jug. 6, 1958, 296.

Koch, E. W., Über die Veränderung menschlichen Wachstums im ersten Drittel des 20. Jahrhunderts, Leipzig 1935.

Koch, H., Die Bedeutung der Konstitutionsuntersuchung Jugendlicher, Z. menschl. Vererbungs- u. Konstitutionslehre 29, 1949/50, 1.

Kögler, A., Über jugendliche Mörder, Msch. Kriminol. 32, 1941, 73.

Kohlhaas, M., Kinder- und Jugendgerichtsbarkeit in ausländischen Rechtsgebieten (ausgenommen die englische Probation), Praxis Kinderpsychol. 3, 1954, 233.

Kohlscheen, G., Grundzüge und Reichweite der jugendpsychologischen Entwürfe im deutschen Schrifttum, Phil. Diss., Köln 1952.

Koll-Bernards, E., Die Unterbringung Minderjähriger gemäß § 42 b StGB, Soziale Arbeit 13, 1964, 219.

König, R., Sozialpsychologie der gegenwärtigen Familie, Universitas 12, 1957, 1247.

Kothe, B., Bild und Verlauf der Frühschizophrenie, Jb. Jgdpsychiatr. 1, 1956, 78.

Kraepelin, E., Einführung in die Psychiatrische Klinik, 4. A., Leipzig 1921.

Kramer, F., Die Bedeutung von Milieu und Anlage beim schwererziehbaren Kind, Z. Kinderforsch. 28, 1923, 25.

Kramer, F., u. *R. v. d. Leyen*, Entwicklungsverläufe „anethischer, gemütloser" psychopathischer Kinder, Z. Kinderforsch. 43, 1934, 305.

Kranz, H., Lebensschicksale krimineller Zwillinge, Berlin 1936.

Kranz, H., Die Entwicklung des Hysterie-Begriffes, Fortschr. Neurol. Psychiatr. 21, 1953, 223.

Kremeier, K., Zur forensischen Praxis des Psychologen, Psychol. Rdsch. 11, 1960, 21.

Kretschmer, E., Körperbau und Charakter, 7 / 8. Aufl., Berlin 1929.

Kretschmer, E., Psychopathie nach inneren und äußeren Maßstäben, Mschr. Krimpsych. 27, 1936, 339.

Kretschmer, E., Psychotherapeutische Studien, Stuttgart 1949.

Kretschmer, E., Medizinische Psychologie, 10. A., Stuttgart 1950.

Kretschmer, E., Diagnostik des triebhaften Verbrechers, Krimbiol. Gegenw. fragen, Stuttgart 1953.

Kretschmer, E., Konstitutionelle Entwicklungsphysiologie in ihrer ärztlichen und sozialen Auswirkung, in: Bekämpfung der Jugendkriminalität, Wiesbaden 1955.

Kretschmer, E., Zur kriminalbiologischen Untersuchung jugendlicher Rechtsbrecher, Kriminalbiol. Ggw. fragen 3, 1958, 55.

Kretschmer, W., Die Neurose als Reifungsproblem, Stuttgart 1952.

Krevelen, D. A. van, Über Schwierigkeiten bei der prognostischen Beurteilung Jugendlicher, Jb. Jugendpsychiatr. 1, 1956, 146.

Krevelen, D. A. van, Autismus infantum, Acta paedopsych. (Basel) 27, 1960, 97.

Kroh, O., Entwicklungspsychologie des Grundschulkindes, 13. A., Langensalza 1944.

Kroh, O., Psychologie der Oberstufe, 3. u. 4. A., Langensalza 1933.

Kroh, O., Vom Einfluß der gesellschaftlichen Verhältnisse auf die Charakterentwicklung, Psychol. Rdsch. 1, 26, 1949.

Krueger, F., Über Entwicklungspsychologie, Leipzig 1915.

Krüttner, „Milde" Jugendstrafe? Zbl. Jug. Recht 41, 1954, 257.

Kühling, P., Zur Kriminologie und strafrechtlichen Behandlung Heranwachsender, Mschr. Kriminol. 42, 1959, 167.

Kuhn, G., Das Phänomen der Strichjungen in Hamburg, Wiesbaden 1957.

Kühne, K., Schizophrenie im Kindesalter, Psychiatr. neurol. Wschr. 42, 1940, 151, 164, 173.

Kujath, G., Jugendpsychiatrische Begutachtung, 2. A., Leipzig 1959.

Lackner, K., Ist die Entziehung der Fahrerlaubnis bei Anwendung des Jugendgerichtsgesetzes möglich? Neue jur. Wschr. 7, 1954, 629.

Lackner, K., Kollisionen zwischen Jugend- und Erwachsenenstrafrecht, Goltd. Arch. 1955, 33.

Lackner, K., Kriminologie und Strafrecht, Kriminalbiol. Gegenwartsfr. 6, 1964, 6.

Landecho, Carlos Maria de, Körperbau, Charakter und Kriminalität, Bonn 1964.

Lange, J., Zur Frage der verminderten Zurechnungsfähigkeit, Mschr. Kriminol. 27, 1936, 267.

Lange, O., Die neuere Rechtsprechung auf dem Gebiete des Jugendstrafrechts und Jugendstrafverfahren, Mschr. dtsch. Recht 3, 1949, 466.

Lange, R., Strafe und Erziehung im Jugendstrafrecht, in: Probleme der Strafrechtserneuerung (Kohlrausch-Festschrift), Berlin 1944.

Lange, R., Die Bedeutung der Tiefenpsychologie und der Narkoanalyse in der Rechtspflege vom Standpunkt des Juristen, Dtsch. Zsch. gerichtl. Med. 41, 1952, 64.

Lange, R., Das juridisch-forensisch-kriminalbiologische Grenzgebiet, in: Handb. d. Neurosenlehre, München — Berlin 1960, Bd. V, S. 404.

Lange, R., Der juristische Krankheitsbegriff, Beitr. Sexualforsch. 28, 1963, 1.

Lange-Cossack, H., Psychiatrie und Neurologie des Kindesalters, Fortschr. Neurol. Psychiatr. 12, 1940, 101.

Langelüddeke, A., Neuerungen auf dem Gebiet des Deutschen Jugendstrafrechtes und des Jugendstrafvollzuges, Fortschr. Neurol. Psychiatr. 19, 1951, 362.

Langelüddeke, A., Gerichtliche Psychiatrie, 2. A., Berlin 1959.

Langen, D., u. *A. Jaeger*, Die Pubertätskrisen und ihre Weiterentwicklungen. Arch. Psychiatr. Nervenkr. 205, 1964, 19.

Lavies, H.-W., Film und Jugendkriminalität, in: Bekämpfung der Jugendkriminalität, Wiesbaden 1955, 205.

Leferenz, H., Neuere Ergebnisse der gerichtlichen Psychiatrie, Fortschr. Neurol. Psychiatr. 22, 1954, 369.

Leferenz, H., Die Kriminalität der Kinder, Tübingen 1957.

Leferenz, H., Zur Problematik der kriminologischen Prognose, Zschr. ges. Strafrechtswiss. 68, 1956, 233.

Leferenz, H., Probleme der kriminologischen Prognose, in: Kriminalbiol. Ggw. fragen 3, 1958, 35.

Leferenz, H., Zur Problematik der Psychopathie im Kindes- und Jugendalter, in: Psychopathologie heute, Stuttgart 1962.

Leferenz, H., Über die Möglichkeiten und Grenzen der Sozialprognose, Jb. Jugendpsychiat. 3, 1962, 165.

Leiter, A., Über Erbanlage und Umwelt bei gemütsarmen, antisozialen Kindern und Jugendlichen, Zschr. Kinderforsch. 49, 1941, 87.

Lekschas, J., Gegen bürgerlich-idealistische Tendenzen in der Theorie des Jugendstrafrechts, Staat u. Recht 1958, 360.

Lekschas, J., u. *A. Fräbel*, Bedarf die Regelung des Strafverfahrens gegen Jugendliche einer Veränderung? Neue Justiz 13, 1959, 341.

Lempp, R., Somatische Ursachen der Frühkriminalität und ihre forensisch-psychiatrische Beurteilung, NJW. 12, 1959, 798.
Lempp, R., Frühkindliche Hirnschädigung und Reifungskriminalität, Kriminalbiolog. Gegenwartsfragen 3, 1958, 100.
Lempp, R., Die Bedeutung der frühkindlichen Hirnschädigung für die Neurose im Kindesalter, Acta paedopsychiatr. 5, 1964, 152.
Lenz, A., Grundriß der Kriminalbiologie, Wien 1927.
Leonhard, K., Biologische Psychologie, Leipzig 1961.
Lersch, Ph., Zur Frage der Reife des Jugendlichen, Unsere Jug. 1, 1949, 28.
Lersch, Ph., Kindheit und Jugend als Stadien der menschlichen Entwicklung, München 1951.
Lersch, Ph., Aufbau der Person, 7. Aufl., München 1956.
Leuner, H., Die Acceleration als pathogenetischer Faktor, Zsch. Kinderheilk. 72, 1953, 351.
Leuner, H., Allgemeine Entwicklungsbeschleunigung (Acceleration) und abnorme Erlebnisreaktion, Arch. Psychiatr. Nervenkrankh. 190, 1953, 4.
Leuner, H., Phasenspezifische Faktoren bei abnormen Erlebnisreaktionen der Präpubertät, Mschr. Kinderheilkd. 103, 1955, 54.
Leuner, H., Zur Genese jugendlicher Dissozialität, Dtsch. med. J. 8, 1957, 263.
Leuner, H., Der erste Gestaltwandel als psychopathologischer Grenzbereich, Jb. Jugendpsychiatr. 2, 1960, 33.
Lindberg, B. J., Psycho-infantilism, Copenhagen 1950.
Littmann, I., Zur Prognose der Lebensbewährung verwahrloster und mißhandelter Kinder, Z. Kinderforsch. 49, 1941, 300.
Loeber, F., Das von der Mutter getrennte Kind in der heutigen Sicht des Kinderarztes, Jb. Jugendpsychiatr. 2, 1960, 121.
Loeffler, L., u. *W. Kowalewsky*, Ehemündigkeit und Volljährigkeit, Berlin 1961.
Loesch, A., nochmals: die Heranwachsenden, Zbl. Jgd. Recht 41, 1954, 158.
London, N. J., u. *J. K. Myers*, Young offenders, Psychopathology and social factors, Arch. gen. Psychiatr. 4, 1961, 274.
Löwenstein, O., Über die psychiatrische Begutachtung von Kindern und Jugendlichen und die Grenzen der geltenden Fürsorgegesetze. Allg. ärztl. Zschr. Psychother. 2, 1929, 11.
Lückert, H.-R., Konflikt-Psychologie, München — Basel 1957.
Lückert, H.-R., Die Problematik der Persönlichkeits-Diagnostik, München 1965.
Lüders, W., Die pädagogischen Möglichkeiten der psychologischen Beratung, Psychol. Rdsch. 15, 1964, 107.
Luther, G., Das Jugendstrafrecht in der Sowjetunion, Neue jur. Wschr. 13, 1960, 531.
Luther, G., Ehemündigkeit — Volljährigkeit — Strafmündigkeit, Berlin 1961.
Lutz, J., Zum Begriff der Zurechnungsfähigkeit bei Kindern und Jugendlichen, Z. Kinderpsychiatr. 1, 1934, 46.
Lutz, J., Über die Schizophrenie im Kindesalter, Schweiz. Arch. Neurol. Psychiatr. 39, 1937, 335, u. 40, 1937/8, 141.
Lutz, J., Kinderpsychiatrie, Zürich — Stuttgart 1961.

Märtin, H., Der Großstadtjugendliche und das Problem seiner Straffälligkeit, Berlin 1951.
Maier, E., Der körperliche Reifungszustand bei 1200 minderjährigen männlichen Strafgefangenen, Mschr. Kriminol. 37, 1954, 34.

Mannheim, H., L. Joseph u. *R. Sieverts,* Die kriminalrechtliche Behandlung von jungen Rechtsbrechern (über 18 Jahre), Frankfurt/M. — Berlin 1958.
Mauch, G., Psychotherapie im Strafvollzug, Mschr. Kriminol. 47, 1964, 108.
Maurach, R., Die Sowjetunion im Kampf gegen die Kinderkriminalität, Mschr. Krimpsych. 27, 1936, 215.
Maurach, R., Deutsches Strafrecht, Karlsruhe 1954.
Maurach, R., Das neue sowjetische Jugendstrafrecht, Recht in Ost u. West, 1963, 137.
Maurer, R. M., Das Problem des Verschuldens im schweizerischen Jugendstrafrecht, Winterthur 1959.
Mauz, F., Gibt es noch eine „Psychologie des Jugendalters"? Schweiz. Z. Psychol. 9, 1950, 201.
Maxeiner, L., Jugendkriminalrechtspflege im Stadium des Experiments, Recht d. Jugend 8, 1960, 165.
Mayer, A., Zur Psychologie der weiblichen Pubertätsmagersucht, Med. Klin. 52, 1957, 2185.
Mečir, J., Alkoholabusus bei Jugendlichen, Acta paedopsychiatr. (Basel) 27, 1960, 108.
Meggendorfer, F., Klinische und genetische Untersuchungen über Moral insanity, Zsch. ges. Neurol. Psychiatr. 66, 1921, 208.
Meggendorfer, F., Neuerungen auf dem Gebiete des deutschen Jugendstrafrechts und Jugendstrafvollzugs, Fortschr. Neurol. Psychiatr. 15, 1943, 37.
Meili, R., Zur Kritik des Typenbegriffes, Schweiz. Arch. Neur. Psychiatr. 48, 1941, 71.
Meinertz, F., Erziehungsstrafe und Rechtsstrafe, Nervenarzt 32, 1961, 152.
Meinertz, F., Heilpädagogik, Bad Heilbrunn / Obb. 1962.
Meng, H., Zwang und Freiheit in der Erziehung, 2. A., Bern 1953.
Meng, H., Die kriminalpädagogische Aufgabe der Bewährungshilfe, in: Bekämpfung der Jugendkriminalität, Wiesbaden 1955.
Meng, H., Psyche und Hormon, Bern und Stuttgart 1960.
Merguet, L., Hinweis auf eine pädagogische Lücke im Jugendgerichtsgesetz, Mschr. Kriminol. 41, 1958, 102.
Messerer, R., Die rechtliche Behandlung der 18- bis 21 jährigen Täter im Jugendgerichtsgesetz vom 6. 8. 1953, in: Neue Wege zur Bekämpfung der Jugendkriminalität, Köln — Berlin 1955.
Mette, A., Sind Kinder grausam? Psychiatr. Neur. med. Psychol. 5, 1953, 328.
Meyer, F., Diagnose und Prognose im Jugendstrafverfahren, Bewährungsh. 7, 1960, 20.
Meyer, F., Gedanken zu den Prognoseverfahren, Goltd. Arch., 1961, 257.
Meyerhoff, H., Die Sexualanamnese bei Kindern und Jugendlichen, Münch. med. Wschr. 107, 1965, 171.
Meywerk, W., Beitrag zur Bestimmung der sozialen Prognose bei Rückfallverbrechern, Msch. Kriminalpsych. 29, 1938, 422.
Mezger, E., Die künftigen Aufgaben kriminologischer Arbeit, Römischer Kongreß für Kriminologie, Berlin 1939.
Mezger, E., Kriminalpolitik, 2. A., Stuttgart 1942.
Mezger, E., Deutsches Strafrecht, 3. A., Berlin 1943.
Mezger, E., Über kriminelle Typen, in: Arbeiten zur Psychiatrie, Neurologie und ihren Grenzgebieten, Festschrift für Kurt Schneider, Willsbach und Heidelberg 1947.

Mezger, E., Homotrope und polytrope Verbrecher, Grenzgeb. Med. 1, 1948, 12.
Mezger, E., Strafrecht, Ein Lehrbuch, 3. A., 1949.
Mezger, E., Die Geschichte der Kriminologie und die kriminalbiologische Gesellschaft, in: Der Jugendliche im Lichte der Kriminalbiologie, München — Düsseldorf 1952.
Middendorf, W., Kriminelle Jugend in Europa, Freiburg i. B. 1953
Middendorf, W., Neue Wege zur Resozialisierung jugendlicher Krimineller — Positive Maßnahmen zur Bekämpfung der Jugendkriminalität, in: Bekämpfung der Jugendkriminalität, Wiesbaden 1955, 239.
Middendorf, W., Jugendkriminologie, Ratingen 1956.
Middendorf, W., Die Möglichkeiten der sozialen Prognose, Berlin — Neuwied — Darmstadt 1959.
Mieskes, H., Der Jugendliche in der Situation der Straffälligkeit, Jena 1956.
Mieskes, H., Jugendstraffälligkeit und pädagogische Führung, Int. J. proph. Med. Sozialhyg. 4, 1960, 77.
Mieskes, H., Zur Entwicklungstypologie der Jugendstraffälligkeit, Intern. J. prophyl. Med. Sozhyg. 5, 1961, 134.
Mirow, E., Somatisch und psychisch dysharmonische Reifung, Zsch. Kinderheilk. 66, 1949, 349.
Mittenmaier, W., Die schwedische Jugendgefängnisstrafe, Mschr. Krimpsych. 27, 1936, 287.
Mönkemöller, O., Das Pubertätsalter des Kindes, Leipzig 1927.
Mönkemöller, O., Zur Kriminalität des Kindesalters, Archiv für Kriminal-Anthrop. 40, 1911, 245.
Monakow, C. v., u. *R. Morgue*, Biologische Einführung in das Studium der Neurologie und Psychopathologie, Leipzig 1930.
Moor, P., Lügen und Stehlen als heilpädagogische Aufgaben, Hausen am Albis 1944.
Moor, P., Heilpädagogische Psychologie, Bern 1951/1958.
Mosse, H. L., Die Bedeutung der Massenmedia für die Entstehung kindlicher Neurosen, Mschr. Kinderheilkd. 103, 1955, 85.
Mosse, H. L., Der Mißbrauch der Schizophreniediagnose im Kindesalter, Jb. Jugendpsychiatr. 2, 1960, 68.
Muchow, H. H., Flegeljahre, Ravensburg 1950.
Muchow, H. H., Die Flegeljahre als Zivilisationsphänomen, Eine neue Theorie der „Vorpubertät", Stud. generale 5, 1952, 280.
Müller, H., Die Pubertätsmagersucht der jungen Mädchen, Med. Klin. 51, 1956, 209.
Müller-Eckhard, H., Das unverstandene Kind, Stuttgart 1954.
Müller-Hess, V., Die Bedeutung der Tiefenpsychologie und Narkoanalyse in der Rechtspflege vom Standpunkt des forensischen Psychiaters. Dtsch. Zschr. gerichtl. Med. 41, 1952, 375.
Müller-Suur, H., Zur Kasuistik der unverständlichen Impulshandlung Jugendlicher, Allg. Zsch. psychiatr. 120, 1942, 54.
Munkwitz, W., Zur strafrechtlichen Beurteilung entwicklungsgehemmter jugendlicher Encephalopathen, Mschr. Kriminol. 37, 1954, 170.
Munkwitz, W., Die Problematik des § 105 Jugendgerichtsgesetz aus der Perspektive des Strafvollzuges, Mschr. Kriminol. 38, 1955, 41.
Munkwitz, W., Der Jugendpsychiater als Sachverständiger, Med. Sachverst. 54, 1958, 142.

Munkwitz, W., Reifungsdiskrepanzen als Ursachen dissozialer oder krimineller Verhaltensweisen, Dtsch. Z. ges. gerichtl. Med. 48, 1958, 17.

Munkwitz, W., Behandlung besonders schwieriger junger Rechtsbrecher in psychiatrisch geleiteten Sonderstrafanstalten, Msch. Kriminol. 42, 1959, 149.

Munkwitz, W., Die forensische Beurteilung von Kindern, Jugendlichen und Heranwachsenden, Heilkunst 72, 1959, 239.

Munkwitz, W., Forensische Aufgaben und Probleme der Jugendpsychiatrie, Jb. Jugendpsychiatr. 2, 1960, 205.

Munkwitz, W., Die Tätigkeit des jugendpsychiatrischen Sachverständigen für Strafvollzug und Bewährungshilfe, Recht d. Jugend 8, 1960, 325.

Munkwitz, W., Die Beurteilung der Deliktsfähigkeit Minderjähriger i. S. des § 828 BGB aus der Sicht des Jugendpsychiaters, Zbl. Jug.-Recht 47, 1960, 129.

Munkwitz, W., Psychiatrische Untersuchungen über die Lebensbewährung krimineller Jugendlicher, Recht d. Jug. 12, 1964, 164.

Mutschler, D., Die Beurteilung der Reife und Entwicklung von Heranwachsenden, Fortschr. Neurol. Psychiatr. 24, 1956, 217.

Näf, H., Über die Ursachen der Jugendkriminalität, Basel 1953.

Nährisch, W., Die Kriminalität der unehelich Geborenen, jur. Diss., Bonn 1950.

Nass, G., Psychologische Fehlerquellen bei Prognosetabellen und deren Eliminierung, Kriminalbiol. Gegenwartsfragen 3, 1958, 47.

Nass, G., Der Mensch und die Kriminalität, Köln — Berlin 1961.

Nave, H., Der Diebstahl im Kindesalter, Med. Diss., Köln 1958.

Navratil, L., Zur Diagnostik von Residualzuständen zerebraler Kinderlähmung, Jb. Jugendpsychiatr. 2, 1960, 87.

Neter, E., Das einzige Kind und seine Erziehung, München 1906.

Neue Wege zur Bekämpfung der Jugendkriminalität, Bericht über den 9. Deutschen Jugendgerichtstag in München 1953, Köln — Berlin 1955.

Neugebauer, W., Forensische Folgen organischer Hirnschädigung bei Kindern, Zsch. Kinderheilk. 79, 1957, 227.

Neurath, R., Die Pubertät, Wien 1932.

Noetzel, G. M., Persönlichkeit und Gemeinschaft, München — Basel 1957.

Nolte, E., Pubertät, Weinheim 1958.

Oehler, D., Die strafrechtliche Verantwortlichkeit Jugendlicher, Münch. med. Wschr. 107, 1965, 174.

Oseretzky, N. J., Über die pathologische Entwicklung und die Psychopathien im Kindesalter, Zsch. Kinderforsch. 44, 1935, 16.

Ottinger, E., Straffälligkeit als Folge seelischer Entwicklungsstörungen im Jugendalter, in: Bekämpfung der Jugendkriminalität, Wiesbaden 1955.

Ottinger, E., Die bedingte strafrechtliche Reife (§§ 3, 105 JGG), in: *G. Blau* u. *E. Müller-Luckmann*, Gerichtliche Psychologie, Neuwied a. Rh. — Berlin 1962.

Pakesch, E., Der Einfluß des Strafvollzuges auf die Psyche des Häftlings, Mschr. Kriminol. 44, 1961, 65.

Parrot, Ph., et *M. Gueneau*, Contribution a l'étude des gangs d'adolescents, Histoire d'une bande, Ann. méd-psychol. 118, 1960, 837.

Parzinger, P. P., Die Jugend im Strafrecht des In- und Auslandes, Jur. Diss., München 1941.

Pavloff, Th., Über das gehäufte Auftreten psychischer Auffälligkeiten in der Zeit des 1. Gestaltwandels beim Kind, Kinderärztl. Praxis. 18, 1950, 305.

Pawlitzki, W., Die jugendliche Manie unter besonderer Berücksichtigung katamnestischer Erhebungen, Med. Diss., Marburg 1955.

Peltz, H. D., Kritisches zur Pubertätsmagersucht, Ärztl. Wschr. 11, 1956, 781.

Peters, K., Die Behandlung der Halberwachsenen im kommenden Strafrecht, Zschr. ges. Strafrechtsw. 56, 1936, 495.

Peters, K., Werdendes Jugendstrafrecht, Bonn 1947.

Peters, K., Die tragenden Gedanken des Jugendstrafrechts, in: Jugendkriminalität, Salzburg 1952.

Peters, K., Grundprobleme der Kriminalpädagogik, Berlin 1960.

Petrilowitsch, N., Abnorme Persönlichkeiten, Basel — New York 1960.

Pfahler, G., Warum Erziehung trotz Vererbung? 5. A., Leipzig u. Berlin 1943.

Pfeiffer, H., Erfahrungsbericht über richterlich angeordnete heilerzieherische Behandlung im Sinne des § 10 Abs. 2 JGG, Mschr. Kriminol. 43, 1960, 162.

Philipp, E., Über kriminelle Jugendgruppen, Mschr. Kriminol. 47, 1964, 213.

Pintschovius, K., Die psychologische Diagnose, 2. A., München 1940.

Pongratz, L., u. *H.-O. Hübner*, Lebensbewährung nach öffentlicher Erziehung, Darmstadt 1959.

Potrykus, G., Aktuelle Probleme der Jugendstrafrechtserneuerung, Zbl. Jug. Recht. 38, 1951, 208.

Potrykus, G., Das neue Jugendgerichtsgesetz, Neue jur. Wschr. 6, 1953, 1452.

Potrykus, G., Die Behandlung der Heranwachsenden nach dem Jugendgerichtsgesetz vom 4. 8. 1953, Zbl. Jgd. Recht 41, 129, 1954.

Potrykus, G., Strafbefehls- und Strafverfügungsverfahren gegen Heranwachsende, Mschr. dtsch. Recht 8, 1954, 403.

Potrykus, G., Weitere Zweifelsfragen nach dem neuen Jugendgerichtsgesetz, Neue jur. Wschr. 7, 1954, 821.

Potrykus, G., Neueste Zweifelsfragen nach dem Jugendgerichtsgesetz, Neue jur. Wschr. 8, 1955, 244.

Potrykus, G., Kommentar zum Jugendgerichtsgesetz, 4. A., Darmstadt 1955.

Potrykus, G., Die tragenden Gedanken des Jugendstrafrechts, in: Bekämpfung der Jugendkriminalität, Wiesbaden 1955, 139.

Potrykus, G., Sachverständigenaufgaben im Jugendgerichtsgesetz, Recht d. Jugend 8, 1960, 321.

Potrykus, G., Sachverständigenaufgaben im Jugendgerichtsgesetz, Jb. Jugendpsychiatr. 3, 1962, 135.

Potrykus, G., Zuständigkeit des Jugendrichters zur Entziehung der Fahrerlaubnis? Neue jur. Wschr. 17, 1964, 2143.

Prichard, J. C., A Treatise on insanity and other Disorders Affecting the Mind, London 1835.

Provinzki, K., Schwererziehbare jugendliche Mädchen im Wohnheim, Prax. Kinderpsychol. 1, 1952, 18.

Puntigam, F., Verursacht die Encephalitis post vaccinationem bei Jugendlichen kriminogene Persönlichkeitsveränderungen? Österr. Zsch. Kinderheilk. 4, 1950, 142.

Rabenau, K. H., Jugendkriminalität und Verantwortung, Westf. Ärztebl., 1960, 383.

Rauch, H.-J., Allgemeine gerichtliche Psychiatrie, in: *A. Ponsold*, Lehrbuch der gerichtlichen Medizin, Stuttgart 1957.

Rauch, H.-J., Einfluß psychopathologischer Strömungen auf die forensische Psychiatrie, in: Psychopathologie heute, Stuttgart 1962.

Rechtsbrüche der 18- bis 21 jährigen Heranwachsenden, Bericht über den 10. Deutschen Jugendgerichtstag in Marburg 1956, Köln — Berlin 1959.

Reckenzaun, E., Die Retardierung der kriminellen Frau als kriminalbiologische Erscheinung, Arch. Kriminol. 126, 1960, 1.

Redhardt, R., Zur gleichgeschlechtlichen männlichen Prostitution, in: Studien zur männlichen Homosexualität, Stuttgart 1954.

Redhardt, R., Strafaussetzung zur Bewährung und ärztliche Behandlung als Bewährungsauflage, Msch. Kriminol. 41, 1958, 164.

Rehm, M., Das Kind in der Gesellschaft, München 1925.

Rehse, H., nochmals: Die Prüfung der strafrechtlichen Verantwortlichkeit Jugendlicher nach § 4 JGG, Neue Justiz 11, 1957, 719.

Reicher, H., Die Theorie der Verwahrlosung und das System der Ersatzerziehung, Wien 1908.

Reiss, E., Über psychopathische Reaktionen bei Kindern und Jugendlichen, Zschr. Kinderforsch. 31, 1926, 492.

Reiss, M., Psychoendocrinology, New York — London 1958.

Reiwald, P., Die Gesellschaft und ihre Verbrecher, Zürich 1948.

Remplein, H., Die seelische Entwicklung des Menschen im Kindes- und Jugendalter, München — Basel 1961.

Rennert, H., Das Wegnehmen und Stehlen bei Kindern und Jugendlichen und die Kleptomanie, Psychiatr. Neurol. med. Psychologie 9, 1957, 132.

Rett, A., Das gehirngeschädigte Kind, in: Almanach für Neurologie und Psychiatrie 1961, München 1961.

Revers, W. J., Charakterprägung und Gewissensbildung, Nürnberg 1951.

Rhamm, U. v., Zur Frage der Behandlung der 18- bis 21 jährigen im kommenden Jugendstrafrecht, Dtsch. Jugendh. 31, 1939, 144.

Riedel, H., Zur Reform des Jugendgerichtsgesetzes, Zbl. Jug. Recht. 45, 1958, 25.

Robins L. N., a. *P. O'Neal*, The adult prognosis for runaway children, Amer. J. Orthopsychiatr. 29, 1959, 752.

Roestel, G., Erfahrungen mit Hilfsschülern vor dem Jugendgericht, Z. Heilpädag. 12, 1961, 218.

Rohracher, H., Psychologische Regelprobleme, Z. exp. angew. Psychol. 6, 1959, 74.

Rudert, J., Das Gemüt als charakterologisches Problem, Bericht über den XVII. Kongreß d. Dtsch. Ges. f. Psychol., Göttingen 1948.

Rümke, H. C., Die Bedeutung der Tiefenpsychologie und Narkoanalyse in der Rechtspflege vom Standpunkt des klinischen Psychiaters, Dtsch. Zschr. gerichtl. Med. 41, 1952, 360.

Runge, W., u. *O. Rehm*, Über die Verwahrlosung der Jugendlichen, Berlin 1926.

Sacher, K., Regulierungspsychologische Persönlichkeitsdiagnostik, Zschr. exp. angew. Psychol. 7, 1960, 574.

Salber, W., Leistungsgrenzen des Tests, Jb. Psychol. Psychother. 2, 1954, 320.

Sauer, W., Zurechenbarkeit, Zurechnungsfähigkeit und Verantwortlichkeit im Jugendstrafrecht, Neue jur. Wschr. 2, 1949, 289.

Sauer, W., Kriminologie als reine und angewandte Wissenschaft, Berlin 1950.
Sauer, W., Probleme der richterlichen Strafzumessung, Goltd. Arch., 1957, 129.
Schaffstein, F., Zur jugendstrafrechtlichen Behandlung der Heranwachsenden, Neue jur. Wschr. 8, 1955, 1577.
Schaffstein, F., Die Kriminalität der Jugendlichen, Heranwachsenden und Jungerwachsenen in Niedersachsen von 1948 bis 1955, Mschr. Kriminol. 39, 1956, 126.
Schaffstein, F., Jugendstrafrecht, Stuttgart 1959.
Schaffstein, F., Die Behandlung der Heranwachsenden im zukünftigen Strafrecht, Zsch. ges. Strafrechtsw. 74, 1962, 1.
Scheid, W., Die sogenannten symptomatischen Psychosen, ihre Stellung im System der Psychiatrie und ihre psychopathologischen Erscheinungen, Fortschr. Neurol. Psychiatr. 28, 1960, 131.
Scheid, W., Die Lehre von den „exogenen Reaktionstypen" vor einem halben Jahrhundert und heute, in: Psychopathologie heute, Stuttgart 1962.
Scheller, R., Das Gewissen, Aufsätze jugendlicher Rechtsbrecher, Prax. Kinderpsychol. 4, 1955, 137.
Scheunemann, O., Zur internationalen Jugendkriminalrechtspflege, Recht d. Jug. 12, 1964, 279.
Schiedt, Ein Beitrag zum Problem der Rückfallprognose, Diss., München 1936.
Schilf, E., Beiträge zur Kinderpsychologie, 2 Kinder als Mörder, Psychiatr. Neur. med. Psychol. 5, 1953, 316.
Schindler, S., Über die Behandlung stehlender Jugendlicher, Wien. Arch. Psychol. Psychiatr. Neurol. 6, 1956, 85.
Schlotheim, H.-H. v., Die Höchstdauer der Jugendstrafe, Mschr. Krim. 44, 1961, 107.
Schmëing, K., Der Sinn der Reifungsstufen, Leipzig 1939.
Schmidt, G., Selbstmordversuche Jugendlicher, Allg. Zsch. Psychiatr. 112, 1939, 32.
Schmidt, G., Kleptomanie, Zbl. Neurol. Psychiatr. 92, 1939, 1.
Schmidt-Voigt, J., Die Entwicklungsbeschleunigung der heutigen Jugend in ihren Auswirkungen für die Jugendrechtspflege und die Jugendfürsorge, Dtsch. Zschr. gerichtl. Med. 41, 1952, 462.
Schmitz, H. A., Der § 105 JGG in jugendpsychiatrischer Sicht, Mschr. Kriminol. 38, 1955, 151.
Schmitz, H. A., Entwicklungsphase und psychogenes Reagieren, Zsch. Kinderpsychiatr. 22, 1955, 41.
Schmitz, H. A., Entwicklungsphysiognostik, Jb. Jugendpsychiatr. 2, 1960, 11.
Schmitz, H. A., Das Auftreten des Sachverständigen in der Hauptverhandlung, Jb. Jugendpsychiat. 3, 1962, 151.
Schmitz, H., Die Unterbringung minderjähriger Rechtsbrecher nach § 42b StGB, Mschr. Krim. 47, 1964, 152.
Schneider, E., Zur Frage der Wachstumssteigerung, Zschr. menschl. Vererb. u. Konstit. lehre 29, 1950, 865.
Schneider, F., Jugendkriminalität, Salzburg 1952.
Schneider, H. J., Frühkriminalität — Rückfallkriminalität, Mschr. Kriminol. 46, 1963, 132.
Schneider, K., Zur Psychologie und Psychopathologie der Reue. Mschr. Kriminalpsychol. 13, 1922, 40.

Schneider, K., Die Verwahrlosung vom Standpunkt des Psychiaters, in: Bericht über die dritte Tagung über Psychopathenfürsorge, Heidelberg 1924, Berlin 1925.

Schneider, K., Seelisch abnorme Kinder und Jugendliche, Dtsch. Med. Wschr. 59, 1933, 1354.

Schneider, K., Psychiatrische Vorlesungen für Ärzte, 2. A., Leipzig 1936.

Schneider, K., Gutachten zum Thema: Studium der Persönlichkeit des Verbrechers, in: Römischer Kongreß für Kriminologie, Berlin 1939.

Schneider, K., Die psychopathischen Persönlichkeiten, 7. A., Wien 1944.

Schneider, K., Die Beurteilung der Zurechnungsfähigkeit, 4. A., Stuttgart 1961.

Schneider, K., Klinische Psychopathologie, 6. A., Stuttgart 1962.

Scholl, R., Die Wirkungen von unvollständigen Familien auf die seelische Entwicklung von Kindern und Jugendlichen, Zsch. angew. Psychol. 64, 1943, 191.

Scholl, R., Das Gewissen des Kindes, Stuttgart 1956.

Scholz, L., u. *A. Gregor*, Anomale Kinder, 3. A., Berlin 1922.

Schraml, W., Zum Problem der frühen Mutter-Kind-Trennung, Prax. Kinderpsychol. 3, 1954, 243.

Schröder, H., Anlage und Umwelt in ihrer Bedeutung für die Verwahrlosung weiblicher Jugendlicher, Allg. Zsch. Psychiatrie 112, 1939, 224.

Schröder, P., Kindliche Charaktere und ihre Abartigkeiten, Breslau 1931.

Schröder, P., Kinderpsychiatrie und Heilpädagogik, Zsch. Kinderforsch. 49, 1941, 9.

Schüler-Springorum, Denkschrift über die Reform des Jugendgerichtsgesetzes im Rahmen der großen Strafrechtsreform, Mschr. Kriminol. 47, 1964, 1.

Schürer von Waldheim, O., Jugendkriminalität und Beruf, Bl. Gefängniskde. 72, 1941, 3.

Schütz, G., Die begriffliche Umgrenzung des sog. groben Unfugs, jur. Diss., Köln 1932.

Schulte, W., Forensische Psychiatrie, in: Almanach für Neurologie und Psychiatrie 1961, München 1961.

Schultze, E., Der jugendliche Verbrecher im gegenwärtigen und zukünftigen Strafrecht, Wiesbaden 1910.

Schumm, P., Die Jugendkriminalität, Fortschr. Neurol. Psychiatr. 24, 1956, 281.

Schumm, P., Die Jugendkriminalität, Fortschr. Neurol. Psychiatr. 28, 1960, 521.

Schwab-Neher, E., Psychotherapie eines jugendlichen Rockaufschneiders, Psyche (Heidelberg) 10, 1956/7, 415.

Schwalbe-Hansen, P. A., Sex delinquencies in puberty, Acta psychiatr. (Kopenh.) Suppl. 47, 1947, 287.

Schwartz, W., Ergebnisse einer Rundfrage in fünf Berufsschulklassen (Jungarbeiter) über Sittlichkeitsdelikte Jugendlicher, Prax. Kinderpsychol. 9, 1960, 14.

Schwarz, B., Intelligenzprüfungen, in: Moderne neurologisch-psychiatrische Diagnostik, Hrgg. *D. Müller-Hegemann*, Leipzig 1963, S. 152.

Schwenk, A., Die Akzeleration der Jugend, Landarzt, 1959, 1198.

Seelig, E., Über den Wert der kriminalbiologischen Typologie für die Untersuchung Jugendlicher, in: Der Jugendliche im Lichte der Kriminalbiologie, München — Düsseldorf 1952.

Seelig, E., Über psychogene Wurzeln von Sexualdelikten, Krimbiol. Gegenwfragen, Stuttgart 1953.

Seelig, E., u. *K. Weindler*, Die Typen der Kriminellen, Berlin — München 1949.
Seelig, P., Die Jugendlichen im Vorentwurf zum deutschen Strafgesetzbuch, Ärztl. Sachverst. Ztg., 1911, 155.
Seibert, C., Vorzüge des Schweizer Strafrechts, Goltd. Arch., 1956, 353.
Seibert, C., Schädliche Neigungen (§§ 17, 19 JGG), Mschr. dtsch. Recht. 16, 1962, 171.
Siebecke-Giese, E., Das Familien- und Lebensbild weiblicher Straftäter, Stuttgart 1960.
Siebert, W., Grundzüge des deutschen Jugendrechts, Berlin — Leipzig — Wien 1941.
Siegmund, H., Über die Auswahl jugendlicher Rechtsbrecher für die Bewährungshilfe, Bewährungsh. 5, 1958, 105.
Sieverts, R., Das englische Borstalsystem, Zschr. ges. Strafrechtsw. 56, 1937, 551.
Sieverts, R., Die strafrechtliche Behandlung der Frühkriminellen, in: Der nicht seßhafte Mensch, München 1938.
Sieverts, R., Der Jugendliche im Strafvollzug, Stud. generale 5, 1952, 298.
Sieverts, R., Die Verteilung der Funktionen zwischen dem Jugendrichter und den anderen Mitarbeitern der Jugendkriminalrechtspflege, Zbl. Jug. Recht. 46, 1959, 241.
Sieverts, R., Die „Große Strafrechtsreform" und das materielle Jugendkriminalrecht, Mschr. Kriminol. 44, 1961, 222.
Sigismondo, F., Strukturveränderung und Jugend, in: Kind und Jugendlicher der Gegenwart, Hrg. *L. Prohaska*, Wien 1956.
Sikorski, I. A., Die seelische Entwicklung des Kindes, Leipzig 1908.
Sohdi, K. S., Der soziologische Aspekt in der forensischen Psychologie, Psychol. Rdsch. 6, 1955, 162.
Sommer, B., Die Pubertätsmagersucht als leib-seelische Störung einer Reifungskrise, Psyche 9, 1955, 307.
Speck, O., Kinder erwerbstätiger Mütter, Stuttgart 1956.
Spendel, G., Die Begründung des richterlichen Strafmaßes, Neue jur. Wschr. 17, 1964, 1758.
Spiel, W., Beitrag zur Frage der psychopathologischen und neurotischen Entwicklung im Kindesalter, Wien. Zsch. Nervenheik. 15, 1958, 291.
Spiel, W., Die Psychotherapie im Kindes- und Jugendalter, in: *H. Hoff*, Therapeutische Fortschritte in der Neurologie und Psychiatrie, Wien — Innsbruck 1960.
Spranger, E., Psychologie des Jugendalters, 21. A., Heidelberg 1949.
Spranger, E., Pädagogische Perspektiven, Heidelberg 1951.
Spranger, E., Die moralbildende Kraft in unserer Zeit, Universitas 16, 1961, 113.
Spranger, E., Das Gesetz der ungewollten Nebenwirkungen in der Erziehung, Heidelberg 1962.
Steinemann, K., Erlebnisüberlastung als Ursache der Straffälligkeit bei Jugendlichen und Heranwachsenden. Zbl. Jug. Recht. 45, 1958, 153.
Steinemann, K., Ordnung als Lebensproblem der jungen Straffälligen, Zbl. JgdRecht 51, 1964, 121.
Steinwachs, F., u. *U. Danckers*, Konstitutionelle Entwicklung und Leistung in der Pubertät, Zsch. menschl. Vererb. Konstit. Lehre 31, 1953, 515.
Steinwallner, B., Das neue Genfer Jugendgerichtsgesetz von 1935, Mschr. Krimpsych. 27, 1936, 282.

Stern, E., Jugendpsychologie und Jugendkriminalität, Allg. ärztl. Z. Psychother. 1, 1928, 305 u. 412.
Stern, E., Über Verhaltens- und Charakterstörungen bei Kindern und Jugendlichen, Zürich 1953.
Stern, E., Verspätete Pubertätskrisen, Zschr. Psychother. 6, 1956, 45.
Stockert, F. G. v., Die Psychopathologie der Erziehungsschwierigkeiten im Lichte der Reifungsphasen, Zschr. Kinderforsch. 49, 1941, 155.
Stockert, F. G. v., Einführung in die Psychopathologie des Kindesalters, 2. A., Berlin — München 1949.
Stockert, F. G. v., Kinderpsychiatrie und Pädagogik, in: Psychiatrie und Gesellschaft, Bern u. Stuttgart 1958.
Stransky, E., Zur Pädagogik und rechtlichen Beurteilung Jugendlicher, Wien. klin. Wschr. 68, 1956, 734.
Stransky, E., Gedanken und Erwägungen eines Psychiaters zur rechtlichen und pädagogischen Beurteilung Jugendlicher. Arch. f. Psychiatr. 195, 1957, 466.
Straube, W., Zur Prognosestellung spontan remittierter kindlicher Neurosen, Zsch. f. Psychotherapie 8, 1958, 67.
Straube, W., u. *W. Fuhrmann*, Über EEG-Befunde bei verhaltensgestörten Kindern, Nervenarzt 29, 1958, 209.
Strauß, E. B., Die Behandlung unzulänglicher Persönlichkeitstypen bei Jugendlichen, Zsch. Psychother. 5, 1955, 2.
Strohmayer, W., Die Psychopathologie des Kindesalters, 2. A., München 1923.
Stumpfl, F., Erbanlage und Verbrechen, Berlin 1935.
Stumpfl, F., Die Ursprünge des Verbrechens, Leipzig 1936.
Stumpfl, F., Zur Geschichte und Gegenwartssituation der deutschen Kinder- und Jugendpsychiatrie, Fortschr. Med. 1957, 75.
Stumpfl, F., Motiv und Schuld, Wien 1961.
Stumpfl, F., Verhalten und Verantworten, Zbl. Neurol. Psychiatr. 161, 1961, 25.
Stutte, H., Die forensische Bedeutung der Spontanhypoglykämie, Dtsch. med. Wschr. 70, 1944, 508.
Stutte, H., Brandstiftung als Zwangsphänomen, Zsch. ges. Neurol. Psychiatr. 177, 1944, 667.
Stutte, H., Über die Nachkommen ehemaliger Fürsorgezöglinge, Arch. Psychiatr. 179, 1948, 395.
Stutte, H., Zum Thema: Genußsüchtige Kinder, Unsere Jugend 4, 1952, 263.
Stutte, H., Reife und Strafmündigkeit der Jugendlichen, Bl. Wohlfahrtspfl. 100, 1953, 336.
Stutte, H., Der Jugendpsychiater im Jugendstrafrecht, Zbl. Jug. Recht 41, 1954, 139.
Stutte, H., Forensische Aufgaben der Jugendpsychiatrie, Fortschr. Med. 73, 1955, 485.
Stutte, H., Ärztliche Aufgaben und Probleme im neuen Jugendstrafrecht, Dtsch. med. Wschr. 81, 1956, 139.
Stutte, H., Zur Frage der heilerzieherischen Behandlung im Sinne des § 10 Abs. II JGG, Mschr. Kriminol. 39, 1956, 103.
Stutte, H., Indikationen und Möglichkeiten der heilerzieherischen Behandlung jugendlicher Rechtsbrecher, Recht d. Jugend 6, 1959, 403.
Stutte, H., Über praktische unerziehbare jugendliche Dissoziale und ihre Sonderbehandlung, in: Psychiatrie und Gesellschaft, Bern u. Stuttgart 1958.

Stutte, H., Organische Ursache kindlicher Erziehungsschwierigkeiten, Mschr. Kinderheilk. 106, 1958, 498.

Stutte, H., Kinderpsychiatrie und Jugendpsyiatrie, in: Psychiatrie der Gegenwart, Berlin — Göttingen — Heidelberg 1960.

Stutte, H., Zur Beurteilung des Eidesfähigkeit jugendlicher Zeugen, Mschr. Kriminol. 43, 1960, 193.

Stutte, H., Charakterstörungen im Kindes- und Jugendalter, Acta paedopsychiatr. 28, 1961, 273.

Stutte, H., Zur Psychologie und Psychopathologie des Agonadismus. Jb. Jugendpsychiat. 3, 1962, 46.

Stutte, H., Psychosen im Kindesalter und in der Pubertät. Med. Klin. 58, 1963, 526.

Stutte, H., Tötungsversuch einer 16jährigen am eigenen Vater, Acta paedopsychiatr. 31, 1964, 95.

Stutte, H., Psychopathologische Bedingungen der Jugendkriminalität, Recht d. Jug. 12, 1964, 33.

Stutte, H., u. *M.-L. Stutte*, Psychische Vorentwicklung bei einem Fall von Pubertas praecox, Zsch. Kinderheilk. 67, 1949, 294.

Sulman, F. G., Einfluß der Hormone auf Persönlichkeit und Verhalten, in: *H. Meng*, Psyche und Hormon, Bern u. Stuttgart 1960.

Sutherland, E. H., Principles of Criminology, 5. A., Chicago 1955.

Suttinger, G., Psychologische Kriterien für die Anwendung des § 105, Abs. 1, Ziff. 1 des Jugendgerichtsgesetzes, Mschr. Kriminol. 39, 1956, 65.

Suttinger, G., Die Reifebeurteilung nach § 105 JGG in der Gerichtspraxis, Mschr. Kriminol. 47, 1964, 265.

Szewscyk, H., Zur mehrdimensionalen Diagnostik entwicklungsgestörter Kinder, Psychol. u. Prax. 3, 1959, 130.

Szewczyk, H., Gruppenforschung und Jugendpsychiatrie, Nervenarzt 31, 1960, 402.

Szewczyk, H., Zur psychiatrischen Problematik des neuen Jugendstrafrechtes und Jugenderziehungsrechtes, Psychiatr. Neur. med. Psychol. 13, 1961, 252.

Szewczyk, H., Die Gerichtspsychiatrie in der neuen Rechtspflege, Berlin 1964.

Tappan, P. W., Juvenile delinquency, New York 1949.

Tent, L., Abgrenzung psychologischer und jugendpsychiatrischer Sachverständigenaufgaben, Jb. Jugendpsychiat. 3, 1962, 154.

Thomae, H., Über Daseinstechniken sozial auffälliger Jugendlicher, Psychol. Forsch. 24, 1953/4, 11.

Thomae, H., Persönlichkeit, 2. A., Bonn 1955.

Thomae, H., Entwicklungspsychologie, Handbuch der Psychologie 3, Göttingen 1959.

Thomae, H., Probleme der seelischen Reifung bei Jugendlichen in dieser Zeit, Universitas 19, 1964, 147.

Tiffany, T. L., D. R. Peterson a *H. C. Quay*, Types and traits in the study of juvenile delinquency, J. clin. Psychol. 17, 1961, 19.

Többen, H., Die Jugendverwahrlosung und ihre Bekämpfung, 2. A., Münster i. W. 1927.

Tramer, M., Psychopathische Persönlichkeiten, Schweiz. med. Wschr. 61, 1931, 217.

Tramer, M., Die Kinderpsychiatrie als medizinisches Sondergebiet und unsere Zeitschrift für Kinderpsychiatrie. Zschr. Kinderpsychiatr. 1, 1934, 3.

Tramer, M., Aufgaben der Psychiatrie im schweizerischen Jugendstrafrecht, Zsch. Kinderpsychiatr. 7, 1941, 129.

Tramer, M., Leitfaden der jugendrechtlichen Psychiatrie, Basel 1947.

Tramer, M., Mes expériences sur la schizophrénie infantile, Zschr. Kinderpsychiatr. 26, 86, 1959.

Tramer, M., Zur Entwicklung der Kinderpsychiatrie, speziell Beobachtungsstationen, Acta paedopsychiatr. 7, 238, 1960.

Tramer, M., Lehrbuch der Allgemeinen Kinderpsychiatrie, 4. A., Basel 1964.

Trapp, P., Zur Psychologie des Rechtsempfindens der Jugendlichen, Schwarzenburg / Schweiz 1956.

Trips, G., Zur Statistik der Jugendkriminalität, Dtsch. Richterztg. 39, 1961, 176.

Tröger, W., Die kritische Phase der 16- bis 17 jährigen, Zschr. exp. angew. Psychol. 6, 1959, 868.

Tumlirz, O., Die Jugendverwahrlosung, Graz — Wien 1952.

Tumlirz, O., Die Reifejahre, Bad Heilbrunn 1954.

Ullrich, W., Beiträge zur geschichtlichen Entwicklung der strafrechtlichen Sonderstellung Minderjähriger, Recht d. Jug. 5, 1957, 555.

Ullrich, W., Die Sonderstellung der Heranwachsenden im neuen Wehrstrafrecht, Zbl. Jgd. Recht 44, 1957, 132.

Undeutsch, U., Somatische Akzeleration und psychische Entwicklung der Jugend der Gegenwart, Stud. generale 5, 1952, 286.

Undeutsch, U., Die Aufgaben des psychologischen Sachverständigen nach dem neuen Jugendgerichtsgesetz, Psychol. Rdsch. 6, 1955, 166.

Undeutsch, U., Zurechnungsfähigkeit bei Bewußtseinsstörung, in: *A. Ponsold*, Lehrbuch der gerichtlichen Medizin, Stuttgart 1957.

Undeutsch, U., Das Verhältnis von körperlicher und seelischer Entwicklung, in: Handbuch der Psychol. III, Göttingen 1959.

del Vecchio, G., Persönlichkeit und Recht des Menschen in der Sicht der Rechtswissenschaft, Universitas 19, 1964, 715.

Venzlaff, U., u. *F. Specht*, Kriminelle und pseudokriminelle Frühmanifestationen im Kindesalter, Zbl. Neur. Psychiatr. 161, 1961, 29.

Verhandlungen des dritten deutschen Jugendgerichtstages, 1912, Leipzig 1913.

Villinger, W., Kriminalbiologie, Fortschr. Neurol. Psychiatr. 1, 1929, 493.

Villinger, W., Gutachten über einen Fall von sexueller Hörigkeit bei einer Jugendlichen, Nervenarzt 3, 1930, 704.

Villinger, W., Heilpädagogische Gesichtspunkte für die Gerichtspraxis, München 1931.

Villinger, W., Kriminalbiologie, Fortschr. Neurol. Psychiatr. 4, 1932, 266.

Villinger, W., Welche Merkmale lassen am jugendlichen Rechtsbrecher den künftigen Gewohnheitsverbrecher voraussehen? in: Der nichtseßhafte Mensch, München 1938.

Villinger, W., Die seelischen Nöte der Großstadtjugend, Zeitwende 1938.

Villinger, W., Erziehung und Erziehbarkeit, Zsch. Kinderforsch. 49, 1941, 17.

Villinger, W., Aktuelle Probleme kindlicher und jugendlicher Asozialität, Dtsch. med. Wschr. 74, 1949, 1098.

Villinger, W., Kriegsgeschädigte Kinder und Jugendliche, Mschr. Kinderheilk. 103, 1955, 65.

Villinger, W., Das neue Jugendgerichtsgesetz aus psychiatrischer Sicht, Prax. Kinderpsychol. 4, 1955, 1

Villinger, W., Die geistige Situation der heutigen Jugend, in: Bekämpfung der Jugendkriminalität, Wiesbaden 1955.

Warren, W., Some relationships between the psychiatry of children and of adults, J. ment. Sci 106, 1960, 815.

Watson, J. A. F., Die britischen Jugendgerichte, Ratingen 1949.

Weber, A., Charakteropathien, Kinderfehler, Neurosen (abnorme Erlebnisreaktionen), Jb. Jugendpsychiatr. 1, 1956, 233.

Wegener, H., Der „vorzeitige Anschluß der Entwicklung" bei minderbegabten Straftätern. Ein psychologischer Beitrag zur Frage der Anwendung des § 105 Abs. 1 Nr. 1 JGG auf Debile und Imbezille, Mschr. Kriminol. 43, 1961, 147.

Weinschenk, C., Affektverbrechen eines Heranwachsenden mit besonderer Verlaufsdynamik, Mschr. Kriminol. 47, 1964, 284.

Weitbrecht, H. J., Kritik der Psychosomatik, Stuttgart 1955.

Weitbrecht, H. J., Die Bedeutung der Psychopathologie in der heutigen Psychiatrie, Fortschr. Neurol. Psychiatr. 25, 1957, 475.

Weitbrecht, H. J., Psychiatrie im Grundriß, Berlin — Göttingen — Heidelberg 1963.

Wellek, A., Die Polarität im Aufbau des Charakters, Bern 1950.

Wellek, A., Das Problem der Exaktheit in der charakterologischen Diagnostik, Studium gener. 5, 1952, 422.

Wellek, A., Exploration und ganzheitliches Verfahren, Psychol. Rdsch. 9, 1958, 24.

Wellek, A., Die Wissenschaftsproblematik der Psychologie als einer anthropologischen Disziplin, Psychol. Rdsch. 14, 1963, 75.

Wellek, A., Charakter und Entwicklung, Universitas 20, 1965, 121.

Welsch, X., Entwicklung und heutiger Stand der kriminologischen Persönlichkeitsforschung und -prognose, Hamburg 1962.

Wendt, C. F., Psychotherapie bei Psychopathen, Dtsch. med. Wschr. 78, 1953, 1094.

Wendt, C. F., Die Möglichkeiten und Grenzen psychotherapeutischer Behandlung von erwachsenen und jugendlichen Rechtsbrechern, Msch. Kriminol. 40, 1957, 193.

Wewetzer, K. H., Das hirngeschädigte Kind, Stuttgart 1959.

Weygandt, W., Der jugendliche Schwachsinn, Stuttgart 1936.

Wieck, Ch., Beitrag zur forensisch-jugendpsychiatrischen Begutachtung, Dtsch. Gesundheitsw. 11, 1956, 426.

Wieck, Ch., Über forensisch-psychiatrische Beurteilung Jugendlicher, Psychiatr. Neur. med. Psychol. 12, 1960, 433.

Wieck, H. H., Zur Klinik der sogenannten symptomatischen Psychosen, Dtsch. med. Wschr. 81, 1956, 1345.

Wiersma, D., Die kriminalpsychologische Bedeutung der disharmonischen Persönlichkeit, Mschr. Kriminol. 40, 1957, 213.

Wiesenhütter, E., Entwicklung, Reifung und Neurosen, Stuttgart 1958.

Wilmanns, K., Morde im Prodromalstadium der Schizophrenie, Zschr. ges. Neurol. Psychiatr. 170, 1940, 583, u. 174, 1942, 460.

Wissfeldt, E., u. *E. Kaindl*, Über die Deutung und den Wert abnormer EEG-Befunde bei psychopathischen Persönlichkeiten, Nervenarzt 32, 1961, 57.

Witter, H., Intelligenz und Jugendkriminalität, Dtsch. Z. gerichtl. Med. 51, 1961, 18.
Witter, H., Methodologische Probleme der Psychiatrie, Fortschr. Neur. Psychiatr. 31, 1963, 491.
Wittig, K., Die ethisch minderwertigen Jugendlichen und der Krieg. Langensalza 1918.
Wolf, E., Vom Wesen des Täters, Tübingen 1932.
Wolff, B., Das paradoxe Elternbild als Ursache der Charakterverbiegung, Psychol. Rdsch. 2, 94, 1951.
Würtenberger, Th., Versuch einer Typisierung jugendlicher Rechtsbrecher, in: Jugendkriminalität, Salzburg 1952.
Würtenberger, Th., Die Problematik der strafrechtlichen Zurechnungsfähigkeit, Jur. Ztg. 9, 1954, 209.
Würtenberger, Th., Der Jugendliche vor dem Strafrichter, Stud. gen. 4, 1951, 291.
Würtenberger, Th., Jugendliche Tätertypen, in: Bekämpfung der Jugendkriminalität, Wiesbaden 1955, 93.
Wulffen, E., Kriminalpädagogie, Leipzig 1915.
Wundt, W., Grundzüge der physiologischen Psychologie, 4. A., Leipzig 1893.
Wyrsch, J., Gerichtliche Psychiatrie, 2. A., Bern 1955.
Wyss, R., Zur Familienstruktur von Strichjungen und Homosexuellen, Schweiz. med. Wschr. 87, 1957, 1156.

Zeisel, H., u. *J. Ströder*, Endokringestörte Kinder und Jugendliche, Münch. med. Wschr. 99, 1957, 2112.
Zeller, W., Konstitution und Entwicklung, Göttingen 1952.
Zeller, W., Asozialität und Kriminalität Jugendlicher in konstitutionsbiologischer Sicht, Recht d. Jug. 7, 1959, 33.
Zeller, W., Über biologische Voraussetzungen psychosexueller Abartigkeiten bei Jugendlichen, Jb. Jugendpsychiatr. 2, 1960, 22.
Ziehen, Th., Die Geisteskrankheiten einschließlich des Schwachsinns und der psychopathischen Konstitutionen im Kindesalter, 2. A., Halle/S. 1926.
Züblin, W., Zur Psychopathologie der endokrinen Störungen des Kindes- und Jugendalters, Jb. Jugendpsychiat. 3, 1962, 13.
Zulliger, H., Schwierige Kinder, 3. A., Bern 1951.
Zulliger, H., Heilende Kräfte im kindlichen Spiel, Stuttgart 1952.
Zulliger, H., Über symbolische Diebstähle von Kindern und Jugendlichen, Biel 1954.
Zulliger, H., Helfen statt Strafen, auch bei jugendlichen Dieben, Stuttgart 1956.
Zulliger, H., Horde, Bande, Gemeinschaft, Stuttgart 1961.
Zürcher, M., Die Behandlung jugendlicher Delinquenten im alten Zürich (1400 bis 1798), jur. Diss., Zürich 1960 (Winterthur 1960).

Sachverzeichnis

Abnorm 61 ff., 211
Affekthandlung 28, 266
Agressivität 57
Akzeleration 53
Alkohol 70, 93 f., 134, 234 f., 263
altersgemäße Reife 52
altersspezifische Merkmale 35 f.
Amnesie 229
Anfallsleiden, hirnorganisches s. Epilepsie
Anlage 40 f., 54 ff.
— -merkmal 38, 58
anthropologisch 47
Antrieb 21 f.
Antriebsdynamik 30 f.
antriebsunmittelbare Handlungen 20, 28 f.
Antriebsverarmung 224
Antriebsvermehrung 223 f.
Asynchronie 53
Aufbau der Handlung 20 ff.
Ausdruck 12, 43 f.
Ausdruckserscheinungen, mittelbare 43 f., 186
Autismus 32

Bauchspeicheldrüse 238
Bedeutungsgehalte 22
Begreifen 15
Benommenheit 232, 260
Betriebsamkeit 97, 112, 121, 124, 128, 135 ff., 148, 171, 224
Bewußtseinsstörung 207 ff., 214, 229 f., 231 ff., 261
Bewußtseinstrübung s. Bewußtseinsstörung

Charakter 6, 11, 14, 21, 30, 58, 193 f.
— und Reifungsgeschehen 67
— -eigenschaften 6, 76 f., 100

Dämmerzustand 229 f., 260
—, „besonnener“ 232, 262
daseinsanalytisch 47
Daseinstechniken 9
Debilität s. Schwachsinn
delikträchtige Situationen 200 f.
Deutung 15 f., 18
Dipsomanie 230
Dualismus, empirischer 42
Durchgangssyndrom 232 f., 262 f.
Durchschnitt 62
Dystrophia adiposogenitalis 240, 243

Echtheit 33
Eifersucht 209 f.
Eigenschaften 11, 16, 58, 60
—, erworbene 38, 58
Einfühlen 12
Einsicht 253, 258
Elektroenzephalogramm s. Hirnstrombild
Endokrinopathien 235 ff., 245
Entwicklung, Phasen der 35 f.
—, seelische 35 ff., 86, 97, 114, 122, 130, 138, 152
Entwicklungsdisharmonien s. Reifungsdisharmonien
Entwicklungsrückstand, geistiger 269
Enzephalopathen 71, 219
Epilepsie 221, 226 ff., 259 f.
epileptoid 78
Erbanlage 58 f.
Erklären 18 f.
Erlebnisreaktion, abnorme 63, 211
Ersatzbefriedigung 179, 187
Erziehung 41, 99, 100, 101, 114, 123, 130, 140, 153, 173, 281 ff.
Erziehungsmaßregeln 290
Exhibitionismus 180 f.
Exploration 84
Explosivreaktion 204
extravertiert 32

fanatische Haltung 165 ff.
Fetischismus 182 ff.
Film 56

Formbarkeit 277
Fuguezustände 230
Führerscheinentzug 297
Funktionskreis 55

Gefühl 21
Gehirnschäden 219 ff., s. auch Hirnschädigung, frühkindliche
Geistesschwäche 263, s. auch Schwachsinn
Gelegenheit 13
Geltungsbedürfnis 31, 96 f., 119 ff., 137, 148, 170
Gemüt 26, 32, 111
Gemütsarmut 26, 32, 110 ff., 121, 124, 129, 137, 148, 168, 170, 224
Gemütlosigkeit s. Gemütsarmut
genetisch-dynamisch 2
Gerechtigkeit 305
Geschlechtsdrüsen 236 f.
Gesinnungsbildung 99, 281 ff.
Gestaltwandel 52
Gewissen 25 ff., 39 ff., 99
Gewissenlosigkeit 26
Gewohnheiten 24 f., 40 f., 100
Gewohnheitsbildung 96, 98, 122, 282 f.
Grundzüge, charakterliche s. Charaktereigenschaften

Haltlosigkeit 97
Haltung 40
Handlung, antriebsunmittelbare 20, 28 f., 204 f.
—, Aufbau der 20 ff.
Handlungsstrukturen 8
Hebephrenie 247 f.
Heboidophrenie 113
Heranwachsende 1, 267, 272 ff.
Hirnkammerluftbild 73, 221
Hirnschädigung, frühkindliche 69, 71, 73, 83, 219 ff., 257
Hirnstamm 238
Hirnstrombild 73, 221
Homosexualität 174 f., 177 ff., 187
Hormone 236 ff., 240
Hormonbehandlung 242
Hypophyse 237, 241
hypopituitär 241
hysterisch 49, 78, 119

Idiotie 82 f.
Imbezillität 82 f.
Impulshandlung 28
Infantilismus 225 f.

Instinkt 14, 50 f.
Intelligenz 22, 84 f.
— -quotient 64, 84
Intersexualität 237
introvertiert 32

Jugend-gefährdend 56
— -gerichtstage 3
— -kriminalität, Verbreitung der 4
Jungtäterverwahrung 307 f.

Kinder 267
— -psychiatrie 1
Klebrigkeit 228
Kleptomanie 230
Konflikte 33
Konfliktreaktion 204 ff., 213, 265
Konstitution 48
Konstitutionsbiologie 196
konstitutionsbiologische Typen 18
Krankheit, körperliche 46, 241
Krankheitsbegriff, juristischer 251
Krankheitswert 74, 251, 264 f.
Kretinismus 238
Kriminalbiologie 5
kriminelle Jugendliche 6
— Tat 5 ff.
Kurzschluß-handlung 16 f. 28, 202 f., 265
— -reaktion, s. Kurzschlußhandlung

Lebensführungsschuld 186
leib-seelische Zusammenhänge 42 ff.

Masochismus 187
Maßnahmen 279 ff.
Medikamentenintoxikation 134
mehrdimensional 61, 76, 214
Merkmale, altersspezifisch 35 ff.
Methode des Verstehens 10 ff.
Milieuschaden 59 f., 117, 131, 140, 143, 169
Minderbegabung, geistige 81 ff., 97, 112, 121, 129, 138, 149
Mitfühlen 12
Mongolismus 220
Monomanie 230
moralischer Schwachsinn 113
Motiv 8, 13, 16, 18
Mutter-Kind-Verhältnis 39

Nebenniere 237
Nekrophilie 187
Nervosität 139

Neurose 161, 251 f.
Neurosenlehre 37, 151
Normvarianten 61 ff., 240 f.
Notsituationen 198 ff.
Notwehr 199

Objektivität 11

Paedophilie 182
Persönlichkeit 29 ff.
—, abnorme s. Psychopathie
—, Beurteilung der 29 ff.
Perversionen 173 ff.
Phänomenologie, psychologische 15
Pneumenzephalogramm s. Hirnkammerluftbild
polyätiologisch s. mehrdimensional
Poriomanie 230
Postulat der Freiheit 8, 20
Primeigenschaften 8 f., 49
primitiv-formlose Straftäter 172 f.
Primitivreaktion 202 f. 265
Prognose 87 f., 100 f., 105, 115, 123, 131, 141, 154, 173, 301 ff.
Projektionsteste 33
Psychoanalyse 152
Psychologie, biologische 50
—, dynamische 2
—, phänomenologische 3
—, verstehende 3, 10 f.
Psychopathie 62, 66, 71 f., 211, 264 f.
Psychopathologie, verstehende 10
Psychosen, endogene 216 f., 246 ff., 255
—, exogene s. P., körperlich-begründbare
—, körperlich-begründbare 216 f.
Psychosomatik 44
Psychotherapie 152
Pubertas praecox 237
Pubertät 35 f., 51, 52, 67 f., 86, 97, 122, 130, 139, 149, 152, 163, 182, 188 ff., 213 f., 241, 247
—, biologische 188 f.
—, seelische 188 ff.
Pubertätsmagersucht 239 f.

Reflex, bedingter 24
— -bewegung 29
— -handlung 24
Reife 2, 36 f., 68
— -beurteilung 38 f., 276 f.
Reifungsdisharmonien 2, 53, 68, 152, 270
Reifungsstörungen 161
Reizbarkeit 30, 112, 127 ff., 171, 223
Retardierung 37, 68
Reue 117, 121
reversible Störungen 231 ff.

Sachverständiger 80
Sadismus 187
schädliche Neigungen 306 f.
Schilddrüse 238
schizoid 241
Schizophrenie 47, 72, 155, 160, 196, 211, 216, 217, 246 ff., 251, 255 ff.
schizothym 48, 78, 241
Schlaftrunkenheit 232, 262
Schwachsinn 62, 63 f., 65 f., 81ff., 222, 258, 263
Selbstbefriedigung 99, 179, 187
Selbstbeobachtung 11
Selbstbewußtsein 31
Selbsterziehung 282, 287 ff.
Selbstunsicherheit 117, 120 f., 128, 136, 137, 144 ff., 167, 170, 181
Sicherungsmaßnahmen 296 ff.
Sodomie 182
Somatopathen 71
Spezialprävention 279
Spontanhypoglykämie 244
Statistik 27, 55, 79
Stimmung 21, 30
Stimmungslabilität 30, 162 ff., 185, 223, 230
Strafe 153, 155, 293 ff.
Strafaussetzung 295
Strafmündigkeit 267 ff
Strafvollzug 294
Strafzumessung 280
Strenge 56
Strichjungen 175
Symptomwert 73

Tat, die kriminelle 5 ff.
thyreotisch 241
Transvestitismus 174
Trauminterpretationen 33
Triebabweichungen, sexuelle 173 ff., 194
Triebe 45 f., 187 f., 193
—, sexuelle 51
Triebhaftigkeit bei Minderbegabten 85
Triebstrukturen 34
Typenbegriff 17 f., 77
Typologie 17, 33, 77 f.

Übung 86
Umwelt 22, 38, 54 ff.
Unterbringung 296 ff., 306
Unreife 2, 123, 158
Ursache 18
Ursachen der Kriminalität 27, 54

Verantwortungsreife 267 ff.
Verbotsirrtum 93
Verfestigungen, gewohnheitsbildende 96
Verhalten 6, 11
Verhaltenseigenschaften 6
Verhaltensstörungen 9 f.
Verstand 11, 22, 29 f.
Verstandesentwicklung 67
Verstehen 10 ff.
Versuchung 13
Verwirrtheit 232 f.
vieldimensional 57
Vorgeschichte 27, 220 f.

Wesensänderung, epileptische 228
—, organisch bedingte 228, 260
Wille 20, 23 f., 32
—, Freiheitsgrade des 255
Willensfähigkeit 253 f., 258
Willensreife 98, 100
Willensschwäche 94 ff., 112, 124, 129, 137, 147 f., 171
Wirkungszusammenhänge 12 f.

Zucht 101, 283 f.
— -mittel 295 f.
Zuckerstoffwechsel 244 f.
Zurechnungsfähigkeit 243 ff., 252 ff.
—, verminderte 254, 259
zwanghaftes Erleben 169 ff.
Zwangsneurose 171
Zwischenhirn 238
zyklothym 48
Zyklothymie 47, 217, 246, 257

MIX
Papier | Fördert gute Waldnutzung
FSC® C083411

Kolibri 360 GmbH
Ferdinand-Jühlke-Straße 7
99095 Erfurt, Deutschland
produktsicherheit@kolibri360.de